INSTITUTIO
CHRISTIANAE
RELIGIONIS

1

DE COGNITIONE
DEI CREATORIS

창조주 하나님을
아는 지식

1559년 라틴어 최종판 직역

기독교 강요

존 칼빈 지음
문병호 옮김

생명의말씀사

Institutio christianae religionis,

in libros quatuor nunc primum digesta, certisque distincta capitibus,
ad aptissimam methodum: aucta etiam tam magna accessione
ut propemodum opus novum haberi possit

Ioannes Calvinus

1559년 라틴어 최종판 직역
기독교 강요 1

ⓒ 생명의말씀사 2020

2020년 6월 25일 1판 1쇄 발행
2025년 6월 2일 6쇄 발행

펴낸이 | 김창영
펴낸곳 | 생명의말씀사

등록 | 1962. 1. 10. No.300-1962-1
주소 | 서울시 종로구 경희궁1길 6 (03176)
전화 | 02)738-6555(본사) · 02)3159-7979(영업)
팩스 | 02)739-3824(본사) · 080-022-8585(영업)

지은이 | 존 칼빈
옮긴이 | 문병호

기획 | 태현주
교정편집 | 가스펠서브
디자인 | 조현진, 김혜진
인쇄 | 영진문원
제본 | 보경문화사

ISBN 978-89-04-02092-8 (04230)
ISBN 978-89-04-70060-8 (세트)

저작권자의 허락 없이 이 책의 일부 또는 전체를
무단 복제, 전재, 발췌하면 저작권법에 의해 처벌을 받습니다.

1559년 라틴어 최종판 직역

기독교 강요

―――――――――――

1

DE COGNITIONE
DEI CREATORIS

**창조주 하나님을
아는 지식**

일러두기

- **텍스트**
  Ioaness Calvinus, *Institutio christianae religionis, in libros quatuor nunc primum digesta, certisque distincta capitibus, ad aptissimam methodum: aucta etiam tam magna accessione ut propemodum opus novum haberi possit* (Geneva: Stephanus, 1559). *Ioannis Calvini opera quae supersunt omnia*, vol. 2, ed. Guilielmus Baum, Eduardus Cunitz, and Eduardus Reuss (Brunswick: C. A. Schwetschke, 1864).

- **책의 구조**
  본서는 권(卷)·장(章)·절(節)의 구조를 취하는바, 그 구분이 없는 "헌사"는 역자가 절을 나누었다.

- **절의 제목**
  절의 제목은 역자가 붙였다. 칼빈은 권과 장의 제목만 달았을 뿐, 절의 제목은 달지 않았다.

- **절의 분류**
  칼빈은 그렇게 하지 않았지만, 역자는 각각의 장에 속한 모든 절을 주제별로 분류하고 제목을 붙였다.

- **문단 구분**
  칼빈은 문단의 구분 없이 글을 썼지만, 역자는 한 절을 내용이나 형식에 따라 여러 문단으로 나누었다.

- **성경 인용**
  원문의 서술 방식대로 성경을 직접 인용하거나 간접 인용하고 더불어 참조할 성구를 제시하였다.

- **역자의 주**
  다음 지침으로 각주를 달았다. 1. 주요한 문장이나 어구는 라틴어 원문을 싣는다. 2. 본문에 인용된 글의 출처를 밝힌다. 3. 본문의 신학적 맥락과 본문 핵심 용어의 신학적 개념을 설명한다. 4. 본문과 관련된 신학자들의 저술과 입장을 소개한다.

- **성구 색인**
  본문에 인용되었거나 참조된 모든 성구를 성경 책장절별로 분류하여 수록하였다.

- **용어 색인**
  라틴어 원문을 번역하면서 일관성을 기하기 위해 정리한 3,500여 단어의 해설을 수록하였다.

본서에 대한 자상한 가르침을 베푸신
세 분의 은사님을 추억하며

데이비드 라이트(David F. Wright, 1937-2008)
존 헤셀링크(I. John Hesselink, 1928-2018)
유진 오스터헤이븐(M. Eugene Osterhaven, 1915-2004)

"나에게 이르시기를
내 은혜가 네게 족하도다
이는 내 능력이 약한 데서 온전하여짐이라
하신지라 그러므로 도리어 크게 기뻐함으로
나의 여러 약한 것들에 대하여 자랑하리니
이는 그리스도의 능력이
내게 머물게 하려 함이라"

고후 12:9

간행사

1559년 판 『기독교 강요』 라틴어 번역에 부쳐

존 칼빈(Ioannes Calvinus, 1509-1564), 역자에게 그의 1559년 판 『기독교 강요』는 한 권의 책 이상의 의미를 갖습니다. 신학대학원 2학년이던 어느 가을 교내 서점에서 색인과 함께 전체 4권으로 번역되어 나온 이 책을 구입하여 읽었던 기억이 납니다. 유학 중 멀러(Richard A. Muller) 교수님께 16-17세기 개혁신학자들의 성경 해석을 다룬 과목을 수강할 때 칼빈과 루터(Luther)의 시편 78편 주석을 비교하는 글을 과제로 제출하면서 처음으로 이 책을 영어로 인용했고, 이 책의 배틀즈(Ford Lewis Battles) 영어 번역서를 감수하셨던 오스터헤이븐(Eugene Osterhaven) 교수님께 어느 한 여름 방학 내내 이 책 전체를 사사(師事)했으며, 헤셀링크(I. John Hesselink) 교수님의 강의와 신학 석사 학위 논문 지도를 통해서 이 책에 담긴 칼빈신학을 면밀히 배웠던 기억 또한 생생합니다. 이 책을 단지 인용하는 데 그치지 않고 라틴어로 전체를 읽어가기 시작한 것은 박사 과정 때 라이트(David F. Wright) 교수님이 지도하시던 라틴어 스터디 때가 처음이었습니다. 칼빈은 물론 아우구스티누스(Augustinus)와 부서(Martin Bucer) 등 정통 교부들과 종교 개혁자들의 원전을 섭렵하고 계셨던 라이트 교수님은 원어 하나하나의 고유한 의미에 집중해서 문(文, text)과 문맥(文脈, context)을 함께 살리는 신학적 글 읽기에 눈을 뜨도록 부족한 종을 깨우치셨습니다. 은사님의 돌보심으로 박사 학위 논문을 작성하면서 이런 글 읽기가 점차 익숙해졌고 또한 심화되었습니다. 그리스도와 율법에 대한 칼빈의 이해를 신학적으로 조명한 역자의 박사 학위 논문 "Christus Mediator Legis: Calvin's Christological Understanding of the Law as the Rule of Living and Life-Giving"은 그 결실이었습니다.

역자는 유학을 마친 후 지금까지 모교인 총신대학교 신학대학원에서 조직신학과 교수로서 봉직하며 기독론과 신학 서론 등의 교의 과목들을 가르쳐 왔으며, 1559년 판 『기독교 강요』를 원문에 비추어 신학적으로 설명하는 강좌와 라틴어 강좌를 매 학기마다 개설해 왔습니다. 그동안 이 책을 순서에 따라 교리별로 설명한 『30주제로 풀어 쓴 기독교 강요: 성경교리정해』와 이 책의 내용을 중심적으로 다룬 역자의 논문 30여 편을 묶은 『칼빈신학: 근본 성경교리 해석』을 저술하기도 하였습니다.

역자가 초판인 1536년 판 『기독교 강요』의 라틴어 원문 번역을 시작한 것은 모교에서 가르치기 시작한 지 얼마 지나지 않았을 때였습니다. 이는 2009년 칼빈 출생 500주년에 즈음해서 탈고되었고 한-라틴어 대역판으로 출판되었습니다. 그리고 얼마 후 2011년부터 1559년 판 『기독교 강요』를 라틴어 원문에서 번역하기 시작하였습니다. 조직신학자로서의 염원이었던 책 『기독론: 중보자 그리스도의 인격과 사역』을 저술하는 동안 중단되기도 했지만 2016년 봄에 이를 마치고 책을 출판한 이후부터 다시 이 일에 박차를 가하게 되었습니다.

책 순서대로 표지에서 표지로 내달리던 초판『기독교 강요』번역 때와는 달리 이번 마지막 판 번역에서는 내심 주도면밀하게 번역의 순서를 정해서 했습니다. 먼저 제1권 1-5, 13장과 제2권 6, 12-17장부터 시작했습니다. 이 부분은 신학 서론과 일반계시, 삼위일체론, 기독론에 해당합니다. 여기에 핵심 교리가 담겨 있을 뿐만 아니라 우선적으로 정의되어야 할 신학 용어들이 집중되어 있다고 여겼기 때문입니다. 그리고 그리스도인의 삶을 다룬 제3권 6-10장을 번역하였습니다. 이곳이 다양한 수사학적 표현을 어의(語義)와 문맥을 살려 번역하는 방식을 익히는 데 적합하다고 여겼기 때문입니다. 이후, 성령과 믿음을 다룬 제3권 1-2장, 창조와 섭리를 다룬 제1권 14-18장, 우상을 다룬 제1권 10-12장, 성경을 다룬 제1권 6-9장, 인간의 타락과 자유의지를 다룬 제2권 1-5장, 율법과 복음 및 신구약의 관계를 다룬 제2권 7-11장, 회개와 중생을 다룬 제3권 3-5장, 기도와 예정과 성도의 부활을 다룬 제3권 20-25장, 칭의와 성화와 그리스도인의 자유를 다룬 제3권 11-19장, 성찬을 다룬 제4권 14-19장, 교회의 역사와 권세를 다룬 제4권 4-13장, 교회의 본질과 표지와 직분을 다룬 제4권 1-3장, 마지막으로 독자에게 드리는 글과 프랑수아 1세(François I)에게 쓴 헌사를 번역하였습니다. 그리고 독자의 이해를 돕기 위하여 함께 수록하기로 마음먹고 1541년 프랑스어 판 이후 계속 나오다가 1560년 프랑스어 판에서는 사라진 "본서의 주제"(Argument du présent livre)라는 칼빈이 쓴 서문도 번역하였습니다. 이런 순서로 번역한 것은 단지 번역 기법이나 효율성만이 아니라『기독교 강요』가 1536년 이후 판을 거듭하며 증보되었다는 점과 그때마다 다소 체계를 달리해 왔다는 점을 고려했기 때문입니다.

번역 텍스트는 다음을 사용하였습니다.

Ioannes Calvinus, *Institutio christianae religionis, in libros quatuor nunc primum digesta, certisque distincta capitibus, ad aptissimam methodum: aucta etiam tam magna accessione ut propemodum opus novum haberi possit* (Geneva: Stephanus, 1559). *Ioannis Calvini opera quae supersunt omnia*, vol. 2, ed. Guilielmus Baum, Eduardus Cunitz, and Eduardus Reuss (Brunswick: C. A. Schwetschke, 1864).

본 번역서는 다음과 같은 특징이 있습니다.

첫째, 라틴어 원전을 직역했습니다. 한 단어도 빠짐없이 본래의 의미가 드러나도록 번역하고자 하였습니다. 약하게 문장을 잇는 접속사나 반복해서 나오는 전치사도 그렇게 하였습니다. 숙어로 상용되는 경우가 아니면 다소 어색하더라도 품사를 그대로 살려서 번역하였고, 능동태와 수동태도 우리말의 용례에 어긋나지 않는 한 그렇게 하였습니다. 특히, 칼빈은 가정법, 간접 서술, 독립 탈격, 미래 수동 분사(gerundive)를 많이 사용하고 여러 수사적 기법을 즐겨 활용하였는데, 이러한 점을 참작하여 번역함으로써, 구문의 원뜻이 반감되는 일이 없도록 만전을 기하였습니다.

둘째, 칼빈신학에 충실한 번역을 하였습니다. 자구대로 번역하되, 먼저 문맥을 정확히 파악한 후 그 뜻에 맞게 그렇게 하였습니다. 계시론에 있어서 경건, 성경의 영감, 성도의 감화를 가리키는 용어들, 삼위일체론에 있어서 일체, 삼위, 위격적 특성을 지시하는 용어들, 중보자 그리스도의 위격적 연합에 있어서 위격, 본성, 속성을 지시하는 용어들, 구원론에 있어서 믿음의 본래적 요소와 파생적 요소, 회개, 중생, 칭의, 성화와 관련된 용어들, 교회론에 있어서 표지, 직분, 권세에 관련된 용어들, 성례론에 있어서 성례적 연합과 관련하여 표징, 의미, 그리스도의 현존을 칭하는 용어들 등을 신학적 정의를 내린 후 엄정하게, 일관적으로 사용하였습니다.

셋째, 칼빈은 그렇게 하지 않았지만, 각 장의 절마다 절의 내용을 충실히 반영한 제목을 달았습니다. 그동안 여러 번역자들이 이렇게 해 왔습니다. 역자는 단지 소재(素材)를 밝히는 데 그치지 않고 주제(主題)를 제시하는 데 주안점을 두었습니다. 그리하여 절의 제목만 보고서도 칼빈이 무엇을 말하고자 하는지를 미루어 볼 수 있게 하였습니다.

넷째, 칼빈은 그렇게 하지 않았지만, 각 장에 속한 절들을 논의의 맥락에 따라 몇 부분으로 분류하고 각 묶음마다 제목을 달았습니다. 그동안 여러 번역자들이 이렇게 해 왔습니다. 여기서도 역자는 단지 소재를 밝히는 데 그치지 않고 주제를 제시하는 데 주안점을 두었습니다. 그리하여 각 장의 전체 내용을 일목요연하게 파악하는 데 도움을 주고자 하였습니다.

다섯째, 신학적 각주를 달았습니다. 각주에서는 일차적으로 칼빈이 인용한 문장들의 출처를 밝혔습니다. 그리고 신학적 통찰이 필요한 경우, 그 의미를 제시함과 더불어 관련 저술들을 소개하였습니다.

여섯째, 또한 각주에는 신학적으로 중요한 의미가 있는 단어, 구, 문장, 문단에 대한 라틴어 원전을 실었습니다. 그리하여 그 인용 자체로 해당 부분의 신학적 가치를 부각시키고, 독자가 역문을 원문과 함께 읽음으로써 본래의 어의에 더욱 충실한 이해에 이르는 데 도움을 주고자 하였습니다.

일곱째, 책 말미에 성경 색인을 수록했습니다. 칼빈은 본서가 성경 주석과 함께 읽히기를 원했고, 그만큼 성경 속에서, 성경과 함께 글을 썼습니다. 칼빈의 성경 인용은 광범위하고 심오하며 정확한 것으로 정평이 나 있습니다. 역자는 본문에 관련된다고 여겨지는 성구를 빠짐없이 본문에 표시하고자 했으며 색인에 그것을 모두 수록하였습니다.

여덟째, 각 단어의 고유한 뜻을 어원, 문맥, 본서 전체에서의 실제 용례에 비추어 한 가지 혹은 몇 가지로 엄정하게 매겨서 일관성 있게 번역하고자 기록해 둔 라틴어–한글 용어집(glossary)을 책의 말미에 실었습니다. 여기에 3,500단어 이상 수록되어 있습니다. 신학 용어들이나 교회 용어들의 의미뿐만 아니라, 독자의 이해를 돕기 위해 필요하다고 여겨지는 경우에는 접속사나 전치사의 의미도 확정해 놓았습니다. 칼빈의 글쓰기는 매우 주도면밀하고 정치(精緻)하여, 그가 사용한 단어들의 용례를 정리하는 것은 그 자체로 신학적 의미가 매우 크다 할 것입니다. 이 용어집을 활용하면 본문의 각주에 나오는 원문을 역문과 함께 읽는 데 큰 도움이 될 것입니다.

역자는 정확한 번역이 원문을 더욱 심오하고 친근하게 만든다는 신념을 가지고 있습니다. 쉽게 가닿기 위해서 의역을 하다 보면 저자의 의도와 역자의 의도가 충돌해서 마치 두 권의 책을 섞어 놓는 것같이 되고 신중한 독자일수록 그 사이에서 더 큰 혼란을 겪게 될 것이라고 여깁니다. 감히 부족한 종이 그 내용이나 의의나 가치에 있어서 기독교사에 큰 획을 긋는 이 대작(opus magnum)을 라틴어 원문에서 번역하고자 마음을 먹게 된 것은, 그동안 종을 바위와 같이 굴려 여기까지 이르게 하신 신실하신 하나님의 가없는 사랑과 비밀스런 경륜 그리고 친히 자기의 일을 이루시는 열심과 섭리를 믿었기 때문입니다. 사람의 지식을 전하는 글은 사람이 쓰지만, 하나님의 지식을 전하는 글은 하나님이 쓰십니다. 천학비재한 부족한 종에게 있어서, 본서를 번역하는 것은 남이 그만한 책을 쓰는 것 못지않게 힘겨운 일이었습니다. 그러나 다시금 마음을 고쳐먹고 용기를 낼 수 있었던 것은 하나님이 부족한 종을 징검다리처럼 사용하시고 후에 훨씬 더 나은 다른 종을 세우실 줄 믿고 위로를 삼았기 때문입니다.

칼빈의 글은 결코 가볍지 않습니다. 쉽게 이해되고 얕게 머무는 글이 아닙니다. 칼빈의 글에는 화려하고 풍부한 어휘들이 가득합니다. 다양한 수사학적 기법이 문장을 극적으로 고양시킵니다. 고전어의 음률이 내(川)와 같이 흐릅니다. 그렇다고 해서 칼빈의 글이 어려운 것은 아닙니다. 칼빈은 글쓰기에 있어서 간결함(brevitas)과 유용함(facilitas)을 추구합니다. 그의 글에는 치밀한 논리와 심오한 사상이 함의되지만, '나뭇가지 위에서 노래하는 새'의 맑고 또렷한 소리가 흐릅니다. 그러므로 그의 글은, 그의 문체에 충실한 이상, 결코 둔중하거나 모호하거나 혼탁할 수 없습니다. 이 점에서 본서는 누구나 읽을 수 있는 책이며, 누구에게나 유익하고, 누구에게나 심오한 책입니다. 그렇기 때문에 본 역문이 어렵다면, 그 소이는 칼빈이 아니라 번역자에게서 찾아야 합니다.

언제나 출판을 앞두고 분주한 이때쯤이면, 글은 혼자 쓰나 책은 여럿이 낸다는 생각을 해 보고는 합니다. 남모르게 섬기시는 생명의 말씀사 모든 분께 감사를 드립니다. 경건과 사유가 버물린 이렇듯 심오한 글을 대하는 긴장감이 저에 못지않게 컸을 텐데도 끝까지 잘 감당해 주셨습니다. 여러모로 애쓴 제자 곽진수 목사님과 한우찬 목사님에게 고마움을 표합니다. 모두 하나님의 마음에 합한 진리의 종으로 귀히 사용되길 바랍니다.

라이트 교수님, 헤셀링크 교수님, 오스터헤이븐 교수님은 지금 모두 이 땅에 계시지 않습니다. 그러나 은사님들과 함께 했던 기억은 여전히 새롭고 그 향기는 여전하며 물려주신 책과 여러 글과 메모와 편지에 배어 있는 교훈은 날이 갈수록 더 깊이 새겨집니다. 은사님들이 계시지 않았다면, 부족한 종은 칼빈의 서문 한 줄도 넘어서지 못하였을 것입니다.

  언제나 그렇듯이 만유의 만유이시고 전능하신 분이 누구보다 미련하고 누구보다 약한 부족한 종을 이끄셔서 이 모든 일을 다 이루셨음을 고백하며, 모든 감사와 영광과 존귀와 찬송을 하나님께 올려 드립니다.

2020년 5월
우면산 자락에서 **문병호**

본서의 이해를 돕는 역자의 논단

1559년 판 『기독교 강요』와 칼빈신학

문병호

1. 세 가지 자화상:
   사제, 법조인, 기독교 인문주의자

칼빈은 1509년 프랑스 북부 피카르디 지방의 누아용에서 둘째 아들로 태어났다. 누아용은 크지 않은 도시였으나 대주교가 거주하며 미사를 집전하던 대성당이 있었다.[1]

회심 전 칼빈의 생애는 크게 세 가지 자화상으로 그려진다.[2] 먼저 그는 소년기를 지나는 동안 가톨릭 사제가 되고자 하는 소망을 가지고 있었다. 명민하고 근면했던 어린 칼빈이 누아용 대성당의 담을 따라 위치했던 도서관에서 주요한 교회 교리서들과 역사서들을 열심히 암송하며 읽었다고 추측하는 것은 단지 독단만은 아닐 것이다. 누아용의 교구에 속한 두 교회는 사제가 되고자 했던 칼빈에게 성직 장학금을 지급하였다.

---

1) 이하 칼빈의 회심 전후의 생애와 그의 신학의 형성에 대한 논의는 다음에 일부 수정을 가하여 실었다. 문병호, 『라틴어 직역 기독교 강요』 (서울: 생명의 말씀사, 2009), xxiii–xxxiii.

2) Cf. Byung-Ho Moon, *Christ the Mediator of the Law: Calvin's Christological Understanding of the Law as the Rule of Living and Life-Giving* (Milton Keynes, UK: Paternoster, 2004), 60-83.

칼빈은 또한 법학자나 법률가가 되고 싶었다. 그는 당대 프랑스 법학의 양대 산실인 오를레앙 법대와 부르주 법대에서 수학했다. 오를레앙에서는 당시 갈리칸 학파를 대표하던 레스투알(Pierre Taisan de l'Estoile, Petrus Stella)로부터 좀 더 고전적인 법학 방법론을 익혔다. 레스투알은 법전 가운데서 법전을 읽는(text-in-text reading) 주석학적 방법론을 심화시켰다. 특히 법조문 각각의 실제 적용을 강조하여 판례 연구에 심혈을 기울였다.

부르주 법대에서는 법학사에 있어서 큰 획을 긋는 인물로 회자되는 알키아티(Andrea Alciati)에게서 수학하였다. 알키아티는 문헌학적 방법론을 강조하여 법전 안에서 법전을 읽는 데 그치지 아니하고 고대의 문건들을 광범위하게 섭렵하여 법조문의 뜻을 밝히고자 하였다. 특별히 그는 역사적 · 비평적 해석 방식을 도입하여 통시적인 접근을 수립하였다.[3]

---

3) Cf. Quirinus Breen, *John Calvin: A Study in French Humanism* (Grand Rapids: Eerdmans, 1931), 137, 139; T. H. L. Parker, *John Calvin: A Biography* (Philadelphia: Westminster Press, 1975), 13; Stanford W. Reid, "John Calvin, Lawyer and Legal Reformer," in *Through Christ's Work: A Festschrift for Dr. Philip E. Hughes*, ed. W. Robert Godfrey and Jesse L. Boyd III (Phillipsburg, NJ: Presbyterian and Reformed Publishing, 1985), 152. 이러한 법학 공부는 칼빈이 성경, 특히 율법을 문자적이고 역사적으로 해석하는 데 큰 영향을 미쳤다. Michael L. Monheit, "Passion and Order in the Formation of Calvin's Sense of Religious Authority," Ph. D. dissertation, Princeton University, 1988, 242–507; Patrick Le Gal, *Le droit canonique dans la pensée dialectique de Jean Calvin* (Fribourg Suisse: Éditons Universitaires, 1984), 89–161; Jean Carbonnier, "Droit et Théologie chez Calvin," in *Johannes Calvin: Akademische Feier der Universität Bern zu seinem 400 Todestag*, ed. Hans Merz,

우리가 그리는 또 다른 자화상은 기독교 인문주의자로서의 칼빈이다.[4] 칼빈은 당대 최고의 인문주의자들과 교류했으며 그들에게서 배웠다.[5] 그의 라틴어 교사는 새로운 교수법을 개발하여 귀납적으로 가르친 코디에(Mathurin Codier)였다. 그의 헬라어 교사는 루터의 영향을 지대하게 받았으며 문학적 성경 해석에 일가견이 있었던 볼마르(Melchior Wolmar)였다. 칼빈은 당대 최고의 인문주의자이었던 단네(Pierre Danès)에게서도 헬라어를 배웠으며, 바타블(François Vatable)에게서는 히브리어 수업을 받았다.

프랑스를 대표하던 기독교 인문주의자 뷔데(Guillaume Budé)와의 교류는 일찍이 시작되어 지속되었다. 뷔데의 로마법 주석은 압권이었는데, 칼빈은 그를 "문학 세계에 있어서 첫 번째 장식이며 기둥"(primum rei literariae decus et columen)이라 불렀고, 에라스무스(Desiderius Erasmus)를 "두 번째 문학의 장식"(literarum alterum decus)이라고 불렀다.[6]

기독교 인문주의(Christian humanism)에 대한 칼빈의 염원은 그의 작품 『세네카의 관용론 주석』(Seneca's De Clementia)에서 열매를 맺었다. 이 주석은 "16세기 초반의 고전학의 완전한 표본을 보여 주는 작품"이었다.[7] 일흔네 명의 라틴 저자

---

et al. (Bern: Verlag Paul Haupt, 1965), 18–31.
4) Cf. Jacques Pannier, *Recherches sur la formation intellectuelle de Calvin* (Paris: Librairie Alcan, 1931).
5) Cf. Bernard Cottret, *Calvin: A Biography*, tr. M. Wallace McDonald (Grand Rapids: Eerdmans, 2000), 12–65.
6) *Calvin's Commentary on Seneca's De Clementia*, tr., intro., and notes, Ford Lewis Battles and André Malan Hugo (Leiden: E. J. Brill, 1969), 42.37–38. 다음은 이 역서에 실린 원문의 출처이다. *L. Annei Senecae, Romani senatoris, ac philosophi clarissimi, libri duo de clementia, ad Neronem Caesarem: Ioannis Calvini Nouiodunaei commentariis illustrati* (CO 5.1–162)
7) *Calvin's Commentary on Seneca's De Clementia*, Introduction, 19.

들과 스물두 명의 헬라 저자들로부터의 광범위한 인용이 있었지만, 주석에 나타난 성경 인용은 불과 일곱 번에 그치며 그 일곱 번도 직접적으로 신학에 관계되지는 않았다. 다만 주목되는바, 일곱 교부들의 작품이 여기에 인용되며, 그중 아우구스티누스는 그 횟수가 스물두 번에 달한다.[8] 이는 "원 자료들을 가지고 그리스도를 선포한다."(Christum praedicare ex fontibus)라는 에라스무스와 뷔데를 비롯한 당대 기독교 인문주의자들의 가치관에 부응된다.[9]

이 작품으로 칼빈은 자신을 에라스무스에 필적하는 반열에 세우고자 했다. 비록 많은 관심을 끌지는 못했지만 이 작품은 회심 전의 칼빈의 사상이 어떠했는지를 알려 주는 가장 귀중한 자료가 된다. 본서는 군주의 관용을 주제로 삼지만, 스토아 학자들의 주요 관심사인 신, 운명, 섭리, 덕, 법, 국가, 백성 등에 대한 폭넓은 논의를 담고 있다. 칼빈은 여기서 운명론이나 결정론을 배격하며 하나님의 섭리를 인정하였고, 군주를 하나님의 대리인(vicar)이라고 칭하면서, 하나님이 군주에게 낮추시고 맞추어 주시듯이, 군주도 낮은 자리에서 백성에게 맞추어 나라를 다스려야 한다는 점을 부각시킨다. 그리고 사랑과 공평(정의)이 조화를 이루는 통치를 그 이상(理想)으로 제시하고, 그 조화로부터 군주의 관용

---

[8] Cf. David E. Willis, "Rhetoric and Responsibility in Calvin's Theology," in *The Context of Contemporary Theology*, ed. Alexander J. Mckelway and E. David Willis (Atlanta: John Knox Press, 1974), 45; William Bouwsma, "The Two Faces of Humanism, Stoicism and Augustinianism in Renaissance Thought," in *Itinerarium Italicum: The Profile of the Italian Renaissance in the Mirror of its European Transformations*, ed. Heiko Oberman and Thomas A. Brady Jr. (Leiden: E. J. Brill, 1975), 9–12.

[9] Ford Lewis Battles, "The Sources of Calvin's Seneca Commentary," in *Interpreting John Calvin*, ed. Robert Benedetto (Grand Rapids: Baker, 1996), 68, 86. 그러나 실제로 이름이 언급된 경우는 라틴 학자들이 55명 혹은 56명, 헬라 학자들이 22명이었다. Guenther H. Haas, *The Concept of Equity in Calvin's Ethics* (Ontario: Wilfrid Laurier University Press, 1997), 10; Jean Boisset, *Sagesse et Sainteté dans la pensée de Jean Calvin* (Paris: Presses universitaires de France, 1959), 248.

을 도출한다. 여기에 하나님의 맞추어 주심(accommmodatio divina) 개념의 단초가 발견된다. 이에 근거해서 칼빈은 또한 법은 국가의 힘줄과 같으며, 군주는 법을 집행할 때 단지 정죄에 치중해서는 안 되고 가르쳐서 올바로 세우는 데 궁극적인 목적을 두어야 한다는 점에 주목한다. 이는 율법의 정죄적 용법보다 규범적 용법을 강조하는, 이후의 그의 신학적 입장과 맥락이 닿는다.[10]

칼빈은 회심 전에 이미 가톨릭 사제로서의 기독교 교양을 충분히 갖추었을 뿐만 아니라 인문학 분야에서도 유럽 최고의 지성으로 헤아림을 받는 데 손색이 없었으며 프랑스 르네상스에서 현저하게 추구된 로마법 부흥을 이룰 기수로서 누구보다 더 촉망되었다. 그는 프랑스풍 교수법(mos docendi gallicus)을 대표하는 레스투알에게서 텍스트 안에서 텍스트 읽기와 콘텍스트 안에서 텍스트 읽기의 상관성을 배웠으며, 이탈리아풍 교수법(mos docendi italicus)을 대표하는 알키아티로부터 역사적·문헌학적 방법에 기초하여 법률 제정자의 뜻을 중요시하는 해석법을 배웠다. 그리고 뷔데를 통하여서 단어의 문자적인 의미를 넘어서 문학적이며 영적인 의미가 추구되어야 함을 인식하였다.[11]

하나님은 칼빈에게 이러한 소양을 갖추게 하신 후 갑작스런 회심을 허락하셨다.

---

10) *Calvin's Commentary on Seneca's De Clementia*, 5.53ff.; 7.22-28; 12.22-24, 27-28; 30.12; 33.1; 50.27-31; 79.18-22; 93.19-21; 97.30ff.; 106.24ff.; 107.36ff.; 109.28ff.; 111.3-9; 115.15; 125.11-16; 126.2-3. Cf. Moon, *Christ the Mediator of the Law: Calvin's Christological Understanding of the Law as the Rule of Living and Life-Giving*, 47-55; Louise L. Salley, "A French Humanist's Chef-d'Oeuvre: The Commentaries on Seneca's '*De Clementia*' by John Calvin," *Renaissance Papers* (1968), 41-53.

11) Cf. 문병호, "칼빈 율법관의 법학적 기원," 『법학사 연구』 31 (2005), 315-353. 본고는 2004년 6월 29일 서울대학교 법대에서 개최된 제70회 한국법사학회에서 발표되었다.

2. 갑작스러운 회심(subita conversio)과 초기의 신학적 저작

칼빈은 지극히 공적인 삶을 살았다. 그 공적인 삶은 고스란히 많은 글로 남았다.12) 하지만 그는 그 자신에 대해서는 거의 침묵하였다. 아우구스티누스와 달리 고백록을 남기지 않았으며, 루터와 달리 삶의 역정에 대한 언급을 달가워하지 않았다.

"저는 자신에 대해 말하기를 기꺼워하지 않습니다!"(De me non libenter loquor)13) 칼빈은 회심 이후 자기는 하나님의 뜻대로 사용되는 섭리의 도구라는 의식을 철저히 가지고 있었다. 그리하여 전기학자들이 관심을 가질 만한 일신상의 말이나 행적에 대한 기록을 거의 남기지 않았다.14) 그렇기 때문에 그의 사적인 삶은 많은 경우 '수수께끼'로 남아 있다.15)

칼빈의 회심에 대한 많은 이론들이 있다. 그의 몽테뉴 대학교 시절에 회심이 있었다는 초기설부터 그가 『영혼 수면설 반박』(*Psychopannychia*)을 쓸 시점을 적합하게 여기는 후기설까지 매우 다양하다. 그러나 그 어느 누구도 자신의 주

---

12) 칼빈이 쓴 『기독교 강요』 모든 판, 신학 논문, 서신, 주석, 설교, 강의 등 거의 모든 작품이 프랑스의 스트라스부르에서 19세기 중반 이후부터 20세기 초에 걸쳐 편집된 『칼빈 전집』(*Calvini Opera*) 58권에 체계적으로 수록되어 있다. 여기에 실린 설교 874편은 전체 설교의 일부에 불과하다. 제네바 대학교의 종교개혁연구소가 중심이 되어 20세기 중반부터 계속해 온 『칼빈의 보충 자료집』(*Supplementa Calviniana*)이 완결되면 670편의 설교가 더 새롭게 빛을 보게 될 것이다. 그렇지만 1549년부터 1560년 혹은 1561년까지 칼빈의 설교를 속기한 드니 라그니에(Denis Raguenier)가 남긴 설교만 하더라도 무려 2,042편에 이른다는 점을 감안할 때, 여전히 전부에 훨씬 못 미친다는 것을 알 수 있다. W. de Greef, *The Writings of John Calvin*, tr. Lyle D. Bierma (Grand Rapids: Baker, 1989), 110-117.

13) *Responsio ad Sadoleti Epistolam*, 1539 (OS 1.460). Cf. Parker, *John Calvin: A Biography*, xi.

14) François Wendel, *Calvin: The Origins and Development of His Religious Thought*, tr. Philip Mairet (London: William Collins Sons, 1963), 15.

15) Alister E. McGrath, *A Life of John Calvin: A Study in the Shaping of Western Culture* (Oxford: Blackwell Publishers, 1990), 14.

장을 최종적으로 확증할 증거는 가지고 있지 않다.[16] 왜냐하면 칼빈은 이와 관련하여 시편 주석 서문에서 "나의 마음이 갑작스런 회심으로 가르침받을 만함"(animam meum······subita conversio ad docilitatem, par une conversion subite à docilité mon coeur)에 이르게 되었다는 말 외에는 아무것도 언급하고 있지 않기 때문이다.[17] 우리는 그 시점이 언제였는지, 당시 그가 어떤 형편에 놓여 있었는지, 어떤 성경 구절이 특별히 그의 회심에 작용하였는지를 알 수 없다. 다만 그가 어느 시점 이후에는 더 이상 가톨릭 사제적, 법학자적, 기독교 인문주의자적 관심을 보이지 않고 오직 성경만을 유일한 텍스트로서 손에 들었다는 사실을 확인하게 될 뿐이다. 즉, 이제 그가 성경의 교사(doctor)요, 해석자(interpres)요, 수호자(custos)로 서게 되었다는 점이다. 이렇듯 바울에게서와 같이 칼빈의 회심 역시 주관적 감화를 넘어서서 객관적 소명으로 나아갔던 것이다.[18]

위에서 언급하였듯이, 『세네카의 관용론 주석』에서 칼빈은 스토아학파의 운명론을 하나님의 섭리로 풀고자 하는 모종의 시도를 한다. 이러한 관심은 당시 기독교 인문주의자들의 사조(思潮)를 반영한다. 그들은 비기독교적 주제를 기

---

16) Cf. Williston Walker, *John Calvin: The Organizer of Reformed Protestantism 1509-1564*, 3rd ed. (New York: Schocken Books, 1969), 79–90; Ganoczy, The Young Calvin, 265; Wilhelm H. Neuser, "Calvin's Conversion to Teachableness," in *Calvin and Christian Ethics*, ed. Peter de Klerk (Grand Rapids: Calvin Studies Society, 1987), 57–77.

17) *Comm.*, Psalms, "Piis et ingenuis lectoribus salutem" (CO 31,21–22). Cf. H. Lecoultre, "La Conversion de Calvin," *Revue de théologie et de philosophie* (1890), 5–30; A. Lang, "Die Bekehrung Johannes Calvins," *Studien zur Geschichte der Theologie und der Kirche* 2 (1897), 1–56; K. Müller, "Calvins Bekehrung," *Nachrichten von der (Königlichen) Gesellschaft der Wissenschaft zu Göttingen* (1905), 188–255; P. Sprenger, *Das Rätsel um die Bekhrung Calvins* (Neukirchen: Neukirchener Verlag, 1960); Danielle Fischer, "Nouvelles réflexions sur la conversion de Calvin," *Etudes théologiques et religieuses* 58 (1983), 203–220.

18) Cf. Alexandre Ganoczy, "Calvin's Life," in *John Calvin*, ed. Donald K. McKim (Cambridge: Cambridge University Press, 2004), 9–10.

독교적으로 해석하고자 하는 학자적 유희를 즐겼다. 에라스무스가 그러했고, 뷔데가 그러했다. 그러나 그곳에는 생명의 진리에 대한 치열함이 존재하지는 않았다. 칼빈의 회심은 주제에서뿐만 아니라 방법에서조차 기독교 인문주의를 버리고, 성경의 주제를 성경적 방법으로 다루는 자리에 서게 된 사건이었다. 즉, 성경적 신학자이며 성경의 신학자의 길에 오르게 된 사건이었다. 이제 그는 존재하지도 않는 '운명'(fatum)에 대한 사색을 그치고 거듭난 성도의 존재와 실존을 대변하는 하나님의 '복'(beatitudo)에 몰두하였다. 회심 후 얼마 지나지 않아 칼빈은 그 '복'을 천명할 기회를 갖게 되었다.

개신교 기독교 인문주의자였던 지인(知人) 니콜라스 콥(Nicolas Cop)의 파리 대학 학장 취임 연설문을 작성하면서, 마태복음 5장 1–12절에 기록된 주님의 팔복 보훈을 다루었던 것이다.[19] 칼빈은 여기서 "하나님과 우리 사이를 중재하시는 유일하신 진실한 중보자, 생명의 열매를 맺게 하는 자신의 영으로 우리를 감화하시는 가장 위대하신 그리스도" 위에 우리의 올바른 믿음을 세워야 한다는 점에서 "기독교 철학"(philosophia Christiana)은 "그리스도의 철학"(philosophia Christi)이 되어야 함을 천명하였다.[20] 1533년 11월 1일, 성자(聖者)들의 중보자 됨을 기념하는 만성절(萬聖節, All Saints' Day)에 그들을 부인하는 이 글이 낭독되었다. 오직

---

[19] *Concio academica nomine rectoris universitatis Parisiensis* (CO 9.873–876, 10/2.30–36). 학자들은 대체로 본서가 칼빈의 저술이라고 여긴다. Jean Rott, "Documents strasbourgeois concernant Calvin," *Revue d'histoire et de philosophie religieuses* 44 (1964), 290–305 (text, 305–311); Hans Scholl, "Nicolaus Cop—Pariser Rektoratsrede vom. 1. November 1533," in *Calvin-Studienausgabe*, ed. Eberhard Busch et al. (Neukirchen: Neukirchener Verlag, 1994–2002), vol. 1/1, 2, *Reformatorische Anfänge* (1533–1541), 1/1.1–9 (text and tr. 10–25); Joseph N. Tylenda, "Calvin's First Reformed Sermon? Nicholas Cop's Discourse—1 November 1533," *Westminster Theological Journal* 38/3 (1976), 300–310. 필자 역시 그 문제와 내용, 그리고 정황에 비추어 칼빈의 저술이 분명함을 확신한다.

[20] *Concio academica nomine rectoris universitatis Parisiensis* (CO 10/2.31).

그리스도만이 유일한 중보자로서 구원을 다 이루심으로 율법을 완성하셨기 때문에 이제는 사제들이나 성자들의 공로가 필요 없다는 부분에 이르러서 좌중은 경악했다. 이 니콜라스 콥의 취임 연설 사건은 일 년 후 발발했던 벽보 사건의 전편(前篇)에 방불했다.[21]

사제와 성자의 중보를 부인한다는 것은 당시 체제(體制) 자체를 부인하는 것이었다. 이 일로 칼빈은 프랑스 남부의 도시 앙굴렘에 거주하던 개종한 신부 뒤 티예(Louis du Tillet)의 집으로 숨어들었다. 그는 보기 드문 개인 도서관을 가지고 있었다. 하나님은 칼빈을 책 속으로 도망치게 하셨다! 칼빈은 상당 기간을 샤를 데스프빌(Charles d'Espeville)이라는 가명으로 그곳에 머물며 이후 작품들을 위한 독서의 시간을 가졌다. 뒤 티예의 집에서의 평안은 그리 오래지 않아서 깨어졌다. 1534년의 벽보 사건(affaire de placards)은 당시 정치적으로 수세에 몰렸던 프랑수아 1세로 하여금 프랑스 개신교 탄압의 큰 명분을 주었으며 이로써 전대미문의 잔혹한 박해가 따랐기 때문이다. 이 박해로 인하여 추기경 사돌레토(Jacopo Sadoleto)나 뷔데가 로마 가톨릭으로 재개종하는 일이 발생했다. 그리고 종국에는 뒤 티예도 재개종의 길을 걷게 되었다. 프랑스 국왕은 자기 영내의 개신교도들이 독일의 루터파 개신교인들과는 달리 급진적인 재세례파의 교리를 따른다고 선동하였다.[22]

---

21) 1534년 10월에 마르쿠르(Antoine Marcourt)는 히브리서 말씀에 근거해서 그리스도가 유일한 중보자이심을 주장하며 미사를 거부하는 다음 문건을 기록하여 벽에 붙였다. *Articles véritables sur les horribles, grands et importants abus de la messe papale, inventée directement contre le sainte Cène de Jésus-Christ*.

22) 다음 글은 『기독교 강요』의 저술 배경에 대해서 다룬다. David Willis, "The Social Context of the 1536 Edition of Calvin's Institutes," in *In Honor of John Calvin, 1509-1564*, ed. E. J. Furcha (Montreal: McGill University, 1987), 133-135.

이러한 오해를 불식시키고 종교 개혁자들의 참 교리를 변호하기 위해서 칼빈은 재세례파의 핵심 교리인 영혼 수면설을 반박하는 책을 저술하여 바젤에 머물던 카피토(Wolfgang Capito)에게 보냈다. 그곳에서 칼빈은 인간의 영혼은 하나님의 형상의 주요한 좌소(座所)이며, 영기(靈氣)나 능력이 아니라 실체(substantia)로서 생명의 본질이 된다고 주장하였다. 그리고 이로부터 예수님의 신성과 인성 간의 위격적 연합 교리까지 나아가게 되었다.[23]

이 작품에서 칼빈은 에라스무스의 라틴어 성경과 불가타 성경을 사용하고 있으며, 루터, 멜란히톤(Philip Melanchthon), 부서(Martin Bucer)에 대한 이해를 심화시켰다. 무엇보다 주목되는 바는 이곳에서 칼빈은 성경에 의지해서 권위 있게 논쟁을 이끌어 가는 자신의 후기 논쟁 방식의 단초(端初)를 분명히 보여 주고 있다는 사실이다.

칼빈은 또한 얼마가 지나 1535년에 자신의 사촌 올리베탕(Pierre Robert Olivétan)의 프랑스어 성경 번역판 서문을 쓰게 된다. 라틴어 서문은 전체 서론으로서 사용되었으며 프랑스어 서문은 신약 부분의 서론으로서만 사용되었다. 라틴어 서문은 성경 해석과 참 교회와 참 목자상에 대한 언급이 주를 이루며, 프랑스어 서문은 그리스도가 율법의 실체이며 완성이라는 관점에서 복음이 그리스도요, 그리스도가 복음이라는 사실을 강조했다.[24]

---

[23] 이 책은 1542년 스트라스부르에서 다음과 같은 제목으로 출판되었다. *Vivere apud Christum non dormire animis sanctos, qui in fide Christi decedunt* (CO 5.165-232). 그리고 같은 도시에서 1545년에 재판이 나왔을 때 다음과 같이 그 제목이 바뀌었다. *Psychopannichia qua refellitur quorundam imperitorum error qui animas post mortem usque ad ultimum iudicium dormire putant. Libellus ante septem annos compositus nunc tamen primum in lucem aeditus.*

[24] *Ioannes Calvinus caesaribus, regibus, principibus, gentibusque omnibus Christi imperio subditis salutem* (CO 9:787-790). *A tous amateurs de Iésus Christ, et de son S. Evangile, salut* (CO 9:791-822).

율법은 단지 그리스도와 함께 이 세상에 들어 온 위대한 축복에 대한 형상이자 그림자(figures et umbres)였다. 오직 그리스도만이 이들에 대한 실체이자 진리(le corps et verité)였다. 율법은 어떤 사람도 완전함에 이르게 할 수 없었다. 그것은 단지 그리스도만을 제시했다. 율법은 마치 선생(pedagogue)과 같아서 바울이 말한 바 있는 율법의 마침이자 완성(la fin et accomplissement)인 그리스도에 대해서 전했으며 사람들을 그리스도께로 인도했다.[25]

그리스도와 율법에 대한 이러한 이해는 젊은 칼빈이 가진 최초의 신학적 관심사가 무엇이었는지를 잘 말해 준다.

3. 『기독교 강요』: 교훈적, 신앙고백적, 변증적 특성

칼빈에게 있어서, 회심은 말씀 수납(受納)의 사건이며 말씀 해석의 사건이었다. 하나님은 이제 칼빈이 모든 책을 내려놓고 한 권의 책(a book), 즉 성경을 절대적인 책(the book)으로 들게 하셨다. 마치 선지자가 달려가며 마음판에 말씀을 새겼듯이, 하나님은 칼빈의 심령의 손에 성경을 쥐어 주셔서 망명의 길에 오르게 하셨다. 아타나시우스의 신학, 아우구스티누스의 신학, 루터의 신학이 그러하듯이 칼빈의 신학도 나그네의 행로 가운데 형성되었다. 『기독교 강요』는 도상(途上)의 삶을 살던 나그네(viator peregrinans)가 받은 은혜의 결정체였다.[26]

---

[25] *A tous amateurs de Iésus Christ, et de son S. Evangile, salut* (CO 9:801–802).
[26] 다음은 칼빈의 '나그네의 신학'(theologia viatoris)으로서의 특성을 조망한다. Heiko A. Oberman, "*Initia Calvini*: The Matrix of Calvin's Reformation," in *Calvinus Sacrae Scripturae Professor*, ed. Wilhelm

『기독교 강요』 초판은 1536년 봄, 바젤에서 출판인 플라테르(Thomas Platter)와 발타사르 라시우스(Balthasar Lasius)에 의해서 간행되었다. 책의 이름은 다음과 같았다. 『기독교 강요, 경건에 대한 요체 거의 전부와 구원의 교리를 앎에 필요한 모든 것, 경건에 힘쓰는 모든 사람에게 가장 합당한, 최근에 편집된 작품』.[27] 그것은 경건과 교리를 담고 있는 책이며 경건에 힘쓰는 사람을 위한 책이라고 처음부터 천명되었다. 『기독교 강요』 초판은 칼빈이 1535년 8월 23일자로 프랑스 국왕 프랑수아 1세에게 보낸 헌정사가 작성되기 전에 이미 탈고되었다. 칼빈이 본서에 단 위의 부제(副題)는 그가 이 헌정사 초입(初入)에서 언급한 다음과 같은 목적에 정확히 부합한다.

이 작품을 쓴 유일한 목적은 종교에 대한 얼마큼의 열의로 감동된 사람들이 참된 경건을 형성하는 데(ad veram pietatem) 필요한 어떤 근본적인 것들을(rudimenta quaedam) 가르치려는 데 있었습니다. 특히 제가 이 일에 땀을 흘리며 애쓴 것은 제가 목도한, 그리스도를 향한 배고픔과 목마름을 지닌 모국의 수많은 프랑스인들을 위해서였습니다. 그들 중에 그나마 그리스도를 아는 아주 적은 지식에라도 제대로 젖어 있는 사람들은 극소수에 불과합니다. 이 책 자체가 말하듯이, 저의 저술 의

H. Neuser (Grand Rapids: Eerdmans, 1994), 129, 154. Cf. *Comm.*, Heb. 11:16 (CO 55.156): "세상을 포기하지 않는다면 우리가 하나님의 자녀로 설 자리가 없다. 지상의 삶을 순례자로 살지 않는다면(nisi peregrinemur) 우리에게 하늘의 유산은 없다." 또한 다음 주석에서 칼빈은 우리가 지상에서 "거주하는 동안"(tempus incolatus) 그리스도를 중보자로 믿고 영접하지 않으면 그 삶이 "미로"(labyrinthus)와 "심연"(abyssus)에 빠지게 될 것이라고 말한다. *Comm.* 1Pet. 1:17, 18, 20 (CO 55.223, 224, 226). '미로'와 '심연'은 칼빈이 하나님을 떠난 인류의 비참한 상태를 표현하는 대표적인 두 은유이다. William J. Bouwsma, *John Calvin: A Sixteenth Century Portrait* (Oxford: Oxford University Press, 1988), 32-48. 230-234.

27) *Christianae religionis institutio, totam fere pietatis summam, et quidquid est in doctrina salutis cognitu necessarium, complectens; omnibus pietatis studiosis lectu dignissimum opus, ac recens editum*, 1536 (CO 1.27-248).

도는 간단하고, 근본적으로 가르치기에 적합한 체제를 어김없이(ad simplicem⋯⋯ rudemque docendi formam) 제시함에 있습니다.[28]

칼빈은 본서에서 "교리 그 자체의 요체를 거의 모두"(summam fere eius ipsius doctrinae) 다루고자 한다. 그리하여 "교리의 특성이 어떠한지"(qualis sit doctrina)에 대하여 독자들에게 "교육을"(institutionem) 시키고 그들이 "고백을"(confessionem) 하는 데 이르도록 돕고자 한다.[29] 칼빈은 "성경 해석을 시험하는 가장 확실한 잣대"(certissimam amussim⋯⋯qua probari scripturae interpretatio)를 "믿음의 분수대로" (ad analogiam fidei) "믿음의 규범을"(fidei regulam) 따르는 것에서 찾는다. 믿음을 말씀에 대한 성령의 감화라고 볼진대, "우리의 교리"(doctrinam nostram)와 "우리의 고백"(confessionem nostram)은 서로 분리될 수 없다.[30] 이 점을 부각시키고자 칼빈은 다음과 같은 수사적인 질문을 왕에게 던진다. "그 속에 존귀한 보화가 숨겨져 있는 그리스도를 아버지가 주셨다는 사실을 구원과 영생에 대한 확실한 소망을 의뢰하는 가운데 아는 지식보다 더욱 믿음에 부합되는 것이 달리 어디에 있겠습니까?"[31] 그뿐 아니라 칼빈은 본서를 통하여 참 교리를 변호하고자 한다. 헌정사를 통해 자기가 전하는 복음이 새로운 것이나 불확실하고 의심스러운 것이 아님을 분명히 밝히고, "성경에 의해서 전승된 참된 종교가"[32] 무

---

28) 1536 *Institutio*, "Potentissimo illustrissimoque Monarchae" (CO 1.9).
29) 1536 *Institutio*, "Potentissimo illustrissimoque Monarchae" (CO 1.9). Cf. Benjamin B. Warfield, "On the Literary History of Calvin's Institutes," in John Calvin, *Institutes of the Christian Religion*, tr. John Allen (Philadelphia: Presbyterian Board of Christian Education, 1936), xv.
30) 1536 *Institutio*, "Potentissimo illustrissimoque Monarchae" (CO 1.23-24, 36).
31) 1536 *Institutio*, "Potentissimo illustrissimoque Monarchae" (CO 1.13).
32) 1536 *Institutio*, "Potentissimo illustrissimoque Monarchae" (CO 1.14).

시되고 거부되는 세태에서 왕에게 참 교리를 변호할 책무가 있음을 상기시키며,[33] "진정 변증의 보루, 그것은 교리 자체를 부인하는 것이 아니라 참 교리를 지키는 것입니다."라고 권고한다.[34] 이러한 맥락을 주지시키기 위해, 이 헌정사 자체가 "버젓한 변해서(辯解書)에 버금갈 정도에"(ad iustae paene apologiae modum) 이르렀다고 말한다.[35]

이 헌정사는 일부의 가필은 없지 않으나 초판 때의 형태와 내용을 그대로 유지한 채 이후 거듭된 판의 앞머리에 계속해서 수록되었다. 이는 칼빈의 『기독교 강요』가 일관되게 교훈적, 신앙고백적, 변증적 특성을 함의하고 있었음을 방증한다. 칼빈은 『기독교 강요』 전반을 통하여 보혜사 성령이 그리스도의 영으로서 말씀의 영이시자 구원의 영이 되심을 강조한다. 그리스도가 구원의 의를 다 이루시고, 그 의를 우리의 것으로 삼아 주시는 방식이 보혜사 성령을 부어 주심이다. 보혜사 성령은 진리의 영으로서, 그 영의 임재로 성도는 그리스도를 알고, 그리스도를 주로 고백하며, 그리스도의 복음 외에는 다른 복음이 없음을 변증한다.[36]

이러한 앎과 고백과 변증이 모두 그리스도의 대속의 의의 전가로 말미암는

---

33) 1536 *Institutio*, "Potentissimo illustrissimoque Monarchae" (CO 1.14–15).
34) 1536 *Institutio*, "Potentissimo illustrissimoque Monarchae" (CO 1.11).
35) 1536 *Institutio*, "Potentissimo illustrissimoque Monarchae" (CO 1.29).
36) 칼빈신학의 고백적 요소는 그가 보혜사 성령이 그리스도의 영으로서 진리의 영이심을 부각함에 있어서 잘 드러난다. Cf. *Comm.*, Jn. 14:20 (CO 47.331); 14:16 (CO 47.329); 15:9 (CO 47.342); 15:26 (CO47.353–354); 16:12–13 (CO 47.361–363); *Serm.*, Acts 1:5 (CO 48.6–7). Cf. Harmannus Obendiek, "Die Institutio Calvins als 'Confessio' und 'Apologie'," in *Theologische Aufsätze: Karl Barth zum 50. Guburtstag* (München: Chr. Kaiser Verlag, 1936), 417–431. 저자는 『기독교 강요』 초판의 변증적 성격이 칼빈이 성경교리를 "신앙의 유비"에 기초하여 "살아 계신 하나님과 그리스도의 교리"(doctrina Dei viventis ac Christi)로서 파악함에 기인한다고 주장한다(418–419). 즉 칼빈신학의 변증적 요소와 고백적 요소는 매우 긴밀하게 연결되어 있다는 것이다.

다. 그리스도가 자기 자신과 함께 모든 것을 주셨으므로, 성도는 자기 자신과 자기의 행위, 즉 살아남(生命)과 살아감(生活)을 모두 그의 의에 의지한다. 그리스도는 하나님과 사람 사이의, 하나님이시자 사람이신 유일하신 중보자로서 신구약의 실체이시다. 그가 율법에 계시된 약속을 성취하셨다. 복음은 이 성취를 전하는, 중보자 그리스도의 인격과 사역에 대한 말씀이다. 대속의 의가 유일하듯이, 복음 역시 유일하다. 여기에 칼빈 언약 신학의 요체가 있다. 이 점이 칼빈의 초기 작품들에 현저히 드러나며, 1536년 판 『기독교 강요』는 그 무엇보다 여실히 이를 보여 준다. 우리는 여기서 칼빈신학의 진수(眞髓)를 미리 맛보게 된다.37)

4. 신학자 칼빈(Calvinus Theologus)

칼빈신학에 대한 신학적 조명이 여전히 활발하다. 두메르그(Emil Doumergue), 니이젤(Wilhelm Niesel), 방델(François Wendel), 헌트(A. Mitchell Hunter) 등의 경우에서 보듯이,38) 칼빈신학을 전반적으로 조명하는 개론서 형식의 서적들이 오늘날에도 계속해서 출판되고 있다.39)

---

37) Cf. Moon, *Christ the Mediator of the Law: Calvin's Christological Understanding of the Law as the Rule of Living and Life-Giving*, 60–83.

38) Emil Doumergue, *Jean Calvin: Les hommes et les choses de son temps*, 7 vols. (Lausanne: G. Bridel, 1926); A. Mitchell Hunter, *The Teaching of Calvin: A Modern Interpretation* (London: James Clarke, 1950); Wilhelm Niesel, *Die Theologie Calvins* (München: Chr. Kaiser Verlag, 1938 1st ed., 1957 2nd ed.) (*The Theology of Calvin*, tr. Harold Knight [Piladelphia: Westminster Press, 1956]); François Wendel, *Calvin: Sources et évolution de sa pensée religieuse* (Paris: Presses Universitaires de France, 1950) (*Calvin: The Origins and Development of His Religious Thought*).

39) 다음 저서들이 주목된다. Marijn de Kroon, *The Honour of God and Human Salvation: Calvin's Theology According to His Institutes*, tr. John Vriend and Lyle D. Bierma (Edinburgh: T&T Clark, 2001);

칼빈의 사상은 물론이고 그의 유산 전반을 다룸에 있어서 그의 신학이 일차적으로 고려되어야 한다. 그는 목회자, 주석자, 설교자였으되, '신학자'로서 그러하였다.[40] 파렐(Guillaume Farel)을 통하여 칼빈이 제네바에 부름을 받은 것도 교리를 수립하고 가르치고 변증하는 '성경의 교사'(doctor Scripturae) 자격으로서였다.[41] 그의 대작(opus magnum) 『기독교 강요』는 단지 목회적인 단상을 담은 종교 수상록이 아니라 성경의 가르침을 유려한 문체로 체계적이고 종합적으로 기술한, 교리사적으로 볼 때, 최고의 조직신학 책이었다.[42]

칼빈의 서간들은 많은 경우 단순히 사신(私信)에 그치지 않고 신학적인 가르침과 변증을 요긴하게 담고 있다.[43] 제네바에서 수행한 칼빈의 직무는 정치적이거나 사법적이지 않았으며 오히려 성경 해석을 주로 삼는, 신학적이며 교리적인 것이었다. 널리 알려진 세르베투스(Michael Servetus) 공판은 목회자 칼빈으로서보다 신학자 칼빈으로서의 모습을 조명하는 사건이었다.[44] 신학자 칼빈의 면모

McKim, ed., *John Calvin*; Charles Partee, *The Theology of John Calvin* (Louisville: Westminster John Knox Press, 2008); David W. Hall and Peter A. Lillback, ed., *Theological Guide to Calvin's Institutes: Essays and Analysis* (Phillipsburg, NJ: P&R Publishing Company, 2008). 대체로 이들 작품들은 칼빈의 『기독교 강요』에 주안점을 두고 칼빈신학을 전체적으로 다루고 있다. 주요한 교리를 중심으로 칼빈신학을 개괄적으로 고찰하고 있는 다음의 작품도 크게는 『기독교 강요』의 체계 가운데 있다. Paul Helm, *Calvin: A Guide for the Perplexed* (London: T&T Clark, 2008).

40) Cf. Benjamin B. Warfield, "John Calvin the Theologian," in *Calvin and Augustine* (Philadelphia: Presbyterian and Reformed Publishing, 1956), 484-485
41) Herman J. Selderhuis, *John Calvin: A Pilgrim's Life*, tr. Albert Gootjes (Downers Grove, IL: IVP Academic, 2009), 65.
42) Cf. Richard A. Muller, *The Unaccommodated Calvin: Studies in the Formation of a Theological Tradition* (Oxford: Oxford University Press, 2000), 101-102. 88.
43) Cf. Jean-Daniel Benoit, "Calvin the Letter-Writer," in *John Calvin*, ed. G. E. Duffield (Grand Rapids: Eerdmans, 1966).
44) Moon, *Christ the Mediator of the Law: Calvin's Christological Understanding of the Law as the Rule of Living and Life-Giving*, 130-139.

는 15세기 말부터 시작하여 동시대 유럽을 휩쓸었던 반유대주의(anti-Semitism)에 대해서 그가 일체의 정치적인 대응을 자제하고 신학적인 저술로 이를 다룬 점에도 뚜렷이 나타난다.[45]

칼빈의 삶은 주요한 교리를 망라하는 신학적 논쟁들로 이어졌다.[46] 칼빈은 당대 모든 신학자들이 필히 검증을 거쳐야 할 시금석과 같은 존재였다. 대부분 당대의 신학자들은 그 시금석을 걸림돌이라고 생각했다. 그 면면을 일별하자면, 성부와 성자의 신격과 관련하여서는 세르베투스 및 그의 영향 아래에 있었던 그리발디(Matthias Gribaldi), 브란드라타(Giorgio Blandrata), 장틸(Valentine Gentile), 알키아티(Giovanni Paolo Alciati), 중보자 그리스도의 신인 양성의 위격적 연합에 따른 속성 교통과 관련해서는 루터파 신학자들과 오지안더(Andreas Osiander), 주님의 신인 양성의 중보와 관련하여서는 스탄카로(Francesco Stancaro)와 브란드라타, 주님의 대리적 속죄의 공로와 관련하여서는 라엘리우스 소키누스(Laelius Socinus)와 그 조카 파우스투스 소키누스(Faustus Socinus), 예정과 섭리와 자유의지와 관련하여서는 볼섹(Jerome Bolsec), 피기우스(Albertus Pighius), 카스텔리오(Sebastian Castellio), 칭의와 성화와 관련하여서는 로마 가톨릭 신학자들과 오지안더, 유아세례와 관련하여서는 호프만(Melchior Hofmann)과 후브마이어(Balthasar Hubmaier)를 비롯한 재세례주의자들과 세르베투스, 성찬론과 관련하여서는 로마 가톨릭 신학자들, 베스트팔(Joachim Westphal)과 헤슈시우스(Tilemann Heshusius)를 비롯한 루터파 신학자들, 츠빙글리(Ulrich Zwingli)의 후예 불링거(Heinrich Bullinger) 등이 그들이

---

[45] Moon, *Christ the Mediator of the Law: Calvin's Christological Understanding of the Law as the Rule of Living and Life-Giving*, 144–147, 163–170. 칼빈은 구약과 유대인들에 대한 자신의 신학적 입장을, 누군지 특정할 수 없는 한 유대인의 질문에 답하는 형식으로 다음에 개진한다. 이 작품의 저작과 출판 시기는 미상이다. *Ad Quaestiones et Obiecta Iudaei Cuiusdam Responsio Ioannis Calvini* (CO 9,653–674).

[46] Richard C. Gamble, "Calvin's Controversies," in *John Calvin*, ed. McKim, 188–189.

었다. 하나님은 칼빈의 생애에 끊이지 않는 신학적 긴장을 부여하셨다. 그리고 논쟁이 있을 때마다 논제에 대한 성경의 가르침을 엄정하게 파악하고, 진술하고, 변증하고, 저술하게 하셨다. 이런 과정을 통하여 철저히 검증되고 정련된 사상이, 때에 맞추어 증보를 거듭하던 『기독교 강요』에 고스란히 응집되었다.

우리는 칼빈의 생애를 다룸에 있어서 무엇보다도 '신학적 접근'에 주안점을 두어야 한다.[47] 가노치(Alexandre Ganoczy)의 다음 고찰도 이러한 점을 환기시킨다.

> 칼빈의 경우, 객관적 요소는 주관적 요소를 압도한다. 그러나 주관적 요소를 압도함으로써, 객관적 요소는 주관적 요소의 실체를 보존한다.[48]

여기에서 '주관적 요소'는 칼빈의 생애가 보여 주는 고유한 특성을 칭하고, 이를 압도하는 '객관적 요소'는 다름 아닌 그의 신학(혹은 그의 신학적 작품들)을 지시한다. 칼빈은 모국을 등지고 다시 돌아갈 수 없게 된 외인으로서 천상의 본향만 바라보고 나그네 신학(theologia viatoris)을 수행했다. 루터의 종교 개혁과 도시 종교 개혁을 잇는 제3기 형태로서 '망명객 종교 개혁'(the Reformation of the Refugees)을 [49] 이

---

[47] 비교적 최근에 간행된 다음 두 작품이 이와 관련하여 주목된다. Willem Van't Spijker, *Calvin: A Brief Guide to His Life and Thought*, tr. Lyle D. Bierma (Louisville: Westminster John Knox Press, 2009); W. Robert Godfrey, *John Calvin: Pilgrim and Pastor* (Wheaton, IL: Crossway Books, 2009).

[48] Alexandre Ganoczy, *The Young Calvin*, tr. David Foxgrover and Wade Provo (Philadelphia: Westminster Press, 1987), 242.

[49] Heiko A. Oberman, *The Reformation: Roots and Ramifications* (Grand Rapids: Eerdmans, 1994), 217–220; "The Impact of the Reformation: Problems and Perspectives," in *The Impact of the Reformation* (Grand Rapids: Eerdmans, 1994), 198–200.

끌었던 칼빈은 지상의 정황에 토착화되지 않은 순수하고(pura), 견실하며(solida), 건전한(sana) 참 신학(theologia vera)을 전개하였다. 오직 '성경의 신학'만이 '성경적 신학'이라고 여기는 칼빈신학의 객관성이 이러한 배경으로부터 연유한다. 이러한 특성상, 관념적이고 사변적인 독일의 토양에 깊이 뿌리박고 있었던 루터의 신학이 독일 권내를 크게 벗어나지 못했던 반면에, 칼빈신학은 유럽 대륙과 영국과 스코틀랜드, 나아가 미국 등지로 급속히 확산되었다.[50]

칼빈의 자화상은 건전한 교리(doctrina sana)에서 멀어진 로마 가톨릭 신학자들, 재세례주의자들, 유니테리언들, 이성주의자들, 내재주의자들, 은사주의자들, 비평주의자들, 실존주의자들 등에 의해서 극악하게 그려져 왔던 것이 사실이다. 심지어 종교 개혁의 정신과 가치를 공유했지만, 기독론과 성찬론과 구원론 등 근본 교리 전반에 있어서 칼빈과 대척점에 서서 비성경적 입장을 견지했던 루터란 신학자들도 그 예외는 아니었다. 이들은 하나같이 칼빈의 참 성경적 신학(theologia vera biblica)에 의해서 자신들의 치부가 드러났던 만큼, 신학자 칼빈보다는 비신학적인 칼빈 혹은 탈신학적인 칼빈을 그려내기에 몰두했다.[51]

스토페르(Richard Stauffer)는 하나님의 창조와 섭리에 대한 칼빈의 사상을 신

---

50) Cf. W. Stanford Reid, ed., *John Calvin: His Influence in the Western World* (Grand Rapids: Zondervan Publishing House, 1982); Van't Spijker, *Calvin: A Brief Guide to His Life and Thought*, 148-166; Andrew Pettegree, "The Spread of Calvin's Thought," Carl R. Trueman, "Calvin and Calvinism," and R. Ward Holder, "Calvin's Heritage," in *John Calvin*, ed. Mckim, 207-224, 225-244, 245-273; David Willis and Michael Welker, ed., *Toward the Future of Reformed Theology: Task, Topics, Traditions* (Grand Rapids: Eerdmans, 1999).

51) Cf. Sebastian Castellio, *Contra libellum Calvini in quo ostendere conatur haereticos iure gladii coercendos esse*, 1554; Jérôme-Hermès Bolsec, *L'Histoire de la vie, moneurs, actes, doctrine, constance et mort de Jean Calvin, jadis ministre de Genève*, 1577; Joseph Dedieu, "Calvin et calvinisme," in *Dictionnaire de spiritualité: Ascétique et mystique doctrine et historie*, vol. 2 (Paris: Beauchesne, 1953), 23-34.

학적으로 면밀히 고찰하여 수작을 썼음에도 불구하고,[52] 정작 칼빈의 생애를 다룬 책인 『존 칼빈의 인간성』에서는 '남편과 아버지', '친구', '목사'라는 관점에서만 칼빈의 삶을 조망할 뿐, '신학자'로서의 그의 삶에 대해서는 별도의 논의를 하지 않는다.[53] 이는 칼빈의 그리스도인의 삶의 교리를 깊이 연구하여 수작을 쓴[54] 월리스(Ronald S. Wallace)가 칼빈의 생애를 다룬 책인 『칼빈, 제네바 그리고 종교 개혁』에서 '사회인', '교인', '목사'로서의 칼빈의 삶을 조명한 이후 "그 사람과 그의 신학"(The Man and His Theology)이라는 제목의 장을 별도로 두어 대미를 장식하는 것과는 대조가 된다.[55] 그동안 많은 오해를 받아 온 칼빈의 '인간성'(humanité)을 바로 알리는 데 있어서 스토페르 식(式)의 글들이 도움이 되는 것은 사실이나, 혹 그런 경향이 편중되면 '신학자'로서의 칼빈의 자화상이 퇴색될 수도 있다는 점을 염두에 두어야 한다.

칼빈신학은 그 자체로 개혁신학(Reformed Theology)의 토대, 본질, 핵심으로서 작용했다. 칼빈신학은 '칼빈신학자들'(Calvinians) 혹은 '칼빈주의자들'(Calvinists)에 의해서 비로소 수립된 것이 아니었다. 오히려 그들이 칼빈신학을 계승하고 심화시켰다는 점에서 이런 이름들로 칭해지는 것이다. 칼빈은 성경의 진리로써 자신의 신학을 수립한 최고의 신학자였다. 역사적 칼빈주의는 칼빈신학의 역사적 적용이었다. 칼빈의 작품은 칼빈신학에 이르는 자료를 제공하는 데 그치

---

[52] Richard Stauffer, *Dieu, la création et la Providence dans la prédication de Calvin* (Berne: Peter Lang, 1978).

[53] Richard Stauffer, *The Humanness of John Calvin*, tr. George Shriver (New York: Abingdon Press, 1971).

[54] Ronald S. Wallace, *Calvin's Doctrine of the Christian Life* (Grand Rapids: Eerdmans, 1959).

[55] Ronald S. Wallace, *Calvin, Geneva and the Reformation: A Study of Calvin as Social Worker, Churchman, Pastor and Theologian* (Grand Rapids: Baker, 1988), 261-302.

지 않고, 그 자체로 칼빈신학을 담지한다. 그러므로 칼빈신학에 터 잡아 신학함(doing theology)의 출발점은 칼빈의 작품을 '읽음'에서 시작된다. 그 '읽음'은 일차적으로 '신학적 읽음'이 되어야 한다.

> 명민한 신학자는 칼빈을 거의 모든 주제에 맞게 각색할 수 있을 것이다. 충실한 신학자(좋은 역사가)는 칼빈을 이용하기보다 읽기를 추구할 것이다.[56]

5. 1536-1550년 판 『기독교 강요』

[1536년 판]

칼빈은 1535년 8월 23일 불과 스물여섯 살을 막 넘겼을 즈음 기독교사에 길이 남을 *Institutio Christianae Religionis*라고 약칭되는 한 권의 책을 써서 당시 철권(鐵拳)을 휘둘렀던 프랑스 국왕 프랑수아 1세에게 헌정했다. 이듬해인 1536년 3월에 출판된 『기독교 강요』가 그것이었다. 이는 당대 로마 가톨릭 신학을 주도했던 파리 소르본 대학교의 교황주의 신학자들을 정면으로 겨냥하였다.
『기독교 강요』 초판은 신약성경의 사분의 삼 정도가 되는 분량이었다. 이는 절의 구분이 없이 모두 여섯 장으로 구성되었다.[57]

---

56) Muller, *The Unaccommodated Calvin: Studies in the Formation of a Theological Tradition*, 188. 다음은 본서의 제목을 언급하면서, "각색되지 않은 칼빈"(the unaccommodated Calvin)은 허상에 불과하다고 꼬집는다. Stephen Edmondson, *Calvin's Christology* (Cambridge: Cambridge University Press, 2004), 29-39.

57) Cf. Paul C. Böttger, *Calvins Institutio als Erbauungsbuch: Versuch einer literarischen Analyse*

1. De Lege, quod Decalogi explicationem continet(율법, 이는 십계명 해설을 포함한다)

2. De Fide, ubi et Symbolum (quod Apostolicum vocant) explicatur(믿음, 여기서 사도신경이 해설된다)

3. De Oratione, ubi et oratio dominica enarratur(기도, 여기서 주기도문이 설명된다)

4. De Sacramentis(성례들)

5. Sacramenta non esse quinque reliqua quem pro sacramentis hacteus vulgo habita sunt, declaratur: tum qualia sint, ostenditur(지금까지 일반적으로 성례라고 여겨졌던 나머지 다섯 가지는 성례가 아님이 선언되고, 또한 그것들의 특성이 어떠한지 제시된다)

6. De libertate christiana, potestate ecclesiastica, et politica administratione (그리스도인의 자유, 교회의 권세, 정치적 통치)

칼빈이 헌정사에서 강조했듯이, 『기독교 강요』의 목적은 "종교에 대한 얼마큼의 열의로 감동된 사람들이 참된 경건을 형성하는 데 필요한 어떤 근본적인 것들(rudimenta)을 가르치려는 데" 있다.[58] 초판은 신앙고백적(confessional 혹은 credal)이고 신앙교육적(catechetical)이다. 율법, 믿음, 기도, 성례로 이어지는 제1-4장은 신앙교육서(catechism)의 전형적인 순서를 따르고 있다. 이는 1529년에 출판된 루터의 대소요리문답의 영향이 추론되는 부분으로서,[59] "기초 신앙교육 교

(Neukirchen-Vluyn: Neukirchen, 1990), 55-80.

58) 1536 *Institutio*, "Potentissimo illustrissimoque Monarchae" (CO 1.9).

59) Cf. August Lang, "The Sources of Calvin's *Institutes* of 1536," *Evangelical Quarterly* 8 (1936), 134;

범"(a basic catechetical manual)의 성격을 여실히 드러낸다.60) 그러나 로마 가톨릭의 거짓 성례들, 교회의 권세, 종교적 관용, 시민 국가의 통치, 그리스도인의 자유 등 민감한 현안을 다루는 제5-6장에서 보듯이, 중세 로마 가톨릭의 신앙교육서에서는 찾아볼 수 없는 변증적(apologetic)인 성격 또한 초판은 지니고 있다.61) 다만 이러한 변증(apologia) 역시 단지 논쟁적으로나 형식적으로가 아니라 교리적이며 신학적으로 행해진다. 이 점에서 우리는 개혁신학의 단초를 이미 젊은 칼빈의 신학에서 발견하게 된다.62)

1536년 판 『기독교 강요』 이후, 판이 거듭될수록 칼빈의 신학은 더욱 체계화

Jean-Daniel Benoît, "The History and Development of the *Institutio*: How Calvin Worked," tr. G. E. Duffield, in *John Calvin*, ed. Duffield, 103; Ford Lewis Battles, "Introduction," in John Calvin, *Institutes of the Christian Religion 1536 Edition*, tr. Ford Lewis Battles (Grand Rapids: Eerdmans, 1975), xlviii–xlix; Wendel, *Calvin: The Origins and Development of His Religious Thought*, 112; Wilhelm Neuser, "The Development of the *Institutes* 1536 to 1559," in *John Calvin's Institutes: His Opus Magnum*, ed. Bahrend Johannes van der Walt et al. (Potchefstroom: Institute for Reformation Studies, 1986), 36-38; Elsie McKee, "Calvin's 1536 *Institutes*: The Church's Book," in *Calvin Studies III*, ed. John H. Leith (Richmond: Union Theological Seminary, 1986), 36; John T. McNeill, *The History and Character of Calvinism* (New York: Oxford University Press, 1954), 124-125; Edward A. Dowey, *The Knowledge of God in Calvin's Theology* (Grand Rapids: Eerdmans, 1994, 3rd ed.), 232. 이들 중에서 Lang, Wendel, Dowey는 『기독교 강요』 초판에 루터의 소요리문답이 큰 영향을 미쳤다고 주장하는 반면, Benoît, Battles, Neuser, McNeill, McKee는 그것이 중세의 신앙교육서의 구조를 따랐다고 본다. 한편 다음 저자는 루터의 대요리문답의 영향을 강하게 주장한다. Wilhelm Diehl, "Calvins Auslegung des Dekalogs in der ersten Ausgabe seiner *Institutio* und Luthers Catechismen," *Theologische Studien und Kritiken* 70 (1898), 141ff.

60) Muller, *The Unaccommodated Calvin: Studies in the Formation of a Theological Tradition*, 119.
61) Cf. Albert Rilliet, "Notice Historique," in *Le Catéchisme Français de Calvin publié en 1537, réimprimé pour la première fois d'après un exemplaire nouvellement retrouvé, et suivi de la plus ancienne Confession de foi de l'église de Genève, avec deux notices*, ed. Albert Rilliet, Théophile Dufour (Genève, 1878), 42-44.
62) Cf. McKee, "Calvin's 1536 *Institutes*: The Church's Book," 35-37. 멀러는 『기독교 강요』 초판의 마지막 두 장이 루터가 소요리문답에 부록으로 게재한 "가정 의무 규정"(tabula oeconomica)과 유사하다고 밝힌다. *The Unaccommodated Calvin: Studies in the Formation of a Theological Tradition*, 120.

되어 갔다. 본서는 단지 어느 한 성경 애호가의 단상이나 사변을 술회한 책이 아니라, 교리사에서 획을 긋는 대신학자의 기본 교리서였다.[63] 『기독교 강요』 초판에서 칼빈은 "교리의 교본"(manual of dogmatics)을 제시함으로써,[64] 우리가 심화시켜 가야 할 '역동적'(dynamic), '진취적'(evolving), '실제적'(interactive) 신학의 효시(嚆矢)를 보여 준다.[65] 이 작품을 읽은 많은 사람이 로마 가톨릭으로부터 개종하였고, 본서를 읽은 파렐은 그 자신이 훌륭한 신학적 양식을 갖추고 있었지만, 칼빈을 제네바로 초청하여 교리를 관할하는 성경 교사의 지위를 부여하였다.[66]

칼빈은 『기독교 강요』의 판을 거듭하면서 이전의 것을 버리고 새 것을 쓴 것이 아니라 이전의 것에 새 것을 더하였다. 이러한 증보(augmentatio)에 대해서 어느 저명한 학자는 다음과 같이 말한다.

> 칼빈은 1536년에 믿었던 것을 1559년에도 여전히 믿고 있었다. 혹은 강조점을 달리해서 표현한다면, 칼빈은 1559년에 믿었던 것을 이미 1536년에 붙들고 있었다. 비록 바꾸지는 않았으나, 그것을 계속 발전시켰다.[67]

그러므로 초판의 내용을 일별해 보는 것이 이후 판들의 이해를 위해서 큰 도

---

63) Cf. Muller, *The Unaccommodated Calvin: Studies in the Formation of a Theological Tradition*, 101-102.
64) Wendel, *Calvin: The Origins and Development of His Religious Thought*, 146-147.
65) Cf. Donald K. McKim, "Introduction," in *Calvin's Institutes, Abridged Edition* (Louisville: Westminster John Knox Press, 2001), xviii-xix.
66) Cf. Bernard Roussel, "François Lambert, Pierre Caroli, Guillaume Farel……Jean Calvin (1530-1536)," in *Calvinus servus Christi*, ed. Wilhelm H. Neuser (Budapest: Presseabteilung Des Ráday-Kollegiums, 1988), 35-52.
67) T. H. L. Parker, *Portrait of Calvin* (London : SCM Press, 1954), 39.

움이 될 것이다.

제1장은 율법에 할애된다. 여기서 칼빈은 먼저 하나님을 아는 지식과 우리 자신을 아는 지식에 대해서 논한다. 이 부분은 1539년 제2판부터 각각 별개의 장으로 독립되는데, 이후 모든 판에 있어서 『기독교 강요』의 교리 체제를 지탱하는 두 축이 된다. 율법은 하나님의 어떠하심과 뜻의 계시로서 본질상 정죄적이 아니라 규범적이다. 그런데 타락한 인류는 원죄로 인하여 아무도 그 율법의 의를 스스로 이룰 수 없다. 그러므로 율법을 다 이루신 그리스도의 의를 자기의 것으로 삼지 않고는 아무도 스스로 의롭게 될 수 없다. 이러한 그리스도의 의의 전가의 은혜는 칭의와 성화에 모두 미친다. 율법은 그 은혜 가운데, 즉 복음 가운데 언약의 법으로서 작용한다.

첫째, 율법은 우리의 마음을 조명해서 우리로 하여금 하나님의 뜻과 완전한 삶을 동시에 직시하도록 하며, 그 가운데 우리 자신의 불의를 깨닫도록 한다.

둘째, 그리스도는 율법 외에 다른 법을 주시러 오신 것이 아니라, 율법의 최고 해석자요 완성자로서 오셨다. 율법이 우리 안에서 경건하고 올바른 삶의 규범으로서 본래의 기능을 하게 되려면, 율법을 다 이루신 그리스도를 믿는 믿음이 우리에게 앞서야 한다.

셋째, 하나님은 율법의 의를 다 이루신 그리스도의 영을 부어 주셔서 우리가 그리스도의 의를 우리의 것으로 삼고 율법의 굴레로부터 벗어나 그리스도 안에서 자유를 누리게 하실 뿐만 아니라 그 가운데 하나님의 뜻을 좇아 합당하게 살아갈 수 있게 하신다.

이와 같이 율법은 은혜의 법으로서 성도의 구원 전(全) 과정에서 작용한다. 칼빈이 율법을 다루는 이곳에서 칭의와 성화에 대해서 논하는 소이가 여기에 있다.

제2장은 믿음에 할애된다. 여기서 사도신경이 다루어진다. 믿음은 하나님의

자기 계시의 기록인 말씀을 믿는 것이다. 그것은 삼위일체 하나님에 대한 믿음이다. 성부, 성자, 성령은 한 분 하나님으로서 항상 함께 계시고 항상 함께 일하신다. 성부는 창조와 구원을 뜻하시고, 성자는 창조와 구원을 중보하시며, 성령은 창조와 구원에 있어서 역사하신다. 성부는 시작이시고, 성자는 성취이시며, 성령은 적용하신다. 성부는 의를 뜻하시고, 성자는 의를 이루시며, 성령은 의를 전가하신다. 교회는 택함받은 백성의 총수로서 그 의를 전가받은 하나님의 백성의 연합체이다.

제1장은 율법의 의가 성취되는 구원의 길을 오직 은혜로 말미암은 칭의의 교리로써 제시하는 한편, 제2장은 그리스도가 성취한 의가 무엇이며 그것이 어떻게 믿음을 통하여 성도에게 전가되는지를 다룬다. 여기서 믿음의 조목과 속성이 다음과 같이 논의된다.

첫째, 참 믿음은 영혼의 확고한 감화로서 오직 성령의 역사로 말미암아 내적으로 작용한다. 말씀이 믿음의 대상이며 목표이다. 말씀은 구원의 유일한 길이 그리스도께 있음을 가르친다. 그러므로 말씀으로 그리스도를 믿음이 구원적 믿음(fides salvifica)이다.

둘째, 믿음은 아들을 통하여 아버지를 믿고 그리하여 성령을 믿는 것이다. 삼위는 본질 혹은 실체에 있어서 하나이나 각각의 특성에 있어서 구별된다. 그리하여 한 분 하나님이 세 위격 혹은 인격으로 계신다. 아버지와 아들이 하나이시고, 아버지와 아들이 영이시니, 아버지와 아들과 성령은 동일하시다.

셋째, 우리 구원의 전체 요체가 그리스도께 있다. 그의 어떠하심과 행하심, 즉 그의 인격과 사역이 모두 믿음의 대상이 된다. 이 땅에 오신 하나님의 아들은 하나님의 아들이시자 사람의 아들로서 신인(神人)의 위격으로 계시며 그 위격으로 일하신다.

넷째, 교회는 그리스도를 머리로 그 몸의 지체된 성도들이 하나가 되는 연합체(societas)이다. 교회는 그리스도의 의의 전가로 형성되며, 그 의로 자라 간다. 그러므로 그 존재와 당위가 모두 그리스도께 있다.

제3장은 기도에 할애된다. 여기서 주기도문이 다루어진다. 먼저 기도의 법이 논의되고, 그리스도의 대제사장적 중보 기도가 없다면 성도의 기도가 헛됨이 지적된다. 그리스도가 모든 의를 다 이루셨고, 기도의 열매는 오직 그 의로 말미암으므로, 기도는 다 이루신 그리스도의 은혜를 하나님께 간구하여 누리는 것이다. 곧 믿음으로 본 말씀의 보화를 기도로 캐내는 것이다. 하나님은 오직 그리스도 안에서, 그리스도의 이름에 의지하여, 자기를 찾고 부르짖는 자들에게 응답하신다. 아버지는 아들 안에서만 자신을 보여 주시며, 부요하신 자로서 가난하게 되신 아들과 함께, 자신의 부요하심으로 우리의 빈곤을 채우신다. 주님은 주기도문으로 이를 가르쳐 주셨다.

제4장은 성례에 할애된다. 성례는 보이지 않는 은혜를 보이는 표징으로 제시한다. 성례의 실체는 언약의 구주가 되시는 그리스도 자신이다. 하나님은 우리의 무딘 능력에 맞추어 주셔서 우리가 가시적인 물질로써 비가시적인 영에 속한 것을 묵상하게 하신다. 주님은 자기의 말씀으로 우리를 가르치시고 교훈하시며, 자기가 제정하신 성례로 그 말씀을 확정하시되, 자기의 영이신 보혜사 성령의 역사로 그렇게 하신다. 세례는 씻어냄의 징표와 증거가 된다. 세례의 인침은 중생의 씻음과 말씀의 새롭게 함을 포함한다. 성찬이 주는 달콤함과 위로의 열매는 우리가 그리스도의 것으로서 그가 우리를 위하여 찢기시고 흘리신 살과 피가 영원히 우리의 것이 되며 그것이 우리의 믿음을 지키고, 일으키며, 자라게 한다는 데 있다. 그리스도는 아버지의 보좌 우편에 계시나 이전의 몸의 방식이 아니라 특별한 권능과 능력으로 우리 자신과 함께 현존(現存)

하신다. 달리 말해서, 그 몸의 현존이 우리와 함께한다. 성례는 신앙의 유비에 따라서 언약 가운데 그분의 살과 피를 먹고 마시는 것이다.

제5장은 로마 가톨릭의 다섯 가지 거짓 성례를 다룬다. 성례를 제정하시는 뜻은 오직 하나님께 있다. 그 뜻을 자기의 말씀으로 수립하시는 분은 오직 그리스도이시다. 곧 성례의 제정이 그리스도께 있다. 그 말씀이 성령의 역사로 작용하여 가시적 표징이 비가시적 실체를 제시한다. 그러므로 성부의 뜻과 성자의 제정과 성령의 역사가 없는 성례는 모두 거짓다. 여기서 지적되는 바, 로마 가톨릭의 견진 성사는 세례를 모호하게 하고 폐지시키며, 고해 성사는 그리스도의 다 이루신 의가 전적인 은혜로 전가되어 죄사함을 얻게 함을 부인하며, 종부 성사는 몸뿐만 아니라 영혼을 죽이고 살리는 권능이 하나님께 있음에도 하나님이 아니라 사제에게 죽음을 맡기며, 신품 성사는 교회의 직분을 맡은 자는 그리스도의 종으로서 그리스도의 의에 의지해서 일해야 함에도 그리스도가 아니라 사제에게 그 의를 구하는 것이며, 혼인 성사는 그리스도가 교회와 하나 되는 비유로서 사용되는 혼인에 성례의 실체를 부여하는 오류에 빠져 있다.

제6장은 그리스도인의 자유, 교회의 권세, 정치적 통치에 할애된다. 그리스도인의 자유는 복음의 교리에 필히 수반되어야 한다. 그곳에 구원에 대한 가르침의 개요가 담겨 있다. 이는 세 가지로 이루어진다.

첫째, 율법의 속박으로부터 벗어나서 누리는 양심의 확신이다.

둘째, 율법의 멍에로부터 자유롭게 된 가운데 마음을 다하여 하나님의 뜻에 순종하는 것이다.

셋째, 구원에 무관한 중립적인 것들에 대하여 연약한 자들이 걸려 넘어지지 않게 하는 것이다.

이는 자유를 통하여 선과 덕을 세우는 적극적인 의미를 지닌다. 그리스도인의 자유는 오직 그리스도를 구주로 인정하고 유일한 자유의 법인 말씀의 통치를 받는 것이다. 하나님은 자기의 대리와 대언자로서 사람을 세우신다. 그리고 자기의 일을 맡은 자에게 은사를 부여하시고 그 가운데 권세를 갖게 하신다. 교회의 권세는 전통으로부터 온 것이 아니라 하나님의 말씀의 제정으로부터 온 것이다. 로마 가톨릭은 사람의 전통으로 전제(專制)를 자행함으로써 각 사람 안에서 역사하시는 보혜사 성령의 작용을 가로막고 있다. 교회 통치와 권징의 목적은 교회를 세움과 교회의 지체인 성도를 세움 둘 모두에 있다. 국가의 통치자는 하나님의 대리인으로서 고유하게 맡겨진 정부의 일을 감당해야 하며, 이를 등한시하거나 배척해서는 안 된다.

[1539년 판]

칼빈은 1537년과 1538년에 기독교 신앙의 핵심이 되는 교리를 일목요연하게 제시한 『신앙교육서』를 프랑스어와 라틴어로 각각 저술하여 제네바 교회에 제출하고 출간한다.68) 그 라틴어 판 서문에서 신앙교육은 "날카롭고 고상한 지식보다 경건에 유익한 것으로서" "교리의 열매"(doctrinae fructum)를 맺게 하는 데 목적이 있다고 지적하고, 이는 오직 "하나님의 순수한 말씀"을 가르쳐서 "복음의 순수함"을 지킬 때에 가능하다고 하였다.69)

---

68) *Instruction et confession de foy don't on use en l'église de Genève*, 1537 (CO 22.33-74) (*Instruction in Faith [1537]*, tr. & ed. Paul T. Fuhrmann [Philadelphia: Westminster Press, 1949]); *Catechismus, sive christianae religionis institutio*, 1538 (CO 5.323-362) (*Catechism or Institution of the Christian Religion*, tr. Ford Lewis Battles in I. John Hesselink, *Calvin's First Catechism: A Commentary* [Louisville: Westminster John Knox Press, 1997], 7-38).

69) *Omnibus Christi Evangelium Religiose Colentibus*……, 1538 (CO 5.317).

이 제1차 『신앙교육서』에서 칼빈은 율법은 본질상 정죄를 위해서가 아니라 삶의 규범으로서 주어졌다는 점과 그리스도가 율법의 실체, 계시, 성취가 되신다는 점을 강조한다.[70] 그리고 그리스도의 영의 임재에 따른 그리스도의 의의 전가로 말미암아 율법이 칭의와 성화의 전 과정에 작용하게 된다는 점을 천명한다.[71] 율법에 대한 이러한 기독론적 이해는 개혁파 언약 신학을 특징짓는 요체가 된다. 칼빈의 제1차 『신앙교육서』는 연전(年前)의 『기독교 강요』를 요약하는 데 머무르지 않고, 처음으로 개혁파 언약 신학이 체계적으로 제시되는 1539년 판 『기독교 강요』로 넘어가는 가교의 역할을 한다.[72]

『기독교 강요』 초판의 명성에도 불구하고, 칼빈은 제네바에서 추방되어 스트라스부르로 내몰렸다. 그러나 제네바에서와는 달리 스트라스부르에서는 그에게 설교하고, 심방하며, 목양하는 진정한 목회자의 생활을 체험할 기회가 제공되었다. 그 열매로서 새로운 『기독교 강요』가 총 17장으로 획기적으로 증보, 재편되어 『진정 비로소 이제 제목에 걸맞은 기독교 강요』라는 제목으로 1539년에 출판되었다.[73] 이전보다 분량이 세 배가 되었다.[74] 칼빈은 이를 1541년에 스트라

---

70) *Catechismus, sive christianae religionis institutio* (CO 5.327-332).
71) *Catechismus, sive christianae religionis institutio* (CO 5.335-336).
72) Cf. Benoît, "The History and Development of the *Institutio*: How Calvin Worked," 102; Olivier Millet, "Le premier 'Catéchisme' de Genève (1537/1538) et sa place dans l'oeuvre de Calvin," in *Catéchismes et Confessions de foi*, ed. Jean Boisset (Montpellier: Université de Montpellier, 1995), 212, 224.
73) *Institutio christianae religionis nunc vero demum suo titulo respondens*, 1539.
74) 다음의 글들은 『기독교 강요』의 여러 판의 형성을 다루고 그 내용을 개괄적으로 고찰한다. Wilhelm Niesel, "Descriptio et historia editionum Institutionis latinarum et gallicarum Calvino vivo emissarum" (OS 3.vi-l); J. Köstlin, "Calvins Institutio nach Form und Inhalt in ihrer geschichtlichen Entwicklung," *Theologische Studien und Kritiken* 41 (1868), 7-62, 410-486; Warfield, "On the Literary History of Calvin's Institutes," 193-219; Benoît, "The History and Development of the *Institutio*: How Calvin Worked," 102-117; Pierre Imbart de La Tour, *Calvin et l'Institution de la religion chrétienne* (Paris:

스부르에서 제네바로 다시 돌아온 지 얼마 안 되어 프랑스어로 번역하였다. 파리 의회는 1539년 라틴어 판과 1541년 프랑스어 판을 모두 정죄하였고 누구든지 그 책을 소지한 자를 보고하게끔 하였다.[75]

『기독교 강요』 1539년 판의 내용은 다음과 같다.

1. De cognitione Dei(하나님을 아는 지식)
2. De cognitione hominis et libero arbitrio(사람을 아는 지식과 자유의지)
3. De lege; Explicatio Decalogi(율법; 십계명 해설)
4. De fide; Expositio symboli Apostolici(믿음; 사도신경 해석)
5. De poenitentia(회개)
6. De iustificatione fidei et meritis operum(믿음의 칭의와 행위의 공로)
7. De similitudine ac differentia veteris ac novi testamenti(구약과 신약의 일치점과 차이점)
8. De praedestinatione et providentia Dei(하나님의 예정과 섭리)
9. De oratione(기도)
10. De Sacramentis(성례들)
11. De baptismo(세례)
12. De coena Domini(성찬)
13. De libertate Christiana(그리스도인의 자유)

Firmin-Didot, 1935); Wendel, *Calvin: The Origins and Development of His Religious Thought*, 111–149; Neuser, "The Development of the Institutes 1536 to 1559," 33–54; Ford Lewis Battles, "Calculus fidei," in *Calvinus ecclesiae doctor*, ed. Wilhelm H. Neuser (Kampen: J. H. Kok, 1980), 85–110; De Greef, *The Writings of John Calvin: An Introductory Guide*, 198–202.

75) De Greef, *The Writings of John Calvin: An Introductory Guide*, 200.

14. De potestate Ecclesiastica(교회의 권세)
15. De politica administratione(정치적 통치)
16. De quinque falso nominatis sacramentis(성례라고 사칭되는 다섯 가지)
17. De vita hominis Christiani(그리스도인의 삶)

새로운 판은 초판에 새로운 장을 첨가하는 형식으로 구성되었다. 초판 제1장이 제3장으로, 제2장이 제4장으로, 제3장이 제9장으로, 제4장이 제10-12장으로, 제5장이 제16장으로, 제6장이 제13-15장으로 자리매김하게 되었다. 그리고 새로운 판은 제1장 "하나님을 아는 지식", 제2장 "사람을 아는 지식과 자유의지", 제5장 "회개", 제6장 "믿음의 칭의와 행위의 공로", 제7장 "구약과 신약의 일치점과 차이점", 제8장 "하나님의 예정과 섭리", 제17장 "그리스도인의 삶" 이렇게 일곱 장이 신설되었다.

새로운 판은 기존의 신앙고백적이고 신앙교육적인 체제에서 탈피하여, 신학 주제(locus theologicus)에 따라 올바르게 가르치는 순서(ordo recte docendi)를 수립하였다. 초판에서 여명을 보인 "신학적 체계"가 처음으로 그 본격적인 모습을 갖추고 나타난 것이다.[76] 그렇지만 초판에서 다루어지지 않았다가 여기에서 새롭게 다루어지는 주제들 중 다수가 초판 이후 저술된 제1차 『신앙교육서』에서 이미 다음과 같은 주제들로 천명된 바 있었다. '종교의 보편성', '참 종교와 거짓 종교의 차이', '자유의지', '선택과 예정', '교회의 직분', '인간의 전통', '출교', '시민 국가의 통치'가 그것들이다.

무엇보다 주목되는 바는 새로운 판 제1-2장에서 하나님을 아는 지식과 사

---

76) Doumergue, *Jean Calvin: Les hommes et les choses de son temps*, 4.2, 9.

람을 아는 지식이 경건에서 비롯된다는 점이 강조되는데, 이는 제1차『신앙교육서』에 나오는 종교에 대한 가르침의 연장선 위에 있다는 사실이다.[77]

1539년 판은 초판에서 한 문장으로 간략하게 언급되었던 '하나님을 아는 지식'과 '사람을 아는 지식'이 각각 한 장씩 두 장의 주제로 자리매김하게 되었다. '사람을 아는 지식'에는 '자유의지'가 포함되었다. 1559년 판『기독교 강요』제2권 1-5장에서 보듯이, 칼빈은 자유의지를 인간의 타락과 함께 다루는데, 그 단초가 여기에 나타난다. 모든 지혜가 두 가지 지식으로 이루어진다는 말은 츠빙글리의『참 종교와 거짓 종교에 대한 주석』(De vera et falsa religione commentarius, 1525)에서도 유사하게 발견된다. 그리하여 학자들은 그 영향을 짐작한다. 각각 한 장씩 새롭게 다루어지는 '구약과 신약의 일치점과 차이점', '하나님의 예정과 섭리', '회개', '믿음의 칭의와 행위의 공로', '그리스도인의 삶'과 관련하여서는 츠빙글리의 이 작품, 멜란히톤의 1521년 판과 1535년 판『신학편람』(Loci communes theologici)과『로마서 신학 강요』(Theologica institutio in Epistolam Pauli ad Romanos, 1519) 및『로마서 말씀 해제』(Dispositio orationis in Epistolam Pauli ad Romanos, 1529), 불링거의『하나님의 하나이자 영원한 언약 혹은 계약』(De testamento seu foedere Dei unico et aeterno, 1534)과『성경의 권위』(De scripturae sanctae authoritate, 1538), 부서의『로마서 해석과 해설』(Metaphrases et enarrationes perpetuae epistolarum D. Pauli Apostoli I, ad Romanos, 1536) 등의 영향이 주목된다.

칼빈은 1539년 판『기독교 강요』가 출판되기 수년 전부터『로마서 주석』[78]을 쓰면서 이 책들을 읽었을 것이며, 그 영향으로 자기의 신학 체계를 수립함

---

77) Muller, *The Unaccommodated Calvin: Studies in the Formation of a Theological Tradition*, 120.
78) *Commmentarii in Epistolam Pauli ad Romanos*, 1540, 1551, 1556. 칼빈은 모든 주석을 한 번씩만 주석했지만, 로마서만큼은 세 차례 주석하여 출판하였다.

에 있어서 로마서에 전개된 가르침의 순서(ordo docendi)를 깊이 생각하였을 것이다. 『로마서 주석』에서 특별히 강조되는 자연법과 일반계시론, 우리의 인격뿐만 아니라 행위조차도 의롭다 받아 주시는 그리스도의 의의 전가에 대한 교리, 칭의와 성화의 역동성, 의의 종으로서의 그리스도인의 삶의 교리, 구약과 신약 교회의 연속성과 하나임, 구원에 무관한 것들(아디아포라)에 있어서의 자유 등이 이 새로운 판의 『기독교 강요』에 깊이 새겨져 나타남이 이를 방증한다. 그렇다고 해서 칼빈이 기존의 신앙교육적 주제와 순서를 버렸다고 보아서는 안 된다. 제1차 『신앙교육서』를 도외시하고 1539년 판 『기독교 강요』를 논할 수는 없기 때문이다.[79]

주목되는바, 1539년 판 『기독교 강요』에서는 하나님을 아는 지식과 우리 자신을 아는 지식이 처음 두 장에 위치함으로써 교리의 교훈적 요소가 전면에 부각된다. 칼빈에게 있어서 지식은 확실한 경건의 경험에 다름 아니다. 그 경건은 그리스도와 연합하여 위로부터 하나님의 지식을 받고 아래로부터 예배를 올려드리는 데 핵심이 있다.

그리고 회개의 장이 주어진다. 회개는 공로가 아니라 은혜이다. 로마 가톨릭 신학자들은 보속(補贖)의 공로가 회개의 의라도 되는 듯이 여겨서 그리스도의 유일한 대속의 의를 부정하는 데 이르렀다. 같은 맥락에서 이신칭의 교리와 선행에 대한 교리가 첨가된다. 이 역시 변증적인 성격이 강하다. 칭의는 그리스도의 의의 전가로 의롭다 함을 얻는 것이며, 선행은 그 의의 전가의 열매이다.

---

79) 이상의 논의 전반은 다음에서 다루어진다. Muller, *The Unaccommodated Calvin: Studies in the Formation of a Theological Tradition*, 119-130. 특히 예정론에 미친 부서의 영향은 다음을 보라. Willem van't Spijker, "Prädestination bei Bucer und Calvin: Ihre gegenseitige Beeinflussung und Abhängigkeit," in *Calvinus Theologus*, ed. Wilhelm H. Neuser (Neukirchen-Vluyn: Neukirchener Verlag des Erziehungsvereins, 1976), 85-111.

그러므로 칭의와 성화가 모두 은혜이다.

구약과 신약은 모두 그리스도를 그 실체로 삼는다. 다만 경륜에 있어서 서로 다를 뿐이다. 그러므로 구약은 단지 신약의 예비가 아니라 신약의 예표이다. 언약은 구원의 은혜가 오직 하나님의 예정과 섭리에 있음을 드러낸다. 이를 다룬 새로운 장을 사람들은 "칼빈의 칼빈주의"(Calvin's Calvinism)라고 부른다.

이러한 변증적 성격과 더불어 신앙고백적인 요소가 강화되었으니, 특별히 『기독교 강요』 가운데 "황금의 작은 책"(Golden Booklet)이라고 불리는 그리스도인의 삶의 교리를 다룬 장이 새롭게 신설되었다. 여기서 칼빈은 "기독교 철학"(philosophia Christiana)은 "미래를 묵상하면서 자기를 부인하고 십자가를 지고 주님을 좇는 삶"으로서 구현되는 "그리스도의 철학"(philosophia Christi)임을 강조한다. 이와 같이 1559년 마지막 판을 구성하는 주요한 장들이 거의 빠짐없이 자리를 잡게되었다. [80]

[1543년 판]

1541년 9월 스트라스부르를 떠나 제네바에 다시 돌아온 칼빈은 먼저 『교회규칙』을 제정해서 목사, 교사, 장로, 집사라는 교회의 네 가지 직분을 선포하고, 오늘날 당회의 기원이 되는 목사장로회(Consistoire)에 권징할 권리를 부여하였다. [81] 그리고 문답 형태를 취한 제2차 신앙교육서를 프랑스어로 출판하였

---

[80] Cf. Paul Wernle, *Der evangelische Glaube nach den Hauptschriften der Reformatoren*, vol. 3, Calvin (Tübingen: J. C. B. Mohr, 1919), 23–24, 166ff.

[81] *Les Ordonnances ecclésiastiques: Projet d'ordonnances sur les offices ecclésiastiques*, 1541 (CO 10a,15–30).

다. 그리하여 서술형으로 기록된 제1차 신앙교육서의 단점을 보완해서 교육 효과를 높였다.[82] 또한 『예배 양식』을 출판하였다. 이는 이후 개혁파 예배모범의 기준이 되었다.[83]

이러한 일련의 저술과 함께 제3판 『기독교 강요』가 1539년 판과 동일한 이름으로 출판되었다.[84] 여기에는 교회론과 시민 정부론에 관한 논쟁들이 광범위하게 추가되었다.[85] 그리고 1545년에 이 책에 대한 프랑스어 번역판이 나왔다.

『기독교 강요』 1543년 판의 내용은 다음과 같다.

1. De cognitione Dei(하나님을 아는 지식)
2. De cognitione hominis(사람을 아는 지식)
3. De lege(율법: 십계명 해석)
4. De votis(맹세)
5. De fide(믿음)
6. Explicatio primae partis symboli(사도신경 첫째 부분 해설)
7. Explicatio secundae partis symboli; tertia pars(사도신경 둘째 부분, 셋째 부분 해설)

---

82) *Le Catéchisme de l'église de Genève, c'est a dire le Formulaire d'instruire les enfants en la chrestienté*, 1542 (CO 6:1-134).

83) *La Forme des prières et chantz ecclésiastiques, avec la manière d'administrer les sacremens, et consacrer le marriage, selon la coustume de l'église ancienne*, 1542.

84) *Institutio christianae religionis nunc vero demum suo titulo respondens*, 1543.

85) Cf. Benoît, "The History and Development of the *Institutio*," 107-108; Neuser, "The Development of the *Institutes* 1536 to 1559," 45-46.

8. Quartae partis symboli expositio(사도신경 넷째 부분 해석)

9. De poenitentia(회개)

10. De iustificatione fidei et meritis operum(믿음의 칭의와 행위의 공로)

11. De similitudine ac differentia veteris ac novi testamenti(구약과 신약의 일치점과 차이점)

12. De libertate Christiana(그리스도인의 자유)

13. De traditionibus humanis(사람의 전통)

14. De praedestinatione et providentia Dei(하나님의 예정과 섭리)

15. De oratione(기도)

16. De Sacramentis(성례들)

17. De baptismo(세례)

18. De coena Domini(성찬)

19. De quinque falso nominatis sacramentis(성례라고 사칭되는 다섯 가지)

20. De politica administratione(정치적 통치)

21. De vita hominis Christiani(그리스도인의 삶)

1543년 판에는 1539년 판에 비해 4장이 늘어났다. 1539년 판의 "믿음: 사도신경 해석" 장이 '믿음'을 다룬 한 장과 사도신경을 다룬 세 장, 총 네 장으로 분화되었다. 사도신경을 다룬 세 장은 각각 '믿음, 하나님, 그리고 창조', '그리스도와 성령', '교회, 죄사함, 그리고 부활'에 대하여 다루는데, '그리스도'와 '성령'을 나누어 두 부분으로 명명했다. 이후 1545년 『신앙교육서』에서는 이 두 부분이 독립된 두 장을 이루었다. 그리고 1559년 판 『기독교 강요』에서는 사도신경의 이 네 부분으로 모든 주제가 재배열되어 책 전체가 성부, 성자, 성령, 교회를 주제로 삼는 네 권으로 편성되었다.86) 칼빈은 사도신경을 부문별로 나누어 이해함으로써 로마서에 제시된 교리들을 더욱 종합적으로 재구성하였다. 새로운 관점이 목회 경험과 전망으로부터 배태(胚胎)되었다. 이로써 신앙고백적 요소와 교훈적 요소가 함께 조직적으로 체계화될 길이 열렸다. 이런 면에서, 1543년 판 『기독교 강요』는 1559년 판의 신앙고백적이고 신앙교육적인 체제에 효시가 되었다.87)

이러한 대의 가운데서 1543년 판 『기독교 강요』에서는 초판 이후 유지되어 오던 신앙교육적 체계가 파괴된 측면이 없지 않았다. 가장 주목되는 것은 그 동안 성례를 다룬 장들 다음에 위치하던 '그리스도인의 자유'에 대한 장이 '구약과 신약의 일치점과 차이점'에 대한 장 다음에 위치하게 되었고, '맹세'에 대한 장이 신설되어 '율법'에 대한 장 다음에 위치하게 되었다는 점이다. '맹세'를 '율법' 다음에 다룬 것은 로마 가톨릭이 율법의 규범을 차별하여 어떤 것은 어기면 대죄(大罪)가 되고 어떤 것은 어겨도 소죄(小罪)가 된다고 하면서 독신을 맹세한 사제들이나 수도사들에게는 사소한 권고 위반도 대죄가 된다고 주장하는 점을 염두에 두었기 때문이다. 이는 멜란히톤의 1535년 판 『신학편람』의 영향을 받은 것으로 여겨진다.88)

---

86) *Catechismus ecclesiae Genevensis, hoc est, formula erudiendi pueros in doctrina Christi* (CO 6,13–44). Cf. T. H. L. Parker, *Calvin's Doctrine of the Knowledge of God* (Grand Rapids: Eerdmans, 1959, 2nd ed.), 118.
87) 이 점에서 로마서의 배열에 영향을 받은 1539년 판 『기독교 강요』의 체제가 1543년 판에서 확연한 열매를 맺게 되었다. Cf. Muller, *The Unaccommodated Calvin: Studies in the Formation of a Theological Tradition*, 129–130. 여기에서 저자는 1539년 판 『기독교 강요』에서부터 "신앙교육의 체계가 다르게 전환되었다기보다는 신앙교육의 주제와 순서가 바울의 구원론의 주제와 순서에 따라서 통합되었다."고 본다.
88) 이상의 논의 전반은 다음에서 다루어진다. Muller, *The Unaccommodated Calvin: Studies in the Formation of a Theological Tradition*, 131–132. 여기에서 저자는 칼빈의 1539년 판 『기독교 강요』가 멜란히톤의 1535년 판 『신학편람』에 영향을 받기는 하지만 신앙교육적 성격을 결여하고 신학 주제에 따른 순서만을

또 하나 주목되는 것은 1543년 판은 '무엇보다 교부적인' 책이라는 점이다. 여기서 칼빈은 초대 교회의 교부들, 특히 아우구스티누스의 작품들로부터 상당한 수의 새로운 인용을 더하고 있다.[89]

[1550년 판]

1550년 제4판 『기독교 강요』는 "기독교 전체의 강요"[90]라는 새로운 이름을 갖게 되었다. 성경 구절들과 교부의 작품들에 대한 인용은 많이 늘었지만 장의 구분은 1543년 판과 동일했다. 1551년에서부터 이 책에 대한 프랑스어 번역판이 수차례 나왔다.

제4판은 칼빈의 신학과 목회가 한층 더 심오하게 조화를 이루어가던 시기에 저작되었다. 교회법과 관련된 현저히 많은 수의 단락들이 여기에 첨가되었다. 성경 구절과 교부 인용이 현저히 늘어나 분량이 방대해진 장들이 많아져서 이때 처음으로 각각의 장을 다수의 절로 나누었다.[91] 이러한 구조는 교리를 교육하고 변증하는 데 있어서 더욱 유익했다.[92]

지향한 것은 아니라고 주장한다.

89) Johannes van Oort, "John Calvin and Church Fathers," in *The Reception of the Church Fathers in the West: From the Carolingians to the Maurists*, 2 vols. ed. Irena Backus (Leiden: E. J. Brill, 1997), 675-676; Neuser, "The Development of the Institutes 1536 to 1559," 47.

90) *Institutio totius christianae religionis*, 1550.

91) Wendel, *Calvin: The Origins and Development of His Religious Thought*, 117-118; De Greef, *The Writings of John Calvin*, 201.

92) Muller, *The Unaccommodated Calvin: Studies in the Formation of a Theological Tradition*, 132.

6. 1559년 판 『기독교 강요』

[형성과 의의]

1559년은 칼빈에게 다음 세 가지에 있어서 특별한 의미가 있는 한 해였다. 먼저 외국인 시민(bourgeoisies)의 자격을 갖게 되어 단순한 체류민(habitants)의 지위를 벗어나게 되었다. 비록 완전한 시민(citoyens)이 되는 것은 아니어서 소의회의 선거권과 피선거권을 가지지는 못했지만, 비로소 영주권을 얻게 되었다.

그리고 '제네바 학교'(l'Académie de Genève)를 개교하게 되었다. 이는 스트라스부르에 체류할 때부터 거의 20년 동안 마음에 두고 있었던 바였다.

그리고 『기독교 강요』 마지막 판을 출판하게 되었다. 새로운 판은 이전 판보다 무려 거의 네 배에 달하는 80장으로 구성되었다. 그 모든 장이 네 권으로 묶였다. 그리하여 처음으로 권-장-절의 구조를 취하게 되었다. 그 분량이 초판의 다섯 배인 50만 단어에 육박하여 성경 전체와 맞먹을 만큼 되었다.[93] 네 권의 구도는 사도신경의 순서에 따랐다. 하나님을 아는 지식과 우리 자신을 아는 지식을 그 두 축으로 삼았다.[94]

전체적으로 초판부터 내재되어 온 신앙고백적 체제와 신앙교육적 체제에 제2판에서부터 도입된, 로마서의 영향을 받았다고 사료되는 신학적 체제가

---

[93] J. I. Packer, "Calvin the Theologian," in *John Calvin*, ed. Duffield, 151-155; Wendel, *Calvin: The Origins and Development of His Religious Thought*, 118-122; W. de Greef, "Calvin's Writings," in *John Calvin*, ed. McKim, 43-44.

[94] 다음은 하나님을 아는 지식과 우리 자신을 아는 지식을 두 축으로 삼아 칼빈신학을 인식론적 측면에서 조명한다. Köstlin, "Calvins Institutio nach Form und Inhalt in ihrer geschichtlichen Entwicklung," 57-58; Dowey, *The Knowledge of God in Calvin's Theology*, 41-49.

어우러져 이상적인 조화를 이루게 되었다.[95]

칼빈은 다음 제목에서 보듯이 본서에 처음으로 흡족한 마음을 가진 듯하다. 『이제 처음으로 확실하고 분명히 구분된 장들이 네 권의 책으로 분류되었으며 또한 매우 방대한 양의 첨가로 증보되어 가히 새로운 작품으로 여겨질 만한, 가장 적합한 방식에 이른 기독교 강요』.[96] 이는 단지 자천(自薦)에 그치지 않는다. 방델은 이 작품에 대하여 다음과 같이 말하였다. "진실로 이 책은 개혁파 개신교의 요체를 담은 기념비적 작품으로 남을 것이다."[97]

[제1차 『신앙교육서』와 1559년 판 『기독교 강요』]

1559년 판에는 가히 주요한 신학 주제들이 거의 다 망라되어 있는바, 그것들이 사도신경의 큰 틀 안에 적절하게 배치되어 있다. 이러한 구조는 그 방식에 있어서 1543년 판에서 처음으로 시도되지만, 그 내용에 있어서, 로마서의 가르침과 1537년과 1538년에 출판된 제1차 『신앙교육서』의 영향을 지대하게 받은 1539년 판에 이미 그 맹아가 나타난다.

마지막 판에서 칼빈은 80장으로 배열된 신학 주제들을 크게 네 권으로 묶었다. 각 권은 기본적으로 성부, 성자, 성령, 교회에 대한 논의에 할애된다. 역자는 이를 "성부, 스스로 계신 창조주 하나님", "성자, 우리를 위하신 구속주 하

---

95) Packer, "Calvin the Theologian," 154, 157-159; Muller, *The Unaccommodated Calvin: Studies in the Formation of a Theological Tradition*, 137.

96) *Institutio christianae religionis, in libros quatuor nunc primum digesta, certisque distincta capitibus, ad aptissimam methodum: aucta etiam tam magna accessione ut propemodum opus novum haberi possit*, 1559 (CO 2.31-1118).

97) Wendel, *Calvin: The Origins and Development of His Religious Thought*, 122.

나님", "성령, 우리 안에 오신 보혜사 하나님", "교회, 그리스도와 연합하여 자라 가는 한 몸"이라고 칭한 적이 있었다.[98]

이 방대한 80장의 대작(opus magnum)을 읽기 전에 우선적으로 우리는 칼빈이 본서에서 비로소 이르게 되었다고 한 '가장 적합한 방식'이 무엇을 뜻하는지 깊이 돌아볼 필요가 있다. 말할 나위도 없이 이는 교리를 올바르게 가르치는 순서(ordo recte doctrinam docendi)와 관계됨이 분명하다. 그렇다면 본서는 어떤 교리를 담고 있는가? 각 교리는 어떻게 배열되어 있는가?

우리는 이 질문에 답하기 전에, 처음으로 신학 주제별 체계를 갖춘 1539년 판 『기독교 강요』에 큰 영향을 미친 제1차 『신앙교육서』의 구조에 대해서 살펴볼 필요가 있다. "칼빈의 가르침의 문을 여는 열쇠"이자[99] "『기독교 강요』의 결정체(結晶體)"라고 불리는[100] 제1차 『신앙교육서』의 목차는 다음과 같다.[101]

장	1537년 프랑스어 판	1538년 라틴어 판	주제
1	Que tous hommes sont nez pour cognoistre Dieu	Omnes homines ad religionem esse natos	일반 종교성
2	Quelle difference il y a entre vraye et faulse religion	Quid inter falsam ac veram religionem intersit	참 종교와 거짓 종교
3	Que c'est qu'il nous fault cognoistre de Dieu	Quid de Deo nobis cognoscendum	하나님을 아는 지식
4	De l'homme	De homine	인간

---

98) 문병호, 『30주제로 풀어 쓴 기독교 강요: 성경교리정해』 (서울: 생명의 말씀사, 2013, 수정 증보판).
99) McNeill, *The History and Character of Calvinism*, 140.
100) Calvin, *Instruction in Faith (1537)*, tr. & ed. Fuhrmann, "Historical Forward," 8-10.
101) 문병호, "교리와 교육: 칼빈의 제1차 『신앙교육서』를 중심으로", 『칼빈신학: 근본 성경교리 해석』, 156-158.

5	Du liberal arbitre	De libero arbitrio	자유의지
6	Du peché et de la mort	De peccato et morte	죄와 죽음
7	Comment nous sommes restituez à salut et vie	Quomodo in salutem ac vitam restituamur	구원과 생명을 회복하는 길
8	De la Loy du Seigneur (Ex 20)	De lege Domini (Ex 20)	율법과 십계명
9	La somme de la Loy	Legis summa	율법의 요체
10	Que c'est qu'il nous vient de la Loy seule	Quid ex sola lege ad nos redeat	율법의 정죄
11	Que la Loy est un degre pour venir à Christ	Legem gradum esse ad Christum	율법을 통하여 그리스도를 찾음
12	Que nous apprehendons Christ par foy	Christum fide a nobis apprehendi	그리스도를 믿는 믿음
13	De l'election et predestination	De electione et praedestinatione	선택과 예정
14	Que c'est que la vraye foy	Quid sit vera fides	참 믿음
15	Que la foy est don de Dieu	Fides donum Dei	하나님의 선물인 믿음
16	Que nos sommes justifiez en Christ par foy	In Christo iustificamur per fidem	그리스도를 믿어 의롭다 함을 얻음(칭의)
17	Que par la foy nous sommes sainctifiez pour obeir à la Loy	Per fidem sanctificamur in legis obedientiam	믿음으로 율법에 순종하게 됨(성화)
18	De penitence et regeneration	De poenitentia et regeneratione	회개와 중생
19	Comment la iustice des bonnes oeuvres et de la foy conviennent ensemble	Quomodo bonorum operum et fidei iustitia simul conveniant	선행과 믿음의 의의 조화 방식

20	Le Simbole de la Foy	Symbolum Fidei	사도신경
21	Que c'est que Esperance	Quid sit spes	소망
22	De orayson	De oratione	기도
23	Que c'est qu'il fault regarder en orayson	Quid in oratione spectandum	기도의 목적
24	L'exposition de l'orayson dominicale	Orationis dominicae enarratio	주기도문 해설
25	De la perseverance en orayson	Orandi perseverantia	기도 중 인내
26	Des sacremens	De Sacramentis	성례
27	Que c'est que sacrement	Quid Sacramentum	성례의 본질
28	Du baptesme	De baptismo	세례
29	De la cene du Seigneur	De coena Domini	성찬
30	Des pasteurs de l'Eglise et de leur puissance	De ecclesiae pastoribus et eorum potestate	교회의 목자와 권세
31	Des traditions humaines	De traditionibus humanis	인간의 전통
32	De excommunication	De excommunicatione	출교
33	Du magistrat	De magistratu	통치자

여기서 칼빈은 계시론(1-2), 신론(3), 인간론(4-6), 기독론(7-11), 구원론(12-25), 교회론(26-33)의 순서로 교리 전반을 논하고 있다. 이는 종말론에 별도의 장이 할애하지 않는다는 점을 제외하고는,[102] 개혁신학자들의 신학을 함에 있어서

---

[102] 칼빈 당시에는 이전과 다를 바 없이 그리스도의 재림에 따른 성도의 부활과 최후의 심판 외에 별도로 종말론을 논하지 않았던 점을 보아 이는 굳이 예외로 여길 바는 아니다. Cf. Heinrich Quistorp, *Calvin's Doctrine of the Last Things*, tr. Harold Knight (Richmond, VA: John Knox Press, 1955).

사용하는 종합적-체계적 방법에 기본적으로 상응한다.103)

이를 1559년 판 『기독교 강요』에 비추어 보면, 계시론과 신론을 다루는 『신앙교육서』 제1-3장은 『기독교 강요』 제1권에, 인간론과 기독론을 다루는 제4-11장은 제2권에, 구원론을 다루는 제12-25장은 제3권에, 교회론을 다루는 제26-33장은 제4권에 해당한다.

이와 같은 기본 구조와 이 둘 사이의 유사점은 특히 다음에 있어서 주목된다.

첫째, 하나님을 아는 지식과 일반계시와 일반 종교성을 서론에서 논한다.

둘째, 인간의 타락과 자유의지와 원죄를 타락한 인류의 비참함을 다루는 인간론의 핵심 주제로 삼는다.

셋째, 그리스도의 인격과 사역을 다루는 기독론 안에서 율법을 논한다.

넷째, 칭의와 성화가 모두 그리스도를 믿음으로 말미암음을 천명한다.

다섯째, 회개와 중생을 함께 다룬다.

이와 함께 다음과 같은 차이점도 주목된다.

첫째, 제1차 『신앙교육서』에서는 예정론이 성도의 구원 서정(救援序程, ordo salutis)의 한 과정으로 여겨져 구원론의 맨 앞자리에 위치하나, 1559년 판 『기독교 강요』에서는 예정론이 구원론의 영역에 있지만 구원 서정의 한 과정으로서가 아니라 기도와 함께 성도의 감사의 영역에서 다루어진다.104)

---

103) Cf. Charles Hodge, *Systematic Theology*, 3 vols. (Grand Rapids: Eerdmans, 1995, rep.); Herman Bavinck, *Reformed Dogmatics*, 4 vols., ed. John Bolt, tr. John Vriend (Grand Rapids: Baker, 2003-2008); Heinrich Heppe, *Reformed Dogmatics: Set Out and Illustrated from the Sources*, ed. Ernst Bizer, tr. G. T. Thomson (London: George Allen & Unwin, 1950).

104) Cf. Robert Letham, "Faith and Assurance in Early Calvinism: A Model of Continuity and Diversity," in *Later Calvinism: International Perspectives*, ed. W. Fred Graham (Kirksville, MO: Sixteenth Century Essays & Studies, 1994), 355-384.

둘째, 제1차『신앙교육서』에서는 사도신경이 믿음의 대상으로 여겨져 구원론에 위치하나, 1559년 판『기독교 강요』에서는 사도신경이 그리스도에 대한 고백을 중점적으로 담고 있는 것으로 여겨져 그리스도의 비하와 승귀를 다루는 부분에 포함된다.

셋째, 제1차『신앙교육서』에서는 교회의 직분에 대한 논의가 성찬론에 뒤따르나, 1559년 판『기독교 강요』에서는 교회의 직분에 대한 논의가 성찬론보다 앞선다.

넷째, 제1차『신앙교육서』는 1559년 판『기독교 강요』와는 달리, 성경, 창조, 섭리, 중보자 그리스도의 인격, 신구약의 일치점과 차이점, 그리스도인의 삶, 그리스도인의 자유, 종말론, 교회의 본질과 표지와 직분과 권세에 대하여 별도의 장을 두지 않는다. 그러나 이는 논외로 해야 한다. 왜냐하면 이런 신학 주제들은 1539년 판『기독교 강요』이후에 증보되었기 때문이다.

[1559년 판『기독교 강요』의 구조와 교리적 분류]

1559년 판『기독교 강요』의 내용은 다음과 같이 여러 관점에서 분류된다.[105]

사도신경의 체제에 따르면, 제1권은 성부, 제2권 성자, 제3권은 성령, 제4권은 교회에 대한 논의에 돌려진다. 조직신학의 종합적–체계적 방법에 따르면,

---

[105] 문병호,『30주제로 풀어 쓴 기독교 강요: 성경교리정해』, 14–15. 역자가 30주제로 분류하여 여기에 제시한 표는 약간의 수정을 가한 내용을 담고 있다. 다음의 책에서는 1559년 판『기독교 강요』전체를 하나님을 아는 지식, 성경론, 삼위일체론, 예정론, 창조와 섭리, 죄론, 구속사와 언약 신학, 언약의 중보자, 그리스도의 대속 사역, 칭의와 성도의 그리스도와의 연합, 성령과 믿음과 확신과 회개, 그리스도의 법과 성령, 그리스도인의 삶의 교리, 기도, 예배와 성례, 교회론, 국가론, 종말론으로 분류하여 다룬다. Hall and Lillback, ed., *Theological Guide to Calvin's Institutes: Essays and Analysis*, 16–467.

제1권은 신학 서론과 신론, 제2권은 인간론과 기독론, 제3권은 구원론과 종말론, 제4권은 교회론에 돌려진다. 그리고 신학 주제(locus theologicus)에 따르면, 아래의 표가 제시하는 여러 교리(doctrina)가 해당하는 장에 돌려진다.

권	장	주 제	교 리
1권	1–5	생명의 지혜: 하나님을 아는 지식과 우리 자신을 아는 지식	계시 일반계시
	6–7	성경: 하나님의 자녀들의 특별한 학교	성경 (특별계시)
	8–9	말씀과 성령: 친히 말씀하시는 하나님의 말씀	
	13	삼위일체 하나님: 한 본질 안에 세 위격이 세 인격으로 계심	하나님
	10–12, 14	우상: 피조물로서 유한하며 죽은 것 피조물: 하나님의 영광의 눈부신 극장	창조
	15	사람: 하나님의 형상대로 지음 받은 인격적 찬미의 도구	
	16–18	섭리: 영원히 현존하는 하나님의 손	섭리
2권	1–5	원죄: 죄책과 오염의 전가 자유의지: 상실과 회복 일반은총: 모든 사람에게 미치는 하나님의 은혜	타락 (자유의지) (일반은총)
	7–8	율법: 경건하고 올바른 삶의 규범	율법
	9–11	복음, 신구약: 언약 가운데 약속하시고 이루심	언약
	6, 12–13	그리스도의 중보의 필연성: 성육신	중보자 그리스도
	14–15	위격적 연합과 신인 양성의 교통: 선지자, 왕, 제사장의 삼중직	

2권	16	중보자 그리스도의 사역: 비하(卑下)와 승귀(昇貴)	중보자 그리스도
	17	대리적 무름: 사랑의 시작은 의(義)	
3권	1	성령: 성도의 그리스도와의 연합	성령
	2	믿음: 감화와 확신	믿음
	3–5	회개와 중생: 죄사함과 의의 전가를 통한 죽임과 살림	회개 중생
	6–10	그리스도인의 삶: 미래를 묵상하며 자기를 부인하고 십자가를 지고 주님을 좇음	성도의 삶
	11–13	칭의: 그리스도를 믿음으로 의롭다 함을 얻음	칭의
	14–18	성화: 그리스도를 믿고 행함으로 거룩함을 얻음	성화
	19	그리스도인의 자유: 기꺼이 하나님의 말씀에 순종하는 자유	성도의 자유
	20	기도: 믿음의 주요한 훈련	기도
	21–24	예정: 하나님의 기뻐하신 뜻에 따른 영원한 작정	예정
	25	최후의 부활: 죽을 것이 죽지 아니함을 입음	종말
4권	1–2	교회의 본질과 표지: 머리이신 그리스도와 지체인 성도들의 연합체	교회
	3–7	교회의 직분: 머리이신 주님께로 자라감	교회
	8–13	교회의 권세: 교리권, 입법권, 사법권(권징)	
	14–16	성례: 보이지 않는 은혜에 대한 보이는 표 세례: 그리스도와 연합한 성도의 살아남의 은혜의 표	성례
	17–19	성찬: 그리스도와 연합한 성도의 살아감의 은혜의 표 로마 가톨릭 미사와 거짓 성례들: 새로운 유대주의	
	20	국가: 하나님이 통치자를 세워 법을 통하여 국민을 다스리게 하심	국가

1559년 판 『기독교 강요』는 이러한 신학적 구조 가운데 신앙고백적이고 신앙교육적인 특성을 함의한다. 이제 이러한 구조를 염두에 두고, 제1권 18장, 제2권 17장, 제3권 25장, 제4권 20장, 각 권의 목차를 소개한 후 그 내용을 개괄적으로 설명한다.

제1권

De cognitione Dei creatoris(창조주 하나님을 아는 지식)

1	Dei notitiam et nostri res esse coniunctas, et quomodo inter se cohaereant	하나님을 아는 지식과 우리 자신을 아는 지식이 서로 연결되어 있음과 그 결합의 방식
2	Quid sit Deum cognoscere, et in quem finem tendat eius cognitio	하나님을 아는 것의 실체와 그를 아는 지식이 지향하는 목적
3	Dei notitiam hominum mentibus naturaliter esse inditam	사람들의 마음속에 하나님을 아는 지식이 자연적으로 심겨 있음
4	Eandem notitiam partim inscitia, partim malitia vel suffocari vel corrumpi	동일한 지식이 일부는 무지로, 일부는 악의로 질식되거나 변질됨
5	Dei notitiam in mundi fabrica et continua eius gubernatione lucere	하나님의 지식은 세상의 조성과 그의 계속적 통치에 빛남
6	Ut ad Deum creatorem quis perveniat, opus esse scriptura duce et magistra	창조주 하나님께 이르고자 하는 사람마다 성경이 지도자와 선생으로서 필요함

7	Quo testimonio scripturam oporteat sanciri, nempe spiritus: ut certa constet eius autoritas; atque impium esse commentum, fidem eius pendere ab ecclesiae iudicio	성경은 그 확실한 권위에 부합하게 성령의 증언으로써 확립되어야 함. 그리고 성경에 대한 믿음이 교회의 판단에 따른다는 불경건한 공상
8	Probationes, quatenus fert humana ratio, satis firmas suppetere ad stabiliendam scripturae fidem	인간의 이성으로 받아들일 만한, 성경에 대한 믿음을 견고하게 세우는 확고한 증거들이 충분히 넉넉함
9	Omnia pietatis principia evertere fanaticos, qui, posthabita scriptura, ad revelationem transvolant	성경을 제쳐 놓고 계시로 비약하는 광신자들은 경건의 모든 원리를 전복함
10	Scripturam, ut omnem superstitionem corrigat, verum Deum exclusive opponere diis omnibus gentium	성경은 모든 미신을 교정하기 위하여 이방의 모든 신을 배제하고 오직 참 하나님만을 드러냄
11	Deo tribuere visibilem formam nefas esse, ac generaliter deficere a vero Deo quicunque idola sibi erigunt	하나님께 가시적 형상을 바치는 것은 불법이며, 일반적으로 누구든지 자기를 위하여 우상들을 세우는 자는 참 하나님을 배반하는 것임
12	Deum ab idolis discerni, ut solus in solidum colatur	하나님은 우상들과 구별되시니, 홀로 한결같은 예배를 받으심
13	Unicam Dei essentiam ab ipsa creatione tradi in scripturis, quae tres in se personas continet	자기 안에 세 인격을 지닌, 하나님의 한 본질은 창조 자체에 의해서 성경에서 가르쳐짐
14	In ipsa etiam mundi et rerum omnium creatione scripturam certis notis discernere verum Deum a fictitiis	성경은 또한 우주와 그 가운데 있는 모든 것의 창조 그 자체를 확실한 표지(標識)들로 삼아 하나님과 거짓 신들을 구별함

15	Qualis homo sit creatus: ubi de animae facultatibus, de imagine Dei, libero arbitrio, et prima naturae integritate disseritur	사람은 어떻게 창조되었는가? 영혼의 기능들, 하나님의 형상, 자유의지, 본성의 첫 순전성과 더불어
16	Deum sua virtute mundum a se conditum fovere ac tueri, et singulas eius partes sua providentia regere	하나님은 자기에 의해 지음을 받은 세계를 자기의 능력으로 자라게 하시고 보호하시며 자기의 섭리로 그 각 부분을 다스리심
17	Quorsum et in quem scopum referenda sit haec doctrina, ut nobis constet eius utilitas	섭리 교리를 우리의 효용에 알맞게 적용하기 위하여 추구해야 할 지향점과 목표
18	Deum ita impiorum opera uti, et animos flectere ad exsequenda sua iudicia, ut purus ipse ab omni labe maneat	하나님은 불경건한 자들의 일들을 사용하시며 그들의 마음을 굴복시켜 자기의 심판들을 수행하시나 모든 더러운 것으로부터 자기를 순수하게 지키심

거의 모든 참 지혜는 하나님을 아는 지식과 우리 자신을 아는 지식(cognitio Dei et nostri)으로 이루어진다. 전자는 창조주 하나님과 구속주 하나님에 대한 지식, 후자는 원 하나님의 형상, 타락한 하나님의 형상, 회복된 하나님의 형상으로서의 인간에 대한 지식을 포함한다. 이러한 지식은 동시적이며 교호적으로 작용한다.

하나님은 피조물, 사람, 사회를 통하여 누구나 하나님을 아는 지식을 얻도록 하셨다. 모든 사람에게 그 지식을 얻는 도구로서 신성에 대한 의식(sensus divinitatis), 종교의 씨앗(semen religionis), 양심(conscientia)이 부여되었다. 그러나 타락한 인류에게는 그 불씨들(scintilae)만 남아 있을 뿐이므로, 성령의 기름이 부어지지 않으면 소멸되고 만다. 그러므로 특별한 은혜가 부여되지 않으면 일반계시 자체로는 하나님을 알 수 없다.

구원의 계시는 성경에 기록된 하나님의 말씀으로서, 택함받은 백성에게만 효과적으로 작용한다. 성경의 특별계시는 오직 믿음으로 받아들여진다. 그 믿음은 성령의 임재로 주어지는 구원의 믿음이다.

성령의 영감으로 기록된 하나님의 말씀이 성령의 조명과 감화로 수납된다. 영감(inspiratio)과 조명(illuminatio)과 감화(persuasio)가 동일한 성령의 역사이므로, 성경 저자에게 주어진 말씀을 성경 독자가 받는다. 성령과 말씀은 그리스도 안에서 함께 작용한다. 성령은 그리스도의 영이시며, 말씀은 그리스도를 계시하기 때문이다.

기록된 하나님의 말씀을 통하여 하나님은 스스로 자기를 성부, 성자, 성령으로 계시하신다. 하나님은 한 분이시고 동일하시며 항상 함께 일하신다. 성부에게는 나시지도 나오시지도 않으심이, 성자에게는 나심(generatio)이, 성령에게는 나오심(processio, 출래, 발출)이 존재적·위격적 특성으로 돌려지고, 성부에게는 일하심의 시작(principium agendi)이, 성자에게는 지혜(sapientia)가, 성령에게는 능력과 작용(virtus et efficacia)이 경륜적·위격적 특성으로 돌려진다.

하나님은 스스로 계시는 영(靈)이시고, 무한하시며, 살아 계신다. 그러나 우상은 만들어진 물(物)이고, 유한하며, 죽어 있다. 하나님을 우상으로 섬기는 것이나 우상을 하나님으로 섬기는 것이 서로 다르지 않다.

삼위일체 하나님은 만물을 창조하시고 그 보존과 운행과 통치에 있어서 섭리하신다. 하나님은 사람을 하나님의 형상(imago Dei)대로 창조하셔서 그 순전함(integritas) 가운데, 알고(知) 느끼고(情) 뜻하는(意) 인격적 순종을 받기를 원하셨다.

사람은 영혼과 육체의 구조를 지니며, 영혼은 피조된 영적 실체(substantia creata spiritualis)로서 독자적 실재성을 지닌다. 그러므로 사람은 사후(死後)에 육체가 분리되어도 영혼으로만 존재한다. 영혼은 하나님의 형상의 주요한 좌소(sedes primaria)이다. 그러나 영혼과 결합된 육체에도 그 형상이 미치지 않는 곳이 없다.

제2권

De cognitione Dei redemptoris in Christo, quae patribus sub lege primum, deinde et nobis in evangelio patefacta est(처음에는 율법 아래에서 조상들에게, 이후로는 복음 안에서 우리에게 드러난, 그리스도 안에서 구속주 하나님을 아는 지식)

1	Adae lapsu et defectione totum hemanum genus maledictioni fuisse addictum, et a prima origine degenerasse; ubi de peccato originali	아담의 타락과 배역(背逆)으로 모든 인류가 저주에 넘겨졌으며 그 시원(始原)으로부터 멀어졌는데, 이는 원죄와 관련됨
2	Hominem arbitrii libertate nunc esse spoliatum et miserae servituti addictum	사람은 이제 의지의 자유를 강탈당한 채 비참한 노예 상태로 넘겨졌음
3	Ex corrupta hominis natura nihil nisi damnabile prodire	부패한 사람의 본성으로부터는 정죄할 것 외에는 아무것도 나오지 않음
4	Quomodo operetur Deus in cordibus hominum	하나님이 사람의 마음에 역사하시는 방식
5	Obiectionum refutatio, quae pro defensione liberi arbitrii afferri solent	통상 자유의지를 변호하기 위하여 제기되는 이의들에 대한 반박

6	Homini perdito quaerendam in Christo redemptionem esse	타락한 인류는 그리스도 안에서 구원을 찾아야 함
7	Legem fuisse datam, non quae populum veterem in se retineret, sed quae foveret spem salutis in Christo usque ad eius adventum	율법은 그 자체 안에 구약 백성을 제한시키려는 것이 아니라 그리스도 안에 있는 구원의 소망을 그가 오실 때까지 함양시키려고 부여되었음
8	Legis moralis explicatio	도덕법 설명
9	Christum, quamvis sub lege Iudaeis cognitus fuerit, tamen in evangelio demum exhibitum fuisse	그리스도는 율법 아래의 유대인들에게도 알려지셨으나 오직 복음에 분명히 제시되셨음
10	De similitudine veteris et novi testamenti	구약과 신약의 일치성
11	De differentia unius testamenti ab altero	구약과 신약의 차이점
12	Christum, ut mediatoris officium praestaret, oportuisse fieri hominem	그리스도는 중보자의 직분을 성취하시기 위하여 사람이 되셔야 하셨음
13	Christum veram humanae carnis substantiam induisse	그리스도는 인간 육체의 참 실체를 입으셨다
14	Quomodo duae naturae mediatoris efficiant personam	두 본성이 중보자의 인격을 형성하는 방식
15	Ut sciamus quorsum missus fuerit Christus a patre, et quid nobis attulerit, tria potissimum spectanda in eo esse, munus propheticum, regnum et sacerdotium	그리스도가 아버지로부터 보냄을 받으신 목적과 그가 우리에게 베푸신 것이 무엇인지를 알기 위해서는 무엇보다도 그 안에서 선지자직, 왕직, 제사장직 세 가지를 살펴보아야 함

16	Quomodo redemptoris partes impleverit Christus, ut nobis salutem acquireret; ubi de morte et resurrectione eius agitur, et in coelum ascensu	그리스도의 죽음과 부활과 승천, 그가 구속주의 역할을 완수하셔서 우리를 위하여 구원을 획득하신 방식
17	Recte et proprie dici Christum nobis promeritum esse gratiam Dei et salutem	그리스도의 공로로 우리가 하나님의 은혜와 구원을 누린다는 말은 올바르고 적합함

하나님은 사람을 자기의 형상대로 창조하셔서 인격적 순종을 받음과 함께 자녀 삼고자 원하셔서 사람과 언약을 체결하셨지만, 사람은 불순종하여 언약의 열매인 영생을 얻지 못하고 오히려 사망에 속하게 되었다. 첫 언약의 머리인 아담의 불순종으로 인하여 그 죄가 전가되어 모든 인류가 죄책(reatus)으로 인하여 사망의 형벌에 처해졌고 오염(corruptio)으로 인하여 전적으로 무능하고 부패하게 되었다. 그리하여 이제 그 누구도 하나님 앞에서 선을 행할 수 없게 되었다. 타락한 인류는 자유의지(arbitrum liberum)를 상실하였다. 스스로 뜻하여 하나님이 받으실 만한 선을 행할 자 아무도 없게 되었다.

사람은 누구나 모태에서 조성될 때부터 원죄(peccatum originale)를 지니게 되어, 스스로 죄의 값을 다 치를 수도 없고, 죄를 행하지 않을 수도 없게 되었다. 그렇기 때문에 죄의 값을 치르고 모든 의를 행하며 그 의를 전가해 주실 구속주의 성육신이 필연적으로 요구된다. 하나님의 아들이 사람의 아들이 되심이 없다면 대속이 없고, 대속이 없다면 하나님께 나아갈 자도, 하나님께 순종할 자도, 하나님과 화목하게 될 자도 없다.

사람의 아들이 되신 하나님의 아들이 하나님의 아들이시자 사람의 아들로서 대속의 모든 의를 이루셨다. 구약과 신약은 경륜(oeconimia, administratio, dispensatio)

에 있어서는 서로 다르나 실체(substantia)에 있어서는 동일하다. 그 실체는 그리스도이시다. 율법은 경건하고 의로운 삶의 규범(regula vivendi pie et iuste)으로서 명령(praeceptum)과 약속(promissio)을 함께 지니고 있는 언약의 법(lex foederis)이다. 그리스도가 율법의 약속을 성취하셨다는 소식이 복음이다. 그리스도의 의는 고난을 당하신 순종(obedientia passiva)과 율법을 행하신 순종(obedientia activa)을 포함한다. 당하신 순종과 행하신 순종의 의가 모두 전가되므로 성도의 의로움과 거룩함, 즉 칭의와 성화가 모두 은혜이다.

그리스도의 중보는 신성과 인성의 위격적 연합(unio hypostatica) 가운데 수행되었다. 성육신이 그 연합의 시작이다. 그 연합 가운데 신성과 인성에 속한 모든 속성이 한 위격에 귀속된다. 이 속성 교통(communicatio idiomatum)으로 말미암아, 신성에 따라서 하나님과 동일본질이고 인성에 따라서 우리와 동일본질이시되 죄는 없으신 그리스도의 대속의 의가 택함받은 하나님의 자녀를 위한 무름의 값(pretium satisfactionis)이 된다.

그리스도는 비하(humiliatio)와 승귀(exaltatio)의 두 상태(status duplex)로 대속의 모든 의를 이루시고, 그 의를 하나님의 자녀에게 전가해 주신다. 죽고 부활하시고 승천하셔서 하나님 우편에서 보혜사 성령을 부어 주심으로써 그렇게 하신다. 그리스도는 선지자, 왕, 제사장으로서 중보하신다. 구속사적으로 그리스도는 모든 대속의 의를 단번에 영원히 다 이루셨다는 점에서 중보를 다 마치셨다. 구원론적으로 그리스도는 다 이루신 그 의를 지금도 적용해 주신다는 점에서 계속적으로 중보하신다.

하나님은 무조건적 사랑을 베푸시되 아들의 대리적 속죄의 의를 전가해 주심으로써 그렇게 하신다. 값없이 누리는 은혜에는 헤아릴 수 없는 값의 공로가 있다. 이 점에서, "사랑의 시작은 의이다"(principium amoris est iustitia).

제3권

De modo percipiendae Christi gratiae, et qui inde fructus nobis proveniant, et qui effectus consequantur(우리가 그리스도의 은혜를 받는 방법, 이로부터 우리가 누리는 유익, 그리고 이에 따르는 효과)

1	Quae de Christo dicta sunt, nobis prodesse, arcana operatione spiritus	그리스도에 관하여 일컬어지는 것들은 성령의 은밀한 사역으로 말미암아 우리에게 유익함
2	De fide: ubi et definitio eius ponitur, et explicantur quae habet propria	믿음: 그 정의를 내리고 그 속성을 설명함
3	Fide nos regenerari; ubi de poenitentia	우리는 믿음으로 중생됨, 그리고 회개
4	Quam procul absit ab evangelii puritate quidquid de poenitentia garriunt sophistae in suis scholis; ubi de confessione et satisfactione agitur	궤변론자들이 자기들의 학파(스콜라)에서 회개에 대해 주절대는 모든 것은 복음과 아주 동떨어짐. 고백과 보속에 관한 그들의 입장
5	De supplementis quae ad satisfactiones adiiciunt, nempe indulgentiis et purgatorio	궤변론자들이 보속에 덧붙이는 첨가물인 면죄부와 연옥
6	De vita hominis christiani: ac primum, quibus argumentis ad eam nos hortetur scriptura	그리스도인의 삶, 첫째로 우리가 이에 이르도록 권고하는 성경의 논증들
7	Summa vitae christianae; ubi de abnegatione nostri	그리스도인의 삶의 요체: 우리 자신을 부인함

8	De crucis tolerantia, quae pars est abnegationis	자기 부인의 일부로서 십자가를 지는 것
9	De meditatione futurae vitae	미래의 삶에 대한 묵상
10	Quomodo utendum praesenti vita eiusque adiumentis	현세의 삶을 누리고 그 유익을 구가해야 하는 방식
11	De iustificatione fidei, ac primo de ipsa nominis et rei definitione	믿음에 의한 칭의, 먼저 그 용어와 사안의 정의 자체
12	Ut serio nobis persuadeatur gratuita iustificatio, ad Dei tribunal tollendas esse mentes	하나님의 값없는 칭의에 진지한 감화를 받기 위하여 우리의 마음을 하나님의 심판좌를 향하여 들어 올려야 함
13	Duo esse in gratuita iustificatione observanda	값없는 칭의에 있어서 주시해야 할 두 가지
14	Quale initium iustificationis et continui progressus	칭의의 시작과 계속적인 진보
15	Quae de operum meritis iactantur, tam Dei laudem in conferenda iustitia, quam salutis certitudinem evertere	행위의 공로에 대해서 자랑하는 것은 의를 부여하시는 하나님에 대한 찬양과 구원의 확실성을 전복시킴
16	Refutatio calumniarum quibus hanc doctrinam odio gravare conantur papistae	혐오감을 품고 이 교리를 훼방하고자 애쓰는 교황주의자들의 거짓 중상에 대한 반박
17	Promissionum legis et evangelii conciliatio	율법의 약속과 복음의 약속의 조화
18	Ex mercede male colligi operum iustitiam	보상에서 행위의 의를 유추하는 그릇됨
19	De libertate christiana	그리스도인의 자유

20	De oratione, quae praecipuum est fidei exercitium, et qua Dei beneficia quotidie percipimus	기도는 믿음의 주요한 훈련이며 그것으로 우리는 날마다 하나님의 은총을 받음
21	De electione aeterna, qua Deus alios ad salutem, alios ad interitum praedestinavit	영원한 선택으로 하나님은 어떤 사람들은 구원으로, 어떤 사람들은 멸망으로 예정하심
22	Confirmatio huius doctrinae ex scripturae testimoniis	성경 증언들을 통한 이 교리의 확정
23	Refutatio calumniarurm quibus haec doctrina semper inique gravata fuit	이 교리를 항상 부당하게 짓누르고 있었던 참소들에 대한 반박
24	Electionem sanciri Dei vocatione; reprobos autem sibi accersere iustum, cui destinati sunt, interitum	선택은 하나님의 부르심에 의해서 확정되나 유기된 자들은 자기들에게 지정된 의로운 파멸을 스스로 초래함
25	De resurrectione ultima	최후의 부활

보혜사 성령은 그리스도의 다 이루신 의를 성도에게 전가해 주심으로써 구원의 역사를 행하신다. 보혜사 성령의 임재로 그리스도의 의를 자기의 것으로 삼는 자는 그리스도와 연합한다. 그 의는 그리스도가 자신을 주신 의이기 때문이다. 이 점에서 그리스도의 의의 전가(imputatio iustitiae Christi)가 성도의 그리스도와의 연합(unio cum Christo)이다. 그리고 보혜사 성령의 임재가 의의 전가 방식이다.

믿음은 말씀에 대한 성령의 감화(persuasio)로서 지식(notitia), 승인(assensus), 확신(fiducia) 세 요소로 이루어진다. 지식은 성경에 기록된 하나님의 말씀을 아는 것이고, 승인은 그 지식을 진리로 인정하는 것이며, 확신은 그 지식을 나의 지식으로 삼는 것이다. 그러므로 승인은 말씀의 객관적 확실성(certitudo)에 관계되고, 확신은 말씀의 주관적 감화에 관계된다. 믿음은 성령의 임재에 따르는 구원의 선물(donum)로 주어진다.

이러한 구원적 믿음(fides salvifica) 혹은 구원의 믿음(fides salutis)에는 필히 평정(securitas)이 뒤따른다. 그리하여 성도는 잠잠함(serenitas) 가운데 담대함(audacia)을 얻게 되고 사랑으로써 역사하는 믿음의 열매를 맺게 된다. 믿음은 그리스도를 믿고 그의 의를 전적인 구원의 질료(materia)로 받아들이는 도구적 원인(causa instrumentalis)이 될 뿐, 그 자체로는 어떤 공로도 없다. 그러므로 회개와 중생과 칭의에 있어서 두 요소로 작용하는 죄사함(remissio peccatorum)과 의의 전가(imputatio iustitiae)는 오직 은혜(gratia sola), 전적 은혜(gratia tota)로 주어진다. 회개에는 아무 공로도 없으므로, 로마 가톨릭의 보속과 면죄부와 연옥 교리는 허망할 뿐이다.

그리스도인의 삶은 미래를 묵상하고 자기를 부인하고 십자가를 지고 주님을 좇는 데 그 요체가 있다. 이러한 삶을 사는 것 역시 그리스도의 다 이루신 의의 전가로 말미암는다.

"오직 믿음으로 우리 자신뿐만 아니라 우리의 행위도 의롭다 함을 얻게 된다"(sola fide non tantum nos sed opera etiam nostra iustificari).

오직 그리스도를 믿음으로 율법의 속박에서 벗어나 죄와 사망의 멍에를 벗은 성도는 뜻을 다하여 하나님의 뜻에 순종하는 진정한 자유를 누린다. 즉 더 이상 죄의 종이 아니라 의의 종으로서 그리스도의 은혜의 멍에를 기꺼이 멘다. 이와 같이 칭의와 성화를 포함한 구원의 전 과정이 하나님의 은혜이다.

이러한 이중적 은혜(gratia duplex)를 누리는 것은 오직 택하시고 부르신 이로 말미암는다. 유기(遺棄, reprobatio)가 합당한 형벌(poena debita)을 받는 것이라면, 선택(electio)은 공로 없는 은혜(gratia immerita)를 누리는 것이다.

택함을 받은 성도에게 주어진 제일 특권 혹은 제일 능력은 믿음의 눈으로 본 보화를 기도로 캐내는 데, 곧 주님의 이름으로 무엇을 구하여 얻는 데 있다. 기도는 믿음의 주요한 훈련이다. 기도는 하나님의 어떠하심을 인정하고 하나님의 뜻을 이루는 하나님의 섭리의 도구이다. 하나님은 절대적 주권으로, 전적인 은혜로, 구원을 베푸시나, 기도에 응하여 그렇게 하기를 원하신다.

성도의 구원의 완성은 재림에 따르는 부활에 있으며 최후의 심판은 이를 확정하는 놀라운 위로(consolatio eximia)가 된다. 왜냐하면 의인의 심판은 일생의 죄를 알게 하는 동시에 보좌의 어린양의 피로 모든 것을 사함 받았음을 알게 하기 때문이다.

제4권

De externis mediis vel adminiculis quibus Deus in Christi societatem nos invitat et in ea retinet(하나님이 우리를 그리스도의 연합체에 초청하시고 그것 안에 머물러 있게 하시는 외적인 방편과 도움)

1	De vera ecclesia cum qua nobis colenda est unitas, quia piorum omnium mater est	모든 경건한 사람의 어머니로서, 우리가 그 하나됨을 가꾸어 가야 하는 참 교회
2	Comparatio falsae ecclesiae cum vera	참 교회와 거짓 교회의 비교
3	De ecclesiae doctoribus et ministris, eorum electione et officio	교회의 교사들과 사역자들, 그 선출과 직분

4	De statu veteris ecclesiae et ratione gubernandi quae in usu fuit ante papatum	고대 교회의 상태와 교황제 이전의 통치 질서
5	Antiquam regiminis formam omnino pessumdatam fuisse tyrannide papatus	교황제의 독재에 의해서 전적으로 몰락한 고대 교회의 통치 양식
6	De primatu romanae sedis	로마 교황청의 수위권(首位權)
7	De exordio et incrementis romani papatus, donec se in hanc altitudinem extulit, qua et ecclesiae libertas oppressa et omnis moderatio eversa fuit	로마 교황제의 기원과 성장, 그 교만함이 극에 달하여 끝내 교회의 자유가 억압되었으며 모든 절제가 무마되었음
8	De potestate ecclesiae quoad fidei dogmata; et quam effraeni licentia ad vitiandam omnem doctrinae puritatem tracta fuerit in papatu	믿음의 교의에 미치는 교회의 권세, 그리고 교황제에 있어서 심히 무절제한 방자함이 모든 순수한 가르침을 부패에 이르게 한 실상
9	De conciliis eorumque autoritate	교회 회의들과 그 권위
10	De potestate in legibus ferendis, in qua saevissimam tyrannidem in animas et carnificinam exercuit papa cum suis	입법권, 그 가운데서 교황과 그의 수하들이 가장 잔인한 전횡을 일삼고 도살을 가함
11	De ecclesiae iurisdictione eiusque abusu, qualis cernitur in papatu	교회의 재판권과 교황제에 드러난 그것의 악용
12	De ecclesiae disciplina, cuius praecipuus usus in censuris et excommunicatione	교회의 권징, 그 주요한, 견책과 출교의 시행

13	De votis quorum temeraria nuncupatione quisque se misere implicuit	맹세: 누구든지 무모한 맹세를 하는 자는 그것에 비참하게 휩쓸림
14	De Sacramentis	성례
15	De Baptismo	세례
16	Paedobaptismum cum Christi institutione et signi natura optime congruere	그리스도의 제도와 표징의 본성에 최고로 일치하는 유아세례
17	De sacra Christi coena, et quid nobis conferat	그리스도의 성찬과 그것이 우리에게 주는 것
18	De missa papali, quo sacrilegio non modo profanata fuit coena Christi sed in nihilum redacta	그리스도의 성찬을 불경스럽게 더럽혔을 뿐만 아니라 아무것도 남지 않게 파멸시킨, 교황제 미사의 모독
19	De quinque falso nominatis sacramentis: ubi sacramenta non esse quinque reliqua, quae pro sacramentis hactenus vulgo habita sunt, declaratur, tum qualia sint ostenditur	거짓으로 명명된 나머지 다섯 가지 성례들: 일반적으로 지금까지 성례로서 여겨져 왔으나 그렇지 않음이 선포되고 무엇인지가 드러남
20	De politica administratione	국가 통치

교회는 머리(caput)이신 그리스도의 지체들(membra)인 성도들의 연합체(societas sanctorum)이다. 그리스도는 택함받은 자들의 총수(總數)로 이루어진 비가시적 교회(ecclesia invisibilis)의 머리이시자, 함께 신앙을 고백하고 예배드리는 가시적 교회(ecclesia visibilis)의 머리이시다. 교회는 그리스도의 의의 전가로 그리스도와 함께 하나님의 자녀가 된 자들의 모임이다. 그리스도의 의로 살아나고 살아가

는 언약의 공동체, 영생의 공동체, 의를 전가받은 공동체(coetus)이다.

교회의 본질이 이러한바, 교회의 당위는 그 지체인 성도가 머리이신 그리스도께 자라 감에 있다. 하나님을 아버지(pater)로 섬기는 자에게 교회는 어머니(mater)가 된다. 교회는 가르치는 교회(ecclesia docens)와 선포하는 교회(ecclesia praedicens)로서 어머니의 역할을 감당한다. 성도는 하나님의 말씀으로 자란다.

교회의 직분과 은사는 말씀의 사역(ministerium verbi)을 섬기는 데 본질적 가치가 있다. 로마 가톨릭은 교회의 정통성을 교황의 인적 계승(successio humana)에서 찾지만, 그 정통성은 사도들과 선지자들이 전한 말씀의 계승(successio verbi)에 있다.

교회는 하나이고(una), 거룩하며(sancta), 보편적이며(catholica), 사도적인(apostolica) 특성을 지닌다. 말씀의 순수한 선포(pura verbi praedicatio)와 성례의 합법적 거행(administratio legitima sacramentorum)은 이러한 특성을 지닌 참 교회의 표지(nota ecclesiae verae)가 된다. 권징(disciplina)은 교회를 바로 세우고 성도를 돌이키는 데 있어서 이 둘에 못지않게 중요하나, 사법권에 속하는 권세일 뿐 그 자체로 표지가 되지는 않는다.

교회는 교리권, 입법권, 사법권을 지니며, 교회의 지체인 성도는 말씀과 성례와 기도를 은혜의 방편(media gratiae)으로서 누린다.

성례(sacramentum)는 하나님이 말씀으로 제정하신 하나님의 제도(institutio Dei)로서, 보이는 표징(signum visibile)으로 보이지 않는 은혜(gratia invisibilis)를 제시한다(exhibere). 세례의 표징은 물 혹은 씻음이고, 성찬의 표징은 떡과 잔이다. 세례의 표징이 제시하는 의미(significatio)는 옛사람이 죽고 새사람이 사는 것, 즉 죽임과 살림(mortificatio et vivicatio)이고, 성찬의 표징이 제시하는 의미는 영원한 양식과 음료가 되는 주님의 살과 피(caro et sanguis)이다. 본체(res)를 제시하는 표징의 의미가 실체(substantia)이고 실제(veritas)이다. 여기에 그리스도의 영적 그러나 실제적 현존(praesentia spiritualis sed realis)의 비밀(mysterium)이 있다.

이 비밀은 제정된 말씀(verbum constitutum)에 따라 성령으로 역사한다. 성례의 참여(participatio sacramenti)는 믿음으로 그 비밀을 누리는 것을 뜻한다. 세례는 성도의 그리스도와의 연합의 시작의 표로서 칭의의 은혜를 제시하며, 성찬은 성도의 그리스도와의 연합의 계속의 표로서 성화의 은혜를 제시한다. 성도의 모든 은혜가 칭의와 성화에 있듯이, 세례와 성찬 외에 다른 성례는 없다. 말씀의 제정이 없는 로마 가톨릭의 견진 성사, 고해 성사, 종부 성사, 신품 성사, 결혼 성사는 성례가 아니다. 그리스도가 모든 제사를 다 이루었음을 부인하고 여전히 공로의 제사를 드려 그리스도를 반복해서 십자가에 못 박는 로마 가톨릭의 미사는 허구이며 망상이다.

국가의 통치는 그리스도의 의로 은혜의 다스림을 받는 영적인 통치와는 구별되지만, 하나님은 국가에 법을 부여하시고 통치자를 세우셔서, 그 일반은총으로 자기 백성이 지상의 삶을 살 동안에 교회 밖에서도 특별한 보호를 받게 하신다.

[1559년 판 『기독교 강요』에 개진된 칼빈신학]

칼빈은 '성경의' 가르침만이 '성경적'이라고 믿고, '오직 성경으로'(sola Scriptura)와 '모든 성경으로'(tota Scriptura)를 동일한 기치(旗幟)에 새겼다. "소위 칼빈신학의 중심 교리"(the so-called central dogma of Calvin's theology)에 대한 학자들의 입장이 다양하게 개진되어 왔다. 그러나 특정한 관점이나 [106] 특정한 교리를 중심으로

---

106) 다음은 칼빈신학을 변증법적이고, 수사학적이며, 관조적이라고 본다. Randall C. Zachman, *John Calvin*

삼아[107] 그의 신학을 일의적으로 규정하려는 시도는 무의미하고 무모하다.[108] 왜냐하면 칼빈은 이성적 전제나 철학적 사변이 아니라 말씀 자체가 계시하는 다양한 가르침과 다양한 관점에 따라 자신의 신학을 전개했기 때문이다.[109]

이러한 점에 비추어 필자는 1559년 판 『기독교 강요』에 개진된 칼빈신학의 특성을 다음과 같이 포괄적으로 기술해 본다.[110]

첫째, 성경의 가르침이 존재적, 지식적, 도덕적 관점으로 고찰된다. 하나님은 스스로 계시며, 스스로 진리이시며, 스스로 의로우시므로, 뜻하신즉 이루시고 이루신즉 옳으시다. 그러므로 하나님의 존재를 믿는 믿음, 그의 어떠하심을 아는 앎, 그 앎에 따라서 사는 삶이 동시에 함께 추구되어야 한다.

둘째, 한 분 하나님이 삼위로 계시고 일하심, 즉 삼위일체 교리가 존재적이며 경륜

---

as Teacher, Pastor, and Theologian: The Shape of His Writings and Thought (Grand Rapids: Baker, 2006), 77-79.

[107] 다음은 예정론을 칼빈신학의 중심이라고 여긴다. Paul Jacobs, *Prädestination und Verantworklichkeit bei Calvin* (Neukirchen: Neukirchener Verlag, 1937); John H. Leith, *Introduction to the Reformed Tradition: A Way of Being the Christian Community* (Atlanta: John Knox Press, 1981), 96-112.

[108] Cf. Richard A. Muller, *Post-Reformation Reformed Dogmatics, vol. 1, Prolegomena to Theology* (Grand Rapids: Baker, 1987), 82-87.

[109] Cf. Ford Lewis Battles, "The Future of Calviniana," in *Renaissance, Reformation, Resurgence*, ed. Peter De Klerk (Grand Rapids: Calvin Theological Seminary, 1976), 133-173; Charles Partee, "Calvin's Central Dogma Again," in *Calvin Studies III*, ed. Leith, 39-46; Wilhelm Neuser, "The Work of the Calvin Congresses and Their Future Tasks and Goals," in *Calvin Studies V*, ed. John H. Leith (Davidson, NC: Davidson College, 1990), 21-27; Richard A. Muller, "Directions in Current Calvin Research," in *Calvin Studies IX*, ed. John H. Leith and Robert A. Johnson (Davidson, NC: Davidson College & Davidson College Presbyterian Church, 1998), 70-87. 다음은 성경의 다양한 관점을 특정한 주제에 적용한 사례이다. Mary Lane Potter, *John Calvin's Perspectival Anthropology* (Atlanta: Scholars Press, 1988); "The 'Whole Office of the Law' in the Theology of John Calvin," *Journal of Law and Religion* 3/1 (1985), 117-139.

[110] 문병호, 『30주제로 풀어 쓴 기독교 강요: 성경교리정해』, 25-29. 여기 인용은 약간의 수정을 가하였다.

적으로 파악된다. 무한하고 절대적인 영으로서 하나님은 스스로 존재하시며, 스스로 계시하시고, 스스로 역사하신다. 삼위일체 교리는 하나님의 존재와 뜻하심과 역사하심에 대한 진리를 동시에 함의하고 있다.

셋째, 특별은총과 함께 일반은총이 강조된다. 일반은총은 모든 사람이 인식할 수 있는 일반계시적 은총이다. 특별은총은 택함받은 백성만이 인식하는 특별계시적 은총이다. 하나님을 바로 앎으로 그에게 감사하고 그를 영화롭게 하는 중생자의 지식은 오직 특별계시로만 말미암는다. 일반계시는 유기된 백성이 무지를 핑계할 수 없는 조건이 될 뿐이다.

넷째, 계시와 은총이 그리스도 안에서 함께 역사한다는 사실이 부각된다. 그 안에는 은혜와 진리가 충만하기 때문이다(요 1:14, 17). 주님이 말씀 자신, 말씀의 성취, 말씀의 해석자시다. 은총이 없는 지식은 거짓이며, 지식이 없는 은총은 헛되다. 주님은 생명의 길, 생명의 진리이시다(요 14:6). 그러므로 주님을 아는 것이 곧 영생이다(요 17:3).

다섯째, 성령의 영감으로 기록된 하나님의 말씀을 성령으로 조명되어 감화받은 심령이 믿음으로 받아들임(受納)으로써 하나님과 우리 자신을 아는 지식과 지혜의 부요함에 이르게 됨이 강조된다. 하나님의 말씀은 절대적, 객관적 진리로서 영원히, 스스로 실재한다. 하나님은 자신의 형상을 지닌 사람에게만 이 말씀을 인격적으로 계시하셨다.

여섯째, 언약의 두 요소로서 하나님의 사랑과 그리스도의 공로가 논해진다. 이 땅에 오신 주님이 율법의 모든 의를 다 이루시고 죽기까지 복종하심으로써 우리의 거룩함과 생명이 되셨다. 아버지의 사랑은 아들을 내어 주시고 그 대리적 속죄의 공로를 값없이 우리에게 전가해 주심에 있다. 아버지의 사랑은 아들의 의로부터 시작된다.

일곱째, 다 이루신 자신의 의를 우리에게 전가해 주심으로써 우리 자신뿐만 아니라 우리의 행위도 의롭다 여기고 받아 주신다는 이중적 은혜가 역동적으로 논의된다. 그리스도의 의의 전가는 단회적이나 법정적이므로 성도의 전체 구원 과정을 통하여 계속적이며 반복적으로 역사한다. 사랑으로 역사하는 참 믿음은(갈 5:6) 필히 성화의 열매를 맺는다. 그러므로 이신칭의의 법정적 은총 외에 그 어디에서도 성화의 조건을 찾을 수는 없다.

여덟째, 그리스도의 영을 받아서 그와 연합한 성도가 그의 중보로 말미암아 그에게로 자람을 성화의 핵심으로 여긴다. 구속의 사역을 다 이루신 중보자 그리스도가 지금도 여전히 성도를 위하여 중보하시기 때문에 성도는 "예"가 되신 그에게 "아멘"하여(고후 1:20) 그의 공로를 자신의 것으로 삼게 된다. 성도의 의는 오직 자신 속에 사시는 그리스도께 구하여 그가 친히 자신의 일을 행하게 하심에 있다(요 14:13-14). 성령의 임재는 곧 주 내 안에 사심이다. 성령의 임재는 절대적, 인격적이므로 각자에게 단회적이다. 성령의 충만은 성령을 더하여서 받는 것이 아니라 주님이 내 안에서 마음껏 사시도록 회개하고 기도하며 말씀 묵상하는 것이다.

아홉째, 미래를 묵상하며 자기를 부인하고 십자가를 지고 주님을 좇는 그리스도인의 삶의 교리가 제시된다. 하나님의 자녀로서 그리스도와 함께 상속자 된 성도는 그와 함께 영광을 받기 위하여 고난도 함께 받아야 한다(롬 8:17). 언약의 은혜는 영생의 삶으로 열매를 맺는다. 우리를 위하여 죽으신 주님이 우리 안에서 영원히 함께 사시기 때문이다.

열째, 뜻을 다하여서 하나님의 뜻에 순종하는 것을 그리스도인의 자유의 본질로 여긴다. 성도는 죄의 멍에를 벗어 버리고 율법의 속박으로부터 해방되었다. 그러나 세상의 멍에는 벗어 버렸으되 이제 주님의 멍에를 멘다. 주님의 멍에는 쉽고 그 짐은 가볍다. 주님의 멍에는 은혜의 멍에이다. 그것은 새의 날개와 같아서 오직 그

멍에를 멘 사람만이 멀리, 높이 날아서 신령한 것을 누리게 된다.

열한째, 하나님의 무조건적인 은혜로 자녀가 되었음을 확신하는 성도가 말씀과 기도로 거룩한 삶을 살아가는 것을 성도의 표지로서 부각시킨다. 구원의 확신은 말씀과 성령의 역사 가운데 전인격적으로 주어진다. 공로 없이 주어지는 선택의 은혜를 감사하는 자는 날마다 감사하는 삶을 살고 그 삶을 영적 산 제물로 하나님께 되돌려 드린다. 부르심을 확신하며 좇아가는 성도의 삶 그 자체가 곧 예배이다.

열두째, 교회의 본질은 그것이 한 분 그리스도를 머리로 삼아 지체된 백성들의 연합체라는 사실에서 파악된다. 교회의 본질은 성도의 그리스도와의 신비한 연합에 있다. 이러한 본질은 동서고금을 통하여서 택함 받은 백성의 총수로서 이루어지는 비가시적 교회를 지시한다. 지상의 가시적 교회는 비가시적 교회와 함께 유기적으로 바라보아야 한다. 지상의 교회는 하나님의 말씀을 순수하게 선포하고 성례를 합법적으로 거행하는 표지로써 그 참됨이 제시되며 몸의 힘줄과 같은 권징의 합당한 시행을 통하여서 그 순결함이 유지된다. 교리는 교회의 서고 넘어짐의 조항이 된다. 교회의 교리는 비가시적 교회의 비밀이 가시적 교회 가운데 교훈이나 규범으로 나타나 체계화되는 과정에서 수립된다.

열셋째, 성례를 통한 그리스도의 죽음과 부활에의 연합이 제시된다. 세례는 성도의 그리스도와의 연합의 시작의 표이다. 그것은 옛사람이 죽고 새사람이 사는 중생의 은혜를 표한다. 성찬은 성도의 그리스도와의 연합의 계속의 표이다. 그것은 성도가 그리스도의 계속적인 중보에 의지하여 날마다 머리 되신 그에게로 자라 가는 삶을 사는 것을 기념한다. 성례는 의의 전가와 함께 그로 말미암아 하나님의 자녀가 되어서 하나가 되는 삶을 사는 성도의 즐거움을 제시한다. 이렇듯 성례의 수직적 성격과 함께 수평적 성격이 부각된다. 칼빈이 중보자 그리스도의 중보 가운데서 말씀과 성령의 역사가 함께 일어남을 성례 신학의 핵심으로 여기는 까닭이 여기에 있다.

열넷째, 시민 국가의 삶의 원리를 사랑과 절제와 공평에서 찾음으로써 자연법과 하나님의 법과의 본질적 일치를 추구한다. 위정자는 하나님의 대리자로서 법을 집행한다. 법은 국가의 힘줄과 같다. 시민법은 지상의 삶에 맞추어 주신 하나님의 일반은총적 은혜의 질서이다. 그러므로 그 자체로서 존중되어야 하며 하나님의 법과 무조건 배치되는 것으로 여겨서는 안 된다. 율법이든 자연법이든 실정법이든, 모든 법의 궁극적인 수여자는 하나님이시다. 모든 법의 궁극적인 목적은 법 수여자의 뜻을 이루는 데 있다.

칼빈신학은 '성경의' 가르침을 좇아 '성경적으로' 추구된다.[111] 많은 경우 칼빈신학에 대한 연구가 인식론적이거나 수사학적인 방법론이나 철학적 적실성과 관련하여 국소적으로 수행되어 온 것이 사실이다.[112] 칼빈의 언약 신학은 신구약 말씀 전체를 아우르는 개념으로서 단번에 영원히 아버지의 뜻을 다 이루신 아들의 의가 보혜사 성령의 임재로 택함받은 성도에게 전가된다는 "구속사적-구원론적 관점"을 견지한다.[113] 이는 스스로 계신 하나님(Deus in se)이 우리를 위하여(pro nobis) 창조하시고, 계시하시고, 구원하시는 하나님이시라는

---

111) Cf. I. John Hesselink, "Calvin's Theology," in *John Calvin*, ed. McKim, 78-88. 여기서 저자는 칼빈신학의 특징을 기독론적, 성령론적, 삼위일체적, 하나님의 말씀 중심적이라고 네 가지로 규정한다. 그리고 칼빈신학의 핵심 주제로서 다음 열 가지를 제시한다. ① 창조 질서를 중시, ② 세상과 그곳에 거하는 것들에 대한 하나님의 섭리적 돌보심, ③ 우상에 대한 반박, ④ 은혜의 한 언약, ⑤ 예수님의 인성 강조, ⑥ 그리스도의 삼중직, ⑦ 신앙의 지식, ⑧ 성찬, ⑨ 교회의 하나임과 보편성, ⑩ 하나님의 도구로서 시민 정부.

112) Cf. Richard C. Gamble, "Current Trends in Calvin Reserch, 1982-90," in *Calvinus Sacrae Scripturae Professor: Calvin as Confessor of Holy Scripture*, ed. Wilhelm H. Neuser (Grand Rapids: Eerdmans, 1994), 105-108; Karin Maag and Paul Fields, "Calvin in Context: Current Resources," in *John Calvin*, ed. McKim, 317-329.

113) 문병호, 『기독론』, 40-54.

"삼위일체론적-기독론적 관점"을 전제한다.[114] 이 두 관점은 성경을 보되, 성경으로 성경을 보라는 것으로서, 실상 모든 관점을 무화(無化)시킨다.[115]

[1559년 판 『기독교 강요』에 개진된 칼빈신학의 계승]

칼빈신학의 이러한 특성은 칼빈을 잇는 개혁신학자들에 의해서 계승되고 심화되었다. 칼빈은 칼빈주의자가 아니었다는 논제가,[116] 이러한 연속성을 본질적으로 훼손시킬 수는 없다.

1559년 판 『기독교 강요』는 단지 개혁신학의 초석을 다지고 토대를 놓았다는 정도의 의의와 가치를 지니는 데 그치지 않고, 그 자체로 개혁신학의 전형(典型)이 된다. 비록 신학적 정교함이나 이론적 선명함이 후대에 비해서 떨어지는 곳도 없지 않으나, 기독교 신학의 요체를 이루는 근본 교리들이 거의 빠짐없이 여기에 망라되었다. 하나님의 자기 계시와 믿음으로써 말씀을 수납함을 준칙으로 삼는 신학의 원리, 일반계시와 특별계시, 존재적 삼위일체와 경륜적 삼위일체, 창조, 섭리, 인간의 전적 타락, 자유의지 상실, 일반은총과 특별은총, 언약, 율법의 규범적 본질과 용법, 복음, 신구약의 일치점과 차이점, 중보자 그리스도의 인격과 사역, 객관적이며 직접적인 속죄, 그리스도인의

---

[114] 문병호, 『기독론』, 137-149.
[115] 이와 관련하여 다음 세 작품을 동시에 조망해 보는 것이 유익하다. B. B. Warfield, "Calvin's Doctrine of the Trinity," in *Calvin and Calvinism* (New York: Oxford University Press, 1931), 189-284; David E. Willis, *Calvin's Catholic Christology: The Function of the So-Called Extra Calvinisticum in Calvin's Theology* (Leiden: E. J. Brill, 1966); Werner Krusche, *Das Wirken des Heiligen Geistes nach Calvin* (Göttingen: Vandenhoeck & Ruprecht, 1957).
[116] Cf. Heiko A. Oberman, "Calvin's Critique of Calvinism," in *The Dawn of the Reformation: Essays in Late Medieval and Early Reformation Thought* (Grand Rapids: Eerdmans, 1992, rep.), 259-268.

삶, 그리스도인의 자유, 선택과 유기의 예정, 기도, 그리스도의 재림에 따른 부활과 최후의 심판, 참 교회의 본질과 표지와 사역과 권세, 성례, 국가 등이 그것들이다.

1559년 판 『기독교 강요』가 그 체계와 조직과 내용에 있어서 이후 개혁신학자들의 조직신학에 효시가 됨을, 칼빈 이후 한 세기가 지나 그의 신학을 더욱 정치(精緻)하게 세분화하여 학문적으로 체계화하고 변증한 툴레틴(Francis Turretin)의 『변증 신학 강요』(Institutio theologiae elencticae)를 통해 깨닫게 된다.[117] 1679-1685년에 걸쳐서 세 권으로 출판된 이 책은 17세기 개혁파 정통주의(Reformed Orthodoxy)를 대변하는 최고의 작품으로 평가되는바, 이 책을 모본으로 삼아 핫지(Charles Hodge)와 바빙크(Herman Bavinck)는 기념비적인 조직신학 책을 저술했다.

툴레틴의 『변증 신학 강요』의 목차와 교리적 변증은 다음과 같다.[118]

장	제목	교리적 변증
1	신학	자연 신학 거부
2	성경	성경의 성령 영감, 완전성, 명료성
3	삼위일체 하나님	성자의 나심과 성령의 나오심(필리오케)
4	하나님의 작정 일반과 특별한 작정인 예정	영원한 작정. 선택과 유기의 이중 예정
5	창조	6일간의 창조. 하나님의 형상을 한 인간

---

[117] Francis Turretin, *Institutes of Elenctic Theology*, 3 vols., ed. James T. Dennison, tr. George Musgrave Giger (Phillipsburg: Presbyterian and Reformed Publishing, 1994).

[118] 교리적 변증은 필자가 정리하였다. 이 부분은 다음에서 인용하였다. 문병호, "종교 개혁 500주년에 다시 돌아보는 칼빈신학," 『신학지남』 84/2 (2017), 48-50.

6	하나님의 실제적 섭리	운명론 거부. 일차적 원인과 이차적 원인
7	천사	창조된 영적 실체로서 하나님의 일꾼임
8	타락 전 인간의 상태와 자연 언약	원 인류의 순전함과 영생을 얻게 하는 언약
9	일반적 죄와 특별한 죄	전가된 원죄와 실제로 짓는 자범죄
10	죄 상태에서의 인간의 자유의지	하나님 앞에서 선을 행할 의지의 상실
11	하나님의 율법	자연법과 구별되는 언약의 법으로서 삶의 규범이 됨. 영원한 도덕법과 그 완성인 그리스도
12	은혜언약과 구약과 신약의 이중적 경륜	은혜 언약의 하나임과 신구약의 일체와 차이
13	그리스도의 인격과 상태	신인 양성의 위격적 연합으로서의 성육신과 그에 따른 속성 교통. 그 인격 가운데서의 비하와 승귀
14	그리스도의 중보자 직분	중보자 그리스도의 신인 양성의 중보와 삼중직. 그리스도의 대리적 무릎에 따른 객관적 속죄
15	소명과 믿음	오직 은혜와 전적 은혜에 따른 소명. 구원적 믿음의 확실성과 확신, 그리고 견인
16	칭의	오직 믿음으로 말미암은 의의 전가에 따른 법정적 칭의
17	성화와 선행	칭의와 구별되나 분리되지 않는 성화. 선행의 상급도 은혜
18	교회	교회의 네 가지 특성. 가시적, 비가시적 교회. 교회의 무오성 거부. 참 교회의 세 가지 표지. 교회와 구별되는 국가의 고유한 영역
19	성례	성례적 연합에 대한 성경적 이해
20	종말	성도의 부활과 마지막 심판

이를 통하여, 우리는 툴레틴이 변증하고자 했던 주요한 교리적 논점들이 칼빈이 1559년 판 『기독교 강요』에서 부각시켰던 사안들이라는 사실을 발견하게 된다. 예정론이 하나님의 작정 일반과 함께 다루어지고, 국가에 대한 논의에 별도의 장이 할애되어 있지 않으며, 종말론이 교회론 이후 마지막 부분에 위치한다는 점을 제외하고는 『변증 신학 강요』와 1559년 판 『기독교 강요』는 조직신학적 체계에 있어서 궤를 같이 한다. 무엇보다 우리는 이 두 권의 책 모두에서 하나님의 율법과 언약이 기독론의 한 부분으로서 다루어지고 있다는 점에 주목하게 되는바, 이로써 면면히 흐르는 개혁파 언약 신학의 맥을 뚜렷이 짚어 낼 수 있다.[119]

[1559년 판 『기독교 강요』의 신학적 유산과 향후 과제]

칼빈은 단지 『기독교 강요』 한 권의 신학자가 아니다. '1559년' 『기독교 강요』 한 권의 신학자는 더더욱 아니다. 그가 남긴 신학적 논문, 설교, 주석, 강의, 서신, 목회적 권면 등은 시간이 흐를수록 그 가치를 더해 간다. 성경의 가르침을 성경적으로 풀고 가르치고 선포하고 변증함에 있어서 그 어떤 신학자도 칼빈에 필적할 수 없다. 칼빈이 남긴 대작(opus magnum)은 『기독교 강요』 한 권에 머물지 않는다. 그의 모든 작품이 『기독교 강요』에 씨줄과 날줄로 엮여 대작 중의 대작(opus magnum magnorum)을 이룬다.

1559년 판 『기독교 강요』는 그 자체로 한 권의 조직신학서이다. 여기에 신학

---

[119] Cf. Moon, *Christ the Mediator of the Law: Calvin's Christological Understanding of the Law as the Rule of Living and Life-Giving*, 60–83.

의 요체(summa theologiae)가 망라되어 있다. 칼빈의 역사가 개혁신학자들의 전사(前史)로서만 다루어져서는 안 되듯이, 『기독교 강요』 역시 이후의 완고(完稿)를 기다리는 습작 정도로 여겨져서는 안 된다. 칼빈신학은 단지 디딤돌이 아니라 실체이다. 단지 밟고 지나가는 돌이 아니라, 다듬고 갈고 닦아야 할 초석(礎石)이자 원석(原石)이다. 오늘날 학계는 이 점을 깊이 숙고해야 한다.

앞에서 말했듯이, 칼빈신학은 교훈적, 고백적, 변증적 성격을 띤다. 모든 성경의 가르침을 충실히 개진한다는 점에서 교훈적이고, 그 가르침을 믿음으로 수납한 바대로 서술한다는 점에서 고백적이며, 고백한 바대로 옳고 그름을 분별하여 옳은 것을 견지하고 그릇된 것을 배척한다는 점에서 변증적이다. 우리가 이후 추구해야 할 칼빈신학은 이러한 특성을 충실히 담아내는 것이 되어야 한다. 우리에게 남겨진 가장 위대한 유산은 우리에게 맡겨진 가장 엄중한 과제에 다름 아니다.

무엇보다 칼빈신학을 올바로 자리매김하는 것(正位)이 요구된다. 칼빈이 개진한 근본 교리들에 대한 이해를 심화시켜야 한다.[120] 칼빈신학에 터 잡아 수립된 개혁신학자들의 신학의 원리(principia theologiae) 혹은 계시의 원리(principia

---

[120] 다음에 소개되는 근래의 저작들을 통하여 '삼위일체', '언약', '그리스도와 율법', '그리스도의 인격과 사역', '구원', '교회'에 대한 칼빈신학 전반을 고찰하는 데 도움을 얻을 수 있다. Philip Walker Butin, *Revelation, Redemption, and Response: Calvin's Trinitarian Understanding of the Divine-Human Relationship* (Oxford: Oxford University Press, 1995); Peter A. Lillback, *The Binding of God: Calvin's Role in the Development of Covenant Theology* (Grand Rapids: Baker, 2001); Moon, *Christ the Mediator of the Law: Calvin's Christological Understanding of the Law as the Rule of Living and Life-Giving*; Stephen Edmondson, *Calvin's Christology* (Cambridge: Cambridge University Press, 2004); Mark A. Garcia, *Life in Christ: Union with Christ and Twofold Grace in Calvin's Theology* (Milton Keynes, UK: Paternoster, 2008); Yosep Kim, *The Identity and the Life of the Church: John Calvin's Ecclesiology in the Perspective of His Anthropology*, Princeton Theological Monograph Series 203 (Eugene, OR: Wipf and Stock Publishers, 2014).

revelationis)를 역으로 조명해서 칼빈이 추구한 성경적 신학 방법론을 정확하게 기술해 내야 한다. 이를 위하여 칼빈의 작품들에 대한 면밀한 탐구와 분석이 선행되어야 한다. 1559년 판 『기독교 강요』가 그 첫째 작품이자 마지막 작품이 되어야 함은 재론의 여지가 없을 것이다.

1559년 판 『기독교 강요』는 '명료한 간결성'(perspicua brevitas)과 '유용성'(facilitas)을 지니고 성경의 가르침에 충실한 교리들을 망라하여 서술한, 신학적, 신앙고백적, 신앙교육적 서책이다.[121] 여기에 칼빈에 속한 것들 혹은 칼빈다운 것들(Calviniana)의[122] 진면목이 있다.

하나님은 여러 모양으로 소양을 갖춘 칼빈을 회심시키셔서 그를 성경의 교사로 삼으시고, 그 손에 오직 성경 한 권만을 들게 하셨다. 그는 주석과 강의와 설교를 통하여 성경을 가르치고 해석하고 선포하였으며, 성경의 가르침(doctrina)을 종합적이고 체계적으로 신학화 했다. 칼빈은 1559년 판 『기독교 강요』에서 비로소 이를 위해 '가장 적합한 방식에'(ad aptissimam methodum) 이르게 되었다. 그 적합성은 "원천들로 돌아가자."(ad fontes)라는 인문학적 외침이 아니라 "원천들의 원천으로 돌아가자."(ad fontem fontum)라는 신학적 외침에 관련된다. 이 시대가 다시금 '칼빈주의의 재생'(a revival of Calvinism)을 요구한다면, 그것은 이 외침을 듣기 위함일 것이다.[123]

칼빈은 신학의 '규범적 기능'(a normative function)을 등한시하지 않았다. 그렇

---

[121] Muller, *The Unaccommodated Calvin: Studies in the Formation of a Theological Tradition*, 111–117; Richard C. Gamble, "*Brevitas et facilitas*: Toward an Understanding of Calvin's Hermeneutic," *Westminster Theological Journal* 47 (1985), 1–17.

[122] Cf. Ford Lewis Battles, "The Future of Calviniana," in *Renaissance, Reformation, Resurgence*, ed. Peter De Klerk (Grand Rapids: Calvin Studies, 1976), 133–173.

[123] Cf. McNeill, *The History and Character of Calvinism*, 432, 436–438.

다고 해서 이를 부각시키고자 '정확한 교리적 엄정함'보다 '진리에 대한 용기와 충성'에 더 중점을 두었다고 보는 것은 지나친 발상이다.[124] 그가 '이론'(a theory)보다 '정황'(a praxis)을 중요하게 여겼다고 말하는 것도 설득력이 떨어진다.[125] 칼빈과 개혁신학자들의 연결점은 성경을 기독교 신학의 유일한 기초로 여겼다는 데 있다.[126] 칼빈은 신학자의 직무를 "참된 것들, 확실한 것들, 유익한 것들"(vera, certa, utilia)을 가르치는 데 있다고 보았다.[127] 그의 신학은 성경의 가르침을 파악하여 체계화하고 그 진리를 변증하는 가운데 수립되었다. 그의 신학적 저술과 주석 및 설교는 일차적으로 이러한 취지와 목적을 지니고 있었다.[128] 1559년 판 『기독교 강요』에서 보듯이, 칼빈은 "중간 길"(via media)에 서서 변증법적 회피를 모색하거나,[129] 남을 설득시키기에 "가장 효과적인 수사학적 논리의 양식"을 제시하거나,[130] 서로 대척점에 선 신학적 사변과 주견을 맞세

---

124) Wallace, *Calvin, Geneva and the Reformation: A Study of Calvin as Social Reformer, Churchman, Pastor and Theologian*, 231-232.

125) Hans-Joachim Kraus, "The Contemporary Relevance of Calvin's Theology," in *Toward the Future of Reformed Theology: Task, Topics, Traditions*, ed. Willis and Welke, 327.

126) Cf. W. Stanford Reid, "John Calvin, John Knox, and the Scottish Reformation," in *Church, Word, and Spirit: Historical and Theological Essays in Honor of Geoffrey W. Bromiley*, ed. James E. Bradley and Richard A. Muller (Grand Rapids: Eerdmans, 1987), 146.

127) *Institutio*, 1.14.4 (CO 2.118).

128) 칼빈신학과 중세 스콜라 신학의 연속성과 불연속성에 대한 논의와는 별도로 이러한 사실이 분명히 지적되어야 한다. Cf. Richard A. Muller, "Scholasticism in Calvin: A Question of Relation and Disjunction," in *Calvinus Sincerioris Religionis Vindex: Calvin as Protector of the Purer Religion*, ed. Wilhelm H. Neuser and Brian G. Amstrong (Kirksville, MO: Sixteenty Century Essays & Studies, 1997), 252-263.

129) Cf. Merwyn Johnson, "Calvin and Patterns of Identity in Reformed Theology," in *Calvin Studies X and XI*, ed. Charles Raynal (Grand Rapids: CRC Product Services, 2006), 358-361.

130) Cf. Alister A. McGrath, *The Science of Theology*, ed. G. Evans (Grand Rapids: Eerdmans, 1986), 126. Gamble, "Current Trends in Calvin Reserch, 1982-90," 108에서 재인용.

우고 그 사이에서 학자연하는 자리에 서고자 하지 않는다.[131]

칼빈은 망명객의 삶을 살았다. 이 땅에는 돌아갈 본향이 없었다. 어떤 토착화를 기할 땅이 없었다. 그리하여 지상에 머무는 동안에 천상을 바라보는 '나그네의 신학'을 수행하였다. 땅을 먼저 바라보지 않으니, 성경 말씀에 충실한 순수한 신학을 전개하였다. 그리하여 그 순수한 말씀이 땅에 널리 선포되게 하였다.[132] 이는 '하나님이 자기 장중(掌中)에 두신 사람'을[133] 쓰시는 섭리였다. 이를 새기며, 칼빈이 칼빈을 읽게 하자. 아니, 성경이 칼빈을 읽게 하자. 그 마음으로 이제 이 책을 펼치자.

영원히 오직 하나님께 영광을 올립니다!

(Soli Deo Gloria in aeternum)

---

131) Cf. H. Bauke, *Die Probleme der Theologie Calvins* (Leipzig: J. C. Hinrichs Buchhandlung, 1922). 이 문단은 다음을 수정하여 인용하였다. 문병호, "종교 개혁 500주년에 다시 돌아보는 칼빈신학," 60–61.
132) 오버만은 망명객 종교 개혁을 제3기 종교 개혁으로 분류하고 그 가운데 칼빈을 조명한 공이 있으나 그 의의와 가치에 대해서는 다소 모호한 입장을 취한다. Cf. Heiko A. Oberman, "Toward the Recovery of the Historical Calvin: Redrawing the Map of Reformation Europe," in *Calvinus Evangelii Propugnator: Calvin, Champion of the Gospel*, ed. David F. Wright, Anthony N. S. Lane, and Jon Balserak (Grand Rapids: Calvin Studies Society, 2006), 101–104.
133) 이 말은 다음 책의 제목에 비춘 것이다. Jean Cadier, *The Man God Mastered: A Brief Biography of John Calvin* (Grand Rapids: Eerdmans, 1960).

목차

간행사 | 8
   1559년 판 『기독교 강요』 라틴어 번역에 부쳐
본서의 이해를 돕는 역자의 논단 | 16
   1559년 판 『기독교 강요』와 칼빈신학
  1. 세 가지 자화상: 사제, 법조인, 기독교 인문주의자
  2. 갑작스러운 회심(subita conversio)과 초기의 신학적 저작
  3. 『기독교 강요』: 교훈적, 신앙고백적, 변증적 특성
  4. 신학자 칼빈(Calvinus Theologus)
  5. 1536-1550년 판 『기독교 강요』
  6. 1559년 판 『기독교 강요』
약어 | 104
독자에게 드리는 글 | 108
본서의 주제 | 114
프랑스 왕에게 드리는 글 | 118
   지극히 강하시며 지극히 영명하신 임금이시며 지극히 기독교적인 프랑스인들의 왕이시자 통치자이신 프랑수아 폐하께 존 칼빈은 그리스도 안에서 평강과 구원을 삼가 기원합니다

제1권

창조주 하나님을 아는 지식
DE COGNITIONE DEI CREATORIS

제1장 하나님을 아는 지식과 우리 자신을 아는 지식이 서로 연결되어 있음과
그 결합의 방식
Dei notitiam et nostri res esse coniunctas, et quomodo inter se cohaereant

    1. 하나님을 아는 지식과 우리 자신을 아는 지식은 함께 주어짐 | 164
    2. 하나님이 자기를 알려 주셔야 우리 자신에 대해서 알게 됨 | 166
    3. 하나님의 현존 가운데서 드러나는 우리의 비참함 | 168

제2장 하나님을 아는 것의 실체와 그를 아는 지식이 지향하는 목적
Quid sit Deum cognoscere, et in quem finem tendat eius cognitio

    1. 하나님을 아는 지식은 송영과 예배와 거룩한 삶이 따르는 경건한 지식 | 172
    2. 경건한 마음으로 하나님을 올바로 알고 따르며 섬기는 것의 유익함 | 174

제3장 사람들의 마음속에 하나님을 아는 지식이 자연적으로 심겨 있음
Dei notitiam hominum mentibus naturaliter esse inditam

    1. 우리 안에 자연적으로 부여된 신성에 대한 의식 | 180
    2. 하나님을 거부하는 자나 우상 숭배자도 하나님을 아는 지식이 없지 않음 | 181
    3. 하나님을 아는 지식을 부인하거나 거부하는 것은 창조의 질서에 어긋남 | 183

제4장 동일한 지식이 일부는 무지로, 일부는 악의로 질식되거나 변질됨
Eandem notitiam partim inscitia, partim malitia vel suffocari vel corrumpi

1. 누구에게나 종교의 씨앗이 뿌려져 있으므로 아무도 무지를 변명치 못함 ∣ 188
2. 하나님을 안다고 하면서도 그의 능력을 외면하고 그의 영광을 헛되게 여김 ∣ 190
3. 유일하신 하나님을 떠나는 것이 곧 우상 숭배 ∣ 191
4. 하나님을 아는 지식의 섬광조차도 죄악과 위선으로 질식시켜 꺼뜨림 ∣ 193

제5장 하나님의 지식은 세상의 조성과 그의 계속적 통치에 빛남
Dei notitiam in mundi fabrica et continua eius gubernatione lucere

1. 모든 피조물은 하나님의 능력과 신성을 밝히 보여 주는 거울이며 표징 ∣ 198
2. 사람은 피조물을 통하여 하나님을 알 뿐만 아니라
   피조물로서 하나님의 지혜를 드러냄 ∣ 200
3. 사람은 소우주로서 하나님의 영광을 현시하는 최고의 거울이자 웅변가 ∣ 201
4. 하나님이 부여하신 탁월함으로 오히려 하나님을 부인하는 사람의 배은망덕 ∣ 202
5. 하나님이 피조물에 부여하신 고상한 것에 신성을 부여하여
   그림자 신을 만들어 내는 사람의 불경함 ∣ 204
6. 만물을 조성하시고 다스리시는 하나님이 친히 자기를 계시하심 ∣ 207
7. 하나님은 인간 사회의 질서를 통하여 자기를 아는 지식을 드러내심 ∣ 209
8. 하나님은 최고의 방법으로 인생을 다스리심으로
   자기의 권능과 지혜를 드러내심 ∣ 210
9. 하나님을 아는 지식은 그의 본질에 대한 공허한 사색이 아니라
   그의 작품들을 통하여 그를 경배하는 데서 비롯됨 ∣ 212
10. 하나님이 하신 일과 그 작품들을 통하여 하나님의 속성을 알게 됨 ∣ 213
11. 하나님의 작품들만 동경하고 하나님 자신을 바라보지 않는 헛됨과 어리석음 ∣ 215
12. 신들을 내세워 하나님을 부정하는 이방 철학자들의 오류 ∣ 216
13. 오직 하나님 자신이 자기 자신과 자기가 받으시는 합당한 예배가
    무엇인지 알려 주심 ∣ 219
14. 믿음을 통한 내적 계시의 조명이 없는 한 세계의 창조 자체로
    하나님을 알 수 없음 ∣ 221
15. 어느 누구도 무지를 구실로 삼아 핑계치 못함 ∣ 222

제6장 창조주 하나님께 이르고자 하는 사람마다 성경이 지도자와 선생으로서 필요함
Ut ad Deum creatorem quis perveniat, opus esse scriptura duce et magistra

1. 성경의 안경을 쓰지 않고는 하나님을 창조주와 구속주로 알 수 없음 ㅣ 226
2. 하나님의 말씀인 성경의 제자가 되지 않고는 그의 가르침을 맛볼 수 없음 ㅣ 228
3. 말씀의 실로써 미궁을 벗어남 ㅣ 230
4. 하나님의 자녀들의 고유한 학교인 성경에서 배움 ㅣ 232

제7장 성경은 그 확실한 권위에 부합하게 성령의 증언으로써 확립되어야 함, 그리고 성경에 대한 믿음이 교회의 판단에 따른다는 불경건한 공상
Quo testimonio scripturam oporteat sanciri, nempe spiritus:
ut certa constet eius autoritas; atque impium esse commentum,
fidem eius pendere ab ecclesiae iudicio

1. 성경은 하나님의 말씀으로서 그 자체로 완전한 권위가 있으므로
   그 가치는 교회의 승인과 무관함 ㅣ 236
2. 교회의 터는 성경이며 그 경건의 직분은 그 말씀을
   하나님의 진리로 받아들이는 데 있음 ㅣ 238
3. 아우구스티누스의 말은 성경에 대한 교회의 권위가 아니라
   교회의 역할과 관계됨 ㅣ 239
4. 성령이 인(印)이자 보증으로서 하나님의 말씀을 내적으로 증언하심 ㅣ 241
5. 성령의 역사 가운데서 성경은 그 자체로 믿을 만하고 그 자체로 믿어짐 ㅣ 244

제8장 인간의 이성으로 받아들일 만한, 성경에 대한 믿음을 견고하게 세우는 확고한 증거들이 충분히 넉넉함
Probationes, quatenus fert humana ratio,
satis firmas suppetere ad stabiliendam scripturae fidem

1. 신적인 무엇을 호흡하고 있는 성경의 고유한 능력 ㅣ 248
2. 사람이 스스로 품을 수 없는 성경의 가르침 ㅣ 250
3. 성경의 태고성 ㅣ 251
4. 모세를 통한 진리의 기록 ㅣ 252

5. 모세의 율법과 가르침을 비준하는 기적들 | 254
6. 기적들을 경험하고 기록한 하나님의 거룩한 종 모세 | 254
7. 예언과 성취의 기록 | 256
8. 하나님으로부터 나온 예언 | 257
9. 율법의 역사적 전승 | 258
10. 성경이 고유한 언어로 보존되고 번역되어 널리 전파됨 | 259
11. 성령에 의해서 교훈을 받은 신약의 저자들 | 261
12. 교회의 지체들이 함께 한 호흡을 함으로써 성경의 진리를 수납함 | 262
13. 성경의 확실성과 성령의 내적 감화 | 264

제9장 성경을 제쳐 놓고 계시로 비약하는 광신자들은 경건의 모든 원리를 전복함
Omnia pietatis principia evertere fanaticos, qui, posthabita scriptura, ad revelationem transvolant

1. 성경과 무관하게 역사하지 않으시는 성령 | 268
2. 성경의 저자이신 성령 | 270
3. 하나님은 성령의 조명으로써 말씀의 경륜을 수행하심 | 271

제10장 성경은 모든 미신을 교정하기 위하여 이방의 모든 신을 배제하고 오직 참 하나님만을 드러냄
Scripturam, ut omnem superstitionem corrigat, verum Deum exclusive opponere diis omnibus gentium

1. 창조주 하나님에 대한 성경의 가르침 | 276
2. 성경에 계시된 하나님의 속성이 천지 만물 가운데 그대로 드러남을 경험이라는 교사를 통하여 지각함 | 277
3. 이방인들에게도 하나님의 한 분이심이 알려짐으로 아무도 이에 대한 무지를 핑계하지 못함 | 279

제11장 하나님께 가시적 형상을 바치는 것은 불법이며, 일반적으로 누구든지
자기를 위하여 우상들을 세우는 자는 참 하나님을 배반하는 것임
Deo tribuere visibilem formam nefas esse,
ac generaliter deficere a vero Deo quicunque idola sibi erigunt

  1. 비가시적인 하나님은 가시적으로 자기를 표현하거나 섬기고자 만들어진
     모든 우상을 거부하심 | 282
  2. 하나님의 신성은 그 본질에 있어서 형상화될 수 없음 | 283
  3. 하나님의 현존은 우상으로써 묘사될 수 없음 | 285
  4. 하나님은 물질로 만든 것에 계시지 않음 | 287
  5. 우상들의 가르침은 헛되고 거짓됨 | 289
  6. 우상들의 가르침을 거부한 교부들의 가르침 | 290
  7. 형상들은 무식한 사람들의 책들이라는 헛된 궤변 | 292
  8. 우상들의 기원은 마음에 품은 것을 표현하고 그 형상을 믿는 데 있음 | 293
  9. 우상 숭배는 우상 안에 없는 신성을 예배함 | 295
  10. 하나님을 우상으로 숭배하는 것은 우상과 간음하는 것 | 297
  11. '우상 숭배'를 '우상 섬김'이라는 명목으로 합리화하려는 교황주의자들 | 299
  12. 형상이나 조형 자체가 아니라 그것들을 우상으로 만들거나
      섬기는 것이 불법 | 300
  13. 우상 숭배는 물론 우상 자체도 은총을 받는 데 무가치함 | 301
  14. 우상 숭배를 합리화하고자 하는 우매한 성경 해석 | 303
  15. 성경 말씀들에 대한 극단적인 오용 | 305
  16. 삼위일체 하나님께 합당한 영예를 우상들에게 돌리는 데까지 이름 | 305

제12장 하나님은 우상들과 구별되시니, 홀로 한결같은 예배를 받으심
Deum ab idolis discerni, ut solus in solidum colatur

  1. 우상 숭배는 미신의 산물이자 도구 | 308
  2. 전적으로 부적합하고 하찮은 '라트리아'와 '둘리아'의 구별 | 311
  3. 하나님이 자신에게 돌리시는 것을 우상에게 돌려서는 안 됨 | 312

제13장 자기 안에 세 인격을 지닌, 하나님의 한 본질은 창조 자체에 의해서
성경에서 가르쳐짐

Unicam Dei essentiam ab ipsa creatione tradi in scripturis,
quae tres in se personas continet

1. 무한하고 영이신 하나님은 친히 우리에게 맞추어 주셔서 자기를 알게 하심 ㅣ 316
2. 하나님은 하나의 본질 가운데 세 인격, 위격, 위격적 존재로 계심 ㅣ 318
3. 의미가 옳은 이상 용례가 다르더라도 받아들임 ㅣ 320
4. 성부, 성자, 성령 하나님의 하나의 동일 본질을 부인하는 아리우스와
   세 인격을 부인하는 사벨리우스 ㅣ 322
5. 거룩한 교부들은 용어 사용에는 다양함이 있었으나 내용적으로는 일치함 ㅣ 324
6. 하나의 동일한 본질의 성부, 성자, 성령 하나님은
   위격적 특성에 있어서 구별되심 ㅣ 329
7. 하나님의 말씀이신 성자 하나님의 신격 ㅣ 330
8. 영원히 하나님과 함께 계시는 하나님이신 말씀 ㅣ 332
9. 구약에 있어서, 중보자 그리스도로서의 성자 하나님의 현존과 계시 ㅣ 333
10. 구약 백성에게 여호와의 사자로서 현현하신 성자 하나님 ㅣ 336
11. 신약에서 중보자 그리스도로서의 성자 하나님의 현존과 계시 ㅣ 338
12. 그리스도의 신성에 대한 그의 사역의 증거 ㅣ 341
13. 그리스도의 신성에 대한 그의 기적과 구원의 증거 ㅣ 342
14. 성령의 사역을 통하여 계시된 그의 신격 ㅣ 344
15. 성령의 신격에 대한 성경의 분명한 증거 ㅣ 346
16. 성부, 성자, 성령의 한 분이심 ㅣ 348
17. 성부, 성자, 성령은 각각 고유한 위격적 특성으로 구별되나 분리되지 않으심 ㅣ 350
18. 성부, 성자, 성령의 구별과 순서 ㅣ 351
19. 성부, 성자, 성령의 관계 ㅣ 353
20. 세 위격을 하나로 묶는 한 본질 ㅣ 355
21. 하나님이 말씀을 통하여 알려 주심으로 앎 ㅣ 356
22. 인격(persona)을 형상(idea)으로 여기는 세르베투스 이단 ㅣ 358
23. 창세전과 창조에 있어서 하나님으로 계시되신 그리스도 ㅣ 361
24. '하나님'이라는 이름이 절대적으로 사용된 경우
    성부만을 지시하는 것이 아님 ㅣ 364
25. 인격은 본질과 구별되나 분리되지 않음 ㅣ 367

26. 성육신하신 중보자 그리스도의 신격 | 369
27. 이단들이 이레나이우스를 오용함 | 371
28. 이단들이 테르툴리아누스를 오용함 | 373
29. 옛 저술가들의 정통적인 입장 | 374

제14장 성경은 또한 우주와 그 가운데 있는 모든 것의 창조 그 자체를 확실한 표지(標識)들로 삼아 하나님과 거짓 신들을 구별함
In ipsa etiam mundi et rerum omnium creatione scripturam certis notis discernere verum Deum a fictitiis

1. 말씀의 울타리 안에서 태초의 창조를 믿고 누림 | 380
2. 인류를 향한 하나님의 부성적 사랑 | 382
3. 천사의 창조 | 384
4. 천사들에 관한, 성경의 단순한 가르침 | 386
5. 성경이 전하는 천사의 이름들 | 388
6. 신자들을 섬기는 여호와의 사자 | 389
7. 어느 개인에게 특정된 수호천사는 없음 | 391
8. 이름에 비추어 본 천사들의 수와 계급 | 392
9. 실제로 존재하는 본성을 지닌 영적 실체로서의 천사 | 393
10. 천사들에게는 하나님의 영예를 돌려서도 하나님의 영광을 올려서도 안 됨 | 395
11. 하나님은 천사들을 통하여 자기가 원하시는 일들을 행하심 | 396
12. 천사들을 통하여 오직 한 분 여호와를 바라보고 의지함 | 397
13. 사탄과 마귀들에 대적함 | 399
14. 사탄과 마귀들의 활동 | 400
15. 마귀의 본성 | 401
16. 본성에 따른 것이 아니라 타락으로 말미암은 마귀의 죄성 | 402
17. 하나님의 권능 아래에 있는 사탄 | 403
18. 그리스도 안에서 신자들에게 부여되는, 사탄에 대한 승리 | 405
19. 마귀는 존재하는 실재 | 407
20. 말씀과 성령으로 만물을 무로부터 창조 | 408
21. 피조물을 통하여 하나님의 어떠하심과 그가 행하신 일을 묵상 | 410
22. 피조물을 통하여 하나님의 부성적 은총을 믿음 | 411

제15장 사람은 어떻게 창조되었는가? 영혼의 기능들, 하나님의 형상, 자유의지, 본성의 첫 순전성과 더불어

Qualis homo sit creatus: ubi de animae facultatibus, de imagine Dei, libero arbitrio, et prima naturae integritate disseritur

1. 처음 죄과(罪科)를 하나님께 떠넘길 수 없음 | 416
2. 영혼과 몸으로 이루어진 인간 | 418
3. 하나님의 형상에 따라 창조된 사람 | 421
4. 그리스도 안에서 회복된 하나님의 형상 | 425
5. 유출이 아니라 은혜와 능력으로써 영혼이 하나님의 형상을 담음 | 428
6. 영혼의 작용과 기능 | 429
7. 오성과 의지 | 433
8. 자유의지 | 434

제16장 하나님은 자기에 의해 지음을 받은 세계를 자기의 능력으로 자라게 하시고 보호하시며 자기의 섭리로 그 각 부분을 다스리심

Deum sua virtute mundum a se conditum fovere ac tueri, et singulas eius partes sua providentia regere

1. 하나님의 창조와 섭리의 연속성 | 440
2. 운명이나 우연이 아니라 섭리로 만물을 지으시고 다스리심 | 443
3. 모든 것이 하나님의 은밀한 계획에 따른 섭리로 말미암음 | 445
4. 지식과 행위에 모두 미치는 하나님의 우주적 혹은 일반적 섭리와 특별한 섭리 | 447
5. 피조물 각각에게 미치는 고유한 섭리 | 450
6. 인류를 향한 하나님의 섭리 | 452
7. 아버지의 손으로서 역사하는 일반적 섭리 | 453
8. 운명은 없으며 섭리는 운명이 아니다 | 455
9. 하나님의 섭리는 운명이나 우연도 아니며 필연도 아니다 | 458

제17장 섭리 교리를 우리의 효용에 알맞게 적용하기 위하여 추구해야 할 지향점과 목표
Quorsum et in quem scopum referenda sit haec doctrina,
ut nobis constet eius utilitas

   1. 하나님의 뜻에 따른 섭리의 작용 ｜ 464
   2. 하나님의 섭리는 유일하고 불변하는 최상의 법 ｜ 466
   3. 하나님의 섭리를 빙자하여 사람의 책임을 간과하는 결정론의 오류 ｜ 469
   4. 하나님의 섭리의 경륜에 배치되는 운명에 대한 사람의 추론 ｜ 471
   5. 하나님은 악을 사용하시되 악을 선하게 여기지 않으심 ｜ 473
   6. 모든 것을 하나님의 손 아래에 두심 ｜ 475
   7. 번창하는 모든 일을 자기의 섭리 가운데 이루심 ｜ 477
   8. 자기의 섭리 가운데 모든 역경을 허용하시고 이기게 하심 ｜ 478
   9. 하부 원인들을 통한 하나님의 섭리의 작용 ｜ 480
   10. 운명에 돌릴 수 없는 연약하고 비참한 사람의 상태 ｜ 483
   11. 자기 백성을 대적으로부터 보호하시는 하나님의 섭리 ｜ 484
   12. 하나님의 변개치 않으심에 배치되지 않는 후회하심 ｜ 487
   13. '후회하심'이라는 말을 통한 하나님의 맞추어 주심 ｜ 488
   14. 다양한 섭리를 통하여 한 가지 불변하는 계획을 이루심 ｜ 490

제18장 하나님은 불경건한 자들의 일들을 사용하시며 그들의 마음을 굴복시켜
자기의 심판들을 수행하시나 모든 더러운 것으로부터 자기를 순수하게 지키심
Deum ita impiorum opera uti, et animos flectere ad exsequenda sua iudicia,
ut purus ipse ab omni labe maneat

   1. 하나님의 뜻을 넘어서거나 그것과 무관한 단순한 허용은 없다 ｜ 494
   2. 선택된 자들과 유기된 자들 모두에 대한 내적 충동 ｜ 497
   3. 오직 선한, 하나님의 한 뜻 ｜ 500
   4. 악한 사람을 도구로 삼아 자기의 선한 뜻을 이루심 ｜ 504

약어

칼빈의 원전

CO *Ioannis Calvini opera quae supersunt omnia*, ed. Guilielmus Baum, Eduardus Cunitz, and Eduardus Reuss, 59 vols., in *Corpus Reformatorum*, vols. 29-87 (Brunswick: C. A. Schwetschke, 1863-1900).

Comm. Commentarius Calvini.

Institutio Ioannes Calvinus, *Institutio christianae religionis, in libros quatuor nunc primum digesta, certisque distincta capitibus, ad aptissimam methodum: aucta etiam tam magna accessione ut propemodum opus novum haberi possit*, 1559.

OS *Ioannis Calvini Opera Selecta*, ed. P. Barth and W. Niesel, 5 vols. (München: Kaiser, 1926-1936).

Prael. Praelectio Calvini.

SC *Supplementa Calviniana: Sermons inédits*, ed. Erwin Mühlhaupt et al. (Neukirchen: Neukirchener Verlag, 1936-).

Serm. Sermon de Calvin.

칼빈 번역서

Benoit, *Institution* J. -D. Benoit, *Jean Calvin: Institution de la Religion Chrestienne*, livres I—III.

Cadier, *Institution* J. Cadier and P. Marcel, *Jean Calvin: Institution de la Religion Chrétienne*.

Calvin, *Letters* Letters of John Calvin, ed. J. Bonnet.

Calvin, *Tracts* John Calvin's Tracts and Treatises, 3 vols., tr. Henry Beveridge.

다른 작품들

ACW Ancient Christian Writers.

ANF The Ante-Nicene Fathers.

Aquinas, *Summa Theol*. Thomas Aquinas, *Summa Theologica*.

Augustine, *Psalms* Augustine, *Enarrationes in Psalmos*.

Augustine, *John's Gospel* Augustine, *In Joannis evangelium tractatus*.

Ayer, *Source Book* J. C. Ayer, *A Source Book of Ancient Church History*.

CC *Corpus Catholicorum. Werke catholischer Schriftsteller im Zeitalter der Glaubens-spaltung*.

CCL *Corpus Christianorum, series Latina*.

CR Melanchthon *Corpus Reformatorum: Philippi Melanchthonis Opera quae supersunt omnia*.

CR Zwingli *Corpus Reformatorum: Huldreich Zwinglis sämmtliche Werke*.

CSEL *Corpus Scriptorum Ecclesiasticorum Latinorum.*
Du Cange, *Glossarium* C. du Fresne Du Cange, *Glossarium ad scriptores mediae et infimae latinitatis.*
FC *Fathers of the Church.*
Friedberg *Corpus iuris canonici*, ed. E. Friedberg.
GCS *Die griechischen Christlichen Schriftsteller der ersten drei Jahrhunderte.*
HDRE *Dictionary of Religion and Ethics*, ed. J. Hastings.
Hefele-Leclercq H. Leclercq, *Histoire des conciles d'après les documents originaux*, ed. C. J. Hefele.
Herminjard, *Correspondance* Correspondance *des Réformateurs dans les pays de langue française*, ed. A. -L. Herminjard.
LCC *The Library of Christian Classics.*
LCL *The Loeb Classical Library.*
LF *A Library of the Fathers of the Holy Catholic Church.*
Lombard, *Sentences* Peter Lombard, *Libri quatuor sententiarum.*
Luther, *Werke* **WA** *Martin Luthers Werke. Kritische Gesammtausgabe. Weimar.*
LXX The Septuagint: Greek version of the Old Testament.
Mansi J. D. Mansi, *Sacrorum conciliorum nova et amplissima collectio.*
MGH *Monumenta Germaniae Historica.*
MPG *Patrologiae cursus completus, series Graeca*, ed. J. P. Migne.
MPL *Patrologiae cursus completus, series Latina*, ed, J. P. Migne.
NPNF *A Select Library of the Nicene and Post-Nicene Fathers*, first series.
NPNF 2 ser. *A Select Library of the Nicene and Post-Nicene Fathers*, second series.
Smits L. Smits, *Saint Augustine dans l'oeuvre de Jean Calvin.*
Vg. Vulgate version of the Bible.
VG *Versio Gallica*. French text of the *Institutes*.

각주 인용

Quot. Battles tr., n. 이는 다음 번역서의 각주의 내용을 바로 인용하거나, 수정하거나 가필해서 인용하거나, 활용하거나 했음을 표시한다. 여기서 "n."은 해당 절에 매겨진 각주 번호를 뜻한다. *Institutes of the Christian Religion*, ed. John T. McNeill, tr. Ford Lewis Battles, *Library of Christian Classics*, vols. 20-21 (Philadelphia: Westminster Press, 1960).
Supplement. Ford Lewis Battles, *New Light on Calvin's Institutes: A Supplement to the McNeill-Battles Translation* (Hartford: Hartford Seminary Press, 1966).

이제 처음으로 확실하고 분명히 구분된 장들이
네 권의 책으로 분류되었으며
또한 매우 방대한 양의 첨가로 증보되어
가히 새로운 작품으로 여겨질 만한,
가장 적합한 방식에 이른

기독교 강요

INSTITUTIO CHRISTIANAE RELIGIONIS,
in libros quatuor nunc primum digesta,
certisque distincta capitibus,
ad aptissimam methodum:
aucta etiam tam magna accessione
ut propemodum opus novum haberi possit

독자에게 드리는 글

우리의 이 작품이 초판에서 거둔 성공은 주님 자신의 무한한 선하심으로부터 비롯되었습니다.[1] 이러한 성공은 전혀 예기치 못한 일이었습니다.

초판에서 저는, 소품(小品)에 불과한 글들이 대체로 그러하듯이, 각 부분을 가볍게 다루었을 뿐이었습니다. 감히 제가 전혀 기대할 수 없었음은 물론 바랄 수조차 없었던 호의를 거의 예외 없이 경건한 사람들 모두에게서 받았을 때, 저는 너무나 과분한 것이 저에게 돌려지고 있다고 심중에 깨닫게 되었습니다. 경건한 사람들은 저에게 따뜻한 관심을 보임으로써 저에게 자발적인 열심을 요청하였습니다. 그렇기 때문에 저에게 부족함이 없지 않지만 그 가운데서도 최선을 다하지 않는다면 이보다 더한 배은망덕은 없을 것이라고 저는 생각했습니다.

제2판은 이러한 요청에 부응하려는 시도였으며, 그 이후 판

---

[1] 이 저자 서문은 1539년 판『기독교 강요』에 "Epistola ad Lectorem"이라는 제목으로 처음 나오고(CO 1.255-256), 이후 판들에 동일한 제목으로 계속해서 나타난다. 그 분량이 1559년 판에는 두 배로 늘었다(CO 2.1-4; OS 3.5-7). 그런데 CO와 OS에 수록된 1559년 판에는 그 제목이 "Ioannes Calvinus Lectori"로 잘못 기재되었다. 이는 편집상의 오류라고 여겨진다. 그렇기 때문에 여기서는 이를 바로잡아 처음 제목을 그대로 사용한다.

을 거듭할수록 여러 부분의 증보로 본서가 더욱 풍부해졌습니다. 진정 저는 지금까지 매번 쏟았던 저의 수고에 대해서 후회하지 않습니다. 그렇지만 지금 제시된 순서로 본서의 목차가 배열되기 전까지는 이전의 어느 판에도 만족할 수 없었습니다. 비로소 이제 저는 여러분 모두가 받아들이실 만한 작품을 여러분께 드리게 되었다고 확신합니다.[2]

저에게는 하나님의 교회를 위한 이러한 작업에 제가 얼마나 심혈을 기울였는지를 뚜렷이 보여 주는 매우 분명한 증언이 있습니다. 부득불 말하건대, 저는 지난해 겨울 사일열(四日熱)에[3] 걸려 사경을 헤매며 죽게 되었다고 생각했을 때, 오히려 그 병이 저를 더 심하게 짓누를수록 더욱 제 자신을 아끼지 아니하고 본서에 매달렸습니다. 경건한 사람들의 인자한 요청에 얼마라도 부응하려면 잠시라도 이 일에서 손을 떼어서는 안 되었기 때문입니다.

본서는 좀 더 빨리 탈고될 수도 있었을 것입니다. 그러나 저는 충분히 잘 되는 것이야말로 실로 충분히 빨리 되는 것이라고 여깁니다.[4] 나아가, 만약 본서

---

[2] "nunquam tamen mihi satisfeci, donec in hunc ordinem qui nunc proponitur digestum fuit. Nunc me dedisse confido quod vestro omnium iudicio probetur."

[3] "a febre quartana." 칼빈은 이틀씩 반복해서 열이 오르는 말라리아의 일종인 이 병에 걸린 채로 1558년 10월부터 1559년 5월 사이에 본서와 이사야 주석을 출판하였다. Beza, *Vita Calvini*, CO 21.156 (tr. H. Beveridge, *Life of John Calvin by Theodore Beza*, pp. 82f.). Quot. Battles tr., n. 1.

[4] "Maluissem equidem citius, verum sat cito si sat bene." Suetonius, *Lives of the Caesars, Augustus* II.

를 통해서 하나님의 교회가 다소나마 이전보다 더 풍성한 열매를 맺게 된다면, 그 사실을 의식하게 되는 순간에 본서가 가장 적기에 나왔다는 생각을 비로소 하게 될 것입니다. 저의 유일한 소원이 여기에 있습니다.

만약 제가 유일하신 하나님의 승인에 만족하지 않는다면, 만약 제가 식견 없는 사람들의 어리석고 그릇된 판단이나 사악한 사람들의 불의하고 음흉한 판단을 경멸하지 않는다면, 참으로 저는 점차 더 궁지에 몰릴 것입니다. 하나님은 제 마음에 하나님의 나라를 확장하고 공공의 복리를 진척시키고자 하는 열의를 온전히 채워 주셨습니다. 하나님과 천사들이 증인이 되시기 때문에 저는 이에 대해서 제 양심에 거리낄 것이 없습니다. '교회의 교사 직분'을 맡게 된 이후 저는 교회의 유익을 앞세우고 경건에 대한 순수한 가르침을 풀어 설명하는 데에만 온 마음을 기울였습니다.[5]

그럼에도 불구하고 거짓 중상들로 인하여 저보다 더 많은 공격을 받고, 더 많이 맞고, 더 많은 상처를 입은 사람은 그 어디에도 없을 것이라고 저는 생각합니다.

저는 이 편지가 인쇄될 무렵에, 제국 의회가 열리고 있었던 아우크스부르크에서,[6] 제가 교황제로 변절했다는 소문이 널리 퍼졌다는 사실과 그 소문이 군주들의 궁정들에서 한층 더 편파적으로 과도하게 받아들여졌다는 사실을 확인

XXV (LCL Suetonius I. 158). Quot. Battles tr., n. 2.

[5] "nihil ex quo officium doctoris in ecclesia suscepi, mihi fuisse propositum quam ecclesiae prodesse, sinceram pietatis doctrinam asserendo." '교회의 교사 직분'(officium doctoris in ecclesia)은 '경건에 대한 순수한 가르침'(sincera pietatis doctrina)을 수호하고 변증하는 일이 맡겨졌다. 칼빈은 처음 이 직분으로 제네바 교회의 초청을 받았다.

[6] "Augustae, ubi conventus ordinum imperii agebatur." 1558년 2월 25일부터 3월 28일까지 개최되었던 아우크스부르크 의회(Diet of Augsburg)를 칭한다.

하게 되었습니다. 분명 이는 저의 변함없음을 보여 주는 수많은 증거들을 숨김없이 확실히 알고 있었던 사람들에게는 오히려 감사할 일입니다. 그 증거들이 저 천박한 중상을 배척할 뿐만 아니라 공평하고 자애로운 모든 재판관 앞에서 저를 보호해 줄 것입니다.

마귀는 자기의 무리 전체를 대동하고 나타나지만 스스로 속고 있습니다. 왜냐하면 마귀는 추악한 거짓들을 내세워 저를 짓누르기만 하면 이런 무가치한 일로 인해서 제가 더욱 잘 깨지고 더욱 고분고분해지리라고 생각하고 있지만, 저는 하나님이 자기의 무한한 선하심을 저에게 베푸셔서 저로 하여금 한결같은 인내를 지니고 거룩한 소명의 길 가운데서 계속 나아가게 하심을 확신하기 때문입니다. 이번 판에서 저는 이 사안에 대한 새로운 증례를 경건한 독자들에게 제시하고 있습니다.

나아가, 제가 이러한 수고를 다하는 목적은 신학을 배우려는 학생들을 준비시키고 교육시켜서 그들이 하나님의 말씀을 듣는 길에 쉽게 접근도 하고 그 길에서 걸려 넘어지지 않고 한 단계씩 진보도 할 수 있도록 이끄는 데 있습니다.

본서에서 저는 종교의 요체를 모든 부분에 걸쳐서 아우른 후 순서에 따라 배열함으로써 누군가 그 요체에 대한 올바른 지식을 견지하고자 할 때 성경에서 특별히 추구해야 할 것이 무엇인지와 성경 안에 담겨 있는 모든 것이 지향해야 할 목표가 무엇인지를 별 어려움 없이 확고하게 파악할 수 있도록 했습니다.[7]

---

[7] "Porro hoc mihi in isto labore propositum fuit, sacrae theologiae candidatos ad divini verbi lectionem ita praeparare et instruere, ut et facilem ad eam aditum habere, et inoffenso in ea gradu pergere queant. Siquidem religionis summam omnibus partibus sic mihi complexus esse videor, et eo quoque ordine digessisse, ut si quis eam recte tenuerit, ei non sit difficile statuere et quid potissimum quaerere in scriptura, et quem in scopum quidquid in ea continetur referre debeat."

여기서 이 길이 잘 닦여진다면, 이후에 제가 성경을 주석하는 글들을 출판하게 되더라도 긴 교리적인 논쟁들을 벌일 필요나 일반적인 주제들로 빗나갈 필요가 없어질 것이기 때문에, 언제나 개요만 간략하게 제시하면 될 것입니다.[8]

만약 경건한 독자가 이러한 방법을 좇아서 우리 앞에 놓인 이 작품을 읽고 그것의 지식을 필수적인 도구로 삼아 무장하게 된다면, 그는 큰 성가심과 지루함을 덜게 될 것입니다. 이러한 교육 방식이 저의 주석 곳곳마다 마치 거울과 같이 분명하게 반영되어 있습니다.[9]

저는 본서가 지닌 특성을 저의 말로 선포하는 것보다 본서 자체로 선언하는 것을 더 원합니다.

사랑스런 독자에게, 이제 작별의 인사를 올립니다. 당신이 저의 수고를 통하여 열매를 얻게 될진대, 하나님 우리 아버지 앞에서 드리는 당신의 기도로 저를 도와주시기 바랍니다.

1559년 8월 1일
제네바에서

---

[8] "Itaque, hac veluti strata via, si quas posthac scripturae enarrationes edidero, quia non necesse habebo de dogmatibus longas disputationes instituere, et in locos communes evagari, eas compendio semper astringam." 이 말은 1539년 8월에 출판된 제2판 라틴어 『기독교 강요』에 처음으로 나온다. 칼빈은 1539년 8월 18일에 헌정되고 1540년에 출판된 로마서 주석을 필두로 성경 주석 대부분을 일생 동안 간행했다.

[9] "a ratione magna molestia et fastidio pius lector sublevabitur: modo praesentis operis cognitione, quasi necessario instrumento, praemunitus accedat. Sed quia huius instituti ratio in tot meis commentariis quasi in speculis clare apparet."

제가 소책자로나마 변명하고자 마음을 먹었던 그들,
그들의 배우고자 하는 열의가 이 큰 책을 이루었습니다.[10]

"저는 배우는 만큼 쓰고 또 쓰는 만큼
배우는 사람 중의 하나임을 공언합니다."[11]

---

10) "Quos animus fuerat tenui excusare libello, Discendi studio magnum fecere volumen." 이는 칼빈이 한 말로서 1560년 프랑스어 판에는 언급이 없다가 1561년 프랑스어 판에 4행시 형태로 번역되어 나온다. Cf. Benoit, *Institution* I. 24. Quot. Battles tr., n. 6.

11) "Ego ex eorum numero me esse profiteor qui scribunt proficiendo, et scribendo proficiunt." Augustine, *Letters* cxliii. 2 (MPL 33. 585; tr. NPNF I. 490 and FC 20. 150). Quot. Battles tr., n. 7.

본서의 주제

여기에서 나는 이 작품의 효용을 간단하게나마 밝혀서 독자들이 더 많은 유익을 얻는 데 도움을 주고자 한다.[1] 이와 함께 독자들이 본서를 읽으면서 어디에 관심을 기울여야 하며 무슨 목적을 지향해야 하는지를 제시하려고 한다.

우리 주님은 자기 지혜의 무한한 보화를 성경 안에 드러내고자 뜻하셨다. 성경에는 완전한 교리가 담겨 있기 때문에 아무것도 덧붙이지 말아야 한다.[2] 그렇기 때문에 성경의 훈련을 충분히 받지 못한 사람이 성경에서 무엇을 추구해야 하는지를 올바로 깨닫고 여기저기 헤맴이 없이 확실한 길에 굳게 서기 위해서는 어떤 지도와 감독을 마땅히 받아야 한다. 그렇게 함

---

1) *Institution de la religion chrestienne de Calvin*, Texte original de 1541 réimprimé sous la direction de Abel Lefranc par Henri Chatelain et Jacques Pannier (Paris: Librairie Honoré Champion, 1911), "Argument du présent livre," p. iii. 프랑스어로 된 이 글은 라틴어 제2판인 1539년 『기독교 강요』에 나오는 "Epistola ad Lectorem"에 버금가는 것으로서, 프랑스어 판에서는 1541년 초판 이후 줄곧 나오다가 1560년 마지막 판에서는 사라진다. 그렇지만 『기독교 강요』의 체계와 의의와 가치를 전반적으로 이해하는 데 도움이 된다고 여겨 여기에 싣는다. Richard A. Muller, *The Unaccommodated Calvin: Studies in the Formation of a Theological Tradition* (Oxford: Oxford University Press, 2000), 105.

2) "Combien que la saincte Escriture contienne une doctrine parfaicte, à laquelle on ne peut rien adiouster: comme en icelle nostre Seigneur a voulu desployer les Thrésors infiniz de sa Sapience."

으로써 그는 성령이 그를 부르시는 목표를 향하여 언제나 매진할 수 있게 될 것이다.

  이러한 점에 착안해 볼 때, 다른 사람들에 비해서 하나님의 빛을 한층 더 충만하게 받은 사람들에게는, 아직 준비가 덜 된 사람들을 도와서, 즉 그 단순한 사람들에게 손을 빌려주어서, 하나님이 자기의 말씀을 통하여 우리에게 가르치고자 하신 것의 요체를 그들이 발견할 수 있도록 지도하고 이끌어야 할 책임이 있다. 그런데 기독교 철학을 구성하는 가장 주요하고 가치가 있는 사안들을 다룸에 있어서 성경을 통하는 것보다 더 좋은 방법은 있을 수 없다.[3] 왜냐하면 이 사안들을 이해하고 있는 사람은 특별히 성경 본문 각각을 어디에 관련시켜야 하는지를 매우 잘 알고 그 각각이 자기에게 제시하는 모든 것을 헤아리는 잣대를 지니게 되어, 다른 사람이 석 달 동안 누릴 수 있는 것보다 더 많은 유익을 단 하루 만에 누릴 수 있는 준비를 하나님의 학교에서 할 것이기 때문이다.

---

[3] "Or cela ne se peut mieux faire par Escritures, qu'en traictant les matières principales et de conséquence, les quelles sont comprinses en la Phiosophie Chrestienne." 칼빈은 '하나님의 철학'(philosophia divina) 혹은 여기에 나오는 '기독교 철학'(la Philosophie Chrestienne, philosophia Christiana)을 '그리스도의 철학'(philosophia Christi)이라고 여긴다. Cf. *Concio academica nomine rectoris universitatis Parisiensis, Ioannis Calvini opera quae supersunt omnia* (CO 10/2.31-32); *Institutio*, 1.11.7; 1.12.1; 3.6.4; 3.20.1; *Comm.*, 1Cor. 13:8 (CO 49.512).

구원의 교리를 배우고자 갈망하는 사람들을[4] 이러한 방식으로 돕는 것이 매우 필요하다. 그렇기 때문에 나는 주님이 주신 재능에 따라 이 일을 행하지 않을 수 없었다. 본서를 다시 작성한 뜻이 여기에 있었다. 나는 본서를 먼저 라틴어로 저술해서 배움에 열의를 지닌 사람들이라면 어느 나라에 속해 있든지 간에 모두가 읽을 수 있게끔 했다. 그리고 이후에 그것을 우리의 모국어로 번역해서 우리 프랑스 사람들이 이를 유익한 소통거리로 삼아서 열매를 맺을 수 있도록 했다.[5]

나는 감히 본서에 대해 지나치게 호의적인 증언은 삼가고자 한다. 또한 본서를 읽음으로써 얼마나 많은 유익을 얻을 수 있는지를 선포할 마음도 없다. 나의 작품을 과대평가하는 듯한 모습을 보이고 싶지 않기 때문이다. 다만 나는 본서가 하나님의 모든 자녀가 성경에 대한 선하고 올바른 이해에 이르는 길의 문을 여는 열쇠가[6] 될 것이라는 최소한의 약속은 할 수 있다. 이러하므로 주님이 앞으로 나에게 어떤 주석들을 쓸 수 있는 방편과 기회를 주신다면 나는 가능한 한 가장 간결함을 추구할 것이다. 왜냐하면 본서에서 기독교에 속한 거의 모든 논제가 빠뜨림 없이 상세하게 다루어지고 있기에, 본문을 벗어난 장황한 설명이 주석들에는 더 이상 필요 없을 것이기 때문이다. 우리는 모든 진리와 건전한 교리가 하나님으로부터 나온다는 사실을 인정해야 한다.[7] 이런 맥

---

4) "qui désirent d'estre instruictz en la doctrine de salut."
5) "a ce qu'il peust servir à toutes gens d'estude, de quelque nation qu'ilz feussent: puis après désirant de communiquer ce qui en povoit venir de fruict à nostre Nation Françoise."
6) "une clef et ouverture, pour lonner accès à tous enfans de Dieu à bien et droictement entendre l'Escriture saincte."
7) "Par quoy si d'ores en avant nostre Seigneur me donne le moyen et opportunité de faire quelques commentaires: ie useray de la plus grande brieveté qu'il me sera possible: pour ce qu'il ne sera pas besoing de faire longues disgressions, veu que i'ay icy desduict au long quasi tous les articles qui

락에서 나는 가장 단순하게, 감히 두려움 없이, 이 작품에서 내가 생각하는 것은 나의 것이 아니라 하나님의 것이라고 담대히 선언하고자 한다. 진정 하나님의 것에 대한 모든 찬미는 하나님께 돌려져야 하는 것이다.

그리하여 나는 주님의 말씀을 경외하는 모든 사람에게, 만약 그들이 첫째로 기독교 교리의 요체를 지니기를 원하고 둘째로 신약뿐만 아니라 구약을 읽음으로써 그곳에서 큰 유익을 얻는 길에 들어서고자 원한다면, 본서를 읽고 부지런히 새기며 기억하라고 권고한다.[8] 이렇게 하고 나면 그들은 내가 한마디 말도 그릇되게 하지 않았다는 것을 경험을 통하여 깨닫게 될 것이다. 설혹 본서의 모든 내용을 다 이해할 수 없는 사람이라고 하더라도, 실망하지 말고 한 문장이 다른 문장에 대한 더욱 친근한 설명을 부여한다는 희망을 가지고 줄곧 앞으로 나아갈 일이다. 무엇보다 나는 그 사람에게 강권하지 않을 수 없는 바, 성경으로 돌아가서 내가 성경으로부터 이끌어 낸 증언들의 경중을 달아볼 일이다.[9]

---

appartiennent à la Chrestienté." 여기서 『기독교 강요』와 주석은 각기 고유한 목적이 있다는 점과 그렇기 때문에 함께 읽어야 된다는 점이 거론된다.

[8] "C'est que i'exhorte tous ceux qui ont révérence à la parolle du Seigneur, de le lire et imprimer diligemment en mémoire, s'ilz veulent, premierement aviir une somme de la doctrine Chrestienne: puis une entrée à bien proffiter en la lecture tant du vieil que du nouveau Testament." 본서에 신구약의 진리를 모두 함의하는 '기독교 교리의 요체'(une somme de la doctrine Chrestienne)가 전개되어 있음이 여기에 천명된다.

[9] "mais qu'il marche tousiours oultre, espérant qu'un passage luy donnera plus familièrement exposition de l'autre. Sur toutes choses il fauldra avoir en recommandation de recourir à l'Escriture, pour considerer les tesmoignages que i'en allègue." 여기에 본서의 목적이 성경으로 성경을 읽는 것을 돕는 데 있음이 천명된다. Cf. Institutio, 1.7.4; 1.8.1.

프랑스 왕에게 드리는 글

지극히 강하시며 지극히 영명하신 임금이시며
지극히 기독교적인 프랑스인들의 왕이시자
통치자이신 프랑수아 폐하께
존 칼빈은 그리스도 안에서
평강과 구원을 삼가 기원합니다

[참된 교리에 대한 변증]

제가 처음 이 작품에 손을 댔을 때, 영명(英明)하신 왕(François I)이시여, 저에게는 폐하께 추후에 바쳐질지도 모를 어떤 작품을 쓰겠다는 생각이 추호도 없었습니다. 제가 이 작품을 쓴 유일한 목적은 종교에 대한 얼마큼의 열의로 감동된 사람들이 참된 경건을 형성하는 데 필요한 어떤 근본적인 것들을 가르치려는 데 있었습니다.[1]

특히 제가 이 일에 땀을 흘리며 애쓴 것은 제가 목도한, 그리스도를 향한 배고픔과 목마름을 지닌 모국의 수많은 프랑스인들을 위해서였습니다. 그들 중에 그나마 그리스도를 아는 아주 적은 지식에라도 제대로 젖어 있는 사람들은 극소수에 불과합니다.[2] 이 책 자체가 말하듯이, 저의 저술 의도는 간단하고, 근

---

1) "Tantum erat animus rudimenta quaedam tradere, quibus formarentur ad veram pietatem qui aliquo religionis studio tanguntur."

2) "paucissimos……qui vel modica eius cognitione rite imbuti essent." 칼빈은 당시를 그리스도의 지식이 없는 시대라고 진단한다. 이는 그가 『기독교 강요』를 쓴 일차적인 동기가 된다.

본적으로 가르치기에 적합한 체제를 어김없이[3] 제시함에 있습니다.

그러나 폐하의 나라에는 사악한 자들의 광란이 여태껏 기승을 부리고 있어서 그 어느 곳에서도 건전한 교리를 찾을 재간이 없으므로,[4] 동일한 수고로써 그 사악한 자들을 교육하는 것과 폐하 앞에서 저의 고백을 공표하는 것 두 가지 모두를[5] 할 수 있다면 보람이 있을 것이라는 깨달음이 저에게 생겼습니다. 폐하께서는 본서를 통하여, 오늘날 폐하의 나라를 검과 불로 혼란에 빠뜨리는 저 광기 어린 사람들이 급기야 실성하여 불태워 없애 버린 교리가 어떤 특성을 지니고 있는지를 배우게 되실 것입니다.[6] 실로 저는 그들이 수감(收監), 추방, 재산 몰수, 소각(燒却)의 형벌을 들먹이며 협박하고, 육지에서건 바다에서건 두루 소멸시켜 버려야 한다고 외치는 교리 그 자체의 요체가 거의 모두[7] 본서에

---

3) "ad simplicem scilicet rudemque docendi formam compositus." 1536년 초판에서는 "compositus"가 "appositus"로 되어 있다. 새로 쓴 단어는 이전 단어에 비해서 더욱 본질적이고 역동적인 의미를 지닌다.

4) "ut nullus sanae doctrinae sit istic locus." '건전한 교리'(doctrina sana)는 칼빈이 자주 사용하는 말이다. 칼빈은 '건전한'(sanus), '순수한'(purus), '견실한'(solidus)이라는 말을 거의 동일한 뜻으로 사용한다. '신실한' 혹은 '순수한'이라는 의미의 단어 'sincerus'도 그렇다. Cf. *Institutio*, 1.13.4.

5) "et institutionem iis darem, et confessionem apud te ederem."

6) "unde discas qualis sit doctrina in quam tanta rabie exardescunt furiosi illi, qui ferro et ignibus regnum tuum hodie turbant." 이러한 일련의 논의는 『기독교 강요』에 교육적, 변증적, 고백적 특성이 있음을 보여 준다. '교육'(institutio)은 성경의 모든 가르침을 체계적으로 서술하는 것이다. '변증'은 '건전한 교리'(doctrina sana)를 올바로 세우는 것이다. '고백'(confessio)은 가르침을 믿음으로 받아들이고 시인하는 것이다.

7) "summam fere eius ipsius doctrinae."

포함되어 있음을 아무 두려움 없이 고백하려고 합니다.

저는 그들이 행한 너무나 신랄한 밀고들이 폐하의 귀와 마음을 가득 채워서 폐하로 하여금 우리의 명분을 얼마나 혐오스럽게 여기시게 했는지를 알고 있습니다.[8] 그러나 그 밀고들은 막무가내의 비난거리로는 충분할지 모르나, 그것들 가운데는 말에 있어서나 행위에 있어서 어떤 결백함도 남아 있지 않다는 사실을 폐하의 관용에 합당하게 깊이 헤아리셔야 할 것입니다.

만약 누군가 제가 지금 취지를 설명하려는 이 교리에 대한 반감을 조성하려고, 모든 계층에 속한 사람들이 평결을 통하여 그것을 정죄해 왔으며, 법정들이 많은 판례를 통하여 거듭해서 그것의 폐부를 찔러 오기라도 했던 것처럼 거짓 주장을 일삼는다면, 분명 이는 그것이 일면 그것에 반대하는 자들의 당파주의와 위력에 의해 격렬하게 거부되어 왔으며, 일면 그들의 거짓과 사술과 비방에 의해 교활하고 부정(不正)하게 짓눌려 왔다는 사실을 방증하고 있음에 다름 아닙니다. 교리를 반박하는 피의 판결들이 이유를 고지하지도 않고 내려지는 것은 폭력이며, 소(訴)의 이익도 없이 선동과 비행으로 무고(誣告)를 일삼는 것은 사기입니다.

존귀하신 왕이시여, 폐하께서는 우리가 이것들에 대해서 이유 없는 불평을 하고 있다고 여기는 사람이 단 하나도 없게 해 주시기 바랍니다. 마치 우리의 교리가 지향하는 바가 왕들의 손에서 그들의 홀(笏)을 탈취하고, 모든 법정과 재판를 붕괴시키며, 모든 왕사(王事)와 정치를 전복시키며, 평화를 교란하며, 모든 법을 폐지시키며, 왕의 주권과 소유물들을 흩어버리며, 끝내 모든 것을

---

8) 이는 1534년 10월에 있었던 벽보 사건 이후 프랑스 개신교들을 극단주의로 몰아세우는 음해를 칭한다. Cf. Herminjard, *Correspondance* III. 249ff., 335ff. Quot. Battles tr., n. 1.

뒤집어엎으려는 것 외에는 아무것도 없는 듯이 모함을 일삼는, 얼마나 많은 거짓 비방들이 매일 폐하의 면전으로 상달됩니까? 이에 대해서는, 폐하 자신이 우리를 위한 증인이 되실 수 있습니다. 그럼에도 불구하고 폐하께서 듣고 계시는 것들은 아주 작은 단편들에 불과합니다. 상당히 끔찍한 어떤 말들이 백성들 가운데 퍼져 있는데, 만약 그 말들이 진실이라면, 온 세상이 이 교리와 그것의 저자들을 재판해서 천 개의 불과 십자가로 형벌을 가하는 것이 마땅할 것입니다.

작금에도 더할 나위 없이 불의한 이러한 중상들을 사람들이 믿고 있음을 볼 때, 이 교리에 대한 공공의 증오가 불일 듯 일어나고 있다는 사실에 대해서 누가 의구심을 가질 수 있겠습니까? 모든 계층의 사람들이 일치해서 우리 자신과 우리의 교리를 정죄하려고 음모를 꾸미는 이유가 여기에 있습니다. 심지어 심판을 하기 위해서 자리에 앉은 사람들도 이러한 정서에 사로잡혀서, 집에서 가져 온 편견들로 선고를 내립니다.

그들은 누구나 자기의 자백이나 견실한 증언에 의해서 유죄 판결을 선고받는 경우 외에는 형벌을 치르도록 명령을 받지 않는다는 원칙만 잘 지키면 자기들이 맡은 역할을 제대로 수행하고 있다고 생각합니다. 그렇다면 우리에게 유죄 판결이 내려지는 것은 무슨 범죄 때문입니까? 그들은 정죄받은 이 끔찍한 교리 때문이라고 말합니다. 그렇다면 무슨 권한으로 이 교리가 정죄된 것입니까? 진정 변증의 보루, 그것은 교리 자체를 부인하는 것이 아니라 참된 교리를 지키는 것입니다.9) 이에 대해서는 심지어 수군거리는 권한조차도 박탈됩니다.

---

9) "non doctrinam ipsam abnegare, sed pro vera tueri."

[하나님의 말씀을 떠난 교회의 현실]

그렇기 때문에 저는 무적의 왕이신 폐하께서 이런 현실을 조사해서 그 진상을 파악하시기를 간청드립니다. 저는 이러한 바람이 과하지 않다고 생각합니다. 왜냐하면 여태껏 이 문제가 아무 법질서도 없이, 사법적인 엄격함보다는 방종한 격정에 맡겨져 다루어져 왔고, 심지어 선동되어 왔기 때문입니다.

여기에서 제가 사적인 변명거리를 마련해서 모국으로 안전하게 돌아가기 위한 일을 꾸미고 있다고 여기지 마시기 바랍니다. 비록 인지상정(人之常情)에 따르는 것이 마땅하다고 할지라도 되어 가는 일을 통해서 보시듯이 저는 모국을 떠나 사는 저의 삶을 후회하지 않습니다. 오히려 저는 모든 성도의 삶에 있어서 일반적인 대의(大義)가 되시는 그리스도 자신을 품고 즐거워합니다. 오늘날 폐하께서 다스리시는 지역에서는 이 대의가 마지막 한 조각까지 철저히 부서지고 짓밟혔으며, 말하자면 극도로 버림을 받았습니다. 이러한 일이 일어나는 것은 사람들이 양심을 가지고 폐하 앞에 서지 않고 오히려 몇몇 바리새인들의 독재에 휘둘리기 때문입니다.

그러나 이에 대한 논의는 이 자리에 합당하지 않습니다. 다만 우리의 대의가 상처 입은 채로 남아 있다는 것은 확실합니다. 왜냐하면 불경건한 자들이 지금껏 압도해서, 그리스도의 진리가 흩어지고 소멸될 정도로 축출되지는 않았을지라도 여전히 파묻혀서 비천하게 숨겨져 있을 뿐이기 때문입니다.[10] 진정 가련하고 연약한 교회는 너무나 잔인한 학살로 파괴되었고, 추방으로 내침을 당했으며, 협박과 공포로 압도당해 왔기 때문에 감히 입을 열어 말할 수조차 없

---

10) "ut Christi veritas, si non ut fugata dissipataque intereat, certe ut sepulta et ignobilis lateat."

는 지경에 이르렀습니다.

사정이 이러함에도 불구하고 경건하지 않은 사람들은 이미 기울어진 벽을 자기들의 여전한 광기와 잔인함으로 맹렬히 부수고, 자기들이 파괴한 폐허를 습격하는 일을 그치지 않습니다. 그렇지만 그 누구도 이와 같은 광란들에 맞서서 교회를 수호하는 일에 나서려고 하지 않습니다.

심지어 진리에 대하여 최고의 호의를 보이는 모습으로 비춰길 원하는 사람들조차도 무식한 사람들의 오류와 미련함을 눈감아 주어야 한다고 여깁니다. 그들은 자기들이 알고 있는 오류와 미련함을 가장 확실한 하나님의 진리라고 부르고, 자기들이 알고 있는 무지한 사람들을 그리스도가 자기의 하늘 지혜의 비밀들에 합당하지 않다고 여길 정도로 경멸하시지는 않는 사람들이라고 부릅니다. 이렇듯 그들 모두는 복음을 부끄러워하고 있습니다.

지극히 지혜로우신 왕이시여, 폐하의 귀와 마음을 기울이시고 아주 온당(穩當)한 우리의 변호를 외면하지 마시옵소서. 특히 이 중대한 사안을 외면하지 마시옵소서. 어떻게 하나님의 영광이 손상되지 않고 땅 위에서 계속될 것인지, 어떻게 하나님의 진리가 그 고상함을 유지할 것인지, 어떻게 그리스도의 나라가 회복되어 은밀하게 우리 가운데 머물 것인지에 관해서 들으시는 것이 폐하께 합당하고, 폐하의 지식에 합당하며, 폐하의 보좌에 합당합니다.[11]

과연 나라를 경영함에 있어서 자신을 하나님의 사역자로 인정하는 깨달음이(롬 13:3-7)[12] 참된 왕을 만듭니다. 이로 미루어 보건대, 나라를 다스리되 하나님의 영광을 위해서 섬기지 않는 왕은 다스리는 것이 아니라 강도질을 하는 것

---

11) Cf. *Institutio*, 4.20.3, 8, 29, 31; *Comm*., Rom. 13:1-7 (CO 49.248-252).
12) "haec cogitatio facit, agnoscere se in regni administratione Dei ministrum."

입니다.13) 부연하자면, 자기의 나라가 하나님의 홀(笏), 즉 하나님의 거룩한 말씀으로14) 다스려지지 않는데도 끝없이 번영하리라고 기대하는 왕은 어리석습니다. 왜냐하면 "묵시가 없으면 백성이 방자히 행하거니와"(잠 29:18)라는 하늘의 말씀은 폐할 수 없기 때문입니다.

폐하께서는 우리의 겸손을 경멸하지 마시고, 참된 왕으로서 다스리는 데 열의를 다 쏟으셔야 합니다. 실로 우리는 우리 자신이 얼마나 빈궁하고 비천한 소인(小人)인지 알고 있습니다. 하나님 앞에서 우리는 모두 비참한 죄인입니다. 사람의 눈에 우리는 세상에서 가장 멸시받는 것들, 말하자면 어떤 배설물과 쓰레기(참조. 고전 4:13), 혹은 말로 다 할 수 없이 사악한 그 무엇들입니다. 그러므로 하나님 앞에서는 하나님 자신의 자비 외에는 아무것도 우리를 영화롭게 할 수 없습니다(참조. 고후 10:17-18). 그 하나님의 자비로 우리는 아무 공로 없이 구원을 받았습니다(참조. 딛 3:5). 그러나 사람들 앞에서는 우리의 연약한 것 외에는 아무것도 없으며(참조. 고후 11:30; 12:5, 9), 우리 자신의 연약함을 인정하는 것 자체가 최고의 수치로 여겨집니다.

그러나 우리의 교리는 세상의 모든 영광보다 더 높고 세상의 모든 권세와 필적할 수 없는 자리에 서야 합니다. 왜냐하면 그것은 우리의 것이 아니며 살아 계신 하나님의 것이요, 아버지가 "바다에서부터 바다까지와 강에서부터 땅끝까지 다스리도록"(적용. 시 72:8) 왕으로 세우신 하나님의 기름부음 받으신 그리스도의 것이기 때문입니다. 그리스도로 말하자면, 선지자들이 그의 통치의 장엄함에 대해서 예언한 바와 같이, 금과 은의 광채 가운데서 자기의 철장과 놋

---

13) "Nec iam regnum ille sed latrocinium exercet, qui non in hoc regnat ut Dei gloriae serviat." Cf. Augustine, *City of God* IV. iv (MPL 41. 115; tr. NPNF II. 66). Quot. Battles tr., n. 3.

14) "Dei sceptro, hoc est, sancto eius verbo."

장을 가지고 온 세계를 치시고, 오직 자기 입의 막대기로 질그릇처럼 부서뜨리십니다(단 2:32-35; 사 11:4; 시 2:9).

참으로 우리의 반대자들은 우리가 하나님의 말씀을 거짓 구실로 삼고 그 말씀을 가장 사악하게 더럽힌다고 항변합니다.[15] 그러나 폐하께서 친히 우리의 고백을 읽으심으로써 현명하게 판단하시면 이런 비방이 얼마나 사악한지, 그리고 그 미련함이 얼마나 심각한지 알게 되실 것입니다. 그럼에도 불구하고 여기서 우리는 최소한 폐하께서 열의와 주의가 자극되어 우리의 고백을 읽게 되실 방편을 마련하기 위해서 이에 관한 조금의 언급이라도 해야 합니다.

바울은 모든 예언이 "믿음의 분수대로"(롬 12:6)[16] 행해지기를 원한다고 전했을 때, 이를 성경 해석을 시험하는 가장 확실한 잣대로[17] 삼았습니다. 그렇기 때문에 이러한 믿음의 규범을 좇아 성경을 해석한다면 승리는 우리의 손안에 있게 될 것입니다. 우리는 벌거벗은 것처럼 모든 능력이 결여되어 있으므로 하나님에 의해서 옷 입혀져야 하고, 우리는 선이 전체적으로 결여되어 있으므로 하나님에 의해서 채움을 받아야 하며, 우리는 죄의 노예들이므로 하나님에 의해서 해방되어야 하며, 우리는 소경들로서 하나님에 의해서 빛을 조명받아야 하며, 절름발이들로서 하나님에 의해서 곧추세움을 받아야 하며, 불구자들로서 하나님에 의해서 지탱되어야 하며, 우리는 우리 자신을 자랑하고자 하는 각양 기회를 모두 떨쳐 냄으로써 오직 하나님 자신만이 영광스럽게 높임을 받으시고 우리의 자랑거리가 되도록 해야 합니다. 이를 인정하는 것보다 우리의 믿음에 부

---

15) Alfonsus de Castro, *Adversus omnes haereses* I. iv (1543 ed., fo. 7, 8). Quot. Battles tr., n. 4.
16) "ad fidei analogiam." 이는 믿음으로 말씀을 받아들여서 알게 됨, 즉 '신앙의 유비'(analogia fidei)를 뜻한다. Cf. *Institutio*, 4.17.32; *Comm.*, Rom. 12:6 (CO 49.238).
17) "certissimam amussim······qua probari scripturae interpretatio."

합하는 더 낫고 적확한 것이 달리 어디에 있겠습니까?(참조. 고전 1:31; 고후 10:17)

우리가 이것들 및 유사한 다른 것들에 대해서 말하면, 우리의 반대자들은 우리의 말을 가로막고 서서, 우리가 이러한 방식으로, 개념조차 모호한, '자연의 맹목적 빛', '가공적(架空的) 준비', '자유의지', '영원한 구원에 이르는 공로적 선행(善行)', 심지어 '잉여 공로'라고[18] 칭해지는 자기들의 교리들을 전복시켰다고 불평합니다.[19] 이는 모든 선, 능력, 의, 지혜에 대한 찬양과 영광이 순전히 하나님께만 머문다는 사실을 그들이 용인할 수 없기 때문입니다.

우리가 읽는 말씀 중에, 생수가 흐르는 샘으로부터(요 4:14) 너무 많이 길어 마셨다는 것 때문에 비난을 받은 사람들에 대한 이야기는 없습니다. 반대로 "스스로 웅덩이를 판 것인데……물을 가두지 못할 터진 웅덩이들"(렘 2:13)을 판 사람들은 엄중히 비난을 받았습니다. 더 나아가 보건대, 우리가 그리스도를 우리의 형제이시며 우리를 용서하시는 분으로서 인정할 때 하나님이 우리를 용서하시는 아버지가 되실 것이라는 약속보다 더욱 믿음에 부합되는 것이 달리 어디에 있겠습니까? "자기 아들을 아끼지 아니하시고 우리 모든 사람을 위하여 내주신 이"(롬 8:32)가 되실 만큼 우리를 향한 형언할 수 없는 사랑을 베푸신 아버지에게서 확신 가운데 모든 것이 복되고 번성하기를 기대하는 것보다 더욱 믿음에 부합되는 것이 달리 어디에 있겠습니까? 그 속에 존귀한 보화가 숨겨져 있는 그리스도를 아버지가 주셨다는 사실을 구원과 영생에 대한 확실한 소망을 의지하고 신뢰하는 가운데 아는 지식보다 더욱 믿음에 부합되는 것

---

18) "caecum……lumen naturae, fictas praeparationes, liberum arbitrium, et meritoria salutis aeternae opera……etiam supererogationibus."

19) Clement VI, *Unigenitus* (1343) (*Extravagantes communes* IX. ii; Friedberg II. 1304ff.). Cf. *Institutio*, 3.5.2-5. Quot. Battles tr., n. 6.

이 달리 어디에 있겠습니까?

　여기서 우리의 반대자들은 이러한 확신에 대한 확실성을 말하는 우리에게 교만과 억측이 없지 않다고 강변합니다. 그러나 우리는 아무것도 우리의 것으로서 취하지 말고 모든 것을 하나님의 것으로서 취해야 할 것이며 허영을 버리고 오직 주 안에서 자랑해야 할 것입니다(참조. 고후 10:17; 고전 1:31; 렘 9:23-24). 여기에 무엇을 더 부연할 것입니까?

　가장 능하신 왕이시여, 우리가 제시한 모든 부분의 대의를 일별(一瞥)이나마 해 주시옵소서. "이를 위하여 우리가 수고하고 힘쓰는 것은 우리 소망을 살아 계신 하나님께 둠이니"(딤전 4:10)라는 말씀을 분명히 붙드시옵소서. 그렇지 않으면 폐하께서는 우리를 패륜한 사람들 중에서도 가장 흉악한 사람들로 여기시게 될 것입니다. 왜냐하면 우리는 "영생은 곧 유일하신 참 하나님과 그가 보내신 자 예수 그리스도를 아는 것이니이다"(요 17:3)라는 말씀을 믿기 때문입니다.

　이러한 소망을 위해서 우리 중에 어떤 사람들은 쇠사슬에 매이고, 어떤 사람들은 매로 맞으며, 어떤 사람들은 악의적인 조롱에 농락당하며, 어떤 사람들은 심판의 형벌에 넘겨지며, 어떤 사람들은 야만적인 고문을 당하며, 어떤 사람들은 추방을 강요당합니다. 우리 모두는 물질의 빈곤으로 억눌리고, 무시무시한 저주의 희생물이 되며, 비방으로 상처를 입으며, 가장 수치스러운 방식으로 취급당합니다.

　이제 우리를 반대하고, 자기들이 허용하고 자기들이 뜻하는 대로 다른 사람들을 조종해서 우리에게 적대적이 되도록 만드는 사제 계층에 속한 자들을 보시고 그들이 어떤 열정으로 움직이는지를 잠시 저와 함께 생각해 보시기 바랍니다.

그들은 성경에 의해서 전승된 참된 종교가[20] 우리 가운데 확고하게 서야 함에도 불구하고 자기 자신들과 다른 사람들이 그것에 대해서 무지하거나, 그것을 무시하거나, 그것을 경멸하는 것을 쉽게 허용합니다. 그들은 교회의 판단에 비추어 볼 때 누군가 자기들이 말하는 '불명확한 믿음'을[21] 흡족하게 가지고 있다고 여겨지기만 하면 정작 그가 하나님과 그리스도를 믿은 믿음을 올바르게 견지하고 있는지 없는지에 대해서는 거의 문제 삼지 않습니다. 그들은 자기들이 가한 모욕들로 인해서 하나님의 영광이 더럽혀졌음을 깨닫게 되는 경우에도 실제로 괴로워하지 않습니다. 누군가 사도적 교구(교황청)의 수위권(首位權)과 '거룩한 어머니 교회의 권위'에 대항해서[22] 손가락을 쳐들지 않는 이상 말입니다.

그렇다면 왜 그들은 어느 하나도 하나님의 말씀으로부터 나왔음을 입증할 수 없는 미사, 연옥, 순례, 그리고 기타 하찮은 것들을 옹호하기 위해서,[23] 자기들이 말하는 '가장 분명한 믿음'이[24] 없이는 결코 경건의 효력이 나타날 수 없다고 주장하면서, 그토록 잔인하고 신랄하게 싸우고 있습니까? 무엇 때문입니까?

그 이유는 단지 "그들의 신은 배(腹)"(빌 3:19)이기 때문입니다. 달리 표현하면,

---

20) "Veram religionem, quae scripturis tradita est."
21) "implicita……fide." Aquinas, *Summa Theol.* II IIae. ii. 5-8. '불명확한 믿음'(fides implicita)은 '맹목적 믿음'(fides arcana)이라고도 불리는데, 말씀에 대한 확실한 지식이 없이 교회가 믿는 바를 그대로 받아들이는 것을 뜻한다. 이에 반해서 확실한 지식을 가지고 믿는 것을 '명확한 믿음'(fides explicita)이라고 한다. 로마 가톨릭 신학자들과는 달리 칼빈은 이러한 구분을 인정하지 않는다. 하나님의 선물로 주어지는, 구원적 믿음(fides salvifica) 혹은 구원의 믿음(fides salutis)에는 필히 하나님에 대한 지식이 따른다고 보기 때문이다. Cf. *Institutio*, 3.2.2-3.
22) "adversus sedis apostolicae primatum et sanctae matris ecclesiae autoritatem."
23) "pro missa, purgatorio, peregrinationibus et id genus nugis."
24) "explicatissima……fide."

부엌이 그들의 종교이기 때문입니다. 부엌을 없애 버리면 자기들이 그리스도인이 될 수 없을 뿐만 아니라 사람조차 될 수 없을 것이라고 믿기 때문입니다. 어떤 사람들은 사치스런 음식으로 폭식하기도 하고, 어떤 사람들은 영양가 없는 과자 몇 개로 생계를 이어 가기도 하지만, 여하튼 그들 모두는, 음식을 만드는 부엌의 항아리, 연료가 없으면 점차 차가워지다가 끝내 완전히 얼어 버리고 마는 바로 그 항아리에 의존해서 여전히 살아남아 있습니다. 그러므로 그들 중에는 자기의 배를 가장 많이 염려하는 사람이 자기의 믿음을 위해서 가장 저돌적으로 싸우는 전사(戰士)로 판가름 납니다. 결론적으로, 모든 사람은 자기의 왕국을 난공불락으로 만들거나 자기의 배를 채우거나 하는 한 가지 목표에 헌신하는바, 그들 중에는 진지한 열정을 보여 주는 가장 작은 표라도 지닌 사람이 하나도 없습니다.

[우리의 교리에 대한 사악한 반론]

그럼에도 불구하고 우리의 반대자들은 우리의 교리를 공격하기를 멈추지 않습니다. 그들은 우리의 교리를 여러 이름으로 비난하고 불명예스럽게 함으로써 사람들의 증오거리와 의심거리가 되게 합니다. 그들은 우리의 교리를 '새롭고 최근에 태어난 것'이라고 [25] 부르고, '의심스럽고 불확실한 것'이라고 [26] 비난합니다. 그들은 우리의 교리가 어떤 기적들에 의해서 확증된 적이 있었는지를 묻고, 그 많은 교부들의 합의와 가장 오래된 관습을 대신해서 우리의 교리

---

25) "Novam……et nuper natam."
26) "dubiam……et incertam."

를 받아들이라고 하는 것이 온당한지에 대한 대답을 요구합니다. 그들은 우리로 하여금 우리의 교리는 교회에 맞서서 전쟁을 선포하고 있으므로 분파주의적이라고 시인하든지, 아니면 우리의 교리에 대해서 들을 수 없었던 수 세기 동안 교회는 죽어 있었다고 시인하든지, 둘 중의 하나를 택하라고 강요합니다. 게다가 그들은 우리의 교리가 무엇인지는 그 열매들인 여러 무리의 분파들과 수많은 선동적 소요들과 지극히 방자한 작태들을 통하여서 알 수 있으므로 굳이 많은 논쟁이 필요 없다고 억지를 부립니다.[27] 그들은 덮어놓고 믿는 무지한 군중들 앞에서 이미 폐기된 명분을 폭로하고 있으니, 우리가 다루기에 너무나 쉬운 일을 저지르고 있음이 분명합니다. 그러하니 차례가 되어서 우리에게 말할 기회가 주어진다면 그들이 볼을 실룩거리면서 방자하고도 불순하게 우리를 향하여 토해 내는 그 신랄함은 풀이 꺾여 가라앉게 되고 말 것입니다.

우선 그들은 우리의 교리를 '새로운 것'이라고 부름으로써 하나님께 과도한 불법을 행하고 있습니다. 하나님의 거룩한 말씀이 새로움을 이유로 모략당하는 것은 마땅하지 않습니다. 전혀 의심할 바 없이, 실로 그들에게는 그리스도도 새롭고 복음도 새롭기 때문에, 우리의 교리도 새롭습니다. 그러나 "예수 그리스도는 우리가 범죄한 것 때문에 돌아가셨고 또한 우리를 의롭다 하시기 위하여 살아나셨느니라"(적용. 롬 4:25)라는 바울의 설교를 오래된 것으로 알고 있는 사람이라면 우리 가운데서 어떤 '새로운' 것도 발견해 내지 못할 것입니다. '불경건'이라는 범죄가 이 교리를 오랫동안 파묻어 알려지지 않게 했습니다.

---

27) 이는 로마 가톨릭 신학자들이 루터와 종교 개혁자들을 반박하던 논법이다. John Eck, *Enchiridion locorum communivm adversus Lutheranos* (1526; enlarged ed., *Enchiridion locorum communivm adversus Martinim Lutherum et asseclas eius*, 1532); Alfonsus de Castro, *Adversus omnes haereses* (1536, 1543, 1556); Clichtove, *Antilutherus* (1525); Cochlaeus, *De authoritate ecclesiae et scripturae, adversus Lutherannos* (1542). Quot. Battles tr., n. 8.

이제 하나님의 선하심으로 말미암아 이 교리가 우리에게 되돌아왔으므로, 적어도 그 복권(復權)에 비추어 볼 때, 우리는 그것이 오래된 것임을 받아들여야 합니다.

나아가 우리의 교리가 '의심스럽고 불확실한 것'이라는 그들의 비난 역시 '무지'라는 동일한 샘으로부터 흘러나옵니다. 참으로 여호와는 자기의 선지자를 통해서, "소는 그 임자를 알고 나귀는 그 주인의 구유를 알건마는 나의 소유된 백성은 깨닫지 못하는도다"(적용. 사 1:3)라고 개탄하십니다. 그들은 마치 우리의 교리에 불확실함이라도 있는 것처럼 비웃지만, 만약 그들이 자기들의 피로써 생명을 내어놓고 자기들의 교리를 인쳐야 했었더라면, 우리의 교리가 자기들에게 얼마나 큰 의의를 지니는지를 깨닫게 되었을 텐데 그렇지 못했습니다. 그러나 우리는 죽음의 공포나 하나님의 심판좌를 두려워하지 않는 확신을 가지고 있기 때문에 그들과 확연히 상반됩니다.

우리에게 기적을 요구하는 그들은 부정직한 행동을 하고 있습니다. 왜냐하면 우리는 어떤 근래의 복음을 조작해 내는 것이 아니라, 예수 그리스도가 행하셨으며 제자들도 행했던 모든 기적이 진리를 확정하는 데 도움이 되는 바로 그 복음을 지켜 가고 있기 때문입니다.28) 그러나 그들은 우리에게 없는 독특한 능력을 자기들이 지닌 것처럼, 자기들이 심지어 오늘날에도 자기들의 믿음을 계속되는 기적들로써 확정할 수 있다고 합니다. 그러나 오히려 실상은 그 반대이니, 그들이 계속된다고 주장하는 기적들은, 그냥 두었으면 아주 평안했을 우리의 마음을 오히려 교란시킬 수 있습니다. 그러므로 그들의 이러한 발상은

---

28) "Non enim recens aliquod evangelium cudimus, sed illud ipsum retinemus cuius confirmandae veritati serviunt omnia quae unquam et Christus et apostoli miracula ediderunt."

얼마나 우매하고 어리석으며, 얼마나 공허하고 거짓됩니까! 기적들은 심히 놀라운 기이한 일들이기는 하지만, 잠시라도 하나님의 진리를 거역해서는 안 됩니다. 왜냐하면 하나님의 이름은 언제나 어느 곳에서나 기적들로나 사물의 자연적 질서로나 거룩히 여김을 받아야 하기 때문입니다. 성경이 기적들을 합당하게 사용하는 목적과 용법을 우리에게 올바르게 권고하지 않았다면 그들의 허울 좋은 가식은 아마 한층 더 현란했을 것입니다. 마가는 사도들의 여러 표적(表蹟)이 그들의 선포에 뒤이어 제시된 것은(막 16:20) 그 선포를 확정하기 위함이었다고 가르칩니다. 같은 맥락에서 누가는 사도들의 손으로 행해진 표적과 기사를 통하여 "주께서……자기 은혜의 말씀을 증언하시니"(행 14:3)라고 전합니다. 이와 유사하게 사도 바울은 주께서 "표적들과 기사들과 여러 가지 능력으로써……증언하셨기" 때문에(적용. 히 2:4; 참조. 롬 15:18-19) 복음이 선언됨에 따라 구원이 확정되었다고 전합니다.

여기서 우리는 이러한 기적들이 복음의 표들이라는 말씀을 듣습니다. 그렇다고 해서 그것들을 왜곡해서 복음을 믿는 믿음을 파괴하는 데 사용할 것입니까? 또한 우리는 그것들이 일어나게끔 정해진 것이 오직 진리를 인치기 위함이었다는 말씀을 듣습니다. 그렇다고 해서 그것들을 끌어들여서 거짓을 확정하는 데 사용할 것입니까? 이로 보건대, 복음서 기자가 말하듯이, 마땅히 먼저 우리는 기적들보다 우위에 있는 교리를 탐구하고 살펴보아야 합니다. 그리고 교리가 증명되고 난 이후에 비로소 기적들로써 교리를 확정해야 함이 옳습니다. 그리스도가 저자가 되어 가르치신 바대로, 사람들의 영광이 아니라 하나님의 영광을 구하려고 마음을 쏟는 것이 올바른 교리의 표지입니다(요 7:18; 8:50). 그리스도가 단언하신 바대로, 한 분 하나님의 이름을 존귀하게 높이는 목적 외로 행해진 일들을 기적들이라고 여기는 것은 무모하다는 것이 교리의 증거입니다(신 13:1-5).²⁹⁾ 또한 우리는 사탄도 참다운 능력이 아니라 겉으로만 그럴듯하게 꾸미는 교식(矯飾)하는 능력으로 미련한 사람들과 무지한 사람들을 속이는 일종의 기적들을 행한다는 사실을(참조. 살후 2:9-10) 똑바로 기억해야 합니다. 언제든지 점쟁이들과 마법사들은 기적들을 내세워 자기들의 이름을 떨칩니다. 우상 숭배는 기이한 기적들을 먹고 자랍니다. 그러나 기적들이 점쟁이들의 미신이나 우상 숭배자들의 미신을 충분히 정당시하는 것은 아닙니다.

옛날에 도나투스주의자들은 기적들을 파성추(破城鎚)로 삼아서 사람들의 단순성을 자극시켰습니다. 그들은 기적들을 내세워 자기들의 힘을 과시했습니다. 이 점을 고려하여 지금 우리는 아우구스티누스가 당시 도나투스주의자들에게 답했던 것으로 우리의 반대자들에게 답합니다.³⁰⁾ 주님은 거짓 선지자들이 일어나 큰 표적들과 기사들을 보여서 할 수만 있으면 택하신 자들도 미혹하게 하리라는 예언을 하시면서(마 24:24) 기적을 행하는 이와 같은 부류들을 우리에게 주의시키셨고, 사도 바울은 적그리스도의 나라가 "모든 능력과 표적과 거짓 기적"(살후 2:9)으로 도래할 것이라고 충고했지만, 우리의 반대자들은 "자기를 광명의 천사로 가장하나니"(고후 11:14)라는 말씀이 사탄의 계교를 가리킨다는 것에 대해서 우리가 무지하다고 생각해서인지, 이러한 기적들을 행한 것은 우상들이나, 점쟁이들이나, 거짓 선지자들이 아니라 성자(聖者)들이었다고 둘러대면서 궁지를 모면하려 듭니다.

---

29) "Proinde doctrinam, quae praecedere ab evangelista dicitur, priore loco examinari explorarique par est. Quae si probata fuerit, tum demum a miraculis iure confirmationem sumere debet. Probae autem doctrinae, autore Christo, isthaec nota est, si non in hominum sed Dei gloriam quaerendam vergit. Hanc quum doctrinae probationem Christus asserat, perperam censentur miracula quae alio quam ad illustrandum unius Dei nomen trahuntur."

30) Augustine, *John's Gospel* viii. 17 (MPL 35. 1501; tr. NPNF VII. 93). Quot. Battles tr., n. 10.

옛날에 애굽 사람들은 자기들의 땅에 묻힌 예레미야에게 서로 다른 희생제물들을 드리고 신적인 영예를 부여했습니다.[31] 이는 하나님의 거룩한 선지자를 우상 숭배의 목적으로 악용했던 것이 아니고 무엇입니까? 그들은 뱀에 물려 퍼진 독이 치료되는 것은 선지자의 무덤을 경배한 데 대한 정당한 보상이라고 생각했던 것입니다. "진리의 사랑을 받지 아니하여……미혹의 역사를 그들에게 보내사 거짓 것을 믿게 하심은"(살후 2:10-11) 지금까지와 다를 바 없이 앞으로도 영원히 하나님의 지극히 의로운 심판일 것이라는 사실 외에 우리가 무엇을 말할 수 있겠습니까?

그러나 우리에게는 전혀 부족함이 없는 기적들, 확실하며 조소할 수 없는 기적들이 있습니다. 우리의 반대자들이 자기들 자신을 위해서 구실로 삼는 기적들은 단지 사탄의 환상들에 불과합니다. 그들이 말하는 기적들은 사람들로 하여금 자기들의 하나님을 참되게 예배하는 것으로부터 멀어지게 해서 공허함에 빠지도록 이끕니다(참조, 신 13:1-6).

[교부들의 가르침에 대한 사악한 대적]

나아가 그들은 교부들을 우리에게 대적하는 자들의 편에 부당하게 세우고, 교부들이 마치 자기들의 불경건을 변호하는 사람들이라도[32] 되는 것처럼 여깁니다. 제가 여기서 교부들이라고 칭하는 사람들은 교회가 여전히 더 순수했을 때의 고대 저술가들을[33] 의미합니다. 만약 교부들의 권위에 의해서 판가름이

---

31) Isidore of Seville, *De ortu et obitu patrum* xxxiii. 74 (MPL 83. 143). Quot. Battles tr., n. 11.
32) "suae impietatis suffragatores."
33) "antiquos et melioris adhuc saeculi scriptores."

나는 시합이 우리와 우리의 반대자들 사이에 성사된다면, 매우 완곡한 표현을 써서, 승리는 우리의 편이 될 것입니다. 뛰어나고 지혜로운 작품들을 많이 쓴 교부들조차도 여느 교부들이 통상적으로 겪는 수모를 똑같이 겪습니다.

대체로 사람들은 자기들이 교부들의 경건한 후손들이라고 자처하면서도 그나마 자기들의 천품과 판단과 마음에 남아 있는 민활함이 무색하게도 교부들의 타락한 것들과 과오들만 숭배합니다. 그들은 교부들의 좋은 글들을 좌시하는 데 그칠 뿐만 아니라, 그것들의 본래의 뜻을 곡해하거나 변질시키기까지 합니다. 폐하께서도 그들의 실상을 보시면 그들의 유일한 관심사가 금 가운데서 똥을 모으는 데 있다고 우리와 다를 바 없는 말씀을 하시게 될 것입니다.[34] 그들은 순결치 못한 고함소리로 우리를 짓눌러서 우리로 하여금 교부들을 경멸하거나 반대하는 사람들이 되게 합니다.

그러나 우리는 교부들을 경멸하지 않습니다. 지금 이 글을 쓰는 목적에 부합하기만 한다면, 저는 아무 어려움 없이, 오늘날 우리가 말하고 있는 교리들 가운데 대부분이 교부들의 승인을 받기에 합당하다는 것을 증명할 수 있습니다. 우리는 교부들의 작품들에 더 깊이 몰입할수록, 만물이 우리의 것으로서(고전 3:21-22) 우리를 섬기려 하지 우리를 다스리려고 하지 않으며(눅 22:24-25), 우리는 한 분 그리스도의 것으로서(고전 3:23) 모든 일에 아무 예외 없이 그에게 순종해야 한다는 것을 언제나 기억하게 됩니다(참조. 골 3:20).

이러한 분별력을 굳게 지녀야 종교에 대한 확실한 결단을 내릴 수 있을 터이나, 저 거룩하다는 사람들은 많은 것들에 대해서 무지하고, 자기들끼리 빈번한 논쟁을 일으키며, 심지어 자가당착에 빠져서 자기들 자신과 싸울 때도 있

---

34) Cassiodorus, *De institutione divinarum litrearum* I (MPL 70. 1112). Quot. Battles tr., n. 13.

습니다. 그들은 "네 선조가 세운 옛 지계석을 옮기지 말지니라"(잠 22:28)라는 솔로몬의 훈계를 듣는 것이 마땅하지만, 이 규범이 동일하게 적용되는 경우는 땅의 경계(地境)를 정할 때이고, 믿음의 순종에 있어서는 오히려 "네 백성과 네 아버지의 집을 잊어버릴지어다"(시 45:10)라는 말씀에 따라야 한다고 말합니다. 그런데 왜 그들은 풍유하는 것(ἀλληγορίζειν)을 그렇게 좋아하면서도 정작 뽑아내면 불법이므로 그냥 두어야 하는 그 지계석을 세운 "선조"(잠 22:28)가 다른 누구도 아닌 사도들이었다고는 해석하지 않는 것입니까? 이렇게 해석한 히에로니무스(Hieronymus)의 말을 자기들의 교회법을 편찬하면서 기록해 놓고도 말입니다.35)

도대체 무슨 이유로 우리의 반대자들은 선조들이 정한 경계를 자기들이 알게 된 바대로 어김없이 지키기를 원한다고 하면서도, 매번 자기들이 편리한 대로 그 경계를 그토록 사악하게 넘어서는 것입니까?

교부들 중의 한 사람은 "우리의 하나님은 접시도 잔도 필요하지 않으십니다. 그는 드시지도 마시지도 않기 때문입니다."라고 말했으며,36) 다른 사람은 "거룩한 의식들은 금을 요구하지 않으며, 금으로 살 수 없는 것은 금으로 만족할 수 없다."라고 말했습니다.37) 그러므로 우리의 반대자들이 금, 은, 상아, 대리석, 비단으로 치장된 자기들의 의식들을 심히 만끽하면서, 모든 것이 이색적

---

35) Gratian, *Decretum* II. xxiv. 3. 33 (Friedberg I. 999; MPL 187, 1508). Quot. Battles tr., n. 14.
36) 이는 4세기 초에 재직했던 메소포타미아 지역 아미다의 감독 아카티우스(Acatius, ?-?)가 아사 직전의 페르시아 사람들을 구휼하고자 자기의 성직자들을 불러 모아서 한 말이다. Cassiodorus, *Tripartite History* V. 37; XI. 16 (MPL 69. 1017, 1198), from Sozomen, *Ecclesiastical History* iv. 24 (tr. NPNF 2 ser. II. 319f.) and Socrates, *Ecclesiastical History* vii. 21 (tr. NPNF 2 ser. II. 164). Cf. *Institutio*. 4.4.8. Quot. Battles tr., n. 15.
37) Ambrose, *De officiis cleicorum* ii. 28 (MPL 16. 140; tr. [*On the Duties of the Clergy*] NPNF 2 ser. X. 64). Quot. Battles tr., n. 16.

인 화려함으로, 아니 과도한 사치로, 차고 넘치지 않는 이상 하나님은 그 어떤 예배도 받지 않으신다고 생각하는 것은 이 경계를 넘어서는 것입니다.

한 교부는 자기는 그리스도인이기 때문에 "다른 사람이 금하는 날에도 자유롭게 고기를 먹는다."라고 말했습니다.[38] 그러므로 우리의 반대자들이, 사순절에 고기를 먹는 사람들의 영혼을 저주의 희생물로 삼는 것은 이 경계를 넘어서는 것입니다.

두 교부가 있습니다. 그들 중의 한 교부는 "자기의 손으로 일하지 않는 사람은 악당이나 강도와 다름없다."라고 말했습니다.[39] 다른 교부는 "열심히 묵상하고 기도하고 공부하는 수사(修士)들이라고 해서 다른 사람들의 재화(財貨)를 취하여 먹고사는 일이 있어서는 안 된다."라고 말했습니다.[40] 그러므로 우리의 반대자들이, 다른 사람들의 양식을 가지고 유곽(遊廓)과 매음굴에서 자기들의 배를 채우고 있는 한가한 수사들을 섬기는 것은 이 경계를 넘어서는 것입니다.

한 교부는 그리스도인들의 성전들에 그려진, 그리스도의 형상이나 어떤 성자(聖者)의 형상을 본다는 것이 끔찍한 혐오거리라고 말했습니다.[41] "경배되어야 할 것은 벽 위에 묘사될 수 없다."[42]라는 말은 단지 한 사람의 선언이 아니

---

38) 키프로스 지방 트리미두스의 감독 스피리디온(Spyridion, 270경-348)의 말이다. Sozomen, *Ecclesiastical History* i. 11; Cassiodorus, *Historia tripartia* I. 10 (MPL 69. 895; tr. NPNF 2 ser. II. 247). Quot. Battles tr., n. 17.

39) 4세기에 이집트의 아르시노에 근처에 있는 수도원의 원장으로 재직했던 신학자 세라피온(Serapion, ?-?)의 말이다. Sozomen, *Ecclesiastical History* vi. 28; Cassiodorus, *Historia tripartia* VIII. i (MPL 69. 1103; tr. NPNF 2 ser. II. 365). Quot. Battles tr., n. 18.

40) Augustine, *On the Work of Monks* xiv-xvii (MPL 40. 56-564; tr. NPNF III. 511-513). Quot. Battles tr., n. 19.

41) "Epistle of Epiphanius to John of Jerusalem," in Jerome, *Letters* I. i. 9 (CSEL 54. 411; tr. NPNF 2 ser. VI. 89). Cf. *Institutio*, 1.11.11, 16; 1.12.2. Quot. Battles tr., n. 20.

42) "ne quod colitur in parietibus depingatur."

라 교회 회의의 교령이었습니다.[43] 그러므로 우리의 반대자들이 사방에 빈 공간이 없을 정도로 성상들을 가득 채우는 것은 경계를 훨씬 넘어서는 것입니다. 다른 교부는 인간사(人間事)에 속한, 사자(死者)들을 위한 의무를 장례 때 완수하고 난 이후로는 그들이 쉬게 하라고 교훈했습니다.[44] 그러므로 우리의 반대자들이 사자들을 위한 항구적인 염려 때문에 발을 구를 때 이 경계를 무너뜨리는 것입니다.

교부들 중의 한 사람은 "성찬에서 떡과 포도즙의 실체가 여전히 지속되는 것은 주 그리스도 안에 하나님의 본성에 결합된 사람의 본성과 실체가 남아 있기 때문이다."라고 증언했습니다.[45] 그러므로 우리의 반대자들이 주님의 말씀이 낭독되면 떡과 포도즙의 실체가 그치고 몸과 피로 변화되기라도 하듯이 가식을 일삼는 것은 이 경계를 짓밟고 지나가는 것입니다.[46]

교부들은 보편 교회를 위한 오직 하나의 성찬을 공포했습니다. 그리고 사악한 자들이나 죄를 지은 자들을 성찬에 참여하지 못하게 했으며, 그 자리에 있음에도 불구하고 성찬을 받지 않았던 사람들을 가장 심하게 저주했습니다.[47] 그러므로 우리의 반대자들이 교회뿐만 아니라 개인의 집도 자기들의 미사들로

---

[43] Council of Elvira (305경), canon xxxvi (Hefele-Leclercq I. 240; Mansi II. 264). Quot. Battles tr., n. 21.

[44] Ambrose, *De Abraham* I. ix. 80 (MPL 14. 472). Quot. Battles tr., n. 22.

[45] "substantiam panis et vini……in eucharistia ita permanere et non desinere, sicut manet in Christo Domino substantia et natura hominis, iuncta divinae." Gelasius, *De duabus naturis in Christo adversus Eutychem et Nestorium*, Tract. iii. 14 (*Epistole Romanorum pontificum*, ed. A. Thiel, I. 541). Quot. Battles tr., n. 23.

[46] Fourth Lateran Council (1215), canon i (Mansi XXII. 954; Hefele-Leclerq V. 1325; tr. H. J. Schroeder, *Disciplinary Decrees of the General Councils*, p. 338). Cf. *Institutio*, 4.17.14. Quot. Battles tr., n. 24.

[47] Chrysostom, *Commentary on Ephesians*, ch. 1, hom. iii. 4, 5 (MPG 62. 28-30; tr. NPNF XIII. 63-65); Calixtus (Friedberg I. 1320; MPL 187. 1759), in Gratian, *Decretum* (*De consecratione*) III. ii. 18. Quot. Battles tr., n. 25.

채우고, 누구든지 가리지 않고 그것들을 지키게 하며, 아무리 불순하고 악한 이일지라도 더 많이 돈을 지불할수록 더 적극적으로 그에게 그것들을 허용하는 것은 그 경계를 파내서 얼마나 멀리 옮기는 것입니까? 우리의 반대자들은 그리스도의 은혜와 공로로 매매를 할 뿐이어서, 그들이 초청하는 사람들 중에는 단 하나도 그리스도를 믿는 믿음과 성례의 교제를 확신하는 데 이르지 못합니다.

두 교부가 있습니다. 그들 중에 한 교부는 "성찬의 떡과 잔 중 어느 하나에만 참여하는 데 만족하고 다른 하나에 빠지는 사람은 예수 그리스도의 거룩한 성찬에 참여하는 것으로부터 전체적으로 배제된다."라고 단정적으로 말했습니다.[48] 다른 교부는 "그리스도인들은 자기들의 고백 대신에 자기들의 피를 흘리도록 명령받기 때문에 주님 자신의 피를 거부해서는 안 된다."라고 힘차게 논박했습니다.[49] 그러나 우리의 반대자들은 앞의 교부를 출교로 벌함으로써, 그리고 뒤의 교부가 합당한 이유를 들어 비난한 바로 그것을 오히려 불가침한 법을 세워 명령함으로써 지계석을 치워 버렸습니다.[50]

---

48) "ab usu sacrae Christi coenae in totum submovendos decrevit, qui alterius speciei participatione contenti ab altera abstinebant." Cf. Gratian, *Decretum* III. ii. 12 (MPL 187. 1756; Friedberg I. 1387). 여기에 겔라시우스 1세(Gelasius I, 492–496)의 다음 교령이(Letters, XXXVII) 인용되었다. "Aut integra sacramenta percipiant, aut ab integris arceantur"(그들로 하여금 순전한 성례들을 받게 하든지, 순전한 성례들로 나오지 못하게 하든지 하라). 루터는 이를 다음에서 다루었다. *Babylonish Captivity* (1520), "On the Sacrament of the Bread" (*Werke* WA VI. 502ff.; tr. *Works of Martin Luther* II. 179ff.). 칼빈은 성찬론 마지막 부분에서 이를 논한다. *Institutio*, 4.17.47–50. Quot. Battles tr., n. 26.

49) "non denegandum populo christiano Domini sui sanguinem, pro cuius confessione sanguinem suum effundere iubetur." Cyprian, *Letters* lvii. 2 (CSEL 3. ii. 651f.; tr. ANF [letter liii. 2] V. 337). Quot. Battles tr., n. 27.

50) Council of Constance (1415), session 13. 이 회의의 결정은 다음 칙령으로 확정되었다. Martin V, *In eminentis* (1418) (Texts in Mansi X XVII. 727f., 1215, 1219). Quot. Battles tr., n. 28.

한 교부는 불명확한 일을 정의할 때 명료하고 뚜렷한 성경의 증언 없이[51] 이것저것 중에 어느 한 부분만 취해서 사용하는 것은 어리석다고 주장했습니다.[52] 그러므로 우리의 반대자들이 수많은 헌법들, 교회법들, 그리고 교리에 관한 결정들을 전혀 하나님의 말씀에 의지하지 않고 수립한 것은 이 경계를 망각한 것이었습니다.

한 교부는 처음으로 금식을 법으로 부과한 몬타누스(Montanus)를 이단으로 정죄했습니다.[53] 그러나 우리의 반대자들은 매우 엄격한 법률을 제정하여 금식을 명령함으로써 이 경계를 훨씬 넘어섰습니다.[54]

한 교부는 교회의 사역자들에게 결혼을 금지해야 한다는 것을 부인했으며 각자가 자기의 아내와 동침하는 것은 순결한 것이라고 선포했습니다. 그리고 다른 교부들도 그 교부의 권위를 승인했습니다.[55] 그러나 우리의 반대자들은 사제들에게 엄격하게 독신을 명령함으로써 이 경계를 뛰어넘었습니다.[56]

---

51) "sine claris atque evidentibus scripturae testimoniis."
52) Augustine, *De peccatorum meritis et remissione et de baptismo parvulorum* II. xxxvi. 59 (MPL 44, 186; CSEL 60, 128; tr. NPNF V. 67f.); cf. *Letters* cxl 37. 85 (MPL 33. 576; tr. FC 20. 135). Quot. Battles tr., n. 29.
53) 이는 몬타누스를 옹호하는 테르툴리아누스(Tertullianus, 160?-220?)를 반박한 것으로 알려져 있는, 2세기 말에 에베소의 감독으로서 재직한 아폴로니오스(Apollonios, ?-?)를 칭한다. 다음이 그 출처이다. Eusebius, *Ecclesiastical History* V. 18 (MPG 1.1 472; tr. NPNF 2 ser. I. 235ff.). Quot. Battles tr., n. 30.
54) Gratian, *Decretum* III. iii. 9 (MPL 187. 1734; Friedberg I. 1354f.). Quot. Battles tr., n. 31.
55) 수도원의 창시자로 알려진 안토니오스(Antonios, 251경-356경)의 문하생으로서 금욕주의자였던 파프누티오스(Paphnutios, ?-350)가 한 말로서 다음에 기록되어 있다. 그는 기혼자인 고위 성직자에게 독신의 의무를 부과하려고 한 니케아 회의(325)의 결정을 반대하였다. Socrates, *Ecclesiastical History* i. 11; Sozomen, *Ecclesiastical History* i. 23, in Cassiodorus, *Historia Tripartita* II. 14 (MPL 69. 933; tr. NPNF 2 ser. II. 18, 256). Cf. *Institutio*, 4.12.23-28. Quot. Battles tr., n. 32.
56) Cf. H. Leclercq, "La Legislation conciliare relatif au celibat ecclesiatique," *Histoire des conciles* II. 1321-1348; Schroeder, *Disciplinary Decrees of the General Councils*, pp. 105, 107, 192f.; H. C. Lea, *History of Sacerdotal Celibacy*. Quot. Battles tr., n. 33.

한 교부는 "너희는 그의 말을 들으라"(마 17:5)라고 성경에 기록된 바와 같이 오직 그리스도의 말씀만을 들어야 하므로 다른 사람들이 우리 앞에서 말했거나 행했던 것이 아니라 오직 모든 것보다 뛰어나신 그리스도가 정하신 것만을 숙고하라고 말했습니다.[57] 그러나 우리의 반대자들은 자기들 자신과 다른 사람들을 위해서 그리스도 외에 다른 주인들을 세움으로써 자기들이 이 경계에 얽매이지 않았을 뿐만 아니라 다른 사람들이 이 경계를 지키도록 허용하지도 않았습니다.

한 교부는 "교회는 그 자신을 그리스도 위에 두어서는 안 되는바,[58] 이는 그리스도는 항상 진실한 재판을 하시는 반면에 교회의 재판관들은 다른 사람들과 다름없이 자주 오류를 범하기 때문이다."라고 말했습니다.[59] 그러나 우리의 반대자들은 이러한 한계를 무마해 버리고 아무 주저함 없이 성경의 전체 권위가 전적으로 교회의 결단에 의존한다고[60] 선포합니다.[61]

모든 교부는 하나님의 거룩한 말씀이 궤변론자들의 교활한 말장난으로 인해 오염되었으며 변증론자들의 논쟁에 뒤얽히게 되었다는 사실을 한 마음으로 미워하고 한 입으로 비난했습니다.[62] 그러므로 일생 동안 궤변론자들보다 더 악한 논쟁들을 끝없이 일삼으며 성경의 단순성을[63] 시비 삼고 훼손시키는 우리

---

57) Cyprian, *Letters* lxiii, 14 (CSEL e ii. 712; tr. ANF [letter ls ii. 14] V. 362). Quot. Battles tr., n. 34.

58) "ecclesiam non debere se Christo praeponere."

59) Augustine, *Contra Cresconium Grammaticum Donatistam* ii. 21 (MPL 43. 482; CSEL 52. 385). Quot. Battles tr., n. 35.

60) "totam scripturae autoritatem ab ecclesiae arbitrio pendere."

61) Eck, *Enchiridion* (1526), ch. i (541, fo. 76). Quot. Battles tr., n. 36.

62) Tertullian, *De praescriptione haereticorum* vii (CCL Tertullian I. 192; tr. LCC V. 35f.); Augustine, *On Christian Doctrine* II. xxxi (MPL 34. 57; tr. NPNF II. 550; FC 4. 102-103). Quot. Battles tr., n. 37.

63) "scripturae simplicitatem."

의 반대자들이 어찌 이 경계 안에 머물러 있다고 할 수 있겠습니까? 만약 교부들이 다시 살아나서 우리의 반대자들이 '사변적 신학'이라고 칭하는 논쟁술에 관해서 듣게 된다면, 우리의 반대자들이 다투고 있는 대상은 다름 아닌 하나님이라는 사실을 어찌 믿지 않겠습니까?

그러나 우리의 반대자들이 자기들을 교부들의 충실한 자녀들로 드러내기를 원한다고 하면서도 교부들의 굴레를 벗어 버리고 얼마나 방자하게 행하는지를 제가 여기서 다 되짚는다면 저의 글은 너무나 산만하게 흐르고 말 것입니다. 그렇게 하자면 몇 달 혹은 몇 년이 주어진다고 해도 오히려 저에게는 부족할 것입니다. 그럼에도 불구하고 우리의 반대자들은 너무나 참담하고 개탄스러운 몰염치함에 빠져서 옛날의 한계를 넘어섰다고 감히 우리를 비난합니다.

[진리를 거스르는 세속적 관습]

이제 우리는 '관습'이라고[64] 부르는 것을 다룰 텐데, 이것도 공허할 뿐입니다. 우리는 관습에 억눌려 굴복하게 될 때 그 어느 때보다 더 불의하게 우리 자신을 취급하게 될 것입니다. 만약 사람들이 의례적으로 하는 판단들이 옳았다면, 관습이 선한 사람들 가운데 추구되어 왔을 것입니다. 그러나 실상은 간혹 전혀 다른 양상을 보입니다. 왜냐하면 많은 사람들이 행하고 있다고 여겨서 관습이 법으로서 자리매김된다고 하더라도, 인간사(人間事)가 대다수의 선한 사람들을 흡족하게 할 만큼 제대로 규정되는 경우는 거의 없기 때문입니다. 오히려 많은 사람들의 개인적인 악행들이 공적인 오류를 야기하는 경우가 잦은가 하

---

64) "ad consuetudinem." Cf. *Institutio*, 4.8.14; 4.10.18.

면, 심지어 오늘날 우리가 보듯이, 선한 사람들조차도 공적인 합의를 거쳐서 악행들을 법제화하여 정당화하려고 합니다. 누구든지 눈이 있는 사람이라면 단지 악의 한 조류(潮流)만이 세상 속으로 범람해 오는 것이 아니라 많은 종류의 역병들이 침투해 들어오고 있으며 모든 것이 무모하게 치닫고 있다는 것을 인식하게 될 것입니다. 그때 사람들은 자기들에게 일어나는 인간적인 일들에 대해서 철저히 개탄하거나 자기들의 손으로 너무나 심각한 악행들을 내리치거나 해서 그것들의 세력을 제압하는 데 한층 더 힘을 쏟아야 할 것입니다. 그러나 끝내 그들은 이러한 처방을 거절하고 마는데, 그 유일한 이유는 우리가 오래전부터 악에 익숙해져 있기 때문입니다.

모름지기 인간 사회에는 공공의 오류가 도사리고 있지만, 하나님의 나라에는 어떤 연조(年條), 어떤 습관, 어떤 공모(共謀)로도 규정되지 않는, 오직 하나님의 영원한 진리만이 들리고 보여야 합니다. 동일한 의미에서 옛날에 이사야 선지자는 하나님의 택하심을 받은 백성들에게, "그 모든 말을 따라 반역자가 있다고 하지 말며" 즉 사람들의 맹약에 공조하거나 동의하지 말며, "그들이 두려워하는 것을 너희는 두려워하지 말며 놀라지 말고" 오히려 "만군의 여호와 그를 너희가 거룩하다 하고 그를 너희가 두려워하며 무서워할 자로 삼으라"(사 8:12-13)라고 가르쳤습니다.

폐하께서는 이제 우리의 반대자들로 하여금 지난 시대와 현시대에 속한 가능한 모든 예를 들어서 우리를 공격하게 두시옵소서. 이를 통하여 만군의 여호와가 우리에게서 거룩히 여김을 받으신다면, 우리에게는 달리 큰 두려움이 없을 것입니다. 수많은 세대의 사람들이 동일한 마음을 품고 유사한 불경건에 빠져들곤 했지만, 그때마다 하나님은 심지어 삼사 대까지 엄하게 보응하셨습니다(민 14:18; 참조. 출 20:5). 설혹 전 세계가 동일한 마음을 품고 동시에 불의를 모의한다고 하더라도 악을 행한 사람들에게는 그들의 무리와 함께 엄한 징계가 따른다는 것을 하나님은 우리에게 경험으로 가르쳐 주셨습니다. 하나님은 전 인류를 홍수로 멸하셨을 때에도 노아를 그의 식구 몇 명과 함께 보존하셔서 노아의 믿음으로써, 곧 한 사람의 믿음으로써, 온 세상을 정죄하셨습니다(창 7:1; 히 11:7).

결론적으로 말씀드리면, 사악한 관습은 일종의 공공의 역병과 다름없어서[65] 이로 말미암아 적지 않은 사람들이 무리와 함께 나락에 떨어져 패망합니다. 부연하면 우리의 반대자들은 키프리아누스(Cyprianus)가 어느 곳에선가 말한 것을 곰곰이 생각해 보아야 합니다. "무지로 말미암아 죄를 짓는 자들은 모든 비난으로부터 자유롭게 될 수는 없을지라도 여전히 어떤 변명의 여지가 없지 않아 보인다. 그러나 하나님의 선하심에 의해서 자기들에게 부여된 진리를 완고하게 거절하는 자들은 어떤 변명을 내세워서도 탄원할 수 없다."[66]

[참 교회의 표지들을 대체하는 거짓 것들]

우리의 반대자들은 우리로 하여금 교회가 얼마 동안 생명을 잃었다고 인정하거나, 아니면 우리가 지금 교회와 갈등을 겪고 있다고 인정하거나, 둘 중의 하나를 하도록 몰아붙이지만, 정작 자기들이 진퇴양난의 궁지에 몰려 있기 때문에 우리를 거세게 짓누를 수 없습니다. 진실로 그리스도가 아버지의 우편에서 다스리시는 한, 그리스도의 교회는 살아 건재하여 왔으며, 여전히 살아 있을 것입니다. 교회는 그리스도의 손으로 존속되고, 그의 보호로 무장되며, 그

---

65) "prava consuetudo non secus ac publica quaedam est pestis."
66) Cyprian, *Letters* lx iii. 17 (CSEL 3 ii. 715; tr. ANF [letter lx ii] V. 363), lxxiii. 13 (CSEL 3. i. 787; tr. ANF [letter lxx ii] V. 382). Quot. Battles tr., n. 38.

의 능력으로 강해집니다. 의심할 나위 없이 그는 일단 일을 맡으시면 반드시 성취하십니다. 그는 "세상 끝날까지"(마 28:20) 자기의 백성과 함께 계실 것입니다. 우리는 지금 교회와 아무런 분쟁도 겪고 있지 않습니다. 왜냐하면 우리는 그리스도가 모든 경건한 사람에 의해서 항상 경배를 받으셨던 것과 다를 바 없이, 신자들의 모든 회중과 함께 한마음으로 한 분 하나님 및 주 그리스도를 예배하고 경배하기 때문입니다(고전 8:6).67) 그러나 우리의 반대자들은 진리와 매우 동떨어져서 육신의 눈으로만 교회를 알고자 하고, 절대 가둬 놓을 수 없는 교회를 어느 한계 내에 묶어 두려고 시도하고 있습니다.

우리의 논쟁은 다음 두 문지도리를 축으로 돕니다. 첫째, 그들은 교회의 체제는 언제나 밝히 드러나며 목도될 수 있다고 주장합니다. 둘째, 그들은 교회의 체제 자체를 로마 교회의 교황청과 고위 성직자들의 직제 위에 수립합니다.68) 우리는 이와 정반대의 입장에 서서, 교회는 밝히 드러나는 어떤 체제에

---

67) "Vixit sane Christi ecclesia, et vivet quamdiu Christus regnabit ad dexteram patris, cuius manu sustinetur, cuius praesidio defenditur, cuius virtute suam incolumitatem retinet. Praestabit enim ille indubie quod semel recepit, se affuturum suis usque ad consummationem saeculi. Adversus eam nulla nunc nobis pugna est, siquidem Deum unum et Christum dominum uno consensu, cum omni fidelium populo, colimus et adoramus, qualiter semper ab omnibus piis adoratus est." 교회의 영속성에 대한 이러한 이해는 그리스도가 그 머리이심에 기초한다. Cf. *Institutio*, 4.1.1-4, 17. 종교 개혁자들과 신경들은 동일한 입장을 견지한다. Bullinger, *Fifth Decade* (1551), sermon 1 (LCC XXIV, 293); Second Helvetic Confession XVII. 1 (Schaff, *The Creeds of Christendom*, 3.271): "*Semper fuisse, nunc esse, et ad finem usque secili futuram esse ecclesiam*"(교회는 항상 존재했고, 지금 존재하며, 세상 끝까지 존재할 것이다).; J. H. Heidegger, *Medulla theologiae* (1696) XXVI. 11; Westminster Confession XXV. 5. Quot. Battles tr., n. 39.

68) "primum quod ecclesiae formam semper apparere et spectabilem esse contendunt, deinde quod formam ipsam in sede romanae ecclesiae et praesulum suorum ordine constituunt." 여기서 로마 가톨릭은 비가시적 교회 개념이 없다는 점과 참 교회의 표지를 말씀이나 성례나 권징이 아니라 로마 교황청의 직제, 즉 '주교들의 계승'(successio episcoporum)이라고 부르는 '인적 계승'(successio humana)에서 찾는다는 점이 지적된다. Cf. *Institutio*, 4.1.2-3, 7; 4.2.2, 12; 4.5.13; 4.6.16; 4.7.22. 다음은 이러한 로마 가톨릭의 입장을 항변한다. Eck, *Enchiridion* (1526) ch. i; De Castro, *Adversus omnes haereses* I. vi (1543

의해서 세워질 수 없으므로 외형적인 광채에 이끌려 교회의 체제를 숭배하는 것은 어리석다고 주장합니다. 오히려 교회에는 전혀 다른 표지가 있으니, 곧 하나님의 말씀의 순수한 선포와 성례의 합법적인 거행으로[69] 이루어집니다.

교회가 언제나 손가락으로 지시되듯이 겉으로 드러나는 것은 아니라고 한다면, 그들은 격노할 것입니다. 그러나 유대 백성이 유사한 예를 찾아볼 수 없을 만큼 두드러지게 외양을 추구하느라 교회를 흉물스럽게 만들었던 것이 어디 한두 번이었습니까? 엘리야가 혼자 남겨졌다고 원망했을 때 교회가 무슨 보이는 체제로서 그에게 제시되었다고 폐하께서는 생각하십니까?(왕상 19:10, 14) 그리스도가 이 땅에 오신 후에도 교회는 얼마나 오랫동안 아무 체제도 없이 감춰져 있었습니까? 주님이 오신 이후로도 교회가 전쟁과 소요와 이단으로 인해 억눌러서 그 어느 한 부분으로도 빛을 비출 수 없었던 지경에 이른 적이 얼마나 빈번했습니까? 만약 우리가 그 시대에 살았다면 도대체 교회가 존재한다고 믿기라도 했겠습니까? 그러나 엘리야는 바알 앞에서 무릎을 꿇지 않은 든든한 칠천 명이 있다는 음성을 여호와께 들었습니다(왕상 19:18).[70]

우리가 의심 없이 믿어야 할 바는 승천하신 그리스도가 언제나 땅을 다스려 오셨다는 사실입니다.[71] 만약 경건한 사람들에게 눈에 보이는 어떤 명확한 체제가 요구되었다면, 즉시 그들은 용기를 잃어버리지 않았겠습니까?

---

ed., fo. 9K-10E). Quot. Battles tr., n. 40.

69) "pura verbi Dei praedicatione, et legitima sacramentorum administratione." Cf. *Institutio*, 4.1.9; 4.2.4, 12.

70) Cf. *Institutio*, 4.1.2, 8, 17.

71) Cf. *Institutio*, 2.15.3-5. 교회의 다스림은 중보자 그리스도가 하나님 우편에서 보혜사 성령을 부어주심으로써 자기의 의를 전가해 주심에 있다. 이 점에서 그리스도를 머리로 한 지체들의 연합체인 교회는 하나님의 나라이자 그리스도의 나라이며, 그리스도의 계속적 중보로 그 나라는 영속한다.

실로 힐라리우스(Hilarius)는 동시대 사람들이 감독의 품위를 경배하는 어리석음에 빠져서 그러한 가면 아래에 숨어 있는 죽은 히드라(hydra)를 깨닫지 못한 것을 최고의 악으로 간주했습니다. 그리하여 다음과 같이 말합니다. "내가 당신들에게 충고하는 한 가지는 적그리스도를 주의하라는 것이다. 당신들이 벽들을 두고 사랑을 했던 것은 잘못이다. 당신들이 지붕들과 건물들로 되어 있는 하나님의 교회를 숭앙하는 것은 잘못이다. 이러한 것들 아래 '평화'라는 이름을 끌어들이는 것은 잘못이다. 적그리스도가 그것들 가운데 자기의 자리를 두고 있다는 사실에 대해서 일말의 의심도 가질 수 없지 않는가? 내 생각으로는, 그것들보다 산들, 나무들, 호수들, 감옥들, 금간 바위들이 더욱 안전하다. 왜냐하면 선지자들은 이러한 것들 가운데 거주하거나 갇혀서도 예언했기 때문이다."[72]

오늘날 세상이 뿔난 모자를 쓴 자기들의 감독들을[73] 존경하는 이유가 유명한 도시들을 다스리고 있는 자들이 종교를 이끄는 거룩한 고위 성직자들이라고 여기기 때문이 아니라면 무엇이겠습니까? 그러므로 감독들에 대한 이러한 어리석은 찬미는 멀리해야 합니다.

주님은 오직 자기 외에 자기 백성을 아는 자가 없으므로(딤후 2:19) 때로는 사람의 눈을 감추어서라도 자기의 교회에 관한 외부적인 지식(표지)을 사람이 갖지 못하도록 하십니다. 우리는 이를 주님께 맡겨야 합니다. 저는 이것이 땅 위에 미치는 하나님의 무서운 징벌임을 인정합니다. 사람들의 불경건에는 마땅히 심판이 따라야 할진대, 하나님의 의로운 징벌에 맞서려 들 이유가 어디에

---

[72] Hilary of Poitiers, *Against the Arians or Auxentius of Milan* xii (MPL 10. 616). Quot. Battles tr., n. 43.
[73] "in cornutis suis episcopis." 주교관(冠)에서 튀어나온 부분을 '뿔'(cornua)이라고 복수형으로 부른다.

있겠습니까? 주님은 다음과 같은 방식으로 옛 시대 사람들의 몰염치함에 대해서 보응하셨습니다. 즉 자기의 진리에 복종하기를 원치 않고 자기의 빛을 꺼뜨려 버린 자들이 눈이 멀어 어리석은 거짓말에 희롱당하고 짙은 어두움에 잠겨서 고난을 받게끔 하셨고, 끝내 그들에게 참 교회의 어떤 모양도 존재하지 않도록74) 하셨습니다. 그러나 그 어두움 가운데서도 주님은 흩어져 숨어 있는 자기 백성을 지키셨습니다. 이는 전혀 이상한 일이 아닙니다. 왜냐하면 주님은 바벨론의 혼란 자체와 격렬히 타는 풀무불 이 둘 모두로부터 자기 백성을 지키는 방법을 알고 계셨기 때문입니다(단 3장).

그러나 우리의 반대자들이 허세를 부리며 알지도 못하는 교회의 체제를 요량하고자 하는 위험이 얼마나 큰 지에 대한 저의 논의를 끝없이 길게 끌지 않기 위해서, 굳이 세세히 설명하기보다는 몇 마디의 말로 지적하는 데 그치도록 하겠습니다. 사도적 교구를 차지한 로마의 대사제와 그에 의해서 기름부음을 받고 주교관(冠)과 주교장(杖)으로 성별된 주교들은, 교회를 대표하고 교회를 위해서 없어서는 안 되므로, 오류를 범할 수 없다고 그들은 말합니다. 왜 그렇습니까? 그들은 대답하기를, 로마의 대사제와 주교들이 교회의 목자들이며 주님에 의해서 성별되었기 때문이라고 합니다. 그러나 아론과 이스라엘의 지도자들도 모두 하나님의 백성의 목자들이 아니었습니까? 그럼에도 불구하고 제사장들로 세움을 받은 아론과 그의 아들들은 송아지를 만드는 잘못을 범했습니다(출 32:4). 그들의 논리에 따르면, 아합을 속였던 저 사백 명의 선지자들도 교회의 대표자들이었다고 해야 하지 않겠습니까?(왕상 22:12) 그러나 교회는 오히려 미가야의 편이었던 바, 참으로 그는 홀로 멸시를 당했지만 그의 입으로부터

---

74) "ut nulla verae ecclesiae facies exstaret."

진리가 흘러나왔던 오직 한 선지자였습니다. 그들의 논리에 따르면, 예레미야에 대항하는 공격을 획책했고 "제사장에게서 율법이, 지혜로운 자에게서 책략이, 선지자에게서 말씀이 끊어지지 아니할 것이니"(렘 18:18)라고 말하며 기고만장했던 선지자들도 교회의 이름과 얼굴을 가졌던 것이 아닙니까? 그러나 여호와는 그 선지자들의 무리에 맞서는 예레미야를 홀로 보내셔서 "제사장에게서 율법이, 지혜로운 자에게서 책략이, 선지자에게서 말씀이 끊어질 것이니"(적용. 렘 18:18; 참조. 렘 4:9)라고 선포하게 하셨습니다. 오늘날 우리의 반대자들은 제사장들과 서기관들과 바리새인들이 함께 모여서 그리스도를 잡아서 살해하려고 모의를 하던 회(會)에(요 11:47-53) 드러났던 교만에 사로잡혀 있습니다. 폐하께서는 이제 그들로 하여금 가서 외적인 가면을 단단히 쓰고 그리스도와 모든 하나님의 선지자들은 분파주의자들로 삼고, 역으로 사탄의 사역자들은 성령의 도구들로 삼게 하시옵소서.

그나마 그들이 마음에서 우러나오는 말을 하고자 한다면, 그들로 하여금 저의 다음 질문에 선의로 대답하게 하시옵소서. "바젤 회의의 교령으로 강등되어 교황직에서 쫓겨난 에우게니우스(Eugenius)를 대신하여 교황이 된 아마데우스(Amadeus)가 다스리게 된 이후 사람들이 교회가 머물러 있다고 생각한 민족과 지역은 어디였습니까?"라는 질문입니다.

비록 마음이 찢어지겠지만, 사람들은 이 회의가 외적인 형식에 있어서는 합법적이었다고 하더라도 한 교황이 아니라 두 교황에 의해서 소집되었다는 것은 부인할 수 없을 것입니다. 그곳에서 에우게니우스는 그 회의를 와해시키고자 함께 음모를 꾸몄던 추기경들과 주교들의 모든 무리와 더불어 분파, 모반, 완고함이라는 죄목으로 처벌을 받았습니다. 그럼에도 불구하고 그 이후 군주들의 계속되는 호의에 힘입어 죄가 경감되어 교황직을 고스란히 회복할 수 있없습니다. 통상적이고 신성한 대회의 권위에 의해서 정당하게 행해진 아마데우스의 선출과 그것과 관련된 모든 일은, 아마데우스가 한낱 우는 개에게 던져진 한 점의 먹이와 다를 바 없는 추기경의 모자에 만족하고 있었다는 사실을 제외하고는 오리무중에 빠졌습니다.[75] 아마데우스처럼 반역적이고 완고한 이단자들로부터 이후의 모든 교황, 추기경, 주교, 수도원장, 사제가 나왔습니다. 그들은 자기들의 자리를 단념해야 했으나 오히려 그것을 굳게 붙들고 있었습니다. 이러하니 어느 편에 교회의 이름을 두어야 합니까? 교황의 두 교서에 의해서 소집되었고, 교황청에 의해서 성별된 사절단에 의해서 주재(主宰)되었으며, 모든 질서에 합당하게 성회(成會)되었으며, 동일한 품위가 마지막까지 변함없이 유지되었으며, 어떤 외부적인 영예에 있어서도 부족함이 없었던 이 회의가 통상적인 회의였다는 것을 그들은 부인할 것입니까? 과연 그들은 에우게니우스와 그에 의해서 성별된 사람들 모두의 무리를 분파적이었다고 인정할 것입니까?

그러므로 폐하께서는 그들로 하여금 교회의 체제를 다른 말로 정의하도록 하시든지, 아니면 아무리 수가 많다고 해도 알고 뜻하는 가운데서 이단들에 의해 임명된 자들을 분파주의자들로 여기게 하시든지 하시옵소서. 설혹 이에 대해서 명백하게 알려진 적이 전혀 없었다고 하더라도, 허울뿐인 '교회'라는 이름을 내걸고 오랫동안 세상을 향하여 거만을 떨어 왔지만 실제로는 교회에 치

---

75) 교황 에우게니우스 4세(1431-1447)가 바젤 회의(Council of Basel, 1439)에서 축출된 이후 사보이아의 공작 아마데우스 8세가 교황으로 즉위했다. 그가 펠릭스 5세(Felix V, 1439-1449)였다. 이후 에우게니우스 4세가 황제 프리드리히 3세(Friedrich III, 1415-1493)의 총애를 받고 교황의 자리에 다시 앉게 되었고, 펠릭스 5세는 폐위되어 사비나의 추기경 감독 겸 사보이아 지역을 다스리는 교황 대리가 되었다. L. Pastor, *History of the Popes from the End of the Middle Ages* (tr. F. J. Antrobus) I. 328f.; M. Creighton, *History of the Popes from the Great Schism to the Sack of Rome* III. 20ff., 109f.; *Cambridge Medieval History* VIII. 40f. Quot. Battles tr., n. 45.

명적인 역병이었던 사람들은 교회가 외적인 자랑거리들에 의해서 좌지우지되지 않는다는 반증이 되는 풍부한 자료들을 우리에게 제시할 수 있을 것입니다. 그들이 그 말을 듣기는 하되 본받지는 말아야 할 바리새인들과 자기들을 동일시한다면(마 23:3),[76] 굳이 저는 이곳에서 그들의 삶 전체에 가득한 부도덕한 행위들과 비극적인 비행들에 대해서 일일이 말하지 않겠습니다. 만약 폐하께서 조금이라도 여가를 내셔서 우리의 글을 읽으신다면 그들이 교회를 교회 되게 하는 것이라고 칭하는 그것, 바로 그 교리가 영혼의 치명적인 도살이자 교회를 태우는 불, 교회의 폐허, 교회의 죽음이라는 것을 분명히 알게 되실 것입니다.[77]

[복음에 맞서서 분쟁을 일삼는 가증함]

마지막으로 제가 지적하고자 하는 바는, 우리의 반대자들이 우리에 대한 반감이 앞서서 아주 부정직하게 행하면서, 우리의 교리를 선포하는 것이 너무나 많은 분쟁과 소요와 다툼을 야기했으며 지금 많은 사람들 사이에 너무나 악한 열매들을 맺고 있다는 말을 사악하게 되뇐다는 점입니다. 그들은 사탄의 악의에 돌려져야 마땅할 악행들을 들먹이면서, 우리의 교리에 부당한 비난을 가하고 있습니다. 하나님의 말씀에는 다음과 같은 어떤 특성이 있으니, 결코 사탄이 쉬고 잠자는 동안에는 드러나지 않는다는 것입니다.[78] 이것이 하나님의 말

---

76) Cf. Eck, *Enchridion* (1526), ch. ii. Quot. Battles tr., n. 46.
77) "Ipsam, ipsam doctrinam, cui id deberi aiunt quod sunt ecclesia, exitialem animarum carnificinam, facem, ruinam, et excidium ecclesiae esse non obscure cognosces, si legendis nostris aliquantum otii tui decidas."
78) "ut nunquam emergat, quieto ac dormiente satana."

씀을, 모든 사람이 귀를 모아 경청하고 세상이 환호하며 추종하는 경우에만 쉽게 정체를 드러내는 거짓 교리들과 구별하는 가장 확실하며 가장 믿을 만한 표지입니다.

이러하므로 모든 것이 깊은 어둠에 잠겨 있었던 지난 몇 세기 동안은 거의 모든 인생이 세상을 다스리는 지배자의 놀이거리와 희롱거리에 불과했고, 사탄은 그 어떤 사르다나팔루스(Sardanapalus)와[79] 다름없이 지극히 태평한 시대를 지내며 게으르고 방탕하게 누워 뒹굴고 있었습니다. 고요하고 평화로운 나라를 자기 소유로 삼은 사탄이 할 일이 희롱이나 놀이를 일삼는 것 외에 무엇이 더 있었겠습니까?

그러나 사탄은 위로부터 빛이 작열해서 자기의 어두움이 어느 정도 흩어져 사라지게 되었을 때, 그리고 자기의 나라가 "강한 자"(눅 11:22)에 의해서 교란되고 거꾸러뜨림을 당하게 되었을 때, 평상시의 권태를 몰아내고 군장을 갖춰 입기 시작했습니다. 처음에 사탄은 사람들을 부추겨서 위력을 행사하게 함으로써 서광이 비취는 진리를[80] 격렬하게 억압하고자 획책했습니다. 그러나 이것이 아무 유익이 없음이 드러나자 이제 전략을 바꾸어서 진리를 모호하게 하여 없애 버리려고 자기의 수하에 있는 반세례주의자들 및 다른 급진주의자들을[81] 봉기하도록 충동해서 교리에 대한 반목과 분쟁을 조장했습니다. 지금도 사탄

---

[79] 앗수르 왕 앗수르바니팔(Ashurbanipal, 685–631 B.C.)의 헬라어식 이름이다. 그는 일찍 왕이 되어서 당시 세계 최강의 나라를 이루고 도서관을 건립하는 등 치적을 남겼으나 후에 안일하고 방탕한 삶에 젖어 살다가 반앗수르 연합군에 의해 전쟁에 패하고 포위당하자 자살하였다고 알려진다.

[80] "illucescentem veritatem."

[81] "per Catabaptistas suos et alia nebulonum." 칼빈은 여기서 '재세례주의자들'(Anabaptistae)을 '반(反)세례주의자들'(Catabaptistae)이라고 부른다. 그리하여 그들이 유아세례를 반대한다는 점을 부각시킨다. '다른 급진주의자들'은 '자유주의자들'(Libertines)이라고 불렸던 급진적 재세례주의자들을 칭한다. Cf. *Institutio*, 3.3.14, 4.1.2.

은 이 두 가지 무기를 모두 사용해서 진리 자체를 공격하는 일을 그치지 않습니다. 즉 사람들의 위력을 사용해서 참된 씨앗을 뽑아내려고 노력하며, 그 씨앗이 자라서 열매 맺지 못하도록 자기의 가라지들로 그 씨앗을 질식시킬 방안을 힘닿는 대로 강구합니다.

그럼에도 불구하고 사탄의 계략을 오래 전부터 우리 앞에 펼쳐 보이시고 우리가 미혹에 빠지지 않도록 붙드시며 사탄의 모든 무기를 대적하기에 충분한 보호 장비들로 우리를 무장시켜 주신, 우리를 감찰하시는 주님이 들려주시는 말씀에 우리가 주의를 기울이면 사탄에게 속한 모든 것이 공허하게 됩니다. 게다가 불순한 사람들과 급진주의자들이 획책한 선동과 협잡꾼들이 획책한 분파주의가 하나님의 말씀의 가르침에 배치됨에도 불구하고, 이 두 가지 모두의 혐오거리에 대한 책임을 하나님의 말씀 자체에 돌리는 자들의 악의는 얼마나 가증한 것입니까?

이러한 예는 결코 새롭지 않습니다. 엘리야는 이스라엘을 괴롭게 하는 자가 그 자신이 아닌지 질문을 받았고(왕상 18:17), 유대인들에게 있어서 그리스도는 백성을 소동케 하는 자였으며(눅 23:5; 요 19:7, 12), 사도들에게는 백성을 선동한 범죄가 떠넘겨졌습니다(행 24:5-9). 오늘날 우리를 반대하며 들끓는 모든 난동과 소요와 분쟁을 우리 탓으로 돌리는 자들의 행태도 이와 무엇이 다르겠습니까? 진정 엘리야의 가르침에 따라, 우리는 이렇듯 애매하게 우리에게 책임을 떠넘기는 자들에게, 오류를 퍼뜨리거나 소요를 선동하는 자들은 우리가 아니고 하나님의 능력에 맞서 겨루고 있는 바로 그들 자신이라고 대답해야 합니다(왕상 18:18).

참으로 이 한 가지 대답이면 우리에게 책임을 전가하는 자들의 무분별함을 억제시키는 데 충분합니다. 걸려 넘어지게 하는 것들로 말미암아 자주 마음이 흔들리고, 교란되며, 갈피를 잡지 못하는 다른 자들의 어리석음을 깨우치기 위해서도 이 대답만 있으면 충분합니다. 다만 이 경우에는 사람들이 자기들에게 닥친 혼란한 상황을 못 견디고 고꾸라지거나 자기들이 서 있는 자리에서 이탈하지 않도록 하려면, 지금 우리가 실제로 맞닥뜨려 있는 바로 그 일을 사도들도 자기들의 시대에 경험했음을 주지시킬 필요가 있습니다.

베드로는 하나님이 바울을 통해서 기록하게 하신 말씀들을 "무식한 자들과 굳세지 못한 자들이……억지로 풀다가 스스로 멸망에"(벧후 3:16) 이르렀다고 전합니다. 그들은 죄가 가득한 곳에 은혜가 넘친다는 말씀을 듣고는 "은혜를 더하게 하려면 죄에 거하자"(적용. 롬 6:1)라고 내뱉었으며, 신자들이 율법 아래 있지 않다는 말씀을 듣고는 "우리가 법 아래 있지 아니하고 은혜 아래 있으니 죄를 짓자"(적용. 롬 6:15)라고 노래했던, 하나님을 경멸하는 자들이었습니다. 사도 바울을 악을 행하도록 유혹하는 자라고 주장하던 사람들이 있었고(롬 3:8), 바울이 세운 교회들을 무너뜨리려고 많은 거짓 사도들이 몰래 습격하였습니다(고전 1:10-13; 고후 11:3-19; 갈 1:6-10). "어떤 이들은 투기와 분쟁으로"(빌 1:15) 진지하지 않게, 심지어 사악하게, 그의 "매임에 괴로움을 더하게 할 줄로 생각하여"(빌 1:17) 복음을 전했습니다. "그들이 다 자기 일을 구하고 그리스도 예수의 일을 구하지 아니하되"(빌 2:21)라는 말씀에서 보듯이, 다른 곳에서는 복음의 진보가 거의 없었습니다. 다른 사람들은 "개가 그 토하였던 것에 돌아가고 돼지가……더러운 구덩이에 도로 누웠다 하는 말"(벧후 2:22)과 같이, 길을 벗어나서 옛날로 선회했습니다. 많은 사람들은 성령의 자유를 낚아채어 육체의 방종에 바쳤습니다(벧후 2:18-19). 많은 거짓 형제들이 몰래 들어와서 경건한 사람들을 위험에 빠뜨렸습니다(고후 11:3-19). 이렇듯 다름 아닌 교회의 형제들 가운데서 다양한 분쟁들이 발발했습니다(행 6, 11, 15장).

여기서 사도들이 해야 할 일은 무엇이었습니까? 당분간 모르는 체하는 것이었습니까? 복음이 그 많은 분쟁의 온상이 되었고, 그 많은 위험의 소지가 되었으며, 그 많은 범법의 기회를 제공했다고 보고, 복음을 무시하든지, 아니면 내버리는 것이었습니까?

그러나 사도들은 이와 같은 시련을 겪는 가운데서도 그리스도가 "걸림돌과 거치는 바위"(롬 9:33; 참조. 벧전 2:8; 사 8:14)로서 "많은 사람을 패하거나 흥하게 하며 비방을 받는 표적이 되기 위하여 세움을 받았고"(눅 2:34)라는 말씀에서 도움을 받았습니다. 사도들은 이러한 확신으로 무장해서 모든 소요와 재난의 위험을 무릅쓰고 담대하게 앞으로 나아갔습니다. 바울이 복음은 멸망하는 자들에게는 "사망으로부터 사망에 이르는 냄새"로 작용하고 우리에게는 "생명으로부터 생명에 이르는 냄새"(고후 2:16)로 작용하게끔 정해져 있으며, "모든 믿는 자에게 구원을 주시는 하나님의 능력"(롬 1:16)이 된다고 전하면서, 복음의 항구적인 특성에 대해서 증언하듯이, 우리의 입장도 이와 동일한 사상에 기초해서 견지되어야 합니다.

우리가 배은망덕에 빠져서 하나님이 베푸시는 특별한 은총을 더럽히지 않는 한, 그리고 우리의 구원을 위하여 유일한 보루가 되었어야 할 것을 변질시켜 우리의 파멸을 초래하지 않는 한, 사도들과 다름없이 우리도 이를 확실히 경험하게 될 것입니다.[82]

---

[82] 여기서 칼빈은 펠라기우스(Pelagius, 354–420경)가 타락 후 자유의지가 상실되었음을 부인하고 행위 구원을 주장하면서 전적인 은혜를 말하게 되면 선행의 필연성이 자리할 곳이 없게 된다며 아우구스티누스에게 맞섰던 논법을 반박하고 있다. Cf. *Institutio*, 2.5.1-15; 3.18.3-15. 여기서 칼빈은 실상 자기가 "우리 시대의 펠라기우스파인 소르본의 궤변가들"(aetatis nostrae Pelagiani, hoc est sorbonici sophistae)이라고 부르던 로마 가톨릭 신학자들을 겨냥하고 있다. *Institutio*, 2.3.13.

[왕에게 부여된, 복음 수호의 본분]

그러나 왕이시여, 폐하께 다시 아뢰오니, 아무도 헛된 송사(訟事)로 폐하의 마음을 움직이지 못하게 하시옵소서. 우리의 교리를 '새로운 복음'이라고[83] 부르는 우리의 반대자들은 사람들이 그것을 이용해서 그저 소요만 일으키고 모든 죄를 사면받을 기회를 얻고자 애쓰고 있다고 무고를 일삼으며 폐하께 공포감을 조성하려고 듭니다.

"하나님은 무질서의 하나님이 아니시요 오직 화평의 하나님"(고전 14:33)이십니다. 하나님의 아들은 "죄를 짓게 하는 자"(갈 2:17)가 아니시며, "마귀의 일을 멸하려"(요일 3:8) 오셨습니다.

그들은 우리가 과도한 욕정에 사로잡혀 있다고 가당찮은 비난을 해 댑니다. 우리가 이에 대한 어떤 작은 의혹도 그들에게 남긴 적이 없음에도 말입니다. 그들은 우리가 나라를 전복시키려는 궁리를 하고 있다고 여기는데, 과연 그렇습니까? 우리는 우리 중에 어느 누가 하는 단 한마디의 선동적인 말도 들은 적이 없고, 폐하 치하의 고요하고 순박한 삶을 언제나 받아들였으며, 비록 고향으로부터 떨어져 망명객들이 되었지만 폐하와 폐하의 나라의 전적인 번영을 위하여 기도하기를 쉬지 않았습니다.

그들은 우리가 악행들을 저지르고도 형벌을 면하려고 갖은 애를 다 쓰는 뻔뻔함을 보인다고 비난하는데, 과연 그렇습니까? 도덕적인 행위들로 말하자면 우리에게도 비난거리가 많을 것이나, 그렇다고 해서 이토록 심한 능욕을 당할 정도의 큰 과오는 추호도 없습니다. 왜냐하면 우리는 복음 가운데 주어지는 하

---

[83] "novo evangelio."

나님의 은혜로 인하여 많은 복을 누려서, 우리에게 쏟아지는 그 심한 혹평이 가당치 않은, 순결, 양선, 자비, 정절, 인내, 절제, 능력으로 모범이 되는 삶을 살아갈 수 있기 때문입니다.

진실로 우리는 진지하게 하나님을 두려워하고 예배합니다. 이는 그 자체로 분명하기 때문에 다른 설명이 필요하지 않습니다. 우리는 사나 죽으나 하나님의 이름이 거룩히 여김을 받기를 간구합니다(참조. 빌 1:20). 우리 가운데 일부는 특별한 찬사를 받아야 마땅한 일로 인해서 오히려 죽음의 형벌을 받았지만, 오히려 그들을 향한 이러한 반감 자체가 그들의 무죄함과 시민으로서의 순전함을 드러낼 수밖에 없는 증언이 되었습니다.

그러나 여태껏 폐하의 나라에서는 복음을 구실로 삼아 소요를 일으키고자 획책하는 자들이 아무도 발견되지 않았지만, 만약 그런 자들이 있다면,[84] 그리고 만약 하나님이 베푸시는 은혜의 자유로 자기들이 저지르는 악행들의 방자함을 그럴듯하게 치장하려고 드는 자들이 있다면, 제가 알기로 여러 부류의 사람들이 이에 해당합니다만, 그런 자들에게는 자기들이 행한 바대로 엄중한 대가를 치르도록 강제하는 법과 그 법에 따른 형벌이 있을 것입니다. 다만 우리는 어떤 경우든 하나님의 복음이 흉악한 자들의 악의로 말미암아 모독을 당하는 일이 일어나게 해서는 안 됩니다.

지극히 존귀하신 폐하께서는 여기에 제시된 많은 예들을 통하여서 무고를 일삼는 자들의 불의가 얼마나 심각한 맹독성을 지녔는지를 충분히 아셨으므로, 지나치게 그들의 밀고에 귀 기울이지 마시고 그것을 너무 두려워하지도 마시기 바랍니다. 오히려 저는 제가 여기에 너무 상세한 것들을 포함시키지 않았

---

84) 재세례주의자들이 1534년 2월부터 1535년 6월까지 독일 도시 뮌스터를 장악하고 다스렸던 반란을 칭한다.

는지 염려가 됩니다. 이미 이 서문은 분량이 많아져서 버젓한 변해서(辯解書)에 버금갈 정도가 되었습니다.[85] 제가 이 글에 몰두한 이유는 변명을 궁리하려는 것이 아니라,[86] 단 한 가지, 실로 우리에게서 등을 돌리시고, 우리를 경원시하시며, 심지어 우리를 향하여 분노에 불타시는 폐하께서 마음을 가라앉히시고 우리의 소리를 듣게 되시는 것 바로 그 자체에 있습니다. 우리는 폐하의 엄위 앞에서 우리의 고백을 변호하기를 원합니다.[87] 만약 폐하께서 한차례 그 고백을 평온하고 침착하게 읽게 되신다면 우리는 폐하의 은혜를 다시 얻을 수 있으리라 확신합니다.

만약 폐하의 귀에 악한 자들의 수군거림이 가득해서 정작 피고인들이 자신들을 위해 변론할 기회를 전혀 갖지 못하게 된다면, 폐하의 묵인 가운데, 독단적인 분노의 광란이 구금, 채찍, 고문, 참형, 화형을 통해서(참조. 히 11:36-37) 쉼 없이 계속될 것입니다. 그렇게 되면 우리는 마치 도수장으로 끌려가는 어린양처럼 극단적인 상태에까지 이르게 되고 말 것입니다(사 53:7-8; 행 8:33). 그럼에도 불구하고 우리는 우리의 인내로 우리의 영혼을 얻을 것이며(눅 21:19), 의심할 나위 없이, 때를 따라 현존하는, 주님의 강한 손을 기다릴 것입니다.[88] 주님은 무장한 그 손을 펼쳐 가난한 사람들을 그들의 고통에서 구출하시고, 그들을 멸시하는, 자만에 빠져 기고만장한 자들을 심판하실 것입니다.

---

85) "quando haec iam praefatio ad iustae paene apologiae modum accedit."
86) "non defensionem texere."
87) "si hanc nostram confessionem, quam pro defensione apud tuam maiestatem esse volumus."
88) "ut in patientia nostra possideamus animas nostras, et manum Domini fortem exspectemus: quae indubie tempore aderit." 하나님의 섭리(providentia Dei)는 보이지 않는 손(manus invisibilis)으로서, 보이는 손(manus visibilis)인 하나님의 일꾼(minister Dei)을 통하여 비밀스런 경륜을 이룬다. 이 점에 착안해서 칼빈은 여기서 하나님이 왕을 섭리의 도구로 사용하셔서 교회를 향한 뜻을 이루어 가시기를 간구하는 동시에 왕이 그렇게 사용되는 자리에 서야 함을 우회적으로 권고하고 있다.

지극히 영명하신 왕이시여, 부디 만왕의 왕이신 주님께서 폐하의 보위(寶位)를 의로써(참조. 잠 25:5), 폐하의 보좌(寶座)를 공평으로써 견고히 세워 주시기를 기원합니다.

1536년 8월 1일[89]
바젤에서

---

89) 이는 1535년 8월 23일을 잘못 쓴 것이다. 초판을 탈고한 해가 아니라 출판한 해가 이곳에 오기되어 1536년이 되었고, 본 헌사와 무관한 1539년 라틴어 판 서문을 쓴 날짜가 이곳에 오기되어 8월 1일이 되었다. 초판 헌사 마지막에는 "X. Calendas Septembres"(8월 23일)라고 적혀 있다. 칼빈은 이 헌사를 직접 프랑스어로 번역해서 1541년 프랑스어 판 『기독교 강요』에 싣고 단행본으로도 간행하였다. 그때에도 그 마지막에 "le XXIII D'aoust M. D. XXXV"(1535년 8월 23일)라고 기록하였다. CO 1.26; 2.30; 3.30; LeFranc, *Institution de la religion chrestienne de Calvin, Introduction*, p. 4; W. de Greef, *The Writings of John Calvin*, tr. Lyle D. Bierma (Grand Rapids: Baker, 1989), 195.

제1권

창조주 하나님을 아는 지식

DE COGNITIONE DEI CREATORIS

DE COGNITIONE DEI CREATORIS

제1장

하나님을 아는 지식과 우리 자신을 아는 지식이 서로 연결되어 있음과 그 결합의 방식

Dei notitiam et nostri res esse coniunctas,
et quomodo inter se cohaereant

1-2. 하나님을 아는 지식과 우리를 아는 지식의 상관성
3. 하나님의 위엄 앞에서 우리 자신의 비천함이 드러남

1. 하나님을 아는 지식과 우리 자신을 아는 지식은 함께 주어짐

궁극적으로 참되고 견실한 지혜로 여겨질 만한 우리 지혜의 요체 거의 전부는 하나님을 아는 지식과 우리 자신을 아는 지식, 두 부분으로 이루어진다.[1] 그러나 이 둘은 많은 고리들로 이어져 있어서 무엇이 다른 것에 앞서며 무엇이 다른 것을 낳는지 분별하기가 쉽지 않다.[2]

---

[1] "Tota fere sapientiae nostrae summa, quae vera demum ac solida sapientia censeri debeat, duabus partibus constat, Dei cognitione et nostri." 이는 교리사에 길이 남을 명구로서, 여기서 칼빈은 성경적 용례를 좇아, 하나님의 지혜(חָכְמָה, σοφία, sapientia)를 온전히 이루는 지식(דַּעַת, γνῶσις, cognitio 혹은 notitia)만이 참된 지식이라는 점과 그것이 하나님과 우리 자신을 아는 지식으로 이뤄진다는 점을 천명한다. 칼빈은 '지식'을 칭할 때 대부분 라틴어 'cognitio'와 'notitia'를 사용하며, 『기독교 강요』 제1권 제목과 제1권 1장의 제목에서 보듯이 아무 구별 없이 사용하는데, 이 두 단어 외에 과학적 지식을 뜻하는 'scientia', 지각적 지식을 뜻하는 'sensus', 분별력을 강조하는 'agnotio', 이해력을 강조하는 'intelligentia' 등의 단어들로 특정한 어의(語義)를 부각시키기도 한다. 한편 1560년 프랑스어 판에서는 'cognitio'와 'notitia'가 공히 'cognoissance'으로 번역되었다. 이와 대동소이한 표현이 이미 1536년 초판 첫머리에 다음과 같이 나타난다. "거룩한 교리의 요체 거의 전부는 하나님을 아는 지식과 우리 자신을 아는 지식, 두 부분으로 이루어진다" (Summa fere sacrae doctrinae duabus his partibus constat: Cognitione Dei ac nostri). CO 1.27. 여기서 '요체'라고 번역된 'summa'는 '최고'라는 뜻과 '요약'이라는 뜻을 모두 지닌다.

[2] 다음은 이 두 지식의 상관성에 대해서 다룬다. Edward A. Dowey, *The Knowledge of God in Calvin's Theology* (Grand Rapids: Eerdmans, 1993, 3rd ed.); T. H. L. Parker, *Calvin's Doctrine of the Knowledge of God* (Grand Rapids: Eerdmans, 1959, 2nd ed.); Benjamin B. Warfield, "The Knowledge of God," in *Calvin and Augustine* (Philadelphia: Presbyterian and Reformed Publishing Company, 1956), 29-130; Thomas F. Torrance, "Knowledge of God and Speech about Him According to John Calvin," *Revue d'Histoire et de Philosophie Religieuses* 44 (1964-1965), 409-422; P. Lobstein, "La

첫째, 우리는 우리 자신에 대한 지각으로부터 즉시 돌이켜 우리 안에 살며 기동하고 계신(행 17:28) 하나님에 대한 직관으로 향하지 않는 한 결코 우리 자신을 볼 수 없기 때문이다.[3] 우리가 지닌 재능들은 그 어떤 경우에도 우리 자신에게서 비롯되지 않는다는 점에는 조금도 모호함이 없다. 나아가 실로 우리가 존재한다는 사실 자체가 우리가 하나님 안에 있는 존재에 다름 아니라는 것이다.

둘째, 하늘로부터 우리에게 방울방울 떨어지는 이 은총들에 의해서 우리는 마치 개울을 거슬러 올라가 원천에 이르듯이 하나님께 나아가게 되기 때문이다. 모름지기 하나님 안에는 선한 것들이 무한히 자리 잡고 있다. 이 무한함은 우리의 빈곤에 비추어 보면 더욱 잘 드러난다.[4] 특별히 첫 사람의 반역 때문에 우리가 빠져 버린 이 비참한 타락은 우리 두 눈을 위로 향할 수밖에 없게 한다. 즉 이로 인하여 배고프고 굶주리기에 우리에게 없는 것을 간구하게 할 뿐만 아니라 두려움으로 인하여 깨어나 겸손을 배우게 한다.[5]

마치 사람 안에 모든 비참함이 담긴 무슨 세상이라도 있는 양, 사람이 하나님의 옷을 빼앗긴 이래 그의 수치스러운 벌거벗음이 무한한 망신더미를 드러낸다. 그리하여 그는 자기의 불행을 의식하고 양심에 찔림을 받아서, 하나님을 아는 최소한의 어떤 지식을 지니지 않을 수 없게 된다. 이와 같이 우리는 우리 각자의 무지, 공허, 무능, 연약함, 요컨대 타락과 부패를 지각하면서 지혜의 참 빛, 한결같은 능력, 온갖 선한 것들의 완전한 부요함, 의의 순수함이 다

Connaissance religieuse d'après Calvin," *Revue de théologie et de philosophie religieuses* 42 (1909), 53–110; Brian G. Armstrong, "Duplex Cognitio Dei, Or?: The Problem and Relation of Structure, Form and Purpose in Calvin's Theology," in *Probing the Reformed Tradition: Historical Studies in Honor of Edward A. Dowey Jr.*, ed. Elsie Anne McKee and Brian G. Armstrong (Louisville: Westminster/John Knox, 1989), 135–153; Richard A. Muller, *The Unaccommodated Calvin: Studies in the Formation of a Theological Tradition* (Oxford: Oxford University Press, 2000), 118–139.

3) '우리 자신에 대한 의식'(sensus suos)과 '하나님에 대한 직관'(ad Dei……intuitum)이 대조된다. 칼빈은 'sensus'라는 말로 우리 마음의 정서에서 비롯되는 지각, 의식, 느낌을 표현하는 반면, 'intuitus'라는 말로 하나님이 부여하시는 절대적인 지식에 대한 즉각적인 수용을 표현한다.

4) 우리의 '빈곤'(tenuitas)과 하나님이 우리에게 베풀어 주시는 '선한 것들의 무한함'(bonorum infinitas)이 대조된다.

5) 우리는 타락으로 인한 우리의 비참함을 아는 지식과 하나님이 우리의 존재와 우리가 누리는 모든 선한 것의 '원천'(fons)이심을 아는 지식을 함께 지니게 됨으로써 필히 '겸손'(humilitas)에 이르게 된다.

름 아닌 여호와께만 있다는 사실을 인식하게 될 뿐만 아니라 우리의 악행들로 말미암아 하나님의 선한 것들을 헤아리도록 자극을 받게 된다. 더욱이 우리는 우리 자신에 대해서 실망하기 전까지는 하나님을 진지하게 갈망할 수도 없다.[6] 사람들 중에 자기 자신에 안주하는 일을 기꺼워하지 않는 자가 어디 있겠는가? 자기 자신에 대해서 무지에 빠져 있는 한, 즉 자기의 재능들에 만족하고 자기의 비참함을 알지 못하거나 기억하지 못하는 한, 누가 자기 자신을 의지하지 않겠는가? 그러므로 사람은 각자 자기 자신을 아는 지식이 있어야 하나님을 찾도록 자극을 받을 뿐만 아니라 마치 손에 끌려가듯이[7] 하나님을 발견하게 된다.

2. 하나님이 자기를 알려 주셔야 우리 자신에 대해서 알게 됨

반면에 사람은 먼저 하나님의 얼굴을 묵상하고 하나님에 대한 직관적 지식을 얻음으로 낮아져서 자기 자신을 면밀히 바라보기 전에는 결코 자기 자신을 아는 순수한 지식에 이를 수 없다.[8] 우리 모두는 교만을 타고났기에, 확실한 증거에 의해서 우리 자신의 불의, 추함, 어리석음, 불순에 대하여 유죄 판결을 받지 않는 이상, 항상 자기를 의롭고, 순수하고, 지혜롭고, 거룩하다고 여기기 때문이다.

진정 우리는 우리 자신을 돌아볼 뿐만 아니라 이러한 심판에서 요구되는 유일한 규범인 여호와를 함께 바라볼 때, 비로소 우리 자신에 대해서 유죄 판결을 내리게 된다. 왜냐하면 우리 모두는 본성상 위선에 빠지는 성향이 있으므로 의 자체보다 의에 대한 어떤 공허한 모상(模像)에서 넘치는 만족을 느끼기 때문

---

[6] "nec ante ad illum serio aspirare possumus, quam coeperimus nobis ipsis displicere." 여기서 '우리를 아는 지식'으로부터 '하나님을 아는 지식'에 이르는 과정에서의 이 두 지식의 상관성이 뚜렷이 천명된다.

[7] "quasi manu ducitur." '하나님의 손'(manus Dei)은 하나님의 섭리를 표현한다.

[8] "Rursum, hominem in puram sui notitiam nunquam pervenire constat, nisi prius Dei faciem sit contemplatus, atque ex illius intuitu ad se ipsum inspiciendum descendat." 여기서 '하나님을 아는 지식'으로부터 '우리를 아는 지식'에 이르는 과정에서의 이 두 지식의 상관성이 뚜렷이 천명된다.

이다.9) 우리 안과 우리 주변에 나타나는 모든 것은 아주 음란하게 더럽혀져 있다.

그러므로 우리의 마음은, 오염된 인간의 한계 내에 붙들려 있는 한, 조금 덜 더러운 것을 가장 순수한 것이라고 여기고 흡족해 할 것이다. 이는 마치 검은 색만 보던 눈이 희뿌연 것도 가장 희거나 심지어 검정이 조금도 뿌려지지 않은 것으로 판단하는 것과 같다. 더구나 우리는 우리가 영혼의 능력들을 판단하는 데 있어서 얼마나 환상에 사로잡혀 있는지를 육체의 지각에 비추어서 더욱 명백하게 판별할 수 있다. 즉 우리가 만약 한낮에 대지를 내려다보거나 우리 눈앞에 펼쳐진 것들을 바라본다면 우리는 자기가 가장 강력하고 가장 명확한 시력을 타고났다고 여기게 될 것이다. 그러나 우리가 두 눈을 바로 뜨고 태양을 쳐다보며 응시할 때에는 지상에서 그렇게 강하게 작용했던 그 시력이 심히 찬란한 광채로 말미암아 즉시 마비되고 약해질 것이다. 그리하여 땅의 것들을 헤아리던 우리의 그 날카로움이 태양으로 나아가게 될 때에는 단지 무딤이 될 뿐이라고 인정하지 않을 수 없게 될 것이다.10)

이러한 일은 우리가 우리에게 영적으로 선한 것들을 생각할 때도 일어난다. 정녕 우리는 눈을 들어 지상 너머를 바라보지 않는 한, 자기의 의, 지혜, 아름다운 능력에 만족해서 가장 달콤한 말로 자기를 자랑하고 자기를 반신(半神) 못지않게 여기는 데서 벗어날 수 없다. 그러나 일단 우리가 하나님에 대한 생각을 가다듬기 시작하여 그가 어떤 분이신지, 그의 의, 지혜, 능력의 완전함이 얼마나 엄밀한지를 헤아리게 되면 우리는 그 기준에 우리를 맞추어야 한다. 그러면 전에 의(義)로 가장하여 우리를 즐겁게 하던 것이 곧 더러워져서 최고 사악한 것으로 바뀔 것이며, 지혜라는 이름으로 우리에게 놀랍게 주어졌던 것이 악취를 풍기며 극도의 어리석음으로 바뀔 것이다. 그리고 능력이라는 얼굴로 우리 앞에 등장했던 것이 가장 비참한 무능으로 증명될 것이다. 실로 우리 안

---

9) 우리에게는 '타고난 교만'(ingenita……superbia)이 있어서 '유일한 규범'(unica……regula)이신 하나님을 바라보지 않는 '본성상 위선에'(ad hypocrisin natura) 빠지게 된다.

10) 우리의 시력은 땅의 것에 대한 '날카로움'(acumen)과 영적인 것에 대한 '무딤'(hebetudo)을 동시에 지니고 있다.

에서 가장 절대적이라고 여겨지는 것이 하나님의 순수함에는 결코 부합하지 못한다.[11]

3. 하나님의 현존 가운데서 드러나는 우리의 비참함

성경 곳곳에서 말하듯이, 성도들이 하나님의 현존을 지각할 때마다 충격을 받고 곤경에 빠지게 되는 공포와 어리석음이 여기서부터 비롯된다. 어떤 사람들은 하나님이 나타나지 않으실 때에는 동요하지 않고 확고하게 서 있다가도 그가 자기 영광을 드러내실 때에는 아주 초조하고 두려워서 죽음의 공포에 혼비백산하며, 나아가 그것에 삼켜져, 결국 거의 소멸한 듯 되어 버림을 우리는 보게 된다. 이러한 사실로 미루어 필히 도달하게 되는 결론은, 사람이 자기 자신과 하나님의 위엄을 비교해 보기 전에는 자기의 비천함을 아는 지식으로 결코 감동과 영향을 받지 않는다는 것이다.[12] 이러한 두려움을 느낀 예들이 사사기와 여러 선지서에 얼마나 가득한지(삿 6:22-23; 13:22; 사 6:5; 겔 1:28; 3:14) 하나님의 백성 중에서 다음과 같은 외침을 어렵사리 들을 수 있다. "우리는 죽을 것입니다. 왜냐하면 여호와가 우리에게 나타나셨기 때문입니다." 우리가 보듯이 욥의 이야기는 항상, 하나님의 지혜와 능력과 순수함에 대한 서술에서 가장 강력한 논증을 이끌어 냄으로써 사람들이 자기의 어리석음과 무능과 오염을 깨달아 엎드리지게끔 한다(욥 38장). 아브라함은 "티끌이나 재"(창 18:27)에 불과한 자신을 더 잘 깨달아서 여호와의 영광을 바라보기 위해 더욱 가까이 나아갔다. 엘리야는 하나님이 다가오시는 것을 참고 기다렸는데 자기 얼굴을 드러내고는 그렇게 할 수 없었다(왕상 19:13).

이러한 사실들을 바라보는 것이 괜한 일은 아니다. 이로써 그들이 느낀 공포

---

11) '의'(iustitia)와 '가장 사악한 것'(summa iniquitas), '지혜'(sapientia)와 '극도의 어리석음'(extrema stultitia), '능력'(virtus)과 '가장 비참한 무능'(miserrima impotentia)이 대조된다.

12) "hominem humilitatis suae agnitione nunquam satis tangi et affici, nisi postquam se ad Dei maiestatem comparavit." 여기서 '하나님을 아는 지식'과 '우리를 아는 지식'의 동시적 상관성이 천명된다.

의 면면(面面)이 얼마나 대단했는지를 알 수 있기 때문이다. 또한 스랍들도 그러한 두려움 때문에 자기들의 얼굴을 가려야 하는데(사 6:2), 부패요(욥 13:28) 벌레인(욥 7:5; 시 22:6) 사람이 무엇을 하겠는가?

이사야 선지자는 다음을 분명하게 전한다. "만군의 여호와께서 다스리시면 해가 부끄러워하고 달이 수치를 당하리니"(적용. 사 24:23). 즉 하나님이 자기의 광채를 드러내어 더욱 가까이 비추실 때는 가장 밝은 것조차도 그 앞에서는 어둠에 쌓여 흐릿하게 될 것이다(사 2:10, 19).

이러함에도 불구하고 하나님을 아는 지식과 우리 자신을 아는 지식이 여하튼 서로 띠로 묶여 있으므로, 전자를 먼저 논한 후에 후자로 넘어가서 다루는 것이 올바로 가르치는 순서라고 하겠다.

DE COGNITIONE DEI CREATORIS

제 2장

하나님을 아는 것의 실체와 그를 아는 지식이 지향하는 목적

Quid sit Deum cognoscere,
et in quem finem tendat eius cognitio

1. 창조주 하나님과 구속주 하나님을 아는 지식
2. 하나님을 아는 참된 지식에 기초한 참된 경건

1. 하나님을 아는 지식은
송영과 예배와 거룩한 삶이 따르는 경건한 지식

참으로 이제 내가 이해하기로, 하나님을 아는 지식은, 그것을 통해 우리가 하나님이 계시다는 생각을 품게 될 뿐만 아니라 그를 아는 것이 우리에게 중요하다는 사실, 그것이 그의 영광에 유용하다는 사실, 결국 그것이 우리에게 유익하다는 사실을 깨닫게 되는 것을 가리킨다.[13] 물론 적절하게 표현하면, 아무 종교도 없고 경건도 없는 곳에는 하나님이 인식되지 않는다고 우리는 말할 것이다.[14] 그렇지만 여기서 나는 스스로 타락하여 저주에 빠진 사람들이 중보자 그리스도 안에서 하나님을 구속주로 이해하는 종류의 지식을 아직 언급하지는 않는다. 다만 만약 아담이 순전하게 머물렀더라면[15] 자연의 본래 질서로 우리

---

13) "Iam vero Dei notitiam intelligo, qua non modo concipimus aliquem esse Deum, sed etiam tenemus quod de eo scire nostra refert, quod utile est in eius gloriam, quod denique expedit." 여기서 하나님의 존재를 아는 지식이 하나님을 영화롭게 할 뿐만 아니라 우리 자신에게 유익하다는 것이, 즉 하나님께 영광이 되지 않는 일로서 우리에게 유익한 일이 없다는 것이 천명된다.

14) 칼빈은 자주 '종교'나 '독실함'으로 번역되는 'religio'를 'pietas'(경건)와 함께 사용하거나 호환해서 사용한다. 여기서 'religio'는 'religio Christiana'(기독교)를 뜻한다. Cf. Peter Opitz, "Calvins Gebrauch des Begriffs 'religio'," in *Calvinus Evangelii Propugnator: Calvin, Champion of the Gospel*, ed. David F. Wright, Anthony N. S. Lane, and Jon Balserak (Grand Rapids: CRC Product Services, 2006), 161–174.

15) "si integer stetisset Adam." 이는 아담이 타락하지 않고 처음 지음을 받았을 때의 '순전함'(integritas)을 지녔을 경우를 가정한다.

가 이르게 되었을 최초의 간단한 지식에 대해서만 말한다. 확실히 지금처럼 인류가 파멸된 가운데 그리스도가 하나님을 우리와 화목하도록 하기 위하여 마침내 중보자로 나타날 때까지는, 아무도 하나님을 아버지로나, 구원의 조성자로나, 어떠한 방식으로 호의를 베푸시는 분으로 지각할 수 없을 것이다. 그럼에도 불구하고 우리를 지으신 분인 하나님이 자기의 능력으로 우리를 지탱하시고, 섭리로 다스리시고, 선하심으로 양육하시고, 모든 종류의 은총들로 돌보신다는 것을 지각하는 것과, 그리스도 안에서 우리에게 수여된 화목의 은총을 고귀하게 받아들이는 것은 서로 다른 일이다.

여호와는 먼저 성경의 일반적인 가르침이나 세상의 창조에 있어서 단순히 창조주로 나타나시고,[16] 다음으로 그리스도의 얼굴 가운데 구속주로 나타나신다(참조. 고후 4:6). 이로부터 하나님에 대한 두 가지 지식이[17] 등장한다. 그중 처음 것이 먼저 다루어질 것이다. 그리고 나중 것이 자기 차례에 이어질 것이다.

그러나 어떤 경우에도 우리의 마음은 하나님께 예배를 올려 드리지 않고서는 그를 이해할 수 없다. 그렇다고 해서 그가 모든 사람에 의해서 예배와 경배를 받으셔야 한다는 사실을 단순히 아는 것만으로는 충분하지 않을 것이다. 왜냐하면 우리는 먼저 하나님이 모든 선한 것의 원천이시므로 우리는 하나님 외에 다른 곳에서는 아무것도 찾아서는 안 된다는 사실에 대한 감화를 받아야 하기 때문이다. 이렇듯 나는 다음 사실을 받아들인다. 하나님은 그 무한한 능력으로 단번에 지으신 이 세계를 보존하시고, 지혜로 통치하시고, 선으로 지키시고, 특히 인류를 의와 심판으로 다스리시고, 긍휼 가운데 참으시고, 도우심 가운데 보호하신다. 이뿐 아니라 지혜나 빛, 의, 권능, 올바름, 순수한 진리 같은 것들의 한 방울도 그로부터 흘러나오지 않거나 그가 원인이 되지 않는 것은 없다. 그리하여 우리는 이 모든 것을 그로부터 기대하고 구하는 것과, 이미 받

---

[16] 여기서 '조성자'(autor), '지으신 분'(fictor), '창조주'(creator)라는 말이 번갈아 사용된다.

[17] "duplex……eius[Dei] cognitio." 하나님을 아는 두 가지 지식은 '창조주 하나님을 아는 지식'(cognitio Dei creatoris)과 '구속주 하나님을 아는 지식'(cognitio Dei redemptoris)으로 이루어진다. Cf. Edward A. Dowey, "The Structure of Calvin's Thought as Influenced by the Twofold Knowledge of God," in *Calvinus Ecclesiae Genevensis Custos*, ed. Wilhelm H. Neuser (Frankfurt am Main: Peter Lang, 1984), 135-148.

은 모든 것을 감사하며, 그가 주신 줄로 인정하는 것을 배운다.[18] 왜냐하면 하나님의 능력에 대한 이러한 지각이 우리에게 경건을 가르쳐 주는 데 안성맞춤인 선생이며, 이 경건으로부터 종교가 태어나기 때문이다.[19]

내가 경건이라고 부르는 것은 하나님을 향한 사랑과 결합된 경외심인데, 하나님의 은총을 아는 지식이 그것을 불러일으킨다.[20] 사람들은 자기들이 모든 것을 하나님께 빚지고 있다는 것, 자기들이 그의 부성적(父性的) 돌보심에 의해서 양육된다는 것, 그가 그들 자신에게 모든 은총을 베푸는 조성자시라는 것을 지각해야만 어느 것 하나도 하나님 밖에서 찾지 않게 된다. 이렇듯 전적으로 하나님을 찾기 전에는 아무도 자발적으로 복종하여 자기를 그에게 맡기지 않을 것이다. 더구나 그 안에서 자기의 순수한 행복을 만들어 가려 하지 않는다면 그들은 결코 자기 전부를 진실하게, 마음을 다하여 그에게 바치지 않을 것이다.

2. 경건한 마음으로
   하나님을 올바로 알고 따르며 섬기는 것의 유익함

그러므로 신이 무엇인가에 대한 질문을 던지는 데 집착하는 사람들은 오직 무미건조한 사색들로 유희를 삼고 있는 것이다. 반면에 우리에게는 하나님이 어떤 분이신지, 그리고 무엇이 그의 본성에 부합한지를 아는 것이 더욱 중요하다.[21] 에피쿠로스와 같이 세상을 돌보는 일을 버려두고 단지 한가롭게 즐기는

---

18) 칼빈은 창조와 구속의 은총을 논할 때, 하나님은 거저 주시고, 보호하시고, 다스리시되, 친히 지으셔서 그렇게 하신다는 사실을 강조한다. 하나님은 만물의 '창조주'(creator)로서 '수여자'(largitor), '보존자'(conservator), '통치자'(gubernator)가 되신다는 것이다.
19) "pietatis magister, ex qua religio nascitur." 경건에 대한 가르침으로부터 종교가 기원한다는 뜻이다.
20) "Pietatem voco coniunctam cum amore Dei reverentiam quam beneficiorum eius notitia conciliat." 경건을 이루는 하나님에 대한 사랑과 경외는 하나님의 은총을 아는 지식으로부터 비롯된다는 뜻이다.
21) 하나님을 믿지 않는 자들은 '하나님이 무엇인가'(quid sit Deus)라고 질문하지만 정작 '하나님이 누구신지'(qualis sit)와 '무엇이 하나님의 본성에 부합하는지'(quid eius naturae conveniat)에 대한 질문에는 관심이 없다. Cf. Institutio, 1.10.2; 3.2.6.

어떤 신을 인정한다면 무슨 유익이 있겠는가?[22] 한마디로, 우리를 위하여 어떤 일도 하지 않는 하나님을 아는 것이 무슨 도움이 되겠는가?

더욱이 하나님을 아는 지식은 다음과 같은 유익함이 있어야 한다.

첫째, 그것은 우리를 가르쳐 두려움과 경외심을 갖도록 해야 한다.

둘째, 그것을 지도자와 선생으로 삼아서, 하나님으로부터 모든 선한 것이 주어지기를 간구하고 그렇게 받은 것은 그가 주신 줄 여겨야 한다는 사실을 배워야 한다. 하나님의 피조물인 당신이 그의 변함없는 명령에 따라서 창조의 법칙 그 자체에 맡겨져 매여 있다는 사실, 당신의 생명이 그에게 빚진 것이라는 사실, 당신이 무엇을 하든지 그에게 되돌려 드려야 한다는 사실을 당신이 즉시 깨닫지 못한다면 어떻게 하나님을 아는 지식이 당신의 마음을 복종시킬 수 있겠는가? 이것이 사실이라면 분명 뒤따르는 결론은, 당신의 생명은 하나님께 복종하도록 준비됨 없이는 분명 추하게 파괴되고 말리라는 것이다. 그의 뜻이 우리에게 삶의 법이 되어야 하는 한[23] 그러할 것이다. 다시 말하건대, 하나님이 모든 선한 것의 샘과 기원이(참조. 렘 17:13)[24] 되신다는 사실을 알지 못한다면 당신은 그를 명확히 바라볼 수 없을 것이다. 만약 사람의 사악함이 마음을 유혹하여 올바른 통찰을 가로막지 않는다면 하나님께 붙어 있으려는 열망과 그에 대한 확신이 이러한 지식으로부터 생겨날 것이다.

왜냐하면 우선 경건한 마음은 자기 마음대로 하나님을 몽상하지 않고 오직 한 분 참 하나님만을 바라보기 때문이다.[25] 그리고 자기에게 좋아 보이는 것이

---

[22] 칼빈은 키케로(Cicero, 106–43 B.C.)의 『신의 본성론』(*De natura deorum*)을 통해 에피쿠로스(Epicouros, 341–270 B.C.)가 무신론에 대해서 알게 되었다고 여긴다. Cicero, *Nature of the Gods* I. xlii, 117; I. xliii. 120ff. (LCL ed., pp. 112ff.). Quot. Battles tr., n. 7.

[23] "quando nobis vivendi lex esse debet eius voluntas." 칼빈은 율법이 본질상 '삶의 법'(vivendi lex)으로서 하나님의 어떠하심과 우리를 향한 하나님의 뜻을 함께 계시함을 자주 언급한다.

[24] "bonorum omnium fontem······et originem." Cf. *Institutio*, 4.17.8.

[25] 칼빈의 '경건'(pietas) 개념에 대해서는 다음을 보라. 문병호, "칼빈의 경건 신학," 『성경과 신학』 44 (2007), 7–49; Lucien Joseph Richard, *The Spirituality of John Calvin* (Atlanta: John Knox, 1974); Ford Lewis Battles, "True Piety According to Calvin," in *Interpreting John Calvin*, ed. Robert Benedetto (Grand Rapids: Baker, 1996), 289–306; Otto Gründler, "John Calvin: Ingrafting in Christ," in *The Spirituality of Western Christendom*, ed. Rozanne Elder (Kalamazoo, MI: Cistercian, 1976), 172–187; Richard C. Gamble, "Calvin and Sixteenth-Century Spirituality: Comparison with the Anabaptists," in *Calvin Studies Society Papers 1995, 1997: Calvin and Spirituality, Calvin and*

면 무엇이든지 가리지 않고 하나님께 덧붙이려 하지 아니하고, 그가 친히 자신을 드러내시는 대로 받아들이는 것에 만족한다.[26] 그리고 무모한 만용을 부려서 그의 뜻을 넘어서서 잘못된 길로 나아가 방황하지 않도록 모든 심혈을 기울여 항상 주의한다. 이렇게 우리는 하나님을 알게 된다. 경건한 마음은 모든 것이 하나님의 다스림을 받는다는 것을 알기 때문에, 그가 우리 자신을 위한 교사요 보호자가 되신다는 것을 믿으며, 그리하여 우리 자신의 전부를 그를 믿는 믿음에 드린다. 경건한 마음은 하나님이 모든 선한 것의 조성자라는 것을 알고 있기 때문에, 만약 무엇이 짓누르거나 무엇이 부족하면, 곧바로 그로부터 능력을 기대하며 그의 도움을 받는 자리로 피한다. 경건한 마음은 하나님은 선하시고 자비로우신 분이라는 것에 감동이 되었기 때문에, 확실한 신뢰를 가지고 그를 의지하며 그의 관용 속에 모든 악한 것을 치료하는 약이 항상 준비되어 있다는 것을 의심하지 않는다. 경건한 마음은 하나님을 여호와와 아버지로 인식하고 또한 그를 고귀하게 세우기 때문에, 모든 것 위에 주어진 그의 명령을 헤아리고, 그의 엄위를 바라보고, 그에게 영광을 더하도록 마음을 쓰고, 그의 명령들을 순종한다. 경건한 마음은 하나님을 죄를 심판하기 위해서 자기의 엄정함으로 옷 입은 의로운 심판자로 보기 때문에, 항상 그의 심판좌를 자기의 눈앞에 두고, 그에 대한 두려움으로 스스로를 억제하고, 그의 진노를 일으키지 않도록 절제한다. 경건한 마음은 하나님의 심판을 지각하고 이렇듯 두려워하지만, 그렇다고 그것을 피하기를 원치 않는다. 심지어 어떤 도피처가 열려 있다고 해도 그러하다. 오히려 경건한 마음은 하나님이 경건한 사람들에게 은혜로우신 분인 만큼 악을 갚으시는 분으로 받아들인다. 왜냐하면 경건한 마음

His Contemporaries, ed. David Foxgrover (Grand Rapids: CRC Product Services, 1998), 33-42; Sou-Young Lee, "Calvin's Understanding of *Pietas*," in *Calvinus Sincerioris Religionis Vindex, Calvin as Protector of the Purer Religion*, ed. Wilhelm H. Neuser and Brian G. Armstrong (Kirksville, MO: Sixteenth Century Journal, 1997), 225-239; Joel R. Beeke, "Calvin on Piety," in *The Cambridge Companion to John Calvin*, ed. Donald K. McKim (Cambridge: Cambridge University Press, 2004), 125-152; Brian A. Gerrish, "Calvin's Eucharistic Piety," in *Calvin Studies Society Papers 1995, 1997*, 57-65; Joseph Dedieu, "Calvin et calvinisme" in *Dictionnaire de spiritualité: Ascétique et mystique doctrine et historie*, vol. 2 (Paris: Beauchesne, 1953), 23-34.

26) 하나님이 '친히 자신을 드러내시는 대로'(qualem se manifestat ipse) 받아들이는 것, 즉 계시를 수납(受納)하는 것이 하나님을 아는 지식을 얻는 유일한 길이 된다.

은 하나님이 자기의 영광을 위하여 의로운 사람들에게 베푸는 영생의 보상 못지않게 불경건하고 악한 사람들에게 과하는 형벌이 하나님에게 속한다는 것을 알기 때문이다. 나아가 경건한 마음은 보복에 대한 두려움 때문에 자기를 억제하여 죄를 짓지 않도록 할 뿐만 아니라 하나님을 아버지의 자리에 모시고 사랑하고 경배하며, 주님의 자리에 모시고 순종하고 예배하도록 한다. 심지어 지옥이 없다고 하더라도 하나님께 불순종하는 것 자체를 두려워한다.[27] 보라, 순수하고 참된 종교, 즉 하나님에 대한 진지한 경외와 결합된 믿음이 여기에 있다. 이 경외는 그 자체 안에 자발적인 경배를 포함하고 있다. 그리고 그 자체에 율법의 규정을 따르는 합법적인 예배가 수반된다.[28] 그런데 모든 사람이 의식(儀式)의 외양은 거창하지만 심중의 진지함은 거의 결여된 채로 하나님을 모호하게 경배하고 있으며, 극히 소수의 사람만이 올바로 경배하고 있다는 사실을 우리는 더욱 주의 깊게 마음에 새겨야 한다.

---

[27] 칼빈은 여기서 '때문에'(quia)라는 단어를 여섯 번 반복하는 가운데 '경건한 마음'(pia mens)이 어떠해야 하는지를 수사학적으로 강조하고 있다.

[28] "En quid sit pura germanaque religio, nempe fides cum serio Dei timore coniuncta; ut timor et voluntariam reverentiam in se contineat, et secum trahat legitimum cultum qualis in lege praescribitur." 지금까지의 논의를 통하여 우리는 칼빈의 경건 개념을 다음과 같이 정리할 수 있다. 첫째, 참된 종교(religio vera)는 참된 경건(pietas vera)에서 비롯되며, 하나님과 우리에 대한 참된 지식(notitia vera)에 기초한다. 둘째, 경건의 믿음(fides pietatis) 혹은 믿음의 경건(pietas fidei)은 하나님에 대한 경외(reverentia) 및 두려움(timor)과 결합된 하나님에 대한 사랑(amor)을 열매로 맺는다. 셋째, 신자는 경건한 마음으로 하나님의 말씀을 내려받고, 그 받은 말씀대로 순종하는, 자기의 몸을 제물로 드리는 삶의 예배(cultus)를 올린다. 우리가 이후에 본서 제3권 2장 등에서 보듯이, 이러한 경건은 그리스도의 의의 전가(轉嫁)로 그리스도와 연합된 신자에게만 주어지는 전적인 은혜의 선물이다.

DE COGNITIONE DEI CREATORIS

제3장

사람들의 마음속에 하나님을 아는 지식이 자연적으로 심겨 있음

Dei notitiam hominum mentibus naturaliter esse inditam

1-2. 모든 사람에게 부여된 하나님을 알 만한 것
3. 하나님의 존재를 각성시키는 양심의 증언

1. 우리 안에 자연적으로 부여된 신성에 대한 의식

우리가 논쟁의 여지가 없다고 전제하는 것은, 사람의 마음 안에, 그리고 실로 자연적 본능처럼, 신성(神性)에 대한 의식(意識)이 내재해 있다는 사실이다.[29] 하나님은 무지를 핑계 삼아 도망치는 자가 없도록[30] 자기의 신적 능력에 관한 어떤 지성을 모두에게 친히 넣어 주셨다. 그리고 그것에 대한 기억을 끊임없이 새롭게 하시면서 계속해서 새로운 방울들을 떨어뜨려 주신다. 그리하여 모든 사람은 하나님이 한 분으로 계시고 그가 우주의 창조주시라는 것을 알게 된다. 그러므로 그들이 그를 경배하지도 않고 그의 뜻에 따라서 삶을 거룩하게도 하지 않으면, 그들은 바로 자기들의 증언으로 유죄 판결을 받을 것이다.

분명 하나님에 대한 무지를 찾고자 한다면 좀 더 우둔하고, 좀 더 인류의 문화로부터 동떨어진 사람들 가운데서 가장 그럴듯한 예를 발견할 수 있을 것이다. 그런데 심지어 저 이방인이 말하듯이, 하나님이 계시다는 마음의 감화가

---

[29] 이하에서 하나님이 '신성에 대한 의식'(sensus divinitatis)과 '종교의 씨앗'(semen religionis)과 '양심'(conscientia)을 부여하셔서 모든 사람이 일반계시를 통하여 하나님을 알 만한 지식을 갖게 하셨음을 반복해서 언급한다. 이에 관해서, Leonard de Moor, "John Calvin's View of Revelation," *Evangelical Quarterly* 3 (1931), 175–313, 323–324; Paul Helm, *Faith and Understanding* (Grand Rapids: Eerdmans, 1997), 177–204.

[30] "ne quis ad ignorantiae praetextum confugeret."

자리할 곳이 없을 만큼 그렇게 미개한 나라나 그렇게 야수적인 민족은 어디에도 없다.[31] 삶의 다른 모든 부분에서 결코 짐승들과 다름이 없어 보이는 사람들일지라도 어떤 종교의 씨앗을 계속해서 보유하고 있다.

이러한 일반적인 전제가 모든 사람의 마음을 너무나 철저하게 사로잡고 있으며, 모든 사람의 폐부에 심히 끈끈하게 붙어 있다. 그러므로 처음부터 세상의 어떤 지역, 어떤 도시, 심지어 어떤 집에도 종교가 없는 곳이 없었다는 사실에서 비롯되는 어떤 암묵적인 고백은 모든 사람의 마음에 신성에 대한 의식이 새겨져 있다는 것이다.

참으로 우상 숭배도 이 개념을 뒷받침하는 충분한 증거이다. 사람은 자기보다 먼저 다른 피조물들을 우러러볼 정도로 자기를 거꾸러뜨리는 것을 얼마나 달가워하지 않는지를 우리는 알고 있다. 그럼에도 불구하고 사람이 자기가 아무 신도 가지고 있지 않다고 여겨지느니 차라리 나무와 돌을 섬기는 것을 더 좋아함을 볼 때, 신성에 대한 가장 강력한 인상이[32] 존재한다는 사실은 확실하다. 이러한 인상을 사람의 마음에서 지우는 것은 불가능하므로 오히려 본성의 정서를[33] 깨어 버리는 것이 더 수월할 것이다. 본성의 정서가 확실히 깨뜨려지는 것은 바로 사람이 하나님을 경배하기 위하여 본성적인 거만함에서 멀리 떨어져서 가장 낮은 데로 향할 때이다.

2. 하나님을 거부하는 자나 우상 숭배자도 하나님을 아는 지식이 없지 않음

따라서 어떤 사람들이 하는 다음과 같은 말은 가장 공허하다. "소수 사람들이 간사함과 교활함으로 종교를 생각해 낸 것은 이 고안품으로 단순한 사람들

---

31) Cicero, *Nature of the Gods* I. xvi. 43 (A. S. Pease, *M. Tulii Ciceronis De natura deorum*, pp. 294f.; LCL ed., pp. 44f.). Quot. Battles tr., n. 4.
32) "vehementissimam de numine impressionem." 이는 '신성에 대한 의식'을 가리킨다.
33) "naturae affectum." '신성에 대한 가장 강력한 인상'과 이를 거부하는 '본성의 정서'가 뚜렷이 대조된다.

에게 부역(負役)을 과하여 억압하기 위해서였다. 정작 그들은 다른 사람들에게 하나님에 대한 예배를 만들어 준 저자들임에도 불구하고 어떤 하나님이 존재한다는 것을 전혀 믿지 않았다."[34] 실로 내가 인정하기로, 영악한 사람들은 종교라는 이름으로 아주 많은 것들을 발명하여 그것들을 가지고 서민들에게 경외심을 주입하고 공포심을 조장해서 결국 그들의 영혼을 더욱 고분고분하게 만들어 왔다.

그러나 먼저 사람들의 마음에 하나님에 대한 굳건한 신념이 스며들지 않았다면 이러한 일은 결코 일어나지 않았을 것이다. 왜냐하면 이러한 감화로부터 종교에 대한 성향이, 마치 씨앗에서 싹트듯 나오기 때문이다.[35] 그러므로 종교라는 이름으로 자기들보다 더 어리석은 사람들을 간사하게 억누르는 사람들 자신에게 정작 하나님을 아는 지식이 완전히 결여되어 있다는 주장은 믿을 수 없다. 왜냐하면 비록 하나님이 존재한다는 사실을 부정하는 사람들이 일부 있었고 오늘날에도 적지 않은 사람들이 나타나지만, 원하든 원하지 않든, 그들은 자기들이 믿고 싶어 하지 않는 것이라도 어렴풋이나마 알고 있기 때문이다.

우리가 읽기로는 가이우스 칼리굴라(Gaius Caligula)보다 더 담대하고 방자하게 신성에 대한 경멸을 쏟아냈던 사람은 아무도 없다. 그럼에도 불구하고 어떤 하나님의 진노의 표가 나타났을 때 그 누구도 그보다 더 비참하게 떨지는 않았다. 그렇게 공공연히 저주하기에 힘썼던 하나님을 그는 어쩔 수 없이 두려워했던 것이다. 당신은 이런 일이 여기저기서 일어나는 것을 칼리굴라와 유사한 사람들을 통해서 보게 될 것이다. 과연 하나님을 가장 대담하게 경멸하는 사람일지라도 누구든지 심지어 나뭇잎이 떨어지며 바스락거리는 소리에도 극도로 심히 혼비백산한다(참조. 레 26:36).[36] 도망치려고 하면 할수록 더욱 강력하게 사람들의 양심을 때리는 신적인 엄위의 보복이 아니라면[37] 어디로부터 이런 일이 일어나겠는가? 참으로 그들은 여호와의 현존으로부터 그들 자신을 숨길 모든

---

[34] 칼빈은 이를 키케로의 『신의 본성론』(*De natura deorum*)에서 인용하였을 것이다. Quot. Battles tr., n. 5.
[35] "velut semine emergit ad religionem propensio." 이는 '종교의 씨앗'을 가리킨다.
[36] Cf. *Comm.*, Gen. 50:15 (CO 23,616); *Serm.*, 2Sam. 5:17 (SC 1,124); 11:13 (SC 1,288).
[37] "nisi ex divinae maiestatis ultione." '하나님의 엄위'는 하나님의 주권과 절대적 의를 함의한다.

도피처를 찾는다. 그렇게 되지 않으면 자기들의 마음에서 그 현존을 지우려고 한다. 그러나 원하든지 원하지 않든지, 그들은 항상 그 그물에 걸린 채로 있을 뿐이다. 어쨌든지 그 현존은 잠시 사라지듯 보이지만 즉시 다시 생겨나서 새로운 추동력으로 들이닥친다. 비록 그들이 양심의 불안으로부터 해방되는 일이 일어난다 하더라도 그것은 술 취한 사람들이나 정신 나간 사람들의 잠과 크게 다르지 않다. 사실 그들은 잠을 잘 때에도 평안히 쉬지 못한다. 왜냐하면 그들은 두렵고 무서운 꿈에 끊임없이 시달리기 때문이다. 그러므로 모든 사람의 영혼에 하나님에 대한 어떤 개념이 항상 생생하게 작용한다는 또 다른 한 예는 불경건한 사람들 자신이다.

3. 하나님을 아는 지식을 부인하거나 거부하는 것은 창조의 질서에 어긋남

실로 올바른 판단력을 가지고 있는 사람들은 사람의 마음에는 절대 지울 수 없는 신성에 대한 의식이 새겨져 있다는 사실을 항상 명확하게 인식할 것이다. 확실히 모든 사람은 어떤 하나님이 존재한다는 신념을 본성적으로 가지고 태어난다. 그것은 마치 골수에 있듯 깊이 고정되어 있다.[38] 실제로 맹렬히 몸부림쳐도 하나님에 대한 두려움에서 자신을 자유롭게 할 수 없는 불경건한 자들의 완고함은 이에 대한 넘치는 증거가 된다.

비록 디아고라스(Diagoras)와 그 무리들이 모든 시대에 믿어 온 종교에 관한 것은 무엇이든지 농담하듯이 조롱하고, 디오니시오스(Dionysios)가 하늘의 심판을 비웃는다고 할지라도, 그것은 씁쓸한 웃음일 뿐이다.[39] 왜냐하면 그들 속에

---

[38] "Imo et naturaliter ingenitam esse omnibus hanc persuasionem, esse aliquem Deum, et penitus infixam esse quasi in ipsis medullis, locuples testis est impiorum contumacia, qui furiose luctando, se tamen extricare e Dei metu nequeunt."

[39] 키케로는 이들을 무신론자들로 취급한다. Cicero, *Nature of the Gods* I, i, 2; I, xxiii, 63; III, xxxiv, 83 (LCL ed., pp. 4f., 61f, 368f.). 이들에 대한 칼빈의 비판은 다음에도 나타난다. *Comm.*, Ps. 128:1 (CO 32.326); Is. 28:4 (CO 36.464); 36:18 (CO 36.611). Quot. Battles tr., n. 7, 8 and Supplement.

는 어떤 달궈진 철보다도 더욱 날카로운, 양심이라는 벌레가 물어뜯고 있기 때문이다.[40] 오류들은 나이가 들수록 희미해지고 종교는 날이 갈수록 성장하며 발전한다고 키케로(Cicero)가 말했지만,[41] 나는 그렇게 말하지 않는다. 왜냐하면 조금 뒤에 언급되듯이, 세상은 하나님을 아는 모든 지식을 할 수 있는 한 떨어내 버리고, 모든 수단을 동원하여 그에게 드리는 예배를 변질시키려고 노력하기 때문이다. 내가 말하고 싶은 것은 오직 이 점이다. 불경건한 자들은 하나님을 멸시하기 위하여 자기들의 영혼 속에 잠재하는 무모한 강퍅함을 불러낸다. 그러나 그 강퍅함이 사그라지면 아주 사라지기를 바라던 것이 오히려 성(盛)하여 즉시 나타난다. 그것이 신성에 대한 의식이다. 이로부터 우리는, 이것은 학교에서 처음 배우게 되는 교리가 아니라고 결론짓는다. 이것은 오히려 모태에서부터 각자가 자기에게 선생이 되는 교리이며, 많은 사람들이 모든 신경을 집중하여 잊으려고 해도 본성 자체가 아무에게도 그것을 잊게끔 허용하지 않는 교리이다.

나아가 모든 사람이 하나님을 깨닫기 위해 태어나고 살아갈지라도 하나님을 아는 지식이 거기까지 나아가지 않아 약화되어 사라지고 만다면, 자기의 삶에 대한 모든 인식과 행동이 이 목적을 지향하지 않는 사람은 누구나 할 것 없이 자신을 창조한 법에서 멀리 떨어져 나가고 있음이 분명하다. 철학자들 자신에게도 이것이 숨겨져 있지 않다. 플라톤(Platon)은 영혼의 지고선(至高善)은 하나님을 닮는 데 있다고 누차 가르쳤다. 여기서 그가 말하고자 했던 것은 하나님을 아는 지식을 이해할 때 영혼은 전체적으로 변화하여 하나님과 같이 된다는 점이다.[42] 마찬가지로 플루타르코스(Ploutarchos)의 작품들 가운데 나오는 그릴로스(Gryllos)는 이를 가장 지혜롭게 논증한다. 그는 사람들이 자기들의 삶이 종

---

[40] "conscientiae vermis." 칼빈은 양심에 대해서 "벌레" 그리고 "천 명의 증인"(mille testes, *Institutio*, 3.9.6; 3.19.15; 3.25.12)이라는 은유를 사용한다. Cf. David Bosco, "Conscience as Court and Worm: Calvin and the Three Elements of Conscience," *Journal of Religious Ethics* 14/2 (1986), 333–355; Thomas F. Torrance, *The Hermeneutics of Calvin* (Edinburgh: Scottish Academic Press, 1988), 163–164.

[41] Cicero, *Nature of the Gods* II. ii. 5 (LCL ed., pp. 126f.). Quot. Battles tr., n. 10.

[42] Plato, *Theaetetus*, 176 (LCL Plato II. 128f.). Cf. *Phaedo*, 107 C (LCL Plato I. 368–371). Quot. Battles tr., n. 12.

교로부터 멀어지는 즉시 야생 동물보다 나을 것이 없을 뿐만 아니라 많은 부분들이 아주 비참해져서 심히 많은 형태의 악에 중독된 채 요동치고 불안한 삶을 끝까지 이어가게 된다고 주장한다.[43] 그러므로 그들 자신을 동물보다 더 낫게 만드는 한 가지는 하나님에 대한 예배이다. 오직 그것을 통하여서만 영혼은 불멸을 염원하게 된다.

---

43) Plutarchus, *Bruta animalia ratione uti* (ch. 7) (LCL Plutarch, *Moralia* XII. 516ff.). Quot. Battles tr., n. 13.

DE COGNITIONE DEI CREATORIS

제4장

동일한 지식이
일부는 무지로, 일부는 악의로
질식되거나 변질됨

Eandem notitiam partim inscitia,
partim malitia vel suffocari vel corrumpi

1-3. 하나님의 존재와 섭리를 부인하는 미신과 우상 숭배
4. 하나님을 알 만한 것의 섬광들조차 질식시킴

1. 누구에게나 종교의 씨앗이 뿌려져 있으므로 아무도 무지를 변명치 못함

경험이 증언하듯이,44) 모든 사람에게는 하나님이 주신 종교의 씨앗이 뿌려져 있다. 그러나 심장에서 배태된 지식을 배양해 가는 사람은 거의 백에 하나도 되지 않으며, 더욱이 자기 안에서 그것을 숙성시켜서 제때에 열매를 맺게 하는 사람은 아주 없다(참조. 시 1:3). 어떤 사람은 자기의 미신으로 몰락하고, 어떤 사람은 일부러 사악하게 하나님을 버린다. 여하튼 모든 사람은 하나님에 대한 참 지식으로부터 멀리 떨어져 있다. 그러므로 세상 어디에도 올바른 경건은 없다는 말이 진실이다.45)

나는 어떤 사람들이 자기들의 오류로 말미암아 미신에 빠지게 된다고 말했지만, 그들 자신의 단순함이 그들을 죄에서 해방시켜 준다는 뜻으로 한 말은 아니다. 왜냐하면 그들이 시달리고 있는 맹목성에는 교만과 결합된 자랑과 완

---

44) "experientia testatur." '경험'은 성령의 감화에 따른, 진리에 대한 확실한 체험을 말한다. Cf. W. Balke, "The Word of God and *Experientia* According to Calvin," in *Calvinus Ecclesiae Doctor, Die Referate des Congrès International de Recherches Calviniennes 1978*, ed. W. H. Neuser (Kampen, Netherlands: Kok, 1978), 25-54.

45) '참 지식'(vera……notitia)과 '올바른 경건'(recta……pietas)이 대구된다.

고함이 항상 얽혀 있기 때문이다.[46]

참으로 교만과 결합된 자랑은, 언제나 그렇듯이, 불쌍한 사람들이 하나님을 찾으면서 그들 자신을 넘어서지 아니하고 위로 오르려고 하는 데서 포착된다. 그들은 자신의 육체적인 어리석음을 좇는 방식으로 하나님 자신을 측량한다. 그리고 견실한 통찰을 떠나서 호기심을 채우는 헛된 사색을 향해 가로질러 날아간다.[47] 그리하여 하나님이 친히 드러내시는 속성에 따라서 그를 이해하지 아니하고, 자기들의 어리석음으로 조작해 낸 그의 속성을 상상한다. 이러한 심연이 입을 벌리고 있으므로, 어디로 발을 옮기든지 그들은 항상 무모하게 파멸로 내달을 수밖에 없다.

타락한 이후 사람은 하나님께 예배와 순종을 드리기 위하여 아무리 애쓴다 하더라도 그에게 합당한 만큼 올려 드릴 수는 없다. 왜냐하면 그들은 하나님 자신을 위한다고 하지만 그 자신이 아니라 그들 마음속에 있는 가상과 꿈을 예배하기 때문이다.

바울은 "스스로 지혜 있다 하나 어리석게 되어"(롬 1:22)라는 말로 이 사악함을 분명하게 지적한다. 또 바로 앞 절에서는 "그 생각이 허망하여지며"(롬 1:21)라고 전한다. 또한 어떤 사람도 이러한 책망으로부터 자유롭지 못하다는 사실을 알리기 위해 그들의 눈이 어두워진 것이 마땅하다고 덧붙인다. 왜냐하면 그들은 절제에 만족하지 않고 정당한 것 이상을 자기들의 것이라고 변론하면서 자기들 뜻대로 어두움을 끌어들여서 마침내 무모하고 사악한 자만에 빠져 스스로 어리석게 되었기 때문이다. 결과적으로 그들의 어리석음은 변명의 여지가 없다. 왜냐하면 그 어리석음은 헛된 호기심에서 비롯될 뿐만 아니라 마땅한 것 이상을 알기를 원하는 정욕에 거짓 자부심이 결합된 데서 비롯되기 때문이다.

---

[46] 하나님을 아는 지식이 없는 '단순함'(simplicitas)은 '맹목성'(caecitas)일 따름이며, '교만과 결합된 자랑'(superba vanitas)과 '완고함'(contumacia)을 드러낼 뿐이다.

[47] '헛된 사색'(vana speculatio)은 '견실한 통찰'(solida investigatio)을 결여한다.

2. 하나님을 안다고 하면서도
   그의 능력을 외면하고 그의 영광을 헛되게 여김

사실이 이러함에도, 다윗이 말하듯이, 불경건하고 제정신이 아닌 사람들은 하나님이 없다고 자기들의 마음으로 느낀다(시 14:1; 53:1). 그들은 본성의 빛을 질식시켜[48] 그들 자신을 마비시킨다. 우리는 이를 잠시 후에 살펴볼 것이다. 우리는 죄를 짓는 무모한 습관에 빠져 헤어 나오지 못하는 많은 사람들이, 본성의 의식에 따라 그들 속에 저절로 부여되는 하나님에 대한 모든 기억을 광포하게 배척하는 것을[49] 본다. 다윗은 이러한 그들의 광포함이 더욱 가중하다고 말하고, 그들을 하나님이 계시다는 것을 일언지하에 부정하는 사람들이라고 소개한다. 그들은 하나님 자신의 본질을 제거하지는 않는다. 그럼에도 불구하고 하나님으로부터 그의 심판과 섭리를 제거함으로써 그가 하늘에 쉬고 계시도록 가두어 놓는 사람들이다. 분명 세상 통치를 운명에 맡기고 포기하는 것, 곧 사람들의 죄를 눈감아 줌으로써 그들이 벌을 받지 않고 제멋대로 방탕하게 살도록 내버려두는 것은 하나님께 결코 어울리지 않는다. 하늘 심판에 대한 두려움을 멀리하고 거침없이 탐닉에 빠지는 사람은 누구든지 하나님이 계시다는 것을 부인하게 된다.[50] 하나님의 의로운 형벌은 불경건한 사람들의 심장에 기름기를 꺼풀지게 해서 그들이 자기들의 눈을 가린 후에는 보지만 오히려 보지 못하게 하시는 데 있다(마 13:14-15; 참조. 사 6:9-10; 시 17:10). 다윗은 또 다른

---

48) "suffocata naturae luce."

49) "furiose repellere omnem Dei memoriam quae tamen illis sponte a naturae sensu intus suggeritur."

50) Cicero, *Nature of the Gods* I. xx. 54; I. xxx. 85f.; I. xliv. 123 (LCL ed., pp. 52ff., 82f., 118f.). Quot. Battles tr., n. 4. 여기서 칼빈은 에피쿠로스학파 학자들이 "쉬고 계신 하나님"(Deus otiosus)이라는 말을 입에 올리면서 하나님의 섭리를 부인하는 것과 스토아 학자들이 하나님의 섭리를 '운명'(fortuna) 혹은 '행운'(fatum)에 종속시키는 것을 모두 부인하고 있다. 이러한 칼빈의 입장은 다음에도 나타난다. *Serm.*, 1Sam. 2:4-8 (CO 29,294); *Comm.*, Is. 5:19 (CO 36,116); Ps. 9:9 (CO 31,100); 10:5 (CO 31,112); 11:4 (CO 31,123); 33:13 (CO 31,331); 73:11 (CO 31,679); 115:3 (CO 32,184); 139:1 (CO 32,377); *Prael.*, Dan. 2:21 (CO 40,577); 4:17 (CO 40,663); Hab. 1:13 (CO 43,513); Zeph. 1:12 (CO 44,22). Cf. Josef Bohatec, "Calvins Vorsehungslehre," in *Calvinstudien: Festschrift zum 400. Geburtstage Johann Calvins*, ed. Reformierten Gemeinde Elberfeld (Leipzig: Verlag von Rudolf Haupt, 1909), 416-427.

곳에서 자기의 견해에 대한 최고의 해석자로 나타난다. 그는 불경건한 사람들이 그 눈에 하나님에 대한 두려움이 없으며(시 36:1), 스스로 미혹에 빠져 하나님을 바라보지 않으므로 자기의 악행을 방자하게 자화자찬 한다고(시 10:11) 말한다.

그들은 마지못해 하나님을 어떤 분으로 인식하게 되더라도 그의 능력은 제외하고 받아들인다. 그리하여 그의 영광을 공허하게 만든다. 바울이 전하듯이, 하나님은 영원히 동일하신 분으로 계시므로 "자기를 부인하실 수 없다"(딤후 2:13). 그러므로 이러한 사람들은 죽은 헛된 우상을 만듦으로써 하나님을 부인하고 있다고 일컬어진다.

우리는 다음의 사실을 주목해야 한다. 이러한 사람들은 각자에게 고유하게 부여된 지식과[51] 맞붙어 씨름함으로써, 속으로부터 하나님을 몰아낼 뿐만 아니라 하늘에서도 그를 지워내고자 염원한다. 그럼에도 불구하고 하나님이 그들 자신을 돌이켜서 그의 심판대로 이끌어 가시는 동안에는 이러한 어리석음이 결코 힘을 쓰지 못한다. 그러나 어떤 두려움도 이러한 사람들이 하나님을 거역하고 거칠게 나락으로 빠져 가는 것을 제지할 수는 없으므로, 맹목적인 충동이 그들을 낚아채고 있는 동안에는 하나님을 잊어버리는 굼뜬 망각이[52] 그들을 지배하고 있다는 것은 확실하다.

3. 유일하신 하나님을 떠나는 것이 곧 우상 숭배

많은 사람들이 자기들의 미신을 미화하기 위하여 습관적으로 내세우는 저 어리석은 변명은 이처럼 설자리가 없다. 왜냐하면 그들은 종교에 대한 어떤 종류의 열심이라도, 비록 그것이 앞뒤가 맞지 않는다 하더라도, 존재하기만 하면 충분하다고 생각하기 때문이다. 그들은 참 종교는 하나님의 뜻, 즉 영원한

---

51) "proprio sensu." 이는 각자에게 내재하는 '신성에 대한 의식'(sensus divinitatis)을 지칭한다.
52) "brutam Dei oblivionem."

규범에[53] 순응해야 한다는 점과 단연 하나님은 영원히 동일하신 분으로 계시며 각자의 정욕에 따라서 변형되는 환영이나 환상이 아니시라는 점에는 유의하지 않는다. 우리는 미신이 하나님을 기쁘게 한다고 하면서도 어떻게 거짓된 겉꾸림으로 그를 조롱하는지를 쉽게 볼 수 있다. 과연 미신은 하나님이 자기와 무관하다고 확정하신 것만 거의 전부 움켜쥐고, 그가 명령하시거나 그 자신을 기쁘게 하도록 가르치시는 것은 경멸거리로 여기지 않으면 아예 드러내 놓고 배척한다.

그러므로 스스로 만든 의식(儀式)으로 하나님 앞에 서는 사람마다 자기의 광기를 예배하고 경배한다. 왜냐하면 그들은 자기들이 그토록 담대하게 하나님을 농락하는 일을 저지를 때마다 자기들이 가진 쓸데없는 것들로 행하는 이러한 바보짓에 어울리는 어떤 하나님을 먼저 고안해 내기 때문이다.

그러므로 사도는 신성에 관한 저 우유부단하고 황당한 사견, 즉 하나님에 대한 무지가 존재한다고 선포한다.[54] 이러한 맥락에서 한 곳에서는, "너희가 그 때에는 하나님을 알지 못하여 본질상 하나님이 아닌 자들에게 종노릇하였더니"(갈 4:8)라고 전하고, 다른 곳에서는 에베소 사람들이 하나님 "밖에"(엡 2:12) 있었던 때에는 한 분 하나님에 대한 올바른 지식이 없었다고 전한다.

당신이 한 분 하나님을 의식하든 많은 하나님을 의식하든 적어도 이 부분에서는 큰 차이가 없다. 왜냐하면 당신은 항상 참 하나님을 포기하고 그를 떠날 것이며, 그를 버렸을 때, 당신에게는 가증스러운 우상 외에는 아무것도 남지 않기 때문이다. 그러므로 락탄티우스(Lactantius)와 더불어 우리가 확정해야 할 다음 말이 남는다. "진리와 결합되지 않은 어떤 종교도 합법적이지 않다."[55]

---

53) "ad Dei nutum, ceu ad perpetuam regulam." 여기서 '뜻'으로 번역된 'nutus'는 '뜻'과 '의지'를 함의하는 'voluntas'와 '명령'과 '규정'을 함의하는 'mandatum' 및 'ordinatio'와 거의 같은 뜻으로 사용되나, 다만 적극적 명령이거나 작정이 아니라 허용적 성격이 강하다.

54) 이에 비추어 볼 때, '하나님에 대한 무지'(ignorantia Dei)는 하나님을 모르는 것이 아니라 그릇되게 아는 것이다.

55) "nullam esse legitimam religionem nisi cum veritate coniunctam." 이는 칼빈이 다음에 나오는 말을 정리해서 표현한 것이다. Lactantius, *Divine Institutes*, I. ii, v, vi, xx; IV. v (MPL 6. 120f., 129ff., 456ff.; tr. ANF VII. 11, 13ff., 32ff., 104f.). Quot. Battles tr., n. 6.

4. 하나님을 아는 지식의 섬광조차도 죄악과 위선으로 질식시켜 꺼뜨림

여기에 두 번째 죄가 더해진다. 그들은 마지못해서가 아니면 하나님을 결코 고려하지 않을 뿐만 아니라 몸부림치면서 끌려오기 전에는 곧바로 그에게 가까이 나아가지 않는다. 또한 그들에게는 하나님의 엄위를 경배하는 것으로부터 흘러나오는 자발적인 두려움이 스며들지 않고 단지 하나님의 심판이 그들을 뒤틀어 놓은 노예적이고 강압적인 두려움만 있다.[56] 그들은 도망칠 수 없기 때문에 그를 두려워하며, 그렇게 하는 가운데 심지어 혐오한다. "두려움이 세상에서 처음으로 신들을 만들었다."[57]라는 스타티우스(Statius)의 말은 이러한 불경건에, 오직 이 경우에만, 제대로 맞아떨어진다. 하나님의 의와는 동떨어진 마음을 가진 사람들은 그에 대한 범법을 벌하기 위하여 법정이 선다는 사실을 알고 있고, 그 법정이 없어지기를 매우 갈망한다. 이러한 정서 가운데 그들은 필히 심판과 함께 존재하시는 여호와를 거슬러 싸우려고 한다.

그러나 피할 수 없는 그의 능력이 자기들에게 임박하게 작용하고 있다는 것을 알게 될 때 그들은 그것으로부터 피할 도리도 없고 도망칠 도리도 없어서 단지 떨고만 있을 뿐이다. 이런 까닭에, 그들은 존엄함으로 자기들에게 강권하시는 하나님을 경멸하지 않는 것처럼 보이려고 어디에서든지 각양 종교의 외식을 행한다. 그러나 심지어 이를 행하는 동안에도 온갖 종류의 악으로 자기들을 더럽히고 수치에 수치를 잇는 일을 그만두지 않는다. 그리하여 모든 면에서 여호와의 거룩한 법을 어기고 그의 보편적인 의를 흩뜨리는 지경에 이르게 된다.

하나님에 대한 거짓된 두려움이 그들을 자제시킬 수 없다는 사실은 분명하다. 그들은 그들 자신의 죄에 달콤하게 안주하고, 그들 자신을 자랑하며, 그들

---

56) '참 종교'(religio vera)는 '노예적이고 강압적인 두려움'(timor servilis et coactus)이 아니라 '자발적인 두려움' (timor voluntarius)에 따라 하나님을 예배하고 섬긴다. Cf. *Institutio*, 3.2.27.

57) "timorem primum fecisse in orbe deos." 칼빈은 이를 다음에도 언급한다. *Prael*., Jon. 1:5 (CO 43.212). Cf. Statius, *Thebaid* III. 661 (LCL Statius I. 500f.). Quot. Battles tr., n. 7 and Supplement.

자신의 육체적인 무절제에 탐닉하는 것을 성령의 재갈로[58] 묶는 것보다 더 좋아하면서 그런 외양을 보이기 때문이다.

이러한 외양은 어리석고 거짓된 종교의 그림자에 불과하다. 사실 그림자라고 불릴 만한 가치도 거의 없다. 이로부터 우리는 또한 하나님에 대한 이 혼란스러운 지식이 오직 믿는 사람들에게만 스며드는 경건과 얼마나 다른지를 쉽게 생각해 낼 수 있다. 종교는 경건으로부터만 태어나기 때문이다.[59]

그럼에도 불구하고 위선자들은 삐뚤어진 방식으로 이러한 것을 추구하기를 원해서, 그들이 멀리 피하고자 하는 하나님과 가까이 있는 듯한 모습만 보일 뿐이다. 우리의 전 생애는 지속적인 순종의 행진이 되어야 한다. 그럼에도 불구하고 이들은 거의 모든 일에 있어서 거침없는 반항을 하면서 단지 하찮은 희생제물로 그를 즐겁게 하려고 열심을 내고 있다. 우리는 삶의 거룩함과 마음의 순수함으로 하나님을 섬겨야 한다.

그럼에도 불구하고 그들은 그와 화해하기 위하여 쓸데없는 허드레 것들과 무가치한 의식들을 조작해 내고 있다. 무엇보다 그들은 방종에 빠져 자기들의 찌끼에 스스로 마비되어 있다. 그들은 자기들이 하나님과 함께 속죄놀이를[60] 할 수 있다는 과신에 빠져 있다. 또 그들은 하나님 안에만 신뢰를 묶어 두어야 하는 순간에도 그를 제쳐 놓고 그들 자신이나 다른 피조물에게 무릎을 꿇고 있다. 마지막으로 그들은 아주 큰 오류 덩어리를 안고 있다. 이 덩어리가 하나님의 영광을 분별하도록 반짝였던 저 섬광들을 질식시키고 마침내는 악의 구름이 되어서 그것들을 사라지게 한다.[61] 그럼에도 불구하고 결코 뿌리까지 뽑아 낼 수 없는 씨, 즉 어떤 신성이 남아 있다. 그러나 그 씨 자체는 썩었기 때문에 그것 자체로부터는 단지 가장 악한 열매만 나올 뿐이다.

---

58) "spiritus sancti fraeno."
59) "pietas, ex qua demum religio nascitur." Cf. *Institutio*, 1.2.1.
60) "expiationum ludicris."
61) "scintillas illas, quae micabant ad cernendam Dei gloriam, suffocet, ac demum exstinguat malitiae caligo." 타락한 인류에게는 하나님이 주신 처음의 고유한 형상은 상실되었지만 하나님을 알 만한 것의 '섬광들'(scintillae)은 여전히 속에 남아 있다. 다만 특별한 은혜가 없이 그것들만으로는 그 누구도 하나님을 아는 데 이를 수 없다. Cf. *Institutio*, 1.15.3; 2.2.12; *Comm*., Jn. 1:2-4 (CO 47.4-5).

이로부터 지금 내가 주장하는 다음 사실을 더욱 뚜렷하게 생각해 낼 수 있다. "본성적으로 사람의 마음에는 신격에 대한 의식이[62] 새겨져 있다. 유기(遺棄)된 사람들도 필연적으로 이 사실을 고백하도록 강요받는다." 평안한 처지에서, 그들은 재치 있게 하나님을 비웃기도 하고 신랄하고 수다스럽게 그의 능력을 업신여기기도 한다. 그러나 그들을 짓누르는 절망이 생기면, 그것은 그들이 그 동일한 하나님을 찾도록 자극하고 간명한 기도를 드리라고 명령한다. 이러한 사실을 통해 그들이 하나님에 대해서 절대적으로 무지하지는 않다는 점과, 더욱 속히 드러나야 했을 것이 완고함으로 말미암아 억눌려 있었다는 점이 분명해진다.[63]

---

[62] "deitatis sensum." 엄밀히 말해서 'deitas'(신격)는 하나님의 존재 자체를 칭하고, 'divinitas'(신성)는 하나님의 본성을 칭한다. 그러나 문맥상 특별한 구별이 요구되지 않는 이상, 칼빈은 이 두 단어를 '하나님'을 지시하는 데 함께 사용한다.

[63] "pervicacia." 사람들이 하나님을 알지 못하는 것은 그들이 하나님에 대한 절대적인 무지 상태에 있기 때문이 아니라 그들의 '완고함' 때문이다.

DE COGNITIONE DEI CREATORIS

제5장

하나님의 지식은
세상의 조성과
그의 계속적 통치에 빛남
Dei notitiam in mundi fabrica
et continua eius gubernatione lucere

1-10. 일반계시물: 피조물, 사람, 사회 질서
11-12. 하나님의 존재와 섭리를 부인하는 철학적 오류
13-15. 아무도 무지를 구실로 삼아 핑계치 못함

1. 모든 피조물은 하나님의 능력과 신성을 밝히 보여 주는 거울이며 표징

게다가 복된 삶의 최고 목표는 하나님을 아는 지식에 있으므로(참조. 요 17:3) 누구든지 행복에 이르는 문이 닫히지 않도록 하기 위하여, 하나님은 우리가 종교의 씨앗이라고 불렀던 것을 사람들의 마음에 심어 주실 뿐만 아니라 세상의 모든 피조물에 자기를 드러내시고 날마다 자기를 공공연히 보이신다. 그리하여 사람들이 눈을 열 때마다 하나님을 바라보지 않을 수 없도록 강요받게 하신다.

실로 하나님의 본질은 불가해하다. 그의 신성은 모든 인간적 지각을 훨씬 멀리 떠나 있다. 그러나 하나님은 자기의 작품 각각에 자기의 영광을 드러내는 확실한 표지를 아주 명확하고 뚜렷하게 새기셔서 아무리 거칠고 어리석은 사람들이라도 그 자신의 무지로 변명할 수 없도록 하셨다.[64] 그리하여 선지자는 아주 공정하게 "주께서 옷을 입음같이 빛을 입으시며"(시 104:2)라고 외친다. 이

---

64) "Essentia quidem eius incomprehensibilis est, ut sensus omnes humanos procul effugiat eius numen; verum singulis operibus suis certas gloriae suae notas insculpsit, et quidem adeo claras et insignes ut sublata sit quamlibet rudibus et stupidis ignorantiae excusatio." 여기에 지금까지 논의된 일반계시의 신학적 의미가 일목요연하게 제시된다. 이를 정리하면 다음과 같다. 하나님은 불가해한 분이시다. 그러므로 아무도 스스로 하나님을 알 수 없다. 하나님은 스스로 자기를 계시하셔서 우리가 그를 알 만하게 하신다. 그러므로 하나님의 불가해성(incomprehensibilitas)이 불가지론의 명분이 될 수 없다.

는 하나님이 세상을 창조하면서 자기의 표징들을 부여하신 그때에야 비로소 보이는 옷을 입고 명확하게 나타나셨다고 말하는 듯하다. 이러한 표징들을 통해 우리는 이제 좌우로 눈을 돌려 그가 이곳저곳에서 아름답게 드러나시는 것을 날마다 보게 된다. 또한 같은 곳에서 동일한 선지자는 펼쳐져 있는 하늘을 하나님의 왕궁 장막에 비교하면서, "물에 자기 누각의 들보를 얹으시며 구름으로 자기 수레를 삼으시고 바람 날개로 다니시며 바람을 자기 사신으로 삼으시고 불꽃으로 자기 사역자를 삼으시며"(시 104:3-4)라고 전한다. 그리고 하나님의 능력과 지혜의 영광이 높은 곳에서 더욱 풍부하게 빛나므로, 여러 곳에서 하늘을 그의 궁정이라고 일컫는다(시 11:4).

우선 당신이 어디로 눈을 돌리든지 세상의 모든 미세한 부분에 적어도 하나님의 어떤 영광을 드러내는 섬광들이 빛나고 있다는 사실을 인식하게 될 것이다. 이 가장 넓고, 가장 아름다운 조화가 실로 아주 넓게 펼쳐져서 한 번만 둘러보아도 그 광채의 무한한 능력에 당신 전부가 완전히 압도될 수밖에 없을 것이다.[65] 히브리서 저자가 세계를 보이지 않는 것이 나타난 것이라고(히 11:3) 격조 높게 선포한 이유는 아주 정연하게 배치된 세상 자리가 마치 거울과 같이 우리에게 놓여서, 그것이 없다면 볼 수 없을 하나님을 그것을 통해 자세히 볼 수 있기 때문이다.[66] 선지자가 하늘의 피조물들을 모든 나라에 통하는 언어라고 한 이유는(시 19:1-4), 그것들 가운데는 신성에 관한 증언이 매우 명백하게 존재하므로 어떤 무딘 민족도 그것을 보지 않을 수 없기 때문이다. 사도는 이를 더욱 분명하게 풀어서 다음과 같이 말한다. "이는 하나님을 알 만한 것이 그들 속에 보임이라……창세로부터 그의 보이지 아니하는 것들 곧 그의 영원하신 능력과 신성이 그가 만드신 만물에 분명히 보여 알려졌나니"(롬 1:19-20).[67]

---

65) "Ac primum, quaquaversum oculos coniicias, nulla est mundi particula in qua non scintillae saltem aliquae gloriae ipsius emicare cernantur. Amplissimam vero hanc et pulcherrimam machinam, quam late patet, uno intuitu lustrare nequeas quin vi immensa fulgoris totus undique obruaris." 모든 피조물이 하나님을 아는 지식과 그의 영광을 드러내는 계시물(啓示物)로서 고안되었으므로 그 어떤 사람도 하나님의 불가해함을 구실로 삼아 무지를 변명할 수 없다. Cf. L. Wencelius, *L'Esthétique de Calvin* (Paris: Société des Belles Lettres, 1937), 1-2장.

66) Cf. *Serm.*, Is. 26:10f. (SC 2.437).

67) "patefactum esse hominibus dicit quod de Deo cognosci operae pretium erat; quia invisibilia eius,

2. 사람은 피조물을 통하여 하나님을 알 뿐만 아니라 피조물로서 하나님의 지혜를 드러냄

하나님의 놀라운 지혜를 입증하는 헤아릴 수 없는 증거들이 하늘에도 있고 땅에도 있다. 그중에는 한층 더 상세하게 탐구되어야 할 천문학과 의학과 모든 자연 과학의 영역에 속하는 심오한 것들뿐만 아니라 가장 무식하고 어리석은 자들이 자기들의 눈에 내맡겨 보이는 대로 받아들이는 것들도 있다. 그러므로 우리는 눈을 뜰 때마다 이것들에 대한 증인이 되도록 강요를 받게 된다. 참으로 이러한 문예를 마셔 봤거나, 음미해 본 사람들은 그 도움으로 하나님의 지혜에 속한 은밀한 것들을 훨씬 더 깊게 성찰하는 데까지 나아간다. 어떤 경우라도 모든 사람은 하나님의 작품 가운데서 그의 솜씨를 충분하고도 남을 만큼 분간하게 된다. 어떠한 무지도 이를 가로막을 수 없다. 이로부터 모든 사람은 창조주에 대한 놀라움을 터뜨린다. 분명히 별들의 운행을 고찰하고, 그 자리를 나누고, 그 간격을 측정하고, 그 특성들을 표시하기 위해서는 기교와 함께 더욱 각고의 노력이 필요하다. 이것들이 모두 주시된 후에야, 하나님의 섭리가 더욱 명료하게 드러난다. 그러므로 그의 영광을 바라보기 위하여 마땅히 우리는 우리의 마음을 아주 높이 들어 올려야 한다. 그러나 단지 두 눈만 사용하여 배울 뿐인 서민이나 무지한 사람들도 매우 아름답게 꾸며져 잘 정돈된 하늘 군대의 변화무쌍함을 드러내는 신적인 예술의 탁월함을 모른다 할 수 없기 때문에, 여호와가 자기의 지혜를 풍부하게 밝히지 않은 사람은 아무도 없음이 확실하다.[68] 마찬가지로 인체 구조의 조직, 균형, 아름다움, 작용을 갈레노스

---

ad aeternam usque eius virtutem et divinitatem, a creatione mundi intellecta, omnes ad unum conspiciunt."

[68] 다음은 자연 과학에 대한 칼빈의 입장을 전반적으로 조명하고 있다. W. Stanford Reid, "Natural Science in Sixteenth-Century Calvinistic Thought," *Proceedings and Transactions of Royal Society of Canada* 1 (1963), 305–319; Edward Rosen, "Calvin's Attitude Toward Copernicus," *Journal of the History of Ideas* 21 (1960), 431–441; Christine McCall Probes, "Calvin on Astrology," *Westminster Theological Journal* 37 (1974–1975), 24–33; Robert White, "Calvin and Copernicus: The Problem Reconsidered," *Calvin Theological Journal* 15 (1980), 233–243; Pierre Ch. Marcel, "Calvin and Copernicus," tr. Philip E. Hughes, *Philosophia Reformata* 46 (1981), 14–36; Brian A. Gerrish, "The Reformation and the Rise of Modern Science: Luther, Calvin and Copernicus," in *The Old Protes-*

가 사용한 기술로 측정하는 데는 고도의 정밀함이 요구된다.[69] 그러나 모든 사람이 인정하는 바와 같이, 인체는 놀랍도록 정교한 구성을 드러내므로, 이로부터 우리는 창조주를 당연히 기묘자로 여기게 된다.

3. 사람은 소우주로서 하나님의 영광을 현시하는 최고의 거울이자 웅변가

그리고 이런 뜻에서 한때 어떤 철학자들이 사람을 소우주(μικρόκοσμον)라고[70] 불렀던 것은 부당하지 않다. 왜냐하면 사람은 하나님의 능력, 선함, 지혜의 드문 표본으로서, 만약 우리가 이것들을 싫증을 내지만 않는다면, 우리의 마음을 사로잡기에 충분한 기적들을 내포하고 있기 때문이다. 이러한 이유로, 바울은 맹인들도 하나님을 더듬어 붙잡게 된다고 일깨운 후에, 그를 먼 곳에서 찾아서는 안 된다고 곧 덧붙인다. 왜냐하면 분명 사람들 각자는 자기들이 힘을 얻게 되는 하늘의 은혜를, 의심할 바 없이 속으로 느끼게 되기 때문이다(행 17:27). 실로 만약 하나님을 알기 위해서 우리 밖으로 나갈 필요가 없다면, 하나님을 찾기 위하여 자기 자신 속으로 내려가는 것조차 귀찮아하는 사람들의 게으름에는 아무 은총도 베풀 가치가 없지 않겠는가? 나아가 같은 이유로 다윗은 하나님의 놀라운 이름과 모든 곳에서 빛나는 아름다움을 간단하게 송축한 후 즉시 "사람이 무엇이기에 주께서 그를 생각하시며"(시 8:4)라고 외치고, 또한 "어린아이들과 젖먹이들의 입으로 권능을 세우심이여"(시 8:2)라고 전한다. 진정 다윗은 인류에게는 하나님의 작품들을 비추는 맑은 거울이 존재하고, 어린아이들에게는 그들이 어머니의 품속에 안겨 있는 동안에도 다른 수사학자들이 전혀 필요 없을 정도로 유창하게 하나님의 영광을 설교할 수 있는 혀가 있다고 선포

---

tantism and the New (Chicago: Chicago University Press, 1982), 163-178.

[69] 갈레노스(Galenos, 129-199)는 고대의 최고 의학자요 철학자로서 두 권으로 구성된 『인체 각 부위의 유용성』(*De usu partium humani*)을 저술했다.

[70] 아리스토텔레스(Aristoteles, 384-322 B.C.)의 『자연학』(*Physica*) 제8권 2장에 나오는 말이다.

하고 있다.⁷¹⁾ 심지어 이로부터, 다윗은 마치 어린아이들이 하나님의 이름을 악마적인 교만으로 소멸시키길 원하는 사람들의 광기를 물리치는 법을 효과적으로 배우기라고 한 듯이, 어린아이들의 입을 논쟁의 일선에 세우는 데 지체하지 않는다. 또한 이로부터 우리는 바울이 아라토스에게서 인용하여 전하는 "우리가 하나님의 소생이라"(적용. 행 17:28)라는 말씀을 떠올리게 된다.⁷²⁾ 하나님은 대단한 탁월함으로 우리를 장식하시면서 자신이 우리의 아버지라는 사실을 입증하시기 때문이다. 심지어 세속 시인들조차 상식을 좇아,⁷³⁾ 마치 경험이 일러주기라도 하듯이, 하나님을 '사람들의 아버지'라고 불렀다. 그러나 하나님의 부성적인 사랑을 맛보고 난 후에 이끌림을 받아 이제는 자기들 편에서 그를 사랑하고 그에게 예배를 드리게 되지 않는 한, 그들 가운데 자발적이고 자유롭게 자신을 드려 그에게 복종하는 자 아무도 없을 것이다.⁷⁴⁾

4. 하나님이 부여하신 탁월함으로 오히려 하나님을 부인하는 사람의 배은망덕

그러나 여기에서 사람들의 추악한 배은망덕이 폭로된다. 그들은 헤아릴 수 없는 하나님의 작품들로 유명한 공장과 측량할 수 없이 풍부한 능력이 가득한 상점을 동시에 자기들 속에 지니고 있다.⁷⁵⁾ 그럼에도 불구하고 그들은 마땅히 드려야 할 찬송을 터뜨리지는 않고 거꾸로 교만이 더해져 한껏 바람이 들어 있

---

71) "Siquidem non tantum in genere humano clarum operum Dei speculum exstare pronunciat, sed infantibus dum a matrum uberibus pendent, satis disertas esse linguas ad praedicandam eius gloriam, ut minime opus sit aliis rhetoribus." 사람은 누구나 할 것 없이 그 자체로 하나님의 존재와 영광과 사역을 드러내는 계시물이 된다.
72) 바울의 인용은 아라토스(Aratos, 315?-240? B.C.)의 시 "현상들"(Phaenomena)에 나오는 구절이다. 아라토스는 기원전 270년경에 명성을 떨친 헬라의 시인이자 천문학자였다. 키케로는 아라토스의 시를 번역하여 다음 책에 실었다. Cicero, *Nature of the Gods* II. xli. 104f.; II. lxiii. 159 (LCL ed., pp. 222f., 276f.). Quot. Battles tr., n. 12.
73) "ex communi sensu." 이는 모든 사람에게 부여되는 하나님의 지식인 일반계시를 칭한다.
74) 이는 경건의 본질적 특성에 부합된다. Cf. *Institutio*, 1.2.1.
75) '공장'(officina)과 '상점'(taberna)은 만들어서 파는 모든 과정을 함의한다.

다. 그들은 그들 자신 가운데서 하나님이 얼마나 경이로운 방식들로 일하시는지를 느낀다. 또한 그의 후하심으로 말미암아 그들이 얼마나 다양한 선물들을 소유하고 있는지를, 바로 그것들을 사용함으로써 배우게 된다. 그들은 원하든 원치 않든 신성에 대한 이러한 표징들을 알게끔 강요를 받는다.

그럼에도 불구하고 그들은 내적으로 그 표징들을 짓누른다. 실로 그들은, 하늘로부터 주어진 것, 하나님을 명확히 알도록 그들의 마음을 비추고 있는 그것을 스스로 폐기함으로써 땅에 묻어 버리지만 않는다면, 자기 자신을 넘어서서 바깥으로 나갈 필요가 없을 것이다. 그렇지만 실상 오늘날 이 땅은 인간의 본성에 뿌려진 신성의 씨앗을 전부76) 하나님의 이름을 파괴하는 데 내주기를 마다하지 않는, 많은 기괴한 영혼들을 길러내고 있다. 과연 사람이 자기의 몸과 영혼에서 백번이나 하나님을 발견하면서도 그 탁월함 자체를 구실로 삼아서 하나님이 존재한다는 사실을 부인하는 이 광기야말로 얼마나 가증한가? 그들도 자기들이 살아 있는 야수들과 구별되는 것이 우연이라고 말하지는 않을 것이다.

그럼에도 불구하고 그들은 하나님을 자연의 휘장으로 은폐한 채 내팽개치고 있다. 그들에게는 자연이 모든 것의 제작자가 되기 때문이다. 그들은 하나님의 더할 나위 없이 훌륭한 솜씨를 입과 눈으로부터 가장 보잘것없는 발톱에 이르기까지 자기들 지체 하나하나 가운데서 발견하게 되지만 그곳에서도 또한 하나님의 자리를 자연으로 대체하고 있다.77) 그러나 무엇보다도, 그토록 기민한 영혼의 움직임들, 그토록 뛰어난 능력들, 그토록 희귀한 선물들이 스스로 신성을 드러내므로, 에피쿠로스주의자들이 괴물 키클로페스 형제들(Cyclopes)과 같이78) 이 고상함을 버리고 하나님과 무모한 전쟁을 벌이지만 않는다면, 그 신성 자체가 방치되어 용이하게 은폐되는 일은 없을 것이다.

과연 이렇듯 5척의 작은 벌레를 다스리기 위하여 하늘 지혜의 모든 보화를

---

76) "totum divinitatis semen in natura humana sparsum." 이러한 '신성의 씨앗'(semen divinitatis)이 우리 속에 뿌려져 있기 때문에 우리는 '신성에 대한 의식'(sensus divinitatis)을 갖게 된다.
77) 사람은 하나님이 부여하신 '탁월함'(excellentia)을 '자기의 몸과 영혼에서'(in corpore suo et anima) 무수히 발견하게 됨에도 불구하고 오히려 자기를 지으신 하나님 대신에 '자연'(natura)을 섬긴다. Cicero, *Nature of the Gods* II. ii. 4 (LCL ed., pp. 124-125). Quot. Battles tr., n. 13.
78) 그리스 신화에 등장하는 괴물들로서 무기들을 제공함으로써 신들의 전쟁에 관여했다.

모아야 하는가? 지상의 전 세계는 이 특권이 부족하다는 것인가? 각각의 역할을 담당하는 어떤 기관이 영혼에 있다는 사실을 우선적으로 언명하는 것은 전혀 하나님의 영광을 가리는 일이 아니며 오히려 그 영광을 더욱 빛나게 한다. 에피쿠로스에게 다음을 답하게 하자. 대체 어떤 원자 결합이 먹을 것과 마실 것을 소화시켜서 일부는 배설물로 일부는 피로 분배하고, 마치 많은 영혼들이 동일한 계획으로 한 몸을 다스리듯이, 각각의 지체들에게 직분을 수행하고도 남을 정도의 대단한 열심을 갖도록 만든단 말인가?[79]

5. 하나님이 피조물에 부여하신 고상한 것에 신성을 부여하여 그림자 신을 만들어 내는 사람의 불경함

그러나 이제 저 돼지우리는 나와 무관하다. 나는 앞뒤가 맞지 않는 기지(機智)에 빠진 그들이 삐딱하게 기울어져 영혼의 불멸성을 파괴할 뿐만 아니라 하나님으로부터 권리를 탈취하기 위하여 아리스토텔레스의 무미건조한 금언을 주저 없이 끌고 나오는 것을 더 문제 삼고자 한다.[80] 확실히 영혼에는 유기적인 능력들이 있다. 그들은 이를 구실로 삼아 영혼을 몸에 묶어 버림으로써, 몸이 없이는 영혼이 존재할 수 없도록 한다. 그들은 자연에 대한 가능한 모든 찬사를 발하는 가운데 사실상 하나님의 이름을 짓누르고 있다.[81] 영혼은 그 능력이 몸을 섬기는 기능에 제한된다고 말하는 것은 아주 얼토당토않다. 하늘을 측량하고, 별의 수를 헤아리며, 그 각각의 광대함을 파악하고, 그것들이 서로 간에 얼마나 멀리 떨어져 있는지, 얼마나 빠르고 혹은 늦게 자기들의 길을 끝까지 가

---

79) 에피쿠로스는 데모크리토스(Democritos, 460경-380경 B.C.)의 원자론의 영향을 받아서 영혼의 주관적 감각에 휘둘리지 않고 신체의 물리적 구조대로 살아가는 것이 쾌락이라고 보았다. 칼빈은 여러 곳에서 이에 대한 언급을 한다. *Comm.*, Ps. 104:24 (CO 32,94); 148:5 (CO 32,434); Ex. 2:4 (CO 24,24); Acts 17:18 (CO 48,405).
80) 여기서 칼빈은 아리스토텔레스가 그의 책 『영혼론』(*Peri Psyches*) II,1에서 육체 안에 잠재적 생명이 있고 그 첫 단계가 영혼이므로 영혼은 육체에서 분리될 수 없다고 한 점을 상기시킨다. Quot. Battles tr., n. 16.
81) 칼빈은 아리스토텔레스의 입장을 이와 같이 비판하면서 다음 작품을 염두에 둔 듯하다. Pietro Pomponazzi, *De immortalitate animae* (1516). Quot. Battles tr., n. 17.

는지, 그리고 이쪽저쪽으로 어느 정도 기울어져 있는지를 아는 것이 우리 몸과 무슨 관계가 있는가? 나는 천문학에 어떤 용도가 있음을 정녕 인정한다. 그러나 다만 내가 보여 주고자 하는 것은, 하늘에 속한 것들을 이렇게 심오하게 탐구하는 데 있어서 영혼과 육체에는 유기적인 균형이 존재하지 않으며 영혼 자체에 속한 부분들은 몸으로부터 분리되어 있다는 사실이다. 나는 한 가지 예를 제시했다. 이로부터 독자들은 나머지 것들을 쉽게 얻을 수 있을 것이다.[82] 분명 영혼에는 다면적인 민첩함이 있다. 이로 인해서, 영혼은 하늘과 땅을 두루 살피며, 과거의 것들을 미래의 것들과 연결하고, 이전에 들었던 것들을 기억 속에 간직하고, 좋아하는 것은 무엇이든 자기 속에 그려 보기도 하며, 믿을 수 없는 것들을 고안해 내는 창의성을 보이기도 한다. 이 창의성이야말로 너무나 많은 경이로운 기예들을 낳는 어머니이며 그 기예들은 사람에게 확실한 신성의 표들이 있음을 보여 준다.[83] 잠에 빠져 있는 동안에도 주변을 선회하고 주위를 맴돌며, 많은 유용한 것들을 생각하고, 많은 것들에 대해서 추론하며, 심지어 미래의 것들을 예언하는 것은 무엇인가? 사람에게 새겨진 불멸성에 대한 표징들이 지워질 수 없다는 사실 말고 또 무엇을 말해야 할 것인가? 사람이 신적이면서 창조주를 알아보지 못한다는 것이 말이 되는가? 분명 우리는 우리에게 심겨진 판단력으로 의와 불의 사이를 분별한다. 그럼에도 불구하고 하늘에 어떤 심판자도 없다고 할 것인가? 심지어 우리에게는 잠자는 가운데도 어떤 여분의 지성이 남아 있다. 그렇다면 세상을 다스리기 위하여 파수를 서실 어떤 하나님이 계시지 않겠는가? 우리가 가진 모든 것은 다른 존재로부터 균등하지 않은 방식으로 분배되었다는 사실을 경험이 충분히 가르치고 있다. 그럼에도 불구하고 우리는 스스로를 수많은 예술과 실용품의 발명자로 여기면서 하나님에게 돌려진 찬미를 빼앗을 것인가?

그러나 어떤 사람들은 전 세계에 생기를 불어넣어 주는 은밀한 영감에 관해

---

[82] Cf. Christopher B. Kaiser, "Calvin's Understanding of Aristotelian Natural Philosophy," in *Calviniana: Ideas and Influence of Jean Calvin*, ed. Robert V Schnucker (Kirksville, MO: Sixteenth Century Journal Publishers, Inc., 1988), 77-92.

[83] 이 부분은 다음 작품을 조금 바꾸어 인용한 것이다. Cicero, *Tusculan Disputations* I. xxiv-xxvii (LCL ed., pp. 64-79). Quot. Battles tr., n. 18.

서[84]) 떠벌이는데, 그것은 신빙성이 없을 뿐만 아니라 아주 속되다. 베르길리우스(Vergilius)의 유명한 금언은 그들에게 즐거움을 준다.

> 태초부터 있는 하늘과 땅, 기름진 평원,
> 빛나는 달의 원구(圓球), 거대한 별들,
> 영이 그것들을 안으로부터 기르도다.
> 마디마디 스며든 정신이 모든 덩어리를 흔들며
> 또한 큰 몸에 그들 자신을 섞고 있도다.
> 이로부터 난 인류와 각종 짐승, 새들의 생명,
> 흰 물결 아래로 바다는 괴물들을 부르도다.
> 생기는 질그릇 단지에 담겨 불타고, 그 기원은 하늘로부터.[85])

분명 하나님의 영광의 극장으로 지어진 세계가[86] 그 자체로 자기의 창조자라도 되듯이, 동일한 시인은 다른 곳에서 헬라 사람들과 라틴 사람들이 함께 공유하는 생각을 따라 다음과 같이 노래하고 있다.

> 꿀벌들은, 하나님 정신의 한 부분,
> 영기를 빨아들인다고 그들이 말했네.
> 실로 하나님은 모든 것, 땅, 펼쳐진 바다 자리,
> 깊은 하늘을 통하여 오신다네. 그로부터
> 짐승들, 가축들, 사람들, 모든 종의 금수(禽獸)들,
> 그리고 태어나는 것마다 스스로 희미한 생명을 불러낸다네.
> 모든 것은 이어 그에게로 되돌아가고, 지친 것이 회복되도다.

---

84) "de arcana inspiratione quae vegetat totum mundum." 여기서 범신론적이거나 물활론적인 이교 사상이 단호히 거부된다.

85) Vergilius, *Aeneid* VI. 724-730.

86) "mundus qui in spectaculum gloriae Dei conditus est." 'spectaculum'은 'theatrum'과 같은 말이다. Cf. Randall C. Zachman, *John Calvin as Teacher, Pastor, and Theologian: The Shape of His Writings and Thought* (Grand Rapids: Baker, 2006), 231-242.

죽음에는 자리가 없고, 살아 있는 것들이 별의 충계를 향하여 날아 높은 하늘로 오르도다. 이것이 분명하도다![87]

도대체 세계에 생기와 활기를 불어넣어 준다는 우주 정신에 대한 저 메마른 사색이[88] 사람들의 심장 속에 경건을 낳고 자라게 하는 데 무슨 작용을 한다는 말인가? 이는 불순한 개 루크레티우스(Lucretius)가 저 유명한 원리로부터 이끌어낸 참람한 음성들 가운데서 훨씬 더 분명해진다.[89] 참으로 이러한 사색은 우리가 두려워하고 예배드리는 참 하나님을 우리에게서 멀리 떨어뜨리기 위해서 그림자 신을[90] 만들어 내고 만다. 실로 나는 경건한 영혼에서 나오는 경우에 한해서 "자연은 하나님이다."라는 말을 경건하게 받아들일 수 있다고 인정한다. 그렇다고 한들, 이는 우둔하고 부적절한 말놀음에 불과하다. 오히려 자연은 하나님에 의해서 규정된 질서라고[91] 할바, 특별한 종교에 맡겨진 이렇듯 중요한 사안을 다루면서, 하나님을 그 자신이 만드신 작품들의 열등한 운행에 혼란스럽게 연루시키는 것은 독(毒)이 되기 때문이다.

6. 만물을 조성하시고 다스리시는 하나님이 친히 자기를 계시하심

그러므로 우리 각자는 하나님의 본성을 헤아릴 때마다 "하나님은 한 분이시다."라는 사실을 기억하자. 하나님은 모든 자연을 다스림으로 우리가 하나님

---

87) Vergilius, *Georgics* IV. 219-227.
88) "ieiuna illa speculatio de universa mente." 이러한 사색은 생명에 이르지 못하는 '불임의'(ieiuna) 사색이다.
89) Lucretius, *De rerum natura* i. 54-79 (LCL ed., pp. 6f.). Quot. Battles tr., n. 21.
90) "umbratile numen."
91) "natura sit ordo a Deo praescriptus." 여기서 칼빈은 자연의 원리나 질서를 로고스로 여기고 이를 신(神)과 동일시하는 스토아주의자들을 비판한다. 이와 관련해서 다음을 보라. Charles Partee, *Calvin and Classical Philosophy* (Leiden: E. J. Brill, 1977), 117; Marcia L. Colish, *The Stoic Tradition from Antiquity to the Early Middle Ages: I. Stoicism in Classical Latin Literature* (Leiden: E. J. Brill, 1985), 31-34.

자신을 깊이 주목하고, 우리 믿음의 길을 그 자신에게로 정하고, 예배하며, 간구하기를 원하신다. 왜냐하면 우리 안에서 신성을 풍기는 그토록 놀라운 선물들을 즐기면서도, 우리의 간청을 들으시고 그 선물들을 조성해서 부여해 주시는 분을 무시하는 것보다 더 본말이 전도된 것은 어디에도 없기 때문이다.[92]

과연 하나님의 권능은 얼마나 특출한 표본들로써 우리를 낚아채어 그 자신을 헤아리게끔 하는가? 혹시 그의 권능이 우리에게 감추어질 수 있다고 하자. 그렇다고 해도 이 무한한 하늘과 땅 덩어리를 그 자신의 말로 보존하고, 때로는 단지 고개를 끄덕임만으로 뇌성을 일으켜 하늘을 흔들고, 번개로 무엇이든지 불사르며, 섬광으로 공기를 불 일게 하고, 때로는 다양한 형태의 폭풍으로 요동치게 하고, 원하면 바로 동일한 그곳을 일시에 고요하게 하고, 높이 솟아 올라 끊임없이 땅의 파멸을 위협하는 듯이 보이는 바다를 마치 공중에 걸려 있는 그 무엇과 같이 되도록 제어하고, 때로는 바람이 휘몰아치는 자극을 주어 무서운 방식으로 그것을 소용돌이치게 하고, 때로는 물결을 가라앉게 한 후 평화롭게 그것을 되돌리는 것이 모두 누구의 능력에 속하는가?

성경 여러 곳 특히 욥기와 이사야서에 많이 나타나는, 자연의 증거들을 통하여 하나님의 권능을 노래하는 찬미들이 이에 부합한다. 여기에서 나는 이것들을 일부러 지나치고자 한다. 그것들을 위한 더욱 유익한 자리를 다른 곳에서 찾게 될 것이며, 그곳에서[93] 나는 성경에 근거해 세계의 창조에 관해 설명할 것이기 때문이다. 여기에서 나는 하나님의 살아 계신 모습을 위아래(하늘과 땅)에 묘사한 그림을 따라가기만 한다면 외인들이든 하나님의 집에 속한 자들이든, 하나님을 찾는 길은 모두에게 공통된다는 사실에만 전념하기를 원한다. 진정 하나님의 권능은 그 자체로 우리에게 그의 영원하심을 인식하게 한다. 왜냐하면 그의 영원하심과 그 자신으로부터 모든 것이 시작됨이 필연적이기 때문이다. 모든 것은 그로부터 비롯된다. 그가 모든 것을 동시에 창조하시고 이제 모든

---

92) "quia nihil magis praeposterum quam frui tam praeclaris dotibus quae in nobis divinitatem spirant, et autorem negligere qui precario nobis eas largitur." 하나님이 우리에게 '신성'(divinitas)을 풍기게 하신다는 것은 우리에게 신성을 부여하심이 아니라 우리를 하나님의 능력과 신성을 드러내는 계시물로 삼으심을 뜻한다.

93) *Institutio*, 1.14.1-2, 20-22.

것을 보존하도록 그의 마음을 이끄는 무슨 이유가 있다면, 우리는 그것이 그의 선하심 외에 그 무엇도 아님을 발견하게 될 것이다. 더구나 그 선하심이 유일한 이유라고 해도, 그것은 우리를 그의 사랑 안에 묶고도 충분히 남을 만큼 만족스러워야 한다. 선지자가 경고하는 바와 같이, 하나님의 자비가 그 속으로 부어지지 않은 피조물이 그 어디에도 없는 한(시 145:9) 말이다.[94]

7. 하나님은 인간 사회의 질서를 통하여 자기를 아는 지식을 드러내심

또한 하나님의 두 번째 종류의 작품들에 있어서도, 그것들은 분명 자연의 통상적인 운행과 무관하게 일어나는데, 그의 능력은 훨씬 더 명백한 증거들을 스스로 드러낸다. 실로 하나님은 자기의 섭리를 조절하셔서 인간 사회를 경영하신다.[95] 그는 모든 사람을 향하여 선하시고 자비로우시다. 그 방식은 헤아릴 수 없을 만큼 많다. 그럼에도 불구하고 드러난 매일매일의 목록을 통하여 경건한 사람들에게는 자기의 자비를, 흉악하고 사악한 사람들에게는 자기의 엄중함을 선포하신다. 악행들에 대하여 그가 취하는 보복은 의심할 바가 없다. 하나님은 자기가 무죄한 자들의 보호자이자 변호자이시라는 사실을 분명하게 증명하셔서 선한 사람들의 삶을 자기의 은총으로 번영케 하시고, 그 필요를 채우시고, 그 고통을 가라앉히고 위로하시며, 그 재난을 감경(減輕)하시고, 그 모든 것으로 그들이 구원에 이르게 보살피신다.[96] 그렇다고 그의 영원한 의의 규범이 결코 모호하게 되어서는 안 된다.

---

[94] 여기서 '자연의 증거들을 통해'(ex naturae testimoniis) 모든 사람에게 하나님의 권능(potentia), 능력(virtus), 영원하심(aeternitas), 선하심(bonitas), 사랑(amor), 자비(misericordia)가 계시됨이 천명된다.

[95] "in administranda hominum societate ita providentiam suam temperat." 하나님이 '경영하신다'(in administranda)고 함은 그의 경륜(administratio)을, 하나님이 '조절하신다'(temperat)고 함은 그가 사람들에게 맞추어 주심(accommodatio)을 지시한다. 칼빈은 'temperare'나 'attemperare'를 'accommodare'와 동의어로 사용한다는 점에 비추어 보아 그러하다.

[96] 지금까지 일반계시의 계시물로서 피조물(1절)과 사람(2-6절)에 대해서 논했고, 여기서는 (7-8절) 사회와 그 질서에 대해서 논한다.

제5장 하나님의 지식은 세상의 조성과 그의 계속적 통치에 빛남

하나님은 가끔 흉악한 자들과 죄를 범한 자들이 잠시 동안 벌을 받지 않고 기뻐하도록 허용하시는 반면, 정직한 사람들과 잘못이 없는 사람들이 많은 역경 가운데 있게 하시고, 심지어 그들이 불경건한 자들의 악과 불법에 짓눌려 참고 살아가도록 하신다. 오히려 우리는 여기에서 아주 다른 깨달음이 마음속에 스며들도록 해야 한다. 하나님이 진노의 목록을 공표하면서 한 가지 악행을 처벌하시는 것은 그 자신이 모든 악행을 미워하시기 때문이다. 그가 많은 악행들을 보복하지 않고 지나치실 때는, 처벌을 받아야 하지만 미루어 둔 것들에 대한 또 다른 심판이 있을 것이다. 마찬가지로 하나님은 우리에게 그 자신의 자비를 헤아릴 거리(件)를 얼마나 풍성히 제공하시는가? 하나님은 더 한층 자주 지치지 않는 사랑으로 비참한 죄인들을 찾으시고, 그들을 그 자신에게로 부르셔서 아버지의 너그러움 이상으로 은혜를 베푸심으로써 그들의 사악함을 깨뜨려 버리고자 하신다.

8. 하나님은 최고의 방법으로 인생을 다스리심으로 자기의 권능과 지혜를 드러내심

이 목적을 위하여 선지자는 절망적인 상황에 빠져서 소망이 없는, 비참하고 거의 파멸에 이른 사람들을 하나님이 갑자기 경이롭게 일으키신다는 것을 기억하면서 다음과 같이 노래한다(시 107편). 하나님은 사막을 헤매며 방황하는 자들을 야생 동물로부터 보호하셔서 마침내 바른 길에 이르게 인도하신다(4-7절). 또 궁핍하고 배고픈 사람들에게 양식을 채워 주신다(9절). 또 포로 된 자들을 보호하사 끔찍한 함정과 쇠사슬로부터 풀려나게 하신다(10-16절). 또 파선한 자들을 이끌어 무사히 항구에 이르게 하신다(23-30절). 또 병으로 거반 죽게 된 자들을 건강하게 하신다(17-20절). 또 더위와 가뭄으로 땅을 벌거숭이로 만드신다. 또 감추어진 은혜의 물 댐(灌漑)으로 그 땅을 비옥하게 하신다(33-38절). 또 가장 경멸스러운 사람들을 천한 곳으로부터 끌어올리신다. 또 권위자들을 높은 단계의 품위로부터 아래로 던져 버리신다(39-41절). 제시된 이러한 예들을 통해 선지자는 우연이라고 여겨지는 사건들이 하늘 섭리, 특히 부성적 관용에 대한 수많은 증거들이며, 이로부터 경건한 자들에게는 즐거움의 근거가 주어지는 반면 불경건하고 유기된 사람들의 입은 다물어지게 된다고 결론을 짓는다(42절). 그러나 대다수 사람들은 자기들의 잘못에 젖어서 그토록 눈부신 극장 안에 있으면서도 눈이 멀어[97] 이러한 하나님의 작품들을 곰곰이 살피는 것은 희귀하고 특별한 지혜에 속한다고 선지자는 외친다(43절). 다른 것들을 가장 예리하게 보는 사람들에게 있어서도 그것들을 보는 시력은 아무 작용을 하지 않는다.[98] 사실 하나님의 영광이 아무리 빛난다고 할지라도 그것을 올바로 바라보는 관객은 거의 백 명 중 하나에 지나지 않는 것이 분명하다.

결코 하나님의 권능이나 지혜 모두 어둠 속에 숨겨져 있지 않다. 하나님의 권능은, 모든 사람이 난공불락이라고 여기는 불경건한 자들의 잔혹함이 일순간 무녀지고, 교만이 길들여지고, 가장 강력한 요새가 뒤집히고, 창과 군장이 산산조각이 나고, 기력이 꺾이고, 음모가 전복되고, 그들 자신이 자기의 덩치에 내려앉고, 하늘 위로 그들 자신을 들어 올린 무모함이 땅의 중심에 이르도록 추락하고, 역으로 겸손한 자들은 먼지 더미에서 일으킴을 받고, 궁핍한 자들은 거름 더미에서 일으켜지고(시 113:7), 억압받고 곤궁에 빠진 자들이 극도의 궁지에서 구출되고, 개탄하는 자들이 선한 소망으로 회복되고, 무장하지 않은 사람들이 무장한 사람들로부터, 소수의 사람들이 대다수의 사람들로부터, 연약한 사람들이 강한 사람들로부터 되레 승리를 취할 때, 비로소 뛰어나게 드러난다. 반면에 하나님의 지혜 자체는, 무엇이든지 최고의 기회를 좇아 경영하시고,[99] 세상의 총명함을 얼마든 혼란케 하시고(고전 1:20), 영리한 자들을 그들 자신의 꾀에 묶이게 하시고(고전 3:19; 참조. 욥 5:13), 결국 모든 것을 자기의 최고의 방법에 맞추실 때,[100] 가장 명백하게 두드러진다.[101]

---

[97] "in tam illustri theatro caecutit." 칼빈은 빈번히 피조물을 "극장"(theatrum)에 비유한다. Cf. *Institutio*, 1.6.2; 1.14.20; 2.6.1; 3.9.2.

[98] Cf. *Comm.*, Ps. 107:43 (CO 32.145).

[99] "optima unamquamque rem opportunitate dispensat."

[100] "nihil denique non optima ratione attemperat."

[101] 여기서 하나님의 권능과 지혜가 만물을 통하여 밝히 드러남을 수사학적인 반복을 통해 극적으로 부각시킨다.

9. 하나님을 아는 지식은 그의 본질에 대한 공허한 사색이 아니라 그의 작품들을 통하여 그를 경배하는 데서 비롯됨

하나님의 위엄을 밝히고 주장하는 데 도움이 되는 증언들을 찾아내려고 지루하고 수고스럽게 기술하는 것이 그다지 필요하지 않다. 실로 우리가 개략적으로 다루었던 몇 가지 가운데 당신이 무엇과 마주치든지 간에, 그것은 쉽게 눈으로 볼 수 있고 손가락으로 지시될 수 있을 만큼 가까이 표출되어 있다는 데 이견이 없을 것이다. 여기에서 또한 우리는 우리 자신이 하나님을 아는 지식을 얻도록 부름을 받았다는 사실을 인식하게 된다. 그것은 단지 머릿속에 날아다니는 어리석은 사색으로 가득한 지식이 아니라 우리가 올바로 인식하고 마음속에 뿌리를 내리게 하면 견실하게 열매를 맺는 지식이다.[102] 왜냐하면 여호와는 자기의 능력으로 자신을 선포하시기 때문이다. 우리는 그 능력의 힘을 우리 안에서 깨닫고 그 은총을 즐기게 된다. 하나님을 몽상함으로 그에 대한 어떤 지각에도 이르지 못하게 되느니 훨씬 더 생생한 이 지식에 우리를 묶어 두어야 한다.

이로부터 우리는 이것이 하나님을 찾는 가장 바른 길이며 가장 적합한 순서[103]라는 것을 이해하게 된다. 무모한 호기심으로 하나님의 본질을 꿰뚫어 성찰하려고 하지 말자. 그것은 더 꼼꼼히 탐색되기보다 차라리 경배되어야 할 대상이기 때문이다.[104] 오히려 우리는 그를 그 자신의 작품들 가운데서 묵상하자. 그것들을 통해 하나님은 자신을 우리에게 가깝고 친근하게 내어 주시며 모종의 방식으로 교통하시기 때문이다. 사도는 이를 돌아보고 분명 하나님은 가장 강력하게 현존하는 자기의 능력으로 우리 각자에게 내주하시므로 우리는 그를 멀리서 찾아서는 안 된다고 전한다(행 17:27). 이런 이유로 다윗은 먼저 형언할 수 없는 그의 위대하심을 고백한 후(시 40:5; 145:3), 이어서 그의 작품들에 대한 언급

---

[102] "ad Dei notitiam, non quae inani speculatione contenta in cerebro tantum volitet, sed quae solida futura sit et fructuosa, si rite percipiatur a nobis radicemque agat in corde."

[103] "rectissimam Dei quaerendi viam et aptissimum ordinem."

[104] "quae adoranda potius est, quam scrupulosius disquirenda."

으로 옮겨 가고, 그의 어떠하심을 자기가 그려 내리라고 선포한다(시 145:4-21). 그러므로 우리가 하나님을 탐구하는 데 몰두하는 것은 지극히 합당하기 때문이다. 이 탐구를 통해서 우리의 천품이 경이로움에 사로잡히게 되는 동시에 우리의 지각이 깊이 감동을 받게 된다. 아우구스티누스(Augustinus)가 어디선가 가르친 바와 같이, 우리는 그를 붙잡을 수 없기 때문에, 마치 그의 위대하심 아래에 지쳐 있는 듯한 우리가 그의 선하심으로 회복되기 위해서는 그의 작품들을 돌아보는 것이 합당하다.105)

10. 하나님이 하신 일과 그 작품들을 통하여 하나님의 속성을 알게 됨

다음으로, 이러한 지식은 우리를 자극하여 하나님을 예배하는 데 이르도록 해야 할 뿐만 아니라 우리가 깨어 일어나서 미래의 삶에 대한 소망에 이르게끔 해야 한다.106) 왜냐하면 여호와가 드러내신 그 자신의 관용과 엄격함에 대한 표본들이 시작된 것에 불과하며 절반만 채워졌다는 것을 우리가 주목하는 한, 의심할 바 없이 우리는 다음 삶에 이르기까지 그 공표와 완전한 현시가 연기된 더욱 많은 것들을 위하여 여호와 자신이 서막을 연주하고 계시다고 생각하는 것이 합당하다.

역으로 불경건한 자들에 의해서 경건한 자들이 고통 가운데 괴롭힘을 당하고, 상처 가운데 흔들리고, 궤변 가운데 억눌리고, 모욕과 악행으로 찢어지는 반면, 악한 자들은 번영하고, 번성하고, 기품을 유지하며 쉼을 누리고, 또한 벌을 받지 않고 그렇게 살아감을 보는 이상, 불법이 벌을 받고 의의 삶이 되돌려지는 또 다른 삶이 올 것이라는 결론에 즉각 이를 수밖에 없다. 게다가 신자들이 매우 자주 주님의 막대기로 징계를 받는 것을 목격하게 될 때, 우리는 불

---

105) Augustine, *Psalms*, Ps. 144. 6 (MPL 37. 1872; tr. LF *Psalms*, VI. 319). Quot. Battles tr., n. 30.
106) "notitia non modo ad Dei cultum excitare nos debet, sed ad spem quoque futurae vitae expergefacere, et erigere."

경건한 자들이 언젠가 그의 채찍으로 인하여 당하는 고통은 결코 이보다 덜하지 않을 것이라고 무엇보다 확실하게 단언할 수 있다. 실로 아우구스티누스의 저 유명한 재치 있는 말이 있다. "만약 지금 모든 죄가 공표된 벌로 처벌된다면, 마지막 심판에는 아무것도 남지 않게 되리라 여겨질 것이다. 반대로 만약 하나님이 지금 어떤 죄도 드러내 놓고 벌하지 않으신다면, 어떤 하나님의 섭리도 존재하지 않으리라 믿게 될 것이다."[107]

그러므로 우리는 다음을 고백해야 한다. 하나님의 작품 각각에는, 무엇보다 특별히 그것들을 다 모은 전체에는, 하나님의 능력이 판에 그린 것처럼 그려져 있다. 그 능력으로 그를 인식하는 데 이르고, 그 능력에 따라서 전체 인류가 참되고 충만한 행복에 초대되며 안내된다. 이렇듯 우주 만물에는 하나님의 능력이 가장 눈부시게 드러난다.

그럼에도 불구하고 그 능력이 모색하는 가장 합당한 방향, 그것의 효과, 우리가 고려해야 할 그것의 목적을 비로소 우리가 추구하게 될 때, 그때에 우리는 우리 자신에게로 내려가서 여호와가 어떤 방식으로 자기의 생명, 지혜, 능력을 우리에게 드러내시고, 우리를 향하여 자기의 의, 선하심, 관용을 행하시는지를 묵상하게 된다.[108] 왜냐하면 다윗이 믿지 않는 사람들은 인류 통치를 위한 하나님의 심오한 계획들에 대해서 주목하지 않으므로 어리석다고 한탄하는 것이 마땅하다고 할지라도(시 92:5-6), 이와 관련하여 다른 곳에서 그가 하나님의 놀라운 지혜는 우리 머리의 머리털보다 더 많다고 말한 것은(시 40:12) 매우 참되기 때문이다. 그러나 이 논증은 이후 합당한 자리에서[109] 더욱 풍부하게 다루어져야 할 것이다. 지금은 이를 넘어가려 한다.

---

107) Augustine, *City of God* I. viii (MPL 41. 20; tr. NPNF II. 5). Quot. Battles tr., n. 32.
108) 하나님은 지으신 만물을 통하여서 자기의 '생명'(vita), 지혜(sapientia), 능력(virtus)'을 계시하실 뿐만 아니라 자기의 '의(iustitia), 선하심(bonitas), 관용(clementia)'을 계시하시므로, 우리가 그 창조와 섭리에 대한 지식(일반계시)을 얻어 하나님께 '예배'(cultus)를 드리고 미래의 삶에 대한 '소망'을 지니게 된다는 점이 이 절에서 강조된다.
109) *Institutio*, 1.16.6-9.

11. 하나님의 작품들만 동경하고 하나님 자신을 바라보지 않는 헛됨과 어리석음

그러나 비록 여호와가 자기의 작품들이라는 거울 속에 그 자신과 그 자신의 영원한 나라를 아주 명백하게 표상하신다고 하더라도, 우리는 그토록 명료한 증거들에 대해서 끊임없이 무뎌져서 그것들이 아무 유익도 끼치지 못하고 사라지게 한다. 우리 중에 얼마나 많은 사람들이 눈을 들어 하늘을 바라보거나 다양한 지역의 땅들을 두루 돌아보며 세계의 가장 아름다운 구조와 배열에 관해서 말하면서도, 창조주에 대한 기억을 마음속에 되새기기는커녕 그것들의 조성자를 배제시킨 채 그 작품들의 외관만 동경하고 있는가! 또 얼마나 많은 사람들이 자연의 통상적인 과정을 벗어나서 날마다 일어나는 사건들에 대해 말하면서도 사람들이 그것들에 휘둘리고 나뒹굴게 되는 것이 하나님의 섭리가 아니라 운명의 맹목적인 무분별함의 통치를 받기 때문이라고 생각하는가![110] 때때로 우리는, 모든 사람에게 있어서 그러하듯이, 그러한 사건들의 인도와 지도로 필연적으로 하나님을 깊이 생각하지 않을 수 없게 된다. 그러나 어떤 신성에 대한 의식을 무모하게 마음에 품기 시작하면, 곧바로 우리 육체의 광기와 사악한 허구들에 빠져들어 우리의 덧없음으로 하나님의 진리를 오염시키고 만다. 우리는 모두 각자가 범하는 고유한 오류에 있어서는 서로 다르나, 한 분 참 하나님으로부터 떨어져 나가 괴상하고 쓸데없는 것들을 향해서 나아간다는 점에 있어서는 누구나 할 것 없이 하나다. 평범하고 무딘 천품을 지닌 사람들이나 아주 탁월하고 어떤 특별한 예리함을 지닌 사람들이나 할 것 없이 모두 이 질병에 걸려 있다.

이런 측면에서 철학자들의 전체 무리가 얼마나 장황하게 자기들의 어리석음과 멍청함을 드러내었던가? 한껏 불합리하고 어리석게 처신하는 철학자들은 그렇다손 치더라도, 모든 사람 가운데 가장 종교적이며 가장 신중한 플라톤 자

---

[110] 여기서 하나님의 '섭리'(providentia)와 '운명의 맹목적인 무분별함'(caeca fortunae temeritate)이 대조된다. Cf. *Institutio*, 1.16.2, 8; 1.17.1.

신도 자기 자신의 둥근 구형(體形)에 갇혀 자기 자신을 소실시키고 만다.111) 나머지 사람들이 가는 길에 빛을 비추어야 하는 일을 맡은 선구자들이 이렇듯 현혹되고 좌충우돌하게 된다면 다른 사람들에게는 무슨 일인들 일어나지 않겠는가! 인간사에 대한 통치가 부정할 수 없을 만큼 한층 뚜렷하게 섭리를 드러내고 있음에도 불구하고 그것으로 유익을 얻기는커녕 모든 것이 운명의 무분별한 뜻에 의하여112) 위도 아래도 없이 뒤섞여 운행된다고 믿고 있으니, 헛됨과 오류로 기울어진 우리의 편향성은 얼마나 대단한가! 나는 지금 일향 자기들의 헤아릴 수 없는 광기로 하나님의 진리를 모독하는 저 범속한 사람들이 아니라 가장 탁월한 사람들에 대해서 말하고 있다.

12. 신들을 내세워 하나님을 부정하는 이방 철학자들의 오류

여기에 모든 지구를 채우고 뒤덮은, 오류들의 저 무한한 진창이 있다. 각자의 천품은 마치 미궁과 같아서,113) 모든 민족이 각기 다양한 허구들에 끌려다녔다는 사실은 놀랄 일이 못된다. 이뿐 아니라 거의 모든 사람은 그 수만큼 개별적으로 자기의 신을 가지고 있었다. 무모함과 방종이 무지와 어둠에 더해져, 자기 자신을 위하여 하나님의 자리에 우상과 환영을 만들어 세우지 않는 사람은 거의 하나도 발견되지 않는다. 분명 마치 거대하고 널찍한 용천(湧泉)에서 물줄기가 분출되듯이 무한한 신들의 무리가 사람들의 마음으로부터 흘러나온다. 그리하여 누구든 극한 방자함에 사로잡혀 이것저것을 무모하게 하나님과 뒤섞으려 한다.

---

111) Plato, *Timaeus* 33 B (LCL Plato VII. 62f.). Quot. Battles tr., n. 35.
112) "temeraria fortunae voluntate."
113) 칼빈은 거듭난 은혜가 없이 혼돈에 빠져 있는 인간 '천품'(ingenium)의 어떠함을 표현하기 위하여 "미궁"(labyrinthus)이라는 말과 함께 "심연"(abyssus)이라는 말을 자주 사용한다. Cf. *Institutio*, 1.6.1, 3; 1.13.21; 3.2.2-3; 3.6.2; 3.8.1; 3.19.7; 3.21.1; 3.25.11; 4.7.22. Quot. Battles tr., n. 36. 이와 관련하여, William J. Bouwsma, *John Calvin: A Sixteenth Century Portrait* (Oxford: Oxford University Press, 1988), 32-48, 230-234.

그럼에도 불구하고 여기에서 세계에 뒤엉켜 있는 미신들의 목록을 짜는 것은 불필요하다. 왜냐하면 그 목록에는 끝이 없을 것이고 그 미신들에 대해서는 아무 말을 하지 않더라도 사람의 마음의 눈멂이 얼마나 무서운 것인지는 그 많은 부패들로 충분히 나타나기 때문이다. 나는 아둔하고 배우지 못한 범속한 사람들에 대해서는 생략하고자 한다. 그러나 이성과 학문으로 하늘 속을 꿰뚫어 보려고 시도한 철학자들 가운데 잡다함이 있으니 얼마나 부끄러운 일인가![114]

누구든지 드높은 천품이 부여되고 예술과 학문이 세련되면 될수록 자기의 문장들을 겉치레하기 위해 색들을 입히는 경향이 있으므로, 만약 모든 것을 더욱 자세히 들여다보면 당신은 날아가 버리고 마는 위장된 덧칠을 그것들 가운데서 발견하게 될 것이다. 스토아주의자들은 자연의 어느 부분으로부터라도 하나님의 다양한 이름들을 이끌어낼 수 있으나 그렇다고 해서 한 분 하나님이 찢기는 것은 아니라고 하면서, 그들 스스로 예리하다고 생각했다. 그러나 이는 마치 우리 앞에 내던져진 많은 분량의 신들이 더 오랫동안 그리고 더 격렬하게 우리를 몰아세워 오류에 빠지게 하지 않는 한, 아직은 차고 넘치도록 공허함에 빠지지는 않을 것이라고 말하는 것과 다를 바 없지 않은가! 또한 신비주의적인 신학을 추구하는 애굽 사람들은 이를 두고 자기들 모두가 열심히 심사숙고해 왔음을 알리고자 하는데, 자기들의 어리석음에 어떤 명분을 찾고자 하는 의도에서일 뿐이다. 아마 처음 보았을 때에는 아주 그럴듯해 보이는 것이 단순하고 부주의한 사람들을 속이는 경우가 이에 해당할 것이다.[115] 그러나 누구나 할 것 없이 인생들이 고안해 낸 것 치고 종교를 더럽게 오염시키지 않은 것은 없다.

그리고 이 걷잡을 수 없이 혼란스러운 잡다함은 에피쿠로스주의자들과 경건을 경멸하는 다른 아둔한 동시대 사람들에게 담대함을 더하여, 그들이 하나님에 관한 모든 의식(意識)을 버리게끔 하였다. 그들은 가장 현명한 사람들조차도

---

114) Cicero, *Nature of Gods* I. vi. 14 (LCL ed., pp. 16f.). Quot. Battles tr., n. 37.
115) Eusebius, *Praeparatio evangelica* III. iv (MPG 21. 171f.); Augustine, City of God VIII. xxiii, xxvii (MPL 41. 247ff., 256; tr. NPNF II. 159f., 165); Plutarch, *De Iside et Osiride* 11 (LCL Plutarch, *Moralia* V. 28-29). Quot. Battles tr., n. 38.

이런 것들뿐만 아니라 심지어 자기들의 하찮고 불합리한 가르침에 대해서 서로 반목하고 그것들로부터 기인하는 서로 상반된 입장들을 내세우며 다투고 있다는 점을 들면서, 사람들은 존재하지 않는 신을 탐구하느라 무모하고 어리석게도 스스로에게 고통을 가하고 있다는 추론을 하는 데 주저하지 않았다. 그리고 이로부터 자기들에게는 아무 책임이 없다는 결론에 이르렀다.

간략하게 그 요체를 말한다면, 불확실한 신들을 상상하고 어떤 출구도 없는 논쟁들을 일삼는 것보다 전적으로 신을 부정하는 것이 오히려 더 낫다는 것이었다.116) 그러나 이들이야말로 진정 아주 무지한 논변에 빠져 있었다. 그들은 자기들 자신의 불경건을 숨기기 위해서, 사람들의 무지로부터 허황된 구름을 끌어모았던 것이다. 이러한 무지는 하나님을 멀리하기 위한 명분으로는 결코 가당치 않다.

모든 사람이 인정하듯이, 배운 사람들과 배우지 못한 사람들이 동시에 그렇게 큰 불일치에 이르게 되는 일은 또 없기 때문에, 이로부터 우리는 하나님을 찾느라 이렇듯 방황하고 있는 사람들의 마음은 하늘의 비밀들에 대해서는 더욱 무디고 눈이 멀어 있다는 결론에 이르게 된다. 어떤 사람들은 하나님이 누구신지 묻는 독재자 히에론(Hieron)의 질문에 대한 시모니데스(Simonides)의 답변을 칭찬하였다. 처음에 그는 자기에게 생각할 시간이 하루 필요하다고 간청했다. 다음날 그 폭군이 같은 것을 물었을 때, 그는 이틀을 요청했다. 그리고 질문이 더 자주 던져졌을 때, 그는 날수만큼 곱으로 연기해 달라고 한 후, 마침내 다음과 같이 대답했다. "이를 더 많이 생각하면 할수록, 나에게는 더 모호해질 뿐입니다."117) 그가 모호한 문제에 대한 자기의 판단을 미루었던 것은 아주 현명했다. 그러므로 여기에서 드러나는 것은 만약 사람들이 오직 본성으로부터만 배운다면 그들은 확실하거나 견실하거나 분명한 그 어떤 것도 붙들지 못하

---

116) 여기서 칼빈은 무신론자들에 대한 키케로의 비판(*Nature of the Gods* I. ii. 31; I. xxiii. 63; I. xxx. 85; I. xlii. 117; I. xliii. 121)을 염두에 두고 동시대 인문주의자 라블레(F. Rabelais, 1483-1553)의 오류를 은근히 지적하고 있다. Cf. Josef Bohatec, *Budé und Calvin: Studien zur Gedankenwelt des französischen Frühhumanismus* (Graz: H. Böhlaus, 1950), 226ff. Quot. Battles tr., n. 39.

117) 이는 다음에 나오는 일화이다. Cicero, *Nature of Gods* I. xxii. 60 (LCL ed., pp. 58-59). Quot. Battles tr., n. 39.

고 혼란스러운 원리들에만 고착되어 "알지 못하는 신"(행 17:23)을 숭배하게 된다는 것이다.[118]

13. 오직 하나님 자신이 자기 자신과 자기가 받으시는 합당한 예배가 무엇인지 알려 주심

이제 다시 견지해야 할 것은 누구든 순수한 종교에 불순물을 섞는 사람은 자기 자신을 한 분 유일하신 하나님으로부터 분리시키게 된다는 사실이다. 자기 자신의 소견대로 행하도록 놔두면 모든 사람에게 필히 이런 일이 일어난다. 그들은 실로 자기들의 마음속에는 다른 것이 없다고 자랑할 것이다. 그러나 그들이 의도하는 것이 무엇인지 그들 자신을 감화시키는 것이 무엇인지는 그리 큰 문제가 아니다. 성령은 마음의 어두움으로 말미암아 하나님의 자리에 귀신들을 대신 두는 자들을 배교자들이라고 선포하시기 때문이다(참조. 고전 10:20). 이러한 이유 때문에 바울은 에베소 사람들이 참 하나님을 예배하는 것이 무엇인지를 복음으로부터 배우기 전까지는 하나님이 없었다고 선포한다(엡 2:12-13). 이는 한 민족에게만 국한되어서는 안 된다. 다른 곳에서 바울이 일반적으로 주장하듯이, 세계의 구조 가운데 창조주 하나님의 엄위가 현시되었음에도 불구하고 인생들은 "그 생각이 허망하여"(롬 1:21)졌다. 그렇기 때문에 성경은 참되신 한 분 하나님께 자리를 마련해 드리고자, 옛날에 열방들 중에서 찬양된 신

---

[118] 여기서 보듯이, 칼빈은 일반계시를 통해서도 구원의 가능성이 있다고 말하는 자연 신학을 분명히 거부한다. Cf. Günter Gloede, *Theologia Naturalis bei Calvin* (Stuttgart: Verlag von W. Kohlhammer, 1935); Peter Barth, "Das Problem der natürlichen Theologie bei Calvin," *Theologische Existenz Heute*, Heft 18 (München, 1935); Wilhelm Niesel, *The Theology of Calvin*, tr. Harold Knight (Philadelphia: Westminster Press, 1956), 39-53; John Newton Thomas, "The Place of Natural Theology in the Thought of John Calvin," *Journal of Religious Thought* 15 (1958), 107-136; Dowey, *The Knowledge of God in Calvin's Theology*, 64-86; Gerald J. Postema, "Calvins' Alleged Rejection of Natural Theology," *Scottish Journal of Theology* 24 (1971), 423-434; Arvin Vos, *Aquinas, Calvin, and Contemporary Protestant Thought: A Critique of Protestant Views on the Thought of Thomas Aquinas* (Grand Rapids: Eerdmans, 1985), 116-122; David C. Steinmetz, *Calvin in Context* (Oxford: Oxford University Press, 1995), 23-39.

성은 무엇이든 거짓이며 허위라고 정죄하는 반면, 하나님을 아는 고유한 지식이 왕성한 시온 산 외에는 어떤 신성도 남겨 두지 않는다(합 2:18, 20). 확실히 그리스도의 시대에 이방인들 가운데 사마리아 사람들은 참 경건에 가장 가까운 듯이 보였다. 그러나 우리는 그리스도의 입에서 나온, 그들이 "알지 못하는 것을 예배"(요 4:22)했다는 말씀을 듣게 된다. 이로부터 우리는 그들이 헛된 오류에 속임을 당하고 있었다는 것을 미루어 알게 된다.

요컨대 비록 모든 사람이 아둔한 악들로 번거로움을 당하거나 공공연하게 우상 숭배에 빠지는 것은 아니지만, 오직 통상적인 의식에만 기초한 순수하고 인정받는 종교는 없었다. 왜냐하면 비록 범속한 사람들과는 달리 제정신을 잃어버리지 아니한 어떤 소수의 사람들이 없지 않다 하더라도, "하나님의 지혜는 이 세대의 통치자들이 한 사람도 알지 못하였나니"(적용. 고전 2:8)라는 바울의 가르침은 변함없이 남아 있기 때문이다. 가장 탁월한 사람들뿐만 아니라 그 누구라도 어둠 가운데 방황하고 있을진대, 찌꺼기 같은 자들에 대해서는 무슨 말을 해야 할 것인가? 그러므로 성령이 사람들의 의지로 고안된 모든 의식(儀式)을 타락한 것들로 여겨 거절하신다고 해도 결코 놀랍지 않다. 왜냐하면 하늘의 비밀들에 관해서 마음에 품게 되는 인간적 억견이 언제나 큰 무더기의 오류들을 양산하지는 않는다 치더라도 오류의 어머니가[119] 되기 때문이다. 우연히 "알지 못하는 신"(참조. 행 17:23)을 숭배하는 것조차 더 악한 것이 끼어들지 않는다고 하더라도 결코 작은 악이 아니다. 그리스도의 입으로 말씀된바, 하나님을 어떻게 예배해야 하는지를 율법으로부터 배우지 않은 사람은 누구나 이러한 죄 가운데 있다(요 4:22). 분명 최고의 입법자들도 종교는 공적인 합의에 기초해야 한다는 것 너머로 더 나아가지 못했다.

아니나 다를까, 크세노폰(Xenophon)에 의하면, 소크라테스(Socrates)도 누구든 조상들의 제의(祭儀)와 자기가 속한 도시의 관습에 따라 신들을 예배하도록 명령한 아폴론(Apollon)의 신탁을 찬미한다.[120] 그러나 인생들이 자기들의 권위

---

[119] "erroris……mater."
[120] Xenophon, *Memorabilia* IV. iii. 16 (LCL ed., pp. 306f.). Quot. Battles tr., n. 42.

로 세계 너머 멀리 있는 것을 정의하는 권리는 어디로부터 그들 자신에게 오는가? 혹은 누가 자기 선배들의 학설들과 국민의 의결에 복종하여 인간적으로 가르쳐진 하나님을 주저 없이 받아들일 수 있겠는가? 누구든 각 사람은 외부의 낯선 의지에 자기 자신을 종속시키는 것이 아니라 자기의 판단 위에 서게 될 것이다. 따라서 도시의 관습이나 고대의 합의는 너무나 약하고 깨어지기 쉬운 경건의 고리이기에 하나님에 대한 예배가 그것에 동조할 수 없으므로, 하나님이 친히 하늘로부터 자기 자신에 대해서 증언하시는 것 외에는 달리 방도가 없다.

14. 믿음을 통한 내적 계시의 조명이 없는 한 세계의 창조 자체로 하나님을 알 수 없음

그러므로 세계의 창조 역사(役事)를 통해 그 조성자의 영광을 드러내기 위하여 그 많은 등불들이 타오르고 있으나, 그저 헛되이 비출 뿐이다. 설혹 그것들의 광선이 사방에서 우리를 비춘다 하더라도, 그것들 자체로는 결코 우리를 올바른 길로 이끌 수 없다. 분명 그것들은, 어떤 섬광들을 발하기는 하나, 완전한 빛을 다 내쏟기도 전에 질식되고 만다. 이런 이유로, 사도가 세상을 보이지 않는 것들의 형상들이라고 부른 그 구절에, "믿음으로 모든 세계가 하나님의 말씀으로 지어진 줄을 우리가 아나니"(히 11:3)라는 말씀이 뒤따르게 한다. 이로써 사도가 뜻하는 대로, 비가시적인 신성이 실로 장엄한 이러한 광경들 가운데 표상되어 있지만, 믿음을 통한 하나님의 내적 계시의 조명이 없는 한, 우리의 눈은 그것을 볼 수 없다.[121] 바울은 "하나님을 알 만한 것"(롬 1:19)이 세계의 창조로부터 현시된다고 전하면서 사람들의 통찰력으로 그 드러남이 이해된다는 점을 지적하고자 한 것이 아니라, 그것이 주어진 것은 그들이 핑계하지 못하게

---

121) "invisibilem divinitatem repraesentari quidem talibus spectaculis; sed ad illam perspiciendam non esse nobis oculos, nisi interiore Dei revelatione per fidem illuminentur."

하는 것 이상의 의미가 없다는 점을 알리고자 한 것이다(롬 1:20).[122] 한편, 동일한 사도는 어느 곳에서는 하나님이 우리 안에 내주하시므로 그를 먼 곳에서 찾아서는 안 된다고 하면서도(행 17:27), 다른 곳에서는 이런 식의 가까이 나아감이 어떤 목적을 위하여 유익한지 다음과 같이 가르치고 있다. "하나님이 지나간 세대에는 모든 민족으로 자기들의 길들을 가게 방임하셨으나 그러나 자기를 증언하지 아니하신 것이 아니니 곧 여러분에게 하늘로부터 비를 내리시며 결실기를 주시는 선한 일을 하사 음식과 기쁨으로 여러분의 마음에 만족하게 하셨느니라"(행 14:16-17). 그러므로 여호와가 그 자신을 아는 지식에 이르게 하시려고 수없이 다양한 선하심을 베푸셔서 사람들을 달콤하게 인도하실 때, 이에 대한 아무 증언 없이 하시지 않았으나, 그들은 그 때문에 자기 자신들의 길들, 즉 치명적인 오류들을 따르는 것을 그만두지는 않는다.

15. 어느 누구도 무지를 구실로 삼아 핑계치 못함

그러나 비록 하나님을 아는 순수하고 명료한 지식에 오를 수 있는 자연적인 재능이 우리에게 결핍되어 있다 하더라도, 그 우둔함의 악이 우리 안에 있기 때문에 모든 핑계는 차단된다.[123] 진정 양심 자체가 우리의 게으름과 배은망덕을 항상 정죄하기에 우리는 이렇듯 무지를 구실로 삼으려고 한다. 마치 누군가 말 못하는 피조물들에게는 진리를 풀어내는 청명한 소리가 한층 더 넉넉하나 사람들에게는 그것을 들을 귀가 없다고 구실을 대거나, 눈 없는 피조물들이 밝히 지시해 주는 것을 눈을 가지고도 볼 수 없다고 핑계를 대거나, 심지어 이성

---

[122] 모든 사람에게는 생래적으로 하나님을 알 만한 것(신성에 대한 의식, 종교의 씨앗, 양심)이 새겨져 있고 그 대상이 되는 계시물(피조물, 사람, 사회 질서)이 누구에게나 부여되어 있으므로 아무도 하나님에 대한 무지를 핑계치 못한다('inexcusabiles').

[123] "Quanquam autem naturali facultate deficimur, quominus ad puram usque et liquidam Dei cognitionem conscendere liceat, quia tamen hebetudinis vitium intra nos est, praecisa est omnis tergiversatio." Cf. François Wendel, *Calvin: The Origins and Development of His Religious Thought*, tr. Philip Mairet (London: Collins, 1973), 160-165.

이 없는 모든 피조물이 가르치는 곳에서 마음의 연약함을 변명거리로 내세우는 등의 일이 적절한 변호가 되기라도 하듯이!

그러므로 모든 것이 올바른 길을 밝히 드러냄에도 불구하고 방황하고 떠도는 자들과 같이 길을 잃고 헤매는 일에 대해서는 어떤 변명도 전혀 가치가 없다. 그 변명이 무엇이든지 간에, 사람들은 그들 자신에게 돌려져야 할 악으로 말미암아, 자연의 놀라운 역사(役事)를 통해 자기들 마음에 뿌려진 하나님을 아는 지식의 씨앗을 즉시 오염시켜 그 씨앗이 견실한 열매를 맺지 못하도록 한다. 그럼에도 불구하고 피조물들이 하나님의 영광을 장엄하게 펼쳐 보인다는 이 단순하고 간단한 증거에 의해서는 우리가 결코 충분히 가르침을 받지 못한다는 것 역시 분명 어김없는 사실이다. 왜냐하면 우리는 세계에 대한 사변(思辨)을 통하여 한 입이라도 신성의 맛을 보게 되면 즉시 참 하나님을 제외시킨 채 그의 자리에 우리 뇌로부터 끄집어낸 꿈들과 환영(幻影)들을 세우고, 의, 지혜, 선함, 권능에 대한 찬미를 그 원천이 아니라 여기저기 다른 것에 돌리기 때문이다. 그뿐 아니라 우리는 사악한 평가로 그가 날마다 하신 일들을 모호하게 하거나 뒤집거나 해서 그것들에게 합당한 영광과 그것들의 조성자에게 마땅히 돌려야 할 찬미를 낚아챈다.[124]

---

[124] 칼빈은 지금까지 일반계시에 대하여 논하면서 키케로의 글을 여러 차례 인용했다. 그렇다고 해서 키케로의 사상이 칼빈의 신학에 영향을 미쳤다고 속단해서는 안 된다. 키케로가 무신론을 거부하는 철학적 신관에 서 있다고 해서 신학적 신관을 견지한다고 볼 수는 없기 때문이다. Cf. Egil Grislis, "Calvin's Use of Cicero in the *Institutes* 1,1–5—A Case Study in Theological Method," *Archiv für Reformationsgeschichte* 62 (1971), 168–182; Peter J. Leithart, "That Eminent Pagan: Calvin's Use of Cicero in *Institutes* 1,1–5," *Westminster Theological Journal* 52 (1990), 1–12; Serene Jones, *Calvin and the Rhetorical Piety* (Louisville: Westminster John Knox Press, 1995), 3, 25, 35; Alister E. McGrath, *The Intellectual Origins of the European Reformation* (Grand Rapids: Baker, 1987), 36.

DE COGNITIONE DEI CREATORIS

제6장

창조주 하나님께 이르고자 하는 사람마다 성경이 지도자와 선생으로서 필요함

Ut ad Deum creatorem quis perveniat, opus esse scriptura duce et magistra

1. 택한 사람들에게 특별히 조명되는 말씀의 빛
2. 일반계시의 한계와 특별계시로서의 성경의 필연성
3-4. 성경의 가르침을 통한 하나님의 통치와 양육

1. 성경의 안경을 쓰지 않고는
　　하나님을 창조주와 구속주로 알 수 없음

지금까지 보았듯이, 하나님은 자기의 피조물에 묘사된 자기의 현존을 예외 없이 모든 사람에게 드러내셔서 마치 인류를 동일한 죄책에 연루시키시는 듯하다. 모든 사람의 눈에 심겨진 하늘과 땅의 저 광채가 그들의 배은망덕에 대한 일체의 핑계를 충분히 제거해 내고도 남음이 있기 때문이다. 그럼에도 불구하고 우리는 우리를 세상의 창조주 자신에게로 순수하게 이끄는 다른 더 좋은 버팀목으로 가까이 나아가야 한다. 이렇듯 하나님이 자기 말씀의 빛을 더하심으로 구원이 알려지게 하신 것은 헛되지 않다. 그리고 그가 더욱 가깝고 더욱 친근하게 자기에게로 모으기를 원하시는 사람들은 이러한 특권을 누릴 가치가 있다. 실로 그는 모든 영혼이 사방으로 둘러싸여 모호하고 불안하게 요동치고 있음을 보았기 때문에, 유대인들을 특별한 무리로 택하셔서 자기 백성을 삼으신 후 그들이 다른 사람들의 습관을 좇아 허탄해지지 않도록 그들을 위하여 울타리를 둘러치셨다. 그가 동일한 처방으로 우리를 자신의 순수한 지식에 머물게 하신 것은 헛되지 않다. 왜냐하면 그렇게 하지 않으면 심지어 다른 사람들 앞에서 가장 견고히 서 있는 듯 보이는 사람들도 곧 허물어지고 말기 때문이다. 이는 마치 당신이 세상에서 가장 아름다운 책 한 권을 노인들이나 눈이 침침한 사람들 그리고 눈이 어두운 사람들 앞에 보여 주는 것과 같다. 그 책이 어떻든지, 그들은 그곳에 무엇이 기록되어 있다는 사실은 인식하겠지만 고작 두 단어도 제대로 끼워 맞출 수 없을 것이다. 그러나 안경을 가운데 두고 도움을 받게 되면 그들은 그것을 또렷하게 읽기 시작할 것이다.

　이와 같이 그냥 두면 혼돈스러운, 하나님을 아는 지식을 우리 마음속에서 한데 묶어 주는 성경은 어둠을 깨뜨리면서 우리에게 참 하나님을 분명하게 보여 준다. 따라서 이것은 특별한 선물이다. 하나님은 교회를 가르치기 위하여 무언의 교사들을 사용하실 뿐만 아니라 그 자신의 가장 거룩한 입을 여신다. 그리하여 어떤 하나님이 예배를 받으셔야 한다고 공표하실 뿐만 아니라 동시에 예배를 받으셔야 할 그가 자기 자신이라고 선포하신다. 또한 택함 받은 사람들에게 하나님을 바라보는 것을 가르치실 뿐만 아니라 그들이 바라봐야 할 그가 자기 자신임을 나타내신다. 하나님은 처음부터 자기의 교회를 향하여 이 질서를 가지고 계셨다. 그리하여 저 일반적인 증거들 외에 또한 말씀을 더하셨다. 이 말씀이 그 자신을 식별하기 위한 더욱 올바르고, 더욱 확실한 표지이다.[125]

　아담, 노아, 아브라함, 그리고 나머지 족장들이 이 버팀목으로 말미암아 이러한 지식, 즉 자기들을 믿지 않는 사람들로부터 어떤 식으로든 구별되게 한 친숙한 지식에 이르게 되었다는 사실은 의심할 바가 없다. 나는 아직 영생의 소망에 이르도록 조명되는 믿음에 관한 고유한 교리에 대해서는 말하지 않는다. 실로 그들이 죽음으로부터 생명으로 옮겨지기 위해서는 하나님을 창조주로서뿐만 아니라 구속주로서 알았어야 했다. 이를 위하여 확실히 그들은 말씀으로부터 이 두 가지 지식에 도달했다.

---

125) 여기서 칼빈은 일반계시의 한계(혹은 불충분성)와 특별계시의 필연성(혹은 보충성)에 대해서 말한다. 이 부분은 다음과 같이 정리된다. 하나님은 피조물들을 '무언의 교사들'(muti magistri)로 세우시고 그것들의 '일반적인 증거들'(communia documenta)을 통하여서 모든 사람이 하나님을 아는 지식을 얻도록 하셨다. 그러나 그들은 자기들의 죄로 말미암아 그 지식을 얻을 수 없게 되었다. 그리하여 하나님은 친히 자기의 '거룩한 입으로'(os sacrosanctum) 말씀하신 '자기 말씀의 빛을'(verbi sui lumen) 비추셔서 '자기의 교회'(ecclesia sua)를 이루는 '선택된 사람들'(electos)이 그 말씀을 '안경'(specilla)으로 삼아서, 그 '동일한 처방으로'(eodem remedio), 하나님을 아는 지식과 하나님께 예배드리는 지식을 얻게 하셨다. '성경'(scriptura)은 이러한 말씀의 기록으로서, 하나님 '자신을 식별하기 위한 더욱 올바르고, 더욱 확실한 표지'(rector et certior ad ipsum dignoscendum nota)이다.

순서상으로는 세상을 창조하고 통치하시는 하나님이 누구신지에 대한 답을 깨닫게 해 주는 창조주에 관한 지식이 먼저 있었다. 그리고 다른 내적인 지식이 더 첨가되었다. 오직 이 지식이 죽은 영혼들을 살리는데, 이 지식으로 말미암아 하나님이 세상의 창조주요 존재하는 모든 것의 유일한 조성자와 중재자로서뿐만 아니라 중보자의 인격을 지니신 구속주로서 인식된다. 그 밖의 점에 있어서, 우리는 아직 세상의 타락과 본성의 오염을 다루는 데는 이르지 않았으므로 나는 그 처방에 관해서 다루는 것을 삼갈 것이다. 그러므로 독자들은 하나님이 아브라함의 후손들을 자기의 자녀로 삼으신 그 유명한 언약과 특별히 신자들을 항상 불경한 이방인들로부터 분리시켰던 저 유명한 교리에 관해서는 그것들이 그리스도 안에 기초하고 있기 때문에 내가 아직 설명하지 않는다는 것을 기억하라.

여기에서 우리가 다루고자 하는 것은 세상의 창조주이신 하나님과 가공된 모든 신의 무리를 확실한 표지들을 사용해서 구별하는 방법을 성경을 통하여 배우는 데에만 국한될 것이다. 아래에 적절하게 이어지는 일련의 논의들 자체가 이후에 우리를 구속의 교리로 이끌어 갈 것이다. 여기에서 우리는 신약으로부터뿐만 아니라 그리스도에 대한 다른 여러 명백한 언급들을 담고 있는 율법과 선지자들로부터 많은 증언들을 이끌어 낼 것이다. 그럼에도 불구하고 이 모든 것은 성경을 통해 세상을 지으신 창조주 하나님을 밝히고 우리가 하나님에 관해서 지각해야 할 것을 제시해서, 우리가 애매모호한 것들에 사로잡혀 어떤 불확실한 신성을 구하지 않도록 하려는 데 목적이 있다.[126]

2. 하나님의 말씀인 성경의 제자가 되지 않고는 그의 가르침을 맛볼 수 없음

그러나 하나님은 말씀과 환상을 통해서나 사람들의 일이나 사역을 통해서

---

[126] 구속주 하나님을 아는 지식은 중보자 그리스도의 대속의 필연성을 다루는 *Institutio*, 2.6로부터 시작된다.

그 자신을 족장들에게 알리시는 동시에 족장들이 후손들에게 손수 전해야 할 것들을 은밀히 마련해 주셨다. 그러는 동안에 의심할 바 없이 그들의 마음속에는 교리의 확고한 확실성이[127] 새겨졌다. 그리하여 그들은 자기들이 배운 것이 하나님으로부터 나온 것이라는 데에 감화를 받고 그 가르침에 대한 확실한 이해에 이르게 되었다. 왜냐하면 하나님은 모든 사건을 능가하는, 의심 없는 믿음을 언제나 자기의 말씀으로 만드셨기 때문이다.

모든 세대에 현존하는 진리가 교리의 계속적인 진보 가운데 결국 세상에 남게 되듯이, 하나님은 족장들 가운데 맡기셨던 동일한 말씀들이 말하자면 공개된 서판에 기록되어 인증되기를 원하셨다. 이 계획 가운데 율법이 선포되었다. 이후에 선지자들은 그것에 대한 해석자들로서 더하여졌다. 율법은, 이를 다루는 곳에서[128] 더 잘 고찰될 것이지만, 그 용법이 다중적이었음에도 불구하고 실로 하나님과 사람 사이의 화목의 방식을 가르치기 위해서 모세와 모든 선지자에게 특별히 맡겨졌다. 또한 이러한 의미에서 바울은 그리스도를 "율법의 마침"(롬 10:4)이라고 부른다.

그럼에도 불구하고 여기에서 내가 재차 반복하는 바는, 성경은 그리스도를 중보자로 제시하는, 믿음과 회개의 고유한 교리 외에, 세상을 창조하셨으며 통치하고 계시는 한 분 참 하나님을 확실한 표지들과 표징들로 장식하여 거짓 신들의 무리와 섞이지 않도록 한다는 것이다.

따라서 사람이 하나님의 작품들을 헤아리기 위해서는 이 가장 눈부신 극장에 자리 잡고 그것들의 관객이 되어[129] 진지하게 자기의 눈을 모아야 한다. 그렇지만 이보다 더욱 많은 유익을 얻기 위해서는 특히 말씀에 귀를 기울이는 것이 합당하다. 이런 까닭에 어둠 가운데 태어난 사람들이 자기들의 어리석음으

---

[127] "firmam doctrinae certitudinem." 칼빈은 'certitudo'를 말씀의 '확실성'으로, 'fiducia'를 말씀에 대한 '확신'으로 구별해서 사용한다. '확실성'은 하나님의 말씀이 진리라는 것을 객관적으로 인정하는 데 이르게 하는 성령의 조명(illuminatio)에 상응하고, '확신'은 그렇게 인정된 진리가 나에게 주관적으로 주어지는 말씀이라는 것을 확정하는 데 이르게 하는 성령의 감화(persuasio)에 상응한다. 그런데 성령의 조명과 감화는 동시에 일어나기 때문에, 그 역사(役事)를 두 가지로 볼 것이 아니라 한 가지의 두 측면으로 보아야 한다. 이 부분은 Institutio, 3.2에서 상세하게 논의된다.

[128] Institutio, 2.7-8.

[129] "in hoc splendidissimo theatro locatus est ut eorum esset spectator."

로 말미암아 더더욱 완고해진다는 것은 놀랄 일이 아니다. 왜냐하면 극소수의 사람들만이 한계 내에 머물며 하나님의 말씀에 따라 가르침을 받게끔 처신하는 반면, 오히려 많은 사람들은 자기들의 헛됨에 기뻐 날뛰기 때문이다.

그러나 참 종교가 우리를 비추기 위해서는, 그 기원이 하늘의 교리로부터 주어져야 하며 또한 성경의 제자가 되지 않고는 도무지 참되고 건전한 교리를 최소한의 맛조차 감지할 수 없다는 사실이 고려되어야 한다.[130]

이렇게 하는 가운데서, 하나님이 성경에서 자기에 관하여 증언하고자 하시는 것을 경외함으로 포용할 때, 참된 지성의 시작이 어디인지 우리에게 밝혀지게 된다. 왜냐하면 완전하고 모든 면에서 완성된 믿음뿐만 아니라 하나님을 아는 모든 올바른 지식은 순종으로부터 태어나기 때문이다.[131] 그리고 온당하게도 이 부분에 있어서 하나님은 모든 세대를 통하여 특별한 섭리로 사람들을 돌보신다.

3. 말씀의 실로써 미궁을 벗어남

참으로 만약 우리가 인간의 마음이 얼마나 허망하게 사악함에 빠져 하나님을 망각하게 되는지, 모든 종류의 오류에 이르는 경향이 얼마나 대단한지, 반

---

130) "Sic autem habendum est, ut nobis affulgeat vera religio, exordium a coelesti doctrina fieri debere, nec quemquam posse vel minimum gustum rectae sanaeque doctrinae percipere, nisi qui scripturae fuerit discipulus." 여기서 '성경'의 가르침에 충실한 '하늘의 교리'만이 '참되고 건전한 교리'이며, 이로부터 '참 종교'가 비롯됨이 천명된다. Cf. V. E. d'Assonville, *Der Begriff 'doctrina' bei Johannes Calvin—eine theologische Analyse* (Münster: 2001, Rostocker theologische Studien, Bd. 6); I. John Hesselink, "Calvin's Use of Doctrina in His Catechisms," in *Calvinus sacrarum literarum interpres, Papers of the International Congress on Calvin Research*, ed. Herman J. Selderhuis (Göttingen: Vandenhoeck & Ruprecht, 2008), 70–87; Olivier Millet, "Docere/Movere: Les catégories rhétoriques et leurs sources humanists dans la doctrine calvinienne de la foi," in *Calvinus Sincerioris Religionis Vindex, Calvin as Protector of the Purer Religion*, ed. Neuser and Armstrong, 35–51. '종교'를 계시에 정초시키는 다음 글은 이러한 칼빈의 입장에 충실히 서 있다. Herman Bavinck, *The Philosophy of Revelation* (New York: Longmans, Green, and Co., 1909), 142–169.

131) "Neque enim perfecta solum, vel numeris suis completa fides, sed omnis recta Dei cognitio ab obedientia nascitur." '순종'(obedientia)은 성령의 조명과 감화로 성경 말씀에 복종함을 뜻한다.

복해서 새롭고 거짓된 종교들을 조작해 내는 정욕이 얼마나 대단한지를 생각한다면, 우리는 망각 가운데 멸망하거나, 오류 가운데 소멸하거나, 사람들의 무모함으로 파괴되지 않기 위해서 이러한 하늘 교리의 인침이 얼마나 필요한지를 감지해야만 할 것이다.

잘 알려진 대로, 하나님은 세상이라는 가장 아름다운 형식으로 새겨진 자기의 형상이 효과가 적다는 것을 미리 알고 계셨기 때문에, 모든 사람을 효과적으로 가르쳐 주시기 위하여 말씀의 도움을 더하셨다. 그래서 만약 우리가 하나님을 순수하게 헤아리는 데 이르기를 진지하게 갈망한다면 이 올바른 길로 매진하는 것이 유익할 것이다.

내가 말하고자 하는 것은 우리가 말씀으로 나아가야 한다는 사실이다. 그곳에서 하나님은 자기의 작품들에 의해서 순수하게 그리고 살아 계신 분으로서 우리에게 묘사된다. 그 자신의 작품들이 우리의 사악한 판단으로부터가 아니라 영원한 진리의 규범에 따라서 측량되는 한 그러하다.

만약 말씀으로부터 벗어난다면, 앞서 말했듯이, 우리가 아무리 힘을 모아서 신속하게 나아갈지라도 그 행로가 길 밖에 있으므로 결코 목적지에 이르지 못할 것이다. 왜냐하면 사도가 "가까이 가지 못할 빛"(딤전 6:16)이라고 부른 하나님의 얼굴의 광채는 우리가 말씀의 실에 의해서 그것 자체로 이끌림을 받지 않는다면 흡사 불가해한 미궁과 다르지 않다는 사실을 우리는 생각해야 하기 때문이다.[132] 그리하여 이 길을 벗어나 가장 신속하게 달리는 것보다 이 길 가운데로 절며 가는 것이 더욱 만족스러우리라.[133]

이처럼 다윗은 순수한 종교에 생기를 불어넣기 위해서는 세상에서 미신을 뽑아내야 한다고 가르치면서, 하나님을 "다스리시는 분"으로서 자주 소개한다(시 93:1; 96:10; 97:1; 99:1 등). 여기서 '다스리시는 분'이라는 말은 하나님이 부여받으셔서 자연에 대한 우주적 통치를 행하시는 권세를 지칭하는 것이 아니

---

[132] '말씀의 실'(verbi linea)로 '흡사 불가해한 미궁'(instar inexplicabilis labyrinthi)을 벗어난다는 것은 헬라 신화의 테세우스(Theseus)와 아리아드네(Ariadne)의 이야기를 연상시킨다.

[133] Augustine, *Psalms*, Ps. 31. ii. 4 (MPL 36. 260; tr. LF *Psalms* I. 253); *Sermons* cxli. 4 (MPL 38. 778; tr. LF *Sermons* II. 656f.): "Melius est in via claudicare quam praeter viam fortiter ambulare"(길을 벗어나 힘차게 걷는 것보다 절면서 길 가운데로 가는 것이 낫다). Quot. Battles tr., n. 8.

라 하나님이 합법적인 통치권이 자기에게 있음을 주장하시는 근거가 되는 가르침을 지칭한다. 왜냐하면 하나님에 관한 참 지식이 심겨지기 전까지는 사람들의 오류를 결코 그들의 심장에서 뽑아낼 수 없기 때문이다.

4. 하나님의 자녀들의 고유한 학교인 성경에서 배움

그리하여 동일한 선지자는 "하늘이 하나님의 영광을 선포하고 궁창이 그의 손으로 하신 일을 나타내는도다 날과 밤이 연이어 순서대로 그의 엄위를 전하니"(적용. 시 19:1-2)라고 기억을 새롭게 한 후, 다음으로 말씀에 대하여 언급한다. "여호와의 율법은 완전하여 영혼을 소성시키며 여호와의 증거는 확실하여 우둔한 자를 지혜롭게 하며 여호와의 교훈은 정직하여 마음을 기쁘게 하고 여호와의 계명은 순결하여 눈을 밝게 하시도다"(시 19:7-8). 다윗은 또한 율법의 다른 용법들도 이해하고 있었다.

여기서 그가 의미하는 것은 일반적인 뜻으로서, 하나님이 하늘과 땅에 관한 직관적 지식을 베풀어 모든 국민을 자기에게로 초대하신 일은 소용이 없고, 여호와의 율법이 하나님의 자녀들의 고유한 학교라는[134] 것이다. 시편 29편도 동일한 관점으로 바라본다. 그곳에서 선지자는 천둥(3절), 바람, 폭풍우, 회오리, 풍랑으로 땅을 뒤흔들고, 산을 떨게 하며(6절), 백향목을 꺾어 버리는(5절) 하나님의 두려운 음성을 설명한 후 마지막에 그에 대한 엄숙한 찬미가 성전에 있다고 덧붙인다. 왜냐하면 믿지 않는 사람들은 공중에 울려 퍼지는 하나님의 모든 음성(9-11절)에 대해서 귀가 멀어 있기 때문이다.

마찬가지로 다른 시편에서 바다의 무서운 파도를 묘사한 후 이같이 결론을 맺는다. "주의 증거들이 매우 확실하고 주의 성전의 고귀함과 거룩함이 영원 무궁하리이다"(적용. 시 93:5). 그리스도가 사마리아 여인에게 그녀의 민족과 나머지 모든 국민은 그들이 알지 못하는 것을 경배하지만 오직 유대인들은 참 하

---

[134] "peculiarem filiorum Dei scholam."

나님께 예배한다고 말씀하신(요 4:22) 뜻이 여기에서 도출된다. 참으로 인간의 마음은 자기의 연약함 때문에 하나님의 거룩한 말씀으로 도움과 위로를 받지 않으면 어떤 방식으로도 하나님께 가닿을 수 없으므로, 그 당시 유대인들을 제외한 모든 사람은 공허함과 오류 가운데 살아가야만 했다. 왜냐하면 그들은 말씀 없이 하나님을 찾고 있었기 때문이다.[135]

---

[135] 칼빈은 제6장의 제목에서 성경을 "지도자"(dux)와 "선생"(magister)이라고 칭한 후, 그 특성을 '안경'(specilla), '실'(linea), '학교'(schola)라는 세 가지 비유를 들어서 설명한다. 이 세 가지는 진리를 올바르게 분별하는 것, 진리의 인도를 받는 것, 진리로써 자라 가는 것에 각각 상응한다.

DE COGNITIONE DEI CREATORIS

제7장

성경은 그 확실한 권위에 부합하게 성령의 증언으로써 확립되어야 함, 그리고 성경에 대한 믿음이 교회의 판단에 따른다는 불경건한 공상

Quo testimonio scripturam oporteat sanciri,
nempe spiritus:
ut certa constet eius autoritas;
atque impium esse commentum,
fidem eius pendere ab ecclesiae iudicio

1-3. 성경의 권위는 그 저자가 하나님이심에 있음
4-5. 성령의 내증(內證)을 통한 성경의 자증(自證)

1. 성경은 하나님의 말씀으로서 그 자체로 완전한 권위가 있으므로 그 가치는 교회의 승인과 무관함

더 상세하게 나아가기 전에, 우리 영혼이 성경에 대하여 경의를 표하고 성경에 대한 모든 의심을 버리도록 준비되기 위하여 성경의 권위와 관련된 몇 가지를 덧붙일 필요가 있다. 우리가 보건대, 하나님의 말씀이 존재한다는 사실을 제시받고 추호도 의심하지 않는 사람은 그 누구도, 그가 일반적인 지각과 인성 자체를 모두 결여하고 있지 않는 한, 말씀하시는 분에 대한 믿음을 감히 경멸할 정도에 이를 만큼 개탄스러운 무모함에 빠지지는 않을 것이다. 우리는 하나님이 하시는 말씀을 그날그날 하늘로부터 듣는 것이 아니다. 하나님은 자기의 진리를 거룩하게 하셔서 오직 성경 안에서 영원히 기억되게 하시기를 기뻐하셨다(참조. 요 5:39).

성경은 신자들이 그것을 하늘로부터 내려왔다고 확고하게 여기고 거기서 하나님의 살아 있는 음성 자체를 듣는 듯이 할 때 의당히 그들 가운데 완전한 권위를 갖게 된다.[136] 이 사안은 가장 귀하므로 더욱 상세하게 다루고 더욱 정확

---

[136] "non alio iure plenam apud fideles autoritatem obtinent, quam ubi statuunt e coelo fluxisse, ac si vivae ipsae Dei voces illic exaudirentur." 성경의 '완전한 권위'(autoritas plena)는 성경이 하나님의 감동으로 기록된 하나님의 말씀이라는, '완전한 영감'(inspiratio plena)에서 비롯된다.

하게 설명해야 마땅할 것이다. 그러나 이 사안의 탁월함이 요구하는 것보다 본서의 정해진 계획이 드러내고자 하는 바에 더욱 치중하여 고찰한다고 하더라도 독자들은 나에게 호의를 베풀어 주실 것이다.

여하튼 대부분의 사람들 가운데는 오직 교회의 승인에 의해서[137] 허용될 때에만 성경이 내적으로 엄중한 가치를 지니게 된다고 보는 가장 치명적인 오류가 널리 횡행하고 있다. 마치 하나님의 영원하고 불가침한 진리가 사람들의 뜻에 달려 있기라도 하듯이 말이다.

이러한 가운데 그들은 성령을 크게 비웃으며 묻는다. 도대체 누가 우리에게 성경이 하나님으로부터 나왔다는 믿음을 만들어 준다는 말인가? 도대체 누가 우리로 하여금 성경이 우리의 세대에까지 줄곧 온전하고 순수하게 이르렀다는 것을 더욱 확신하도록 하는가? 이 모든 것에 대한 확실한 규준(規準)을 교회가 수립하지 않았다면 도대체 누가 감동을 주어 이 책은 경의를 표하도록 분류하고 저 책은 그 수에서 제외되도록 하겠는가? 이런 가운데, 그들은 성경에 대하여 어떤 경의를 드려야 할지, 어떤 책들을 그것의 목록에 속한 것으로 여겨야 할지, 이 두 질문이 모두 교회의 결정에 따라서 좌우된다고 말한다. 이렇듯 불경한 사람들은 교회를 구실로 삼아서 오만한 독재에 편승하기를 원하여, "교회는 하지 못할 것이 아무것도 없다."라는 한 가지 사실을 단순한 사람들에게 강요할 수만 있다면, 자기들과 다른 사람들을 올가미에 빠뜨리는 부조리들에 대해서는 아무 신경도 쓰지 않는다.

만약 이것이 사실이라면, 만약 영생에 관하여 현존하는 모든 약속이 오직 사람들의 판단에 기초하여 존재한다면, 흔들리지 않는 영생의 확실성을 추구하는 우리의 비참한 양심에 무슨 일이 일어날 것인가? 이러한 반응이 있을 때 양심은 쉼 없이 흔들리고 떨리지 않겠는가? 또한 우리의 믿음은, 만약 성경이 그저 사람들의 호의에 의해서만 일시적인 권위를 가지게 된다고 믿어진다면, 불경건한 사람들에게 어떤 비웃음거리가 될 것이며 얼마나 많은 의혹을 낳으며 모든 사람의 입에 회자될 것인가?

---

[137] "ecclesiae suffragiis."

2. 교회의 터는 성경이며 그 경건의 직분은
   그 말씀을 하나님의 진리로 받아들이는 데 있음

그러나 이런 종류의 말재주꾼들은 사도의 오직 한마디 말로 깔끔하게 반박된다. 그는 교회를 "사도들과 선지자들의 터 위에 세우심을 입었다"(적용. 엡 2:20)라고 증언한다. 선지자적이고 사도적인 교리가 교회의 터일진대, 교회가 시작되기 전에 먼저 교리가 그 확실성을 확립했다고 볼 것이다. 교리를 교회가 생겨난 첫 시작점으로 삼는다고 할지라도 교회 자체의 판단에 따른 중재가 없다면 어떤 책들이 선지자들과 사도들에게 돌려져야 하는지 여전히 모호하게 남는다고 그들이 트집 잡을 일도 없다. 왜냐하면 그리스도의 교회가 처음부터 선지자들의 글과 사도들의 선포에 기초하고 있었을진대, 그 교리가 발견되는 곳마다 교리에 대한 수납(受納)이 교회보다 앞섰을 것임이 확실하며 그 수납이 없었다면 교회 자체가 결코 존재할 수 없었을 것이기 때문이다.[138] 그러므로 성경을 판단하는 권세가 교회의 수중에 있으므로 성경의 확실성이 교회의 승인에 달렸다고 이해하는 것은 가장 부질없는 공상이다. 따라서 교회가 성경을 받아들여 찬성의 인을 칠 때, 교회는 그냥 두면 의심스럽고 논쟁적인 것을 진정한 것으로 만드는 것이 아니라, 진리가 하나님 자신에게 속한다는 것을 인식하고 경건의 직분을 좇아서 지체 없이 경의를 표하는 것이다.[139]

그러나 그들은 "우리가 교회의 교령(敎令)에 기대지 않는다면, 무엇으로 성경이 하나님으로부터 내려왔다는 사실에 감화될 것인가?"라고 묻는다. 이는 마치 누군가 "빛을 어두움으로부터, 흰 것을 검은 것으로부터, 달콤한 것을 쓴

---

138) "Nam si christiana ecclesia prophetarum scriptis et apostolorum praedicatione initio fundata fuit, ubicunque reperietur ea doctrina, ecclesiam certe praecessit eius approbatio; sine qua nunquam ecclesia ipsa exstitisset." '수납'(approbatio)은 하나님의 말씀을 절대적이고 객관적인 진리로 받아들이는 것으로서 이성적으로 판단해서 인정하는 '승인'(suffragium)과는 다르다.

139) Cf. Abraham Kuyper, *Principles of Sacred Theology*, tr. J. Hendrik De Vries (Grand Rapids: Eerdmans, 1980), 280–289; Cornelius Van Til, *In Defense of the Faith*, vol. 1, *The Protestant Doctrine of Scripture* (Ripon, CA: Den Dulk Christian Foundation, 1967), 29–30; Heiko A. Oberman, "Quo Vadis, Petre? Tradition from Irenaeus to *Humani Generis*," in *The Dawn of the Reformation: Essays in Late Medieval and Early Reformation Thought* (Grand Rapids: Eerdmans, 1986), 269–296.

것으로부터 분별하는 빛을 우리는 어디에서 배우게 되는가?"라고 질문하는 것과도 같다. 실로 성경이 자발적으로 우리에게 제시하는 그것 자체의 진리를 인식하는 지각은 그것의 색으로 말한다면 흰 것들과 검은 것들, 그것의 맛으로 말한다면 달콤한 것들과 쓴 것들을 비교하는 것보다 결코 더 모호하지 않다.

3. 아우구스티누스의 말은 성경에 대한 교회의 권위가 아니라 교회의 역할과 관계됨

과연 나는 아우구스티누스의 한 문장이 일반 사람들에 의해서 인용된다는 사실을 알고 있다.[140] 그곳에서 그는 교회의 권위가 자기를 감동시키지 않았더라면 자신은 복음 믿기를 거절했을 것이라고 했다. 그러나 그들이 이 문장을 얼마나 허황되고 근거 없이 해석하여 인용했는지 그 문맥을 보면 쉽게 이해할 수 있다. 아우구스티누스에게 문제가 된 것은 마니주의자들이었다. 그들은 자기들이 진리를 가지고 있다고 공언했지만 그것을 보여 주지는 않았다. 그러면서도 사람들이 아무 논박 없이 그들 자신을 믿어 주기를 원했다. 진정 그들이 복음을 들먹거리는 것은 자기들의 믿음을 마니(Mani) 위에 세우기 위함이었다. 그리하여 아우구스티누스는 "설혹 그들이 도무지 복음을 믿지도 않는 한 사람에게 몰입한다고 해서 도대체 무슨 일이 그들에게 일어날 것인가? 어떤 종류의 감화로 그들은 그 사람을 자기들의 사견 속으로 끌어들일 것인가?"라고 묻는다. 그리고 이어서 "실로 나로 [보편적 교회의 권위에 의한 감동이 없이] 복음을 믿지 말게 하라."라는 등의 말을 덧붙였다. 이로써 자기가 믿음에서 떨어져 있는 이방인이었다면 교회의 권위에 압도되지 않고서는 어떤 경우라도 복음을 하나님의 확실한 진리로 받아들이도록 이끌림받을 수 없었을 것임을 말하고자 한다. 누군가 아직 그리스도를 알지 못한 채로 사람들의 존경을 받는다

---

140) Augustine, *Contra epistolam Manichaei quam vocant fundamenti* v (MPL 42. 176; tr. NPNF IV. 131). Quot. Battles tr., n. 6. Cf. Heiko A. Oberman, "Holy Spirit–Holy Writ–Holy Church: The Witness of the Reformation," *Hartford Seminary Quarterly* 5/1 (1964), 65–66.

손 치자. 그렇게 한들 무슨 경이로움이 있겠는가? 그러므로 여기에서 아우구스티누스는 경건한 사람들의 신앙이 교회의 권위에 기초하고 있다고 가르치지 않을 뿐만 아니라 거기에 복음의 확실성이 달려 있다고 이해하지도 않는다. 다만 믿지 않는 사람들이 교회의 승인을[141] 통하여 자극받지 아니하면 그들에게 어떤 복음의 확실성도 없을 것이므로, 그들이 그리스도로부터 유익을 얻지 못할 것이라고 단순하게 말할 뿐이다. 그리고 아우구스티누스는 조금 더 나아가서 다음과 같이 말함으로써 이를 분명하게 확증한다. "나는 내가 고백하는 바는 찬미할 것이고, 당신이 믿는 바는 조소할 것이다. 이러하므로 만약 우리에게 확실한 것들을 깨닫도록 권유했지만 곧이어 불확실한 것들을 믿도록 명령하는 사람들을 우리가 떠나는 것 외에, 우리가 판단해야 할 것 혹은 우리가 행해야 할 것이 무엇이라고 생각하는가? 우리는 우리가 아직 온당히 헤아릴 수 없는 것을 우선 믿도록 권유하는 자들을 따르도록 하자. 그리하여 믿음 자체로 더욱 강해지도록 하자. 우리에게는 믿는 바를 이해할 수 있는 고귀함이 있다(골 1:4-11, 23). 그것은 진정 사람들이 아니라 하나님 자신에 의해서 우리의 마음이 속에서부터 강화되고 조명되었기 때문이 아닌가?"[142]

아우구스티누스의 말이 뜻하는 바는 이와 같이 확실하다. 그의 말 한 마디 한 마디의 뜻을 헤아리는 것은 어렵지 않다. 이 거룩한 사람에게는 성경을 믿는 우리의 믿음을 교회의 자의적인 승인에[143] 맡겨 두고자 하는 마음이 없었다. 단지 그는, 아직 하나님의 영으로 조명을 받지는 않았으나 교회에 대한 경의로써 마음이 가르침받을 만하게 된 자들이 복음을 통하여서 그리스도를 믿는 믿음을 지속적으로 배우게 된다는 것을 우리가 고백하는 것이 참되다는 사실을 지적하였다. 또한 이러한 방식으로 교회의 권위는 우리가 복음을 믿는 믿음을 준비하는 서론이 된다는[144] 사실을 부각시키고자 하였다. 왜냐하면 우리가 보

---

141) "ecclesiae consensus."

142) Augustine, *Contra epistolam Manichaei quam vocant fundamenti* xvi (MPL 42. 183; tr. NPNF IV. 136). Quot. Battles tr., n. 7.

143) "a nutu arbitriove ecclesiae." 칼빈은 교회의 '승인'을 뜻하는 단어로 'suffragium'뿐만 아니라 'nutus'와 'consensus'도 함께 사용한다.

144) "ecclesiae autoritatem isagogen esse qua ad fidem evangelii praeparamur."

듯이, 그는 경건한 자들이 견지하는 말씀의 확실성이 완전히 다른 기초에 의해서 오래 지탱되기를 원했기 때문이다. 나는 그가 다른 곳에서 마니주의자들이 비난하는 성경을 변호하면서 종종 보편적 교회의 일치를 그들에게 역설한 것을 부인하지 않는다. 같은 맥락에서 그는 복음의 진리가 너무나 견실하고, 너무나 안정적이며, 너무나 큰 영광 가운데 찬미되며, 너무나 확실한 계승을 통하여 사도 시대로부터 맡겨졌지만, 파우스투스(Faustus)가 그 복음의 진리에 자리 잡고 있지 않다고 비난한다.[145] 그러나 성경에서 도출되는 권위가 사람의 정의나 규정에 달려 있다고 보는 것은 결코 아우구스티누스의 뜻에 부합하지 않는다. 그가 위에서와 같이 말한 가장 큰 이유는 교회의 보편적인 판단이[146] 필요함을 제시하기 위함이었다. 여기에서 그는 대적들보다 뛰어났다. 만약 누군가 이에 대해 더욱 완전하게 확정하기를 바란다면 아우구스티누스의 작은 책자 『믿음의 유익』(De utilitate credendi)을 읽어 보라.[147] 그곳에서 저자는 독자에게 탐구에 접근하는 창구를 제시하고, 가장 합당한 탐구의 출발점이 되는, 다름 아닌 믿음의 유용함을 소개하고 있음을 발견하게 된다. 그 자신이 말하듯이, 우리는 사견을 용납해서는 안 되며 확실하고 완전한 진리에 의지해야 한다.

4. 성령이 인(印)이자 보증으로서
하나님의 말씀을 내적으로 증언하심

내가 조금 전에, 교리에 대한 믿음이 견고해지는 것은 그것의 저자가 하나님이시라는 사실이[148] 의심의 여지없이 비로소 우리에게 감화될 때라고 말한 것

---

[145] Augustine, *De ordine* II. ix. 27–x. 28 (MPL 32. 1007f.; tr. R. P. Russell, *Divine Providence and the Problem of Evil: A Translation of Augustine's De ordine*, pp. 122–127); *Against Faustus the Manichee* xxxii. 19 (MPL 42. 509; tr. NPNF IV. 339). Quot. Battles tr., n. 8.

[146] 칼빈은 '보편적'이라는 뜻으로 'universalis'를 'catholicus'와 다름없이 사용한다. 이런 경향은 『기독교 강요』 제4권에서 교회의 '보편성'(catholicitas)을 논할 때 현저히 나타난다.

[147] Augustine, *The Usefulness of Belief* i. 2, 3 (MPL 42. 65ff.; tr. LCC VI. 292ff.). Quot. Battles tr., n. 9.

[148] "autorem eius esse Deum." 성경의 '권위'(autoritas)는 그 '저자'(autor)가 하나님이시라는 사실에 있다. Cf. John Murray, *Calvin on Scripture and Divine Sovereignty* (Grand Rapids: Baker, 1960), 35–51.

은 견지되어야 한다. 이렇듯 성경에 대한 최고의 증거가 도처에서 취해지는 것은 친히 말씀하시는 하나님의 인격에 의해서이다.149) 선지자들과 사도들은 자기들의 명민함이나 자기들의 말을 듣는 자들로부터 얻는 무슨 신임이든지 자랑하지 않을 뿐만 아니라 자기들의 논리들을 주장하지도 않는다. 오히려 그들은 하나님의 거룩한 이름을 드러내어 그것으로 말미암아 온 세상이 복종하는 데 이르도록 강요한다.

여기서 우리는 그들이 하나님의 이름을 무분별하거나 그릇되게 내세우지 않았다는 것을 그럴듯한 사건에 의해서뿐만 아니라 분명한 진리에 의해서도 어떻게 나타나는지 살펴보아야 한다. 만약 우리가 양심을 위한 최상의 자문을 듣기 원한다면, 우리는 이러한 감화를 인간적 논리나 판단이나 추론보다 더욱 고상한 무엇으로부터, 즉 성령의 은밀한 증언으로부터 간구해야 한다.150) 그렇지 않으면 끊임없이 요동치는 의심 가운데 배회하거나 떨게 될 뿐만 아니라 여하한 일말의 가책에서도 빠져나오지 못하고 계속해서 얽매이게 될 것이다.

실로 우리가 논의를 계속하기를 기꺼워한다면, 하늘에 계신 분이 하나님이 실진대 율법과 선지자들과 복음이 그로부터 흘러나왔다는 사실을 쉽게 입증할 많은 것들이 토의에 부쳐질 수 있다는 것은 진실이다. 달리 말해서, 비록 이 논쟁 중에 잘 배우고 최고의 판단력을 갖춘 사람들이 분연히 반대하고 일어나서 모든 천재적 능력을 끌어다가 보여 준다고 하더라도, 그들의 고집불통이 도무

---

149) "Itaque summa scripturae probatio passim a Dei loquentis persona sumitur." 성경의 자증성(自證性)을 천명하는 이 말은 칼빈을 잇는 개혁신학자들이 "오직 성경으로"(sola Scriptura)라는 기치를 내세움에 있어서 가장 주요한 준거가 된다. Cf. Richard A. Muller, *Post-Reformation Reformed Dogmatics, The Rise and Development of Reformed Orthodoxy, ca. 1520 to ca. 1725*, vol. 2, *Holy Scripture: The Cognitive Foundation of Theology* (Grand Rapids: Baker, 1993), 65.

150) "altius quam ab humanis vel rationibus, vel iudiciis, vel coniecturis petenda est haec persuasio nempe ab arcano testimonio spiritus." 이러한 성령의 은밀한 내적 증거(內證)에 대해서 다음을 보라. Richard C. Gamble, "Word and Spirit in Calvin," in *Calvin Studies* V, ed. John H. Leith (Davidson, NC: Davidson College, 1990), 75–92; Warfield, "The Knowledge of God," 70–116; Kenneth S. Kantzer, "Calvin and the Holy Scriptures," in *Inspiration and Interpretation*, ed. John F. Walvoord (Grand Rapids: Eerdmans, 1957), 115–155; Charles Hodge, *Systematic Theology*, vol. 1, *Theology* (Grand Rapids: Eerdmans, 1995, 2nd ed.), 158–172; Herman Bavinck, *Reformed Dogmatics*, vol. 1, *Prolegomena*, ed. John Bolt, tr. John Vriend (Grand Rapids: Baker, 2003), 178, 415, 583–585; Van Til, *In Defense of the Faith*, vol. 1, *The Protestant Doctrine of Scripture*, 115–121; Kuyper, *Principles of Sacred Theology*, 275–299.

지 돌이킬 수 없는 뻔뻔함에 이를 정도가 아니라면, 그들도 성경의 교리가 천상적이라는 사실을 드러내는 명백한 표징들로 말미암아 말씀하시는 하나님이 성경에서 식별된다는[151] 고백을 내적으로 강요받게 될 것이다. 그리고 우리가 조금 후에 볼 것이지만, 거룩한 성경의 모든 책은 어떤 다른 책들보다 훨씬 더 뛰어나다는 고백도 그러하다. 또 만약 우리가 성경에 순수한 눈과 온전한 지각을 모은다면, 즉시 하나님의 엄위가 나타나, 항변을 남발하는 우리의 무모함이 다스려지면서 우리가 그 자신에게 복종할 수밖에 없도록 강요받게 될 것이다.

그럼에도 불구하고 성경에 대한 견고한 믿음을 논쟁을 통하여 수립해 보려고 애쓰는 자들은 본말을 전도시킨다. 그들은 자기들이 성경을 폄하하는 데 있어서 능숙함과 세련됨을 지니고 있는 것처럼 여겨지기를 바란다. 진정 나에게는 남보다 뛰어난 그 어떤 영민함이나 유창함도 없다. 그럴지라도, 이렇듯 가장 교활하게 하나님을 경멸하는 자들과 전쟁을 치르게 된다면, 별 어려움이 없이 그들의 소란한 소리를 제압할 정도의 능력은 있다고 나는 확신한다. 그들의 조롱을 물리치는 것이 수고할 가치가 있는 일이라고 여겨지는 한, 나는 그들이 자기들의 은밀한 처소에 모여서 주절대며 자랑을 일삼는 것을 큰 문제없이 깨뜨리게 될 것이다.

참으로 누군가 사람들의 저주에 맞서 거룩한 하나님의 말씀을 고수하고자 하더라도, 그는 경건이 요구하는 확실성을 그들의 마음에 즉시 줄 수는 없을 것이다. 왜냐하면 오염된 사람들의 눈에는 종교가 오직 사견에 서 있는 듯이 보이므로, 그들은 그것을 어리석고 경박하게 믿지 않기 위하여 모세와 선지자들이 하늘로부터 말했다는 사실이 자기들에게 이성적으로 납득되기를 갈망하고 간청하기 때문이다. 그럼에도 불구하고 나는 성령의 증언이 모든 이성보다 더욱 뛰어나다고 응수한다. 왜냐하면 하나님 홀로 자기의 말씀 안에서 자기 자신에 대한 합당한 증인이 되시듯이, 또한 사람들의 마음이 성령의 내적 증언으로 인침을 받기 전에는 그 마음속에서 말씀에 대한 믿음을 찾을 수 없기 때문

---

151) "manifesta signa loquentis Dei conspici in scriptura, ex quibus pateat coelestem esse eius doctrinam."

이다.[152] 그리하여 선지자들의 입을 통하여 말씀하신 동일한 성령이 우리의 마음을 뚫고 들어와 하늘로부터 명령된 것이 충실히 표현되도록 감화하셔야 한다. 이러한 연결이 이사야가 전하는 다음 말씀 가운데 가장 적절하게 제시되어 있다. "네 위에 있는 나의 영과 네 입에 둔 나의 말이 이제부터 영원하도록 떠나지 아니하리라"(사 59:21). 불경건한 사람들이 주절주절 하나님의 말씀을 반박해도 그들이 벌을 받고 있지 않는 동안은 그들을 반박할 명확한 증거가 수중에 없으므로 어떤 선한 사람들은 힘들어 한다. 이는 마치 마음이 성령의 조명을 받기 전에는 많은 의심에 빠져 끊임없이 요동친다는 이유로 성령이 경건한 사람들의 믿음을 확정하는 "인"이며 "보증"(고후 1:22)이라고 불릴 수 없다고 보는 것과 다르지 않다.

5. 성령의 역사 가운데서 성경은 그 자체로 믿을 만하고 그 자체로 믿어짐

그러므로 다음 사실을 확정된 것으로 견지하라. 성령이 내적으로 가르치는 사람들은 견실하게 성경 안에서 평온을 누린다. 실로 성경은 스스로에 의해 확증되며(αὐτόπιστον), 그것이 옳다는 사실이 논증과 이성에 부속되는 것은 아니다. 그럼에도 불구하고 성령의 증언에 따라 확실성을 좇는 것은 우리에게 가치가 있다.[153] 왜냐하면 성경은 의당 그 자체의 위엄으로 자발적으로 그 자체에 경의를 부여함에도 불구하고, 성경이 마침내 우리에게 진지하게 영향을 미치는 것은 성령을 통하여 우리의 마음이 인침을 받았을 때이기 때문이다. 그러므로 성령의 능력으로 조명을 받은 우리는 성경이 우리의 판단이나 다른 사람

---

152) "Atqui testimonium spiritus omni ratione praestantius esse respondeo. Nam sicuti Deus solus de se idoneus est testis in suo sermone, ita etiam non ante fidem reperiet sermo in hominum cordibus quam interiore spiritus testimonio obsignetur."

153) "quos spiritus sanctus intus docuit, solide acquiescere in scriptura, et hanc quidem esse αὐτόπιστον, neque demonstrationi et rationibus subiici eam fas esse; quam tamen meretur apud nos certitudinem, spiritus testimonio consequi."

들의 판단으로부터가 아니라 하나님으로부터 존재한다는 사실을 믿는다. 그러나 분명 더욱 확실하게, 우리가 인간적 판단을 넘어서서 확정하는 바는, 마치 우리가 성경에서 다름 아닌 하나님 자신의 신성을 바라보듯이, 성경이 사람들의 사역을 통하여, 바로 하나님의 입 그 자체로부터 우리에게 흘러나왔다는 사실이다.154) 우리가 찾는 것은 우리가 기대어 판단하는 증거들이나 유비(類比)된 것들이 아니다. 오히려 우리가 우리의 판단과 재능을 부속시키는 것은 요행수를 헤아리는 주사위 너머에 있는 일이다. 실로 이 일은 한동안 알려지지 않은 것을 붙잡는 데 익숙한 어떤 사람들이 그것을 세밀하게 조사한 후에는 곧 마음에 들어 하지 않는 그와 같은 것이 아니다. 왜냐하면 오히려 우리는 우리가 무너뜨릴 수 없는 진리를 붙잡게 된다는 사실을 충분히 의식하기 때문이다. 또한 이는 비참한 사람들이 자기들의 마음을 미신들에 사로잡히도록 내주는 데 익숙한 것과도 흡사하지 않다. 오히려 우리는 성경에서 의심할 수 없는 신성의 힘이 약동하고 호흡하는 것을 느낀다. 마침내 이 힘으로 우리는 인간적 의지나 지식을 수단으로 하는 것보다 더욱 생생하고 더욱 효과 있게, 진정 알고 뜻하면서 복종하는 데 이르도록 이끌림을 받아 불타오르게 된다.

그러므로 하나님은 이사야를 통하여서 모든 국민과 더불어 선지자들이 자기의 증인들이라고(사 43:10) 매우 합당하게 외치신다. 왜냐하면 그들은 예언들을 통하여 교육을 받아서 하나님이 어떤 오류나 모호함도 없이 말씀하셨다는 사실을 주저하지 않고 굳게 붙잡았기 때문이다. 그러므로 이러한 감화에는 논리들이 요구되지 않는다. 이러한 지식, 거기에 최고의 논리가 있다. 즉 더욱 확실하게 그리고 더욱 영구적으로 정신적인 쉼을 얻게 되는 것은 어떤 논리도 아닌 그 지식 가운데서이다. 마지막 한마디 덧붙인다면, 이러한 지식을 의식하는 지각은 하늘의 계시로부터가 아니면 생겨날 수 없다.155) 여기에서 내가 하

---

154) "hominum ministerio, ab ipsissimo Dei ore ad nos fluxisse." 성령의 영감은 말씀을 기록하는 것뿐만 아니라 말씀을 받는 것도 포함한다. 그 각각을 계시 기록의 영감과 계시 구술의 영감이라고 부른다. Cf. Warfield, "The Knowledge of God," 60-70.

155) "Talis ergo est persuasio quae rationes non requirat; talis notitia, cui optima ratio constet: nempe in qua securius constantiusque mens quiescit quam in ullis rationibus; talis denique sensus, qui nisi ex coelesti revelatione nasci nequeat."

는 말들이 본 사안에 대한 올바른 설명으로부터 아주 동떨어지지 않는 이상, 나는 다만 신자들 각자가 그들 속에서 경험하는 것 외에는 말하지 않는다.

나는 지금 많은 것들을 다루지는 않는다. 왜냐하면 이 사안에 관하여 달리 다룰 자리가 다시 주어질 것이기 때문이다. 지금 우리가 알고자 하는 한 가지는 하나님의 영이 우리 마음 가운데 인치는 참 믿음이 존재한다는 단지 그 사실이다. 또한 유순하고 가르침받을 만한 독자는 이사야가 새롭게 된 교회에 속한 모든 아들들에게 "하나님의 제자가 될 것이니"(적용, 사 54:13)라고 전한 이 한 가지 명분만으로도 만족할 것이다. 여기에서 하나님은 모든 인류와 구별되는 오직 선택된 사람들에게만 고유한 특권을 누릴 자격을 부여하신다. 사실 하나님의 음성을 듣는 즉각적인 민활함이 없다면 도대체 무엇이 참 교리에 이르는 출발점이 되겠는가? 확실히 하나님은 모세의 입을 통하여 다음과 같이 기록된 말씀이 들려지기를 원하신다. "네가 이르기를……하늘에 올라가……할 것이 아니요……바다를 건너가서……할 것도 아니라 오직 그 말씀이……네 입에……있느니라"(신 30:12-14). 하나님은 이러한 지식의 보고가 자기의 자녀들에게 숨겨져 있기를 원하셨을진대, 일반 사람들의 무리 가운데서 그 큰 무지와 어리석음이 나타난다 해도 결코 놀랍거나 불합리하지 않다. 심지어 나는 뛰어난 사람들 누구라도 그들이 교회의 몸으로 접붙임을 받지 않는 이상 일반 무리라고 부른다. 부연하면 이사야는 외국인들뿐만 아니라 가족으로 여겨지기를 원했던 유대인들도 선지자의 교리를 믿을 수 없게 되리라고 경고하면서, 동시에 그 이유를 덧붙여, "여호와의 팔"(사 53:1)이 모든 사람에게 나타나지 않을 것이기 때문이라고 한다. 그러므로 믿는 사람들의 수가 적음이 우리를 혼란스럽게 할 때마다, 우리는 거꾸로 하나님의 비밀이 주어지지 않은 다른 사람들은 그것을 이해할 수 없다는 사실을 상기하자(참조, 마 13:11).[156]

---

[156] Cf. Dewey J. Hoitenga, Jr., "Faith and Reason in Calvin's Doctrine of the Knowledge of God," in *Rationality in the Calvinian Tradition*, ed. Hendrik Hart, Johan van der Hoeven, and Nicholas Wolterstorff (Lanham, MD: University Press of America, 1983), 17-39.

제8장

인간의 이성으로 받아들일 만한, 성경에 대한 믿음을 견고하게 세우는 확고한 증거들이 충분히 넉넉함

Probationes, quatenus fert humana ratio, satis firmas suppetere ad stabiliendam scripturae fidem

1-2. 성경 주제의 고유함과 그 내용에 있어서의 영감
3-4. 성경의 태고성
5-13. 성령의 외적 역사와 내적 감화를 통한 성경의 보존

1. 신적인 무엇을 호흡하고 있는 성경의 고유한 능력

만약 사람의 어떤 판단보다 더 높고 더 강한 이 확실성이[157] 존재하지 않는다면, 성경의 권위가 논증들에 의해서 수호되거나, 교회의 합의에 의해서 견고해지거나, 다른 도움들에 의해서 확정되거나 하는 것들이 모두 헛될 것이다. 왜냐하면 성경의 권위는 그 확실성의 기초 위에 자리 잡지 못하게 되면 항상 유예된 채로 남아 있을 것이기 때문이다.

이와는 상반되게, 일단 우리가 성경을 일반적인 책과 달리 여겨 그 고상함을 독실하게 받아들이게 되면, 이전에는 그것의 확실성을 우리의 마음에 심고 든든하게 뿌리내리게 할 만큼 강력하지 않던 것들이 더없이 유익한 도움을 줄 것이다. 왜냐하면 우리가 한층 엄중하게 성경을 공부하게 되면, 하나님의 지혜의 경륜이 얼마나 질서정연하고 조화로운지, 그 모든 곳에서의 가르침이 지상적인 것의 냄새는 전혀 풍기지 않고 얼마나 천상적인지, 그 모든 부분이 서로 일치됨이 얼마나 아름다운지, 기록된 말씀들에 엄위를 부여하는 다른 특성들이 얼마나 서로 잘 어울리는지, 이 모두가 성경에서 발현되는바, 우리 속에 놀라운 확증이 생기게 된다. 그러나 우리가 성경에 대한 경탄에 사로잡히는 것은

---

157) "certitudo……quolibet humano iudicio et superior et validior."

그 언어들의 우아함보다 사안들의 고상함 때문이라는 점을 알게 될 때 우리의 마음은 아주 더 견실하게 확증된다. 하늘 나라의 숭고한 비밀들 대부분이 경멸할 만큼 평범한 말을 통해 전해지는 것은 그것들이 아주 수려한 말솜씨로 설명되어 불경건한 자들이 그 나라의 힘이 오직 그 말솜씨에 있다고 비웃으며 트집을 잡는 일이 없도록 하기 위해서였다. 여기에 또한 하나님의 비상한 섭리가 없지 않았다.

그런데 이렇듯 성경 그 자체가 가진 세련되지 않고 미숙하다시피 한 단순성이[158] 경의가 표지지는 웅변가들의 그 어떤 구변보다 더 많은 존경심을 이끌어 내는 것을 볼 때, 우리는 거룩한 성경의 진리의 힘이 너무나 강력하여 말재주를 부리는 기교가 필요 없음이 분명하다는 결론에 이르러야 하지 않겠는가? 그러므로 사도가 고린도 사람들의 믿음이 "사람의 지혜에 있지 아니하고 하나님의 능력에 있다"(적용. 고전 2:5)라고 변론한 것은 이유가 있다. 왜냐하면 그의 설교는 "설득력 있는 지혜의 말로 하지 아니하고 다만 성령의 나타나심과 능력으로 하여"(고전 2:4) 그들 가운데 선포되었기 때문이다. 이와 같이 진리는 외부적인 도움들로 유지되는 것이 아니라 그 자체로 자기 자신을 지탱하기에 넉넉하므로, 모든 의심을 뿌리치게 된다.

그러나 이러한 성경의 고유한 능력은, 사람들이 쓴 것들이 아무리 정교하게 광을 낸다고 해도 결코 이만한 영향을 우리에게 끼칠 수 없다는 점에서, 어디에도 비할 수 없다. 데모스테네스(Demosthenes)나 키케로의 글을 읽어 보라. 플라톤이나 아리스토텔레스 같은 부류에 속한 다른 사람들의 글을 읽어 보라. 그들은 놀라운 방식으로 당신을 유인할 것이고, 즐겁게 할 것이고, 감동시킬 것이며, 사로잡을 것이라는 점을 나는 인정한다. 그러나 그들로부터 빠져나와 이 거룩한 독서에 당신을 몰두시켜라. 그리하면 당신이 원하건 원하지 않건 그것이 당신에게 생생한 영향을 미치고 당신의 마음을 관통하여 골수에 새겨져, 이런 의식의 작용 앞에 웅변가들과 철학자들의 힘은 사라지고 말 것이다. 그

---

158) "inculta······et tantum non rudis simplicitas." '단순성'이란 누구라도 성령의 조명과 감화가 있다면 성경을 하나님의 말씀으로 받아들일 수 있음을 뜻한다.

결과 거룩한 성경이 사람의 열심에 따르는 모든 재능과 매력을 훨씬 멀리 뛰어 넘는, 신적인 무엇을 호흡하고 있다는 것을159) 곧바로 깨닫게 될 것이다.

2. 사람이 스스로 품을 수 없는 성경의 가르침

진정 나는 어떤 선지자들은 말하는 방식이 유창하고 명료할 뿐만 아니라 심지어 화려하기도 해서 그들의 구변이 세속 저자들에게 뒤지지 않음을 인정한다. 이러한 예들을 통하여 성령은 비록 다른 곳에서는 세련되지 않고 아둔한 문체를 사용하기도 하시지만, 자기의 말솜씨가 부족하지 않음을 보이기 원하

---

159) 여기서 칼빈은 성경의 권위가 성경의 '확실성'(certitudo)에 기초한다는 점과 그 확실성이 언어의 우아함이나 수려한 말솜씨가 아니라 성경 주제들의 '고상함'(dignitas)과 그 '진리의 힘'(vis veritatis) 및 '고유한 능력'(virtus propria)에 의해서 '확증된다'(confirmari)는 점을 지적한 후, 이러한 '하나님의 비상한 섭리'(eximia Dei providentia)가 성경이 '신적인 무엇을 호흡하고 있다는 것'(divinum quiddam spirare)에 기인함을 천명한다. 이와 관련하여, 칼빈은 딤후 3:16을 주석하면서, "모든 성경"(πᾶσα γραφή, omnis scriptura 혹은 scriptura tota)이 "하나님의 감동으로 된 것"(θεόπνευστος, divinitus inspirata)이라는 점과 성경의 저자들이 "성령의 도구들"(organa)로서 성령의 "구술에 따라"(dictatam) 모든 성경을 기록하였다는 점에 비추어서 성경의 무오성을 주장한다(Comm., 2Tim. 3:16, CO 52.382-383). 이와 동일한 맥락에서 칼빈은 Institutio, 4.8.6, 9에서 성경이 은혜의 방편이라는 것을 다루면서, 사도들이 "성령의 확실하고 진정한 필사자들"(certi et authentici spiritus sancti amanuenses)로서 주님이 거룩한 입으로 그들 속에서 친히 말씀하신 것을 그대로 기록하였다고 말한다. 이와 같이 칼빈은 성경의 모든 말씀이 성령의 유기적이고 문자적인 감동에 의해 구술되고 기록되었다는, 이른바 완전 축자 영감(inspiratio prena et verbalis)을 견지하고 있다. 다음 학자들은 이러한 입장에 서 있다. Warfield, "The Knowledge of God," 60-70; James Orr, *Revelation and Inspiration* (New York: Charles Scribner's Sons, 1916), 100-162; Murray, *Calvin on Scripture and Divine Sovereignty*, 11-31; Jackson Forstman, *Word and Spirit: Calvin's Doctrine of Biblical Authority* (Stanford, CA: Stanford University Press, 1962); Kantzer, "Calvin and the Holy Scriptures," 115-155. 그러나 다음 학자들은 말씀의 기록에 있어서의 영감보다 말씀의 작용에 있어서의 감화에 치중하여 축자적(逐字的) 영감(靈感)은 부정하는 입장에 이른다. Emil Doumergue, *Jean Calvin: Les hommes et les choses de son temps*, 7 vols. (Lausanne: G. Bridel, 1926), 4.70-82; Werner Krusche, *Das Wirken des Heiligen Geistes nach Calvin* (Göttingen: Vandenhoeck & Ruprecht, 1957), 161-162; Niesel, *The Theology of Calvin*, 30-39; Ronald S. Wallace, *Calvin's Doctrine of the Word and Sacrament* (Edinburgh: Oliver and Boyd, 1953); Jack B. Rogers and Donald K. McKim, *The Authority and Interpretation of the Bible: An Historical Approach* (New York: Harper & Row, 1979), 103-106; Roger Nicole, "John Calvin and Inerrancy," *Journal of the Evangelical Theological Society* 25 (1982), 425-426; Wilhelm H. Neuser, "Calvins Verständnis der Heiligen Schrift," in *Calvinus Sacrae Scripturae Professor: Calvin as Confessor of Holy Scripture*, ed. Wilhelm H. Neuser (Grand Rapids: Eerdmans, 1994), 58-59; L. F. Schulze, "Calvin and Biblical Inspiration—A Case Study," in *Calvin's Books: Festschrift for Peter de Klerk*, ed. Wilhelm H. Neuser, Herman J. Selderhuis, and Willem van't Spijker (Heerenveen: Groen, 1997), 193-195.

셨다. 그러나 여하튼 당신이, 구술이 달콤하고 명쾌한 다윗과 이사야와 그와 비슷한 다른 저자들의 글을 읽거나, 한층 다듬어지지 않은 설교로써 전원미를 풍기는 목자 아모스와 예레미야와 스가랴의 글을 읽거나 간에, 내가 앞에서 말한 성령의 엄위가 모든 곳에서 분명히 드러날 것이다.

나는 사탄이 많은 것들로 하나님을 흉내 내면서 거짓 모양으로 단순한 사람들의 마음을 보다 잘 훔치려고 하는 것을 모르지 않는다. 이렇듯 사탄은 세련되지 않은 거의 야수적인 말로써 불경건한 오류들을 교묘하게 흩뿌려 사람들이 미망(迷妄)에 빠져 비참하게 되도록 만들고, 자주 진부한 양식(樣式)들에 속한 말을 사용함으로써 가면 아래 숨어 자기의 기만 행각들을 감추어 보려고 한다.

그러나 웬만한 의식(意識)을 부여받은 사람이라면 누구나 할 것 없이 사탄의 이러한 갈망이 얼마나 어리석고 시시한 것인지 알게 될 것이다. 성경에 관한 한, 사람들이 아무리 나서서 그것을 헐뜯으려 해도, 인간적으로는 품을 수 없는 문장들이 가득 차 있다. 선지자들을 하나하나 깊이 들여다보자. 사람의 한계를 넘어서지 않은 경우는 아무도 없을 것이다.[160] 그러므로 선지자들의 가르침이 무미건조하게 느껴지는 사람들은 미각이 절대적으로 떨어진다고 여겨져야 할 것이다.

3. 성경의 태고성

이 논쟁에 대해서는 다른 사람들이 많이 다루었다. 그러므로 현재로서는 이 사안을 다루어야 할 모든 이유를 가장 일목요연하게 제시해 주는 몇 가지 사실들을 선별적으로 고찰하고자 한다. 내가 이미 언급했던 것들 외에, 성경의 태고성(太古性)은 그 자체로[161] 적잖이 중요하다. 즉 헬라 저술가들이 애굽의 신학

---

[160] Cf. *Comm.*, 2Cor. 11:16 (CO 50,125-126).
[161] "ipsa scripturae antiquitas."

에 대해서 아무리 많은 말을 한다고 하더라도, 현존하는 어떤 종교 유적도 모세의 시대보다 훨씬 뒤처진다. 그런데 모세는 새로운 하나님을 조작해 낸 것이 아니라, 이스라엘 사람들이 족장들에 의해서 마치 손과 손을 잇대듯이 세대를 이어 전해 내려온 영원하신 하나님에 관해서 받아들일 것을 드러냈을 뿐이다. 아브라함에 의해서 시작된 언약을 그들에게 다시금 떠올리게 하는 것 외에 모세가 한 일이 무엇인가?(창 17:7) 만약 모세로 인해 들어 보지도 않았던 일이 새롭게 초래되었다면, 그것에 접근할 아무 방도도 없었을 것이다.

그러나 그들이 매여 있었던 노예 생활로부터의 해방, 그것에 대한 언급을 듣는 것만으로도 즉시 모든 사람의 마음을 분발시키는, 모든 사람에게 알려지고 익숙한 사건이었다. 그리고 그들은 400이라는 연수(年數)에 대해서도 아마 배웠을 것이다(창 15:13; 출 12:40; 갈 3:17). 모세가 다른 모든 저술가보다 시간적 간격에 있어서 훨씬 앞섰음에도 불구하고 그토록 고대적인 근원으로부터 자기의 가르침의 전승을 되살렸다면, 우리는 성경이 다른 모든 책보다 태고성에 있어서 뛰어나다는 것을 생각해야 한다.

4. 모세를 통한 진리의 기록

애굽 사람들은 세계가 창조되기 6천 년 전까지 자기들의 고대성을 연장시킨다. 아마 기꺼이 그들을 믿는 사람도 있을 것이다. 왜 아니겠는가? 그러나 그들의 수다는 심지어 세속적인 사람 누구에게나 항상 조소거리였으므로, 이에 대한 논쟁에 내가 수고할 이유가 없다. 우리가 보건대, 요세푸스(Josephus)는 『아피온 반박』(Contra Apionem)에서 기억할 만한 가치가 있는 증언들을 고대의 저술가들로부터 인용하는데, 이로부터 유추되는바, 아주 시원적(始原的) 세대로부터 율법 가운데 부여된 가르침이, 비록 읽혀지지도 실제로 알려지지도 않았지만, 모든 민족의 합의로 찬양되었다.[162]

---

[162] Augustine, *City of God* XVIII. xl (MPL 41, 599; tr. NPNF II, 384). 아우구스티누스는 다음 책을 염두

이제 불순한 자들이 어떤 의심도 지닐 수 없도록, 또 사악한 자들이 억지를 부릴 기회를 갖지 못하도록, 하나님은 이 두 가지 위험 모두에 대한 최고의 처방을 마련하신다. 모세는 야곱이 거의 300년 전에 하늘의 숨을 받아 그의 후손에 대해 선포했던 것을 상기한다.

과연 모세는 자신이 속한 지파를 귀하게 보았는가? 그렇지 않다. 오히려 그는 다음과 같이 말하면서 레위의 인격에 영원한 수치를 표했다. "시므온과 레위는 불법의 도구로다 내 혼아 그들의 모의에 상관하지 말지어다 내 혀여 그들의 은밀한 곳에 거하지 말지어다"(적용. 창 49:5-6). 확실히 모세는 자기의 조상을 아끼고 그 자신과 자기의 온 가족이 그 동일한 수치의 한 자락에 더럽혀지지 않기 위해서라도 침묵할 수 있었을 것이다. 그러나 모세는 자기 가문의 조성자인 레위가 그 옛날에 성령의 말씀을 아주 가증스럽게 여겼다고 자기의 태생인 가족에게 처음으로 선포했으니, 어떻게 이런 모세를 우리가 의심할 수 있겠는가?

그는 자기의 개인적인 관심사를 도모하지 않았고, 분명 그 말씀을 성가시게 여겼을 자기의 종족들에게 반감을 사는 일을 하는 것도 마다하지 않았던 것 아닌가? 그가 자기의 형 아론과 누이 미리암의 사악한 불평에 대해서 회고하고 있을 때(민 12:1), 우리는 그가 자기 육체의 의식(意識)을 말로 표현하고 있다고 보아야 하는가, 아니면 그가 성령의 주권에 복종하고 있다고[163] 말해야 하는가? 게다가 그는 최고의 권위를 가지고 있었음에도, 왜 최소한 대제사장으로서의 권리를 자기 아들들에게 남겨 주지 않고, 대신에 그들을 가장 끄트머리 자리로 멀리 떼어 놓았는가?

나는 많은 예들 가운데 단지 몇몇만 뽑아 다루고 있다. 우리는 율법 그 자체를 통하여 여러 곳에서 만나게 될 많은 논증들 가운데서 모세가 하나님의 사자처럼 하늘로부터 나타났다는 사실을 논쟁의 여지도 없는 일로서 받아들이는 완전한 믿음을 확정하게 될 것이다.

에 두었을 것이다. Flavius Josephus, *Contra Apionem* I. xxii; II. xxxvi; II. xxxix (CSEL 37. 36, 132, 137ff.; LCL Josephus I. 236ff., 394ff., 405f.). Quot. Battles tr., n. 5.

163) "an parere spiritus sancti imperio?"

5. 모세의 율법과 가르침을 비준하는 기적들

그런데 이렇듯 모세가 언급하고 있는 그토록 많고 현저한 기적들은 그 자신에 의해서 전해진 율법과 공표된 가르침을 그 수만큼 비준(批准)하는 것들이다. 즉 그가 구름 가운데 산 위에 올랐다는 것, 그가 사람과 교류 없이 40일간 그곳에 있었다는 것(출 24:18), 율법의 공포가 있던 바로 그 순간 그의 얼굴이 태양의 광선과 같이 빛났다는 것(출 34:29), 번개가 사방으로 일어나 번쩍이고 천둥과 우레가 하늘 가득 들리며 사람의 입으로 호흡을 불어넣지 않아도 나팔 소리가 크게 퍼져 나갔다는 것(출 19:16), 회막이 구름에 덮여 그 입구가 백성의 시야로부터 감춰졌다는 것(출 40:34), 고라, 다단, 아비람의 무서운 죽음과 불경건한 무리 전부의 파멸로 그의 권위가 가장 경이롭게 확정되었다는 것(민 16:24), 그의 막대기로 바위를 치자 즉시 물줄기가 솟아났다는 것(민 20:10-11; 출 17:6; 참조. 고전 10:4), 그의 기도로 하늘에서 만나가 내렸다는 것(민 11:9; 출 16:13; 참조. 고전 10:3), 이 모든 것은 하나님이 하늘로부터 모세 자신을 의심할 바 없는 선지자로 칭찬하고 계신다는 것이 아니겠는가?

논쟁의 여지가 없지 않은 것들을 내가 당연하게 받아들인다고 누군가 반박한다면,[164] 그 억지를 푸는 것은 쉽다. 이 모든 것을 회중 앞에서 공공연히 선포한 모세가 어찌 그것들이 일어나는 것을 눈으로 본 증인들을 속일 수 있었겠는가? 말할 나위 없이 모세는 백성 앞에 나타났을 것이고, 그들의 불충, 불손, 배은망덕, 그리고 다른 범죄들을 꾸짖었을 것인데, 그들이 결코 본 적도 없는 기적들에 의해 자기의 가르침이 바로 그들의 눈앞에서 비준되었다고 자랑할 수 있겠는가!

6. 기적들을 경험하고 기록한 하나님의 거룩한 종 모세

나아가 우리는 다음을 주목할 필요가 있으니, 모세가 전하는 기적들에 관한

---

164) Cf. Calvin, *De Scandalis*, OS 2.201, note 1.

모든 말씀은, 동시에 끔찍하게도, 혹 아주 사소한 사건이 일어나기만 해도 전체 백성이 원성을 지르며 반발할 정도로 자극을 가할 수 있었을 상황들과 함께 언급되고 있다는 사실이다.

　이로부터 분명한 사실은, 그들이 마음이 끌려 기적들을 인정하게 된 것은 다름 아니라 그것들을 자기들의 경험 가운데 매우 충분히 확신했기 때문이라는 것이다. 그럼에도 불구하고 거짓의 아비는 교활하게도 그것들을 마술에 돌렸는데(출 7:11; 9:11), 이는 그 사안이 너무나 분명하여 세속 저술가들도 기적들이 모세에 의해서 일어났다는 사실을 내키지 않지만 부인할 수 없었기 때문이다. 모세는 이 미신을 아주 혐오하여 접신한 자와 박수무당에게 묻기만 하는 자도 돌로 쳐 죽임을 당하게 하라고 명령했다(레 20:6).

　이러하니, 무슨 요량으로 그가 마술사였다고 모략할 수 있겠는가? 분명 범속한 사람들의 마음을 사로잡아 명성을 낚아채려고 갖은 협잡을 다 부리지 않는 사기꾼은 하나도 없다. 그렇다면 모세는 어떠한가? 자기와 형 아론은 단지 하나님이 명령하신 것을 수행할 뿐이라고 주장하면서(출 16:7), 모세는 모든 사악한 표지를 충분히 지워 버린다.

　이제 사건들 자체를 고려해 본다면, 어떤 마술로, 만나를 매일 내리게 해 백성에게 충분한 양식을 공급할 수 있었겠는가? 어떤 마술로, 자기에게 합당한 양 이상으로 저장한 사람을 가르치기 위하여 다름 아니라 그것을 썩게 함으로써 마치 하나님이 그의 불신앙을 벌하시듯이 할 수 있었겠는가?(출 16:19-20) 그뿐 아니라 하나님은 자기의 종이 많은 엄격한 연단들로 시험을 당하게 하신다는 사실을 고려할 때, 더 이상 사악한 사람들이 불평함으로써 얻을 유익은 그 어디에도 없게 된다.

　우리가 보듯이, 때때로 모든 백성이 교만하고 무례하게 일어났으며, 때때로 그중 어떤 사람들이 하나님의 거룩한 종을 넘어뜨리려고 음모를 꾸몄다. 과연 모세가 이들의 광기를 모면할 수 있었던 것이 어떤 속임수를 썼기 때문인가? 일의 결말이 공공연히 가르쳐 주듯이, 그의 가르침은 모든 세대를 통하여 이러한 방식으로 비준되었다.

7. 예언과 성취의 기록

나아가 족장이었던 인물 야곱 안에 있는 예언의 영으로 말미암아 유다 지파에 통치권이 위임되었다는 사실을(창 49:10) 누가 부정할 수 있겠는가? 특히 그 결과가 증명하듯이 우리가 사건 자체에 몰두하면 더욱 그러할 것이다. 모세를 이 예언의 첫 번째 저자로 상상해 보라. 그럼에도 불구하고 이 기록이 공표되어 사람들의 기억에 새겨진 후 400년이 지나는 동안 유다 지파의 홀(笏)에 대한 언급이 어디에도 없었다.

사울이 등극한 후 왕의 권세는 베냐민 지파에 머무는 듯 보였다(삼상 11:15). 다윗이 사무엘에 의해서 기름부음을 받았을 때, 그 권세의 이양에 대한 어떤 이유가 드러난 적이 있었던가?(삼상 16:13) 누가 가축을 치는 사람의 평범한 가정에서 왕이 나오리라고 생각했겠는가? 그 가족에 일곱 형제들이 있었음에도, 누가 그중 마지막에 난 자를 가리켜 그 영예를 돌렸겠는가? 어떤 이유로 그가 왕국에 대한 소망을 갖기에 이르렀는가? 누가 그의 기름부음이 하늘의 예언의 성취가 아니라 사람의 재능이나 열심이나 현명함에 의해서 조종되었다고 말할 것인가?

마찬가지로 모세는, 비록 희미하기는 하지만, 모든 민족이 하나님의 언약 안에 받아들여지는 것에 대해서 예언한다(창 49:10). 이는 거의 2천 년 이후에 실제로 일어났다. 그가 하나님의 숨을 받아 말했음을 공공연히 드러내는 사건이 아니고 무엇이었겠는가? 나는 여기에서 다른 예언들은 생략하고자 한다. 그것들은 너무나 분명하게 하나님의 계시를 내쉬고 있어서, 말씀하시는 분이 하나님이시라는 확신을 건전한 사람들이 갖게 한다.[165] 한마디로, 한 편의 노래는(신 32장) 하나님을 뚜렷이 현시하는 빛나는 거울이다.

---

[165] "quae divinam revelationem ita plane spirant, ut sanis hominibus constet Deum esse qui loquitur." 성령의 영감은 말씀의 기록(記錄)과 구술(口述)에 모두 미친다. Cf. *Institutio*, 1.7.5.

8. 하나님으로부터 나온 예언

더구나 나머지 선지자들에게서 이는 훨씬 더 분명히 식별된다. 그럼에도 불구하고 나는 단지 몇몇 예들만 뽑아서 다루고자 한다. 왜냐하면 그 모두를 모은다는 것은 너무 큰 일이 될 것이기 때문이다. 이사야 때 유다 왕국은 평화로웠으며 심지어 갈대아 사람들의 보호 안에 머물고 있다는 생각조차 있었지만, 이사야는 도시의 파괴와 백성의 포수(捕囚)에 대해 선포했다(사 39:6-7). 당시에 보기에는 터무니없게 여겨졌으나 마침내 참된 것들로 드러날 것을 아주 오래 전에 예언하는 것 그 자체가 신적 감동에 대한 분명한 증거가 되지 못한다손 치자. 그렇다면 동시에 그가 구속(救贖)에 대한 예언을 발할 때, 그것이 하나님으로부터가 아니라면 도대체 어디로부터 나온 것이라고 우리가 말할 것인가? 이사야는 고레스를 거명하면서(사 45:1), 그에 의해서 갈대아 사람들이 정복당할 수밖에 없고 자기 백성이 해방될 수밖에 없다고 전한다. 그가 그렇게 예언한 후 고레스가 태어나기까지 100년 이상이 지났다. 왜냐하면 이사야가 죽은 지 거의 100년 어간이 지난 후 마침내 그 왕이 태어났기 때문이다. 그 당시에 그 누구도, 고레스라는 어떤 사람이 일어나 바벨론 사람들과 전쟁을 치를 것이며, 그 강대한 군주국을 자기의 손아래 움켜쥐고, 이스라엘 백성의 포수에 종언을 고하게 하리라고 아무도 예측할 수 없었다. 어떤 말재주를 부리거나 수식도 없는 바로 이 기사 자체가, 이사야가 말한 것이 의심할 바 없는 하나님의 말씀이며 사람들의 추측들이 아니라는 사실을 분명히 설명하고 있지 않은가? 게다가 예레미야는 백성들이 끌려가기 얼마 전에 포로 기간이 70년 만에 끝이 난다는 사실과 그들이 구속을 받고 해방이 되리라는 사실을 공포하였던 바(렘 25:11-12; 29:10), 그의 혀가 하나님의 영에 의해 다스림을 받았던 것이 아니겠는가?

선지자들의 권세가 이러한 증례(證例)들에 의해서 인증되었다는 사실과 그들이 되풀이하여 전한 것들이, 그 말씀들에 대한 신빙성을 확정하기 위하여, 그대로 성취되었다는 사실을 부인한다면 얼마나 수치스럽겠는가? "보라 전에 예언한 일이 이미 이루어졌느니라 이제 내가 새 일을 알리노라 그 일이 시작되기 전에라도 너희에게 이르노라"(사 42:9).

나는 예레미야와 에스겔이 아주 멀리 떨어져 있었으나 동시대에 예언한 자들로서 마치 서로 간에 주고받기라도 했던 것처럼 모든 말이 전반적으로 일치하고 있다는 사실에 대해서는 넘어가고자 한다. 다니엘은 어떤가? 그는 거의 600년 후에 있을 미래의 일들에 대한 예언들을 마치 이루어진 일들과 다른 여러 알려진 일들에 대한 역사를 기록하듯이 직조(織造)하고 있지 않은가? 만약 경건한 사람들이 이것들을 가까이서 묵상한다면, 그들은 불경한 사람들이 짖는 소리를 억누를 수 있을 만큼 족한 교훈을 받게 될 것이다. 왜냐하면 그 논증이 어떤 억지에도 구애받지 않을 만큼 한층 명료하기 때문이다.

9. 율법의 역사적 전승

나는 어떤 악한들이 하나님의 진리를 공격하고자 자기들의 날카로운 천품을 드러내면서 으르렁거린다는 사실을 알고 있다. 그들은 우리가 모세와 다른 선지자들의 이름으로 읽는 책들이 이들 자신에 의해서 저술되었다는 것을 누가 우리에게 확신시켜 주는지 묻는다. 그들은 심지어 모세라는 어떤 사람이 있었기나 한 것인지 무례히 질문을 던진다. 만약 누군가 플라톤이라는 사람, 아리스토텔레스라는 사람, 키케로라는 사람의 이름들을 그들이 도무지 존재한 적이 있었는지 의심을 가지고 부른다고 한다면, 그러한 광기에는 주먹이나 매로 징계를 가함이 마땅하다고 누가 말하지 않겠는가?

모세의 율법은 사람들의 열심보다는 하늘의 섭리에 의해 놀랍게 보존되어 왔다.[166) 율법은, 비록 제사장들의 무관심으로 짧은 시간 동안 내팽개쳐져 사장된 적이 있었지만, 경건한 요시야 왕에 의해 발견된 이후(왕하 22:8; 참조. 대하 34:15), 사람들의 손에 들려 세대를 넘어 계속해서 읽혔다.[167) 참으로 요시야는 그가

---

166) "Fuit lex Mosis coelesti magis providentia, quam hominum studio mirabiliter conservata."
167) Cf. Justinian, *Digest* I. ii. 2. *Corpus iuris civilis*, ed. P. Krueger, *Digesta*, p. 34; tr. C. H. Monro, *The Digest of Justinian* I, p. 23. Quot. Battles tr., n. 9.

발견한 율법을 알려지지 않았던 새로운 것처럼 여기지 아니하고 일반인들이 상시 알고 있었으며 그 당시에도 유명하여 누구의 기억에나 뚜렷했던 것이라고 공표했다. 그 원본 두루마리는 성전에 헌납되었고, 그것에서 베낀 사본은 왕의 서고에 헌납되었다(신 17:18-19). 다만 당시에 이런 일이 있었다. 제사장들은 엄숙한 관습을 좇아 율법 자체를 발행하는 것을 그쳤고 백성들 자신은 또한 그것을 읽는 전례를 무시하였다. 그런데도 거의 어느 한 시대도 예외 없이 율법의 법령이 확정되고 갱신되지 않은 적이 없었던 것은 무슨 까닭인가? 다윗을 논하는 사람들에게 모세가 인식되지 않았다고 볼 수 있겠는가? 실상 성경의 모든 저자를 동시에 생각해 볼 때, 그들의 글들은, 이를테면 다름 아닌 손에서 손으로 전해지듯, 해를 거듭하여 연이어 조상들로부터 전승되어 후손들에게 가닿게 되었다. 그 조상 중 일부는 그 저자들이 말하는 것을 직접 들었고, 일부는 듣고 생생하게 기억하는 사람들에게서 그들이 그렇게 말했다는 것을 배웠다.

10. 성경이 고유한 언어로 보존되고 번역되어 널리 전파됨

이뿐 아니라 마카비(Maccabee) 가문의 역사 가운데서 한 구절을 들어 성경의 신빙성을 깎아내리고자 하는 사람들이 있으나, 정작 이보다 더 적절하게 그것을 세우는 것은 어디에도 없다고 생각한다. 이제 우리는 먼저 그들이 거짓으로 덧칠한 색을 벗겨내고, 이어서 그들이 우리를 향하여 세우고 있는 공성추로 되레 그들을 향하여 반격할 것이다. 안티오코스가[168] 모든 책을 불사르라고 명령했는데(마카비상 1:56-57), 지금 우리가 가지고 있는 사본들은 도대체 어디로부터 나온 것이냐고 그들은 묻는다. 그러나 나는 이에 맞서서, 어떤 공장에서 그것들이 그렇게 빨리 제조되었는지 되레 묻는다. 왜냐하면 박해가 그치자 곧 그

---

[168] 에피파네스(Epiphanes)라고 불리는 안티오코스(Antiochos IV, 215-164 B.C.)는 유대인에게 폭정을 가하여 마카비 가문의 반란을 야기한 시리아의 왕이었다. Cf. Calvin, *De Scandalis*, OS 2,189.

책들이 존재했으며, 그것들의 가르침 가운데 양육되어 그것들을 익숙하게 알고 있었던 모든 경건한 사람에 의해서 논쟁 없이 인정되었기 때문이다. 그러나 비록 모든 사악한 사람이 마치 함께 모의라도 하듯이 그토록 몰염치하게 유대인들을 모욕했을지라도, 어떤 사람도 감히 그들이 책들을 거짓으로 대체했다고 비난하지는 않았다. 왜냐하면 그들은 자기들의 소견에 유대인들의 종교가 어떠하든지 간에 그 조성자는 모세라는 사실을 인정하고 있었기 때문이다. 만약 그들이 모든 역사가 하나같이 거룩한 태고성을 인정한 이러한 책들을 위조된 것들이라고 거짓말을 일삼는다면, 이 헛소리꾼들은 자기 자신들이 지니고 있는 그저 개보다도 더한 당돌함을 폭로하게 될 뿐이다.

 그러나 이렇듯 더러운 무고(誣告)들에 맞서 쓸데없는 논쟁을 하는 데 더 이상 애쓰지 말고, 여호와가 자기의 말씀을 지키시기 위하여 얼마나 많은 돌봄을 베푸시는지를 다시금 생각하도록 하자. 그는 모든 사람의 예상을 넘어, 마치 타는 불로부터 끄집어내시듯이, 가장 잔인하고 야만적인 독재자로부터 자기의 말씀을 낚아채셨다. 어떻게 그가 경건한 제사장들과 다른 사람들을 교훈하여 요동치지 않는 굳건함을 지니게 하셔서, 그들이 필요할 때는 그들 자신의 목숨을 값으로 치르고 다시 산 보물을 의심 없이 후손들에게 전달하게 하셨는지, 그리고 어떻게 그가 총독들과 친위대들의 그지없이 날선 심문들을 좌절시켰는지 깊이 생각하도록 하자. 불경건한 자들이 스스로 현혹되어 전적으로 파괴시켰다고 믿었던 저 거룩한 책들이 마치 귀향하듯이 곧 다시 돌아오고, 실로 그 덕망(德望)이 이전보다 더해졌는데, 이 일이 뛰어나고 놀라운 하나님의 일이라는 것을 누가 인식하지 못하겠는가? 우리가 보듯이, 헬라 번역이 그 뒤를 따름으로써, 그 책들이 널리 온 지구에 두루 퍼지게 되지 않았는가?[169]

 비할 데 없는 큰 기적이 나타났으니, 하나님은 자기 언약의 돌판들을 안티오코스의 피의 포고령으로부터 안전하게 지켜 내셨을 뿐만 아니라 유대 사람들이 그렇게 많은 무리의 종족들에게 부서지고 황폐해져서 당장 멸절할 지경에 이르렀지만 그 책들이 안전하고 흠 없이 그대로 보존되도록 하셨다. 히브리

---

169) 구약에 대한 70인역 헬라어 번역본이 완성된 것은 기원전 150년경이었다

어는 그때 멸시당하였을 뿐만 아니라 거의 알려지지 않은 채 팽개쳐져 있었다. 분명한 것은 만약 하나님이 그들의 종교를 돌보기로 작정하지 아니하셨다면 이 언어는 모두가 소멸되어 버렸을 것이라는 사실이다. 왜냐하면 유대 사람들이 포로 생활을 마치고 돌아왔을 때 그들의 모국어 사용은 그 시대 선지자들의 용례와 너무 동떨어져 보였기 때문이다. 이 비교로부터 율법과 선지서들의 고전성이 더욱 분명하게 드러나기 때문에 이런 사실은 주목할 만한 일이다. 그리스도가 자기의 시대에 현시하셨던바, 누구를 통하여 하나님은 율법과 선지서들 가운데 함의된 구원 교리가 우리 위해 보존되게 하셨는가?(마 22:37-40) 그리스도 자신에게 가장 위험하게 해를 끼쳤던 적들이었던, 아우구스티누스가 "기독교 서적상들"이라고[170] 적절하게 칭한, 그 유대인들이 아니었던가? 그들은, 자기 자신들은 하지 않았던 독서의 기회를 우리에게 마련해 주었으니!

11. 성령에 의해서 교훈을 받은 신약의 저자들

다음으로 이제 신약에 와서 볼 때, 얼마나 견실한 지주들이 그 진리를 떠받치고 있는가! 세 복음서 기자들은 그들의 역사를 겸손하고 비천한 말로 서술한다. 많은 교만한 사람들은 이러한 단순성을 거드름을 피면서 힐난한다. 이는 그들이, 복음서 기자들이 사람이 담을 수 없는 하늘의 비밀들을 논하고 있음을 쉽게 추론할 수 있는 가르침의 주요한 항목들에 합당한 주의를 기울이지 않기 때문이다.

확실히 한 방울이라도 진솔한 염치를 가진 사람이라면 누구나 누가복음 1장을 읽음으로써 부끄러움을 느끼게 될 것이다. 세 복음서 기자들에 의해서 간결하게 요약된 그리스도의 강화(講話)들은 그들이 기록한 것들에 대한 모든 경멸을 쉽게 제하여 버린다. 아니나 다를까, 요한은 높은 곳에서 우레를 터뜨리는

---

[170] "ecclesiae christianae librarios." Cf. Augustine, *Psalms*, Ps. 56. 9 (MPL 36. 366). Quot. Battles tr., n. 12.

것처럼 믿음의 순종으로 강권적인 이끌림을 받지 못한 자들의 완고함을 어떤 번개보다 강하게 내리친다. 자기 자신들과 다른 사람들의 마음에서 성경에 대한 경의를 몰아내는 일로 가장 큰 즐거움을 삼는 저 모든 콧대 높은 비방자들이 우리들 가운데로 나아오게 하자. 그리고 그들이 원하든 원하지 않든 요한복음을 읽게 하자. 그리하면 적어도 그들의 우매함을 경성시킬, 달리 말하자면, 그들의 조롱을 붙들어 매기 위한 무서운 화인을 그들의 양심에 찍어 줄 천 구절을 그곳에서 발견하게 될 것이다. 같은 논법이 바울과 베드로에게도 적용된다. 비록 대부분의 사람들이 이들의 글들에 대해 눈이 멀어 있지만, 그것들 안에 있는 하늘의 엄위가 모든 사람을 가까이 끌어당겨 마치 족쇄가 채워져 갇혀 있듯이 만든다.

무엇보다, 다음 한 가지가 그들의 가르침을 세상 그 너머 이상으로 끌어올린다. 이전에 자기 책상에 자리를 묻고 생업에 매여 있었던 마태, 자기들의 배들 주위를 맴돌던 베드로와 요한, 이들 모두는 아둔하고 무지한 사람들로서, 자기들이 다른 사람들에게 전할 수 있었던 것은 사람들의 학교에서 배운 것이 하나도 없었다. 자기 자신을 적으로 공언했을 뿐만 아니라 잔혹하고 냉혈한이었던 바울은 회심하여 새사람이 되었다. 이러한 갑작스럽고 예기치 않은 변화는 그가 자기가 공격했던 가르침을 하늘의 주권에 의해서 오히려 주장할 수밖에 없게 되었음을 보여 준다. 성령이 사도들 위에 내려오셨다는 것을 이러한 개들이 부정하도록 하자. 혹은 그들이 역사에 대한 믿음조차도 폐기하도록 하자. 그러나 사실 그 자체는, 이 사람들이 이전에는 일반인들 가운데 조롱거리였으나 돌연 하늘의 비밀들에 관하여 그토록 훌륭하게 주장하기 시작한 것은 성령에 의해서 교훈을 받았기 때문이라는 것을 공공연히 외치고 있다.

12. 교회의 지체들이 함께 한 호흡을 함으로써 성경의 진리를 수납함

이에 더하여 왜 교회의 일치가 경시되어서는 안 되는지에 대한 다른 최고의 이유들이 있다. 성경이 공표된 이후, 그 많은 세대에 속한 사람들은 동일한 뜻을 가지고 그것에 순종하는 데 변함이 없었다. 이 또한 결코 작게 여길 일이 아니다. 사탄은 온 세계와 더불어 가용한 모든 기이한 수단을 동원하여 성경을 억압하거나, 전복하거나, 전적으로 사람들의 기억에서 지워내 잊혀진 것이 되게 하려고 시도했다. 그럼에도 불구하고 그것은 마치 종려나무와 같이 항상 더 높이 올라갔으며 불요불굴(不撓不屈)하게 꿋꿋이 서 있었다. 마찬가지로 궤변론자나 웅변가나 할 것 없이 우월한 천품을 지닌 사람치고 자기의 힘으로 성경 자체에 맞서고자 하지 않았던 경우는 거의 없었다. 그럼에도 불구하고 그들 모두는 아무것도 제대로 이룰 수 없었다. 지상의 모든 권세가 스스로 무장하여 그것을 파괴하려고 했으나, 그 모든 시도가 연기와 같이 사라지고 말았다. 만약 오직 사람의 보호에만 의지했더라면, 사방으로 그 강한 공격을 받고도 무너지지 않고 어떻게 그것이 견뎌 낼 수 있었겠는가? 이런 사실을 통하여 오히려 그것이 하나님 자신으로부터 나온 것이라는 사실이 입증된다. 왜냐하면 그것은 저항하는 모든 인간적 노력이 있었음에도 불구하고 그 자체의 능력으로 줄곧 널리 퍼져 나갔기 때문이다.

그뿐 아니라 그저 한 도성이나 한 민족만이 함께 한 호흡을 하면서[171] 그것을 받고 포용한 것이 아니었다. 그것은 땅의 경계에 미치도록 멀리 그리고 넓게 온 누리에 현시되어, 그렇지 않다면 서로 간에 어떤 공통점도 없었을 다양한 민족들의 거룩한 한 호흡 가운데서[172] 그 자체의 권위를 가지게 되었다. 나아가 모든 일에 있어서 서로 일치하지 않는 그토록 다양한 마음들이 서로 하나로 화합하는 것은 우리에게 더할 나위 없이 큰 감동을 불러일으킬 수밖에 없다. 왜냐하면 이러한 화합은 다름 아닌 하늘의 신성에 의해서만 일어나 현시되기 때문이다. 이러한 방식으로 서로 하나가 된 사람들의 경건을 주시하게 될

---

171) "conspiravit."

172) "sancta conspiratione." 성경의 독자는 성령의 영감(inspiratio)으로 기록된 하나님의 말씀을 성령의 조명(illuminatio)으로 받고(受), 감화(persuasio)로 들인다(納). 그런데 영감과 조명과 감화에 있어서 역사하시는 성령은 동일하시므로, 성경의 독자는 성경의 저자가 기록한 말씀을 동일한 뜻으로 받아들이게 된다. 즉 성경의 저자와 독자가 동일한 호흡(conspiratio)을 하는 것이다. Cf. *Institutio*, 1.6.2.

때, 성경의 의미가 우리에게 적지 않은 무게로 더해진다.[173] 이는 모든 사람이 아니라 여호와가 자기의 교회를 비추는 등으로 삼기를 원하신 사람들에게만 해당된다.

13. 성경의 확실성과 성령의 내적 감화

지금까지 살펴본 대로 그토록 많은 거룩한 사람들의 피에 의해 확정되고 입증된 성경의 가르침에 얼마나 큰 확신을 가지고 이름을 거는 것이 합당하겠는가? 그들은 일단 그것을 받아들이게 되면 주저함 없이 용맹스럽고도 대담무쌍하게, 심지어 큰 열심을 가지고, 그것을 위하여 죽음을 당했다. 우리가 물려받은 것이 이렇듯 많은 보증금을 치른 것인데, 확실하고 동요되지 않는 감화 가운데 그것을 받아들임이 마땅하지 않겠는가?

성경이 그토록 많은 증인들의 피에 의해서 인침을 받은 것이라는 사실은, 성경을 확증하는 데 있어 결코 평범하지 않다. 특별히 그들이 믿음에 대한 증언을 하기 위하여 죽음을 당한 것이, 때때로 미혹하는 영들이 야기하곤 하는 무절제한 광란이 아니라, 확고하고 불변하며, 그럼에도 불구하고 신중한, 하나님을 향한 열정이었다는 사실을 우리가 돌아볼 때 그러하다.

그리고 수가 적지도 않고 약하지도 않은 다른 이유들이 있으니, 이것 때문에 성경의 고상함과 엄위가 경건한 자들의 마음에 의해서 주장될 뿐만 아니라 그것을 무고하는 자들의 간계들에 맞서서 혁혁하게 변호된다. 그러나 이러한 것들은, 하늘의 아버지가 자기의 신성으로써 모든 논쟁을 종식시키고 성경에 대한 경의를 현시하실 때까지는, 확고한 믿음을 제공할 만큼 충분히 강하지 않다. 왜냐하면 성경은 오직 그 확실성이 성령의 내적 감화에 기초할 때에만, 마침내 하나님을 아는 구원의 지식을 실제로 만족시키게 되기 때문이다.[174]

---

[173] 말씀을 받아들임으로써 우리가 서로 하나가 되기 위해서는 먼저 우리 각자가 그리스도와 하나가 되어야 한다. Cf. *Institutio*, 1.2.2.

[174] "Quare tum vere demum ad salvificam Dei cognitionem scriptura satisfaciet, ubi interiori spiritus

진정 성경을 확증하기 위하여 존재하는 이러한 인간적 증언들은, 우리의 연약함을 돕는 이차적인 보조물들로서, 저 주요하고 최고인 증언을 뒤따라간다면 헛되지 않을 것이다. 그러나 믿지 않는 사람들에게 성경이 하나님의 말씀이라는 사실이 증명되기를 원하는 자들은 어리석은 일을 하고 있는 것이다. 왜냐하면 그 사실은 오직 믿음으로만 인식될 수 있기 때문이다. 그러므로 아우구스티누스가 다음과 같이 타당하게 경고하는바, 만약 어떤 사람이 이런 대단한 것들에 대해서 이해하려고 든다면, 그에게는 먼저 마음의 경건과 평강이 선행되어야 된다.[175]

---

sancti persuasione fundata fuerit eius certitudo."
175) Augustine, *The Usefulness of Belief* xviii. 36 (MPL 42. 92; tr. LCC VI. 322). Quot. Battles tr., n. 15.

DE COGNITIONE DEI CREATORIS

제9장

성경을 제쳐 놓고 계시로 비약하는 광신자들은 경건의 모든 원리를 전복함

Omnia pietatis principia evertere fanaticos,
qui, posthabita scriptura,
ad revelationem transvolant

1-2. 성령은 성경의 저자이며 성경으로써 작용함
3. 성경은 성령의 조명에 의해 그리스도를 비춤

1. 성경과 무관하게 역사하지 않으시는 성령

더군다나 성경을 배척한 채 하나님께 가닿는, 내가 모르는 어떤 길이 있다고 상상하는 사람들은 오류에 빠져 있다기보다는 광란에 사로잡혀 있다고 여겨져야 한다. 왜냐하면 최근에 경박한 어떤 사람들이 일어나 더없이 거만하게 성령의 교도권(敎導權)을 구실로 삼아 모든 성경 읽기를 냉시하고, 그들의 표현을 빌리면, 죽어 있고 죽이는 조문을 여전히 따르는 사람들의 단순함을 비웃고 있다.[176] 그러나 나는, 성경의 가르침을 유치하고 비천하다고 감히 경멸하는 사람들은 도대체 무슨 영의 기운으로 그렇게 숭고한 지경에 오르게 되는지 알아보고 싶다. 만약 그들이 이를 두고 그리스도의 영이라고[177] 대답한다면, 그러한 자만은 아주 조소거리가 되고 말 것이다.

내가 생각하기로, 그들 역시 그리스도의 사도들과 초대 교회의 신자들이 다

---

[176] 칼빈은 이들을 '자유주의자'(Libertine)라고 부르고, 다음 소책자에서 그들의 입장을 비판한다. *Contre la secte phantastique et furieuse des Libertins qui se nomment spirituelz* (1545) (CO 7.153-248). Cf. Allen Verhey and Robert G. Wilkie, "Calvin's Treatise 'Against the Libertines,'" *Calvin Theological Journal* 15 (1980), 190-219; Benjamin W. Farley, "The Theology of Calvin's Tract *Against the Libertines*," in *Calvin Studies I*, ed. John H. Leith and Charles Raynal (Richmond: Union Theological Seminary, 1982), 16-28.

[177] "Christi spiritum."

른 영으로 조명을 받았다고 인정하지는 않을 것이다. 사도들과 초대 교회의 신자들 중 아무도 그 영으로 하나님의 말씀을 경멸하는 것을 배우지 않았으며, 오히려 그들 각자는, 그들의 책들을 통하여 더없이 명백하게 입증된 대로, 말씀에 대한 더 큰 경의에 젖어 있었다. 마땅하게도 이는 이사야의 입을 통하여 예언되었다. "네 위에 있는 나의 영과 네 입에 둔 나의 말이 이제부터 영원하도록 네 입에서와 네 후손의 입에서……떠나지 아니하리라"(사 59:21). 선지자는 여기에서 옛날의 백성을 단지 초보와 같이 여기지 않아 그들을 외부적인 가르침에 묶어 두지 않고, 오히려 그리스도의 왕권 아래서 새로운 교회에 참되고 완전한 복이 있을 것이며 그 교회는 성령에 의해 다스림을 받는 것 못지않게 하나님의 음성에 의해서 다스림을 받을 것임을 가르친다. 이로부터 우리는, 선지자가 끊을 수 없는 고리로 연결시켜 놓은 것을 이 허풍선이들이 사악한 신성모독으로 갈라놓고 있다는 사실을 추론하게 된다. 이뿐 아니라 바울은 "셋째 하늘에 이끌려"(고후 12:2) 갔을지라도 율법과 선지서들의 가르침으로부터 유익을 얻는 일을 등한시하지 않았다. 이는 또한 그가 월등함을 갖춘 특별한 교사였던 디모데에게 "읽는 것에 전념하라"(적용. 딤전 4:13)라고 권면한 것과 맥이 닿아 있다. 그리고 그가 성경을 높여 그것이 "교훈과 책망과 바르게 함과 의로 교육하기에 유익하니 이는 하나님의 사람으로 온전하게 하려 함이라"(적용. 딤후 3:16-17)라고 노래한 찬사는 기억할 가치가 있다. 하나님의 자녀들을 마지막 목표에 이르도록 줄곧 이끌어 가는 성경의 유익을 헛되고 일시적인 것으로 가장하는 저 악마적 광기는 무엇인가?

또한 나는 그들 자신이 나에게 대답해 주기를 바란다. 그들은 주님이 자기의 제자들에게 약속하신 것과는 다른 영에 취해 있었던 것은 아닌가? 아무리 그들이 혼미함에 빠져 제정신이 아니었다고 하더라도 이것을 감히 자랑할 만큼 심각한 어지럼증에 사로잡혀 있었다고 생각하지는 않는다. 그러나 주님이 자기의 영을 주시겠다고 약속하신 그 영은 어떤 종류의 영인가? 다름 아니라 이 영은 "스스로 말하지 않고"(요 16:13) 주님 자신이 말씀을 통하여 전하여 주신 것들을 제자들의 마음에 집어넣어 스며들게 한다. 그러므로 우리에게 약속된 영의 임무는, 새롭고 듣지 못한 계시들을 만들어 내거나 새로운 종류의 가르침을 조작하여, 우리가 받아들인 복음의 가르침으로부터 멀어지도록 하는 것이 아니라, 복음을 통하여 우리에게 권해지는 바로 그 가르침을 우리 마음에 각인시키는 데 있다.[178]

2. 성경의 저자이신 성령

이로부터 쉽게 이해되는바, 만약 우리가 하나님의 영으로부터 어떤 유용함과 열매를 받아 누리는 것을 즐거워한다면, 우리는 열심을 다하여 성경을 읽는 것과 청종하는 것 모두에 우리 자신을 드려야 한다. 이러한 측면에서, 베드로도 선지자들의 가르침에 주의를 다했던 사람들의 열정에 칭찬을 아끼지 않는데(벧후 1:19), 왜냐하면 그 선지자들은 복음의 빛이 동트자 마치 자기 자리를 내주고 물러난 듯이 보일 수도 있었기 때문이다. 그러나 만약 무슨 영이 하나님의 말씀의 지혜를 배제하고 또 다른 가르침을 우리 위에 주입시킨다고 하면, 그것은 공허함과 거짓에 속한 것으로 의심받아 마땅할 것이다(갈 1:6-9). 무슨 이유로 그러한가? "사탄도 자기를 광명의 천사로 가장하나니"(고후 11:14), 성령이 가장 확실한 표지에 의해서 분별되지 않는다면, 우리 가운데 무슨 권위를 지니게 될 것인가?[179] 성령은 여호와의 목소리에 의해서 아주 분명하게 우리를 위하시는 분으로서 지정되신다. 그러나 이 비참한 사람들은 성령을 여호와 자신이 아니라 오히려 그들 자신에게서 찾는 가운데 스스로 오류에 빠져 방황하면서 끝내 자기들에게 정해진 파멸에 이르게 될 뿐이다.

그러나 실로 그들은 모든 것이 종속되어야 하는 대상인 하나님의 영이 자기 자신을 성경에 종속시키신다는 것이 무슨 가치가 있느냐고 반박한다. 마치 성

---

178) "Non ergo promissi nobis spiritus officium est, novas et inauditas revelationes confingere, aut novum doctrinae genus procudere, quo a recepta evangelii doctrina abducamur; sed illam ipsam, quae per evangelium commendatur, doctrinam mentibus nostris obsignare."

179) "quam autoritatem habebit apud nos spiritus, nisi certissima nota discernatur?" 성경의 권위는 그 저자가 하나님이시라는 사실, 즉 성령의 영감에 있고, 성령은 언제나 성경과 함께 역사하시므로 성경은 성령의 권위를 드러내는 '가장 확실한 표지'이다.

령이 모든 곳에서 동일하시며 상응하시고, 모든 것에서 자기와 조화롭게 일치하시며, 그 가운데서도 절대 변하지 않으시는 것이 마치 수치라도 되는 듯이! 진정 만약 성령이 사람들이나, 천사들이나, 다른 어떤 것의 규범에 의해서 판단된다면, 필히 그는 서열에 있어서 격하되는 꼴을 당하게 되실 것이며, 굳이 부언하자면, 예속 상태로 전락하게 되시고 말 것이다. 그러나 그가 그 자신과 비교되고 그 자신 안에서 고려된다면, 누가 이 때문에 그에게 불의가 가해진다고 말할 것인가? 그럼에도 불구하고 그는 이로 말미암아 시험에 소환되신다. 나는 이를 인정한다. 그러나 그 시험을 통하여 그는 자기의 엄위가 우리 가운데 확정되기를 원하셨다. 마땅히 그는 우리의 마음을 얻으심과 동시에 우리에게 풍성히 계셔야 한다. 그러나 그는 자기의 이름으로 사탄의 영이 기어들지 못하게 하시려고 성경에 새긴 자기 자신의 형상으로써 자기를 인식하도록 하신다. 성령이 성경의 저자이시다. 그는 변화할 수도 그 자신과 다를 수도 없으시다. 그러므로 그는 성경에 한 번 자기를 보이신 그대로 영원히 계심이 마땅하다.[180] 이는 그에게 모욕적인 것이 아니다. 혹 그가 자기 자신으로부터 떨어져 나가거나 변질되는 것이 영예로운 일이라고 우리가 여기지 않는다면 말이다.

3. 하나님은 성령의 조명으로써 말씀의 경륜을 수행하심

그럼에도 불구하고 그들은 우리가 죽이는 조문(條文)에 몰두하고 있다고 비난하나(고후 3:6), 정작 이로써 그들은 성경을 멸시한 데 대한 벌을 받고 있을 따름이다. 왜냐하면 그곳에서 바울은 거짓 사도들이 실로 그리스도가 없는 율법을 권하면서, 여호와가 신자들에게 "자기의 법을 그들의 속에 두며 그들의 마음에 기록하여"(렘 31:33)라고 약정하신 신약의 은총으로부터 그들이 그 백성을 멀

---

[180] "Scripturarum autor est; varius dissimilisque esse non potest. Qualem igitur se illic semel prodidit, talis perpetuo maneat oportet." 성경의 불변성은 성경의 '저자'이신 성령의 영원한 동일하심에 따른다.

어지게 하고 있음을 논박하고 있음이 분명하기 때문이다. 그러므로 조문은 죽은 것이며, 여호와의 율법은, 만약 그것이 그리스도의 은혜로부터 끊어지고 마음에는 가닿음이 없이 귀만 울린다면, 그 독자들을 죽이게 될 것이다(고후 3:6).

그러나 만약 여호와의 율법이 성령을 통하여 효과적으로 마음에 새겨진다면, 만약 그것이 그리스도를 제시한다면,[181] 그것은 "영혼을 소성시키며 소자들을 지혜롭게 하는"(적용. 시 19:7) "생명의 말씀"(빌 2:16)이 될 것이다. 게다가 사도는 바로 그곳에서 자기의 설교를 "영의 직분"(고후 3:8)이라고 부른다. 의심할 바 없이 이는, 성령이 자기가 성경에 새겨 두신 자기의 진리에 부착되어 있다는 사실과, 성령은 말씀에 그 고유한 경의와 고상함이 합당하게 부여될 때에만 비로소 자기의 힘을 드러내시고 발휘하신다는 사실을 의미한다.[182]

그뿐 아니라 이는 우리가 앞서 언급한, 말씀 자체가 성령의 증언으로 확정됨이 없다면 우리에게 아주 확실한 것은 아니라는 사실과 어긋나지 않는다. 왜냐하면 주님이 어떤 상호 간의 고리로 말씀과 자기 영의 확실성을 서로 연결시키셨으므로,[183] 우리로 하여금 하나님의 얼굴을 관조하게 하시는 성령이 말씀에서 빛을 비추실 때, 말씀에 대한 견실한 신앙이 우리의 마음에 자리를 잡게 될 뿐만 아니라 이에 응하여 우리는 미혹에 대한 어떤 두려움도 없이 성령을 그 자신의 형상 가운데서, 말하자면 말씀 가운데서 인식하게 됨으로써, 모시게 되기 때문이다. 이는 참으로 진실하다. 하나님이 사람들에게 말씀을 드러내심으로써 그것을 매개체로 삼고자 하신 것은 자기 영의 임재가 있을 때 말씀을 없애려는 의도로 잠시 전시하시기 위함이 아니었다. 오히려 하나님이 동일한 성령을 내려 보내셔서 그 능력으로 말씀의 경륜을 수행하신 것은 말씀의 효과적인 확정으로 자기 일을 이루고자 하심이었다.

이러한 방식으로 그리스도는 두 제자의 지각이 열리게 하셨다(눅 24:27, 45). 이는 그들이 성경을 내던지고 스스로 지혜롭게 되도록 하신 것이 아니라 성경

---

181) "si per spiritum efficaciter cordibus imprimitur, si Christum exhibet."
182) "ita suae quam in scripturis expressit veritati inhaerere spiritum sanctum, ut vim tum demum suam proferat atque exserat ubi sua constat verbo reverentia ac dignitas."
183) "Mutuo enim quodam nexu Dominus verbi spiritusque sui certitudinem inter se copulavit."

을 이해시키시려는 것이었다. 마찬가지로 바울이 데살로니가 사람들에게 "성령을 소멸하지 말며"(살전 5:19)라고 강권한 것은 그들을 높이 끌어올려 말씀이 없는 공허한 사색을 하라는 뜻이 아니다. "예언을 멸시하지 말고"(살전 5:20)라는 말씀이 즉시 덧붙여짐이 이를 반증한다. 의심할 바 없이 이로써 그는 예언이 멸시될 정도에 이르면 동시에 성령의 빛이 질식됨을 암시하고 있다. 교만에 한껏 도취된 광신자들은(ἐνθουσιασταί) 무엇이라 말할 것인가? 그들은 하나님의 말씀을 미동도 않고 삭제해 버리고 그 명령에 작별을 고한 채, 코를 골면서 마음에 품은 것을 무엇이든 대담하고 무모하게 취하는 것이 하나의 놀라운 조명이라고 여기는 자들이 아닌가? 확실히 하나님의 자녀들에게는 마땅히 이와는 훨씬 거리가 먼 절제가 어울린다. 그들은 자신들에게서 보는 것처럼 하나님의 영이 없다면 진리의 빛 모두를 탈취당하게 되며, 말씀은 주님이 자기 영의 조명을 신자들에게 나누어 주시는 도구라는 사실을[184] 모르지 않는다. 왜냐하면 그들은 다른 영이 아니라 사도들 가운데 내주하셔서 말씀하신 영을[185] 알고 있으며, 그 영의 말씀들을 통하여 끊임없이 말씀을 듣도록 부르심을 받고 있기 때문이다.[186]

---

184) "verbum esse organum quo spiritus sui illuminationem fidelibus Dominus dispensat."
185) "spiritum……qui in apostolis habitavit et loquutus est."
186) 신자들의 구원에 있어서, 성령은 말씀으로 그리스도를 그들의 마음속에 인치신다. 이 점에서 성령은 '그리스도의 영'이자 '내주하시면서 말씀하시는 영'이라고 칭해지신다. Cf. Peter Opitz, *Calvins theologische Hermeneutik* (Neukirchen-Vluyn: Neukirchener, 1994), 117-153.

DE COGNITIONE DEI CREATORIS

제10장

성경은 모든 미신을 교정하기 위하여 이방의 모든 신을 배제하고 오직 참 하나님만을 드러냄

Scripturam, ut omnem superstitionem corrigat,
verum Deum exclusive opponere diis omnibus gentium

1-2. 성경이 계시하는 창조주 하나님의 속성과 품성
3. 무지를 우상 숭배의 핑곗거리로 삼을 수 없음

1. 창조주 하나님에 대한 성경의 가르침

그러나 우리는 지금까지 하나님을 아는 지식이 세계의 조화(造化)[187]와 우주 피조물들에 모호함 없이 제시되어 있음에도 불구하고 말씀 가운데 더욱 친밀하고 더욱 분명하게 설명된다고 가르쳤다. 이제부터 우리가 앞에서 본 것처럼 여호와가 성경에서 자기를 나타내실 때 자기 작품들 가운데 묘사되듯 하시는지를 생각하는 것은 우리에게 가치 있는 일이다. 만약 누군가 본 사안을 한층 더 열심을 내서 세심하게 다루고자 원한다면, 그것은 오랜 작업이 요구될 것이다. 그러나 나는 여기에서 경건한 마음들이 권고를 받아 성경을 통하여 하나님에 관해 탐구해야 할 것이 무엇인지를 가장 효과적으로 알고, 성경에 대한 질문을 던지는 확실한 목표에 이를 수 있게끔 지도하기 위하여 일종의 목록과 같은 것을 제시하는 데 만족하고자 한다.

나는 하나님이 아브라함의 민족을 다른 이방인들과 구별하시는 특별한 언약에 관해서는(참조. 창 17:4) 아직 다루지 않는다.[188] 왜냐하면 하나님은 적들이었던 사람들을 값없이 자녀 삼음으로써 자기의 아들과 딸로 받아들이실 때 이미

---

[187] "mundi machina." Cf. Lucretius, *De rerum natura* v. 96 (LCL ed., p. 346). Quot. Battles tr., n. 2.
[188] Cf. *Institutio*, 2.6.2.

그때 자기를 그들의 구속주로 나타내셨기 때문이다. 그러나 우리는 여전히 세계의 창조에 관한 지식에 머물러 있어 중보자 그리스도를 아는 지식에는 올라가지 않고 있다.

비록 조금 후에[189] 신약의 어떤 본문들을 인용하여 창조주 하나님의 권능과 그의 섭리에 의해서 태초의 자연이 어떻게 보존되는지를 증명하는 것이 가치 있는 일임에 분명하다 하더라도, 나는 독자들이 지금 내가 제시하고자 하는 것이 무엇인지에 대해서 권고를 받아 각각의 주제에 미리 정해진 한계를 지켜 다른 주제와 중첩시키는 일이 없도록 하기를 원한다. 정리하자면 현재로서는 하늘과 땅의 하나님이 어떻게 그 자신이 세우신 세계를 다스리시는지를 알고 그 지식을 견지하는 것으로 만족하자. 즉 여러 곳에서 드러나는 그의 부성적인 선하심과 끝내 자애를 베푸시는 그의 뜻을 깨닫고 찬미하며, 특별히 완고한 자들에 대한 자기의 인내가 아무 효과도 없을 때에는 여러 본보기를 들어 범죄에 대한 보복자로서 자기를 알리시는 그의 엄정함을 배우는 것으로 충분하게 여기도록 하자.

2. 성경에 계시된 하나님의 속성이 천지 만물 가운데 그대로 드러남을 경험이라는 교사를 통하여 지각함

실로 어떤 구절들에는 하나님의 참된 모습이 어떤 형상으로(εἰκονικῶς) 보이는 것처럼 더욱 분명히 우리에게 제시되고 있다. 진정 모세가 하나님을 묘사하고자 했을 때, 현명하게도 그는 사람들이 하나님 자신에 관하여 옳다고 이해한 무엇이든지 간결하게 말하기를 원했던 것 같다. 그는 다음과 같이 전한다. "여호와라 여호와라 자비롭고 은혜롭고 노하기를 더디하고 인자와 진실이 많은 하나님이라 인자를 천대까지 베풀며 악과 과실을 용서하리라 그러나 벌을 면제하지는 아니하고 아버지의 악행을 자손 삼사 대까지 보응하리라"(출 34:6-7). 여

---

[189] *Institutio*, 1.14-18.

기에서 우리는 하나님의 장엄한 이름이 두 번 반복되는 가운데 그의 영원성과 자존성(αὐτουσίαν)이 선포되었음을 심중에 새기자. 그리고 그의 능력들이 기념되게 하자. 그 능력들로써 하나님은 그 자신 안에 계신 분이 아니라 우리를 향하신 분으로 우리에게 묘사된다. 이에 비추어 볼 때, 하나님에 관한 이러한 지식은 공허하며 덧없이 사라지는 사변이 아닌 살아 있는 지각으로 구성된다.190) 이런 까닭에, 우리가 하늘과 땅에서 빛난다고 기술했던 동일한 능력들, 즉 관용, 선함, 긍휼, 의, 심판, 진리가 여기에서도 열거되고 있음을 듣는다. 왜냐하면 능력과 권능이 엘로힘이라는 이름 아래 포함되기 때문이다. 선지자들도 완전하고 거룩한 그의 이름을 설명하기를 원할 때 동일한 수식어들로 그를 각인시킨다. 많은 본문들을 모아야 한다는 부담을 떨치고, 지금은 한 시편으로(시 145편) 족하게 여기자. 그 시편에는 그의 모든 능력들 전체가 정확하게 헤아려지고 있으므로 빠진 것은 전혀 보이지 않기 때문이다(참조. 시 145:5). 거기에는 피조물을 통하여 고찰될 수 없는 것은 아무것도 제시되어 있지 않다. 그런즉 경험이라는 교사로 인해,191) 우리는 하나님이 자기의 말씀으로 자기를 선포하신 바로 그 하나님을 지각하게 된다.

예레미야서에서 저자는 비록 그렇게 완전하지는 않으나 분명히 이와 동일한 뜻을 축약하여 기술하면서 하나님이 어떤 분으로 자기 자신을 우리에게 알리고자 원하시는지를 다음과 같이 선포한다. "자랑하는 자는 이것으로 자랑할지니 곧 명철하여 나를 아는 것과 나 여호와는 긍휼과 심판과 의를 땅에 행하는 자인 줄 깨닫는 것이라"(적용. 렘 9:24; 참조. 고전 1:31).

우선적으로 우리가 인식하기는, 확실히 다음 세 가지가 필수적이다.

첫째, 자비, 오직 그것에 우리 모두의 구원이 달려 있다.

둘째, 심판, 그것은 날마다 파렴치한 사람들 가운데 내려지며 심지어 영원한 멸망에 이르기까지 그들을 더욱 엄중하게 기다린다.

셋째, 의, 그것으로 성도들이 지킴을 받고 가장 후덕하게 양육된다.

---

190) "ista eius agnitio vivo magis sensu, quam vacua et meteorica speculatione constet."
191) "experientia magistra."

이 세 가지를 붙잡게 될 때, 당신은 하나님을 영화롭게 할 수 있는 예언을 넘치도록 지니게 된다고 선지자는 증언한다. 이러한 경우에도 혹은 그의 진리, 혹은 권능, 혹은 거룩함, 혹은 선함이 결코 무시되지는 않는다. 말하자면 여기에서 요구되는 그의 의, 자비, 심판을 아는 지식이 변함없는 그의 진리에 기초하지 않았다면 어떻게 존재했겠는가? 또 그의 능력이 이해됨 없이 그가 땅을 심판과 의로 다스리신다는 것이 어떻게 믿어졌겠는가? 선함으로부터가 아니라면 어디로부터 자비가 나오겠는가? 궁극적으로 그의 모든 길이 자비(시 25:10), 심판, 의(시 25:8-9)일진대, 거룩함이 또한 그것들 가운데 현저하게 존재한다.

진정 성경 가운데 우리에게 제시되어 있는 하나님을 아는 지식은 피조물에 새겨져서 빛나는 지식과 다른 별도의 목표를 지향하지 않는다. 즉 먼저 그것은 하나님에 대한 경외에 이르도록, 다음으로 그에 대한 확신에 이르도록 우리를 초청한다. 그리하여 우리는 확실하고 완전한 삶의 순수함과 하나님을 향해 예배하는 거짓이 없는 순종을 배우게 되어 비로소 그때 그의 선하심을 전적으로 의지하게 된다.192)

3. 이방인들에게도 하나님의 한 분이심이 알려짐으로 아무도 이에 대한 무지를 핑계하지 못함

그러나 여기서 나는 일반적인 교리의 요체를 두루 살피는 데 관심을 둔다. 독자들이 실로 먼저 관찰해야 할 것은 성경이 우리를 지도하여 참 하나님께 이르게 하고자 이방인들의 모든 신을 분명히 제외시키고 배척한다는 사실이다. 왜냐하면 거의 모든 세대를 통해 여러 곳에서 종교가 음란해졌기 때문이다. 한 분 하나님의 이름이 모든 곳에서 알려지고 찬미를 받으셨음은 말할 나위 없이 참되다. 우리가 보건대 어마어마한 무리의 신들을 예배하는 자들이 참 본성의 지

---

192) 여기에 일반계시와 특별계시의 공통의 목표로서 제시된, '경외'(timor), '확신'(fiducia), '삶의 순수함'(vitae innocentia), '하나님을 예배하는 거짓이 없는 순종'(non simulata obedientia colere illum[Deum])은 경건(pietas)의 주요한 요소들이다. Cf. *Institutio*, 1.2.1-2.

각으로부터 나오는 말을 할 때에는 어김없이 마치 그들이 한 하나님께 만족하고 있기라도 하듯이 '하나님'의 이름을 사용한다는 사실도 이를 방증한다. 순교자 유스티누스(Justinus)는 이를 다룰 목적으로 『하나님의 군국(君國)』(De monarchia)이라는 책을 작성하였는데, 그곳에서 아주 많은 증언들에 비추어 하나님의 한 분이심이 모든 사람의 마음속에 새겨져 있음을 보여 주었다.[193] 테르툴리아누스(Tertullianus) 역시 사람들이 통상 사용하는 말로 이를 증명한다.[194] 그러나 모든 사람은 마지막 하나에 이르기까지 그들 자신의 헛됨에 취해 거짓 고안물들에게 이끌리거나 그것들에게로 미끄러져 들어간 결과 지각들을 상실하게 되었다. 그리하여 이제 그들이 본성상 유일하신 하나님에 대해 무엇을 의식하든 간에 그들로 핑계하지 못하게 하는 것 외에는 그 어떤 효과도 없게 되었다. 왜냐하면 그들 중에서 가장 지혜로운 자들이라도 자기들 가운데 어떤 하나님이든 현존해 있기를 갈망하고 기도하면서도 불확실한 신들을 부름으로써 공공연히 자기들의 마음의 방황을 보여 주기 때문이다. 이뿐 아니라 하나님의 다중적 본성을 상상하는 데 있어 그들은 유피테르(Jupiter), 메르쿠리우스(Mercurius), 베누스(Venus), 미네르바(Minerva), 그리고 다른 신들을 의식하며 사는 무식한 일반 사람들보다는 덜 불합리하다 하더라도, 마찬가지로 사탄의 거짓들로부터 자유롭지 못하였다. 우리가 이미 다른 곳에서 말했듯이,[195] 철학자들이 아무리 공교하게 도피를 획책한다 하더라도 하나님의 진리를 오염시킨 반역의 범죄가 그들에게서 씻겨 나가지는 않는다. 이런 이유로 하박국은 모든 우상을 단죄한 후에 사람들에게 하나님을 그 자신의 성전에서 찾으라고 명령함으로써(합 2:20) 신자들이 자신의 말씀으로 자기를 현시하시는 분 외에 다른 것을 인정하지 못하도록 했다.[196]

---

[193] Justin, *De monarchia* i. 2 (MPG 6. 314ff.; tr. ANF I. 290f.). Quot. Battles tr., n. 7.

[194] Tertullian, *The Testimony of the Soul* ii (MPL 1. 611; CCL Tertullianus I. 176; tr. ANF III. 176). Quot. Battles tr., n. 8.

[195] *Institutio*, 1.5.11-12.

[196] 이곳 제10장에서는 성경의 특별계시를 통해 얻게 되는, '영원성'(aeternitas), '자존성'(αὐτουσία), '유일성'(unitas), '능력'(virtus) 등의 하나님의 속성에 대한 지식과 '긍휼'(misericordia), '심판'(iudicium), '의'(iustitia), '거룩함'(sanctitas) 등의 하나님의 품성에 대한 지식이 피조물의 일반계시를 통하여 얻게 되는 하나님의 어떠하심을 아는 지식과 동일한 목표를 지향함을 강조한다.

제11장

하나님께 가시적 형상을 바치는 것은 불법이며, 일반적으로 누구든지 자기를 위하여 우상들을 세우는 자는 참 하나님을 배반하는 것임

Deo tribuere visibilem formam nefas esse,
ac generaliter deficere a vero Deo
quicunque idola sibi erigunt

1-7. 우상을 만드는 것과 섬기는 것 모두를 금함
8-13. 우상으로 예배하는 것은 우상을 예배하는 것임
14-16. 우상 숭배를 합리화하는 비성경적인 궤변들

1. 비가시적인 하나님은 가시적으로 자기를 표현하거나 섬기고자 만들어진 모든 우상을 거부하심

참으로 성경은 사람들의 무식하고 거친 천품을 고려하여 통상 일반 사람들에게 말하듯이 하는바, 참 하나님을 거짓 신들과 분별함에 있어 그를 우상들과 현저히 대조시킨다.[197] 이렇게 하는 것은 철학자들에 의해 가르쳐진 좀 더 섬세하고 좀 더 품위 있어 보이는 것들을 증명하고자 함이 아니라, 오히려 각자가 자기 자신의 사변에 붙들린 채 하나님을 찾고자 하는, 세계의 어리석음, 나아가 세계의 광기를 더 잘 들춰내고자 함이다. 이런 배타적 정의(定意)는 도처에서 만나게 되는데, 사람들이 신성에 대해 자신들의 고유한 소견을[198] 가지고 만들어 낸 것이 무엇이든 그것을 수포(水泡)로 돌아가게 한다. 왜냐하면 하나님 자신이 자기에 대한 유일하고 적합한 증인이시기 때문이다.[199]

한편 하나님의 가시적 형상들에 간청하고자 나무, 돌, 금, 은, 혹은 다른 죽

---

[197] *Institutio*, 1.11-12는 우상을 금하는 제2계명에 주안점을 두고 하나님을 아는 올바른 지식에 따른 참 예배가 어떠해야 하는지를 논하고 있다. 이 점에서 이어서 전개되는 삼위일체, 창조, 섭리 교리의 서론에 해당한다고 볼 것이다. 이 부분은 십계명의 장(章)에서 제2계명을 다루는 *Institutio*, 2.8.17과 함께 읽어야 한다.

[198] "divinitatis propria opinione."

[199] "quia Deus ipse solus est de se idoneus testis." Cf. Hilary of Poitiers, *On the Trinity* I. xviii (MPL 10. 38; tr. NPNF 2 ser. IX. 45).

고 썩을 물질로 신들을 조형하려는 야수적인 어리석음이 전 지구를 채우고 있으므로, 우리는 '어떤 형상이든 하나님께 부착될 때마다 그의 영광이 불경건한 거짓으로 인해 오염된다.'라는 원리를 붙들어야 한다. 그러므로 율법에서 하나님은 유일한 신격의 영광이 자기에게 있음을 주장하신 후, 자기가 어떤 예배를 인정하고 어떤 예배를 거부하는지를 가르치시면서, "너를 위하여 새긴 우상을 만들지 말고……어떤 형상도 만들지 말며"(출 20:4)라고 덧붙이신다. 이 말씀을 통하여 하나님은 자기를 어떤 보이는 모습으로 표상하려고 시도하는 우리의 방자함을 억제시키시고, 이미 옛날에 자기의 진리를 거짓으로 바꾸기 시작했던 미신에 속한 모든 형상을 간략하게 열거하신다.

우리가 알고 있듯이, 페르시아 사람들은 태양을 숭배했다. 그 어리석은 이방인들은 자기들에게 식별되는 하늘에 있는 별은 무엇이든 자기들을 위한 신들로 조작했다. 또한 애굽 사람들에게 있어서 신의 형상이 아닌 생물은 거의 없었다. 실로 헬라 사람들은 사람의 형상으로 하나님을 예배했기 때문에 다른 사람들보다 더 지혜로운 것 같아 보이기도 한다. 그러나 하나님은 이러한 형상들을 마치 하나가 더 낫고 하나는 덜한 것처럼 서로 비교하는 것이 옳다고 여기지 않으시며, 미신에 빠진 사람들이 자기 자신들에게 신을 가까이 오게 할 수 있다고 생각하는 모든 조상(彫像), 화상(畫像), 그리고 다른 유사한 표징을 예외 없이 거부하신다.[200]

2. 하나님의 신성은 그 본질에 있어서 형상화될 수 없음

이 사실은 금지에 첨언된 이유들로부터 즉시 추론된다. 먼저 모세의 말씀을 보자. "여호와께서 호렙 산에서 너희에게 말씀하신 것을 기억하라"(적용. 신 4:15).

---

[200] Cf. Carlos M. N. Eire, *War Against the Idols: The Reformation of Worship from Erasmus to Calvin* (Cambridge: Cambridge University Press, 1986), 195-233; "True Piety Begets True Confession': Calvin's Attack on Idolatry," in *John Calvin and the Church: A Prism of Reform*, ed. Timothy George (Louisville: Westminster/John Knox, 1990), 247-276; Randall C. Zachman, *The Assurance of Faith: Conscience in the Theology of Martin Luther and John Calvin* (Minneapolis: Fortress, 1993), 238-243.

"너희가 그 말소리만 듣고 형상은 보지 못하였느니라"(신 4:12). "너희는 깊이 삼가라"(신 4:15). "그리하여 스스로 부패하여 자기를 위해 어떤 형상대로든지 우상을 새겨 만들지 말라"(신 4:16). 여기에서 우리가 보듯이, 하나님이 자기의 음성을 발하셔서 모든 형상을 공공연히 반대하시는 것은 하나님에 관한 가시적인 형체가 무엇이든 그것에 간청하는 모든 사람은 누구를 막론하고 그로부터 떨어져 나가게 된다는 사실을 우리에게 알게 하려 하심이다. 선지자들 중에서 이것을 더없이 많이 일러 주고 있는 이사야 한 사람을 인용하는 것으로 충분하다. 그는 형체가 없는 분이 형체가 있는 물질로, 비가시적인 분이 가시적인 형상으로, 영적인 분이 생명이 없는 것으로, 무한하신 분이 나무나 돌이나 황금 조각과 동화될 때, 하나님의 엄위가 천하고 불합리한 허구에 의해서 더럽혀지고 있다고 가르친다(사 40:18-20; 41:7, 29; 45:9; 46:5-7). 또한 바울도 다음과 같은 방식으로 추론한다. "이와 같이 하나님의 소생이 되었은즉 하나님을 금이나 은이나 돌에다 사람의 기술과 고안으로 새긴 것들과 같이 여길 것이 아니니라"(행 17:29).

이렇듯 하나님을 비유하려고 세워진 조상이나 그려진 형상은 그것이 무엇이든 하나님의 엄위에 불명예스러운 어떤 것으로서 전적으로 그의 비위를 거스른다. 성령이 하늘로부터 위와 같은 말씀들을 천둥소리와 같이 내려 주신다고 해서 기이하게 여길 일이 아니지 않은가? 왜냐하면 그는 비참하고도 눈먼 우상 숭배자들을 재촉하셔서 땅으로부터도 매우 흡사한 고백이 나올 수 있도록 하시기 때문이다. 아우구스티누스에게서 읽을 수 있는 세네카(Seneca)의 불평은 잘 알려져 있다. "그들은 불멸하고 해할 수 없는 거룩한 신들을 가장 음흉하고 무식한 물질로 신격화하고, 그 신들에게 사람들과 짐승들의 의상을 입힌다. 어떤 사람들은 남녀의 성이 혼합되고 몸이 다양하게 여럿 있는 것들을 신령들이라고 부른다. 만약 영이 부여된다면 이것들은 괴물들로 여겨질 것이다."[201] 또한 형상들을 옹호하는 사람들은 이 유대인들이 미신에 빠져드는 경향이 있었기 때문에 그것들을 금지하였을 따름이라고 내세우는데, 이러한 사

---

201) Augustine, *City of God* VI. x (MPL 41. 190; tr. NPNF II. 119). Quot. Battles tr., n. 4.

람들은 타락하여 쓸데없는 억지를 부리고 있음이 분명하다. 마치 하나님이 자기의 영원한 본질과 항속적인 자연의 질서로부터 나오게 하시는 것이 한 민족에게만 속해 있기라도 하듯이! 진정 바울이 하나님을 형상화하는 오류를 반박하면서 위의 말씀을 전한 대상들은 유대인들이 아니라 헬라인들이 아니었는가?

3. 하나님의 현존은 우상으로써 묘사될 수 없음

실로 하나님은 이따금 자기 신성의 현존을 확실한 표징들로 제시하셨기 때문에,[202] 그는 얼굴과 얼굴을 마주하여 보이신 것으로 전해진다(참조. 출 33:11). 그러나 그가 줄곧 드러내셨던 모든 표징은 그의 가르침의 방식에 꼭 들어맞았으며, 동시에 그의 불가해한 본질에 관해서 사람들에게 분명하게 상기시켜 주었다. 왜냐하면 구름과 연기와 불길은(신 4:11), 비록 그것들이 하늘 영광의 상징들이라고 하더라도, 모든 사람의 마음을 마치 굴레에 집어넣어 묶는 것과 같이 억눌러 더 깊이 들어가지 못하게끔 하였다. 그러므로 다른 사람들에게보다 하나님이 자기 자신을 더욱 친밀하게 현시하신 모세조차도(출 33:11) 그의 얼굴을 보여 달라는 기도를 응답받지 못했고, 다만 사람은 그토록 대단한 광채를 담을 능력이 없다는 대답을 들었을 뿐이다(출 33:13-23). 성령은 비둘기와 같이 나타나셨다(마 3:16). 그러나 그는 즉시 사라지셨다. 신자들이 성령의 능력과 은혜에 만족하고 자기들을 위하여 어떤 외부적인 형상도 불러들이지 않도록 하려고, 한순간의 상징이 주어짐으로 말미암아 그들은 그가 비가시적인 분이심을 믿도록 충고를 받았다는 것을 알지 못할 사람이 누구이겠는가? 하나님이 때때로 사람의 형체로 나타나신 것은 그리스도 안에서 계시하실 그의 미래에 대한 서언이다. 그러므로 유대인들이 이를 구실로 삼아 자기들을 위하여 사람의 형상으로 신격의 상징을 세우는 것은[203] 절대 허락되지 않았던 것이다.

---

202) "Exhibuit quidem interdum Deus certis signis numinis sui praesentiam."
203) "sibi deitatis symbolum erigerent sub humana figura."

하나님이 율법 아래에서 자기의 능력의 현존을 드러내신 속죄소를 두신 것은, 찬미하는 가운데 마음이 위로 들어 올려질 때 하나님을 바라보는 최선의 방법이 있다는 것을 지시하시기 위해서였다. 속죄소는, 그룹들(Cherubim)이 날개를 펼쳐서 덮었고, 휘장이 둘러쌌으며, 그곳은 그 자체로 그것들을 감출 만큼 충분하게 깊이 숨겨져 있었다(출 25:17-21). 이러하므로 이런 그룹들을 예로 삼아 하나님과 성자들의 형상들을 변호하려고 시도하는 자들이 제정신이 아님은 아주 분명하다. 내가 묻건대, 형상들로 하나님의 비밀들을 적절하게 표상할 수 없다면, 그 작은 형상들의 의미는 무엇이었는가? 그룹들은 자기들의 날개들로 속죄소를 가려 사람들의 눈뿐만 아니라 모든 지각을 가로막아 하나님을 볼 수 없게 함으로써 그들의 무모함을 교정하려고 조형되었다. 이뿐 아니라 선지자들은 환상 가운데 우리들을 향하여 얼굴을 가리고 있는 스랍들이 보였다고 묘사한다(사 6:2). 이로써 의미되는 바는 하나님의 영광의 광채가 얼마나 대단한지 천사들도 그것을 직접적으로 직관할 수 있을 만큼 가까이 가지는 못하고, 그 천사들 가운데 작열하는 작은 섬광들은 우리의 눈에서 물러나 있다. 누구든지 올바른 판단을 하는 사람은 우리가 지금 다루고 있는 그룹들은 율법의 옛 가르침 아래 속했다는 것을 인정하게 된다. 따라서 그들을 지금 우리의 시대에 적실(適實)한 예로 끌어오는 것은 불합리하다. 왜냐하면 이러한 종류의 초등학문을 지향하던 이른바 저 아동기는(갈 4:3) 지나갔기 때문이다.[204]

이제 우리는, 세속적인 저술가들이 교황주의자들보다 하나님의 율법에 대해 더욱 유능한 해석자들이라는 사실에 부끄러움을 느끼지 않을 수 없다. 유베날리스(Juvenalis)는 유대인들이 단순한 구름과 하늘의 신령을 예배하고 있다고 조롱하며 비난을 퍼부었다.[205] 이는 사악하고 불경건한 일이었음이 분명하다. 그러나 유대인들 가운데 하나님을 형상화한 것이[206] 없었다고 소신을 피력한 유베날리스가 그들 가운데 하나님을 형상화한 것이 있었다고 떠드는 교황주의자

---

204) "Praeteriit enim saeculum illud puerile, ut ita loquar, cui eiusmodi rudimenta destinata erant."
205) Juvenal, *Satires* V. xiv. 97 (LCL ed., pp. 270f., and note 3). 이 표현은 칼빈의 다음 주석에도 나타난다. Comm., Ex. 26:1ff. (CO 24,416); Is. 30:27 (CO 36,527). Quot. Battles tr., n. 6 and Supplement.
206) "Dei effigiem."

들보다는[207] 오히려 참된 말을 한 것이다. 이 백성은 거듭해서 타는 불과 같이 신속하게 자기 자신들을 위한 우상들을 찾아 마치 큰 수원(水源)으로부터 거센 힘을 받아 물길이 솟구치듯이 내달렸다. 오히려 여기에서 우리는 우리의 천성이 얼마나 우상 숭배에 기울어져 있는지를 배워, 누구에게나 속하는 악행의 죄과를 유대인들에게 떠넘긴 채 죄를 짓고자 하는 헛된 유혹에 빠져 죽음에 이르는 잠을 자고 있는 우리의 모습에서 벗어나도록 하자.

4. 하나님은 물질로 만든 것에 계시지 않음

이런 취지로, "열국의 우상은 은금이요 사람의 손으로 만든 것이라"라는 말씀에서(시 135:15; 참조. 시 115:4), 선지자는 우상들이 물질로 만들어졌기 때문에 신들이 아니며 금이나 은으로 된 형상들이라고 추론하고, 우리 각자의 지각에 따라 마음속에 품는 하나님에 대한 모든 생각은 무미건조한 허구라는 사실을 당연하게 받아들인다. 여기에서 흙과 돌이 아니라 금과 은이라고 지칭된 것은, 그 광채나 그 값이 모두 우상들에게 경의를 표하는 데 부질없음을 보여 주기 위함이다. 이런 맥락에서 선지자는 그 물질이 무엇이든 죽은 것들로 신들을 주조하는 일은 결코 받아들일 수 없다는 일반적인 결론을 내리면서, 매 순간 불안하게 덧없는 숨을 들이마시며 살아가는 인생들이 아주 제정신을 잃어버린 채 괜한 무모함에 한껏 들떠서 하나님의 영예를 우상들에게 부여하고 있다고 주장한다. 사람은 자기가 하루살이라는 고백을 하지 않을 수 없음에도 불구하고, 자신이 기원이 되어 신격을 부여한 금속이 하나님으로 간주되기를 원한다. 이렇게 본다면 우상들의 시작이 사람들의 의지에서 비롯되는 것이 아니고 무엇이겠는가? 저 유명한 세속 시인의 조롱은 더할 나위 없이 정당하지 않은가!

한때 나는 무화과나무의 줄기, 쓸모없는 나무 조각이었네.

---

207) Cf. Eck, *Enchiridion* (1526), ch. xv (1541, ch. xvi). Quot. Battles tr., n. 7.

> 장인(匠人)은 나를 앉은뱅이 걸상으로 만들까 주저하다가
>
> 내가 신이 되길 더 원했다네.[208]

이렇듯 거의 매 순간 죽어 가고 있는 지상의 작은 인간이 그 자신의 재주로 하나님의 이름과 영예를 죽은 줄기에 넘겨주고 있다. 그러나 이 에피쿠로스주의자는 오락거리가 되는 말은 능하게 하지만 종교에는 전혀 관심이 없었으므로 그와 그 동류들의 재담들은 넘어가도록 하자. 오히려 동일한 목재로 자기 자신을 따뜻하게 하고, 빵을 굽기 위하여 불을 붙이고, 고기를 굽거나 삶으며, 자기 자신들이 탄원자들이 되어서 그 앞에서 무릎을 꿇고 기도할 신을 만드는 사람들을(사 44:12-17) 아주 아둔하다고 꾸짖는 선지자의 말씀이 우리를 찌르게 하자. 나아가 그 말씀이 우리를 관통하도록 하자.

그는 또한 다른 곳에서 그들을 율법으로 단죄하여 그 죄책을 물을 뿐만 아니라 또한 그들이 땅의 기초로부터 배우고 있지 않음을 비난한다(사 40:21). 무한하시고 불가해하신 하나님을 5척의 키로 축소시키고자 원하는 것보다 더 어울리지 않는 일은 어디에도 없다. 그러나 우리의 습관이 보여 주는바, 자연의 질서에 공공연히 모순되는 이 괴상한 일이 사람들에게는 자연스럽게 일어난다는 사실이다.

이제 우리는 사람들의 손으로 만들어진 작품들은 하나님의 권위가 없다는 언술(言述) 양식으로 성경의 여러 곳에서 미신들을 맹렬하게 비난하는 말씀들을(사 2:8; 31:7; 37:19; 호 14:3; 미 5:13) 견지해야 한다. 이로써 사람들이 그들 자신으로부터 고안해 낸 예배들은 모두 역겨운 것들이라는 사실이 확고해진다. 선지자가 한 시편에서 더욱 분기가 충천한 것은, 모든 것이 오직 하나님의 능력으로 움직이고 있다는 것을 아는 지성을 부여받은 사람들이 죽은 것들과 지각이 없는 것들에게 도움을 간청하고 있기 때문이다. 그러나 본성의 오염이 모든 국민과 개개인 모두를 낚아채어 극도의 광증에 이르게 하므로, 성령은 이윽고

---

208) Horace, Satiers I. viii. 1-3. 이는 또한 칼빈의 다음 설교에서도 인용된다. Serm., Deut. 4:15-20 (CO 26,151).

"우상들을 만드는 자들과 그것을 의지하는 자들이 다 그와 같으리라"(시 115:8)라는 아주 무서운 저주를 퍼부으신다. 여기서 우리가 주목해야 할 것은 새겨서 만든 조상 못지않게 모양을 그린 화상도 금지된다는 사실이다. 이로 인해 헬라 사람들의 미련한 용의주도함이 논박된다. 왜냐하면 그들은 하나님을 조각하지 않으면 자기들의 역할을 다했다고 생각하면서 어떤 다른 나라보다 방자하게 그림들을 즐기고 있기 때문이다. 그러나 여호와는 자기를 형상화한 것이 조각가에 의해서 세워지는 것뿐만 아니라 어떤 미술가에 의해서라도 묘사되는 것을 금하시는데, 이는 자기가 무모하게 거짓으로 꾸며지고 자기의 엄위가 모독을 당하기 때문이다.

5. 우상들의 가르침은 헛되고 거짓됨

실로 나는 "형상들은 무식한 사람들의 책들이다."[209]라는 아주 익숙하고 오래된 말이 일반인들에게 널리 통용되고 있음을 알고 있다. 그레고리우스(Gregorius)가 이것을 말했다.[210] 그러나 하나님의 영은 이와는 훨씬 달리 선포하신다. 만약 그레고리우스가 이 부분을 성령의 학교에서 배웠더라면 그는 결코 그렇게 말하지 않았을 것이다.

사실 예레미야가 허무하게 지나가는 "우상의 가르침은 나무뿐이라"(렘 10:8)라고 선포하고, 하박국이 "부어 만든 우상은 거짓 스승이라"(합 2:18)라고 가르칠 때, 여기에서 제시된 일반적인 가르침으로부터 확실히 추론되어야 할 것은 사람들이 하나님에 대해 형상들로부터 배우게 되는 것들은 무엇이든 헛되고 또한 그만큼 거짓되다는 사실이다.

만약 누군가, 불경건한 미신을 위해 우상들을 사용한 사람들만 예외적으로

---

209) "libros idiotarum esse imagines."
210) Gregory the Great, *Letters* IX. 105; XI. 13 (MGH *Epistolae* II. 112, 273f.; MPL 77. 1027f., 1128); Eck, *Enchiridion* (1526), ch. xvi; Clichtove, *Compendium*, fo. 124a; Zwingli, *Of True and False Religion*, 29 (CR Zwingli III. 904; tr. *Latin Works of Huldreich Zwingli*, ed. S. M. Jackson, III. 336). Quot. Battles tr., n. 11 and Supplement.

선지자들에 의해 책망을 받았다고 이의를 제기한다면, 나는 그럴 수 있다고 인정한다. 그러나 모든 사람에게 분명히 알려진 대로 교황주의자들이 공리로 삼는, "형상들은 책들 대신에 있다."라는 말이 전체적으로 선지자들에 의해서 저주를 받았다는 점을 덧붙인다. 왜냐하면 선지자들은 우상들을 참 하나님과 동시에 함께 존재할 수 없는 것들로 여겨, 서로 대립시키기 때문이다. 내가 말하건대, 이러한 비교가 위에서 인용한 본문들에 자리 잡고 있다.

유대인들은 한 분 참 하나님께 예배드렸으므로, 하나님을 표상하는 가시적인 형상들은 무모하고 거짓되게 조작된 것들이며, 하나님을 아는 지식을 그것들로부터 구하는 사람들은 모두 비참하게 속임을 당한 것이었다.

요컨대 선지자들은 우상들에게 구하여 얻어낸 지식이 모두 거짓이며 위조된 것이라고 여겼다. 그렇지 않았다면 그들이 통상적으로 그것들을 저주하는 일은 일어나지 않았을 것이다. 적어도 나의 소신은 이러하다. 우리는 사람들이 형상들로 하나님을 조형하려고 시도하는 것은 헛되고 거짓되다고 가르칠 때, 선지자들이 전한 것을 문자 그대로 옮겨 놓는 일 외에 다른 무엇을 하고 있는 것이 아니다.

6. 우상들의 가르침을 거부한 교부들의 가르침

이뿐 아니라 우상에게서 하나님을 아는 지식을 얻고자 하는 자들은 락탄티우스(Lactantius)와 에우세비우스(Eusebius)가 이에 대해 쓴 글들을 읽게 하자. 이 둘은 형상들로 관찰되는 모든 것은 죽어 없어질 것들이라는 사실이 확실하다고 주저 없이 받아들인다.[211] 이들과 마찬가지로, 아우구스티누스는 우상들을 숭배하는 것뿐만 아니라 그것들을 하나님께 봉헌하는 것도 불법이라고[212] 거

---

211) Lactantius, *Divine Institutes* I. viii, xv, xviii (CSEL 19. 29f., 55f., 63–67; tr. ANF VII. 18, 26–30); Eusebius, *Praeparatio evangelica* II. iv; III. ii (MPG 21. 163, 175); Augustine, *City of God* VI. vii. 1; VI. viii. 1; VIII. v, xxvi (MPL 41. 184, 186, 229f., 253f.; tr. NPNF II. 115f., 147, 163). Quot. Battles tr., 12.

212) "nefas esse non modo adorare simulacra, sed Deo collocare."

리낌 없이 선포한다.213) 결국 그가 한 말은 오래 전에 엘비라 회의에서214) 규정되었던 것과 전혀 다르지 않다. 그중 교령 제36장에 따르면, "다음과 같이 결정된바, 성전 안에 화상들이 소유되어서는 안 되며, 예배나 숭배의 대상이 벽에 그려져서는 안 된다."215)라고 기록되어 있다.

이와 관련하여 가장 먼저 기억해야 할 것은 아우구스티누스가 다른 곳에서 인용하고 자기의 서명을 기입하여 확정한, "신들의 우상들을 처음으로 도입한 사람들은 두려움을 빼내고 오류를 가하였다."라는 바로(Varro)의 말이다.216)

만약 오직 바로만이 이 말을 했다면, 아마 그것은 거의 권위를 갖지 못했을 것이다. 그럼에도 불구하고 어둠 속을 더듬고 있었던 이 이방 저자가 자기에게 이 빛이 이르게 되자 물질적인 형상들은 사람들에게 하나님에 대한 두려움은 감소시키는 반면 오류는 증가시킴으로써 그의 엄위를 불명예스럽게 한다는 것을 깨닫게 되었다는 사실은 우리 안에 있는 수치심을 자극하지 않을 수 없다. 이 말이 슬기롭고 참되게 진술되었음은 사실 자체가 입증한다.

그러나 아우구스티누스는 바로로부터 이를 빌리기는 했으되, 이른바 자기 자신이 해석한 뜻으로 이를 제시한다.

첫째, 그는 사람들이 하나님에 관하여 범한 첫 번째 오류들은 우상들로부터 시작된 것은 아니지만 일단 새로운 재료가 첨가되자 증가되었다고 충고한다.

둘째, 그는 하나님의 신성이 우상들의 어리석음과 미련하고 불합리한 고안물에 의해서 경멸을 받기 쉬우므로, 그것들을 통하여 하나님에 대한 경외가 사그라지거나 아예 없어진다고 해석한다. 원컨대 둘째 부분이 아주 참되다는 것을 우리가 경험하는 일이 없기를! 그러므로 누구든 올바른 가르침을 받고자 갈망하는 사람이 우상들이 아닌 다른 것으로부터 하나님을 아는 지식을 얻어야 한다는 사실을 배우게 하자.

---

213) Augustine, *Faith and the Creed* vii. 14 (MPL 40. 188; tr. LCC VI. 360); Cf. *De diversis quaestionibus*, qu. 78 (MPL 40. 90). Quot. Battles tr., n. 13.
214) Council of Elvira (305경).
215) "placuit in templis non haberi picturas; ne quod colitur vel adoratur, in parietibus pingatur."
216) Augustine, *City of God* IV. ix, xxxi (MPL 41. 119, 138; tr. NPNF II. 69, 74f.). Quot. Battles tr., n. 15.

7. 형상들은 무식한 사람들의 책들이라는 헛된 궤변

이러하므로 만약 교황주의자들에게 일말의 염치라도 있다면, 이후로는 그들이 "형상들은 무식한 사람들의 책들이다."라는 말을 도피처로 사용하지 않게끔 하자. 왜냐하면 아주 많은 성경의 증언들에 의해서 그것이 공공연히 반박되고 있기 때문이다. 비록 우리가 그들이 이 말을 쓰도록 인정한다고 하더라도, 그들은 이로써 자기들의 우상들을 변호하는 데 별 유익을 얻지 못할 것이다. 잘 알려진 바와 같이, 그들은 하나님의 자리에 이런 괴상한 것들을 억지로 밀어 넣고 있다. 그들이 성자들에게 봉헌하는 화상들과 조상들이 가장 타락한 방탕과 음란의 예들이 아니겠는가? 만약 누군가 이러한 예들을 모방하려고 든다면, 그에게 마땅한 것은 채찍이 아니겠는가? 참으로 동정녀의 형상들로 여겨지길 원하는 것들을 성전들이 보여 주는 것보다, 매음굴의 창녀들이 차려 입은 옷이 한층 순수하고 온화하게 보인다. 결코 그들은 순교자들을 위한 좀 더 고상한 옷을 만들어 내지는 않는다. 그러므로 그들이 아주 작은 한 조각의 염치라도 가지고 우상들을 조성하게 해서, 거짓말을 하더라도 "우상들은 어떤 거룩함의 책들이다."[217]라고 좀 더 고상하게 거짓말을 하게끔 하자!

이런 까닭에 우리는 화상들 역시 거룩한 곳에서 신자 된 백성을 가르치는 방식은 아니라고 응수할 것이다. 하나님은 이러한 쓰레기들과는 전혀 다른 교리로써 그들이 가르침을 받게 되기를 원하신다. 그는 자기의 말씀에 대한 설교와 거룩한 비밀들로써 모든 사람에게 공통된 교리가 제시되도록 명령하셨다. 그러나 자기들의 눈을 굴리면서 우상들을 묵상하는 사람들은 자기들의 마음을 쏟아 교리를 익히는 부지런함을 거의 보이지 않는다.

그렇다면 교황주의자들이 일컫는, 자기들의 무지로 말미암아 오직 우상들로부터만 가르침을 받는 것이 허용되는 '무식한 사람들'은 누구인가? 실로 그들은 주님이 자기의 제자들로 인정하신 사람들이고, 그가 자기의 하늘 철학의 계시로 고귀하게 되도록 하신 사람들이며, 그가 생명을 살리는 자기 나라의 비밀

---

217) "alicuius sanctitatis libros esse."

들로 교육을 받게 하기를 원하시는 사람들이다. 실로 나는 오늘날 이러한 책들이 없이는 아무것도 할 수 없는 사람들이, 그들의 상황이 그러하듯이, 적지 않다는 것을 인정한다. 그러나 묻건대, 이러한 어리석음은 그들이 자기 자신들을 가르치기에 적합했던 그 유일한 교리를 사취당하는 데서 비롯된 것이 아니라면 무엇으로부터 말미암겠는가? 교회들을 다스리는 사람들이 가르치는 권세를 우상들에게 이양하고 자기들은 침묵을 지키고 있기 때문이 아니라면 다른 이유는 어디에도 없지 않는가? 바울은 복음을 참되게 설교하면서, 그리스도가 못 박힌 것이 우리 눈앞에 그려지게 된다고(갈 3:1) 입증한다. 그러므로 그리스도가 죽으신 것은 십자가에서 우리의 저주를 참으시고(갈 3:13), 자기 몸을 희생제물로 드려 우리의 죄들을 속해 주시고(히 10:10), 그것들을 자기의 피로 씻어 주시며(계 1:5), 끝내 우리를 하나님 아버지와 화목하게 하시기 위함이라는(롬 5:10) 사실에 대해서 우리가 순수하고 충실한 가르침을 받아 새기게 되었더라면, 수많은 십자가들이 나무나 돌이나 은이나 금으로 만들어져 교회 여기저기에 세워져야 했을 필요가 있었겠는가? 그들은 천 개의 나무나 돌 십자가들보다 이 한 가지 사실로부터 더 많이 배울 수 있었을 텐데 실상 그렇지 못하였다. 왜냐하면 추측컨대 탐욕스런 사람들은 마음과 눈을 하나님의 어떤 말씀보다 금과 은에 더욱 집요하게 부착시킬 것이기 때문이다.

8. 우상들의 기원은 마음에 품은 것을 표현하고 그 형상을 믿는 데 있음

다음으로, 우상들의 기원을 다룸에 있어서는, 지혜서의 말씀들이 모든 사람의 동의 가운데 받아들여지고 있다. 즉 그것들의 조성자들은 그 영예를 죽은 자들에게 돌리고 그 죽은 자들에 대한 기억을 미신적으로 예배하는 자들이었다(지혜서 14:15-16). 나는 이 사악한 습관이 더없이 오래된 것이라는 점을 분명히 인정할 뿐만 아니라 그것이 또한 우상 숭배로 돌진하는 사람들의 광기를 더욱 부추기는 일종의 횃불과 같은 역할을 했다는 사실을 부정하지 않는다. 그렇다고 해서 나는 그것이 악의 첫 번째 근원이었다고 말하는 것에는 동의하지 않는다. 왜냐하면 죽은 사람들의 형상들을 신성시하고자 하는 고대인들의 야망에 대한 세속 저술가들의 언급이 넘치는데, 그 야망이 횡행하기 전에 이미 우상들이 사용되고 있었다는 사실이 모세로부터 드러나기 때문이다. 우리가 보듯이, 모세는 라헬이 자기 아버지의 우상들을 기술하면서(창 31:19) 다름 아닌 당시 일반적이었던 악을 지칭하고 있다. 이로부터 우리는 사람의 천성은 이른바 우상들의 영원한 공장(工場)이라는 사실을[218] 추론할 수 있다. 홍수 후에 세계에는 어떤 모습의 재생(再生)이 있었다. 그러나 여러 해가 지나기 전에 사람들은 자기들의 육욕을 채우고자 신들을 빚었다. 그 거룩한 족장이 아직 생존해 있을 때 그의 후손들이 우상 숭배에 빠졌다는 것이다. 이는 신빙성 있는 사실이다. 그는 근래에 하나님이 그토록 무서운 심판을 내리셔서 오염된 것들을 깨끗하게 하신 그 땅이 우상들로 더럽혀지고 있다는 사실을 자기의 눈으로 보고 알게 되자 가장 쓰라린 고통을 느꼈을 것이다. 여호수아가 증언하듯이, 아브라함이 나기 전에 데라와 나홀은 이미 거짓 신들에 대한 예배자들이었음이 분명하다(수 24:2). 셈의 자손들이 그렇게 신속하게 하나님으로부터 떨어져 나갔을진대, 이미 자기들의 아버지인 함 안에서 저주를 받았던 그 후손들에 대해서는 우리가 무슨 다른 판단을 할 수 있겠는가? 이에 대해서는 다음과 같이 보는 것이 참되다. 사람의 마음은 교만과 무모함이 가득하여 그 자체의 이해력을 좇아 감히 하나님을 형상화하고, 게으름에 빠져 꾀를 부리며, 무엇보다 아둔한 무지에 압도되어 헛되고 어리석은 환영(幻影)을 하나님이라고 품는다.

이러한 악들에 새로운 사악함이 가미된다. 즉 사람은 자기가 내적으로 품은 것을 자기의 작품 가운데 표현해 내고자 일을 감행한다. 그러므로 마음은 우상을 잉태하고 손은 그것을 출산한다.[219] 이스라엘 사람들의 예에서 보듯이, 사람들은 하나님이 자기 자신을 육체적으로 현존하시는 분으로 제시하시지 않는 이상 자기들에게 하나님이 계시다는 사실을 믿지 않는데, 이것이 우상 숭배의

---

[218] "hominis ingenium perpetuam, ut ita loquar, esse idolorum fabricam."
[219] "Mens……idolum gignit, manus parit."

기원이다. 그들은 "우리를 위하여 우리를 인도할 신을 만들라 이 모세는 어찌 되었는지 알지 못함이니라"(적용. 출 32:1)라고 말했다. 진정 그들은 자기들이 경험한 그 많은 기적들을 자기의 능력으로 행하신 분이 하나님이시라는 사실을 알고 있었음에도 불구하고 그의 얼굴을 표상하는 육체적인 상징을 눈으로 식별하지 않는 이상 그가 자기들과 가까이 계심을 확신하지 않았다. 왜냐하면 그들에게는 그 상징이 통치하고 계시는 하나님에 관한 증언이 되었기 때문이다. 그러므로 그들은 자기들보다 선행(先行)하는 형상을 통하여 하나님이 자기들의 여정의 지도자가 되심을 알고자 하였다. 날마다의 경험이 가르쳐 주듯이, 육체는 육체를 닮은 어떤 가공물을 손에 넣어 그 안에 하나님의 형상이라도 있는 듯이 우매하게 위로를 얻기 전까지는 항상 불안에 떤다. 사람들은 세계가 지음을 받은 때로부터 거의 모든 세대에 걸쳐 이 눈먼 욕정에 복종하기 위해 상징물들을 세우고 자기들의 육신의 눈앞에서 거닐고 있는 하나님을 믿었다.

9. 우상 숭배는 우상 안에 없는 신성을 예배함

이러한 헛것에는 즉시 숭배가 따른다. 왜냐하면 사람들은 자기들이 우상들 가운데서 하나님 자신을 응시한다고 여기게 되면, 또한 그 자신을 그것들로써 예배하려고 들 것이기 때문이다. 그리하여 끝내 모든 사람은 자기들의 마음과 눈을 그것들 속에 고정한 채 한층 야수와 같이 흉물스러워지기 시작하고, 그것들 속에 마치 어떤 신성이 들어 있기라도 하듯이 압도될 뿐만 아니라 그것들을 찬미하게 될 것이다. 사람들은 보다 아둔한 어떤 억측에 물들기 전까지는 우상들에 대한 예배에 뛰어들지 않는다는 것이 이제 분명해진다. 그들이 이렇게 하는 것은 우상들을 신들로 간주하기 때문이 아니라 그것들 가운데 신성의 어떤 힘이 내주해 있다고 상상하기 때문이다. 이렇듯 하나님이나 피조물이 당신 자신에게 표상하는 것들에게 경의를 표하기 위하여 무릎을 꿇을 때, 당신은 이미 어떤 미신적인 것에 현혹되어 있는 것이다.

이 때문에 여호와는 자기를 형상화하기 위하여 수공된 조상들이 세워지는 것뿐만 아니라 어떤 비문들이나 돌들이 신성시되어 숭배를 위하여 앞에 놓이는 것도 거부하셨다(출 20:25).

또한 같은 이유로 이 율법의 명령 가운데 예배에 관해 규정한 후반부가 함께 추가되어 있다. 왜냐하면 하나님을 가시적인 양식으로 조형하자마자 그의 능력이 또한 그것에 예속되기 때문이다. 사람들은 너무나 어리석어서 그들이 하나님을 만들고 있는 곳이면 어디든 그곳에 하나님을 묶어 두고 그 하나님을 숭배하지 않을 수 없게 된다. 따라서 그들이 우상을 예배하는 것이나 우상 가운데 하나님을 예배하는 것이나 어떤 차이도 없다. 하나님의 영예들이 우상에게 표해질 때, 그 예배가 어떤 식으로 드려지든, 그것은 언제나 우상 숭배이다.[220] 하나님은 미신적으로 예배받기를 원하지 않으시므로, 우상에게 부여되는 것은 무엇이든 하나님에게서 빼앗은 것이 된다.

이전의 수 세기 동안 참 종교를 잠식하고 전복해 온 참람한 우상 숭배를 변호하려고 옹색하게도 서글픈 변명들을 찾고 있는 저 사람들이 다음 사실에 주목하게 하자. 그들은 형상들이 신들을 대신하는 것들로 여겨지지 않는다고 말한다. 유대인들도 송아지를 만들기 전에는 하나님이 그 자신의 손으로 자기들을 애굽에서 이끌어 내셨다는 것을(레 26:13) 기억하지 못할 만큼 절대적으로 무사무려(無思無慮)하지는 않았다는 것이다(출 32:4). 그러나 아론이 "이것이 너희를 애굽 땅에서 인도하여 낸 너희의 신이로다"(출 32:4; 참조. 출 32:8)라고 말했을 때, 그들은 뻔뻔하게도 이에 동의하였던바, 의심할 여지없이 그들의 속내는 자기들 앞에서 행하시는 하나님을 그 송아지 안에서 볼 수만 있다면, 저 해방자 자신을 계속해서 하나님으로 모시겠다는 것이었다.

우리는 이방인들이 너무나 어리석어서 하나님이 나무들이나 돌들과는 다른 신 분이라는 것을 이해할 수 없었다고 믿어서는 안 된다. 왜냐하면 그들은 자의대로 우상들을 바꾸었지만 항상 같은 신들을 마음에 모시고 있었기 때문이다. 많은 우상들이 한 신을 위해 있었지만, 그들은 우상들의 수만큼 자기들을

---

220) "Neque interest idolumne simpliciter colant, an Deum in idolo: haec semper idololatria est quum idolo, qualicunque colore, exhibentur divini honores."

위한 신들을 만들지는 않았으며, 더군다나 날마다 새로운 우상들을 신성시했지만, 그렇다고 해서 자기들이 새로운 신들을 만들고 있다고 생각한 것은 아니었다. 아우구스티누스가 자기와 동시대의 우상 숭배자들이 구실로 삼았던 변명들에 관해 언급한 부분을 읽어 보도록 하자. 통속적인 사람들은 이에 대해서 논박을 당하게 되자, 자기들은 가시적인 것이 아니라 그곳에 비가시적으로 내주하고 있었던 신성을 예배한 것이라고 대답을 했다.

한편 아우구스티누스에 의해서 그렇게 명명된, '보다 순수한 종교에 속한 자들'은 자기들이 우상도 악령도 예배하지 않았으며, 단지 예배하지 않으면 안 되었던 것의 표징을 물질적인 형상을 통하여 응시했을 뿐이라고 말했다.[221] 그렇다면 무엇이 진실인가? 모든 우상 숭배자는 그들이 유대인들이건 이방인들이건 여기에서 언급된 것과 다를 바 없는 마음의 충동을 지녔다. 그들은 영적인 이해에 만족하지 않고 우상들로부터 좀 더 확실하고 좀 더 친근한 인상(印象)이 자기들에게 주어질 것이라고 생각했다. 그들은 일단 이렇듯 하나님에 대한 왜곡된 모방을 탐닉한 후에는, 마침내 이로부터 파생하는 새로운 눈속임들에 현혹되어, 하나님이 형상들 가운데서 자기의 힘을 발휘하신다는 상상을 하는 데까지 나아갔다.

그럼에도 불구하고 유대인들은 자기들이 이러한 우상들 아래에서 감화되어 한 분 영원하신 하나님과 하늘과 땅의 참 여호와를 예배했다고 생각했으며, 이방인들은 자기들의 신들이 거짓 신들이라는 사실을 인정하면서도 그것들이 하늘에 거주하고 있다는 상상 가운데 그것들을 예배했다.

10. 하나님을 우상으로 숭배하는 것은 우상과 간음하는 것

이 일이 이전에 행해졌으며 심지어 우리의 기억에 의하면, 현재에도 행하여

---

221) Augustine, *Psalms*, Ps. 113. ii. 4-6 (on v. 5) (MPL 37. 1483f., tr. NPNF [Ps. 115] VIII. 552). Quot. Battles tr., n. 18.

지고 있다는 것을 부정하는 사람들은 뻔뻔스러운 거짓말을 하고 있다. 그렇지 않다면 그들은 왜 이런 것들 앞에서 무릎을 꿇는가? 왜 기도하려고 할 때 마치 하나님의 귀를 향하듯이 그것들에게 마음을 빼앗기는가? 실로 우상을 응시하며 기도하거나 숭배할 때, 그것이 자기의 소리를 들을 것이라고 생각하지 않거나 간구하는 것은 무엇이든 수여된다고 소망하지 않는 사람은 아무도 없다고 말한 아우구스티누스는 참되다.[222]

동일한 하나님의 우상들 가운데 어떤 것은 지나간 것으로 치부되고 어떤 것은 보통의 방식으로 영예롭게 되는 반면 어떤 것은 모두 엄숙한 영예로써 예우를 받게 되는데, 왜 이러한 현격한 차이가 생기는가? 왜 그들은 자기의 집에 있는 것들과 흡사한 우상들을 보기 위해 서원의 순례들로 자신을 지치게 하는가? 왜 오늘날 그들은 마치 제단과 향로를 위하듯이 그 우상들을 위하여 심지어 칼을 뽑아 들고 거침없이 살육과 대학살을 감행하는 정도까지 이르렀는가? 그것들을 빼앗기는 것보다 한 분 하나님을 잃어버리는 것이 더 참기 쉽다는 말인가?

그럼에도 나는 거의 무한할 뿐만 아니라 거의 모든 사람의 마음들을 채우고 있는, 백성들의 아둔한 잘못들에 대해서는 아직 열거할 마음이 없다. 단지 여기서는 우상 숭배의 죄를 씻어 내기 원하는 사람들이 공언하고 있는 것을 특별히 지적하고자 한다. 그들은 자신들이 우상들을 '우리의 신들'이라고 부르지 않는다고 항변한다. 그런데 선지자들은 여러 곳에서 옛날에 유대인들이나 이방인들도 그렇게 하지 않았음에도 불구하고 그들이 나무와 돌과 간음하고 있다고 비난하기를 멈추지 않았다(렘 2:27; 겔 6:4-10; 참조. 사 40:19-20; 합 2:18-19; 신 32:37). 이러한 일들은 오늘날 그리스도인이라고 여겨지기를 원하는 사람들에 의해서도 날마다 일어나고 있다. 즉, 그들은 나무와 돌 가운데서 육체적으로 하나님을 숭배하고 있는 것이다.

---

222) Augustine, *Psalms*, Ps. 113. ii. 4-6 (on v. 5) (MPL 37. 1483f., tr. NPNF [Ps. 115] VIII. 552). Quot. Battles tr., n. 19.

11. '우상 숭배'를 '우상 섬김'이라는 명목으로 합리화하려는 교황주의자들

여하튼 나는 그들이 한층 공교한 구별을 지어 도망치고자 한다는 사실을 모르지 않으며 또한 이를 감출 필요도 없다. 이 구별에 대해서는 곧이어 다시금 더욱 상세하게 언급할 것이다.[223] 그들은 자기들의 우상들에 공을 쏟는 예배가 '우상 섬김'(εἰδωλοδουλεία)이라는 구실을 들어 '우상 숭배'(εἰδωλολατρεία)임을 거부한다. 그들은 자기들이 '섬김'(dulia)이라고 부르는 예배를 통하여 불의를 행하지 않고 조상(彫像)들과 화상(畫像)들로써 하나님과 교통할 수 있다고 가르친다. 이에 근거해서 만약 자기들이 오직 우상들의 종들만 될 뿐 우상들의 예배자들이 아니라면, 죄가 없다고 판단한다. 마치 예배하는 것이 섬기는 것보다 더 중대한 무엇이라는 듯이! 그러나 그들은 헬라어 한 단어에 은신처를 삼으려다 아주 유치하게 자기모순에 빠지게 된다. 왜냐하면 헬라 사람들에게 있어서 '라트류에인'(λατρεύειν)은 다름 아닌 '예배하다'는 뜻을 지니고 있기 때문에, 이로부터 실제로 그들이 말하고자 하는 것이 무엇인지 새겨보면, 마치 "자기들이 형상들을 예배하지만 예배와는 별개로 그렇게 하는 것이다."라고 고백하는 것과 다를 바 없다. 그러므로 내가 독한 말들로 생트집을 잡고 있다고 그들이 반박하는 것은 전혀 합당하지 않다. 그들이야말로 단순한 사람들의 눈에 어두움을 흩뿌리려고 애쓰면서 스스로 자기들의 무지를 폭로하고 있는 격이다. 그러나 그들의 능변이 아무리 대단하다 하더라도 그 유창함으로 동일한 한 가지를 두 가지라고 우리에게 증명할 수는 없을 것이다.

실로 나는 그들에게 자기들이 옛날의 우상 숭배자들과 어떤 차이가 있는지를 보여 달라고 말하고자 한다. 간음한 사람과 살인한 사람이 자기의 범죄를 다른 명칭으로 얼버무리려 한다고 해서 죄책을 피할 수 없듯이, 만약 그들이 자기들이 저주할 수밖에 없는 우상 숭배자들과 어떤 명분에서든 차별이 되지 않는다면 그들의 교묘한 고안품인 이러한 명칭에 의해서 그들의 죄책이 면제

---

223) *Institutio*, 1.11.6; 1.12.2.

된다는 것은 불합리하다. 그러나 그들의 명분이 우상 숭배자들의 명분과 분리된다는 것은 아주 요원한 일이다. 오히려 모든 악의 원천은 그들이 우상 숭배자들과 벌이는 터무니없는 경쟁에 있다. 이들은 서로 앞다투어 상징들을 동원해서 자기들을 위한 하나님을 표현하고, 자기들의 천품을 다하여 그것들이 자기들의 것들과 뒤섞이게 하며, 그것들을 자기들의 손으로 만들고 있는 것이다.

12. 형상이나 조형 자체가 아니라 그것들을 우상으로 만들거나 섬기는 것이 불법

그럼에도 불구하고 나는 어떤 형상들도 절대 용인되어서는 안 된다고 볼 만큼 미신에 사로잡혀 있지 않다. 조각들이나 회화들은 하나님의 선물들이기 때문에, 나는 하나님이 자기의 영광과 우리의 선을 위하여 우리에게 부여하신 것들이 오염되어 터무니없이 사용되지 않게 할 뿐만 아니라 전용되어 우리를 파멸에 이르지 않게 하기 위하여, 이 둘 모두의 순수하고 합법적인 사용을 추구한다.

우리는 하나님이 가시적인 외양으로 묘사되는 것이 불법이라고 생각한다. 왜냐하면 하나님 자신이 그것을 금하셨으며(출 20:4), 그의 영광에 어떤 흉한 변형을 가함이 없이는 그런 일이 일어날 수 없기 때문이다. 오직 우리만 이런 입장을 가지고 있다고 생각해서는 안 된다. 모든 건전한 저자는 이런 우상 숭배를 언제나 인정하지 않았다. 그들이 쓴 기념비적인 서적들을 돌아보면 이를 발견하게 된다. 실로 하나님을 유형적인 형상으로 표상하는 것이 불법일진대, 하나님 대신에 형상 자체를 예배하는 것 못지않게 형상 자체 안에서 하나님을 예배하는 것 역시 결코 허용될 수 없다.[224] 그러므로 나는 오직 눈에 담을 수 있는 것만 그려지고 새겨져야 한다는 입장을 견지한다. 우리는 우리 눈의 지각

---

224) "Si ne figurare quidem Deo corpoream effigiem fas est, multo minus ipsam pro Deo, vel Deum in ipsa colere licebit."

을 훨씬 넘어 있는 하나님의 엄위를 볼품없는 환영(幻影)들로 오염시키지 말도록 하자.

이러한 종류에는 한편으로는 역사적인 사실들과 이전에 일어난 사건들이 있으며, 다른 한편으로는 이전에 일어난 사건을 묘사하지 않는, 몸의 형상들과 모양들이 있다. 전자의 것들은 가르치고 충고하는 데 유용한 무엇이 있는 반면, 후자의 것들은 즐거움을 가져다 줄 뿐 내가 보기에는 다른 무엇을 할 수 있는 것이 없다. 그럼에도 불구하고 지금까지 성전들 안에 세워진 거의 모든 형상은 분명히 후자에 속한다. 이로부터 우리는 그것들이 판단이나 선택에 따른 것이 아니라 어리석고 소견 없는 욕정으로부터 나온 격정의 산물들로 그곳에 놓여 있다는 결론에 이른다. 지금 나는 그것들 중 대부분이 얼마나 무모하고 비천하게 만들어졌으며, 얼마 전에 문제로 삼았듯이,[225] 그것들을 만들면서 화가들이나 조각가들이 얼마나 방자하게 음욕을 품었는지에 대한 논의는 제외하려고 한다. 오직 나는 여기에서 비록 형상들을 사용하는 것이 그 자체로는 어떤 악도 내포하고 있지 않다고 하더라도 가르치는 데는, 아무 가치도 없음을 말하고자 할 뿐이다.

13. 우상 숭배는 물론 우상 자체도 은총을 받는 데 무가치함

그러나 이제 이러한 구별은 차치하고, 어떤 형상들을, 과거 사건들이든 사람들의 몸들을 표상한 것들이든, 기독교 성전 안에 두는 것이 전적으로 유익한 일인지 어떤지 내친 김에 고찰해 보기로 하자.

먼저 만약 옛 교회의 권위가 우리를 감동시키는 무엇이 있다면, 종교가 여전히 흥왕하고 보다 순수한 교리가 활기를 더했던 약 500년 동안, 기독교 성전들은 일반적으로 형상들 없이 텅 비어 있었다는 사실을 떠올리게 될 것이다. 그것들이 처음 받아들여진 것은 직분의 순수함이 다소 변질되었을 때 성전들의

---

[225] *Institutio*, 1.11.7.

장식을 위해서였다. 무슨 이유에 내몰려 첫 번째 창시자들이 그 일을 행했는지 나는 논의하지 않을 것이다. 그러나 만약 당신이 한 시대와 다른 시대를 비교해 본다면 형상들이 없는 시대를 살았던 사람들의 순전함으로부터 다른 시대 사람들이 얼마나 많이 비껴 나갔는지 보게 될 것이다. 왜 그런가? 저 거룩한 교부들이 유용하고 유익하다고 판단했던 것을 교회가 그토록 오랫동안 지니지 못하도록 했겠는가? 확실히 그들은 그것의 유용함이 아주 없거나 거의 없을 뿐만 아니라 나아가 아주 대단한 위험을 내포하고 있다는 사실을 직시했기 때문에, 그것을 무지(無知)나 무시(無視)로 간과하기보다 계획과 이성을 가지고 배척하였다.

아우구스티누스는 훨씬 분명한 말로 이를 증언한다. 그는, "그것들이 영예로운 숭고함을 지닌 자리들에 앉게 되어 기도하는 사람들과 제물을 드리는 사람들이 거기로 주의를 기울이게 되자, 그것들은 지각과 영혼이 없음에도 생기 있는 지체들이나 지각 있는 것들을 빼닮아, 연약한 마음들에 영향을 주어 마침내 그것들이 살아 숨 쉬는 것처럼 보이게 한다."라고 말한다. 또한 다른 곳에서는, "우상의 지체들이 지닌 이러한 형상은 우리 몸 안에 있는 마음으로 하여금 우상의 몸도 실제 몸과 유사하게 보이므로 지각을 한다고 여기게 하거나, 어떤 방식으로든 그렇게 생각하도록 강요한다."[226]라고 말한다. 그리고 조금 후에는, "우상들은 불행한 영혼을 굴복시키는 데 한층 강력하다. 그것들은 입, 눈, 귀, 발을 가지고 있기 때문이다. 그러나 그것들은 그것을 교정하기 위해서 존재하지 않는다. 그것들은 말할 수도 없고, 볼 수도 없고, 들을 수도 없고, 걸을 수도 없기 때문이다."[227]라고 말한다.

진정 우리가 보기에, 이것이 바로 요한이 우상들에 대한 숭배뿐만 아니라 우상들 자체로부터 멀어지도록 경고하기를 원했던 이유이다(요일 5:21). 이전에 지구를 차지해서 경건 전체가 거의 파멸에 이르게 되었던 끔찍한 광란으로 말미

---

226) Augustine, *Letters* cii (MPL 33. 377; tr. FC 18. 161); *City of God* IV. xxxi (MPL 41. 137f.; tr. NPNF II. 81). Quot. Battles tr., n. 24.

227) Augustine, *Psalms*, Ps. 113. ii. 5f. (MPL 37. 1483f.; tr. NPNF [Ps. 115] VIII. 552f.). Quot. Battles tr., n. 25.

암아, 형상들이 성전들 안에 모이게 되자마자 마치 우상 숭배의 표징이 세워지는 듯했다는 사실을 우리는 아주 넘치도록 경험했다. 우리가 보듯이, 사람들의 어리석음은 스스로 절제될 수 없고 미신적인 예배로 거침없이 휩쓸려 내려간다. 그러나 비록 그렇게 많은 위험이 임박하게 닥치지 않는다 하더라도, 우상들이 지정된 성전들 안에서 용도대로 사용되는 것을 깊이 생각해 볼 때, 주님이 자기 말씀으로 거룩하게 구별하신 저 생생한 표상들 외에 다른 형상들을 취하는 것은 여하한 경우라도, 내가 보기에, 성전의 거룩함에는 합당하지 않다. 나는 이를, 세례와 성찬에 다른 의식들을 덧붙이는 것으로 이해한다. 그 의식들은 한층 열정적으로 우리의 눈길을 끌게 할 뿐만 아니라 한층 생생하게 우리의 마음을 감동시켜 사람들의 재능으로 교묘하게 고안된 것들을 찾게끔 한다. 보라, 우리가 교황주의자들을 믿을지라도 그 무엇으로도 대체될 수 없는, 이 비교할 수 없는 형상들의 은총을!

14. 우상 숭배를 합리화하고자 하는 우매한 성경 해석

만약 니케아 회의가 나에게 이른바 일격을 가하지 않았더라면 나는 지금까지 본 사안에 대해 충분히 말했다고 여겼을 것이다. 이는 콘스탄티누스(Constantinus) 대제에 의해서 소집된 저 가장 유명한 회의가 아니라 이레네(Irene) 황후의 명령과 후원 가운데 800년 전에 개최되었던 회의를 말한다.[228] 왜냐하면 이 회의에서 교회들 안에 형상들이 갖춰져야 할 뿐만 아니라 숭배를 받아야 한다는 교령이 수립되었기 때문이다. 내가 무슨 말을 하더라도 이 회의의 권위는 반대편이 내게 편견을 품을 빌미를 줄 것이다. 그럼에도 불구하고 진실을 말한다면, 이에 대한 나의 관심사는 그리스도인에게 마땅한 품위는 차치하고 형상들에 대한 갈망이 더 컸던 사람들의 광란이 얼마나 멀리까지 뻗쳐 나오는지를 독

---

228) Second Council of Nicaea (787). 이 회의에서 우상에게 예배드리는 것(λατρεία)은 금지했으나 경의를 표하며 절하는 것(προσκύνησις)은 허용하였다. Mansi XIII. 377f.; tr. H. Battenson, *Documents of the Christian Church*, p. 132. Quot. Battles tr., n. 27.

자들에게 알리고자 하는 정도에 머물 뿐이다. 그러나 다음을 먼저 설명하도록 하자. 오늘날 우상들의 사용을 옹호하는 사람들은 이에 대한 니케아 회의의 비호를 주장한다. 그러나 이에 대한 반박서가 카롤루스(Carolus) 대제의 이름으로 존재한다. 그 문체로 보아 본서는 동시대에 작성되었다고 추론된다.[229] 여기에 그 회의에 참석한 감독들의 견해들과 그들이 다투었던 논거들이 서술되어 있다. 동방 교회의 사절인 요한네스(Johannes)는 "하나님이 자기의 형상으로 사람을 창조하셨다"(적용. 창 1:27)라고 말하고 이로부터 "그러므로 마땅히 형상물들을 가져야 한다."라고 추론한다. 그리고 그는 "네 얼굴을 보게 하라……네 얼굴은 아름답구나"(아 2:14)라는 문장을 좇아 형상들이 우리에게 권해졌다고 생각했다. 다른 사람은 형상들이 제단들 위에 배치되어야 한다는 사실을 증명하기 위하여 "사람이 등불을 켜서 말 아래에 두지 아니하고"(마 5:15)라는 말씀을 인용했다. 또 다른 사람은 형상들을 바라보는 것이 우리에게 유익하다는 것을 일러 주기 위해 "여호와여 주의 얼굴의 빛을 우리에게 인치소서"(적용. 시 4:6)라는 시편 구절을 끌어들였다. 또 다른 사람은 다음의 비유를 사용했다. 즉, 족장들이 이방인들의 희생제물들을 사용했던 것과 같이 그리스도인들을 위하여 성자들의 형상들이 이방인들의 우상들을 대신하게 해야 한다고 말한다. 이 때문에 그들은 "여호와여 내가 주께서 계신 집을 사랑하오니"(적용. 시 26:8)라는 말씀을 곡해한다. 그러나 가장 기상천외한 것은 "우리가 들은 바요 눈으로 본 바요"(요일 1:1)라는 말씀에 대한 해석이다. 이에 비추어, 사람들은 하나님의 말씀을 들음으로써뿐만 아니라 형상들을 봄으로써 그를 알게 된다는 것이다. 테오도루스(Theodorus) 감독도 이와 유사한 예리함을 가지고, "놀랍도다 하나님이 자기의 성도들 가운데 계시도다"(적용. 시 68:35)라는 말씀과 "땅 위에 있는 성도들에게"(적용. 시 16:3)라는 다른 말씀에 비추어, 여기에 형상들이 언급되어 있다고 볼 수밖에 없다고 주장한다. 요컨대 그들의 우매함은 너무나 역겨워 또다시 내가 언급하는 것조차 부끄러울 지경이다.

---

[229] 여기서 칼빈이 우상에 대한 다메섹의 요한네스(Johannes, 675경–749경)의 입장을 다루면서 인용한 부분은 다음 책을 출처로 한다. Jean du Tillet, *Libri Carolini* (1549) I. 7, 9, 10, 13, 23, 24, 28, 30; II. 5, 6, 10; III. 7, 15, 17, 26, 31; IV. 6, 18. Quot. Battles tr., n. 28.

15. 성경 말씀들에 대한 극단적인 오용

그들은 숭배에 대해 논쟁할 때, 바로(창 47:10), 요셉의 지팡이(창 47:31; 히 11:21), 자기가 세운 돌기둥에 대한 야곱의 숭배(창 28:18)를 논쟁의 중심으로 끌어들인다. 그럼에도 불구하고 이 마지막 경우에 있어서 그들은 성경의 의미를 왜곡시킬 뿐만 아니라 어디에서도 읽을 수 없는 것을 낚아채 붙들고 있다. 다음 구절들이 이와 관련하여 언급된다. "그의 발등상 앞에서 경배할지어다"(시 99:5). "그 성산에서 경배할지어다"(적용. 시 99:9). "백성 중 부한 자도 네 얼굴 보기를 원하리로다"(시 45:12). 그들에게는 이 말씀들이 더할 나위 없이 확고하고 적절한 증명거리들로 보일 것이다.

만약 누군가 조롱을 퍼부으면서 우상들의 후원자들에게 어리석은 자의 가면을 씌우려고 한다면, 이보다 더 대단하고 더 아둔한 바보짓들을 열거할 수 있겠는가? 어떤 의심도 남기지 않기 위해 미라의 감독 테오도시우스(Theodosius)는 자기의 부감독이 꾼 꿈을 통해 형상들을 숭배하는 것이 마치 하늘의 말씀처럼 분명히 드러난다고 확신했다. 이제 우상들의 두호자(斗護者)들이 와서 우리에게 저 니케아 회의의 교령을 강요하게 해 보자. 마치 성경을 너무나 유치하게 다루든지 아니면 너무나 불경건하고 가증하게 찢어발기든지 하는 자기들에 대한 모든 신뢰를 저 존경받아야 할 교부들이 여전히 거두지 않고 있기라도 하듯이!

16. 삼위일체 하나님께 합당한 영예를 우상들에게 돌리는 데까지 이름

이제 나는 불경건한 기사(奇事)들을 다루는 데 이르렀다. 그들은 가공할 만하게도 이것들을 감히 입에서 뿜어냈다. 그런데 두 배나 가증스러운 것은 모든 사람이 이에 대해서 극적인 혐오를 느끼고 있었음에도 불구하고 정작 맞서서 그 그릇됨을 외치지는 않았다는 사실이다. 이 파렴치한 광기를 폭로하여 교황주의자들이 구실로 삼는 고대(古代)의 위장(僞裝)을 최소한 우상들에 대한 예배로부터 벗겨 내는 것은 유익하다. 아모리움의 감독 테오도시우스는 형상들이 숭배되는 것을 원하지 않는 모든 사람을 향하여 딱딱거리며 저주를 내뱉었다. 다른 사람은 헬라와 동방의 모든 재난의 탓을 형상들을 숭배하지 않은 범죄에 돌린다. 그렇다면 당시 어떤 형상들도 존재하지 않았던 시대의 선지자들, 사도들, 순교자들은 어떤 형벌들에 처함이 마땅한가? 이런 주장을 한 후 그들은, 황제의 형상으로 나아가는 길의 행렬에 향훈(香薰)과 향료(香料)가 함께 있어야 할진대, 우리는 성자들의 형상들에 더욱더 영예를 돌려야 하지 않느냐고 덧붙인다. 키프로스에 위치한 콘스탄티아의 감독 콘스탄티우스(Constantius)는 경의를 다하여 형상들을 존중한다고 고백한 후, 그것들에게 생명을 살리는 삼위일체께 드려져야 할 영예의 예배가 돌려져야 한다는 사실을 제시할 것이라고 확언했다. 그는 동일한 일을 행하는 것을 거절하려는 자는 누구든 파문하고 마니주의자들과 마르키온주의자들로 분류했다. 그리고 이 일이 한 사람의 판결에 의한 것이라고 생각되지 않도록 하기 위해 나머지 사람들도 동의를 표하게 했다. 진정 동방 교회의 사절 요한네스는 아주 넘치는 열정에 사로잡혀 형상들의 예배를 부인하는 것보다는 모든 매음굴을 도시 속에 두는 것을 허용하는 것이 더 낫다고 충고했다. 이윽고 모든 사람의 동의로, 사마리아 사람들이 모든 이방인보다 더 나쁘고, 우상 항쟁자들(εἰκονομάχοι)은 사마리아 사람들보다 더 나쁘다는 원칙이 확고하게 수립되었다. 그뿐 아니라 자기의 연극이 성대한 갈채를 받게 하려고 "여러분 박수를!"이라고 하며 "그리스도의 형상을 소유하고 그것에 제물을 바치는 자들이여, 즐거워하고 환호하라."라는 어구를 덧붙였다.

그렇다손 치자, 그렇다면 하나님과 사람들의 눈을 마비시키기 위해 감행한 '라트리아'(latria, 숭배)와 '둘리아'(dulia, 섬김)의 구별은 어디에 있는가? 이 회의는 예외 없이 우상들을 살아 계신 하나님만큼이나 허용하고 있지 않은가?[230]

---

230) Cf. James R. Payton Jr., "Calvin and the Legitimation of Icons: His Treatment of the Seventh Ecumenical Council," *Archiv für Reformationsgeschichte 84* (1993), 222-241.

제12장

하나님은 우상들과 구별되시니, 홀로 한결같은 예배를 받으심

Deum ab idolis discerni,
ut solus in solidum colatur

1. 말씀에 따른 참된 예배가 순수한 종교의 기초
2-3. 하나님께 속한 것을 하나님께 돌리지 않는 것이 우상 숭배

1. 우상 숭배는 미신의 산물이자 도구

돌아보건대 처음에 우리는 하나님을 아는 지식은 냉랭한 사변에 자리하지 않으며 그에 대한 예배를 수반해야 한다고 말했다. 그리고 어떻게 그가 올바르게 예배되는지 지나가면서 다루었다.[231] 이는 다른 곳들에서 더욱 상세하게 설명될 것이다.[232] 지금 나는, 성경이 하나님은 한 분이시라고 주장할 때마다, 단지 그 이름 자체에 관해서 다투자는 것이 아니라 그의 신성에 속한 것은 어떤 것도 다른 것에 양도될 수 없다고 명령하기 위함이라는 사실을 간단하게 반복하고자 한다. 이로부터 '순수한 종교'는 미신과 다르다는 사실이 또한 명백해진다.

확실히 이를 지칭하는 헬라어 '유세베이아'(εὐσέβεια)는 '올바른 예배'와 동일한 뜻으로 사용된다. 왜냐하면 눈먼 사람들조차도 자기들이 어둠을 더듬느라 하나님께 터무니없는 예배를 드리는 일이 없으려면 어떤 규범을 붙들어야 한다는 의식을 항상 가지고 있었기 때문이다.[233] 비록 키케로는 참되고 유식하게

---

[231] *Institutio*, 1.2.2; 1.3.3; 1.5.3, 6, 9.
[232] *Institutio*, 2.8.17-19; 4.10.8-31.
[233] 통상 '경건'(pietas)이라는 말로 번역되는 'εὐσέβεια'는 '예배'(cultus)를 본질적 요소로 삼는데, '종교'(religio)라는 뜻을 함의한다. 이는 'pietas'와 'religio'가 'εὐσέβεια'라는 어의(語義)를 공유하고 있음에 대한 방증이 된다. Cf. *Institutio*, 1.2.1-2.

"렐리기오"(religio, 종교)라는 말을 "렐레게레"(relegere, 반복해서 읽음)로부터 끌어내기는 했지만,[234] 순수한 예배자들이 참된 것을 더욱 자주 읽고 부지런히 그것을 재고(再考)하게 하려고 그리했다는, 그가 삼는 명분은 자연스럽지 못하며 아주 억지스럽다. 오히려 나는 이 단어가 공허한 방종에 반대된다고 여긴다. 왜냐하면 세상 사람들 대부분은 무엇이든 마주치기만 하면 무모하게 사로잡히고 이리저리로 배회하고 있는 반면, 경건은 확고하게 한자리에 버티고 서서 자신을 적절한 한계들 내에서 추스르기 때문이다. 이와 마찬가지로 미신(superstitio)이라는 말도 그렇게 불리는 것은, 그것이 규정된 방법과 방식에 만족하지 못하고 공허한 것들의 '쓸모없이 과도한'(supervacuus) 무더기를 쌓아 올리기 때문인 것 같다.

그러나 나머지 단어 등의 문제는 제쳐 두고라도, 모든 세대가 하나로 받아들이는 바는 종교는 사악하고 거짓된 오류들로 인해 악화되어 왔다는 것이다. 이로부터 우리는, 사려 깊지 않은 열심을 무엇이든 모두 받아들인다손 치더라도 미신적인 사람들이 구실로 삼는 변명은 하찮은 것이라고 추론하게 된다. 비록 이 고백이 모든 사람의 입에서 울려 퍼진다 하더라도 끝내 추한 무식이 폭로될 뿐이다. 이에 대해서 우리가 이미 가르쳤듯이,[235] 그들은 한 분 하나님께 붙어있지도 않고 그를 예배하는 즐거움을 누리지도 않는다. 그러나 하나님은 자기의 권리를 자기에게 돌리시면서, 자신은 "질투하는 하나님"(출 20:5)이시며 만약 사람들이 자기를 어떤 거짓 신과 섞으면 그들에게 엄정한 보복자가 되실 것이라고 외치신다. 그리고 그는 인류를 순종 아래 계속 머물게 하시려고 합법적인 예배를 정의하셨다.

하나님은 자기의 율법에 두 가지를 포함시키신다.

첫째, 그는 신자들이 그들 자신을 위한 유일한 율법수여자가 되시는 자기에게 헌신하도록 하신다.

둘째, 그는 자기 자신의 의지에 따라 자기가 올바르게 예배를 받으실 수 있

---

[234] Cicero, *Nature of the Gods* II. xxviii. 72 (LCL ed., pp. 192f. note a). Quot. Battles tr., n. 3.
[235] *Institutio*, 1.4.1; 1.5.8.

도록 규범을 제정하신다.

율법에 관해서는 그 용법과 목적이 다양하므로 적절한 곳에서 논할 것이다.[236] 지금 나는 오직, 율법에 의해서 사람들에게 굴레가 씌워져 그들이 악한 예배에 빠져들지 않게 된다는 부분만 다루고자 한다. 그러나 이전에 다루었던 바, 신성에 고유한 모든 것이 한 분 안에 내주한다는 사실이 부인되면, 하나님은 자기의 명예를 빼앗기게 되고 그에 대한 예배는 더럽게 물들고 만다는 사실은 언제나 견지되어야 한다.

그러나 여기서 우리는 미신이 우리를 희롱하면서 부리는 온갖 교활한 기지에 넘어가지 않도록 한층 신중하게 주의를 더해야 한다. 실로 외견상 미신은 낯선 신들에 빠져 지고하신 하나님을 버리거나 그를 다른 것들의 수준으로 격하시키거나 하지는 않는 듯하다. 그러나 미신은 하나님께 최고의 자리를 양보하면서도 작은 신들의 무리로 그를 둘러싸게 하고 그의 고유한 사역들을 그것들에게 분배하게 한다. 그리하여 그의 신성의 영광이 은밀하고 교활하게 쪼개져 그 전부가 한 분 안에 머물 수 없게 된다.

이렇듯 한때 옛날 사람들은 이방인들뿐만 아니라 유대인들도 거대한 신들의 무리를 신들의 아버지와 주관자 밑에 복속시켰다. 이러한 신들은 공통적으로 계급의 질서를 좇아 하늘과 땅의 경영을 최고신과 함께 감당하였다. 몇몇 세기를 거슬러 올라가 볼 때, 이 땅의 생명을 다한 성자(聖者)들이 높아져 하나님과 한 몸이 되고 하나님 대신에 예배를 받고, 기도를 받고, 찬미를 받는 것으로 여겨졌다. 실로 나는 이러한 혐오스러운 일로 말미암아 하나님의 엄위가 많은 부분 억눌리고 소멸되기는 하지만, 빛을 잃어 어둡게 된다고는 결코 생각하지 않는다. 그럼에도 불구하고 우리는 하나님의 최고의 권능에 대한 냉랭한 억견(臆見)을 고수하고 있는 한, 덮개로 가려 위장한 것들에 속아 다양한 신들에게로 끌려가게 될 것이다.

---

[236] *Institutio*, 2.7-8.

2. 전적으로 부적합하고 하찮은 '라트리아'와 '둘리아'의 구별

다름 아니라 그들이 일컫는 "라트리아"(숭배)와 "둘리아"(섬김)의 구별은 하나님의 영예들이 천사들과 사자(死者)들에게 옮겨지는 것이 벌받을 일이 아닌 것처럼 보이게 하려는 목적에서 고안된 것이다.237) 교황주의자들이 성자들에게 돌리는 예배는 실제로 하나님에 대한 예배와 차이가 없음이 공공연히 드러난다. 실로 그들은 자기들이 궁색한 처지에 놓이게 될 때 라트리아를 남겨 두어 하나님께 돌림으로써 그 자신께 속한 것을 온전하게 보전하고 있다고 변명하는 경우 외에는 하나님과 성자들을 차별 없이 숭배한다.

그러나 문제는 말이 아니라 그 사실 자체에 있다. 모든 것 중에 최고 중요한 예배를 누가 감히 희롱할 수 있겠는가? 그러나 이 문제 또한 넘어가자. 그들이 내리는 이 둘의 구별은 종내, 한 분 하나님께는 예배가, 다른 대상들에게는 봉사가 드려진다는 말로 결론이 난다. 왜냐하면 헬라 사람들 사이에 사용되는 '라트레이아'(λατρεία)는 라틴 사람들 사이에 사용되는 '쿨투스'(cultus, 예배)와 같으나, '둘레이아'(δουλεία)는 '세르비투스'(servitus, 노예 상태)라는 고유한 의미를 지니고 있기 때문이다. 그러나 성경에서는 때때로 이 두 단어의 구별이 희미하다. 설혹 이 구별이 영구적이라는 것을 등한시한다고 하더라도 이 두 단어가 어떻게 사용되는지는 조사해 보아야 한다. 참으로 위에서 보았듯이 '라트레이아'는 '쿨투스'이며, '둘레이아'는 '세르비투스'이다. 그런데 예배드리는 것보다 섬기는 것이 더 큰 무엇이라는 것에 대해서는 아무도 의심하지 않을 것이다. 왜냐하면 당신이 예배드리는 것을 거부하지 않는 어떤 대상이 있다고 하더라도 그를 섬기는 것은 어려운 경우가 많기 때문이다. 따라서 성자들에게 더 큰 것을 할당하고 하나님께는 더 적은 것을 남겨 둔다면 이는 부당한 배분이 될 것이다. 그러나 옛날의 많은 사람들은 이 구별을 사용하였다. 만약 모든 사람이 그것이 부적합하고 전적으로 하찮을 뿐이라고 여긴다면 그때는 어떻게 하겠는가?

---

237) Augustine, *City of God* IV. ix (MPL 41. 119; tr. NPNF II. 69). Quot. Battles tr., n. 6.

3. 하나님이 자신에게 돌리시는 것을 우상에게 돌려서는 안 됨

이제 미묘한 표현 문제는 제외시키고 사실 자체를 설명하도록 하자. 바울은 갈라디아 사람들이 하나님을 아는 지식으로 조명되기 전에 먼저 그들이 누구였는지를 기억하도록 다시금 상기시키려고, 그들이 "본질상 하나님이 아닌 자들에게 종노릇하였더니"(갈 4:8)라고 말한다. 여기에서 사도가 "라트리아"를 사용하지 않았다고 해서 이를 이유로 삼아 그들의 미신을 핑계할 수 있을까? 실로 그는 '둘리아'라는 단어로 저 사악한 미신을 표함으로써 '라트리아'라는 말로부터 나오는 것 못지않은 저주를 그것에 퍼붓고 있다. 그리스도가 사탄의 모욕을 "기록되었으되 주 너의 하나님께 경배하고(adorabis)"(마 4:10)라는 방패로 물리치셨을 때, '라트리아'라는 단어가 사용되었는지는 문제 되지 않는다.[238] 왜냐하면 사탄은 다름 아닌 경배하는 것을(προσκύνησιν) 요구했기 때문이다(마 4:9). 마찬가지로 요한이 천사 앞에서 무릎을 꿇었으므로 그 천사에게 책망을 받았을 때(계 19:10; 22:8-9), 우리는 그가 오직 하나님만이 받기에 합당하신 영예를 천사에게 옮기고자 원할 만큼 제정신이 아니었다고 이해하려 들어서는 안 된다. 그러나 종교와 결합된 예배는 신적인 무엇을 맛봄이 없이 달리 일어날 수 없는 노릇이므로,[239] 요한이 하나님의 영광으로부터 무엇을 탈취함 없이는 무릎을 꿇는 그 일이(προσκυνεῖν) 일어날 수 없었을 것이다. 실로 우리는 자주 사람들이 숭배받는 것에 대해서 읽게 된다. 말하자면 그것은 예의를 차린 경의[240]였다. 그러나 종교는 이와는 다른 명분을 가지고 있다. 종교가 사람을 섬기게 될 때, 그것은 예배와 결합되는 순간 하나님의 영예에 대한 모독을[241] 즉시 수반한다.

---

238) Cf. *Institutio*, 1.11.11. 아퀴나스(Thomas Aquinas, 1224/1225-1274)는 "latria"와 "dulia"를 구별하고, 마리아에게 드리는 숭배를 "상경지례"(上敬之禮, hyperdulia)라고 칭한다(*Summa Theol.* II. IIae. lxxxiv. 1; ciii. 4). Cf. Eck, *Enchiridion* (1526, 1553), ch. xv (1541, ch. xvi): "De imaginibus Crucifixi et sanctorum." Quot. Battles tr., n. 8.

239) "quia fieri aliter nequit, quin divinum aliquid sapiat cultus qui cum religione coniunctus est."

240) "civilis honor."

241) "divini honoris profanationem."

우리는 동일한 사실을 고넬료에게서 볼 수 있다(행 10:25). 그는 경건에 있어서 최고의 예배를 한 분 하나님 이외의 다른 것에 돌릴 정도로 악하지 않았다. 그러므로 그가 베드로의 발 앞에 엎드려 절한 것은 하나님 대신에 베드로를 숭배하고자 하는 마음이 있어서가 아니었음은 말할 나위도 없다. 그러나 베드로는 고넬료가 그렇게 하는 것을 엄하게 말렸다. 왜 그랬는가? 이는 하나님에 대한 예배와 피조물들에 대한 예배를 또렷하게 분별함이 없는 사람들이 하나님께 속한 것을 피조물에게 옮기는 혼잡스러운 일을 행하는 것을 막고자 함이 아니겠는가?

이러므로 우리가 한 분 하나님을 모시기를 원한다면 그의 영광의 한 터럭조차도 뽑아내려고 해서는 안 되며, 나아가 그 자신에게 고유한 것을 우리 속에 간직해야 한다는 사실을 기억해야 한다. 이런 취지에서 스가랴는 교회의 회복을 선포하면서, 여호와는 "홀로 한 분"이실 뿐만 아니라 "그의 이름이 홀로 하나"(슥 14:9)라는 사실을 명료하게 표명함으로써, 하나님은 우상들과 공유하시는 것이 아무것도 없음을 뚜렷이 부각시킨다.

하나님이 어떤 종류의 예배를 요구하시는지는 적절한 순서를 좇아 다른 곳에서 보게 될 것이다. 왜냐하면 진정 하나님은 사람들에게 합법적이고 올바른 것이 무엇인지를 자기의 율법에서 규정하시고 그들을 확실한 규범으로 묶으심으로써 자기가 기뻐하시는 예배를 아무도 자의대로 섬기지 못하도록 하셨기 때문이다.[242]

그러나 많은 것들을 섞어 독자들의 짐을 가중시키는 것은 유익하지 않기 때문에 이 부분은 아직 다루지 않겠다. 여기에서는 경건의 직무들이 한 분 하나님 외에 다른 것에 옮겨지는 일이 일어날 때마다 신성 모독이 없지 않다는 사실을 굳게 붙드는 것으로 충분하다. 실로 미신은 처음에는 해와 다른 별들이나 우상들을 위하여 신적인 영예들을 고안해 냈다. 다음에는 야심이 뒤따라, 감히 하나님으로부터 노략한 것들을 가지고 죽은 것들을 장식하여 거룩한 것은

---

[242] 이 점에서 칼빈은 율법을 "경건하고 올바른 삶의 규범"(pie et iusteque vivendi regula)이자 "종교의 양식"(forma religionis)이라고 정의한다. *Institutio*, 2.7.1.

무엇이든 더럽혔다. 비록 최고의 신성을 예배하는 저 고대의 원리는 남아 있었지만, 희생제물들을 수호신들이나 저급한 신들이나 죽은 영웅들에게 구별 없이 바치는 습관은 받아들여졌다. 우리도 이러한 악에 빠져 들어가는 경향이 있어서 하나님이 한 분이신 자기 자신에게만 엄격히 돌리시는 것을 수많은 무리들이 함께 나누어 가지게 한다.

제13장

자기 안에 세 인격을 지닌, 하나님의 한 본질은 창조 자체에 의해서 성경에서 가르쳐짐

Unicam Dei essentiam ab ipsa creatione tradi in scripturis, quae tres in se personas continet

1-2. 한 분 하나님이 세 위격으로 계심
3-6. 한 분 하나님과 세 위격을 표현하는 정통적인 용어들
7-13. 성자의 신격
14-15. 성령의 신격
16-20. 하나님 가운데 셋임과 셋임 가운데 하나임
21-29. 반(反)삼위일체론

1. 무한하고 영이신 하나님은
   친히 우리에게 맞추어 주셔서 자기를 알게 하심

하나님의 무한하고 영적인 본질에 관해서[243] 성경이 가르치는 것은 일반인의 광증(狂症)을 깨뜨릴 뿐만 아니라 세속 철학의 교활함을 논박하는 데 틀림없이 효과가 있다. 옛날 사람들 가운데 한 사람은 "우리가 보는 것은 무엇이든지, 또 우리가 보지 못하는 것은 무엇이든지 하나님이다."[244]라고 일견 지혜로운 듯한 말을 했다. 그런데 그는 이러한 방식으로 세상의 모든 부분에 신성이 퍼져 있다고 상상했다.

그러나 하나님은 비록 우리를 제한하여 절제하도록 하시기 위하여 자기의 본질에 관해서는 조금만 설명하시지만, 내가 말한 위의 두 수식어로써 인간 심성의 무모함을 억제하고 또한 우둔한 공상들을 몰아내신다. 왜냐하면 분명 그의 무한함은 우리를 두렵게 해서 우리의 지각으로 그를 측정하려는 시도를 못하게 하기 때문이다. 또한 영적인 본성에 따라서 그는 자기에 관하여 세속적이고 육체적으로 사색되는 것은 무엇이든 금하시기 때문이다. 같은 맥락에서,

---

[243] "de immensa et spirituali Dei essentia."
[244] Seneca, *Natural Questions*, Prologue, I. 13 (tr. J. Clarke, *Physical Science in the Time of Nero*, p. 7). Quot. Battles tr., n. 2.

그는 자주 하늘에 있는 집을 자기에게 돌린다. 왜냐하면 하나님은 불가해한 분으로서 바로 이 땅을 채우고 계심에도 불구하고 우리의 마음이 그 자체의 우매함으로 땅에 침잠해 있는 것을 보시고 우리를 세상 너머로 들어 올리셔서 그 게으름과 무기력을 깨뜨리고자 하시기 때문이다. 그러므로 여기에서 두 원리를 수립하여 마귀를 하나님과 거의 동등하게 만들었던 마니주의자들의 오류가 무너진다.[245] 분명히 이는 하나님의 한 분이심을 파괴할 뿐만 아니라 무한하심을 제한하는 것이었다. 왜냐하면 그들이 감히 어떤 증언들을 오용한 것은 추한 무지에 속한 것이었으며, 그 오류 자체가 가증스러운 도착(倒錯)과 같았기 때문이다.[246]

신인동형동성론자(神人同形同性論者)들은 성경이 종종 하나님을 입, 귀, 눈, 손, 그리고 발을 가진 분으로 묘사한다는 사실을 들어 심지어 육체를 가진 하나님을 상상하지만 이는 쉽게 논박된다.[247] 아주 낮은 지능을 가진 자일지라도 마치 유모가 유아들에게 하듯이, 하나님이 우리에게 일종의 옹알이를 하고 계신다는 것을 그 누가 깨닫지 못하겠는가? 이렇게 하나님이 말씀하시는 형식들은 그가 누구신지를 유창하게 표현하기보다는 그의 지식을 우리의 연약함에 맞춘 것이라 하겠다. 이러하듯 그는 자기의 고상함으로부터 아주 아래로 낮아지셔야 했다.[248]

---

245) 페르시아인 마니(Mani 혹은 Manichaeus, 216경-274)에 의해 창설된 이원론 분파를 지칭한다. 그들은 헬라 철학의 영향을 받아서 선과 악의 '두 원리'(duo principia) 혹은 두 기원이 하나님과 마귀로서 영원히 함께 존재한다고 본다. Cf. Augustine, *On Genesis in the Literal Sense* XI. xiii. 17 (MPL 34. 436); *De haeresibus* xlvi (MPL 42. 34-38); *Contra Julianum, opus imperfectum* I. cxv-cxxiii (MPL 45. 1125-1127). Quot. Battles tr., n. 3.

246) 여기서 하나님의 '무한성'(immensitas), '영성'(spiritualitas), '불가해성'(incomprehensibilitas), '유일성'(unitas)이 언급되고, 다음 절부터 하나님의 '세 인격이심'(tripersonalitas)이 논의된다. Cf. Benjamin B. Warfield, "The Doctrine of the Trinity," in *Calvin and Augustine*, 189-192.

247) 메소포타미아에서 아우디우스(Audius 혹은 Audaeus, ?-372)에 의해 창설된 분파로서 인간이 하나님의 형상에 따라 창조되었으므로(창 1:26) 하나님은 인간의 모양을 가진다고 가르쳤다. Cf. Augustine, *De haeresibus* 1-50 (MPL 42. 39), Quot. Battles tr., n. 4.

248) "Quis enim, vel parum ingeniosus, non intelligit Deum ita nobiscum, ceu nutrices solent cum infantibus, quodammodo balbutire? Proinde tales loquendi formae non tam ad liquidum exprimunt qualis sit Deus, quam eius notitiam tenuitati nostrae accommodant. Quod ut fiat, longe infra eius altitudinem descendere necesse est." 칼빈은 우리가 가장 고상하다고 여기는 삼위일체에 관한 지식조차도 마치 유모가 아이에게 옹알이를 하는 것('balbutire')처럼 하나님이 자신을 낮추시고('descendere') 우

2. 하나님은 하나의 본질 가운데
   세 인격, 위격, 위격적 존재로 계심

그러나 하나님은 자기를 더욱 분명하게 진단할 수 있는 다른 특별한 표지를 사용하셔서 자기가 누구라고 지정하신다. 그리하여 이렇듯 자기가 한 분이심을 선포하시면서 자기가 세 인격들로 분명히 헤아려지게 하신다. 만약 우리가 이 인격들을 붙들지 않는다면 참 하나님이 없는, 단지 허명(虛名)에 불과하고 무익한 하나님의 이름만 우리 뇌 속에서 날아다니게 될 것이다.[249] 그러므로 이제 누군가 삼중적인 하나님을 꿈꾸거나 하나님의 단일한 본질이 세 인격으로 찢어진다고 생각하지 않도록,[250] 여기에서 우리는 우리를 모든 오류로부터 자유롭게 하는 짧고 유용한 정의를[251] 찾아야 할 것이다.

리의 수준에 맞추어 주신 것('accommodare')이라는 점을 천명한다. 이 경우 'accommodare'와 동일한 뜻으로 'attemperare'가 사용되기도 한다. 칼빈의 하나님의 맞추어 주심(accommmodatio divina, divine accommodation)에 대한 이해에 대해 다음을 보라. Ford Lewis Battles, "God was Accommodating Himself to Human Capacity," *Interpretation*, 31/1 (1977), 19-38; David F. Wright, "Calvin's Pentateuchal Criticism: Equity, Hardness of Heart, and Divine Accommodation in the Mosaic Harmony Commentary," *Calvin Theological Journal* 21 (1986), 33-50; "Accommodation and Barbarity in John Calvin's Old Testament Commentaries," in *Understanding Poets and Prophets: Essays in Honor of George Winshart Anderson*, ed. A. G. Auld (Sheffield: Sheffield Academic Press, 1993), 413-427; "Calvin's Accommodation Revisited," in *Calvin as Exegete*, ed. Peter De Klerk (Grand Rapids: Calvin Studies Society, 1995), 171-193; "Calvin's Accommodating God," in *Calvinus Sincerioris Religionis Vindex: Calvin as Protector of the Purer Religion*, ed. Neuser and Armstrong, 98-101; Jon Balserak, "'The Accommodating Act Par Excellence?': An Inquiry into the Incarnation and Calvin's Understanding of Accommodation," *Scottish Theological Journal* 55/4 (2002), 408-423; Clinton C. Ashley, "John Calvin's Utilization of the Principle of Accommodation and Its Continuing Significance for an Understanding of Biblical Language," Ph. D. dissertation, Southwestern Baptist Theological Seminary, 1972; Jane Dempsey Douglass, "Calvin's Use of Metaphorical Language for God: 'God as Enemy and God as Mother'," *Princeton Seminary Bulletin*, 8/1 (1987), 129-139.

249) "nudum et inane duntaxat Dei nomen sine vero Deo in cerebro nostro volitat."
250) 여기서 칼빈은 정통적인 삼위일체론을 삼신론(三神論) 혹은 삼중신론(三重神論)이라고 매도하는 유니테리언의 개조(開祖) 미카엘 세르베투스(Michael Servetus, 1511-1553)와 그의 영향을 받은 이탈리아인들인 마테오 그리발디(Matteo Gribaldi, 1505-1564), 조르지오 블란드라타(Giorgio Blandrata 혹은 Biandrata, 1515-1585), 발랑틴 장틸(Valentine Gentile, 1520-1566), 조반니 파올로 알치아티(Giovanni Paolo Alciati, 1515-1573) 등의 반(反)삼위일체론을 염두에 둔다(OS III. 109ff.). Cf. Servetus, *De Trinitatis erroribus*, 1531, I, fo. 21 (tr. E. M. Wilbur, *On the Errors of the Trinity* I. 30, 31, pp. 33f.; *Harvard Theological Studies* 16). Quot. Battles tr., n. 5.
251) "brevis et facilis definitio." '간결함'(brevitas)과 '유용함'(facilitas)은 칼빈신학과 글쓰기의 두 가지 원칙을 말해 준다. Cf. Richard. C. Gamble, "*Brevitas et facilitas*: Toward an Understanding of Calvin's

그리고 또 어떤 사람들은 인격이라는 말이 마치 인간에 의해서 발명된 것인 양 혐오스럽게 배척한다.252) 그들이 이렇게 하는데 어떤 정당성이 있는지 먼저 다루어야 한다. 사도는 하나님의 아들을 "아버지의 위격의 형상"(적용. 히 1:3)253) 이라고 부르면서, 의심할 바 없이 아버지에게 아들과 다른 어떤 위격적 존재를 부여한다. 그런데 이 단어 '위격'을 본질을 가리키는 말로 받아들이는 것은, 어떤 해석자들이 조작하듯이, 그리스도가 마치 인장이 찍힌 밀랍같이 자기 안에서 아버지의 실체를 표상했다고 하는 것과 유사한데, 이는 우둔할 뿐만 아니라 또한 불합리하다. 왜냐하면 하나님의 본질은 단일하고 분할되지 않으며, 하나님은 그것을 할당이나 파생됨 없이254) 순전한 완전함 가운데255) 전체적으로256) 그 자신 안에 담고 계시므로, 본질에 있어서 아들을 '아버지의 형상'이라고 일컫는 것은 부적절하고 어리석기 때문이다. 그러나 아버지는 비록 자기의 위격적 특성에 있어서는 구별되시나 자기를 아들 안에서 전체적으로257) 표현하시므로, 자기의 위격이 아들 안에서 드러났다고 하는 것은 매우 논리적이라 할 수 있다. 곧바로 덧붙인 "영광의 광채시요"(히 1:3)258)라는 말씀이 여기에 잘 부합된다. 확실히 사도가 전하는 말씀에 따라 우리는 아들 안에서 빛나는 위격이 아버지 안에서 고유한 것으로 존재한다는259) 결론에 이른다. 또한 이로부터 역으로 아버지로부터 아들을 구별하는 아들의 위격이 쉽게 도출된다.260)

동일한 논리가 성령에도 적용된다. 왜냐하면 우리는 그가 하나님이시라는

Hermeneutic," *Westminster Theological Journal* 47 (1985), 1–17.

252) Servetus, *De Trinitatis erroribus*, I, fo. 35, 36 (tr. Wilbur, *On the Errors of the Trinity* I. 50, 51, pp. 55f.). Quot. Battles tr., n. 6.

253) 이는 히 1:3 말씀 "χαρακτήρ τῆς ὑποστάσεως αὐτοῦ"(그 본체의 형상)의 인용이다. 'ὑπόστασις'는 영어 성경에서 'person', 'being', 'substance', 'nature', 'subsistence' 등으로 다양하게 번역되는데, '본질'(essentia) 혹은 '실체'(substantia)가 아니라 '인격'(persona) 혹은 '위격적 존재'(subsistentia)를 의미한다. Cf. Warfield, "The Doctrine of the Trinity," 212–215.

254) "neque portione aut deflexu." 이는 삼신론(三神論)과 양태론(樣態論)을 빗대는 말로 볼 수 있다.

255) "integra perfectione." 이는 하나님의 본질과 실체에 있어서 유일하심을 뜻한다.

256) "totam." 이는 성부, 성자, 성령의 전 인격이 서로 간에 그 실체에 있어서 '전체적으로' 하나가 됨을 뜻한다.

257) "totum."

258) "ἀπαύγασμα τῆς δόξης."

259) "propriam esse in patre hypostasin quae in filio refulgeat."

260) 칼빈이 사용하는 삼위일체에 관계된 용어들은 다음과 같이 정리된다.

사실을 곧 확정하게 되겠지만, 그럼에도 불구하고 그는 필히 아버지와 다른 분으로서 구별되어야 하기 때문이다. 그런데 이 구별은 본질에 속하는 것이 아니다. 왜냐하면 본질을 다중적으로 만드는 것은 정당치 않기 때문이다. 따라서 사도의 증언을 믿을진대, 하나님 안에 세 위격이 존재한다는 결론에 이르게 된다. 라틴 사람들은 인격이라는 말로 이와 동일한 뜻을 지닌 위격을 표현할 수 있었다. 그러므로 이렇게 분명한 문제에 대해 언쟁을 일삼는 것은 지나친 거드름일 뿐만 아니라 심지어 완고함을 드러내는 일이다. 만약 우리가 이 말을 다른 말로 옮기기를 원한다면, 위격적 존재라고 일컬을 수 있을 것이다.261) 많은 사람들이 이와 동일한 의미로 실체라는 말을 사용했다. 실로 오직 라틴 사람들에게만 인격이라는 말이 사용되었던 것은 아니다. 미루어 보건대 헬라 사람들도 자기들이 이 입장과 일치함을 입증하기 위하여, 세 인격들(πρόσωπα)이 하나님 안에 존재한다고 가르쳤다. 그들은, 헬라 사람이든 라틴 사람이든, 용어에 있어서는 서로 차이가 있었지만 실제 내용에 있어서는 온전히 동의하고 있었던 것이다.262)

3. 의미가 옳은 이상 용례가 다르더라도 받아들임

그런데 이단들이 하나님의 '인격'이라는 이름에 반대하여 욕설을 퍼붓거나

		헬라어	라틴어	영어	국어	
삼위일체 tri-unitas (trinity)	일체 unitas (oneness)	οὐσία	essentia	essence	본질	존재하다 esse (to be)
			substantia	substance	실체	
	삼위 tritas (threeness)	ὑπόστασις	hypostasis	hypostasis	위격	위격적으로 존재하다 subsistere (to subsist)
		πρόσωπον	persona	person	인격	
		없음	subsistentia	subsistence	위격적 존재	

261) Cf. J. Raitt, "Calvin's Use of Persona," in *Calvinus Ecclesiae Genevensis Custos*, ed. Neuser, 273–287.

262) Cf. David E. Willis, "Calvin's Use of Substantia," in *Calvinus Ecclesiae Genevensis Custos*, ed. Neuser, 289–301.

지나치게 까다로운 사람들이 이 이름을 자의로 조작된 것으로 여겨 문제를 삼고 소란을 떨어도, 셋(삼위)이 전적으로 하나님이심에도 불구하고 복수의 하나님들이 존재하지 않는다고 일컬어진다는 사실을 흔들 수는 없다. 다름 아닌 성경에서 증언하고 확증한 것을 설명하는 말을 배척하는 이러한 사악함은 도대체 무엇이란 말인가?

그들은 우리의 의식(意識)뿐만 아니라 용어도 성경의 범위 안에 제한시키는 것이 갈등과 입씨름의 온상이 될 낯선 말을 유포하는 것보다 훨씬 더 나을 것이라고 여긴다. 왜냐하면 이렇듯 용어들에 대한 싸움으로 지쳐 가는 동안, 진리는 논쟁 가운데 그만큼 사라지고, 사랑은 혐오스러운 다툼 가운데 그만큼 녹아 없어지기 때문이라는 것이다.

만약 그들이 한 음절이라도 성경에 기록되지 않은 것은 '낯선 용어'라고 한다면, 성경의 본문으로 꿰매져 있지 않은 모든 해석은 저주를 받는다는 사악한 법을 우리에게 부과하고 있음이 분명하다. 만약 그들이 말하는 '낯선' 것이 호기심으로 창안되어 미신적으로 지켜지는 것이라면, 덕을 세우기 위해서[263]라기보다 논쟁을 위해서 더욱 유익한 것이라면, 혹은 독단적이거나 혹은 열매 없이 남용되는 것이라면, 그 자체가 신랄하여 경건한 귀를 거스르는 것이라면, 하나님의 말씀의 단순성으로부터[264] 멀리 떼어 놓는 것이라면, 나는 충심으로 그들의 건전함을 포용한다. 왜냐하면 우리는 하나님에 대해서 인식하는 것 못지않게 그에 대해서 말할 때도 경건할 수 있어야 한다고 나는 생각하기 때문이다. 우리가 그에 관해서 스스로 인식하는 것은 무엇이든지 어리석고, 말하는 것은 무엇이든지 불합리하다고 보는 이상 그러하다.

그렇지만 인식하는 것과 말하는 것 모두에 대한 확실한 규범이 성경으로부터 추구되어, 마음으로부터 나온 모든 인식과 입으로부터 나온 모든 말이 그 규범에 따라서 판단되어야 한다는 어떤 표준은 지켜져야 한다. 그러나 성경 가운데서 너무나 혼란스럽고 막막해서 우리의 이해력으로는 가닿을 수 없다고

---

263) "ad aedificationem."
264) "a verbi Dei simplicitate." Cf. *Institutio*, 1.8.1.

여겨지는 부분들을 한층 더 명확한 용어들로 설명하는 것을 막을 명분이 어디에 있겠는가? 이러한 설명은 성경 자체의 진리를 독실하고 신실하게 따르는 가운데 조심스럽고 겸손하며 경우에 합당하게 사용되어야 한다.

이와 같은 사례들은 충분히 많이 있다. 그렇다면 어떤가? 교회가 어찌할 수 없이 삼위일체와 인격이라는 용어들을 사용할 수밖에 없는 절대적인 필요성이 있다고 입증됨에도 불구하고 그 용어들의 새로움을 빌미로 삼아 비난을 일삼는 사람이 있다면, 그 비난은 단지 진리를 명백하고 선명하게 풀어 쓰는 것을 헐뜯는 것에 지나지 않으므로, 그는 진리의 빛을 무가치하게 만들고 있다는[265] 정죄를 받아야 함이 마땅하지 않겠는가?

4. 성부, 성자, 성령 하나님의 하나의 동일 본질을 부인하는 아리우스와 세 인격을 부인하는 사벨리우스

그러나 이런 말들의 새로움은, 새롭다고 부르는 것이 일리가 있다고 볼 때, 우회적으로 진리 자체를 비웃고 있는 무고자(誣告者)들에게 대항해서 진리가 주장되어야 할 때 특히 유용하다. 오늘날 우리는 순수하고 건전한 교리에[266] 대항하는 적들을 물리치는 데 있어서 가장 필요한 것들을 충분하고도 남을 만큼 경험하고 있다. 이 미끈한 뱀들은 강하게 짓눌러 강제로 덮치지 않으면 비스듬히 몸을 선회하여 도망치고 만다.

이렇듯 옛날 사람들은 타락한 교리들에 대한 다양한 전쟁들로 괴롭힘을 당하면서 말씀의 덮개로 오류의 은둔처를 삼는 불경건한 자들이 사악한 변명을 남기지 않도록 탁월한 명료성으로 자신들이 지각한 무엇을 드러내도록 강요당했다. 아리우스(Arius)는 그리스도는 하나님이며 하나님의 아들이라고 고백했다. 왜냐하면 이것을 거슬러 다툴 확실한 말이 없었기 때문이다. 그는 마치 다

---

[265] "veritatem planam ac dilucidam reddi."
[266] "purae sanaeque doctrinae."

른 사람들과 어떠한 조화를 잘 이루어 가고 있는 듯 가장했다. 그러나 그러한 가운데서도 그리스도가 다른 피조물들과 다름없이 창조되셨으며 시작을 가지고 계셨었다267)고 내뱉는 것을 그치지 않았다. 옛날 사람들은 이 한 사람의 능청스러운 교활함을 은둔처로부터 끄집어내기 위해서, 더 나아가 그리스도를 아버지의 영원하신 아들이며 아버지와 동일 본질이시라고 선포하였다. 아리우스주의자들은 지극히 사악하게도 '동일 본질'(ὁμοούσιος)이라는 말을 혐오하고 저주하기 시작했다. 여기에서 불경건이 끓어올랐다. 만약 그들이 처음부터 충실하게 그리고 마음으로부터 하나님을 고백했다면 그리스도가 아버지와 동일 본질이시라는 사실을268) 부인하지 않았을 것이다. 누가 감히 저 순수한 사람들을 하나의 작은 목소리로 그 맹렬한 논쟁을 야기하고 교회의 평안을 교란했다는 이유를 들어 싸움꾼들이며 말썽꾼들이라고 비난할 수 있겠는가? 그 작은 목소리가 순수한 신앙을 지닌 그리스도인들과 불경한 아리우스주의자들을 구별하지 않았던가?269)

이후 아버지, 아들, 성령이라는 이름들을 거의 아무것도 아닌 것으로 여긴 사벨리우스(Sabellius)가 일어났다.270) 그는 이 이름들이 어떠한 구별을 목적으로 주어진 것이 아니며 하나님의 다양한 속성에 따라 많은 이름들이 주어진 것이라고 논박하였다. 이 문제가 다툼을 일으키게 되었을 때, 사벨리우스는 자기가 아버지를 하나님으로, 아들을 하나님으로, 성령을 하나님으로 믿는다고 고백했다. 그러나 그 후 즉시 사람들이 하나님을 강하고, 의롭고, 지혜롭다고 부르는 것과 다를 바 없이 자기도 그렇게 말했을 뿐이라고 발뺌을 했다. 이렇듯

---

267) "Christum creatum esse et initium habuisse."

268) "Christum……aeternum patris filium, patrique consubstantialem."

269) 이러한 아리우스의 입장에 대한 반박은 325년 니케아 신경에 다음과 같이 뚜렷이 나타난다. "영원 전에 아버지로부터 나신 독생자, 빛으로부터 나신 빛, 참 하나님으로부터 나신 참 하나님, 나셨으나 지음을 받지 않으신 분, 아버지와 동일한 본질이신 분, 그로 말미암아 만물이 지음을 받았다"(τὸν μονογενῆ, τὸν ἐκ τοῦ πατρὸς γεννηθέντα πρὸ πάντων τῶν αἰώνων, φῶς ἐκ φωτός, θεὸν ἀληθινὸν ἐκ θεοῦ ἀληθινοῦ, γεννηθέντα, οὐ ποιηθέντα, ὁμοούσιον τῷ πατρι δι᾽ οὗ τὰ πάντα ἐγένετο, unigenitum, natum ex Patre ante omnia saecula, lumen de lumine, Deum verum de Deo vero, natum[genitum], non factum, consubstantialem Patri; per quem omnia facta sunt). Philip Schaff, *The Creeds of Christendom*, vol. 2, *The Greek and Latin Creeds* (Grand Rapids: Baker, 1996, rep.), 57-59.

270) 시기적으로는 사벨리우스(?-260경)가 아리우스(250경-336경)보다 앞선다.

어떤 순서도 없고 어떤 구별도 없이 아버지는 아들이시고 성령은 아버지시라는 또 다른 속된 노래가 울려 퍼졌다.[271] 심령의 경건이 돈독했던 순수한 교사들은 사람의 사악함을 깨뜨리기 위하여 한 분 하나님 안에 세 위격적 특성이 있다는 것이[272] 참되게 인식되어야 한다고 부르짖었다. 그리고 그들은 명백하고 단순한 진리를 사용하여 뒤틀린 사술로부터 그들 자신을 보호하기 위하여, 인격들의 삼위일체가 한 분 하나님 안에, 혹은 같은 말이지만, 하나님의 한 분이심에 있다는 것을[273] 참되게 확정하였다.

5. 거룩한 교부들은 용어 사용에는 다양함이 있었으나 내용적으로는 일치함

그러므로 만약 무모하게 고안된 용어들이 아니라면 과도한 무모함에 빠져 그것들을 비난함으로써 우리가 비판받지 않도록 주의해야 한다. 실로 모든 사람 가운데 다음과 같은 믿음이 있기만 하다면 그 용어들은 파묻혀 버려도 좋을 터이다. 아버지와 아들과 성령은 한 분 하나님이심에도 불구하고 아들은 아버지가 아니시며 성령은 아들이 아니시니, 어떤 위격적 특성으로[274] 그들은 구별되신다. 실로 나에게는 공허하게 얼버무리는 작은 목소리들을 상대해서 다투기를 그치지 않을 만큼의 빈틈없는 엄격함이 없다.

우리가 보듯이, 이 사안들에 관련된 많은 말을 독실하게 하고 있는 옛날 사람들도 실상 이러한 엄격함을 갖추지 못하여 다른 사람들과 서로 맞서 다툴 뿐만 아니라 심지어 그들 자신과도 언제나 부대끼고 있다. 이 점이 내게 주목된다. 힐라리우스(Hilarius)는 여러 교회 회의에서 채택된 공식들을 무엇이라 변명

---

271) Cf. *Institutio*, 4.4.6; 4.18.7.
272) "in Deo uno tres proprietates." '위격적 특성'은 성부, 성자, 성령 각각의 고유한 특성을 지칭하는 말로서 칼빈은 이에 대해 'proprietas'와 'proprium'을 구별 없이 사용한다.
273) "in uno Deo subsistere, seu……in Dei unitate subsistere personarum trinitatem."
274) "proprietate quadam."

하고 있는가?[275] 이따금 아우구스티누스는 어느 정도의 자유분방함을 지니고 등장하는가?[276] 헬라 사람들과 라틴 사람들이 어떻게 다른가? 그 차이점 가운데 다음 한 가지 예시만을 드는 것으로 충분할 것이다.

라틴 사람들은 '본질'(essentia)이라는 말 대신에 '실체'(substantia)라는 말을 사용해서 아버지와 아들의 '실체'가 하나라고 지적하면서 '동일 본질'(ὁμοουσίος)이라는 말을 번역할 때 '동일 실체'(consubstantialis)라고 부르기를 원했다. 이에 편승해서 히에로니무스(Hieronymus)는 다마수스(Damasus)에게 하나님 안의 세 실체들을 설교하는 것은 신성 모독이라고 말한다.

그렇지만 당신은 힐라리우스에게서 하나님 안에 세 실체가 존재한다는 말을 백번은 더 발견하게 될 것이다.[277] 기실 히에로니무스는 '위격'(hypostasis)이라는 단어에 대해서 얼마나 갈피를 잡지 못했던가? 그는 하나님 안에 세 위격들이 있다고 얘기되자 그 밑에 독이 숨어 있다고 의심한다.

설혹 누군가 경건한 의식을 지니고 이렇게 말하더라도, 히에로니무스는 그것이 부적절한 표현이라는 내색을 감추지 못할 것이다. 히에로니무스는 부당한 참소를 일삼는 동방 감독들을 미워하여 의식적이며 의도적으로 이러한 말을 한 것이 아니다. 그에게 진지한 말을 요구해도 다름이 없을 것이다. 히에로니무스는 모든 세속 학파에 있어서 '본질'(οὐσία)은 단지 '위격'(hypostasis)과 다르지 않다는 거의 진정성이 없는 주장을 하는데,[278] 이는 두루 배척당하고 있는 일반적이고 진부한 편견이다.[279]

더욱 온유하고 소양이 있는 아우구스티누스는 이러한 의미로 사용되는 '위

---

275) Hilary of Poitiers, *On the Councils* xii ff. (MPL 10. 489f.; tr. NPNF 2 ser. IX. 7f.). Quot. Battles tr., n. 12.
276) Augustine, *On the Trinity* VII. vi. 11 (MPL 42. 945; tr. NPNF III. 111ff.). Quot. Battles tr., n. 13.
277) Hilary of Poitiers, *On the Councils* xxvii 67-71 (MPL 10. 525f.; tr. NPNF 2 ser. IX. 22). Quot. Battles tr., n. 14.
278) Jerome, *Letters* xv. 3, 4 (CSEL 54. 64f.; tr. NPNF 2 ser. VI. 19). Quot. Battles tr., n. 15.
279) Cf. Irena Backus, "'Aristotelianism' in Some of Calvin's and Beza's Expository and Exegetical Writings on the Doctrine of the Trinity, with Particular Reference to the Terms οὐσία and ὑπόστασις," in *Historie de l'exégèse au XVIe siècle*, ed. O. Fatio and P. Fraenkel (Genève: Librarie Droz, 1978), 351-360.

격'(hypostasis)이라는 말이 라틴 사람들의 귀에는 새로운 것이라고 말하면서도 헬라 사람들로부터 그들의 언어 습관을 빼앗아 버리려고 하지는 않는다. 심지어 헬라의 어휘를 모방했던 라틴 사람들을 허심탄회하게 용인했다.[280] 또 소크라테스(Socrates)는 위격 자체에 관해 『삼부사』(三部史, Historia ecclesiastica tripartita)의 제6권에 기술한 글에서 이 단어가 미숙한 사람들에 의해서 이 경우 잘못 적용되고 있다는 듯이 자기의 입장을 개진하고 있다.[281]

더욱이 앞에서 언급한 힐라리우스는 경건한 마음에 묶어 두어야 할 것을 인간 언어의 위험 속에 빠져들도록 자기에게 강요한 이단들의 사악함을 보고 큰 범죄를 저지르고 있다고 여긴다. 힐라리우스는 그들의 범죄가 불법적인 것들을 행하는 것이며, 표현할 수 없는 것들을 말하는 것이며, 용인할 수 없는 것들을 추론하는 것[282]이라는 사실을 묵과하지 않는다. 그리고 잠시 후 자기가 감히 새로운 용어들을 제시한 이유에 대해서 아주 길게 변명한다. 또한 그는 아버지, 아들, 영이라는 자연에 속한 명칭들을 제시하면서 무엇이든 그 너머로 추구해야 할 것은 말의 의미를 초월하는 것, 지각의 의도를 초월하는 것, 지성의 개념을 초월하는 것[283]이라는 사실을 덧붙여 말한다.[284] 그리고 다른 곳에서 갈리아의 감독들이 복되다고 선포한다. 왜냐하면 그들은 사도 시대로부터 모든 교회가 받아들였던 저 오래되고 가장 단순한 고백 외에 어떤 다른 고백을 일체 만들어 내려고도 하지 않았고, 받아들이려고도 하지 않았고, 알려고도 하지 않았기 때문이다.[285]

아우구스티누스의 다음 변명 또한 이와 다르지 않다. "이렇듯 대단한 사안에 대한 인간의 부족한 표현 때문에 이 용어가 필연적으로 강요될 수밖에 없었다. 이는 그가 누구신지가 표현되도록 하기 위한 것이 아니라 아버지, 아들, 성령

---

280) Augustine, *On the Trinity* V. viii-x (MPL 42. 916f.; tr. NPNF III. 91f.). Quot. Battles tr., n. 16.
281) Cassiodorus, *Historia tripartia* VI. 21 (MPL 69. 1042), in Socrates, *Ecclesiastical History* iii. 7 (tr. NPNF 2 ser. II. 81). Quot. Battles tr., n. 17.
282) "agere illicita, ineffabilia loqui, inconcessa praesumere."
283) "extra significantiam sermonis……extra sensus intentionem, extra intelligentiae conceptionem."
284) Hilary, *On the Trinity* II. ii (MPL 10. 51; tr. NPNF 2 ser. IX. 52). Quot. Battles tr., n. 18.
285) Hilary, *On the Councils* xxvii 63 (MPL 10. 522f.; tr. NPNF 2 ser. IX. 21). Quot. Battles tr., n. 19.

셋이 존재하는 방식이 침묵되지 않도록 하기 위해서였다."[286]

우리는 거룩한 사람들의 이러한 절도(節度)를 충고로 삼아야 한다. 그리하여 우리가 받아들인 용어들로 맹세하기를 원하지 않는 사람들이라고 해서 그들에게 자만이나 뻔뻔함이나 악의적인 책략이 있는 경우가 아닌 이상, 마치 감찰관이 엄격하게 펜촉을 놀리듯이 앞뒤를 가리지 않고 혹평하는 일은 삼가도록 해야 한다.

오히려 우리는 그러한 사람들로 하여금 우리가 이러한 용어들을 사용할 수밖에 없는 불가피함을 진중하게 받아들이게 해서, 그들이 우리가 말하는 유용한 방식에 조금씩 익숙해지게끔 해 주어야 한다.[287] 또한 그들이 한편으로는 아리우스주의자들과 다른 한편으로는 사벨리우스주의자들과 맞서 싸워서 그 어떤 논란의 여지도 남기지 말아야 함에도 불구하고 그렇게 하지 못하여 아리우스나 사벨리우스의 제자들이 아닌가 하는 의심을 초래하는 일이 없도록 주의하게끔 가르쳐야 한다.

아리우스는 그리스도가 하나님이시라고 말한다. 그러나 그가 지음을 받으셨고 시작을 가지셨다[288]고 중얼거린다. 아리우스는 그리스도가 아버지와 함께 하나라고 말한다. 그러나 비록 그리스도가 유일한 특권을 가지고 아버지와 연합되어 있다고 하나 다른 성도들이 그러한 것과 다를 바 없다고 자기를 따르는 추종자들의 귓속에 몰래 속삭인다. 동일 본질을 말하라. 그리하면 당신은 이 변절자의 가면을 벗겨내게 될 것이다. 그렇다고 해서 당신이 성경에 더하는 것은 아무것도 없을 것이다.

사벨리우스는 아버지, 아들, 성령은 하나님 안에서 구별되는 어떤 것이 있다는 것을 의미하지 않는다고 말한다. 셋이 존재한다고 말하라. 그리하면 당신은 세 분의 신을 부르고 있다고 크게 구설수에 오르내리게 될 것이다. 하나님의 한 본질 안에 있는 인격들의 삼위일체를 말하라. 그리하면 당신은 한마디

---

286) Augustine, *On the Trinity* VII. iv. 7, 9 (MPL 42. 939; tr. NPNF III. 109ff.). Quot. Battles tr., n. 20.
287) 삼위일체론과 관련된 용어들의 사용이 불가피함과 그 한계에 대해서 다음을 보라. Thomas F. Torrance, "Calvin's Doctrine of the Trinity," *Calvin Theological Journal* 25 (1990), 168ff.
288) "factum esse et initium habuisse."

말로 성경이 말하고 있는 것을 말하게 될 것이며 공허한 수다를 잠재우게 될 것이다.[289]

말하자면 만약 불안한 미신에 과도하게 짓눌려 이 이름들을 참을 수 없는 사람들이 있다 하더라도, 심지어 그들이 너무나 억눌려서 터져 버린다 하더라도, 하나라고 들을 때 실체의 하나임으로 이해되어야 하며, 한 본질 안에 있는 셋이라고 들을 때 이 삼위일체 안에 있는 인격들이 지칭된다는 것을[290] 이제 그 누구도 부인할 수 없을 것이다. 이것이 속임 없이 고백될 때, 우리는 이 어떤 용어들도 머뭇거리지 않고 사용하게 될 것이다.

그러나 나는 이전부터, 실로 자주, 이 말들에 대해서 끊임없이 언쟁하는 사람들은 누구나 은밀한 독을 배양하고 있으므로 그들을 위하여 가급적 에둘러

---

[289] 칼빈은 자기를 아리우스주의자라고 음해한 피에르 카롤리(Pierre Caroli, 1480-1550)를 반박하면서 아리우스주의와 사벨리우스주의를 모두 거부하는 자기의 입장을 분명히 개진한다. *Confessio de Trinitate propter calumnias P. Caroli*, 1537 (CO 9.706-707). 또 세르베투스, 블란드라타, 장틸, 폴란드 형제단(Bracia polscy, Poland Brethren) 등 반(反)삼위일체론이 아리우스주의와 사벨리우스주의의 혼합물이라는 점을 누누이 지적한다. *Defensio orthodoxae fidei de sacra Trinitate, contra prodigiosos errores Michaelis Serveti Hispani, ubi ostenditur haereticos iure gladii coercendos esse, et nominatim de homine hoc tam impio iuste et merito sumptum Genevae fuisse supplicium*, 1554 (CO 8.457-644); *Sententiae vel propositiones excerptae ex libris Michaelis Serveti, quas ministri ecclesiae Genevensis partim impias ac in Deum blasphemas, partim profanis erroribus et deliriis refertas esse asserunt: omnes vero a verbo Dei, et orthodoxae ecclesiae consensu prorsus alienas*, 1554 (CO 8.501-518); *Brevis refutatio errorum et impietatum Michaelis Serveti a ministris ecclesiae Genevensis magnifico senatui sicuti iussi fuerant oblata*, 1554 (CO 8.519-554); *Responsum ad quaestiones Georgii Blandratae*, 1558 (CO 9.321-332); *Impietas Valentini Gentilis detecta et palam traducta, qui Christum non sine sacrilega blasphemia Deum essentiam esse fingit*, 1561 (CO 9.365-420); *Brevis admonitio Ioannis Calvini ad fratres Polonos, ne triplicem in Deo essentiam pro tribus personis imaginando, tres sibi deos fabricant*, 1563 (CO 9.629-638); *Epistola Ioannis Calvini qua fidem admonitionis ab eo nuper editae apud Polonos confirmat*, 1563 (CO 9.645-650). Cf. Philip Walker Butin, *Revelation, Redemption, and Response: Calvin's Trinitarian Understanding of the Divine-Human Relationship* (Oxford: Oxford University Press, 1995), 29-38; William Nijenhuis, "Calvin's Attitude towards the Symbols of the Early Church during the Conflict with Caroli," in *Ecclesia Reformata: Studies on the Reformation* (Leiden: Brill, 1972), 73-96; Eduard Bähler, "Petrus Caroli und Johannes Calvin: Ein Beitrag zur Geschichte und Kultur der Reformationzeit," *Jahrbuch für schweizerische Geschichte* 29 (1904), 62-82; Jerome Friedman, *Michael Servetus: A Case Study in Total Heresy* (Genève: Droz, 1978); Francisco Sánchez-Blanco, *Michael Servetus Kritik an der Trinitätslehre: Philosophische Implikationem und historische Auswirken* (Frankfurt am Main: Peter Lang, 1977); Antonio Rotondò, *Calvin and the Italian Anti-Trinitarians*, tr. J. and A. Tedeschi (St. Louis: Foundation for Reformation Research, 1968).

[290] "quum unum audimus, intelligendam esse substantiae unitatem; quum tres audimus in una essentia, personas notari in hac trinitate."

말하는 것보다는 마음먹고 그들을 자극하는 것이 더욱 유익하다는 것을 경험하였다.

6. 하나의 동일한 본질의 성부, 성자, 성령 하나님은 위격적 특성에 있어서 구별되심

더 이상 용어들에 관한 논쟁은 그만하고 이제 사안 자체에 관하여 말하는 데 나아가고자 한다.

나는 인격을 하나님의 본질 안에서, 서로 관련되지만 교통될 수 없는 특성으로 구별되는 위격적 존재라고 부른다.291) 우리는 위격적 존재라는 말이 본질과는 다른 어떤 것으로 이해되기를 원한다. 왜냐하면 만약 말씀이 단순히 하나님일 뿐, 그러한 가운데 어떤 고유한 특성을292) 지니지 않으셨다면, 요한이 말씀이 항상 하나님과 함께 계셨다고 말한 것은(요 1:1) 그릇되었을 것이다.

그리고 요한은 말씀 자신이 또한 하나님이셨다고 계속해서 덧붙이는데, 이로써 우리는 하나님의 유일한 본질을 떠올리게 된다. 그러나 말씀이 아버지 안에 거하지 않았다면 하나님과 함께 계시는 것이 불가능했으므로 위격적 존재 바로 그것이 드러나는데, 위격적 존재는 나눌 수 없는 유대로 본질과 결합되어 있고 분리될 수 없음에도 불구하고 그 본질 자체와는 다른 특별한 표지를 지닌다. 이제 나는 세 위격적 존재들 가운데 한 위격적 존재는 그 여하함을 불문하고 다른 위격적 존재들과 관계되어 있으면서 고유한 특성에 있어서 구별된다고 말한다. 여기에서 관계가 분명하게 표현된다.293) 왜냐하면 하나님에 관한 언급이 단순하고 비한정적일 때 이 말은 아버지에 못지않게 아들과 성령에게도 속하기 때문이다. 그러나 동시에 아버지가 아들과 비교될 때, 각자 자신의

---

291) "Personam igitur voco subsistentiam in Dei essentia, quae ad alios relata, proprietate incommunicabili distinguitur."
292) "aliquid proprium."
293) "Iam ex tribus subsistentiis unamquamque dico ad alias relatam proprietate distingui. Relatio hic diserte exprimitur."

위격적 특성은 각자를 다른 분과 구별한다.

셋째로, 각자의 고유한 특성은 무엇이든지 교통될 수 없다고 나는 주장한다. 왜냐하면 구별의 표지로 아버지께 돌려진 것은 무엇이든지 아들에게 적합할 수도 없고 아들에게 옮겨질 수도 없기 때문이다. 그러나 테르툴리아누스의 다음 정의가 현명하게 받아들여지는 한, 나에게는 불쾌함이 없다. "하나님 안에는 본질의 하나임에 관련해서는 아무것도 변화시키지 않는 어떤 성향과 경륜이 있다."[294]

7. 하나님의 말씀이신 성자 하나님의 신격

그렇지만 더 나아가기 전에 아들과 성령의 신격이[295] 모두 증명되어야 할 것이다. 이후 우리는 그들 자신이 서로 간에 다르다는 것을 살펴보게 될 것이다.

확실히 성경 가운데서 우리에게 '하나님의 말씀'이 주어질 때, 하나님 자신을 넘어서서 허공 속으로 발산되어 나오는 단지 일시적이고 덧없는 말을 상상하는 것은 지극히 어리석은 일이다. 이러한 종류의 신적인 명령들과 모든 예언이 족장들에게 공표되었다. 그 말씀은 하나님과 함께 거하는 영원한 지혜를 지시한다. 그 지혜로부터 모든 신적인 명령과 예언이 나타난다. 우리가 보듯이, 베드로는 옛 선지자들도 자기 못지않게 그리스도의 영으로 말했다고 전한다(벧전 1:11; 참조. 벧후 1:21). 그리고 이후로 하늘 교리에 대한 사역을 수행했던 모든 사람들도 그렇게 했다. 왜냐하면 진정 그리스도가 아직 나타나지 않으셨으므로, 말씀이 창세전에 아버지로부터 나셨다고 이해해야 했기 때문이다. 만약 선지자들을 자기의 기관들로 삼았던 영이 그러한 말씀의 영이었다고 한다면 우리는 의심할 바 없이 그가 참 하나님이셨다고 결론짓는다. 또 모세는 말

---

294) Tertullian, *Against Praxeas* ii, ix (CCL Tertullian II. 1160, 1168f.; tr. ANF III. 598, 603f.). Quot. Battles tr., n. 23.

295) "deitas." 이는 '하나님이심'을 뜻하는 말로서 엄밀하게는 하나님의 본성을 칭하는 'divinitas'와 구별된다. 다만 교부들이나 칼케돈 신경을 비롯한 초대 교회의 신경들에서 보듯이, 이 둘은 구별 없이 사용되는 것이 일반적이다. 칼빈은 이 둘을 구별해서 사용하는 경향이 있으나 언제나 그렇지는 않다.

씀을 그러한 중보자로 세우고 세상의 창조를 다루면서 이를 명확히 가르친다. 만약 가닿을 수 없는 하나님의 영광이 하나님의 형상 가운데 빛나도록 할 목적이 없었다면, 어찌하여 모세가 하나님이 각각의 피조물을 창조하실 때 이것 혹은 그것이 있으라고 말씀하셨다고(창 1장) 분명히 전하고 있겠는가?296)

콧방귀를 뀌면서 수다를 떨고 있는 자들이 말씀은 명령과 지시를 의미한다는 점을 비웃는 것은 쉬운 일이다. 그러나 더욱 뛰어난 해석자들인 사도들은 아들을 통하여 세상이 지어졌으며 그가 자기의 강력한 말씀으로 만물을 운행하신다고(히 1:2-3) 전한다. 여기에서 우리는 말씀이 아들의 의사(意思) 혹은 계명으로 여겨지는 것을 본다. 아들 자신이 영원하고 본질적인 아버지의 말씀이다.297) 진정 건전하고 절도 있는 사람들에게는 솔로몬의 다음과 같은 말이 조금도 모호하지 않다. 솔로몬은 사물들의 창조와 모든 작품을 주재하는 지혜가 창세전에 하나님으로부터 났다고 소개한다(잠 8:22). 하나님은 그때 자기의 확고하고 영원한 계획과 한층 더 심히 감춰진 어떤 것을 드러내시려고 하셨다. 그러므로 하나님의 그 어떤 의사를 일시적이라고 공상하는 것은 어리석고 부질없는 일이다. 나아가 주님이 "내 아버지께서 이제까지 일하시니 나도 일한다"(요 5:17)라고 하신 말씀도 이와 관계된다. 왜냐하면 여기에서 주님은 세상이 처음 시작될 때부터 아버지와 함께 계속 일하셨다는 사실을 주장하시면서 모세가 좀 더 간단하게 다루었던 것을 그 자신이 더욱 밝히 드러내서 설명하고 계시기 때문이다. 따라서 우리는 하나님이 일하심에 있어서 말씀이 역할을 감당하셨으므로 그 일이 하나님과 말씀 모두에 속한 사역298)이 된다고 하나님이 말씀하셨다는 결론에 이른다.

요한은 이를 그 무엇보다 더욱 명확하게 전하고 있는데, 말씀이 태초부터 하나님과 함께 계셨던 하나님이시고, 동시에 하나님 아버지와 함께 만물의 원인

---

296) 칼빈은 여기에서 성자의 신격을 논하면서 그가 "하나님의 말씀"(verbum Dei)이시며 그 "말씀의 영"(spiritus sermonis)이 "그리스도의 영"(spiritus Christi)으로서 창조와 계시의 "중보자"(intermedium)가 되심을 천명한다. 칼빈은 '말씀(λόγος)'을 라틴어 'verbum'과 'sermo'로 구별 없이 번역한다.

297) "Hic enim videmus verbum pro nutu vel mandato filii accipi, qui ipse aeternus et essentialis est patris sermo."

298) "utriusque communis……operatio."

이었다고 선포하였다. 참으로 요한은 완전하고 영원한 본질을[299] 말씀에 부여하고 고유한 어떤 것을 그것에 돌린다. 그리고 하나님이 어떻게 말씀하심으로 천지의 창조주가 되셨는지를 선명하게 보여 준다.

따라서 하나님으로부터 나온 모든 계시를 '하나님의 말씀'이라는 말로 식별하는 것이 올바르기 때문에, 그 본질적인 말씀을 모든 신적인 명령의 원천으로[300] 여겨 최고의 자리에 두는 것이 마땅하다. 이 말씀은 어떤 변화에도 구애받지 않으신 채 영원히 한 분 그리고 동일하신 분으로 하나님과 함께 머무시고, 그 자신이 하나님이시다(요 1:1-3).

8. 영원히 하나님과 함께 계시는 하나님이신 말씀

여기에서 어떤 개들이 소란을 피운다. 그들은 하나님의 신성을 감히 공개적으로 강탈하지는 않지만 은밀히 그의 영원성을 훔친다. 왜냐하면 그들은 하나님이 세상을 창조하시면서 자신의 거룩한 입을 여셨을 때 마침내 말씀이 존재하기 시작했다고 말하기 때문이다.[301] 그러나 그들은 아주 무모하게도 하나님의 실체에 대한 어떠한 변혁을 공상한다. 하나님이 천지의 창조주로 불리시는 경우에서 보듯이, 외적인 사역과 관련된 이름들이 하나님께 돌려지기 시작한 것은 그 자신이 만든 작품의 존재로 말미암았다. 이렇듯 경건은 하나님 자신 안에 새로운 무엇이 발생했다는 사실을 의미하는 그 어떤 이름도 시인하거나 인정하지 않는다. 왜냐하면 만약 우연한 무엇이 있었다면 야고보의 다음 말은 땅에 떨어지고 말았을 것이기 때문이다. "온갖······온전한 선물이 다 위로부터 빛들의 아버지께로부터 내려오나니 그는 변함도 없으시고 회전하는 그림자도 없으시니라"(약 1:17). 그러므로 항상 하나님이셨으며 또 이후로 세상의 창조주

---

[299] "solidam permanentemque······essentiam."
[300] "oraculorum omnium scaturiginem."
[301] Servetus, *De Trinitatis erroribus* II, fo. 47a (tr. Wilbur, *On the Errors of the Trinity* II. 4, p. 75). Quot. Battles tr., n. 25.

이셨던 그 말씀의 시작을 상상하는 것보다 참기 어려운 것은 어디에도 없다.

그러나 그들은 간사하게도, 모세는 하나님이 창조의 때에 처음으로 말씀하셨다고 전함으로써 이전에는 하나님 자신 안에 그 어떤 말씀도 없었다는 점을 동시에 시인하고 있다고 주장하면서, 자기들이 명민한 추론을 하고 있다고 생각하지만, 그 무엇도 이보다 더 헛되지는 않을 것이다. 왜냐하면 어떤 시점에 무엇이 드러나기 시작한다는 이유로 결코 그것이 이전에는 존재하지 않았다고 결론 내려서는 안 되기 때문이다. 참으로 나는 이와는 아주 다르게 결론을 내린다. 하나님이 "빛이 있으라"(창 1:3) 말씀하셨던 바로 그 순간에 말씀의 능력이 나타났고 존재했으므로 말씀 자신은 훨씬 이전에 존재했었다.[302] 만약 얼마나 오래 전에 그가 계셨는지 묻는 자가 있더라도 그는 아무 시작도 발견하지 못할 것이다. 또한 주님은 "아버지여 창세전에 내가 아버지와 함께 가졌던 영화로써……나를 영화롭게 하옵소서"(요 17:5)라고 친히 말씀하실 때, 시간의 간격을 경계 짓지 않으신다. 요한 역시 세상의 창조로 넘어가기 전에(요 1:3) "태초에 말씀이 하나님과 함께 계셨으니"(요 1:1)라고 말함으로 이것을 간과하지 않는다.

그리하여 또다시 우리는 말씀이 시간의 시작을 초월해서 하나님에 의해 잉태되셨으며, 하나님 자신과 함께 영원히 거하셨다는 사실로부터 말씀의 영원성과 참 본질과 신성이 모두 증명되었다고 확정한다.[303]

9. 구약에 있어서, 중보자 그리스도로서의 성자 하나님의 현존과 계시

나는 아직 중보자의 인격에 대해서는 다루지 않았는데, 이는 구속에 대해서 논하는 자리[304]에 이를 때까지 미루어 두고자 한다. 그럼에도 불구하고 그리

---

302) "quum in ipso momento quo dixit Deus: fiat lux, sermonis virtus emerserit et exstiterit, ipsum multo ante fuisse."
303) "Constituimus ergo rursum, sermonem extra temporis initium a Deo conceptum, apud ipsum perpetuo resedisse; unde et aeternitas et vera essentia et divinitas eius comprobatur.
304) Institutio, 2,12-14.

스도는 육체로 옷 입혀진 그 말씀305)이라는 사실에 대해서는 모든 사람이 논쟁의 여지없이 일치해야 하므로, 그리스도의 신격을 주장하는 모든 증언을 여기서 논의하는 것이 가장 적합하다.

시편 45편에 "하나님이여 주의 보좌는 영원하며"(6절)라고 말씀되어 있음에도 유대인들은306) 여기에서 '하나님'을 칭하는 '엘로힘'(Elohim)이라는 명칭이 천사들과 최고의 권세들에게도 부합한다며 말을 돌린다. 그렇지만 이런 식으로 피조물을 위해 영원한 보좌가 세워진다고 하는 본문은 성경 어디에도 없다. 왜냐하면 이 명칭은 '하나님'으로 불릴 뿐만 아니라 '영원한 통치자'로도 불리는 분에게만 합당하기 때문이다. 또한 이 호칭은 덧붙여진 말이 없이 그냥 사용되면 하나님 외에는 그 누구에게도 돌려지지 않는다. 하나님이 모세에게 "내가 너를 바로에게 신같이 되게 하였은즉"(출 7:1)이라고 말씀하시는 경우가 그러하다. 어떤 사람들은 '바로에게'를 소유격으로 보아 '바로의'라고 읽는다. 이는 매우 어리석은 짓이다. 실로 종종 놀랍도록 고유한 탁월성이 있는 것이 '신적'(神的)으로 불린다는 사실을 나도 인정한다. 그러나 이런 주장은 우둔하고 억지일 뿐 아니라 전혀 이치에 맞지 않다는 것이 정황에 비추어 아주 명백하다.

그러나 그들이 자기들의 완고함을 꺾지 않는다면, 이사야가 동일하신 분 그리스도를 하나님이시라고도 소개하고, 최고의 권세로 장식된 분307)이시라고도 소개하면서, 한 분 하나님의 고유한 특성을 어떤 모호함도 없이 분명하게 전하는 말씀이 있다. "그의 이름은……전능하신 하나님이라, 영존하시는 아버지라"(사 9:6). 유대인들은 여기에서도 소란을 피우며, "이것은 전능하신 하나님, 영존하신 아버지가 그를 부르시는 이름이다."라는 등으로 본문을 거꾸로 읽는다. 그리하여 아들은 '평강의 왕'이라고 불린다는 사실만 남도록 만들고자 한다. 그러나 굳이 여기 본문에서 이렇게 많은 이름들을 하나님 아버지를 위

---

305) "illum sermonem carne indutum."
306) 중세 유대인 주석가들인 라시(Rashi, 본명은 Shlomo Yitzchaki, 1040-1105), 아브라함 이븐 에즈라(Abraham Ibn Ezra, 1089-1167), 데이비드 킴히(David Kimchi, 1160-1235)의 입장이 이러하다. Cf. L. I. Newman, *Jewish Influences in Christian Reform Movements*, pp. 325ff., 350f. Quot. Battles tr., n. 27 and Supplement.
307) "et Deus, et summa potentia ornatus."

하여 쌓을 필요가 없지 않는가? 선지자의 계획은 탁월한 표지들로 그리스도를 장식하여 그에 대한 우리의 믿음을 세우는 데 있는 것 아닌가? 그러므로 우리는 조금 전에 그가 '임마누엘'이라고 불리시는 이유를 살펴보았다. 바로 그 동일한 이유로 그는 여기서 '전능하신 하나님'이라고 불리신다. 여기에는 의심의 여지가 있을 수 없다.

진정 예레미야가 전하는 다음 본문보다 더 명백한 말씀은 어디에도 없다. "내가 다윗에게 한 의로운 가지를 일으킬 것이라……그의 이름은 여호와 우리의 공의라 일컬음을 받으리라"(렘 23:5-6). 유대인들은 하나님의 다른 이름들은 단지 명칭들에 불과하고, 자기들이 말로 표현할 수 없다고 말하는 오직 한 가지 이름만이 그의 본질을 설명하기 위한 실체적인 이름이라고 의도적으로 가르치기 때문에, 우리는 유일하신 아들이 선지자가 선포한 자기의 영광을 다른 자에게 주지 아니하시는 영원하신 하나님이라고(사 42:8) 결론을 내린다. 실로 유대인들은 은신처를 찾고자, 모세는 그 이름을 자기가 세운 제단에, 에스겔은 새로운 도시 예루살렘에 부여했다고 지적한다. 그러나 여호와가 '모세의 깃발'이심을 기념하기 위해 제단이 세워졌다는 사실을 누가 모르겠는가? 또 예루살렘에 임재하시는 하나님을 입증하기 위해 그곳에 그의 이름이 새겨졌다는 사실을 누가 모르겠는가? 우리가 보듯이, 에스겔은 "그날 후로는 그 성읍의 이름을 여호와 삼마[308]라 하리라"(겔 48:35)라고 전하며, 진정 모세는 "제단을 쌓고 그 이름을 여호와 닛시[309]라 하고"(출 17:15)라고 전한다. 그러나 "이 성은 여호와 우리의 의[310]라는 이름을 얻으리라"(렘 33:16)라는 예레미야가 전하는 또 다른 말씀에 관한 더 심한 논쟁이 분명히 남아 있다. 여기서는 위와 동일한 명칭 자체가 예루살렘에 돌려지는 듯이 보인다. 그렇지만 이 증언은 우리가 수호하는 진리를 방해하기는커녕 오히려 지지한다. 왜냐하면 예레미야는 이전에는 그리스도가 참 여호와이시며 그로부터 의가 흘러나온다고 증언한 반면, 이제는 하나님의 교회가 이 사실을 분명하게 의식하게 되어 그리스도 자신의 이

---

308) "Iehovah ibi." 여호와가 그곳에 계신다는 뜻이다.
309) "Iehovah exaltatio mea." 여호와가 나의 깃발이라는 뜻이다.
310) "Iehovah iustitia nostra." 여호와가 우리의 대속주가 되신다는 뜻이다.

름을 자랑할 수 있을 것이라고 선포하기 때문이다. 이와 같이 앞의 구절에서는 의의 원천과 원인이 주어지고, 뒤의 구절에서는 그 효과가 첨가된다.

10. 구약 백성에게 여호와의 사자로서 현현하신 성자 하나님

만약 이것들조차도 여호와가 그렇게 자주 천사의 모습으로 자신을 드러내셨다는 사실을 유대인들에게 충분히 보여 주지 않는다면, 그들이 얼마나 비웃을지 나는 종잡을 수가 없다. 천사가 거룩한 조상들에게 나타났고, 동일한 천사가 영원하신 하나님이라는 이름을 자기의 것으로 주장한다(삿 6:11-24; 13:8-25).[311] 만약 이것이 천사가 맡은 역할에 대해 말하는 것이라고 누군가 이의를 제기한다면 그 매듭은 결코 풀리지 않을 것이다. 왜냐하면 종은 결코 자기에게 제물이 바쳐지도록 허용하면서 하나님의 영예를 취하려고 하지 않을 것이기 때문이다. 그러나 천사는 자기가 음식을 먹을 것이라고 말하지 않고 제물이 여호와께 바쳐지도록 명령한다. 실로 이는 그 자신이 다름 아닌 여호와임을 확증한다.[312] 그리하여 마노아와 그의 아내는 이 표징으로 자기들이 천사만 아니라 또한 하나님을 보았다고 결론짓는다. 이로부터 "우리가 하나님을 보았으니 반드시 죽으리로다"(삿 13:22)라는 말씀이 나온다. 진정 그 아내는 "여호와께서 우리를 죽이려 하셨더라면 우리 손에서 제물을 받지 아니하셨을 것이요"(적용. 삿 13:23)라고 대답할 때, 조금 전에 천사로 불리던 그를 하나님이라고 고백하고 있음이 확실하다. 그뿐 아니라 "어찌하여 내 이름을 묻느냐 내 이름은 기묘자라"(삿 13:18)라는 천사의 대답은 그 자체로 모든 의심을 제거해 준다.

하나님은 결코 아브라함과 다른 조상들에게 나타나지 않으셨으며 오히려 천사가 하나님의 자리에서 경배를 받았다고 주장하는 세르베투스(Servetus)의 불

---

311) "sibi nomen aeterni Dei vendicat."
312) 이와 같이 구약 여러 곳에서 '하나님의 사자'(מַלְאֲכֵי אֱלֹהִים, 창 28:12) 혹은 '여호와의 사자'(מַלְאַךְ יְהוָה, 출 3:2)라는 이름으로 제2위 성자 하나님이 현현하신다. Cf. Geerhardus Vos, *Biblical Theology: Old and New Testaments* (Edinburgh: Banner of Truth, 1975, rep.), 72–76; Robert L. Reymond, *Jesus Divine Messiah: The New and Old Testament Witness* (London: Mentor, 2003), 72–75.

경건은 얼마나 역겨운가? 그러나 교회의 정통 교사들은[313] 저 으뜸가는 천사가 바로 하나님의 말씀이며, 그 말씀이 이미 그때 일종의 서막과 같이 중보자의 직분을 수행하기 시작했다고 올바르고 현명하게 해석하였다. 왜냐하면 비록 그는 아직 육체로 옷 입지는 않으셨으나 성도들에게 더욱 친밀하게 다가가기 위해서 마치 중보자와 같이 내려오셨기 때문이다. 그리하여 이러한 더욱 가까운 교통으로 말미암아 그에게는 천사라는 이름이 주어지게 되었다. 그 가운데서도 그는 자기 자신에게 속한 것을 유지하셨으며, 하나님으로서 형언할 수 없는 영광을 가지셨다.[314]

동일한 뜻으로 호세아는 천사와 씨름한 야곱을 심중에 헤아린 후, "여호와는 만군의 하나님이시라 여호와는 그를 기억하게 하는 이름이니라"(호 12:5)라고 전한다. 또다시 세르베투스는 하나님이 천사의 모습을 지니고 있었다고 중얼거린다. 마치 호세아 선지자가 "어찌하여 내 이름을 묻느냐"(창 32:29)라고 전한 모세의 말을 확인하지 않고 있기라도 하듯이! 또 야곱이 "내가 하나님과 대면하여 보았다"(적용. 창 32:30)라고 말할 때, 이 거룩한 조상의 고백은 그가 창조된 천사가 아니라 충만한 신격이 내주하고 있는 분이심을 충분히 선언하고 있다. 여기에 또한 그리스도가 광야에서 백성의 지도자[315]이셨음을 전하는 바울의 말씀이 있다(고전 10:4). 왜냐하면 비록 아직 비하의 때가 이르지 않았음에도 불구하고 저 영원한 말씀은 자기에게 정해진 직분의 형상을 이미 제시하고 있었기 때문이다.

이제 만약 스가랴서 2장이 편견에 치우침 없이 깊이 숙고된다면, 다른 천사

---

[313] Justin, *Dialogue with Trypho* lvi, lviii, cxxvii (MPG 6. 595ff., 607ff., 771ff.; tr. ANF I. 223, 225, 263); Tertullian, *Against Marcion* III. ix (MPL 3. 333; CCL Tertullianus I. 519f.; tr. ANF III. 328). Quot. Battles tr., n. 29.

[314] "Recte autem et prudenter orthodoxi ecclesiae doctores sermonem Dei esse interpretati sunt principem illum angelum, qui iam tunc praeludio quodam fungi coepit mediatoris officio. Etsi enim nondum erat carne vestitus, descendit tamen quasi intermedius, ut familiarius ad fideles accederet. Propior igitur communicatio dedit ei angeli nomen; interea quod suum erat, retinuit, ut Deus esset ineffabilis gloriae." 칼빈은 이로써 구약의 그리스도의 존재와 현현을 변증함으로써 세르베투스를 결정적으로 반박한다.

[315] "Christum fuisse populi ducem in deserto; quia etsi nondum advenerat humiliationis tempus, figuram tamen proposuit aeternus ille sermo eius officii cui destinatus erat." Cf. *Institutio*, 1.14.9.

를 보내는 천사와 동일한 그가 곧 만군의 하나님으로 선포되고 그에게 최고의 권세가 돌려지고 있음을(슥 2:3, 9) 우리는 발견하게 될 것이다.

비록 유대인들에게는 큰 감동이 되지 않겠지만, 우리가 믿음으로 안심하고 받아들이는 헤아릴 수 없는 많은 증언들을 여기에서는 일일이 다 다루지 않고 넘어간다. 실로 이사야가 "보라 이는 우리의 하나님이시라, 이는 여호와시라, 우리가 그를 기다릴 것이니 그가 우리를 구원하시리라"(적용. 사 25:9)라고 전할 때, 눈 있는 자는 이것이 자기 백성을 구원하기 위해 다시 일어나시는 하나님을 가리키는 것임을 알 수 있다. 그리고 '이는 우리의 하나님이시라, 이는 여호와시라'라고 두 차례 주어진 강조적인 표현은 이 말씀을 그리스도가 아닌 그 누구에게 돌리는 해석이 불허됨을 확정한다. 또한 더욱 명백하고 더욱 확실한 곳에서 말라기는 당시 사람들이 찾고 있었던 통치자가 자기의 성전으로 오실 것이라고 약속한다(말 3:1). 분명 거룩한 성전은 오직 최고의 하나님 한 분께 속한 것이었다. 그럼에도 불구하고 선지자는 그것을 그리스도께 속한 것으로 주장한다. 이로부터 그리스도는 항상 유대인들 가운데서 경배를 받으신 동일하신 하나님이시라는 사실이 뒤따른다.

11. 신약에서 중보자 그리스도로서의 성자 하나님의 현존과 계시

이와 관련하여 신약에는 무수한 증언들이 넘친다. 그러므로 모든 것을 다 모아서 일일이 다루는 것보다 간략하게 몇 가지를 선택해서 소개하는 데 더 많은 힘을 쏟아야 할 것이다. 사도들은 이미 육체 가운데 오셔서 중보자로 계셨던 그리스도에 관하여 전하였다. 그럼에도 불구하고 내가 여기에서 인용하려는 모든 말씀은 그의 영원한 신격을 적절하게 증명하는 데 도움이 될 것이다.

먼저, 우리는 영원하신 하나님에 관한 예언들이 그리스도 안에서 이미 제시되었거나 언젠가 표상될 것이라는 사도들의 가르침에 대해 특별히 주목할 가치가 있다. 이에 대해 살펴보면, 바울은 이사야가 유대인들과 이스라엘 사람들에게 "만군의 여호와"가 "걸림돌과 걸려 넘어지는 반석이 되실 것"(사 8:13-14)이라고 한 예언이 그리스도 안에서 성취되었다고 주장한다(롬 9:33). 곧 저 '만군의 여호와'가 그리스도라고 선언한다. 유사하게 바울은 다른 곳에서 "우리가 다 한 번은 그리스도의 심판대 앞에 서리라"(적용. 롬 14:10)라고 전하면서, "내게 모든 무릎이 꿇겠고 모든 혀가 맹세하리라"(롬 14:11; 사 45:23)라고 기록된 말씀을 인용한다. 이사야서에서 하나님이 자기 자신에 대하여 하시는 예언을 그리스도는 자기 자신 안에서 제시하신다. 여기에서 그리스도는, 자기의 영광이 다른 누구에게도 옮겨질 수 없는 하나님 자신이라는 결론이 도출된다. 에베소서에서 바울은 오직 하나님께만 돌려지는 시편 말씀을 인용하여 "그가 위로 올라가실 때에 사로잡혔던 자들을 사로잡으시고"(엡 4:8; 시 68:18)라고 전한다. 하나님이 이방 민족들을 놀랍게 물리치신 승리를 통하여 자기의 능력을 보이신 그때, 하늘로 올라가심이 예표되었다는 사실을 인식하면서, 바울은 하나님의 그 능력이 그리스도 안에서 더욱 풍부하게 제시되었다고 지적한다. 같은 방식으로, 요한은 이사야에게 환상을 통하여 계시된 것은 아들의 영광이라고 증언했다(요 12:41; 사 6:1). 비록 선지자 자신은 하나님의 영광이 자기에게 보였다고 썼지만 말이다.

진정, 사도가 히브리서에서 아들에게 돌렸던, "주여 태초에 주께서 땅과 하늘의 기초를 두셨으며"(적용. 히 1:10; 시 102:25)라는 말씀과 "하나님의 모든 천사들은 그에게 경배할지어다"(히 1:6; 참조. 시 97:7)라는 말씀은 모두 하나님에 관한 가장 빛나는 찬사들이었음이 분명하다. 그럼에도 바울이 그 찬사들을 그리스도께 적용시킬 때, 그것들이 오용되고 있다고 볼 수 없다. 참으로 저 시편들 가운데서 노래되는 모든 것을 오직 그리스도가 성취하셨다. 왜냐하면 그가, 일어나사 시온을 긍휼히 여기신 분이셨기 때문이다(시 102:13). 그는 모든 민족과 섬의 왕권이 자기에게 있다고 주장하셨다(시 97:1). 말씀이 영원히 하나님이셨다고 서언을 단 요한이(요 1:1, 14) 왜 하나님의 권세를 그리스도께 돌리기를 주저했겠는가? 이전에 "그는 세세에 찬양을 받으실 하나님이시니라"(롬 9:5)라고 전하면서 공개적으로 그리스도의 신성을 찬미했던 바울이 어찌 하나님의 심판좌에 그리스도를 앉히기를 두려워했겠는가?(고후 5:10)

또한 바울은 이에 대한 자기의 견해가 일관됨을 충실하게 보여 주기 위해 다른 곳에서 "하나님이 육신으로 나타난 바 되시고"(적용. 딤전 3:16)[316]라고 기록하였다. 만약 하나님이 세세토록 영광을 받으셔야 한다면, 동일한 저자가 또 다른 곳에서 주장한 것처럼, 오직 홀로 그에게만 모든 영광과 영예가 돌려져야 할 것이다(딤전 1:17).

진정 바울은 이를 감추지 않고 "그는……하나님의 본체시나 하나님과 동등됨을 취할 것으로 여기지 아니하시고 오히려 자기를 비워"(적용. 빌 2:6)[317]라고 오히려 공공연히 외친다. 그리고 불경한 사람들이 거짓 하나님에 대해서 여하한 수다를 떨지 못하도록, 요한은 더 나아가 그 자신이 "참 하나님이시요 영생이시라"(요일 5:20)라고 전한다. 어떠한 경우에도 그리스도가 하나님으로 불리는 것에 대해 우리는 충분히 만족하고도 남음이 있어야 한다.

특히 우리에게는 복수의 신들이 아니라 한 분 하나님이 존재한다고 분명하게 단언한 증인으로 말미암아(신 6:4) 그러해야 한다. 바울은 다음과 같이 전한다. "비록 하늘에나 땅에나 신이라 불리는 자가 있어 많은 신이 있으나……우리에게는 한 하나님(이)……계시니 만물이 그에게서 났고"(고전 8:5-6). 동일한 입을 통하여 "하나님이 육신으로 나타난 바 되시고"(적용. 딤전 3:16)라는 말씀과 "하나님이 자기 피로 사신 교회를"(행 20:28)이라는 말씀을 듣게 된다. 그런데 왜 우리가 바울이 추호도 인정하지 않는 제2의 하나님을 상상하겠는가? 모든 경건한 사람에게도 이와 동일한 생각이 있었으리라는 것은 결코 의심할 바가 없다. 유사하게, 도마는 그리스도가 자기의 주요 자기의 하나님이라고 숨김없이 선포함으로써(요 20:28), 그리스도가 다름 아닌, 자기가 항상 예배를 드렸던 유일하신 하나님이셨다고 분명히 고백한다.

---

316) 여기서 보듯이, 칼빈은 딤전 3:16의 "그는 육신으로 나타난 바 되시고"라는 말씀에서 그리스도를 가리키는 '그'를 15절에 나오는 '하나님'을 지시하는 것으로 보고 '하나님'으로 특정해서 쓴다. 이렇게 함으로써 삼위일체론적 의미를 더욱 부각시킨다. Cf. *Comm*., 1Tim. 3:16 (CO 52,289-291).

317) 이 부분을 직역하면 다음과 같다. "그는 하나님의 본체이시므로 하나님과 동등하게 처신하시더라도 무엇을 새로 취하시는 것으로 여겨지실 수 없을 것이다. 그러나 그는 자원하여 자기 자신을 비우셨다."

12. 그리스도의 신성에 대한 그의 사역의 증거

그런데 만약 우리가 성경에서 그리스도의 사역으로 그의 신성을 돌아본다면, 이로부터 그것이 더욱 분명하게 조명될 것이다. 그리스도는 자기가 처음부터 아버지와 하나가 되어 함께 일해 왔다고 말씀하셨다(요 5:17). 실로 유대인들은 다른 말에는 심히 둔감했음에도 불구하고 이 말을 듣고 그가 신적인 권세를 사용하고 계시다고 느꼈다. 그리하여 요한은 이를 다음과 같이 전한다. "유대인들이 이로 말미암아 더욱 예수를 죽이고자 하니 이는 안식일을 범할 뿐만 아니라 하나님을 자기의 친아버지라 하여 자기를 하나님과 동등으로 삼으심이러라"(요 5:18). 여기에서 그의 신성이 뚜렷이 확정되고 있음을 깨닫지 못한다면 얼마나 어리석다 할 것인가?

말할 나위도 없이 사도가 그리스도께 돌리는 사역들, 즉 세상을 섭리와 능력으로 경영하시고 만물을 그 자신의 지시와 능력으로 다스리시는 일[318]은 오직 창조주에게만 속한다(히 1:3). 그리스도는 아버지와 함께 우주를 통치하시는 일에 참여하실 뿐만 아니라 결코 피조물은 관여할 수 없는 고유한 일도 수행하신다. 여호와는 선지자를 통하여 "나 곧 나는 나를 위하여 네 허물을 도말하는 자니"(사 43:25)라고 선포하신다. 유대인들은 이 말씀을 떠올리면서 그리스도가 죄를 사하는 것은 하나님께 불의한 일을 행하는 것이라고 생각하고 있을 때, 그는 이 능력이 자기에게 속함을 말씀으로 주장하셨을 뿐만 아니라 기적으로써 확증하셨다(마 9:6). 그러므로 우리는 그가 죄를 사하는 직책을 맡는 데 머물지 않고 그것을 행하는 실제적인 권능을 지니셨음을 인식해야 한다. 주님은 이 권능이 아무에게도 옮겨질 수 없다고 주장하신다. 왜 아니겠는가? 고요한 마음의 생각을 탐문하고 꿰뚫는 일은 오직 하나님께만 속한 것이 아닌가? 그런데 그리스도 역시 이 능력을 지니셨다(마 9:4; 참조. 요 2:25). 이로부터 우리는 그의 신성을 헤아리게 된다.

---

[318] "providentia et virtute mundum administrare, nutuque propriae virtutis omnia moderari."

13. 그리스도의 신성에 대한 그의 기적과 구원의 증거

그리스도의 신성이 그가 행하신 기적 가운데 얼마나 명확하고 일목요연하게 드러나 있는가? 나는 선지자들과 사도들이 그가 행하신 것과 같거나 비슷한 기적을 행했다는 것을 인정한다. 그럼에도 불구하고 그들은 그들 자신의 사역을 통하여 하나님의 은사를 나누었을 뿐이지만, 그는 자신의 능력을 보여 주셨다는 점에서 큰 차이가 있다. 때때로 그가 기도로써 아버지께 영광을 올려 드리신 것이 사실이지만(요 11:41), 대부분 우리가 발견하는 것은 우리에게 나타내신 자신의 능력이다. 자기의 권위로 다른 사람에게 그 기적의 은사를 나누게끔 하시는 분이 어찌 기적의 진정한 조성자가 아니실 수 있겠는가? 복음서 기자는 그가 사도들에게 죽은 자를 일으키고, 나병환자를 고치고, 귀신을 쫓아내는 등의 권세를 주셨음을 전한다(마 10:8; 참조. 막 3:15; 6:7). 게다가 그들은 그와 같은 종류의 사역을 감당하면서 그 능력이 다름 아닌 그리스도로부터 왔다는 사실을 충분히 보여 주었다. 베드로는 "나사렛 예수 그리스도의 이름으로 일어나 걸으라"(행 3:6)라고 말한다. 그리스도의 기적이 베풀어짐으로 유대인들의 불신앙에 큰 경종을 울렸던바, 그만큼 그 기적은 그의 능력과 그의 신성에 대한 완전한 증거가 되었다(요 5:36; 10:37; 14:11).

나아가 하나님 없이는 어떤 구원도, 의도, 생명도 없는바, 그리스도 안에 이 모든 것이 들어 있을진대, 이로써 그가 하나님이시라는 사실이 계시된다. 그러므로 생명과 구원이 하나님에 의해 그리스도 속으로 퍼졌다고 그 누구도 내게 반론하지 못하게 하라.[319] 왜냐하면 그는 구원을 받으셨다고 일컬어지지 않고 그 자신이 구원이시라고[320] 일컬어지기 때문이다. 오직 하나님만 선하시다고 할진대(마 19:17), 사람이 선하고 의롭다고 하는 것은 차치하고라도, 어떻게 사람이 선함과 의로움 자체가 될 수 있겠는가? 복음서 기자의 증거에 따르면, 창조의 시작 때부터 그 안에 생명이 있었으며 심지어 그때에도 그는 생명으로 존재

---

[319] Servetus, *De Trinitatis erroribus* III, fo. 77f. (tr. Wilbur, *On the Errors of the Trinity* III. 12f., pp. 119ff.). Quot. Battles tr., n. 31.

[320] "ipse salus esse."

하시면서 사람들의 빛이셨다(요 1:4). 왜 이 말씀이 주어졌는가? 우리는 이런 증언에 의지해 우리의 믿음과 소망을 담대히 그 자신에게 둔다. 만약 자기의 신뢰를 피조물에 두게 된다면 그것은 곧 모독적인 불경건이라는 사실을 알지 못하는 바 아니다. 그는 "하나님을 믿으니 또 나를 믿으라"(요 14:1)라고 말씀하신다. 같은 맥락에서 바울은 이사야서의 두 본문을 다음과 같이 해석한다. "누구든지 그에게 소망을 두는 자는 부끄러움을 당하지 아니하리라"(적용. 롬 10:11; 사 28:16). "이새의 뿌리 곧 열방을 다스리기 위하여 일어나시는 이가 있으리니 열방이 그에게 소망을 두리라"(롬 15:12; 사 11:10). 이뿐 아니라, "나를 믿는 자는 영생을 가졌으니"(적용. 요 6:47)라는 본문을 누차 접하는 우리가 굳이 이 문제와 관련된 성경의 증언을 더 찾아야 하겠는가?

믿음에 의지하는 기도 역시 이제 그에게 드려진다. 기도에 고유한 무엇이 있다면, 그것은 하나님의 엄위에 속한다. 그리하여 선지자는 "누구든지 여호와의 이름을 부르는 자는 구원을 얻으리니"(욜 2:32)라고 말하고, 다른 곳에서는 "여호와의 이름은 견고한 망대라 의인은 그리로 달려가서 안전함을 얻느니라"(잠 18:10)라고 전한다. 구원을 위하여 그리스도의 이름이 불리므로, 이로부터 그가 여호와시라는 결론이 나온다. 또 우리는 이러한 기도의 예를 스데반에게서 발견한다. 그는 "주 예수여 내 영혼을 받으시옵소서"(행 7:59)라고 말한다. 이후 온 교회는, 같은 책에서 아나니아가 바울에 대해 증언하듯이, "주여 당신은 이 사람이 주의 이름을 부르는 모든 사람에게 적지 않은 해를 끼쳤음을 아시나이다"(적용. 행 9:13-14)라는 말씀을 듣는다. 사도는 그리스도를 칭하며 "그 안에는 신성의 모든 충만이 육체로 거하시고"(골 2:9)라고 전한다. 그는 이를 더욱 숨김없이 드러내어 이해시키고자 자기가 그를 아는 지식 외에는 어떤 다른 가르침도 고린도인들 가운데 선포하지 않았음을 고백한다(고전 2:2).

여기서 나는 묻는다. 하나님은 자신을 아는 지식으로만 그 자신에게 영광을 올리라고 명령하셨는데(렘 9:24) 우리에게 오직 아들의 이름만이 선포된다는 사실은 얼마나 놀랍고 대단한가? 아들을 아는 지식이 영광을 올리는 유일한 길이 될진대, 누가 감히 그를 한낱 피조물이라고 부를 수 있겠는가? 이뿐만 아니라 바울의 서신 서문에 있는 문안에는 아들로부터와 아버지로부터의 동일한 은총이 기원되고 있다(롬 1:7; 고전 1:3; 고후 1:2; 갈 1:3 등). 이로부터 우리는 하늘에 계신 아버지가 우리에게 부여하시는 은총이 아들의 중재로 우리에게 온다는 사실뿐만 아니라 아버지와 아들이 권세 가운데 하나가 되심으로써 아들 자신이 그 은총의 조성자가 되신다는 사실을 배우게 된다.[321] 의심할 바 없이 이러한 실제적인 지식은 어떤 한가한 사색보다 더 확실하고 확고하다. 왜냐하면 경건한 마음이 살아나고, 조명되고, 보존되고, 의로워지고, 거룩하게 되는 것을 느끼게 될 때, 하나님의 지극한 현존을 인식하게 되며, 거의 하나님을 만지는 것과 다름없게 되기 때문이다.

14. 성령의 사역을 통하여 계시된 그의 신격

따라서 성령의 신격을 주장하기 위해서는 동일한 자료들에 근거한 입증이 또한 요구된다. 모름지기 창조 역사에 관한 모세의 증언에는 전혀 모호함이 없다. "하나님의 영은 깊음 위에, 혹은 무형의 물질 위에, 운행하시니라"(적용. 창 1:2). 이 말씀은 우리가 지금 지각하고 있는 아름다운 세상이 활기가 넘치고 생동감이 더한 것은 성령의 능력 때문이라는 사실뿐만 아니라 심지어 이러한 장식이 가미되기 전의 혼돈스러운 덩어리도 성령의 돌보심을 받고 있었다는 사실을 보여 준다. 어떤 억지를 부려도 "이제 여호와께서 나와 그의 영을 보내셨느니라"(적용. 사 48:16)라는 이사야서의 말씀에는 결함이 없다. 하나님은 선지자들을 파송하시면서 최고의 통치권을 성령과 함께 나누시기 때문이다.[322]

이로부터 성령의 신적 엄위가 눈부시게 빛나게 된다. 그러나 내가 말한 바와 같이, 무엇보다 우리에게는 낯익은 체험이 최상의 증거가 된다. 왜냐하면 성경이 성령에게 돌리는 것과 우리가 경건에 대한 확실한 경험을 통하여[323] 그

---

321) "quo docemur non modo illius intercessione ad nos pervenire quae largitur coelestis pater, sed potentiae communione filium ipsum esse autorem."
322) "summum……imperium cum spiritu sancto communicat."
323) "certa pietatis experientia."

에 대해 배우는 것들은 피조물에 속한 것과는 매우 거리가 있기 때문이다. 즉, 그는 모든 곳에 퍼져 계심으로 모든 것을 보존하시고, 자라게 하시며, 하늘과 땅 가운데서 생육하게 하시는 분이기 때문이다. 그는 어떤 한계에도 제한되지 않으시기 때문에 피조물의 범주에 속하지 않으시나, 만물 가운데 자기의 힘이 두루 퍼지게 하시고 그 속에 본질, 생명, 운동을 불어넣으신다. 말할 나위도 없이 이는 분명 신적인 일이다.324)

다음으로, 만약 썩지 않는 생명에로의 중생이 현재의 성장보다 고상하고 훨씬 뛰어난 것이라면, 우리는 자신의 능력으로 이를 이루시는 분이 누구라고 생각해야 하는가? 성경은 많은 곳에서, 그는 빌려오신 것에 의해서가 아니라 자기 자신의 힘으로써 중생의 조성자325)가 되실 뿐만 아니라 미래의 불멸성의 조성자326)도 되신다고 가르친다.

마지막으로 그에게도 아들에게와 같이 특별히 신성의 고유한 모든 직분이327) 부여된다. 왜냐하면 성령은 피조물 중 누구도 모사로 삼지 않으시는(롬 11:34) "하나님의 깊은 것까지도 통달"(고전 2:10)하시기 때문이다. 여호와가 모세에게 오직 자기 자신에게만 속한 것이라고 선포하신(출 4:11) 지혜와 말하는 능력을 부여하시는 일을328) 성령이 하시다(고전 12:10). 이렇듯 우리는 성령을 통하여 하나님과의 교제에 이름으로써 생명을 살리는 성령의 능력329)이 어떤 방식으로든 우리에게로 향하고 있음을 느끼게 된다. 우리의 칭의는 성령의 작품이다. 능력, 거룩함, 진리, 은혜, 그리고 생각할 수 있는 모든 선한 것이 그로 말미암는다. 왜냐하면 오직 한 성령으로부터 각양의 모든 은사가 흘러나오기 때

---

324) "Ille enim est qui ubique diffusus omnia sustinet, vegetat et vivificat in coelo et in terra. Iam hoc ipso creaturarum numero eximitur, quod nullis circumscribitur finibus, sed suum in omnia vigorem transfundendo, essentiam, vitam, et motionem illis inspirare, id vero plane divinum est."
325) "regenerationis……autorem."
326) "[autorem] futurae……immortalitatis."
327) "maxime propria……divinitatis officia."
328) "Sapientiam et loquendi facultatem largitur."
329) "eius[spiritus] virtutem……vivificam." 여기서 성령이 '말씀의 영'으로서 '살리는 영'이심을 강조한다. 이는 성경의 성령 영감(*Institutio*, 1.8.1)이나 내증(*Institutio*, 1.7.4) 교리와 일맥상통한다. 칼빈은 성자의 신격을 논하면서 그가 "말씀"이시라는 점에 특히 주목하는데(*Institutio*, 1.13.7-8), 이와 다를 바 없이, 성령이 '말씀의 영'이라는 데 주안점을 두고 성령의 신격을 다룬다.

문이다(고전 12:11). 바울의 다음 본문은 특히 주목할 가치가 있다. "은사는 여러 가지나"(고전 12:4) 곧 그 수가 많고 다양하게 나누어 주셨으나(히 2:4), "성령은 같고"(고전 12:4)라고 말한다. 이 말씀은 성령이 은사의 시작과 기원이 되실 뿐만 아니라 창시자가 되심을 확실히 한다. 바울은 조금 뒤에 다음 말씀으로 이를 더욱 분명하게 표현하고 있다. "이 모든 일은 같은 한 성령이 행하사 그의 뜻대로 나누어 주시는 것이니라"(적용. 고전 12:11). 만약 성령이 하나님 안에 위격적으로 존재하시는 어떤 분이 아니시라면 결코 의지와 뜻이 그에게 부여되지 않았을 것이다. 그러므로 바울은 더할 나위 없이 분명히 신적 권세를 성령에게 돌리고 그가 하나님 안에 위격적으로 주재(住在)하신다는 사실을 제시한다.330)

15. 성령의 신격에 대한 성경의 분명한 증거

무엇보다 성경은 성령에 관하여 말하면서 그를 '하나님'이라고 부르는 것을 주저하지 않는다. 바울은 하나님의 영이 우리 안에 살고 계시다는 사실로부터

---

330) 이와 같이 칼빈은 창조와 구원에 있어 성령의 역사를 역동적으로 고찰한다. 창조와 관련해서는 만물의 창조와 섭리에 미치는 우주적 역사와 모든 사람에게 미치는 일반은총적 역사가 포함된다. 그리하여 성령의 우주적 역사, 일반은총적 역사, 특별은총적 역사, 이 세 부분으로 논의가 이루어진다(*Comm.*, Rom. 8:14, CO 49.147; Eph. 4:18, CO 51.205). Cf. Krusche, *Das Wirken des Heiligen Geistes nach Calvin*, 14; Benjamin B. Warfield, "John Calvin the Theologian," in *Calvin and Augustine*, 484-485; Simon van der Linde, *De Leer van den Heiligen Geest* (Wageningen: H. Veenman & Zonen, 1943); H. Quistorp, "Calvins Lehre vom Heiligen Geist," in *De Spiritu Sancto*, ed. J. de Graaf (Utrecht: Drukkerij V/H Hemink & Zoon, 1964), 109-150; John Bolt, "*Spiritus Creator*: The Use and Abuse of Calvin's Cosmic Pneumatology," in *Calvin Studies V*, 17-34; Wilhelm Van't Spijker, "'Extra Nos' and 'In Nobis' by Calvin in a Pneumatological Light," in *Calvin Studies V*, 39-70; I. John Hesselink, "Governed and Guided by the Spirit—A Key Issue in Calvin's Doctrine of the Holy Spirit," in *Calvin Studies V*, 29-35; "Calvin, Theologian of the Holy Spirit," in *Calvin's First Catechism, A Commentary: Featuring Ford Lewis Battles' translation of the 1538 Catechism* (Louisville: Westminster/ John Knox, 1997), 177-187. 이러한 칼빈의 성령론은 개혁신학자들에 의해서 계승되어 심화되었다. Cf. Richard A. Muller, *Post-Reformation Reformed Dogmatics, The Rise and Development of Reformed Orthodoxy, ca. 1520 to ca. 1725*, vol. 4, *The Triunity of God* (Grand Rapids: Baker, 2003), 333-381; John Owen, *The Holy Spirit: His Gifts and Power* (Grand Rapids, 1960, 2nd ed.); Abraham Kuyper, *The Work of the Holy Spirit*, tr. Henri De Vries (New York: Funk & Wagnalls, 1900), 22-55.

우리가 하나님의 성전이라는 결론을 도출한다(고전 3:16-17; 6:19; 고후 6:16). 우리는 이 사실을 가볍게 넘겨서는 안 된다. 왜냐하면 하나님은 자기를 위하여 우리를 성전으로 선택하실 것이라고 빈번히 약속하시는바, 그 약속은 그의 영이 우리 안에 살고 계시지 않다면 성취될 수 없기 때문이다.

확실히 아우구스티누스가 분명하게 말하고 있는바, "만약 우리가 성령을 위하여 나무와 돌로 성전을 만들라고 명령을 받는다면, 이 영예는 오직 하나님께만 돌려지는 것이므로, 그러한 명령은 성령의 신성에 대한 분명한 증거가 될 것이다. 그런데 이제 우리가 그를 위해 성전을 만들 필요가 없고 우리 자신이 그 성전이 되어야 한다니 이는 얼마나 더 분명한가?"331) 사도 자신은 어떤 때는 우리가 "하나님의 성전"(고전 3:16-17; 고후 6:16)이라고 쓰고, 어떤 때는 동일한 의미에서 "성령의 (성)전"(고전 6:19)이라고 쓴다.

참으로 베드로는 성령을 속인 아나니아를 꾸짖으면서 그가 사람이 아니라 하나님을 속였다고 말한다(행 5:3-4). 나아가 바울은, 이사야가 만군의 여호와가 말씀하신다고 하면서 지칭한 분이 성령이시라고 가르친다(사 6:9; 행 28:25-26). 또한 선지자들은 곳곳에서 자신들이 전하는 말씀을 만군의 하나님의 말씀이라고 선포했는데, 그리스도와 사도들은 이 본문들을 성령과 관련시킨다(벧후 1:21). 그리하여 이로부터 여호와가 진정 예언의 주 저자(主著者)332)시라는 사실에 이르게 된다. 그뿐 아니라 하나님이 자기 백성의 완고함으로 진노에 이르게 되셨음을 탄식하신 사실에서, 이사야는 "주의 성령을 근심하게 하였으므로"(사 63:10)라고 기록한다. 마지막으로 비록 아들에 대한 모독은 용서를 받을 수 있으나 성령에 대한 모독은 이 세상과 오는 세상에서도 사하심을 얻지 못한다는 말씀을 통해(마 12:31; 막 3:29; 눅 12:10) 성령의 신적 엄위를 거역하거나 손상하는 것은 속함을 받을 수 없는 죄가 됨이 공적으로 선포된다.

이와 관련하여 나는 교부들이 사용한 많은 증언들을 알고 있지만 이를 모두 다루기를 원치 않는다. 그들은 세상이 아들의 작품인 것과 다를 바 없이 성령

---

331) Augustine, *Letters* clxx. 2 (MPL 33. 749; tr. FC 30. 62). Quot. Battles tr., n. 34.
332) "praecipuus……prophetiarum autor."

의 작품이었다는 사실을 증명하기 위하여 다윗의 다음 말씀을 인용하는 것이 사리에 닿는다고 생각했다. "여호와의 말씀으로 하늘이 지음이 되었으며 그 만상을 그의 입 기운으로 이루었도다"(시 33:6). 그러나 시편에서 동일한 말을 두 번 반복하는 것은 통례적이며 이사야서에서 "입술의 기운"(사 11:4)은 다름 아닌 말씀을 뜻하므로 이는 논거가 빈약하다. 그러므로 나는 경건한 사람들의 마음이 평안히 쉬기를 원하여 아주 소수의 것만 여기에서 다루었다.

16. 성부, 성자, 성령의 한 분이심

무엇보다 하나님은 그리스도의 강림을 통해 더욱 명확하게 자기를 계시하심으로써 세 인격 가운데 더욱 친근하게 알려지시게 되었다. 이에 관한 많은 증언이 있지만 그 중 다음 한 말씀이면 우리에게는 충분하다.

우리가 보듯이, 바울은 하나님, 믿음, 세례 세 가지를 서로 연결시켜(엡 4:5) 어느 하나로부터 다른 하나를 추론할 수 있게 했다. 곧 믿음이 하나라는 사실로부터 하나님이 한 분이심을, 세례가 하나라는 사실로부터 믿음이 하나임을 논증한다. 그러므로 만약 우리가 세례를 통하여 한 분 하나님에 대한 믿음과 종교 속으로 들어가게 된다면, 우리는 그의 이름으로 세례를 받는 그분이 참 하나님이심을 필히 염두에 두어야 한다. 의심할 바 없이 그리스도는 "그들에게 아버지와 아들과 성령의 이름으로 세례를 베풀라"(적용. 마 28:19)라고 말씀하실 때, 이 엄숙한 선포로써 믿음의 완전한 빛이 나타났음을 증거하기 원하셨다. 왜냐하면 이것은 아버지와 아들과 성령 가운데서 아주 명백하게 자기를 드러내신 한 분 하나님의 이름으로 세례를 받는 것을 의미하기 때문이다. 이로부터 아주 분명한 것은, 하나님의 본질 안에 세 인격이 주재하며, 세 인격 안에서 하나님이 한 분으로 인식된다는 사실이다.[333]

---

333) "Unde plane constat in Dei essentia residere tres personas in quibus Deus unus cognoscitur." "셋 가운데 하나와 하나 가운데 셋"(Unitas in Trinitate, et Trinitas in Unitate)은 'Symbolum Quicunque'라고 불리는 아타나시우스 신경(Athanasian Creed)에 두 번 분명히 천명된다. 제3조. "Fides autem catholica haec

실로 믿음이란 여기저기를 기웃거리거나 다양한 일들에 매여 우왕좌왕하거나 하지 않고, 한 분 하나님을 바라보고, 그에게 자기를 맡기고, 그에게 밀착하는 것이다.[334] 이로부터 만약 믿음의 종류가 다양하다면 하나님도 다수가 되어야 한다는 결론이 쉽게 도출된다. 이러한 점에서, 세례는 믿음의 성례이기 때문에 그것이 하나라는 사실로부터 하나님이 한 분이심이 확정된다. 여기에서 또한 다음과 같은 사실이 추론되는바, 우리는 우리가 세례를 받는 이름인 하나님에 대한 믿음을 받아들이기 때문에 한 분 하나님 안에서가 아니면 세례를 받을 수 없다. 그렇다면 그리스도가 아버지와 아들과 성령의 이름으로 세례가 베풀어져야 한다고 명령하셨을 때, 우리가 한 믿음을 가지고 아버지와 아들과 성령을 믿어야 한다는 사실을 뜻하는 것이 아니고 무엇이겠는가? 아버지와 아들과 성령이 한 분 하나님이심을 이보다 더 분명히 증거하는 것이 어디 있겠는가? 그리하여 하나님이 여럿이 아니라 한 분이시라는 사실이 확고한 원리로 간주되기 때문에, 우리는 말씀과 성령이 다름 아닌 하나님의 본질 자체시라는 결론에 이른다.

아리우스주의자들은 너무나 어리석어 아들의 신성을 고백하면서도 그로부터 하나님의 실체를 제거해 버렸다. 유사한 광기가 마케도니오스주의자들[335]을 압도했다. 그들은 성령이 단지 사람들에게 부어진 은혜의 선물들로 이해되기를 원했다. 그러나 지혜, 지성, 슬기, 용기, 여호와에 대한 경외가 그에게서 나오듯이, 그는 지혜, 슬기, 용기, 경건의 한 성령이시다(사 11:2). 그는 은사들의 분배로 나누어지지 않으신다. 사도가 말하듯이, 아무리 다양하게 그것들이 나누어진다고 하더라도, 그는 "같은 한 성령"(고전 12:11)으로 남으신다.

---

est: ut unum Deum in Trinitate, et Trinitatem in Unitate veneremur." 제27조. "Ita, ut per omnia, sicut jam supra dictum est: et Unitas in Trinitate, et Trinitas in Unitate, veneranda sit." Schaff, *The Creeds of Christendom*, 2.66, 68.

[334] "fides non circumspicere huc et illuc debeat, neque per varia discurrere, sed in unum Deum spectare, in eum conferri, in eo haerere."

[335] 콘스탄티노폴리스의 감독으로서 성령을 천사나 피조물로 보고 그 신격을 부인한 반(半)아리우스주의자 마케도니오스(Macedonios, ?-362경)를 추종하는 자들을 일컫는다. 이들은 381년 개최된 콘스탄티노폴리스 회의에서 정죄되었다.

17. 성부, 성자, 성령은 각각 고유한 위격적 특성으로 구별되나 분리되지 않으심

반면에 성경은 아버지와 말씀 사이, 말씀과 성령 사이에 어떤 구별이 있음을 밝히 증거한다. 그럼에도 불구하고 이 비밀의 풍성함은 이를 탐구하기 위해서 얼마나 많은 종교적 경외와 절제가 우리에게 필요한지를 일깨워 준다. 이와 관련하여 나지안조스의 그레고리우스(Gregorius)의 다음 말이 나에게 주는 즐거움은 비길 데 없다. "나는 즉시 삼위의 광채에 휩싸이지 않고는 한 분을 생각할 수 없고, 곧바로 한 분으로 이끌림을 받지 않고는 삼위를 분별할 수 없다."[336] 그러므로 우리의 생각을 갈기갈기 흩뜨려 그 한 분이심에 즉시 미칠 수 없도록 하는 그런 종류의 인격들의 삼위일체를 상상하는 데 마음을 쏟지 않도록 하자.

말할 나위도 없이 '아버지', '성령' 그리고 '아들'이라는 단어는 이러한 구별이 실제적이라는 사실을 은연중에 가르쳐준다. 그러므로 하나님이 자기의 사역을 통하여 다양하게 지시되는 이 이름들이 그저 이름에 불과하다고 여기는 사람이 없도록 하자. 그러나 이렇듯 지시되는 구별은 분할이 아니다.[337] 우리가 이미 인용했던 본문은(슥 13:7) 아들에게 아버지와 구별되는 위격적 특성이 있음을 보여 준다. 왜냐하면 말씀이 아버지와 다른 분이 아니시라면 아버지와 함께 계시지 않으셨을 것이며, 아버지와 구별되는 분이 아니시라면 자기 영광을 아버지와 함께 가지고 계시지 않으셨을 것이기 때문이다. 같은 맥락에서 아들은 자기를 위하여 증언하시는 다른 분이 계시다고 말씀하심으로써 아버지를 자기와 구별하신다(요 5:32; 8:16 등). 또 다른 곳에서 전하는바, 아버지가 말씀으로 만물을 지으셨다는 구절도(요 1:3; 히 1:2; 11:3) 이와 연장선에 있다. 만약 어떤 식으로든 아버지가 말씀과 구별되지 않으신다면 이런 일은 있을 수 없었을 것이다.

---

[336] "οὐ φθάνω τὸ ἓν νοῆσαι καὶ τοῖς τρισὶ περιλάμπομαι οὐ φθάνω τὰ τρία διελεῖν καὶ εἰς τὸ ἓν ἀναφέρομαι." 칼빈은 여기서 이 헬라어 원문을 먼저 실은 후 이어서 이를 라틴어로 다음과 같이 번역한다. "non possum unum cogitare quin trium fulgore mox circumfundar; nec tria possum discernere quin subito ad unum referar." Gregory of Nazianzus, *On Holy Baptism*, oration xl. 41 (MPG 36, 418; tr. NPNF 2 ser. VII, 375). Quot. Battles tr., n. 37.

[337] "distinctionem non divisionem."

나아가 땅에 내려오신 분은 아버지가 아니라 아버지로부터 오신 분이셨다. 아버지는 죽지도 부활하지도 않으셨다. 아버지로부터 보냄을 받으신 분이 그렇게 하셨다. 이 구별은 육신이 취해진 때부터 시작된 것이 아니었다. 그 이전에 독생하신 하나님이 아버지 품속에 계셨음이 분명하기 때문이다(요 1:18). 그러므로 아들이 인성을 취하시기 위하여 하늘로부터 내려오신 때에야 비로소 아버지의 품속에 들어가셨다는 주장을 지속적으로 펼 사람이 누구인가?338) 진정 아들은 이전에도 아버지의 품속에 계셨고 자기의 아버지와 함께 영광을 지니셨다(요 17:5).

그리스도는 성령이 아버지로부터 나오신다고 말씀하시면서(요 14:26; 15:26) 성령과 아버지의 구별을 은근하게 드러내시고, 자기가 "또 다른 보혜사"(요 14:16)를 보내실 것이라는 선포와 다른 일련의 말씀을 통해 성령을 또 다른 분이라고 부르시면서 매번 성령과 자기 자신의 구별을 내심 드러내신다.

18. 성부, 성자, 성령의 구별과 순서

정녕 나로서는 인간의 일로부터 비유를 들어 이러한 구별의 본질을 설명하는 것이 유익한지 어떤지 제대로 알 수가 없다. 옛날 사람들은 한때 그렇게 하는 데 익숙해 있었다. 그럼에도 불구하고 그들은 자기들이 중간에 내세운 비유가 무엇이든 간에 그것이 실제의 것과는 매우 다르다는 것을 동시에 인정했다.339) 그러므로 나는 여기서 성급하게 무엇을 추론하여 그것이 부적절하게 표현되는 것을 원치 않는다. 왜냐하면 그러한 일로 악한 자들이 무고를 일삼고 무지한 자들이 미혹을 일삼는 기회를 얻을 수 있기 때문이다.

그렇다고 해서 우리가 주목하게 되는, 성경에 새겨진 그 구별을 억누르고

---

338) Servetus, *De Trinitatis erroribus*, fo. 7ab (tr. Wilber, *On the Errors of the Trinity*, pp. 13f.). Quot. Battles tr., n. 38.

339) Cf. Augustine, *Faith and the Creed* ix. 17 (MPL 40. 189; tr. LCC VI. 362); *On the Trinity* I. i. 2, 3 (MPL 42. 820f.; tr. NPNF III. 18). Quot. Battles tr., n. 39.

드러내지 않는 것은 적절하지 않다. 그것은 다음과 같다. 일하심의 시작 그리고 만물의 기초와 원천은 아버지께, 지혜와 계획 그리고 일들을 행하심에 있어서의 경륜은 아들께 돌려진다. 그러나 행위의 능력과 작용은 성령께 맡겨진다.[340] 하나님은 자기의 지혜와 능력이 없이는 결코 존재할 수 없으시고, 영원성에 있어서는 이전과 이후를 물을 수 없는 노릇이므로, 응당 아버지의 영원성은 또한 아들과 성령의 영원성이다.

그럼에도 불구하고 아버지가 먼저, 그리고 그로부터 아들이, 그리고 그 둘 모두로부터 성령을 생각할 때, 순서를 지키는 것은[341] 무의미하거나 괜히 헛되거나 하지 않다. 왜냐하면 각 사람의 마음은 태생적으로 하나님을 먼저, 그리고 그로부터 나타나는 지혜를, 그리고 마지막으로 그가 자기의 계획에 따른 작정을 이루시는 능력을 염두에 두는 경향이 있기 때문이다. 이러한 이유로 아들은 오직 아버지로부터만 존재하시고, 성령은 아버지로부터 그리고 아들로부터 동시에 존재하신다고 일컬어진다.[342] 여러 본문들이 이에 대해서 전하지만,

---

[340] "quod patri principium agendi, rerumque omnium fons et scaturigo attribuitur; filio sapientia, consilium, ipsaque in rebus agendis dispensatio; at spiritui virtus et efficacia assignatur actionis." 여기서 삼위 각각의 사역에 있어서의 고유한 특성, 즉 위격적 특성이 서술된다. 이로써 각각의 특성에 따라 영원히 함께 일하시는(同事) 삼위일체 하나님의 경륜이 확정된다. 이를 논함이 경륜적 삼위일체론이다.

[341] "ordinis observatio." 이런 '순서'는 삼위의 전후(前後)나 고하(高下)를 말하는 것이 아니라, 동일한 본질이시며 본질에 있어서 전혀 다름이 없으신 세 위격의 '관계'(relatio)와 관련된다.

[342] "a patre duntaxat exsistere dicitur filius, a patre simul et filio spiritus." 여기서 칼빈은 서방 교회에서 아우구스티누스가 신학적으로 정립하고 제3차 톨레도 회의(The Third Synod of Toledo, 589)에서 공포하였으며 아타나시우스 신경과 웨스트민스터 신앙고백서에서 채택된, 성령이 아버지 '그리고 아들로부터'(et Filio, Filioque) 나오신다는 필리오케 교리를 언급하고 있다. 이 교리가 확립된 이후 서방 교회는 "주(主)이시며 살리시는 분, 아버지로부터 그리고 아들로부터 출래하시는"(Dominum et vivificantem[vivificatorem], et Patre et Filio procendentem) 성령을 믿는다고 고백하였다. 아타나시우스 신경 제21-23조는 다음과 같이 고백한다. "아버지는 무엇에 의해서 되시지 않는다. 만들어지시지도 나시지도 않는다(Pater a nullo est factus: nec creatus, nec genitus). 아들은 오직 아버지에 의해서 계신다. 되시지도 않고 만들어지시지도 않고 나신다(Filius a Patre solo est: non factus, nec creatus: sed genitus). 성령은 아버지와 아들로부터시다. 되시지도 않고 만들어지시지도 않고 나시지도 않고 나오신다(Spiritus Sanctus a Patre et Filio: non factus, nec creatus, nec genitus: sed procedens)." Schaff, *The Creeds of Christendom*, 2.67-68. 웨스트민스터 신앙고백서 제2장 3조는 다음과 같이 고백한다. "실로 아버지는 아무에 의해서도 아니시니 분명 나시지도 아니하셨으며 나오시지도 아니하신다(Pater quidem a nullo est, nec genitus nempe nec procedens). 아들은 아버지로부터 영원히 나셨다(Filius autem a Patre est aeterne genitus). 성령은 아버지와 아들로부터 영원히 나오신다(Spiritus autem Sanctus aeterne procedens a Pater Filioque)." Philip Schaff, *The Creeds of Christendom*, vol. 3, *The Evangelical Protestant Creeds* (Grand Rapids: Baker, 1996, rep.), 608. Cf. Marc A. Pugliese, "How Important Is the Filioque for Reformed Orthodoxy?" *West-

로마서 8장보다 더 명확한 곳은 어디에도 없다. 여기서는 확실히 동일한 성령이 어떤 때는 "그리스도의 영"(9절)으로, 어떤 때는 "그리스도를 죽은 자 가운데서 살리신 이의 영"(적용. 11절)으로 뒤섞여서 불리지만, 이는 결코 부당하지 않다. 왜냐하면 성경이 자주 그가 하나님 아버지의 영이셨다고 가르치고 있음에도 불구하고, 베드로도 선지자들이 예언한 것은 "그리스도의 영"(벧전 1:11; 벧후 1:21)으로 말미암았다는 사실을 증언하기 때문이다.[343]

19. 성부, 성자, 성령의 관계

나아가 이 구별은 하나님의 지극히 순일(純一)한 한 분이심에 결코 배치되지 않으므로, 이로부터 우리는 아들이 아버지와 함께 한 분 성령을 소유하시므로 아버지와 함께 한 분 하나님이시라는 사실[344]과, 성령은 아버지와 아들의 영이시기에 아버지와 다른 무엇이 아니며 아들과 다르지 않으시다는 사실[345]을 능히 논증하는 데 이르게 된다. 왜냐하면 각각의 위격 안에서 전체 본성이 알려지며, 더불어 각각에게 고유한 위격적 특성이 속해 있기 때문이다.[346] 아들 자신이 "내가 아버지 안에 거하고 아버지는 내 안에 계시다"(적용. 요 14:10)라고 선포하시듯이, 아버지는 전적으로 아들 안에, 아들은 전적으로 아버지 안에 계신다. 교회의 저술가들은 본질의 여하한 차이에 의해서 한 분이 다른 분과 분리된다는 것을 인정하지 않는다.

아우구스티누스가 말하듯이, "구별을 지시하는 이러한 칭호들에 의해서 의미되는 바는 그들의 상호 관계이지 그들이 한 분으로 계시는 실체 자체가 아니다." 이러한 의미에서 옛날 사람들의 견해들은 상호 보완적으로 다루어져야

---

minster Theological Journal 66/1 (2004), 166-167.

343) 여기서 성령이 '아버지의 영'이자 '아들의 영', 즉 '그리스도의 영'이심을 들어 필리오케 교리를 설명한다.
344) "unum esse cum patre Deum, quia uno simul cum eo spiritu constet."
345) "spiritum autem non aliud esse a patre et filio diversum, quia patris et filii sit spiritus."
346) "Siquidem in unaquaque hypostasi tota intelligitur natura, cum hoc, quod subest sua unicuique proprietas."

한다. 그렇지 않으면 그것들은 다소 상충되게 보일 것이다. 살펴보건대, 그들은 어떤 때는 아버지가 아들의 시작이라고 전하고, 어떤 때는 아들이 신성과 본질 모두를 자기 자신으로부터 지니므로 아버지와 함께 하나의 시작이라고 주장한다.

아우구스티누스는 또 다른 곳에서 다음과 같이 말함으로써 이러한 다양함의 원인을 일목요연하게 잘 표현한다. "그리스도는 자기와 관련해서는 하나님, 아버지와 관련해서는 아들이라고 불리신다. 또 성부는 자기와 관련해서는 하나님, 아들과 관련해서는 아버지라고 불리신다. 그가 아들과 관련해서 아버지라고 불리시는 한, 그는 아들이 아니시다. 그가 아버지와 관련해서 아들이라고 불리시는 한, 그는 아버지가 아니시다. 동시에 그가 자기와 관련해서 아버지라고 불리시고 자기와 관련해서 아들이라고 불리시는 한, 그는 동일하신 하나님이시다."[347]

그러므로 우리가 성부와 관련시키지 않고 단순히 아들에 대해서 말할 때, 우리는 그를 스스로 계시는 분으로 적절히 잘 선포하고 있는 것이다. 우리가 그를 유일한 시작[348]이라고 부르는 것은 이러한 이유에서이다. 그러나 그가 아버지와 가진 관계에 주목할 때에 우리는 마땅히 성부를 성자의 시작으로 삼는다. 아우구스티누스의 책 『삼위일체론』(De Trinitate) 제5권 전체가 이 문제를 설명하는 데 할애된다. 참으로 우리는 너무 교묘하게 이 숭고한 신비를 꿰뚫고 들어가 많은 덧없는 사색 가운데 헤매는 것보다 아우구스티누스가 가르치는바 그 관계에 머무는 것이 훨씬 안전하다.[349]

---

347) "Christus ad se Deus dicitur, ad patrem filius dicitur. Rursusque pater ad se Deus dicitur, ad filium dicitur pater. Quod dicitur ad filium pater, non est filius; quod dicitur filius ad patrem, non est pater; quod dicitur ad se pater et filius ad se, est idem Deus." Augustine, *Psalms*, Ps. 109. 13 (MPL 37. 1457; tr. NPNF [Ps. 110] VIII. 542f.); *John's Gospel* i-v (MPL 35. 1682f.; tr. NPNF VII. 222); *Psalms*, Ps. 68. 5 (MPL 36. 895; tr. NPNF [Ps. 69] VIII. 301). Quot. Battles tr., n. 42.

348) "unicum……principium."

349) "Longe vero tutius est in ea quam tradit relatione subsistere, quam subtilius penetrando ad sublime mysterium, per multas evanidas speculationes evagari." 여기서 우리는 아우구스티누스가 삼위 서로의 '관계'(relatio)를 말할 때, 그 각각의 위격적 존재(subsistentia)를 전제하고 있음을 주목해야 한다.

20. 세 위격을 하나로 묶는 한 본질

그러므로 절제를 사랑하는 마음을 지니고 믿음의 분량에 만족하는 사람들로 하여금 알아 두면 유익한 것을 간단히 취할 수 있도록 하자. 그것은 다름 아닌, 우리가 한 분 하나님을 믿는다고 고백할 때 하나님이라는 이름하에 이해되는 바는 고유하고 순일(純一)한 본질[350]이라는 사실이다. 우리는 이 본질 안에서 세 인격 혹은 위격을 이해한다. 따라서 하나님의 이름이 불특정하게 언급될 때에는 성부와 다를 바 없이 성자와 성령이 지칭된다. 그러나 성자가 성부에 결합되어 두 분의 관계가 그 가운데 드러나게 되면 우리는 두 인격을 서로 구별한다. 각 인격에 속한 특성은 그 인격과 더불어 순서를 지니는바, 시작과 기원이 성부에 있다. 이 점에서, 성부와 성자 혹은 성령이 함께 언급될 때마다 하나님이라는 이름은 성부에게만 고유하게 돌려진다.[351] 이러한 방식으로 본질의 하나됨이 보존되고, 순서의 질서[352]가 지켜진다. 그렇다고 이로 말미암아 성자와 성령의 신격으로부터 감해지는 것은 아무것도 없다. 말할 나위도 없이 이미 우리는 모세와 선지자들이 여호와이시라고 증언한 그가 하나님의 아들이시라는 사도들의 선포에 대해서 살펴본 바 있거니와, 우리는 항상 본질의 하나됨에 생각이 미쳐야 한다. 그러므로 우리는 성자를 아버지와 다른 하나님으로 부르는 것을 혐오스러운 모독으로 여긴다. 왜냐하면 하나님의 순일한 이름은 관계를 허용하지 않을 뿐만 아니라 하나님은 그 자신과 관련하여 이런 분 혹은 저런 분으로 일컬어지실 수 없기 때문이다.

한편 여호와라는 이름이 불특정하게 취해져 그리스도께 돌려지는 경우가 "내가 세 번 주께 간구하였더니"(고후 12:8)라는 바울의 말씀에 또한 분명히 드러난다. "내 은혜가 네게 족하도다"라는 그리스도의 대답을 들은 후 바울은 조금 지나 "이는 그리스도의 능력이 내게 머물게 하려 함이라"(고후 12:9)라고 덧붙인

---

[350] "unicam et simplicem essentiam."
[351] "Quia vero proprietates in personis ordinem secum ferunt, ut in patre sit principium et origo, quoties mentio fit patris et filii simul, vel spiritus, nomen Dei peculiariter patri tribuitur."
[352] "ratio ordinis."

다. 분명 '주'(Κύριος)라는 이름이 '여호와'라는 이름 대신에 이곳에 주어졌다. 그러므로 여기에 기록된 기도는 성자를 성부와 비교하는 것이 아니라 절대적인 간구를 담고 있다는 점에서, 이 이름을 중보자의 인격에 제한하는 것은 경박하고 유치하다. 우리는 사도들이 헬라인들의 일반적인 습관에 따라 '여호와'라는 이름을 쓸 자리에 '주'라는 이름을 대체하고 있음을 알게 된다. 멀지 않은 곳에서 한 예를 찾아본다면, 바울은 베드로가 선지자 요엘이 전한 말씀으로부터 인용한 "누구든지 주의 이름을 부르는 자는 구원을 받으리라"(행 2:21; 욜 2:32)라는 본문의 뜻과 다를 바 없는 의미로 '주'께 기도를 드렸다. 이 이름이 아들을 특정해서 지칭할 때는 다른 논리로 그 의미가 파악된다. 이에 대해서는 적절한 곳에서 다룰 것이다. 지금으로서는 바울이 절대적인 의미로 하나님께 간청한 후 즉시 그리스도의 이름을 덧붙인다는 사실을 파악하는 것으로 충분하다.

이러한 맥락에서 하나님은 전체적으로 그리스도 자신에 의해 "영"(요 4:24)이라고 불리신다. 왜냐하면 성부, 성자, 성령을 하나로 묶는 하나님의 전체 본질이 영이라는 사실을 아무도 거부할 수 없기 때문이다. 성경에서 이 사실이 분명해진다. 즉 그곳에서 하나님이 영으로 칭해지시는 것을 우리가 듣게 되듯이, 우리는 또한 그 영이 전체 본질을 지닌 위격이라는 점에서, 하나님의 영이시자 하나님으로부터의 영으로서 일컬어지시는 것을[353] 듣게 된다.

21. 하나님이 말씀을 통하여 알려 주심으로 앎

그러나 사탄은 우리의 믿음을 그 뿌리에서부터 뽑아내려고 부분적으로는 성자와 성령의 신적 본질에 대해서, 부분적으로는 인격들의 구별에 대해서 항상 큰 분쟁을 선동해 왔다. 사탄은 거의 모든 세대를 통하여 불경건한 영혼들을

---

[353] "spiritum sanctum, quatenus est hypostasis totius essentiae……dici et Dei esse, et a Deo." 여기서 '하나님의(Dei) 영'은 성령의 신격(본질)을, '하나님으로부터의(a Deo) 영'은 성령의 위격을 지시한다. 하나님이 '영'이심에 대한 이러한 이해에 기초해서 위격에 있어서의 셋과 본질에 있어서의 하나와 세 위격의 관계가 '순서의 질서'를 좇아 서술된다.

충동질해서 이 문제로 정통적인 교사들을 괴롭혀 왔는데, 오늘날도 옛날의 불씨로부터 새로운 불을 지피려고 시도하고 있다. 그러므로 어떤 사람들의 사악한 광란에 맞서는 일이 중요하다. 지금까지 내가 개진해 온 주된 관심사는 완고하고 논쟁적인 사람들과 손을 휘두르며 다투는 것이 아니라, 손을 잡고 가르침을 받을 만한 사람들을 이끄는 것에 있었다. 그러나 이제는 지금까지 평화롭게 제시되어 왔던 진리가 사악한 자들의 모든 무고에 맞서서 수호되어야 한다. 그럼에도 불구하고 나는 하나님의 말씀에 기꺼이 귀를 여는 사람들이 딛고 일어설 확고한 발판을 마련할 수 있도록 모든 노력을 다할 것이다.

우리는 성경의 은밀한 비밀들이 있는 곳이라면 어디서나 신중하고 매우 절도 있게 무엇인가를 사색해야 한다. 그 가운데 우리의 생각이나 우리의 말이 하나님의 말씀의 경계를 넘어가지 않도록 주의를 다하자. 날마다 눈으로 쳐다보지만 여전히 태양의 몸체가 무엇인지도 확실히 규정할 수 없는 인간의 마음이 어떻게 그 작은 잣대로 무한한 하나님의 본질을 측량해 낼 수 있겠는가? 심지어 자기의 본질에도 제대로 미칠 수 없는 그 마음이 어떻게 하나님의 본질을 꿰뚫어 알 만큼 스스로를 이끌고 나가겠는가? 그러므로 하나님을 아는 지식을 기꺼이 하나님께 맡기자. 힐라리우스가 말하듯이, "하나님께 적합한 유일한 증인은 하나님 자신으로서, 하나님은 그 자신을 통하지 않고는 알려지지 않으신다."354) 만약 우리가 하나님을 스스로 자기 자신을 우리에게 계시하시는 분으로 인식하려면, 우리는 하나님의 말씀 외에 다른 곳에서 하나님에 대해 묻지 말고 그것을 하나님께 맡겨야 할 것이다.

이러한 논점을 다룬, 크리소스토무스(Chrysostomus)의 『아노모이오스파에 대한 반박』(Contra Anomoeos)에 실린 다섯 편의 설교가 현존한다.355) 그러나 심지어 이것들로도 저 뻔뻔스러운 궤변론자들의 더듬거리는 혀를 완전히 억제할 수는 없었다. 이 문제에 있어서 이들은 평상시 다른 곳에서 행하던 것보다 훨씬 더

---

354) "Ipse enim demum unus······idoneus sibi testis est, qui nisi per se cognitus non est." Hilary, *On the Trinity* I, xviii (MPL 10, 38; tr. NPNF 2 ser. IX, 45). Quot. Battles tr., n, 46.

355) Chrysostom, *Homiliae de incomprehensibili Dei natura, Contra Anomoeos* v. 7 (MPG 48, 745ff.). 아노모이오스파는 성부와 성자의 '동일함'(ὅμοιον)이 아니라 '다름'(ἀνομοιον)을 주장하는 무리들이다. Quot. Battles tr., n. 47.

천박하게 굴었다. 우리는 이러한 뻔뻔함의 비참한 결과를 반면교사 삼아서 이 문제를 다룸에 있어서 날카로운 비판보다는 유순하게 배우는 자세로 우리 자신을 길들이도록 주의를 기울여야 한다. 그리고 하나님을 탐구할 때 그의 거룩한 말씀 외에 어떤 것도 마음속에 두지 말고, 그의 말씀이 선행(先行)하지 않는 것은 그 무엇이라도 그에 대한 것이라고 생각하지 말며, 그 말씀으로부터 취해진 것이 아니면 어떤 것도 말하지 말자. 이해하기 어렵지만, 한 신성 안에 아버지와 아들과 성령의 구별이 있을진대, 그것이 어떤 뛰어난 식자(識者)들에게 유익을 주기보다 수고와 고통을 더한다면, 사람의 마음은 호기심에 사로잡힐 때 미궁에 빠져들어 가게 된다는 점을 그들로 하여금 기억하게 하자. 그리하여 그들이, 비록 이 비밀의 정점에는 이를 수 없을 것이나, 하늘에서 포고(布告)되는 말씀에 의해서 다스림을 받도록 하자.

22. 인격(persona)을 형상(idea)으로 여기는 세르베투스 이단

이 제목의 교리에 대하여 신앙의 신실함을 공격한 이전의 오류들을 모아서 목록을 만드는 것은 너무 길고 쓸데없는 성가신 일이 될 것이다. 아주 많은 이단들은 야수적인 탐욕을 지니고 하나님의 영광 전체를 훼손하려고 기를 쓰면서 무지한 사람들을 경악시키고 충분히 혼란에 빠뜨릴 수 있다고 생각해 왔다. 현재에도 참으로 몇몇 사람들에게서 다양한 분파가 생겨나고 있다. 그 가운데 일부는 하나님의 본질을 여러 갈래로 쪼개고 있고, 일부는 인격들 사이에 존재하는 구별을 혼잡스럽게 하고 있다. 우리가 위에서 충분히 드러낸 성경의 진리, 곧 한 분 하나님의 본질은 순일하고 분할되지 아니한다는 사실, 이 본질은 성부, 성자, 성령께 속한다는 사실, 한편 성부는 어떤 특성에 의해 성자와 다르고 성자도 성령과 다르다는 사실을 굳게 견지한다면, 아리우스와 사벨리우스에 의해서뿐만 아니라 오류에 빠진 다른 고대의 저자들에 의해서도 그 문은 열리지 않을 것이다.

그런데 우리가 살고 있는 이 시대에 세르베투스나 그 아류들과 같은 어떤 광기 어린 사람들이 일어나 새로운 눈속임으로 모든 것을 뒤얽히게 하고 있다. 따라서 그들의 오류를 조금이나마 논의해 보는 것은 가치가 없지 않다.

세르베투스는 삼위일체라는 말을 아주 가증하고 역겨운 것으로 여기고 그가 삼위일체론자라고 부르는 모든 사람을 무신론자로 분류했다.356) 나는 그가 삼위일체론자들에게 퍼붓기에 적절하다고 여긴 모욕적인 말들은 그냥 넘어가고자 한다. 굳이 말하자면, 그가 한 사색의 요체는 다음과 같다.

하나님은, 세 인격이 그의 본질에 거한다고 일컬어질 때, 세 부분으로 되어 있다고 추론되는데, 이는 그의 한 분이심과 배치되므로, 삼위일체는 가상적이다.357) 인격들은, 하나님의 본질 가운데 실제로 존재하지 않는 어떤 외부적인 형상들358)로서 단지 하나님을 우리에게 이 모양 저 모양으로 표상할 뿐이다. 태초에 하나님 안에는 어떤 구별도 없었다. 왜냐하면 그 옛날에는 말씀이 성령과 동일했기 때문이다. 그러나 이후에 그리스도가 하나님으로부터 하나님으로 나타나셨다. 그리고 또 다른 하나님이신 성령이 하나님 그 자신으로부터 흘러나오셨다. 세르베투스는 때때로 이러한 자신의 넋두리를 풍유로 채색시키려 든다. 그리하여 하나님의 영원한 말씀은 하나님과 함께 계신 그리스도의 영이시며 그의 형상의 광채이셨다고 하거나, 성령은 신격의 그림자이셨다고 하거나 한다. 결국 그는 성자와 성령의 신격을 파괴해 버린다. 즉, 그는 하나님의 경륜에 따른 배분으로 말미암아, 우리 안과 또한 나무나 돌 안에 실체적으로 존재하는 동일한 성령이 하나님의 일부이듯이, 하나님의 한 부분이 성자와 성령 안에 존재한다고 주장한다. 우리는 적당한 곳에서 그가 그리스도의 인격에 대해 얼버무리고 있는 것에 대해 살펴볼 것이다. 이렇듯 인격을 하나님의 영광의 가시적 외양359)에 불과한 것이라고 하니 그 기이한 상상에 대해 논의할 여

---

356) "trinitarios omnes……atheos." 세르베투스는 칼빈과 정통적인 삼위일체 교리에 서 있는 자들을 "삼위일체론자"(trinitarius)라고 부르며 반감을 드러내었다. 이는 1553년에 출판된 그의 책 *Christianismi restitutio, De Trinitate* I에 자주 나온다. Quot. Battles tr., n. 49.

357) "tripartitum induci Deum ubi in eius essentia residere dicuntur tres personae, triademque hanc esse imaginariam, quia cum Dei unitate pugnet."

358) "externas quasdam ideas, quae vere non subsistant in essentia Dei."

359) "visibilem gloriae Dei speciem."

지가 어디 있겠는가. 요한은 천지가 아직 창조되지 않았을 때에도 말씀이 하나님이셨다고 선포하면서(요 1:1), 궁극적으로 말씀을 형상과 아주 다른 것으로서 구별한다. 무궁한 영원에서부터 하나님이셨던 말씀이 아버지와 함께 계셨으며 자기의 영광을 아버지와 함께 지니셨다고 할진대(요 17:5), 분명 그는 외부적이거나 상징적인 광채일 수가 없으셨을 것이다. 이로부터 필히 뒤따르는 것은, 그는 하나님 자신 안에 거하시는 인격이셨다는 사실이다.

나아가 비록 세계 창조의 역사 이전에는 성령에 관한 언급이 없지만, 모세가 아직 형체가 없는 덩어리를 성령이 받치고 계신다고 전할 때(창 1:2), 여기에서도 성령은 그림자가 아니라 하나님의 본질적인 능력으로 소개된다. 성령은 아름다움과 질서가 세상에 부여될 때까지 하늘과 땅의 혼돈된 물질을 돌보심으로써 지키셨다. 이로써 영원하신 성령이 항상 하나님과 함께 계셨음이 더욱 분명해진다.

세르베투스가 꿈꾸던 것과는 달리, 분명 그때에도 하나님의 모상(模像)이나 표상이 존재할 수 없었다. 세르베투스는 자기 자신의 전제에 갇혀 또 다른 곳에서는, 하나님은 자기의 영원한 논리에 따라 자신을 위해 눈에 보이는 아들을 작정하시고 그런 식으로 자기를 가시적으로 나타내셨다고 하는 불경건한 생각을 표출한다. 만약 이것이 사실이라고 한다면, 하나님의 영원한 작정에 의해서 아들에게 정해진 신성 외에는 어떤 다른 신성도 그리스도께 남아 있지 않게 될 것이다. 이뿐 아니라 세르베투스는 자기가 위격들의 자리에 대신 세운 저 환상들을 변형시켜 하나님께 새로운 부수적인 속성들을 지체 없이 덧붙이고자 한다.

참으로 이 모든 것보다도 더욱 정죄되어야 할 것은, 그가 무분별하게 하나님의 아들과 성령 모두를 피조된 모든 존재와 혼합시킨다는 사실이다. 그는 하나님의 본질 안에 세 부분과 세 영역이 있으며 그 각각이 하나님의 일부라고 주장한다. 특별히 그는 신자들의 영혼이 하나님과 함께 영원하며 한 본질이라고 말한다. 어느 곳에서는 실체적인 신격을 인간의 영혼에뿐만 아니라 다른 피조물에게도 부여한다.

23. 창세전과 창조에 있어서 하나님으로 계시되신 그리스도

이 늪으로부터 다른 비슷한 괴물이 나타난다.360) 어떤 악한들은 세르베투스의 불경건을 불쾌하고 부끄럽게 여기고 세 인격이 있다고 고백하면서도, 참되고 고유하게 유일한 하나님이신 성부는 성자와 성령을 창조하시면서 그들 안으로 신성을 주입시키셨다는 조항을 첨가하였다. 실로 그들은, 성부가 성자와 성령과 구별되는 것은 그가 유일하신 본질의 수여자361)이시기 때문이라는 끔찍한 말을 서슴지 않았다.

그들은 먼저 그리스도가 하나님의 아들이시라고 여러 곳에서 칭하고 있다는 사실을 그럴듯하게 주장하고, 이로부터 아버지 외에 다른 누구도 하나님이 되심이 적절하지 않다고 추론한다. 그러나 그들은 하나님이라는 이름이 아들에게도 공유되지만, 아버지가 신격의 원천과 시작362)이시므로, 때때로 그 뛰어난 엄위가(κατ᾽ ἐχοχήν) 아버지께 돌려진다는 사실과 이것은 본질의 단순한 유일성을 나타낸다는 사실을 간과한다. 그리하여 진실로 그가 하나님의 아들이시라면 그를 한 인격(위격)의 아들로 여기는 것은 터무니없다고 반박한다. 그러나 나는 다음 두 가지 사실을 들어 그것이 참되다고 답한다.

첫째, 그는 하나님의 아들이다. 왜냐하면 말씀이 만세 전부터 아버지로부터 나셨기 때문이다(고전 2:7). 나는 아직 중보자의 인격에 대한 언급은 하지 않는다. 이를 설명하기 위해서 우리는 인격이라는 말이 여기에 취해진 이유는 하나님의 순일한 이름이 아니라 성부를 가리키기 위해서라는 점을 깊이 새겨야 한다. 만약 우리가 오직 아버지만 하나님이시라고 여긴다면 말할 나위도 없이 아들은 이 반열 아래로 떨어지고 말 것이다. 그러므로 신격에 대한 언급이 있을 때마다 우리는, 마치 참 하나님의 이름이 오직 성부에게만 합당하게 돌려지기라도 하듯이, 아들과 아버지 사이의 반립(反立)을 어떤 경우에라도 인정해서는 안 된다. 물론 자기를 이사야에게 드러내신 하나님은(사 6:1) 참되고 유일하신 하나님

---

360) 장틸을 칭한다. Cf. Institutio, 1.13.2.
361) "solus essentiator."
362) "fons……ac principium deitatis."

이셨다. 그럼에도 요한이 확실히 증거하듯이, 그는 그리스도이셨다(요 12:41). 또 이사야의 입을 통하여 유대인들에게 자기를 "걸려 넘어지는 반석"(사 8:14)이 되실 것이라고 증언하신 분은 유일하신 하나님이셨다. 바울은 그가 그리스도이셨다고 선포한다(롬 9:33). 이사야를 통해 "나의 삶으로"(사 49:18)라고, "내게 모든 무릎이 꿇겠고"(사 45:23; 참조. 롬 14:11)라고 외치신 분은 유일하신 하나님이시다. 그러나 바울은 동일하신 그분이 그리스도이시라고 해석한다(롬 14:11). 여기에 더하여 사도가 전하는, "하나님이여 당신이 하늘과 땅의 기초를 두셨나이다"(적용. 히 1:10; 시 102:25-26)라는 증언이 나타난다. "하나님의 모든 천사들은 그에게 경배할지어다"(히 1:6; 시 97:7)라는 말씀도 같은 맥락이다. 이런 일들은 마땅히 한 분 하나님께만 속한다. 그렇지만 사도는 이것이 그리스도께 고유한 찬사라고 주장한다. 하나님께 고유한 것이 그리스도께 옮겨진다. 이를 비웃는 것은 그저 헛될 뿐이다. 왜냐하면 아들은 아버지의 "영광의 광채"(히 1:3)이시기 때문이다. 여호와의 이름은 어느 곳에서나 드러난다. 그리스도는, 그의 신격에 관한 한, 그 존재가 그 자신으로부터 나온다는 결론이 따른다. 그가 여호와일진대, 그는 다른 곳에서 이사야의 입을 통해, "나로다 나는 존재하노라 나 외에 다른 신이 없느니라"(적용. 사 44:6)라고 선포하신 바로 그 동일한 하나님이시다. 또 예레미야가 전하는 말씀도 마땅히 고려되어야 한다. "천지를 짓지 아니한 신들은 땅 위에서, 이 하늘 아래에서 망하리라 하니"(렘 10:11).

둘째, 이사야가 그토록 자주 세상의 창조를 들어 신격을 증명한 분이 바로 하나님의 아들이시라는 사실이 필히 고백되어야 한다. 어떻게 만물에 존재를 부여하신 창조주가 자기 자신으로부터(스스로) 존재하지 아니하시고 자기의 본질을 다른 곳에서 빌어 오실 것인가? 누구든지 아들이 아버지로부터 본질을 부여받으셨다고 말하는 자는 그가 그 자신에 의해서 존재하신다는 사실을 부인하게 된다.364) 성령은 그를 여호와라고 부르시면서 이러한 오류를 질책하신다. 만약 모든 본질이 전적으로 오직 아버지 안에만 있다면, 그것은 나눠질 수

---

363) "deitatis respectu ex se ipso esse."
364) "Nam quisquis essentiatum a patre filium esse dicit, a se ipso negat esse."

있는 것이 되거나 아니면 아들로부터 탈취할 수 있는 것이 될 것이다. 결국 아들이 자기의 본질을 빼앗기게 되면 단지 명목상의 하나님이 되실 것이다. 이렇듯 허튼소리를 하는 사람들이 믿고 있듯이, 만약 하나님의 본질이 오직 아버지께만 속한다면, 그 자신만 홀로 존재하시고, 그는 아들에게 본질의 수여자가 되실 것이다. 그리고 아들의 신성은 하나님의 본질로부터 추출된 무엇이거나 전체로부터 파생된 한 부분이 될 것이다. 또한 그들은 그들 자신의 전제에 매여, 성령은 오직 아버지로부터만 존재하신다고 주장한다. 그들의 논지는, 이러한 파생이 오로지 아버지에게만 고유한 일차적 본질에서 비롯되므로, 그를 아들의 영이라고 부르는 것은 합당하지 않다는 데 있다.365) 그러나 이는 성령이 아버지와 아들에게 모두 속한다는 바울의 증언에 의해서 반박된다(롬 8:9).

나아가 만약 아버지의 인격을 삼위일체로부터 지워낸다면 오직 그만이 하나님 자신이라는 억측 외에 어떤 점에서 그가 아들이나 성령과 다르신가? 그들은 그리스도가 하나님이심에도 불구하고 아버지와는 다르다고 고백한다. 그렇다면 아버지가 아들이 아니라는, 아버지와 아들을 구별하는 어떤 표지가 반드시 있어야 한다. 이 표지를 본질에 두는 자들은 분명히 그리스도의 참된 신격을 아무것도 아닌 것이 되게 파괴한다. 이 본질이 없다면, 진정 그 전체 본질이 없다면, 그는 존재할 수 없으시다. 분명 아버지가 아들과 공유되지 않는 고유한 무엇을 그 자신 속에 가지고 계시지 않으신다면, 아들과 다르지 않으실 것이다. 그렇다면 그들은 아버지를 구별하기 위해 무엇을 발견할 수 있는가? 만약 그 구별이 본질에 있다면, 그들로 하여금 성부가 아들과 함께 본질을 나누고 계신지 그렇지 않은지를 답하게 하라. 참으로 본질은 부분적으로 존재할 수 없다. 반신(半神)을 만드는 것은 불의하기 때문이다. 그뿐만 아니라 천박하게도 그들은 이러한 방식으로 하나님의 본질을 쪼개어 놓는다. 본질은 전체적으로, 완전하게 아버지와 아들에게 함께 속한다. 이것이 참될진대, 본질에 있어서는 서로 간에 어떤 구별도 없다.366) 만약 그들이 아버지는 본질을 부여하시면서도

---

365) "si derivatio est a prima essentia, quae nonnisi patri propria est, iure non censebitur spiritus filii." 이러한 비판을 통하여 칼빈은 자기가 필리오케 교리를 받아들임을 보여준다.

366) "Quod si verum est, iam sane quoad ipsam nulla erit alterius ab altero discretio. Si excipiant, pa-

그 안에 본질이 존재하는 유일하신 하나님으로 머물러 계신다는 편견을 받아들인다면, 그리스도는 실재 그 자체가 아니라 단지 외양과 이름에 있어서만 하나님 곧 상징적인 하나님이 되실 것이다. 왜냐하면 "스스로 있는 자가 나를 너희에게 보내셨다"(출 3:14)라는 말씀에 계시된 본질보다 하나님께 더 고유한 특성은 어디에도 없기 때문이다.

24. '하나님'이라는 이름이 절대적으로 사용된 경우 성부만을 지시하는 것이 아님

성경에서 하나님의 이름에 대한 절대적 언급이 있을 때 그것은 오직 아버지만을 가리킨다고 여기는 그들의 가정이 그릇됨을, 우리는 많은 본문을 통하여 곧바로 논박할 수 있다. 그들이 자기들의 입장을 변호하려고 인용하는 여러 본문 자체가 그들의 무지를 수치스럽게 드러낸다. 왜냐하면 그 말씀들 가운데는 아들의 이름이 아버지의 이름과 나란히 나타나기 때문이다. 이 경우 하나님의 이름이 상대적으로 받아들여지고, 그리하여 아버지의 인격에 제한되는 것으로 나타난다. 그렇기 때문에 "오직 아버지만이 참 하나님이시다. 그렇지 않다면 아들은 자기 자신의 아버지가 될 것이다."라는 그들의 항변은 한마디 말로 응수된다. 왜냐하면 자신으로부터 자신의 지혜를 낳으셨을 뿐만 아니라 중보자의 하나님이신 분이, 이후에 적당한 곳에서 더욱 상세히 다루겠지만,[367] 위계와 순서상 특별히 하나님이라고 불리시는 것은 모순되지 않기 때문이다. 왜냐하면 그리스도는 육체 가운데 나타나셨을 때부터 하나님의 아들로 불리셨는데, 이는 그가 창세전에 아버지로부터 나신 영원한 말씀이셨을 뿐만 아니라 그가 우리를 하나님께 결합시키시려고 중보자의 인격과 직분을 취하셨기 때문이다.

---

trem essentiando manere nihilominus unicum Deum, penes quem sit essentia: Christus ergo figurativus erit Deus, ac specie tantum vel nomine, non re ipsa."
367) *Institutio*, 2,12-14.

그들은 너무나 뻔뻔하게도 아들을 하나님의 영예로부터 제외시키고 있으므로, 나는 그 아들이 "선한 이는 오직 한 분이시니라"(마 19:17)라고 선포하실 때 자기 자신에게서 선함을 걷어 내고 계신지 어떤지를 알고 싶다. 나는 그의 인성에 대해서 말하고 있는 것이 아니다. 그렇게 한다면, 그 안에 있는 모든 선한 것은 거저 주시는 선물로서 흘러나온 것이라고 그들은 반박할 것이기 때문이다. 나는 하나님의 영원한 말씀이 선한지 그렇지 않은지를 묻고 있다. 만약 그렇지 않다고 한다면, 그들의 불경건은 충분히 유죄 선고를 받을 것이다. 만약 그렇다고 한다면, 그들은 그들 자신의 목을 치는 꼴이 될 것이다. 처음 보기에는 그리스도가 '선'이라는 이름을 자기 자신에게서 몰아내시는 것과 같이 여겨지지만, 이로써 우리가 말하고자 하는 바가 더욱 분명하게 확정된다. 분명 '선'은 한 분 하나님의 고유한 칭호이다. 일상적인 화법에 있어서 그리스도가 그렇게 문안을 받으시는 데서 보듯이 말이다. 이로부터 우리는 그리스도가 이렇게 말씀하신 것은 거짓 영예를 질책하시면서 또한 자기가 지니신 선함은 신적이라는 것을 권고하시기 위함이셨다는 것을 알 수 있다.

또 나는 바울이 오직 하나님만이 불멸하시고(딤전 1:17), 지혜로우시며(롬 16:27), 참되시다고(롬 3:4) 주장할 때, 이 말씀들로써 그리스도가 유한하고, 어리석으며, 거짓된 수준으로 제한되는지를 묻고 싶다. 그는 처음부터 생명이신 분으로서 천사들에게 불멸성을 부여하셨으니 불멸하지 않으시겠는가? 그는 하나님의 영원한 지혜이시니 지혜롭지 않으시겠는가? 그는 진리 자체이시니 참되지 않으시겠는가? 나아가 나는 그들이 그리스도가 예배를 받으셔야 한다고 생각하고 있는지 그렇지 않은지를 묻는다. 만약 그리스도가 모든 무릎을 그 앞에 꿇어야 한다고(빌 2:10) 주장하시면서 자기의 어떠하심을 합당하게 드러내고 계시다면, 이에 뒤따르는바, 그는 율법에서 어떤 다른 것도 말고 자기만을 예배하라고 명령하신 바로 그 하나님이시다(출 20:3). 만약 그들이 "나는 존재하노라 나 외에 다른 신이 없느니라"(적용. 사 44:6)라는 이사야서의 말씀이 전하는 바를 오직 아버지에게만 국한시켜 이해하려고 한다면, 나는 우리가 위에서 살펴본 대로 하나님께 속한 것은 무엇이든 그리스도께 돌려진다는 증언으로 그들을 반박하고자 한다. 그들은 그리스도가 육체 가운데 낮아지셨고, 그 육체 가운데 높아지셨으며, 하늘과 땅의 모든 권세가 그에게 부여된 것도 육체에 관한 것이라고 궤변을 늘어놓는데, 이는 생각할 여지도 없다. 왜냐하면 비록 왕과 심판자의 엄위가 중보자의 전체 인격에 미친다고 하지만, 만약 그가 육체 가운데 나타나신 하나님이 아니셨다면, 하나님 자신이 그 자신과 다투시는 일 없이 이토록 높은 곳에 오르게 되신 일은 그에게 없었을 것이다. 바울은 그가 종의 형체 아래 자기를 낮추시기 전에도 하나님과 동등하셨음을 가르침으로써(빌 2:6-7) 이 논쟁을 최선으로 마무리 짓는다. 실로 그가, 그룹을 타시고(참조. 시 18:10; 80:1; 99:1) 모든 땅(시 46:8)과 모든 세대의 왕이시며 야훼와 여호와라는 이름을 가지신 하나님이 아니셨다면 어떻게 이 동등함이 가당할 수 있겠는가? 그들이 아무리 투덜거린다 해도, "이는 우리의 하나님이시라 우리가 그를 기다렸으니"(사 25:9)라는 이사야서의 말씀이 전하는 바를 그리스도로부터 빼앗을 수 없다. 이 말씀을 통해 선지자는 바벨론 포로에서 백성을 다시 이끌어 내셨을 뿐만 아니라 교회를 모든 지체의 수가 차기까지 회복시키신 구속주 하나님의 강림을 기술하고 있다.

그리스도는 자기의 아버지 안에서 하나님이셨다는 또 다른 궤변도 전혀 먹히지 않는다. 왜냐하면 비록 우리는 순서와 위계의 논리상 신성의 시작이 아버지께 있다고 인정은 하지만, 마치 그가 아들을 신격화하는 분이라도 되듯이 여겨, 아버지에게만 하나님의 본질이 고유하다고 주장하는 것을 역겨운 공상으로 치부하기 때문이다. 이런 발상을 따르게 되면, 하나님의 본질이 다양하게 되거나, 단지 이름과 상상으로만 그리스도를 하나님이라고 부르거나 하게 될 것이다. 만약 아들이 하나님이시지만 아버지 다음가는 하나님이심을 인정한다면, 아버지에게 있어서는 낳음을 입거나 지음을 받지 않은 본질이 아들에게 있어서는 낳음을 입고 지음을 받은 것이 될 것이다.[368] 모세가 "우리의 형상을 따라 사람을 만들고"(창 1:26)라는 하나님의 말씀을 소개하는 본문에서 우리가 인격들의 구별을 유추하는 데 대해 지나치게 비판적인 많은 사람들이 우

---

[368] "Si concedant filium esse Deum, sed secundum a patre, iam in ipso genita et formata erit essentia, quae est in patre ingenita et informis." 여기서 종속설이 분명히 거부된다.

리를 비웃는 것을 나는 안다. 그러나 경건한 독자들은 만약 한 분 하나님 안에 여러 인격이 계시지 않았다면 모세가 이 대화를 소개하는 것이 얼마나 무용하고 어리석었을 것인가를 통찰한다. 아버지가 말씀하시는 분들은 창조되지 않았음이 확실하다. 하나님 자신 외에는 창조되지 않은 분이 없다. 그러므로 하나님은 한 분이시다. 따라서 만약 그들이 창조하는 권세가 성부, 성자, 성령께 함께 속하고 명령하는 권능도 그러하다는 사실을 인정하지 않는다면, 하나님은 자기와 함께 자기 속에서 말씀하시지 않으신 것이 되며, 바깥에 있는 다른 고안자들과 담화하신 것이 될 것이다.

마지막으로 다음 한 본문은 그들의 두 반박을 동시에 무마시킨다. 그리스도 자신이 선포하신 "하나님은 영이시니"(요 4:24)라는 말씀을, 마치 '말씀 자신'은 영적 본성에 속하지 않으시기라도 하듯이, 오직 아버지께만 제한시키는 것은 적절하지 않다. 만약 '영'이라는 명칭이 아버지에게 부합되듯이 아들에게도 동등하게 그러하다면, 아들도 특정되지 않은 하나님의 이름하에 아버지와 함께 하나로 묶인다고 나는 결론을 내린다. 비록 이 말씀에 바로 이어서, 하나님을 영과 진리로 예배드리는 자만이 자기가 아버지에 대한 예배자임을 증명한다는 말씀을 그리스도가 더하고 있지만 말이다(요 4:23).369) 이로부터 또 다른 점이 도출된다. 그리스도는 그 머리가 되시는 아버지 아래에서 교사의 직분을 수행하시기 때문에 아버지께 하나님의 이름을 돌리시는데, 이는 자기 자신의 신격을 제하여 버리시기 위해서가 아니라 우리를 점차 그 신격에 이르도록 이끌어 올리시기 위해서이다.

25. 인격은 본질과 구별되나 분리되지 않음

그들은 분명 이러한 오류에 현혹되어 각각의 위격이 본질로부터 분리된 고유한 부분을 나누어 가진 개체들이라고 공상한다. 그러나 우리가 성경에서 배

---

369) 요 4:23과 24의 순서를 착각해서 이렇게 말한다.

우는바, 하나님은 본질에 있어서 한 분이시므로 아들의 본질과 성령의 본질은 모두 태어난 것이 아니다. 그러나 아버지는 순서에 있어서 처음이시고, 얼마 전에 말한 바와 같이,370) 자기의 지혜를 자신으로부터 나게 하셨으므로, 전체 신성의 시작이자 원천으로 여겨지시는 것이 합당하다.371) 그러므로 하나님은, 그 이름이 특정하게 사용되지 않을 경우, 나시지 않으셨으며, 아버지도 그의 인격에 있어서 나시지 않으셨다.

또한 그들은 어리석게도 우리의 견해를 곡해하여 우리가 사위일체(四位一體)를 수립했다는 결론에 이른다. 왜냐하면 그들은 거짓과 중상을 일삼아 그들 자신의 머리로부터 나온 이 허구를, 마치 우리가 한 본질로부터 세 인격이 파생되어 나왔다고 가장하기라도 하듯이, 우리에게 떠넘긴다. 그러나 우리는 그 반대로, 우리의 글을 통하여 분명히 알 수 있듯이, 인격들을 본질과 분리시키지 않고, 그것들이 그 안에 주재하는 한, 서로 간에 구별시킨다. 인격들이 본질로부터 분리된다면 이 사람들의 논리도 아마 그럴듯할 것이다. 그러나 이러한 방식으로는 한 분 하나님이 자기 속에 함유하고 계신 인격들의 삼위일체가 아니라 신들의 삼위일체가 될 것이다.

이것은, 그들이 마치 우리가 세 분의 하나님이 본질로부터 유래되었다고 상상이라도 하듯이, 본질이 삼위일체의 형성을 돕고 있는지 그렇지 않은지 우리에게 던지는 쓸데없는 질문에 대한 답이 된다. 만약 그렇지 않다면, 삼위일체는 하나님 없이 존재하게 될 것이라고 그들은 자답(自答)한다. 이러한 오류는 동일한 어리석음에서 배태된다. 비록 본질은 부분이나 일원으로서 구별을 돕지는 않지만, 본질이 없거나, 본질 바깥에서는 인격들이 존재하지 않는다. 왜냐하면 아버지는 만약 그가 하나님이 아니시라면 아버지가 될 수 없으실 것이며, 아들은 만약 그가 하나님이 아니시라면 아들이 될 수 없으실 것이기 때문이다. 그러므로 우리는 신격이 절대적으로 자기 스스로 존재한다고 말하고, 이로부터, 아들은 하나님이시기 때문에 자기 인격에 있어서가 아니라 자신에

---

370) *Institutio*, 1.13.18.
371) "Sed quatenus pater ordine primus est, atque ex se genuit suam sapientiam, merito, ut nuper dictum est, censetur principium et fons totius divinitatis."

의해 스스로 존재하신다고 고백한다. 그러나 그가 아들이신 한, 우리는 그가 아버지로부터 존재하신다고 말한다. 이렇듯 그의 본질은 시작이 없는 한편, 정녕 그의 인격의 시작은 하나님 자신인 것이다.[372]

옛날에 삼위일체에 관하여 말한 정통적인 저술가들은 누구 할 것 없이 이 명칭을 오직 인격들에만 적용하였다. 그들에게는 삼위의 구별에 본질을 포함시키는 것이 단지 불합리한 오류에 머물지 않고 지독한 불경건이 되었을 것이다. 왜냐하면 본질, 아들, 성령 이 셋을 삼위일체로 모으기를 원하는 사람은 아들과 성령의 본질을 없애 버릴 것이 분명하기 때문이다. 그렇게 하지 않는다면 서로 혼합된 각 부분들은 떨어져 나갈 것이며, 그리하여 모든 구별이 악화될 것이다. 마지막으로 만약 아버지와 하나님이 동의어로 사용된다면 아버지는 신격화시키는 분이 되실 것이고, 아들 안에는 그림자 외에 아무것도 남지 않을 것이며, 삼위일체는 단지 한 분 하나님과 두 피조된 것들의 결합에 불과하게 될 것이다.

26. 성육신하신 중보자 그리스도의 신격

본래 그리스도가 하나님이시라면 그가 아들로 불리시는 것은 그릇되다고 그들은 또한 반박한다. 이에 대해서 나는, 한 인격이 다른 인격과 비교될 때 하나님의 이름은 불특정하게 취해지지 않고 아버지께 제한된다고 대답하였다.[373] 이것은 광신자들이 중얼거리는 것처럼 그가 본질의 수여에 의해서가 아니라,

---

[372] "etsi ad distinctionem non concurrit ut pars vel membrum, non tamen personae sine ipsa, vel extra ipsam: quia et pater, nisi Deus esset, non poterat esse pater; et filius non aliter filius nisi quia Deus. Deitatem ergo absolute ex se ipsa esse dicimus. Unde et filium, quatenus Deus est, fatemur ex se ipso esse, sublato personae respectu; quatenus vero filius est, dicimus esse ex patre. Ita essentia eius principio caret; personae vero principium est ipse Deus." 성부, 성자, 성령은 인격, 위격, 위격적 존재에 있어서 성자는 나시고 성령은 나오시며 성부는 나시지도 나오시지도 않으나, '신격'(deitas)에 있어서 '절대적으로 자기 스스로 존재하신다'(absolute ex se ipsa esse). 즉 '자존하는 신격'(αὐτοθεότης)이시다. 워필드는 이 점에 특히 주목하여 칼빈의 삼위일체론이 종속설을 거부하고 있음을 밝힌다. Warfield, "The Doctrine of the Trinity," 251–284.

[373] Institutio, 1.13.20, 23.

순서의 논리상 신격의 시작이 되신다는 점에서[374] 그러하다. 이러한 의미에서 아버지를 향한 그리스도의 다음 말씀이 이해된다. "영생은 곧 유일하신 참 하나님과 그가 보내신 자 예수 그리스도를 아는 것이니이다"(요 17:3). 왜냐하면 중보자의 인격으로 말씀하시는 그가 하나님과 사람 사이의 중간 위계를 지니고 계시다고 해서 그의 엄위가 감소되는 것은 아니며, 또 그가 자기를 비우셨음에도 불구하고(빌 2:7) 아버지와 함께 가지고 계시던, 세상에는 감추어진 영광을 잃어버리지 않으셨기 때문이다. 그리하여 사도는 히브리서 2장에서 그리스도가 잠시 동안 천사보다 못하게 되셨음을 인정하면서도(히 2:7, 9), 동시에 그가 땅의 기초를 두신 영원하신 하나님이시라고 선포하기를 망설이지 않는다(히 1:10).

그러므로 그리스도가 중보자의 인격으로 아버지를 부르실 때마다, 하나님의 이 이름 아래에 신성이 포함된다. 이 신성은 또한 그리스도 자신의 것이기도 하다.[375]

다음에서 보듯이, 그가 사도들에게 "내가 아버지께 올라가는 것이 유익이라"(적용. 요 16:7; 참조. 요 20:17), "아버지는 나보다 크심이라"(적용. 요 14:28)라고 말씀하셨을 때, 그가 자기 자신에게 돌리시는 것은 단지 이차적 신성이 아니다. 이는 영원한 본질에 있어서 그가 아버지보다 열등하지 않으시기 때문이다. 이는 그가 하늘의 영광에 사로잡혀서 신자들을 모아 그들이 아버지와 동참하는 데까지 이르게 하려고 하셨기 때문이다.

그는 아버지를 더 높은 위계에 두신다. 왜냐하면 하늘에 나타나는 광채의 눈부신 완전함은 육체를 입고 계신 그 자신으로부터 드러나는 영광의 분량과 같지 않다고 여겨서이다.[376] 같은 뜻을 가지고 바울은 다른 곳에서 "그리스도가 나라를 아버지 하나님께 바칠 때라"(적용. 고전 15:24), "하나님이……만유 안에

---

[374] "quatenus deitatis est principium, non essentiando……sed ratione ordinis."

[375] "quoties Christus in persona mediatoris patrem compellat, sub hoc Dei nomine divinitatem complecti, quae ipsius quoque est."

[376] "non secundam divinitatem tantum sibi tribuit, ut sit quoad aeternam essentiam patre inferior; sed quia coelesti gloria potius fideles colligit in eius participationem. In superiore gradu patrem locat, qua tenus differt conspicua splendoris perfectio, quae in coelo apparet, ab ea gloriae mensura quae conspecta fuit in ipso carne vestito."

계시려 하심이라"(고전 15:28)라고 전한다. 그리스도의 신격의 영원함을 부인하는 것보다 더 터무니없는 일이 어디에 있겠는가!

그가 하나님의 아들이심을 결코 그치지 아니하실 것이며 처음부터 계셨던 바대로 언제나 동일하게 머무실진대, 이에 따라 두 위격 모두에게 속하는 하나님의 고유한 본질이 '아버지'라는 이름 아래 하나로 묶인다. 분명 이를 위하여 그리스도는 우리에게로 내려오셨다. 그가 아버지와 하나이신 만큼, 우리를 아버지께로 이끌어 올리시려고, 동시에 우리를 자기 자신에게로 이끌어 올리시려고 그렇게 하셨다. 그러므로 아들을 배제하는 가운데 '하나님'이라는 이름을 아버지께 제한하는 것은 불법이자 불의이다. 다름 아닌 이 때문에 요한은 그가 참 하나님이시라고 선포하는데(요 1:1; 요일 5:20) 이는 누군가 아들을 아버지 아래에 속한 둘째 위계의 신격에[377] 둘 생각을 하지 못하도록 하기 위함이다. 나는 새로운 신들을 만들어 내는 이 사람들이 그리스도를 참 하나님이시라고 고백하고서는 곧 그에게서 아버지의 신격을 제거해 내는 것을 기이하게 여긴다. 마치 그가 참 하나님이시지만 한 분 하나님은 될 수 없다는 듯이, 주입된 신성이 마치 뭔가 새로운 고안물이나 되는 듯이!

27. 이단들이 이레나이우스를 오용함

그들은 그리스도의 아버지가 유일하고 영원하신 이스라엘의 하나님이라고 선포한 이레나이우스(Irenaeus)의 많은 글을[378] 앞에 쌓아놓고 있다. 이것은 몰염치한 무지이거나 터무니없는 사악함이다. 옛날에 모세와 선지자들을 통하여 말씀하신 그 하나님이 그리스도의 아버지라는 것을 부인하고 타락한 세상이 지어낸 헛것을 몽상하는 광신자들을 돌이키려고, 그 거룩한 사람이 노력한 수고나 그들과 했던 논쟁을 그들은 염두에 두었어야 했으나 그렇지 못했다. 이레

---

[377] "secundo deitatis gradu."
[378] Irenaeus, *Against Heresies* III. vi. 4 (MPG 7. 863; tr. ANF I. 419). Quot. Battles tr., n. 59.

나이우스의 전체적인 관심은, 그리스도의 하나님 외에 어떤 다른 신도 성경에 선포되어 있지 않기 때문에 다른 신을 생각한다는 것은 그릇되다는 것을 쉽게 풀어내는 데 있었다. 따라서 그가 그렇게 자주, 그리스도와 사도들에 의해서 송축된 이스라엘의 하나님 외에 다른 신은 없다고 결론을 내리는 것은 의아스럽지 않다. 오늘날 우리는 또 다른 종류의 오류에 맞서서, 진실로 옛날에 족장들에게 나타나셨던 하나님은 다름 아닌 그리스도이셨다고 말해야 할 것이다. 만약 누군가 그는 사실상 아버지이셨다고 반박한다면, 우리의 대답은 즉시 다음과 같이 주어질 것이다. 즉, 우리가 아들의 신성을 위하여 다툴 때, 우리는 아버지를 결코 배제하지 않는다는 것이다. 만약 독자들이 이레나이우스의 이 충고에 주의를 기울인다면, 모든 논쟁은 그칠 것이다. 이 경건한 사람이 제3권 6장에서 주장하는 다음 한마디 말로 모든 분란은 조금도 남김없이 잦아들 것이다. "성경에서 절대적이고 불특정하게 하나님이라고 불리시는 분은 참으로 유일하신 하나님이시며, 그리스도는 응당 절대적으로 하나님이라 불린다."[379] 우리 논의의 근간이 여기에 있음을 기억하자. 이는 우리의 손에 잡히는 본서의 모든 부분에 분명히 드러나지만 특별히 제2권 46장에서 보면, 하나님 아닌 분이 수수께끼나 비유에 의해 아버지라고 불리지는 않음이 적시된다.

이에 더해 이레나이우스는 다른 곳에서, 선지자들과 사도들에 의해 아버지와 아들 모두가 함께 하나님으로 선포되셨다고 자기 입장을 개진한다(제3권 9장). 그리고 이후에, 만물의 주, 왕, 하나님, 심판자이신 그리스도가 만물의 하나님으로부터 어떻게 권세를 받으셨는지를, 그가 십자가에서 죽기까지 낮아지셨다는 '종속'이라는 측면에서 정의한다(제3권 12장). 그리고 좀 더 나아가 아들은 모세의 손을 통하여 율법을 수여하셨으며 족장들에게 나타나신 천지의 조성자이셨음을 주장한다. 그런데 만약 어떤 사람들이 이레나이우스에게 있어서는 아버지만이 이스라엘의 하나님이셨다는 말을 늘어놓는다면, 그리스도는 한 분이시며 동일하시고, 또한 하나님이 남방으로부터 오실 것이라고 한 하박국의 예

---

[379] "qui absolute et indefinite vocatur in scriptura deus, illum esse vere unicum Deum: Christum vero absolute Deum vocari."

언이(합 3:3) 그를 언급하는 것이라는 이레나이우스의 공공연한 가르침을 나는 그들에게 들려주고자 한다(제3권 18, 23장). 제4권 9장도 동일한 문맥으로 읽힌다. 그리고 같은 권 12장에서는, 아브라함이 하나님을 믿었던 것이, 천지를 지으신 분이며 유일하신 하나님이 그리스도이시기 때문이라고 해석된다.[380]

28. 이단들이 테르툴리아누스를 오용함

그들은 테르툴리아누스를 그들 자신의 옹호자로 삼고 있지만 진정성이라고는 한 점도 없다. 그는 때때로 언변이 거칠고 신랄하기는 하나 우리가 수호하는 교리의 요체를 애매하지 않게 전수해 주고 있다. 그에 따르면, 하나님은 한 분이심에도 불구하고 그 자신의 말씀이 경영과 경륜에 의해서 존재하신다. 하나님은 실체의 하나됨에 있어서 한 분이시다. 그럼에도 불구하고 그 하나됨이 경영의 신비에 의해 삼위일체로 나타난다. 이렇게 셋이 있지만, 상태가 아니라 위계에 있어서, 실체가 아니라 형상에 있어서, 권세가 아니라 차례에 있어서 그렇다.[381] 그는 아들이 아버지 다음으로 둘째가 되시나, 서로 간의 구별 외에는 다른 점이 없다고 보는 입장을 개진한다. 어딘가에서 그는 아들에 대해 가시적이라고 말한 적이 있다. 그러나 위에서 열거된 서로 상반되는 두 가지 측면을 모두 심사숙고한 후에는, 그 아들은 말씀이신 한, 비가시적이라고 정의를 내린다. 마지막으로 그는 아버지가 그 자신의 고유한 인격에 의해서 규정되신다고 주장하고 나서, 자신이 우리가 여기에서 논박하고 있는 허구와는 아주 동떨어져 있음을 증명한다. 그는 아버지 외에 다른 하나님이 계시지 않음을 인정하고 있으나, 바로 이어지는 곳에서 아버지 자신을 설명하면서, 그렇다고

---

380) Irenaeus, *Against Heresies* III. vi. 1; II. xxvii. 2; III. ix. 1; III. xii. 13; III. xv. 3; III. xx. 4; IV. v. 2-3 (MPG 7. 860, 803, 868f., 907, 919, 945, 984f.; tr. ANF I. 418, 398, 422, 435, 440, 451, 467). Quot. Battles tr., n. 60.

381) "nempe quum unus sit Deus, dispensatione tamen vel oeconomia esse eius sermonem; unicum esse Deum substantiae unitate, et nihilominus unitatem dispensationis mysterio in trinitatem disponi; tres esse, non statu, sed gradu; nec substantia, sed forma; nec potestate, sed serie."

해서 아들을 배제하며 말하는 것이 아님을 보여 준다. 왜냐하면 그는 아버지 외에 다른 신이 있음을 부정하고 있으며, 하나님의 단일성이 인격의 구별에 의해서 깨어지지 않는다고 말하기 때문이다.

이러한 말의 뜻을 우리가 즉시 파악할 수 있는 것은 그의 계획이 일관적이기 때문이다. 그는 프락세아스(Praxeas)를 반박하면서, 하나님이 세 인격으로 구별된다고 해서 복수의 신들이 존재하게 되는 것이 아니며 그의 한 분이심에 균열이 가는 것도 아니라고 주장한다. 프락세아스의 망상에 따르면, 그는 만약 그리스도가 아버지와 동일한 분으로서 존재하지 않으신다면 하나님이 될 수 없다고 하였다. 이를 반박하면서 테르툴리아누스가 아버지와 아들을 구별하고자 그토록 힘쓴 것은 이러한 까닭에서였다.

테르툴리아누스는 말씀과 성령을 전체의 일부라고 부르기까지 한다. 거친 표현이긴 하지만 허용될 여지가 없지는 않다. 왜냐하면 그가 증언하듯이, 이는 실체에 적용되는 것이 아니고, 단지 인격들에 연관되는 경영과 경륜에 관계되기 때문이다. 같은 맥락에서 그는 다음과 같이 묻는다. "지극히 사악한 프락세아스여, 당신은 칭해지는 이름만큼의 수 이외에 얼마나 많은 인격이 있다고 보는가?" 그리고 조금 뒤에 다음과 같이 말한다. "이는 사람들이 아버지와 아들을 각각 그들 자신의 이름들과 인격들로써 믿게 하려는 것이니."[382] 나는 테르툴리아누스의 권위를 사용하여 단순한 사람들을 속이려고 시도하는 자들의 뻔뻔함을 충분히 반박할 수 있었다고 생각한다.

29. 옛 저술가들의 정통적인 입장

확실히 누구든지 옛사람들의 글들을 부지런히 비교해 보면 이레나이우스에게서 그를 따르는 자들이 밝힌 것과 다를 바 없는 것을 발견할 것이다. 유스티

---

382) Tertullian, *Against Praxeas* ii, vii, ix, xiv, xviii, xx, iii, i, ii, xi, ix, xxvi (MPL 2, 157, 162ff., 174, 177, 179, 154ff., 166f., 164, 189f.; CCL Tertullian II, 1159-1196; tr. ANF III, 598, 601f., 603f., 609, 613, 610f., 599, 597, 598, 608f., 603f., 622). Quot. Battles tr., n. 61.

누스(Justinus)는 가장 오래된 사람들 중의 하나이나 모든 점에서 우리를 지지한다.383) 저 사악한 사람들은 유스티누스와 나머지 사람들에 의해서 그리스도의 아버지가 한 분 하나님이시라고 불리는 것을 반박할 것이다. 힐라리우스 역시 동일한 것을 가르치는데, 영원성이 아버지 안에 있다고 더욱 예리하게 말한다.384) 이것이 아들로부터 하나님의 본질을 빼앗는 것인가? 그는 우리가 따르는 신앙을 수호하는 일에 전적인 관심을 쏟는다. 그럼에도 불구하고 그들은 힐라리우스가 자기들의 오류를 지지하는 후원자라고 우리로 하여금 믿게 하려고, 내가 모르는 어떤 말들만 마치 수족을 자르듯이 뽑아내는 데 부끄러움을 느끼지 못하고 있다.

그들이, 자기들이 구실을 삼는 이그나티오스(Ignatios)의 글들 가운데서 의미 있는 무엇을 찾고자 원한다면, 그들로 하여금 사도들이 사순절과 그와 유사한 다른 썩은 것들에 대한 법을 제정한 적이 있는지 증명하게 하라. 그들이 이그나티오스의 이름하에 내뱉는 것들보다 더 사악하고 더 수치스러운 것은 어디에도 없다.385) 더욱 참을 수 없는 것은, 남을 속이기 위하여 그러한 가면들을 쓰고 있는 자들의 후안무치이다.

참으로 다음에 옛사람들의 일치가 분명히 나타나는바, 니케아 회의가 그것이다. 아리우스는 입증된 저술가의 권위로부터 자기의 가식을 끌어내리려 하였으나 감히 그 누구로부터도 그렇게 하지는 못했다. 헬라인들과 라틴인들 중 그 누구도 자기들이 이전 사람들과 의견이 일치하지 않는 것에 대해 변명하지 않았다.

이러한 악한들의 적의가 가장 심하게 쏟아졌던 아우구스티누스가 얼마나 주의 깊게 모든 사람의 글들을 탐구했으며 얼마나 큰 경의로써 그들을 포용했는지에 대해서는 여러 말 할 필요가 없다. 분명 아주 미묘한 어떤 것들에 있어서는 왜 그가 그것들을 버릴 수밖에 없었는지를 그는 상세하게 보여 주었다. 심

---

383) Justin, *Apology* I. vi. xiii; tr. ANF I. 164, 166f. 이는 다음에서 인용된다. Servetus, *Christianismi restitutio*, *De Trinitate* I, p.33. Quot. Battles tr., n. 62.

384) Hilary, *On the Trinity* I. v; II. vi (MPL 10. 28, 55; tr. NPNF 2 ser. IX. 41, 53). Quot. Battles tr., n. 63.

385) W. Cureton, tr., *Corpus Ignatianum* (1849), ch. xiii. p. 155; tr. ANF I. 119; Cf. LCC I. 81ff. Quot. Battles tr., n. 64.

지어 이러한 논쟁에 있어서조차도 그는 다른 사람들의 글에서 불확실하거나 애매한 것을 읽게 되면 그것을 없는 것같이 숨기지 않는다. 그럼에도 불구하고 그는 이 사람들이 공격하는 교리가 저 옛날부터 논쟁 없이 받아들여져 왔음을 당연시한다.[386] 이에 관해서 이전에 다른 사람들이 가르친 것으로서 그에게 알려지지 않은 것은 없다. 이는 다음 한마디 말로 분명해진다. 그가 『기독교 교리론』(De doctrina Christiana) 제1권에서 말하듯이, "아버지 안에 하나됨이 있다." 그들은 그때 아우구스티누스가 자기 자신을 잊어버렸다고 젠체할 것인가? 다른 곳에서 그는, 아버지가 누구로부터도 비롯되지 않으므로 전체 신격의 시작이라고 부른다. 그리고 아주 현명하게도, 만약 그 시작이 아버지로부터 된 것이 아니라면 이러한 하나님의 순일한 한 분이심은 생각될 수 없으므로, 하나님의 이름을 특별히 아버지께 돌린다.[387]

오직 한 가지 나는 이제 경건한 독자가 우리의 이러한 논의로 인식을 새롭게 해서, 사탄이 교리에 대한 순수한 믿음을 더럽히거나 어둡게 하려고 시도하는 모든 비방을 물리치게 되기를 소망한다. 마지막으로 나는, 만약 독자들이 정도껏 호기심을 갖고, 자기들에게 마땅한 바를 넘어서서 성가시고 혼돈스러운 논쟁들에 너무 지나치게 사로잡히는 일만 없다면, 이 교리의 요체 전부가 여기에 받아들여질 만하게 설명되었다고 믿는다. 왜냐하면 나는 과도하게 사색을 즐기는 자들은 결코 만족을 얻을 수 없다고 여기기 때문이다.

분명 나는 그렇게 명민하지 못해, 나에 대한 비방거리가 되리라고 여겨질 만한 것도 생략하지 않았다. 그러나 나는 교회를 세우는 것에[388] 열심이 있기 때문에, 유익한 점이 없지 않으나 그 유익이 매우 적은 것들과 아무 쓸데없이 독자들에게 짐이 되는 것들은 다루지 않는 것이 낫다는 경계(鏡戒)를 받아들이고

---

386) Augustine, *On the Trinity* I. iv. 7; VI (MPL 42. 824, 923–932; tr. NPNF III. 20, 97–103); *On Nature and Grace* lxi. 71–lxvi. 79 (MPL 44. 282–286; tr. NPNF V. 146–149); *Against Julian* II. i.1–II. ix. 32 (MPL 44. 671–696; tr. FC 35. 55–96). Quot. Battles tr., n. 65.

387) Augustine, *On Christian Doctrine* I. v. (MPL 34. 21; tr. NPNF II. 524): "셋 모두에게 동일한 영원성과……동일한 권세가 속한다. 아버지 안에 하나됨이, 아들 안에 동등함이, 성령 안에 하나됨과 동등함의 조화가 있다." 이 점에서 성부가 '전체 신격의 시작'(principium totius deitatis)이다. *On the Trinity* IV. xx. 29 (MPL 42. 908; tr. NPNF III. 85, note 6). Quot. Battles tr., n. 66.

388) "ecclesiae aedificationi."

자 했다. 예컨대 아버지가 항상 낳으시는지 어떤지를 논쟁하는 것이 무엇을 말해 줄 수 있는가? 이를 기화(奇貨)로 계속적인 낳음의 행위를 상상하는 것은 어리석다.389) 이로부터 분명한 것은, 영원부터 하나님 안에는 세 인격이 (위격적으로) 존재하셨다는 사실이다.

---

389) 성자의 계속적인 나심에 대한 초대 교부들의 입장에 대해 다음에서 논의된다. Lombard, *Sentences* I. ix. 10-15 (MPL 192. 547ff.). Quot. Battles tr., n. 67.

DE COGNITIONE DEI CREATORIS

제14장

성경은 또한 우주와 그 가운데 있는
모든 것의 창조 그 자체를
확실한 표지(標識)들로 삼아
하나님과 거짓 신들을 구별함

In ipsa etiam mundi et rerum omnium creatione
scripturam certis notis
discernere verum Deum a fictitiis

1–2. 하나님이 자기 뜻에 따라 친히 만물을 창조하심
3–12. 천사, 하나님의 일꾼으로서 창조된 영적 실재
13–19. 마귀, 파멸의 도구로서 사용되는 타락한 영적 실재
20–22. 피조물을 통하여 하나님의 속성을 알고 그의 은총을 누림

1. 말씀의 울타리 안에서 태초의 창조를 믿고 누림

이사야는 우매한 자들이 거짓 신들을 예배한 것은 땅의 기초가 되시고 하늘의 경계를 두시는 분이 참 하나님이시라는 사실을 배우지 못했기 때문이라고 온당한 책망을 가한다(사 40:21). 그럼에도 불구하고 우리의 천품(天稟)에는 게으름과 나태함이 있기 때문에, 신자들은 이방인들의 허구들에 빠져들지 않기 위해서 이방인들보다 더 분명하게 참 하나님을 그려 내야 한다. 철학자들은 하나님을 우주의 마음이라고[390] 기술한다. 그나마 이 표현이 그들에게는 가장 받아들일 만하다고 여겨지지만, 그 덧없음은 말할 나위가 없다. 우리에게 값진 것은 하나님 자신을 더욱 친근하게 아는 것이다. 그렇지 않다면 언제나 우리는 모호함 가운데 요동칠 것이다. 그리하여 하나님은 창조의 역사(歷史)를 존재하게 하심으로써 이를 근저(根底)로 삼는 교회의 믿음이 다른 신이 아닌, 모세에 의해서 우주의 창시자요 창설자로 제시된 그 자신을 찾게 하기를 원하셨다.

창조를 통해 처음으로 표지된 것은 시간이었다. 그리하여 시간 가운데 해(年)가 계속해서 이어졌다. 이로 인하여 신자들은 인류와 모든 것의 첫 번째 기원에 도달할 수 있게 되었다. 이런 지식은 한때 애굽과 다른 지역들에서 널리 횡

---

[390] "mentem······mundi." Cf. *Institutio*, 1.5.5.

행했던 기괴한 우화들에 맞서기 위해서뿐만 아니라 우주의 시작이 알려져서 하나님의 영원성이 더 뚜렷하게 빛남에 따라 우리가 그 경탄에 더 깊이 사로잡히기 위해서도 특별히 중요하다.[391]

어떻게 해서 하나님은 수천 세대 전에 그렇게 하실 수 있었음에도 천지를 지을 마음을 더 빨리 품지 않고 그저 한가하게 무한한 시간이 흘러가게 내버려 두셔서, 세상이 6천 년도 지속되기 전에 최후의 끝을 향해 저물어 가게 하셨는지 기이할 따름이라며 내뱉는 속된 조롱에 결코 우리 마음이 요동하게 해서는 안 된다. 하나님이 왜 그렇게 오랫동안 미루셨는지 묻는 것은 합법적이지도 유익하지도 않다. 이 깊은 수준의 끄트머리까지 가닿고자 하는 노력이 인간 마음에 있다고 한들, 그것은 백번이라도 도중에 실패할 것이다. 우리 신앙의 절제를 시험하시려고 하나님이 일부러 감춰 두려 하신 것을 우리가 알려고 한들, 그것은 조금도 이익이 없을 것이다. 어떤 몰염치한 자가 경건한 한 노인에게 "세계가 창조되기 전에 하나님은 무엇을 하셨는가?"라고 장난삼아 물었을 때, 그 노인은 "그는 호기심 많은 사람들을 위해 지옥을 만들고 계셨다."라고 응수했다.[392]

엄격하면서도 진지하기까지 한 이 훈계를 귀담아 들어, 많은 사람들의 기분을 맞추고 급기야 그들을 사악하고 해로운 사색으로 이끌어 가는 방자함을 억제하도록 하자. 요컨대 불가해한 지혜와 능력과 의를 지니신 그 보이지 않으시는 하나님이 모세의 역사를, 자기의 생생한 모습이 빛나는 거울로 우리 앞에 두신다는 사실을 기억하도록 하자. 왜냐하면 노년에 눈이 쇠하거나 다른 결함으로 무뎌지면 안경의 도움 없이는 먼 곳에 있는 것을 전혀 식별할 수 없듯이, 성경이 우리를 도와 하나님을 찾게끔 이끌지 않으면 우리는 그 순간 빛을 잃어버리고 말기 때문이다.[393] 참으로 자기 자신들의 뻔뻔함에 취해 있는 사람들은 지금의 경고를 헛되게 받고 있기 때문에, 경외하는 마음으로 하나님의 은밀한 계획들을 받아들이는 것이 하늘을 흐리게 하는 불경한 말들을 토해 내는 것보

---

391) 즉 하나님은 '창조의 역사(歷史, historia creationis)를 있게 하신, '우주의 창시자요 창설자'(opifex mundi et conditor)로서 '시간'(tempus)과 함께 만물의 '기원'(exordium)과 '시작'(exordium)이 자기로부터 비롯되게 하셨다. 그리하여 자기의 '영원성'(aeternitas)이 빛나게 하셨다.
392) Augustine, *Confessions* XI. xii (MPL 32. 815; tr. LCC VII. 253). Quot. Battles tr., n. 2.
393) Cf. *Institutio*, 1.5.12, 15.

다 얼마나 더 나은 지를, 무서운 파멸이 임하고서야 뒤늦게 깨닫게 된다.

사물들의 원인이 하나님의 뜻보다 위에 있다고 강변하는 것이 하나님께 불법이 된다는 아우구스티누스의 개탄은 정당하다.[394] 이 교부는 다른 곳에서 공간의 무한한 연장에 대한 질문 못지않게 시간의 무한한 연장에 대한 질문 역시 그릇되다고 사려 깊은 충고를 하였다.[395] 하늘의 범위가 아무리 넓다고 하더라도 그것은 어떤 한계를 지니고 있다. 만일 누군가 하나님께 궁창을 백 배는 더 높게 해 달라고 애원한다면 그 무례함이 모든 경건한 사람에게 혐오스럽지 않겠는가? 이러한 판단에 경도된 사람들은 하나님이 헤아릴 수도 없는 세대가 흐른 후에야 비로소 우주를 지으신 것은 그의 나태함 때문이라고 비난하며 동일한 광기를 뿜어낸다. 그들은 자신의 욕망이 이끄는 방식대로 행하기 위해 세계 밖으로 빠져나가려고 몸부림친다. 마치 천지의 광대한 원주(圓周) 안에 있는 헤아릴 수 없는 것들의 빛이 우리의 의식(意識)을 사로잡기에 부족하기라도 하듯이! 마치 6천 년 동안 하나님이 주신 증례(證例)들이 우리 마음의 꾸준한 묵상을 위하여 충분치 않기라도 하듯이! 그러므로 하나님이 우리를 위하여 경계를 정하고자 원하신, 우리의 마음이 방종에 빠져 방황하며 떠돌지 않도록 제한하시는 이 울타리에 둘러싸여 기꺼이 그 안에 머물도록 하자!

2. 인류를 향한 하나님의 부성적 사랑

모세는 같은 논리를 좇아 하나님의 사역은 한 순간이 아니라 엿새 동안에 완성되었다고 기술한다(창 2:2).[396] 사실이 이러하므로 우리는 모든 거짓으로부터

---

394) Augustine, *On Genesis, Against the Manichees* I. ii. 4 (MPL 34, 175). Quot. Battles tr., n. 4. 칼빈은 '사물들의 원인'(rerum causa)이 '하나님의 뜻'(voluntas Dei)에 있으므로 그 뜻이 최고의 규범(regula optima)이라고 여기는 아우구스티누스의 입장을 철저히 따른다. 이런 점이 *Institutio*, 2.2-5에서 자유의지를 다룰 때 특히 부각된다. Cf. Luchesius Smits, *Saint Augustine dans l'oeuvre de Calvin*, 2 vols. (Assen: Van Gorcum, 1957).

395) Augustine, *City of God* XI. v. (MPL 41, 320; tr. NPNF II, 207). Quot. Battles tr., n. 5.

396) '무(無)로부터의 창조'(creatio ex nihilo)를 견지하는 칼빈의 입장에 대해서는 다음을 보라. Benjamin B. Warfield, "Calvin's Doctrine of the Creation," in *Calvin and Calvinism* (New York: Oxford

벗어나 자기의 사역을 6일 동안 나누어 수행하셨던 한 분 하나님께 이끌리어 그것을 마음에 새기는 일에 삶의 전 역정(歷程)을 다 들여도 수고스럽지 않을 것이다. 왜냐하면 우리는 눈을 돌리는 방향마다 하나님의 작품들을 직관적으로 응시하지 않을 수 없음에도, 우리의 관심이 얼마나 유동적이며 우리를 감동시키는 경건한 사상이 얼마나 속히 날아가 사라지는지를 보게 되기 때문이다. 그뿐 아니라 인간의 이성은 믿음의 복종에 길들여져 제7일의 거룩함이 초대하는 안식을 준수하는 것을 배울 때까지는 마치 그러한 과정이 하나님의 권능과 맞지 않는 듯 투덜거린다.397)

그러나 우리는 사물들의 질서 그 자체 가운데서 인류를 향한 하나님의 부성적 사랑을 부지런히 마음에 새겨야 한다. 하나님이 모든 분량의 선한 것들로 세상을 부요하게 하신 후에야 아담을 창조하셨다는 사실이 이 사랑을 말해 준다.398) 만약 하나님이 아담을 아직 불모의 공허한 땅에 두셨다면, 빛이 있기 전에 그에게 생명을 주셨다면, 하나님은 사람의 필요를 충분히 채우지 않으신 듯이 보일 것이다. 그런데 하나님은 해와 별들의 운행을 인간의 필요에 맞게 조정하셨고, 땅과 물과 공기를 생물들로 채우셨으며, 모든 과일을 풍부하게 주셔서 양식이 충분하도록 하셨다. 이렇듯 가족을 위하여 염려하고 부지런히 일하는 아버지의 직책을 취하심으로 하나님은 우리를 향한 자기의 놀라운 선하심을 보이신다. 만약 누군가, 내가 여기서 단지 맛만 보고 지나간 것을 더욱 주의 깊게 숙고하게 된다면 모세가 한 분이신 창조주 하나님의 확실한 증인이며 선포자였다는 사실을 분명히 알게 될 것이다.399)

University Press, 1931), 299–302; John Murray, "Calvin's Doctrine of Creation," *Westminster Theological Journal* 17 (1954), 21–43.

397) "Hic etiam obstrepit humana ratio, quasi a Dei potentia alieni fuerint tales progressus, donec subacta ad fidei obsequium quietem illam colere discit, ad quam nos invitat septimi diei sanctificatio."

398) "In ipso autem ordine rerum diligenter considerandus est paternus Dei amor erga humanum genus, quod non ante creavit Adam quam mundum omni bonorum copia locupletasset."

399) 칼빈은 창조와 섭리와 관련하여 하나님의 부성적 사랑(amor paternus), 부성적 호의(favor paternus), 부성적 돌보심(cura paterna), 부성적 자비(misericordia paterna), 부성적 관용(clementia paterna) 등의 표현을 자주 사용한다. 그러나 이러한 하나님의 부성(父性, paternitas)은 아들을 통하여 언약을 이루시는 구원의 은혜에서 가장 현저하게 나타난다. Cf. Garret A. Wilterdink, "The Fatherhood of God in Calvin's

나는 모세가 하나님의 본질 자체에 대한 말씀을 기록하고 있을 뿐만 아니라 그의 영원한 지혜와 영에 대해서 우리에게 밝히고 있다는 것, 그리고 자기 자신이 그 분명한 형상 가운데 인식되도록 하시는 분 외에는 우리가 다른 어떤 하나님도 상상해서는 안 된다는 것을 이미 설명했기 때문에[400] 이것들에 대해서는 생략한다.

3. 천사의 창조

그러나 사람의 본성에 대해서 더 자세하게 논하기 전에[401] 천사에 관한 어떤 것을 덧붙여 다룰 필요가 있다.[402] 모세는 일반인들의 무지에 맞추어서[403] 창조의 역사(歷史)에 있어서 우리의 눈에 보이게 일어난 하나님의 일 외에는 어떤 것도 언급하지 않는다. 그럼에도 불구하고 나중에 그가 천사들을 하나님의 일꾼들[404]로 소개할 때, 그들이 자기들의 노력과 직분을 다하여 성심껏 섬기고 있는 분이 그들을 지으신 창조주가 되심을 우리는 쉽게 추론할 수 있을 것이다. 비록 모세가, 일반인의 어법을 좇아, 기본 원리들을 수립하는 데 있어 맨 처음부터 천사들을 하나님의 피조물들로 헤아리는 일을 하지는 않지만, 성경이 다른 여러 곳에서 천사들에 대해 반복해서 가르치는 것을 우리가 명료하고 확실하게 전하는 것을 방해하지는 않는다. 왜냐하면 만약 우리가 그의 사역들을 통하여 하나님을 알고자 한다면 우리는 결코 이렇듯 뚜렷하고 고상한 표본을 무시해서는 안 되기 때문이다.

Theology," *Reformed Review* 30 (1976-1977), 9-22.

400) *Institutio*, 1.13.22-24.
401) *Institutio*, 1.15; 2.1.
402) 다음의 글은 칼빈의 천사론을 창조와 섭리의 큰 체계 안에서 고찰한다. Susan E. Schreiner, *The Theater of His Glory: Nature and the Natural Order in the Thought of John Calvin* (Durham, NC: Labyrinth Press, 1991), 39-53.
403) "vulgi ruditati se accommodans."
404) "Dei ministros."

그뿐 아니라 이 교리는 많은 오류들을 반박하는 데 매우 필요하다. 많은 사람들은 천사의 본성이 탁월하다는 점에 자기들의 마음이 사로잡혀 만약 천사들이 한 분 하나님의 주권에 종속되어 마치 어느 서열에 속해야 하듯이 강요된다면 이는 적합지 않다고 생각하였고, 그런 이유로 천사들에게 신성을 돌리기도 하였다. 그 가운데 자기의 분파와 함께 나타난 마니(Mani)[405]가 있었다. 그는 하나님과 마귀를 두 원리로 삼아 자기의 입장을 세웠는데, 모든 선한 것의 기원을 하나님께 돌렸으며 마귀를 악한 본성들의 조성자로 삼았다. 만약 이 광기의 덫에 우리 마음이 걸려들어 사로잡힌다면 우주 창조에 빛나는 하나님 자신의 영광이 하나님에게 머물지 않게 될 것이다. 왜냐하면 영원성과 자존성($αὐτοουσία$), 즉 자기 자신에 의한 실존보다 하나님의 특성에 부합하는 것은 그 어디에도 없기 때문이다. 그러므로 이를 마귀에게 돌리는 사람들은 어떤 면에서 마귀를 신성의 이름으로 장식하는 자들이 아니겠는가? 만약 주권이 마귀에게 용인된다면, 그는 분개하거나 반항하면서 무엇이든 하나님의 뜻을 거슬러 자기 원대로 하고자 하지 않겠는가? 여기 어디에 하나님의 전능하심이 있겠는가? 마니주의자들의 유일한 기초는 어떤 악한 것의 창조를 선하신 하나님께 돌리는 것이 불가하다는 데 있다. 이는 어떤 악한 본성이 처음부터 온 세상에 존재한다는 주장을 결코 인정하지 않는 정통 신앙에 맞서 그 어떤 해도 끼치지 못한다. 왜냐하면 사람의 타락과 죄성뿐만 아니라 마귀의 타락과 죄성, 또는 이것들로부터 나오는 죄들은 본성으로부터가 아니라 본성의 오염으로부터 기인하기 때문이다. 처음부터, 존재하는 것은 무엇이든 그 가운데 하나님 자신의 지혜와 의 모두를 드러내는 표본이었다.[406]

그러므로 이러한 사악한 사술들에 맞서기 위해서 우리는 눈이 미치는 곳 너머로 마음을 드높이 들어 올려야 한다. 미루어 보건대 이러한 의도로 니케아

---

[405] Cf. *Institutio*, 1.13.1.

[406] "quandoquidem nec pravitas et malitia tum hominis, tum diaboli, aut quae inde nascuntur peccata, ex natura sunt, sed ex naturae corruptione; nec quidquam omnino ab initio exstitit, in quo non et sapientiae et iustitiae suae specimen ediderit Deus." Augustine, City of God XIX. xiii (MPL 41. 641; tr. NPNF II. 409); *Against Julian* I. v. 16, 17 (MPL 44. 650f.; tr. FC 35. 18ff.); *Contra Julianum, opus imperfectum* I. cxiv (MPL 45. 1124f.). Quot. Battles tr., n. 11.

신경에서는 하나님을 만물의 창설자로 부르면서 보이지 않는 것들의 창조를 분명히 표현하고 있다.[407] 이를 염두에 두고 우리는 경건의 규범에 따라 요구되는 한도 내에서 주의를 다하여 독자들이 필요한 것 이상으로 깊이 사색함으로 신앙의 단순성을 벗어나 방황하지 않도록 해야 한다. 분명 성령은 언제나 우리의 소용에 닿는 것을 가르치시지만 건덕에 이르는 가치가 거의 없는 사소한 것들에 대해서는 절대적으로 침묵을 지키시거나 가볍게 잠시 그것들을 손대실 뿐이다. 그러므로 우리의 의무가 또한 여기에 있으니, 우리는 도움이 되지 않는 것들은 기꺼이 무시해야 한다.

4. 천사들에 관한, 성경의 단순한 가르침

천사들은 하나님의 명령들을 수행하도록 임명받은 그의 일꾼들이기 때문에 그들 역시 그의 피조물들[408]이라는 사실에 대해 어떤 논쟁의 여지도 없어야 한다(시 103:20-21). 그들이 창조되었던 시간과 순서에 대해 반론을 제기하는 것은 부지런함이 아니라 성마름에서 비롯된 것이 아니고 무엇이겠는가?[409] 모세는 땅이 다 이루어졌고 하늘도 그 모든 무리(天群)와 함께 다 이루어졌다고(창 2:1) 말한다. 이러하니, 별들과 행성들 외에 그것들보다 더 깊은 곳에 있는 다른 많은 하늘의 무리들이 몇째 날에 존재하기 시작했는지를 열성적으로 고찰한다고 해서 무슨 적실성이 있겠는가?

더 이상 시간을 끌지 말고, 기독교의 모든 교리를 다룰 때와 다를 바 없이 여기에서도 절제와 절도의 한 규범을[410] 부여잡고 하나님의 말씀을 통해 우리에게 전해진 것 외에는 그 어떤 모호한 것들에 대해서도 말하거나, 의식하거나,

---

407) "We believe in one God, the Father Almighty, Maker of all things visible and invisible." Philip Schaff, *The Creeds of Christendom*, vol. 1, *The History of Creeds* (Grand Rapids: Baker, 1996, rep.), 27.

408) "illius[Dei] creaturas."

409) Augustine, *City of God* XI. ix (MPL 41. 323-325; tr. NPNF II. 209f.); Lombard, *Sentences* II. ii. 1 (MPL 192. 655). Quot. Battles tr., n. 12.

410) "unam modestiae et sobrietatis regulam."

심지어 알려고도 하지 말자. 나아가 성경을 읽을 때 우리는 건덕에 속한 것들을 쉼 없이 찾아내고 묵상하도록 노력하고, 호기심이나 무익한 것들에 대한 열심에 탐닉하지 않도록 하자. 여호와는 하찮은 질문들 가운데서가 아니라 순수한 경건 가운데서, 그의 이름에 대한 경외 가운데서, 참 확신 가운데서, 경건의 직분들 가운데서 우리를 가르치기 원하셨으므로 그 지식 가운데서 쉼을 누리도록 하자.

이러하므로 만약 우리가 합당한 지혜를 얻고자 한다면 게으른 사람들이 하나님의 말씀을 멀리하고 천사들의 본성, 계급, 수에 관해서 가르치고자 한 공허한 사색들을(ματαιώματα) 버려야 한다. 나는 많은 사람들이 일상에서 활용되는 유익한 것들보다 이러한 헛된 것들에 더욱 심취해서 그 쾌락에서 벗어나지 못하고 있음을 알고 있다. 우리는 그렇지 아니하니, 우리가 그리스도의 제자들이라는 사실을 부끄러워하지 아니할진대, 그 자신이 우리에게 명령하신 방법을 좇는 것을 부끄러워하지 말자. 그때 우리에게 다음과 같은 일이 일어날 것이니, 우리는 그의 가르침에 만족하여 그가 우리에게 돌아서게 하신 무익한 사색들을 버리게 될 뿐만 아니라 미워하게 될 것이다.

디오니시오스(Dionysios)가 누구였든지 간에,[411] 그가 자기의 책 『하늘의 계급』(De coelesti hierarchia)에서 많은 문제들을 세심하고도 예리하게 논했다는 점을 아무도 부인하지 않을 것이다. 그러나 누군가 이를 더욱 밀착해서 연구해 보면 그 대부분이 단지 다변(多辯)에 불과하다는 사실을 발견하게 될 것이다.[412] 신학자에게 주어지는 일은 수다를 떨어 귀를 즐겁게 하지 아니하고 참된 것들, 확실한 것들, 유익한 것들을 가르침으로 양심을 보강하는 데 있다.[413] 만약 당신이 그 책을 읽는다면 당신은 그가 배운 것이 아니라 그의 눈으로 본 것을 주섬

---

411) "quicunque fuerit."

412) Pseudo-Dionysius, *De coelesti hierarchia* (MPG 3. 119-368; tr. J. Parker, *The Celestial and Ecclesiastical Hierarchy of Dionysius Areopagitica*). 디오니시오스는 행 17:34의 '디오니시오스 아레오파기테스'(Dionysios Areopagites, ?-?)를 필명으로 하는 익명의 저자로서 5세기 후반에 천사에 관한 여러 글들을 썼으며 17세기에 비로소 널리 알려졌다. 루터(Luther, 1483-1546)는 디오니시오스가 '누구였든지 간에'(quicunque fuerit) 인정할 수 없다고 하였다. Luther, *Werke* WA VI. 562. Quot. Battles tr., n. 14.

413) "Theologo autem non garriendo aures oblectare, sed vera, certa, utilia docendo, conscientias confirmare propositum est."

거리며 들려주는, 하늘로부터 내려온 한 사람을 생각하게 될 것이다. 그러나 셋째 하늘 너머로 이끌려 갔던 바울은(고후 12:2) 그 사실에 대해서 아무것도 말하지 않았을 뿐만 아니라 그가 보았던 것을 말하는 것이 불가하다고 또한 증언하였다(고후 12:4). 그러므로 이러한 허튼 지혜에는 작별을 고하고 여호와가 자기의 천사들에 대해서 우리에게 알리고자 원하시는 것을 성경의 단순한 가르침을 통하여 마음에 담도록 하자.

5. 성경이 전하는 천사의 이름들

성경 여러 곳에서 읽는 바와 같이 천사들은 하나님이 작정하신 모든 것을 이루시려고 그들의 사역과 순종을 사용하시는 하늘의 영들[414]이다(시 103:20-21). 이러한 이름이 그들에게 돌려진 것은 하나님이 자기를 사람들에게 드러내시려고 그들을 전령사와 같이 사용하시기 때문이다. 그들을 부르는 다른 이름들도 이와 비슷한 이유에서 취해졌다. 그들이 "천군"(눅 2:13)이라고 불리는 것은 임금을 옹위하는 근위병들로서 그의 엄위를 찬미하고 그것을 널리 선전(宣傳)하며 마치 사병들이 언제나 담당 지휘관의 신호에 촉각을 곤두세우고 그의 명령이 떨어지면 즉각 그것에 효과적으로 대처해 나갈 능력을 갖추고 있듯이 그들도 그러하기 때문이다. 그들은 이러한 일을 이미 감당하고 있다. 다른 선지자들은 하나님의 장엄하심을 선포하기 위해 그의 보좌의 형상을 기술하는데, 특히 다니엘은 하나님이 심판좌에 오르실 때 천천이요 만만이 모셔 섰다고 말하는 것이 주목된다(단 7:10). 여호와는 그들을 통해 그의 손의 힘과 굳셈을 놀랍게 보여 주시고 선포하신다. 이런 이유로 그들은 "능력"(엡 1:21; 고전 15:24)이라는 이름으로 불린다. 또 하나님은 그들을 통해서 세상 가운데서 자기의 주권을 실행하시고 그 경륜을 이루시기 때문에 그들은 때로는 "통치", 때로는 "권세",

---

[414] "coelestes spiritus quorum ministerio et obsequio utitur Deus ad exsequenda omnia quae decrevit."

때로는 "주권"(엡 1:21; 참조. 골 1:16; 고전 15:24)이라고 칭하여진다. 마지막으로 어떤 점에서 그들 가운데는 하나님의 영광이 머물기 때문에, 그들은 이런 이유로 "보좌들"(적용. 골 1:16)이라고도 불린다. 여하튼 나는 이 마지막 이름에 대해서는 아무 말도 하지 않고자 한다. 상이한 해석이 이에 맞먹거나 이보다 훨씬 낫기 때문이다. 그러나 성령은 천사의 사역의 존귀함을 드높이기 위해서 앞의 이름들을 종종 사용한다.

그러므로 하나님이 자기의 신령한 엄위의 현존을 특별히 드러내시려고 사용하신 이러한 도구들에 어떤 영예도 부여하지 않고 지나가는 것은 불합리하지 않은가? 이 때문에 심지어 그들은 한 번 이상 "신들"(시 138:1)이라고 선포된다. 마치 거울과 같이 그들의 사역은 어떤 부분에서 우리에게 신성을 표상하기 때문이다. 나는 '여호와의 사자'가 아브라함(창 18:1), 야곱(창 32:2, 28), 모세(출 3:2), 그리고 다른 사람들에게(수 5:14; 삿 6:14; 13:10, 22) 나타나셨다고 성경이 언급하는 곳에서 고대의 저자들이 이를 그리스도였다고 해석하는 것에 대하여 불만이 없다.⁴¹⁵⁾ 그럼에도 불구하고 모든 천사에 대한 언급이 있을 때, "여호와의 사자"(창 22:11-12)는 그들에게 돌려지는 이름도 된다.⁴¹⁶⁾ 이를 무슨 놀라운 일이라도 되는 듯이 여겨서는 안 된다. 가장 높으신 왕이자 심판자이신 하나님을 대신하여 역할을 감당하는 수령들과 통치자들에게 영예가 주어지는 것이 합당할진대(시 82:6), 하나님의 영광의 광채가 훨씬 더 풍부하게 빛나는 천사들에게 영광이 부여되어야 하는 데는 더 큰 이유가 있지 않겠는가?

6. 신자들을 섬기는 여호와의 사자

그러나 성경은 무엇이 우리의 위로와 믿음의 확정을 극대화시킬 수 있는지를 우리에게 가르치기 위해 가장 많이 힘쓴다. 그것은 다름 아닌 천사들이, 하

---

415) Cf. *Institutio*, 1.13.10.
416) Cf. Reymond, *Jesus Divine Messiah: The New and Old Testament Witness*, 72-75.

나님이 우리에게 베푸시는 자애(慈愛)의 관리자들이자 경영자들[417]이 된다는 사실이다.

이를 말하고자, 성경은 그들이 우리의 안전을 위하여 줄곧 파수하고, 우리를 보호하는 일을 떠맡고, 우리의 길을 인도하고, 우리에게 역경이 닥치지 않도록 시름한다고 상기시킨다. 다음 문장들은 보편적인 의미를 지니는데, 첫 부분은 교회의 머리이신 그리스도와, 다음 부분은 모든 신자와 관계된다. "그가 너를 위하여 그의 천사들을 명령하사 네 모든 길에서 너를 지키게 하심이라 그들이 그들의 손으로 너를 붙들어 발이 돌에 부딪히지 아니하게 하리로다"(시 91:11-12). 또한 "여호와의 천사가 주를 경외하는 자를 둘러 진 치고 그들을 건지시는도다"(시 34:7).

여기에서 하나님은 당신에 관하여 자기의 천사들에게 명령하시어 그들이 모든 길에서 당신을 지키도록 하신다. 이러한 까닭에, 여호와의 사자가 도망치고 있는 하갈을 위로하고 그녀에게 명하여 그녀의 여주인과 화해하도록 명령한다(창 16:9). 또한 아브라함은 천사가 그의 종이 행하는 길의 인도자가 되리라는 약속을 받는다(창 24:7). 야곱은 에브라임과 므낫세를 축복하면서 모든 악으로부터 건지신 여호와의 사자가 그들을 번영하게 해 달라고 기도한다(창 48:16). 이렇듯 천사는 이스라엘 백성의 진을 보호하도록 임명되었다(출 14:19; 23:20). 하나님은 원수의 손에서 이스라엘을 구원해 내고자 하셨을 때마다 천사들의 사역을 통하여 대적에게 보복할 자들을 일으켜 세우셨다(삿 2:1; 6:11; 13:3-20). 마지막으로 다른 예들을 굳이 다 상기시킬 필요 없이, 천사들은 그리스도를 섬겼으며(마 4:11) 모든 역경 가운데 그와 함께 있었다(눅 22:43). 그들은 그의 부활을 여자들에게(마 28:5, 7; 눅 24:5), 그의 영광스러운 재림을 제자들에게(행 1:11) 선포했다. 그러므로 우리 보호의 직분을 완수하기 위해 그들은 마귀들과 우리의 모든 적에 대항해서 싸우고 우리를 해치는 자들에게 하나님의 보복이 임하게 한다. 우리가 읽듯이, 여호와의 사자는 포위된 예루살렘을 해방시키기 위해 앗수르 왕의 진영에서 하룻밤 동안 185,000명을 죽였다(왕하 19:35; 사 37:36).

---

[417] "divinae erga nos beneficentiae dispensatores……et administros."

7. 어느 개인에게 특정된 수호천사는 없음

여기에 또 다른 문제가 있는데, 각 신자 개인에게 그들의 보호를 위하여 각각 다른 천사가 개별적으로 할당되는지에 대한 것이다. 나는 이를 감히 무엇이라 주장할 수 없다. 페르시아인들의 천사와 헬라인들의 천사를 소개하면서 다니엘은 어떤 특정한 천사들이 마치 수호자들과 같이 나라들과 지방들을 위하여 지정되어 있음을 지적한다(단 10:13, 20; 12:1). 또 그리스도는 어린아이들의 천사들이 항상 아버지의 얼굴을 본다고 말씀하심으로써(마 18:10) 그들의 안전이 어떤 특정한 천사들에게 위탁되어 있음을 암시하신다. 그렇다고 각자에게 고유한 천사가 있어서 각자를 고유하게 다스린다고 결론지어서는 안 된다. 우리는 우리 가운데 한 사람을 돌봄이 어느 한 천사의 일이 아니며 모든 천사가 하나가 되어 우리 각자의 구원을 깨어 살핀다는 사실을 확실하게 견지해야 한다. 왜냐하면 모든 천사는 한 사람의 죄인이 돌이켜 회개하면 의 가운데 흔들림 없이 살아온 의인 아흔아홉보다 더 기뻐한다고 일컬어지기 때문이다(눅 15:7). 또 많은 천사들에 의해서 나사로의 영혼이 아브라함의 품에 안기게 되었다고 전한다(눅 16:22). 그리고 엘리사가 특별히 그를 위하여 지정된 그토록 많은 불병거를 그의 종에게 보여 준 것은 헛된 일이 아니다(왕하 6:17).

여기에 나머지 무엇보다 좀 더 분명히 이를 확정하는 듯이 여겨지는 한 본문이 있다. 베드로가 감옥으로부터 이끌려 나와서 형제들이 모여 있는 집의 문을 두드렸을 때 그들은 그가 베드로라고는 상상도 할 수 없었기 때문에 "그의 천사"(행 12:15)라고 하였다. 그들이 이렇게 여긴 것은 신자 각자에게는 각각 자기에게 속한 수호천사가 지정되어 있다는 일반적인 관념으로부터 비롯된 그릇된 생각이 그들의 마음속으로 들어갔기 때문인 듯하다. 여기에서 여호와가 천사들 중 어떤 하나를 보내셔서 베드로를 돌보게 하셨다고 이해하는 데 그 어떤 거침도 없다. 그렇다고 해서 그 천사가 베드로의 영원한 수호천사라도 되듯이 여겨서는 안 된다. 유사한 방식으로 일반 사람들은 마치 서로 다른 두 수호신이라도 되듯이 각각의 사람에게 맡겨진 선하고 악한 두 천사를 상상한다. 그러나 우리와 큰 관계가 없는 것을 열성을 다하여 탐구하는 것은 무가치하다. 왜냐하면 만약 어떤 사람이 자기의 구원을 위하여 모든 계층의 하늘 군대가 파수하고 있다는 사실에 만족하지 않고 있다면, 한 천사가 그에게 고유하게 주어진 수호자가 된다는 사실을 아는 것으로부터 얻을 수 있는 유익이 무엇일지 나는 알지 못한다. 하나님이 우리 각자에게 베푸시는 돌보심을 한 천사에 국한시키는 사람들은 자기들에게뿐만 아니라 교회의 모든 지체에게 큰 불의를 행하고 있는 것이다. 이는 마치 우리를 사방에서 엄호하고 지키고 있는 원군(援軍)들과 함께 우리가 더욱 용맹스럽게 싸워야 하는데, 이러한 원군들에 대한 약속을 공허하게 여기는 것과 같다.

8. 이름에 비추어 본 천사들의 수와 계급

감히 천사들의 수와 계급에 대해 확정하려는 자들[418]은 그들이 무슨 근거를 가지고 있는지 돌아보아야 할 것이다. 미가엘은 다니엘에 의해 "큰 군주"(단 12:1)로, 유다에 의해서는 "천사장"(유 1:9)으로 불린다. 바울은 나팔을 불어 사람들을 심판의 자리로 부를 자가 "천사장"(살전 4:16; 참조. 겔 10:5)이라고 가르친다. 나도 이를 인정한다. 그러나 누가 이에 기초해서 천사들의 영예의 정도를 규정하고, 각각을 그 드러난 징표로 구별하며, 각각에게 그 자리와 지위를 맡길 수 있겠는가? 성경에 존재하는 "미가엘"(단 10:21)과 "가브리엘"(단 8:16; 눅 1:19, 26)이라는 두 이름과, 만약 당신이 토비트의 역사로부터 한 이름을 더하기를 원한다면, 거기에 셋째 이름(라파엘, 토비트 12:15)이 있는데, 이 이름들은 우리의 수용 능력이 연약함으로 말미암아 각각의 이름의 뜻이 각각에게 적용된 듯이 보인다. 그럼에도 불구하고 나는 이 문제를 미결인 채로 두고자 한다.

수에 관해서 우리는 그리스도의 입에서 많은("열두") "군단"(마 26:53)이라는 말을, 다니엘로부터는 수천만("천천이요 만만", 단 7:10)이라는 말을 듣는다. 엘리사의

---

418) Cf. Origen, *De principiis* I. viii. 1 (GCS 22. 228; MPG 11. 176; tr. ANF IV. 264f.; Butterworth, *Origen On First Principles*, pp. 193f.); Pseudo-Dionysius의 영향을 받은 중세 신학자들, Lombard, *Sentences* II. ix (MPL 192. 669); Aquinas, *Summa Theol*. I. cvi–cxiv. Quot. Battles tr., n. 17.

사환은 "가득한 불병거"(적용. 왕하 6:17)를 보았다. 그리고 천사들이 "주를 경외하는 자들을 둘러 진 치고"(적용. 시 34:7) 있었다고 전하는 것은 그 수가 어마어마함을 가리킨다.

영에는 형체가 결여되어 있음이 확실하다. 그러나 성경은 우리를 위하여 우리 천품의 수준에 걸맞게 그룹이나 스랍이라는 이름들 하에 날개 가진 천사들을 그려 내고 있다. 이는 결코 무익하지 않다. 이로써 우리는 그들이 믿을 수 없는 신속함 가운데 마치 번개가 제 속도를 내며 하늘로부터 땅으로 날아오듯이, 항상 우리에게 도움을 베풀 준비를 하고 있음을 의심하지 않게 될 것이다. 그들의 수와 계급을 찾고자 하는 여타의 노력이 있을지 모르나, 그 비밀들에 대한 완전한 계시가 있을 마지막 날까지 미루어 두도록 하자. 그러므로 이를 잘 기억해서 과도한 호기심을 가지고 탐색하거나 너무 당찬 말들을 하는 것을 피하도록 하자.

9. 실제로 존재하는 본성을 지닌 영적 실체로서의 천사

그럼에도 불구하고 무분별한 사람들[419]이 문제로 삼고 있는 다음에 대해서 확실하게 해 두어야 한다. 즉 천사들은 "섬기는 영"(히 1:14)이며 하나님은 그의 백성을 보호하기 위하여 그들의 충성을 사용하신다. 또 하나님은 그들을 통하여 자기의 은총을 사람들 가운데 나눠 주시고 그 나머지 일들을 수행하신다.

실로 한때 사두개인들은 천사들이 단지 하나님이 사람들을 고쳐시키는 감동이나 하나님 자신에 의해 발휘되는 능력의 표본들이라는 의견을 가지고 있었다(행 23:8). 그러나 수많은 성경의 증언들은 이런 부조리를 반박하면서 그런 우둔한 무지가 그 백성 가운데 횡행하고 있었다는 것이 기이할 뿐이라고 비난의 목소리를 높인다. 왜냐하면 내가 위에서 인용했던, 수천의 천사들과 그들

---

419) 다음 글에서 칼빈은 자유주의자들(Libertines)이 천사에 대한 이교적인 입장을 개진하고 있음을 비판한다. *Contre la secte phantastique et furieuse des Libertins qui se nomment spirituelz*, xi (CO 7.179–180).

의 군단들이 언급되고(계 5:11; 마 26:53), 기쁨이 그들에게 돌려지고(눅 15:10), 그들의 손이 신자들을 붙들고(시 91:12; 마 4:6; 눅 4:10-11), 신자들의 영혼을 이끌어 쉼에 이르게 하며(눅 16:22), 그들이 아버지의 얼굴을 보게 한다고(마 18:10) 하는 등의 말씀들을 담고 있는 본문들 외에도 천사들이 실제 존재하는 본성을 지닌 영420)이라는 사실을 분명히 입증하는 다른 본문들이 있기 때문이다. 아무리 이에 대한 곡해가 심하다 하더라도 우리는 스데반과 바울이 말한 율법은 천사들의 손을 통하여 전해졌다는 사실을(행 7:53; 갈 3:19) 믿어야 한다. 그리고 우리는 부활 이후에 신자들은 천사들과 같이 될 것이라는 사실(마 22:30), 심판의 날이 심지어 천사들에게도 알려지지 않았다는 사실(마 24:36), 그리고 그리스도가 거룩한 천사들과 함께 오실 것이라는 사실을(마 25:31; 눅 9:26) 믿어야 한다. 마찬가지로 바울이 디모데에게 그리스도와 그의 택함을 받은 천사들 앞에서 자기의 훈계들을 지키도록 부탁했을 때(딤전 5:21), 그는 천사들을 실체가 없는 속성들이거나 영감들이 아니라 참된 영들421)이라고 가르치고 있었다. 우리가 히브리서에서 읽게 되는, 그리스도는 천사들보다 훨씬 뛰어나게 되셨다는 사실(히 1:4), 세상이 그들에게 복종하지 않는다는 사실(히 2:5), 그리고 그리스도가 천사들의 본성이 아니라 사람의 본성을 취하셨다는 사실(히 2:16)을 통하여, 그들이 이러한 비교들이 적용될 수 있는 복된 영들이라는 점을 이해하지 않고 우리가 위에서 살펴본 바와 다른 설명을 한다면 그것은 결코 조리에 맞지 않을 것이다. 이 편지의 저자는 신자들의 영혼과 거룩한 천사들을 동시에 하나님의 나라 안에 모으면서 이러한 자기의 입장을 분명하게 한다(히 12:22).

이에 더하여서, 어린아이들의 천사들이 하나님의 얼굴을 항상 뵙는다는 사실(마 18:10), 우리가 그들의 호위로 보호를 받는다는 사실(눅 4:10-11), 그들이 우리의 구원을 기뻐한다는 사실(눅 15:10), 그들이 교회에 베푸시는 하나님의 다양한 은혜를 기이히 여긴다는 사실, 그리고 그들이 머리이신 그리스도 아래에 있다는 사실이 있다. 이는 그들이 수차례 사람들의 형상으로 거룩한 족장들에게

---

420) "re vera……spiritus naturae subsistentis."
421) "non qualitates aut inspirationes sine substantia, sed veros spiritus."

나타나서 그들과 함께 말하고 그들의 환대를 받은 사실과 관계된다(창 18:2). 그리고 그리스도 자신도 그가 중보자의 인격 가운데 보유하고 계신 머리 되심으로 인하여 "사자"(말 3:1)라고 불리신다.[422]

어쨌든 내가 이에 대해서 간략하게만 다루는 것이 유익하다고 여기는 것은 사탄에 의해서 수년 전에 제기되었으며 그 이후로도 간간이 새롭게 나타나고 하는 어리석고 불합리한 의견들에 맞서서 단순한 사람들을 미리 무장시키기 위해서이다.

10. 천사들에게는 하나님의 영예를 돌려서도 하나님의 영광을 올려서도 안 됨

이제 우리에게는 암암리에 자주 침투해 들어오곤 하는 미신에 대처하는 일이 남아 있는데, 이 미신은 천사들이 우리에게 모든 선한 것을 베푸는 일꾼들이자 그것들을 나누어 주는 분여자들이라고 하면서 악영향을 끼친다. 사람의 이성은 일단 사악한 길에 서게 되면 걷잡을 수 없게 되어 천사들에게 어떤 영예도 제한해서는 안 된다는 주장에 이른다. 그리하여 오직 하나님과 그리스도께만 속한 것이 천사들에게 잘못 돌려지는 일이 일어나게 된다. 이렇듯 그리스도의 영광이 지난 수세대 동안 여러모로 희미해져 갔는데, 그동안 하나님의 말씀이 배제된 가운데 헤아릴 수 없는 찬사가 천사들 위에 후히 부어졌다. 오늘날 우리가 싸우고 있는 악들 가운데 이보다 더 오래된 것은 어디에도 없을 것이다. 이러한 일은 심지어 바울에게도 이미 나타나는데, 그는 천사들을 지나치게 높이고 그만큼 그리스도를 강등시켜 그들과 같은 수준에 두고자 했던 사람들과 큰 싸움을 벌였다. 그뿐 아니라 그는 골로새서에서 심히 큰 근심 가운데 그리스도를 모든 천사보다 더 중히 여겨야 할 뿐만 아니라 그들에게 속한

---

[422] "Christus ipse, ob primatum quem obtinet in persona mediatoris, angelus vocatur."

모든 선한 것의 조성자가 되신다는 사실을[423] 강권적으로 주장한다(골 1:16, 20). 그가 이렇게 하는 것은 우리가 그리스도를 떠나지 않도록 하기 위함이며, 우리가 전향하여 스스로 자기 자신을 충족시킬 수 없고 우리와 동일한 샘에서 물을 길어야 하는 자(천사)들에게 우리 자신을 넘겨주지 않도록 하기 위함이다. 확실히 천사들 가운데는 신령한 신적 광채가 빛나고 있으므로, 경이로움에 사로잡혀 그들 앞에 엎드려 경배를 드리며 또한 오직 하나님께만 속한 모든 것을 그들에게 돌리는 것보다 더 쉬운 것은 어디에도 없다. 요한 역시 이 일이 자기에게 일어났음을 요한계시록에서 고백한다. 그러나 요한은 동시에 자기에게 "나는 너와 같이 된 종이니 삼가 그리하지 말고 하나님께 경배하라"(적용. 계 19:10; 22:8-9)라는 천사의 대답이 들려왔다는 사실을 덧붙인다.

11. 하나님은 천사들을 통하여 자기가 원하시는 일들을 행하심

만약 우리가 왜 하나님은 천사들을 통해서 자기의 권능을 선포하시고, 신자들의 안전을 돌보시며, 자애로 베푸시는 자기의 은사들을 신자에게 나누어 주시는 일을 천사들의 행위 없이 스스로 하지 않으시는지를 곰곰이 생각해 본다면 위에서 말한 위험을 잘 피해 갈 수 있을 것이다. 분명한 것은 마치 하나님이 천사들 없이는 일을 할 수 없기라도 하신 듯이 그가 필연적으로 이렇게 행하신다고 하는 것은 그릇되다는 사실이다. 왜냐하면 그는 자기가 좋아하실 때에는 언제든지 천사들을 그냥 두시고 오직 자기의 뜻에 따라 자기의 일을 이루시기 때문이다. 이렇듯 천사들은 하나님을 돕기는 하되 그것이 하나님의 어려움을 덜어 드리는 것과는 거리가 멀다. 다만 하나님이 그들을 사용하시는 것은 우리의 연약함에 위로를 더하심으로써 우리가 우리의 마음을 들어 올려 선한 소망에 이르거나 그 마음을 평온함 가운데 확정하도록 하시기 위함이다. 이

---

[423] "Christum non modo angelis omnibus esse anteferendum, sed ipsis quoque bonorum omnium esse autorem."

를 우리가 갈구하도록 하자. 참으로 우리는 여호와가 자기를 우리의 보호자라고 선포하신다는 사실 그 한 가지만으로도 더 바랄 것 없이 아주 만족해야 한다. 그럼에도 불구하고 우리는 우리 자신이 그 많은 위험, 그 많은 해로운 것들, 그 많은 적들에 포위되어 있음을 보게 될 때, 너무 유약하고 연약하여, 만약 여호와가 우리에게 우리가 정도껏 받을 수 있는 은혜를 베푸시고 그 현존을 우리가 깨닫도록 하지 않으신다면 우리 안에 공포의 전율이 가득 차서 절망에 무릎을 꿇게 될 것이다. 이러한 까닭에 그는 우리를 돌보시겠다는 약속을 하실 뿐만 아니라 그가 우리의 안전을 살피시기 위해 무수한 근위병들을 두고 명령하셨다고 우리에게 말씀하신다. 그리하여 우리가 그의 보호와 후견에 둘러싸여 있는 이상 어떤 위험이 닥쳐와 위협을 가해도 악을 행할 모든 불확실한 것에 빠지지 않고 그것을 넘어서게 하신다. 우리가 한 분 하나님의 보호에 대한 그 단순한 약속을 받은 후에도 "나의 도움이 어디서 올까"(시 121:1)라며 찾고 있다면 맹세코 우리는 잘못을 범하고 있는 것이다. 그러나 여호와가 베푸시는 한량없는 관용과 온후하심에 의지하여 우리가 우리의 잘못을 치료하기 원한다면 어떤 이유로도 우리는 그의 큰 은총을 무시해서는 안 될 것이다. 우리는 엘리사의 사환에게서 이에 대한 한 예를 발견한다. 그는 산이 아람 군대에 의해 포위되어 어떤 탈출로도 없는 것을 보게 되었을 때 공포에 압도되어 자기와 자기 주인에게 모든 것이 다 끝나기라도 한 것같이 여겼다. 그때 엘리사는 하나님께 사환의 눈을 열어 달라고 기도했다. 그러자 즉시 사환은 불말과 불병거, 곧 천사들의 무리가 그 선지자를 두르고 보호하고 있음을 보았다(왕하 6:17). 이 환상에 힘을 얻어 그는 정신을 되찾고 불굴의 용기를 지니게 되었다. 그리하여 보기만 해도 거의 혼절할 것 같았던 그 적들을 이제는 하찮게 여기게 되었다.

12. 천사들을 통하여 오직 한 분 여호와를 바라보고 의지함

그러므로 우리는 천사들의 사역에 관해서 일컬어지는 모든 말을 사용하여 일체의 의혹을 물리치고 하나님께 둔 소망을 더욱 견고하게 세우도록 하자. 왜냐하면 여호와가 우리를 위하여 이러한 도움을 마련하신 것은 우리가 공포에 사로잡혀, 그의 힘이 마치 적들의 무리에 제압을 당하기라도 하듯이 여겨지지 않도록 하시기 위함이다. 우리가 마치 경구와 같이 피난처로 삼을 것은, "우리와 함께한 자가 그들과 함께한 자보다 많으니이다"(왕하 6:16)라고 한 엘리사의 말이다. 하나님의 도움이 무엇보다 우리에게 더 가까이 있음을 증언하기 위해 세움을 받은 천사들 때문에 오히려 우리가 하나님으로부터 멀어지는 길로 들어서게 된다면 얼마나 앞뒤가 뒤틀린 것인가? 천사들이 그들의 손으로 우리를 이끌어 하나님께 올바로 인도함으로써 우리가 유일하게 도움을 베푸시는 그를 보고, 부르고, 선포하지 않는다면, 우리가 그들을 하나님의 지시 없이는 어떤 일을 위해서도 움직이지 않으려는 하나님의 손들로 여기지 않는다면, 그들이 우리를 한 분 중보자 그리스도 안에 머물게 함으로써 우리가 전적으로 그를 의지하고, 그에게 맡기고, 그에게 드려지고, 그 안에서 쉬게 되지 않는다면, 천사들은 우리를 하나님으로부터 멀어지게 할 것이다.[424] 야곱의 환상에 대해 기술된 것, 곧 천사들이 땅으로 사람들에게 내려오고 사다리를 타고 사람들로부터 천군의 여호와가 그 위에 자리하고 계신 하늘로 올라간다는 사실이(창 28:12) 우리 마음속에 깊이 부착되어 새겨져야 한다. 이는 오직 그리스도의 중재를 통해서만 천사들의 사역이 우리에게 미치는 일이 일어난다는 것[425]을 지시하는바, 그리스도는 "이후로 하늘이 열리고 사자들이 인자 위에 내려오는 것을 너희가 보리라"(적용. 요 1:51)라고 하심으로 이를 확정하신다.

그러므로 아브라함의 종은 천사의 보호에 맡겨진 가운데서도 자기를 도와달라고 그 천사에게 기도하지 않고, 오히려 그 맡겨짐을 의지하기는 하되 자기의 기도를 여호와 앞에서 쏟아내었고 그의 자비하심을 아브라함에게 보여 주실 것을 간청한다(창 24:12). 왜냐하면 하나님이 천사들을 자기의 권능과 선하심의 일꾼들로 삼으신 것이 자기의 영광을 천사들과 나누려 하심이 아니듯이, 하

---

424) "si non ut eius manus a nobis considerantur, quae nullum ad opus nisi ipso dirigente se moveant; si non in uno mediatore Christo nos retinent, ut ab eo prorsus pendeamus, in eo recumbamus, ad eum feramur et ipso acquiescamus."

425) "sola Christi intercessione fieri ut angelorum ministeria ad nos perveniant."

나님이 천사들의 사역을 통하여 자기의 도움을 베풀고자 약속하신 것은 천사들과 하나님 사이에 우리의 신뢰를 나누어 가지기 위함이 아니기 때문이다. 이러하므로 천사들을 통하여 하나님께 나아감을 추구하고 하나님을 우리와 더욱 가까이 두려는 의도로 그들을 예배하려고 드는 저 플라톤의 철학426)과는 작별을 고하자.427) 이것이야말로 미신적이고 호기심이 많은 사람들이 처음부터 우리의 종교에 끌어들이려고 했으며 심지어 오늘날까지 끊임없이 시도하고 있는 바로 그것이다.

13. 사탄과 마귀들에 대적함

성경이 마귀들에 관해 전하는 모든 것은 우리를 일깨워 그들의 전략과 궤계에 대해 미리 경각심을 가지고, 이 가장 강력한 적들을 물리쳐 소멸시키기에 충분한 강력하고도 효능이 뛰어난 무기들을 우리가 마련하게 하기 위함이다. 왜냐하면 사탄이 "이 세상의 신과 임금"(적용. 고후 4:4; 요 12:31)이라고 불리고, "무장을 한 강한 자"(적용. 눅 11:21; 참조. 마 12:29), "공중에 권세 잡은 영"(적용. 엡 2:2), "우는 사자"(벧전 5:8)라고 일컬어질 때, 이런 기술들이 나타나는 것은 단지 우리를 더욱 주의시키고 경계심을 늦추지 않도록 하는 데 그치지 않고 사탄에 맞서 싸움을 불사할 준비를 시키기 위함이기 때문이다. 때로는 이에 대한 지시가 분명히 표명되는바, 베드로는 "마귀가 우는 사자같이 두루 다니며 삼킬 자를 찾나니"(벧전 5:8)라고 말한 후 바로 이어서 우리가 믿음으로써 굳건히 이에 대적해야 한다는 권고를 덧붙인다(벧전 5:9). 바울은 우리의 싸움이 육과 혈에 대한 것이 아니라 공중의 통치자들과 어둠의 주관자들과 영적인 악들에 대한 것이라고 경고한 후에(엡 6:12), 그 크고 위험한 전쟁을 능히 감당할 군장을 갖추어 입으라고 명령한다(엡 6:13-17).

---

426) Plato, *Epinomis* E 984 (LCL Plato VIII. 462f.). Quot. Battles tr., n. 22.
427) Cf. *Comm.*, Col. 2:18 (CO 52,112); 1Cor. 10:20 (CO 49,466); Jer. 11:13 (CO 38,113); *Prael.*, Dan. 2:11 (CO 40,569); Jon. 5:4 (CO 47,106).

우리가 여기에 이르도록 지금까지 계속해서 경고를 받은 것은 우리에게 임박한 위협을 가하는 적은 더할 나위 없이 거침이 없는 담대함, 더할 나위 없이 강력한 힘, 더할 나위 없이 교활한 궤계, 더할 나위 없이 지칠 줄 모르는 열정과 신속함, 더할 나위 없이 충분히 갖춰진 모든 장비, 더할 나위 없이 숙련된 전쟁 지식을 지니고 있다는 사실이다. 그러므로 우리는 이를 마음에 새기고 모든 노력을 기울여 우리 자신이 우매함이나 나태함에 압도당하지 않도록 하는 데 그치지 말고, 더 나아가 분연히 일어나서 들끓는 용기를 가지고 흔들림 없이 굳게 서서 적에게 맞서야 한다. 이러한 군역(軍役)은 죽음과 함께 끝이 나므로, 우리 자신에게 박차를 가하여 견인에 이르도록 하자. 무엇보다 우리의 연약함과 무식함을 자각하는 가운데 무엇을 시도하든지 오직 하나님만 의지하면서 특별히 그의 도움을 호소하도록 하자. 왜냐하면 우리에게 계획과 강함과 용기와 무기를 모두 제공해 주시는 분은 하나님 그 자신 외에는 없기 때문이다.

14. 사탄과 마귀의 활동

나아가 우리가 더 많은 자극을 받고 박차를 가하여 이 전쟁을 수행할 수 있게 하려고, 성경은 우리에게 우리와 전쟁을 벌이는, 하나도, 둘도, 몇몇 소수도 아닌 큰 군단들이 있음을 알려 준다. 일곱 귀신이 들렸던 막달라 마리아는 그것들로부터 자유롭게 되었다고 전한다(막 16:9; 눅 8:2). 이에 대한 그리스도의 증언에 따르면, 일단 한 귀신이 쫓겨 나간 후 다시 그 귀신을 위하여 그 자리를 열어 두면 그 귀신은 자기보다 더 악한 일곱 영을 데리고 그 텅 빈 장소로 돌아오는 것이 상례이다(마 12:43-45). 나아가 전체 "군대"(눅 8:30)가 한 사람을 점령했다고까지 전한다. 그러므로 이러한 사례들을 통하여 배우게 되는 것은, 우리는 적들의 과소(寡少)함을 무시하면서 전장에 나가는 것을 태만히 여기거나 때로는 얼마간 휴식이 부여되어 있다고 생각하면서 한가함에 탐닉하는 일이 없도록 무한한 수의 적들과 전쟁을 벌여야 한다는 사실이다.

그러나 종종 한 사탄이나 한 마귀가 단수로 사용될 때 그것은 의의 나라에 대적하는 악의 통치를[428] 나타낸다. 왜냐하면 교회와 성도들의 연합체가 그리스도를 머리로 지니듯이, 불경건한 사람들의 파당과 불경건 자체가 그들 위에 군림하여 최고의 주권을 행사하는 그들의 왕과 더불어 묘사되기 때문이다. 이러한 이유로, "저주를 받은 자들아 나를 떠나 마귀와 그 사자들을 위하여 예비된 영원한 불에 들어가라"(마 25:41)라고 언급된다.

15. 마귀의 본성

마귀는 어디에서나 하나님과 우리의 대적이라 불리고 있다는 사실은 우리에게 불을 지펴 우리로 하여금 그에 맞서는 끊임없는 전쟁을 치르지 않을 수 없게 한다. 만약 우리가 마땅한 바대로 하나님의 영광을 마음속에 귀히 여기고 있다면 우리는 모든 힘을 다해 그것을 소멸시키려 드는 자에 맞서 싸워야 한다. 만약 우리가 마땅한 바대로 마음을 다하여 그리스도의 나라를 주창하고자 한다면 우리는 그것의 파괴를 획책하고 있는 자에 맞서 화해할 수 없는 전쟁을 치러야 한다. 또한 만약 우리가 우리 구원을 돌보는 일에 관심을 갖고 있다면 우리는 그것을 파괴하기 위하여 끊임없이 복병들을 배치하고 있는 자와 어떤 평화나 휴전을 도모해서는 안 된다.

이와 관련하여 창세기 3장에 기술되어 있는 말씀을 주목해 보면, 마귀는 하나님께 돌려야 할 순종으로부터 사람을 멀어지게 유혹해서 하나님께 마땅한 영예를 손상시키는 동시에 사람 자신을 파멸의 구렁텅이에 집어던진다(창 3:1-5). 복음서의 기자들 가운데서도 마귀는 또한 "원수"(마 13:28, 39)로 불리고 영생의 씨를 부패시키는 가라지를 뿌리는 것으로 언급된다(마 13:25).

요컨대 그리스도가 "그는 처음부터 살인한 자요 거짓말쟁이요"(적용. 요 8:44)라고 증언하신 것이 사탄의 모든 행위 가운데서 경험된다. 왜냐하면 그는 거짓으로 하나님의 진리에 대적하고, 어둠으로 빛을 희미하게 하고, 사람들의 마

---

[428] "principatus ille iniquitatis qui adversatur regno iustitiae."

음을 오류에 말려들게 하고, 증오를 들끓게 하고, 논쟁과 다툼에 불을 붙여, 이 모든 것을 통하여 하나님의 나라를 전복하며 사람들을 자기와 함께 영원한 멸망에 떨어지게 하려는 바로 그 목적을 이루고자 하기 때문이다. 이로 보건대, 그는 그 자체로 본성상 부정하고, 사악하고, 간악하다. 왜냐하면 하나님의 영광과 인간의 구원을 공격하는 데 자기를 바치고 있는 그 성향을 볼 때 전적인 타락이 그에게 있음이 분명하기 때문이다. 이것이 요한이 그의 서신에서 "마귀는 처음부터 범죄함이라"(요일 3:8)라고 기록한 의미이다. 참으로 요한은 마귀 자신을 모든 악과 불법의 조성자, 지도자, 고안자[429]라고 여기고 있다.

16. 본성에 따른 것이 아니라 타락으로 말미암은 마귀의 죄성

그러나 우리가 기억해야 할 것은 마귀는 하나님에 의해 지음을 받았으나 우리가 그의 본성에 돌리는 이 죄성은 그의 창조가 아니라 그의 타락으로부터 왔다는 사실이다. 그에게 있는 저주받아야 할 모든 것은 그가 자기의 반역과 타락으로부터 초래한 것이다.[430] 그러므로 성경은 우리가 하나님에 의해서 마귀가 그렇게 된 것이라 믿고 매우 생소한 것을 하나님 자신에게 돌리려고 해서는 안 된다고 경고한다. 이러한 까닭에 그리스도는 사탄이 "거짓을 말할 때마다 제 것으로 말하나니"라고 선포하시면서 "진리에 서지 못하고"(요 8:44)라고 그 이유를 밝히신다. 그가 진리에 계속 서 있었음이 부인되는 것을 보면, 그가 언젠가 한때는 진리 가운데 존재했었음이 암시된다. 또 그가 '거짓의 아비'로 규정됨으로써 그 자신이 스스로 초래한 악을 하나님께 전가시키는 일이 금해졌다.

이러한 사실들은 간략하게 그리하여 덜 분명하게 말씀되어 있지만 모든 비

---

[429] "ipsum omnis malitiae et iniquitatis autorem, ducem, architectum."

[430] "Atqui quum a Deo conditus sit diabolus, hanc malitiam quam eius naturae tribuimus, non ex creatione, sed ex depravatione esse meminerimus. Quidquid enim damnabile habet, defectione et lapsu sibi accersivit."

방을 물리치고 하나님의 엄위를 지키기에 매우 충분하다. 마귀들에 대해서 더 많이 알거나 이 외에 다른 목적으로 아는 것이 우리와 무슨 관련이 있겠는가? 어떤 사람들은 성경이 더 많은 본문을 할애하여 마귀들의 타락, 그것의 원인, 방식, 시간, 양상을 차례로 분명하게 설명하지 않는다고 투덜거린다. 그러나 이것들은 우리와 아주 무관하므로 그 모두를 무시하든지 확실한 것만 가볍게 다루는 것이 더 좋았던 것이다. 왜냐하면 아무 열매도 없는 공허한 역사(歷史)로 우리의 호기심을 키우는 것은 성령에게 결코 어울리지 않았기 때문이다. 주님의 목적은 우리가 자기의 거룩한 말씀들로 배워 건덕에 이르도록 가르치시는 것이었음을 우리는 안다.

그러므로 괜한 것들에 빠져 여기저기 헤매지 말고, 마귀들의 본성에 대해서는, 그들이 첫 번째 창조의 때에는 하나님의 천사들이었으나 타락하여 자기들을 파멸시켰으며 다른 것들을 파멸시키는 도구들이 되었다는[431] 간략한 진술로 만족하도록 하자. 이것을 아는 것이 유익하므로, 그것이 베드로와 유다에 의해서 분명하게 가르쳐진다. 하나님은 "범죄한 천사들"(벧후 2:4)과 "자기 지위를 지키지 아니하고 자기 처소를 떠난 천사들"(유 1:6)을 용서하지 아니하셨다. 그리고 바울은 "택하심을 받은 천사들"(딤전 5:21)에 대해 말하면서 의심할 바 없이 이들을 타락한 천사들과 대조하고 있다.

17. 하나님의 권능 아래에 있는 사탄

하나님과 사탄 사이에 존재하는 불화나 싸움에 관해 말하려고 한다면, 하나님이 원하고 인정하지 않으시면 사탄은 아무것도 할 수 없다는 것을 우리는 불변하고 확실한 사실로 받아들여야 한다. 우리가 욥의 역사에서 읽듯이, 사탄은 하나님의 명령들을 받기 위해 그의 앞에 섰으며(욥 1:6; 2:1) 권한이 주어지지

---

431) "fuisse prima creatione angelos Dei, sed degenerando se perdidisse et aliis factos esse instrumenta perditionis."

않으면 감히 어떤 범죄도 저지르지 않았다(욥 1:12; 2:6). 이와 다를 바 없이 아합이 속임을 당하게 되었을 때, 사탄은 거짓말하는 영이 되어 모든 선지자의 입에 머물렀으며 하나님께 임무를 부여받아 자기 일을 수행했다(왕상 22:20-22). 또한 이런 이유로 사탄은 사울을 괴롭힌 "여호와께서 부리시는 악령"(삼상 16:14; 18:10)이라고 일컬어지는데, 그가 불경건한 왕의 죄들을 벌하는 채찍으로 사용되었기 때문이다. 그리고 다른 곳에서는 재앙들이 여호와에 의해서 악한 천사들을 통하여 애굽 사람들에게 닥쳤다고 기록되어 있다(시 78:49). 이런 특별한 예들을 좇아 바울은 불신자들의 눈멂이 "하나님의 역사"(적용. 살후 2:11)라고 포괄적으로 증언한다. 그가 앞에서는 그것을 "사탄의 활동"(살후 2:9; 참조. 고후 4:4; 엡 2:2)이라고 불렀음에도 불구하고 그렇게 한다. 그러므로 사탄은 하나님의 권능 아래 있음에 이견이 있을 수 없다. 사탄은 하나님의 지시에 따라 다스림을 받아 그에게 충성을 바칠 수밖에 없게 된다.

참으로 우리는 사탄이 하나님을 거역한다거나 사탄의 일들이 하나님의 일들과 일치하지 않는다고 말할 때, 동시에 이러한 상충과 다툼이 하나님의 허용에 의지하고 있다고[432] 주장한다. 지금 내가 말하고자 하는 바는 사탄의 뜻이나 심지어 사탄의 노력도 아니다. 오직 여기에서 내가 관심을 갖는 것은 사탄의 영향이다. 왜냐하면 마귀는 본성상 사악하므로 결코 하나님의 뜻에 대한 순종에 이르고자 하는 의향이 없고 전적으로 오만과 반역에 기울어져 있기 때문이다. 그러므로 하나님께 거역하려는 욕망과 성향은 그 자신 자체와 그 자신의 악으로부터 일어난다. 이러한 악함에 자극을 받아 그는 하나님께 가장 적대적이라고 생각하는 것들을 수행하고자 갖은 애를 다 쓴다. 그러나 하나님이 자기 권능의 굴레로 그를 매고 억제시키시므로 그는 오직 하나님이 그에게 용인하신 것들만을 수행한다. 그리고 그는 원하건 원하지 않건 자기의 창조주에게 순종한다. 왜냐하면 하나님이 그에게 무엇을 재촉하시든 간에 그는 그 사역을 다 하지 않을 수 없기 때문이다.

---

432) "a Dei permissione pendere."

18. 그리스도 안에서 신자들에게 부여되는, 사탄에 대한 승리

한편 하나님은 자기의 원대로 더러운 영들을 이리저리로 굴복시키시고 그 활동을 조절하시기 때문에, 전쟁 중에 신자들을 훈련시키시고, 덫을 놓아 그들을 포위하시고, 그들을 전쟁으로 내모시고, 또 자주 지치게 하시고, 혼비백산하게 하시고, 공포에 빠지게 하시고, 때로는 상처를 입게 하신다. 그렇다고 해서 더러운 영들이 결코 신자들을 정복하거나 꺼꾸러뜨리지는 못하고, 다만 불경건한 자들을 굴복시켜 끌고 다니고, 그들의 영혼과 육체 위에 주권을 행사하고, 마치 포로와 같이 모든 수치스러운 것으로 그 영혼과 육체를 학대한다. 신자들로 말하면, 그들의 마음이 이런 종류의 적들로 인해 불안에 빠지게 되므로, 다음 권고들이나 그것들과 다를 바 없는 다른 말씀들에 귀를 기울여야 한다. "마귀에게 틈을 주지 말라"(엡 4:27). "너희 대적 마귀가 우는 사자같이 두루 다니며 삼킬 자를 찾나니 너희는 믿음을 굳건하게 하여 그를 대적하라"(벧전 5:8-9). 바울은 하나님이 그를 겸손하게 하시려고 주신 "사탄의 사자"(고후 12:7)가 그 자신의 교만을 길들이는 약(藥)이 되었다고 기록하는 가운데, 이런 유형의 전쟁으로부터 자기가 자유롭게 되지 않았다고 고백하고 있다. 그러므로 이 훈련은 모든 하나님의 자녀에게 공통된다. 그러나 사탄의 머리를 상하게 하신다는 약속은(창 3:15) 그리스도와 그의 모든 지체에게 공통적으로 속한 것이기 때문에 나는 신자들이 사탄에게 정복되고 꺼꾸러뜨려진다는 것을 도무지 인정할 수 없다. 실로 그들은 자주 겁에 질리지만 다시 회복할 수 없을 만큼 텅 빌 정도로 탈취를 당하지는 않는다. 그들은 거센 타격을 받아 쓰러지지만 이후 다시 일으켜진다. 그들은 상처를 입지만 치명적으로 그러한 것은 아니다. 결국 그들은 인생의 전 역정을 통하여 수고를 다하지만 끝내 승리를 쟁취한다.

그렇다고 해서 나는 이를 몇몇 특별한 행위에 제한시키고자 하지 않는다. 우리가 알듯이, 다윗은 하나님의 의로운 보복으로 한때 사탄에 넘겨져 충동을 받아 인구 조사를 실시했다(삼하 24:1). 바울은 마귀의 올무에 걸려든 사람들에게도 은총의 소망이 불가능하지 않다고 보아 이를 포기하지 않는다(딤후 2:25-26). 다른 본문에서 바울은 위에서 언급된 약속이 우리가 씨름을 다해야 하는 이생에서 작용하기 시작하여 그 씨름 후에 성취된다는 점을 보여 준다. "평강의 하나님께서 속히 사탄을 너희 발 아래에서 상하게 하시리라"(롬 16:20). 진정 이 승리는 우리의 머리이신 분 가운데 항상 충만하게 존재한다. 왜냐하면 세상의 임금은 그와 관계할 것이 없기 때문이다(요 14:30). 그러나 지금은 그 승리가 그의 지체들인 우리 안에 부분적으로 나타난다. 우리가 우리의 육체를 벗을 때 그것은 완전하게 될 것이다. 우리가 아직 연약함에 매여 있지만 그때는 성령의 능력으로 충만해질 것이기 때문이다.

그리스도의 나라가 위로 솟구쳐 세워지는 만큼 그의 능력으로 사탄은 몰락한다. 주님 자신은 친히 "사탄이 하늘로부터 번개같이 떨어지는 것을 내가 보았노라"(눅 10:18)라고 말씀하신다. 이 대답으로 주님은 사도들이 자기들의 선포가 갖는 권능과 관련하여 말한, "임금이 무장을 하고 자기 집을 지킬 때에는 그 소유가 안전하되 더 강한 자가 와서 그를 굴복시킬 때에는 그가 내침을 당한다"(적용. 눅 11:21-22)라는 말씀 등을 확정하신다. 그리스도는 죽으심으로써 "죽음의 세력을 잡은 자"(히 2:14)인 사탄을 정복하시고 그의 모든 적이 교회를 해치지 못하게 물리치셨다. 그렇게 하지 않으셨다면 그들은 매 순간 수백 번은 더 교회를 말살하려 들었을 것이다. 우리의 연약함이 이러하고 사탄의 광포한 세력이 이러하니, 만약 우리가 우리 지도자의 승리에 의지하지 않는다면 어떻게 사탄의 다양하고 계속적인 공격들에 심지어 일순간이라도 견딜 수 있겠는가?

그러므로 하나님은 신자들의 영혼 속에 사탄의 나라를 허용하지 않으시고, 그가 자기 무리에 속한 지체들로 여기지 않으시는 불경건한 자들과 불신자들만 사탄에 의해 통치를 받게 넘겨주신다. 이런 점에서, 그는 그리스도에 의해 쫓겨날 때까지 이 세상을 아무 분쟁 없이 차지한다고 일컬어진다(참조. 눅 11:21). 같은 맥락에서 그는 복음을 믿지 않는 모든 사람을 눈멀게 하며(고후 4:4) "불순종의 아들들 가운데서"(엡 2:2) 자기 일을 수행한다고 칭해진다. 이것이 당연함은 모든 불경건한 자가 "진노의 그릇"(롬 9:22)이기 때문이다. 길게 부연할 것 없이 이러한 자들이 하나님의 보복을 행하는 일꾼들 아니면 누구에게 속하여 있겠는가? 마지막으로 그들은 그들의 아비 마귀로부터 존재한다고 한다(요 8:44). 왜냐하면 신자들이 하나님의 자녀들로 인식되는 것은 그들이 하나님의 형상을 담고 있기 때문이듯이, 타락하여 사탄의 형상을 지니게 된 사람들은 그 형상으로 말미암아 사탄의 자녀들이라고 여겨짐이 마땅하기 때문이다(요일 3:8-10).

19. 마귀는 존재하는 실재

우리는 앞에서 거룩한 천사들은 하나님이 사람들의 마음에 야기하시는 선한 영감 혹은 감동에 다름 아니라고 가르치는 천박한 철학에 대해서 논쟁한 바 있는데, 같은 취지에서 이곳에서는 마귀들을 단지 우리 육체로부터 우리 속으로 들어오는 악한 정서나 불안에 불과하다는 시시콜콜한 말을 하는 자들을 반박해야 할 필요가 있다. 성경의 적잖은 증언들이 충분하리만큼 이 문제를 분명히 밝히고 있으므로 우리는 이를 간략하게 다룰 수 있다.

먼저 "자기 지위를 지키지 아니하고"(유 1:6) 타락한 그들이 더러운 영들이나 배교한 천사들이라고 불리고 있는바(참조. 마 12:43), 이러한 이름들은 그 자체로 그들이 지각과 지성이 부여된 마음이나 영이라고 일컬어지는 것들로서, 단지 마음의 감동이나 성향에 그치지 않음을 충분히 표현하고 있다. 마찬가지로 그리스도와 요한 두 분 모두에 의해서 하나님의 자녀들과 마귀의 자녀들이 서로 비교되고 있는바(요 8:44; 요일 3:10), 만약 '마귀'라는 이름이 악한 영감을 뜻하는 데 지나지 않는다면 이러한 비교가 사리에 맞지 않을 것 아닌가? 이에 관해 요한은 "마귀는 처음부터 범죄함이라"(요일 3:8)라고 하여 훨씬 더 명백한 무엇을 덧붙인다. 또 유다가 "천사장 미가엘이……마귀와 다투어 변론할 때에"(유 1:9)라고 소개할 때, 그는 분명 선한 천사를 악하고 패역한 천사와 대립시키고 있다. 이는 우리가 욥의 역사를 통하여 읽게 되는, 사탄이 거룩한 천사들과 함께 계신 하나님 앞에 나타났다는 사실과 부합한다(욥 1:6; 2:1).

더욱이 마귀들이 하나님의 심판으로부터 처음 느끼기 시작하여 부활 시에 가장 현저하게 느끼게 될 형벌에 대해서 가장 뚜렷하게 언급하고 있는 본문들이 여기에 있다. "다윗의 아들이여 때가 이르기 전에 우리를 괴롭게 하려고 오셨나이까?"(적용. 마 8:29). "저주를 받은 자들아 나를 떠나 마귀와 그 사자들을 위하여 예비된 영원한 불에 들어가라"(마 25:41). "하나님이 자기 천사들을 용서하지 아니하시고 지옥에 던져 어두운 구덩이에 두어 영원한 저주 때까지 지키게 하셨느니라"(적용. 벧후 2:4).

만약 마귀들이 존재하지 않는다면, 그들에게 영원한 심판이 정해져 있고, 그들을 위하여 불이 준비되어 있고, 그들이 그리스도의 영광에 의해 지금 고통을 당하고 고난을 받고 있다는 말들이 얼마나 사리에 맞지 않을 것인가?

이러한 사안들은 주님의 말씀에 대한 믿음을 지니고 있는 사람들 가운데는 논쟁의 여지도 없지만, 새로운 것이 아니면 아무것도 흡족해 하지 않는 저 천박한 사색가들 가운데는 성경의 증언들이 거의 유익이 없다. 이러한 점에서 내가 보기에 나는 여기에서 내가 원한 것, 곧 불안한 사람들이 그들 자신과 그들보다 단순한 다른 사람들을 혼란에 빠뜨리는 광기를 물리치도록 경건한 마음이 교훈을 얻게 하는 일을 했던 것 같다. 그뿐 아니라 이러한 오류에 빠져든 사람들이 자기들에게는 어떤 적도 없다고 생각하면서 그 적에 더욱 해이하고 부주의하게 맞서지 않도록 하기 위하여 이 문제를 다루는 것이 가치가 있었다.

20. 말씀과 성령으로 만물을 무로부터 창조

한편 가장 아름다운 이 극장에 명백히 드러나 손쉽게 만날 수 있는 하나님의 작품들을 경건하게 즐기는 것을 부끄러워 말자.[433] 내가 다른 곳에서 말했듯이, 우리가 눈을 돌려 사방 어느 곳을 바라보건 우리가 마주치는 모든 것은 하나님의 작품들임을 기억하고, 동시에 하나님이 그것들을 창조하신 목적이 무엇이었는지에 대하여 경건한 사상을 가지고 숙고하는 것이 비록 믿음의 증례로서 으뜸은 아니라고 해도 자연의 질서에 있어서는 첫 번째가 된다.

그러므로 하나님을 아는 것이 우리에게 어떤 유익이 있는지를 참 믿음을 가

---

433) "Interea ne pigeat in hoc pulcherrimo theatro piam oblectationem capere ex manifestis et obviis Dei operibus."

지고 이해하기 위해서는, 모세에 의해서 간단히 기술되었고(창 1-2장) 이후에는 거룩한 사람들, 특히 바실리우스(Basilius)나 암브로시우스(Ambrosius)에 의해서 무엇보다 상세하게 설명된 우주 창조의 역사에 대해서 먼저 파악하는 것이 중요하다.[434] 이 역사로부터 우리는 하나님이 그의 말씀과 성령의 권능으로 천지를 무로부터 창조하셨다는 사실,[435] 그가 이때부터 생물과 무생물을 종류대로 산출하셨다는 사실, 그가 일련의 놀라운 과정을 통하여 헤아릴 수 없이 다양한 사물들을 구별하셨다는 사실, 그가 각각의 종류대로 고유한 본성을 부여하시고 본분을 부과하시고 처소와 자리를 지정하셨다는 사실, 만물이 부패에 얽매여 있음에도 불구하고 그는 각각의 종(種)을 마지막까지 안전하게 보호하셨다는 사실, 나아가 그가 은밀한 방법으로 어떤 것들을 기르시고, 말하자면 새로운 원기를 그것들 속에 스며들게 하시고, 어떤 것들에게는 번성하는 능력을 부여하셔서 죽고 난 후에도 전체 종(種)이 멸절되지 않도록 하셨다는 사실, 그가 더 이상 채워질 수 없을 정도의 절대적인 분량, 다양함, 아름다움으로써 모든 것을 다 부여하시고 너무나 놀랍도록 천지를 장식하셔서 마치 넓고 화려한 저택과 같이 가장 섬세하면서도 동시에 가장 풍부한 가구들로 정돈되고 채워지게 하셨다는 사실, 마지막으로 그가 사람을 조성하시고 그 눈부신 아름다움과 그 많고 뛰어난 은사들을 새겨주심으로써 자기의 작품들 중에 최고의 표본으로 나타나게 하셨다는 사실[436]을 배운다.

그러나 우주 창조를 자세히 풀어서 설명하는 것이 지금 나의 목적이 아니므로 단지 이 몇 가지를 지나가듯 다루는 것으로 만족하도록 하자. 왜냐하면 내가 이미 독자들에게 경고했듯이, 창조의 역사를 충실하고 부지런히 기록한 모

---

434) Cf. Basil, *Hexaemeron* (MPG 29. 3-207; tr. NPNF 2 ser. VIII. 52-107); Ambrose, *Hexameron* (CSEL 32 i. 1-261; MPL 14. 133-288). 여기에서 '무로부터의 창조'가 천명된다. 아우구스티누스도 같은 입장을 견지한다. Augustine, *Faith and the Creed* ii. 2 (MPL 40. 182; tr. LCC VI. 354f.). Quot. Battles tr., n. 29. 웨스트민스터 신앙고백서 제4장 1조에서는 다음과 같이 나타난다. "It pleased God……in the beginning, to create or make of nothing the world, and all things visible or invisible, in the space of six days, and all very good." Schaff, *The Creeds of Christendom*, 3.611.

435) "Deum verbi ac spiritus sui potentia ex nihilo creasse coelum et terram."

436) "hominem formando eumque tam specioso decore totque ac tantis dotibus insigniendo, praeclarissimum in eo suorum operum specimen edidisse."

세와 다른 사람들로부터 이 주제에 대한 더 상세한 지식을 모색하는 것이 더 낫기 때문이다.

21. 피조물을 통하여 하나님의 어떠하심과 그가 행하신 일을 묵상

하나님의 작품들에 대한 묵상을 어떻게 지향해야 하며 어떤 목적으로 그러한 묵상을 적용해야 하는지에 대한 더 많은 논의를 여기에서 한다고 해도 얻을 유익은 아무것도 없다. 왜냐하면 우리는 이 질문 대부분을 이미 다른 곳에서 깊이 고찰한 바 있으므로[437] 현재의 관심사는 무엇이나 몇몇 말로 풀어낼 수 있기 때문이다. 정녕 우리는 하나님의 측량할 수 없는 지혜, 권능, 의, 선하심이 세상의 구성 가운데 어떻게 빛나고 있는지 그 고상함에 걸맞게 설명하기를 좋아한다. 그러나 아무리 말의 유창함이나 수식이 뛰어나다고 해도 이 대단한 일의 위대함에는 가닿지 못한다. 의심할 바 없이 여호와는 우리가 끊임없이 이 거룩한 묵상에 잠기기를 원하신다. 그리하여 우리가 모든 피조물을 마치 거울과 같이 여겨 그 자신의 지혜, 의, 선하심, 권세의 무한한 부요함을 관조할 때, 단지 도망치듯이 눈을 돌려 죽 훑어보아서는 안 되며, 말하자면, 곧 사라지고 마는 직관으로 그렇게 해서는 안 되며, 오랫동안 머무르며 생각하고, 진지하고 충실하게 마음속에 새기고, 반복해서 기억을 떠올려야 한다.[438] 그러나 여기에서 우리가 의도하는 것은 지혜에 이르는 가르침에 있기 때문에, 장광설을 요구하는 것들은 지나치는 것이 적절하다.

---

[437] *Institutio*, 1.5.1-4.

[438] "Nec dubium quin velit nos Dominus in hac sancta meditatione continenter occupari: ut dum illas immensas sapientiae, iustitiae, bonitatis, potentiae suae divitias in omnibus creaturis, velut in speculis contemplamur, non tantum eas fugiente oculo percurramus, et evanido (ut sic loquar) intuitu; sed in ea cogitatione diu immoremur, eam serio ac fideliter animis revolvamus, memoriaque identidem repetamus." 피조물을 통하여 계시되는 하나님의 이러한 속성이 성경을 통한 것과 다르지 않음에 대해서는 *Institutio*, 1.10.2에서 다루었다.

그러므로 나는 오로지 다음과 같이 이를 간략하게 정리하고 독자들에게 권면하고자 한다. 만약 먼저 그들이 배은망덕하게 하나님이 자기의 피조물들 가운데 제시하시는 명백한 능력들을 무사려(無思慮)와 망각으로 지나치지 않고 우주적 규범을 좇고, 다음으로 그들이 그 규범을 자기들에게 적용하여 자기들의 마음 자체가 깊은 영향을 받게 되는 것을 배우게 된다면, 그들은 하나님이 천지의 창조주시라는 사실을 참 믿음을 가지고 이해하고 있다는 것이다.

이 규범의 첫 번째 부분은, 하늘에 있는 성군(星群)을 더 아름다운 무엇을 상상할 수 없는 그런 놀라운 질서로 배치하시고, 배열하시고, 꼭 맞게 하신 위대한 예술가를 깊이 생각할 때 예증된다. 그는 어떤 별들은 심겨진 그대로 고정되어 그들의 자리를 떠날 수 없도록 하셨고, 어떤 별들은 더 자유로운 길을 용인하시되 그 공간을 넘어서 길을 잃고 헤매지 않도록 하셨고, 모든 별의 움직임을 조절하셔서 낮과 밤, 달, 해(年), 연중 계절을 헤아릴 수 있게 하셨고, 우리가 날마다 분간하는 낮의 길이를 아주 적절한 정도로 차이 나게 해서 어떤 혼란도 일어나지 않게 하신 분이다. 또한 우리는 하나님이 그처럼 큰 덩어리를 지탱하시면서도 천체의 운행을 신속하게 다스리심과 또한 그와 같은 일들을 행하심을 통하여 그의 권능을 목도하게 된다. 이 몇 가지 예들은 세상의 창조 가운데 드러나는 하나님의 능력들을 인정하는 것이 무엇인지를 충분히 선포한다. 내가 말한 바와 같이, 이를 도외시하고 말로써 이 사안 전체를 다루기를 좋아할 경우 끝이 없을 것이다. 왜냐하면 하나님의 권능의 기적들과 그의 선하심의 표상들과 그의 지혜의 증거들은 세상에 있는 모든 종류의 것들, 실로 대단하건 사소하건 그것들 모두의 수만큼이나 많기 때문이다.

22. 피조물을 통하여 하나님의 부성적 은총을 믿음

이제 이 규범의 두 번째 부분이 남았는데, 이는 믿음과 더욱 밀접하다. 그것은 하나님이 우리의 선과 구원을 위하여 모든 것을 정하여 놓으셨다는 것을 착념하면서 동시에 우리 자신 안에서와 그가 우리에게 베푸신 선한 것들 가운데서 그의 권능과 은혜를 우리가 의식하게 하고, 또한 이로부터 우리 자신이 그에 대한 확신, 기도, 찬양, 사랑에 이르도록 일깨워 준다.[439] 진정, 내가 조금 전에 충고했듯이, 여호와는 사람을 위하여 모든 것을 지으셨다는 것을 창조의 질서로 친히 알려 주셨다. 그가 세상의 조성을 6일 동안 나누어서 하신 것은 괜한 일이 아니다(창 1:31). 비록 그가 한 순간 동시에 모든 수를 다 채울 정도로 전체 사역을 이루셨다고 하더라도 이런 종류의 과정을 통하여 점차적으로 그 완성에 이르는 것보다 더한 어려움이 있지는 않았을 것이다. 그러나 그는 우리를 향한 자기의 섭리와 부성적 위로를 베풀고자 그가 사람을 만드시기 전에 사람을 위하여 유용하고 이롭다고 생각하신 모든 것을 준비하셨다.[440] 이렇듯 우리가 태어나기도 전에 우리를 염려하고 계셨던 이 최고의 아버지가 우리를 돌보신다는 것을 의심한다면, 그 배은망덕이 얼마나 클 것인가? 하나님의 선하심이 우리가 태어나기도 전에 그가 베푸신 모든 선한 것의 지극한 부요함 가운데 드러났음을 보면서도, 그 선함이 언젠가는 우리의 필요를 채워 주기에 부족하지 않을까 의혹에 빠져 두려워한다면 그것은 얼마나 불경건한 것인가? 우리가 모세로부터 듣듯이, 하나님의 후하심으로 말미암아 세계에 있는 것들이 모두 우리에게 속한다(창 1:28; 9:2). 하나님이 이렇게 행하신 것은 선물이라는 허울뿐인 이름으로 우리를 조롱하고자 하심이 아니었다. 그러므로 우리의 복리에 관한 한 필요한 것은 그 무엇도 우리에게 부족하지 않을 것이다.

마지막으로 간략하게 결론을 짓는다면, 우리는 천지의 창조주이신 하나님을 부를 때마다, 그가 지으신 모든 것의 경영이 그 자신의 손과 권능 안에 있다는 사실과 우리는 실로 그가 기르시고 가르치시기 위하여 받아들여 자기의 보호와 후견 아래 두신 하나님의 자녀들이라는 사실을 동시에 명심하도록 하자.[441]

---

[439] 여기서 일반계시의 궁극적인 목적은 피조물을 통해 하나님의 어떠하심을 알고 그를 찬미하며 예배하는 데 있음을 말한다. 이는 *Institutio*, 1.2.1의 모두(冒頭)에서 논한 하나님을 아는 지식의 세 가지 측면과 부합한다.

[440] "Verum in eo suam erga nos providentiam paternamque sollicitudinem commendare voluit, quod antequam hominem fingeret, quidquid utile illi ac salutare providebat fore, id totum praeparavit."

[441] "quoties Deum nominamus coeli et terrae creatorem, simul in mentem nobis veniat, eorum omnium quae condidit, dispensationem in manu ac potestate ipsius esse, nos vero esse ipsius filios, quos alendos et educandos in suam fidem custodiamque receperit."

그러므로 우리는 모든 선한 것의 총체를 그 한 분에게서 기대해야 하며, 그가 결코 우리의 구원을 위하여 필요한 것이 결핍되게 우리를 방치하지 않으신다는 것을 확실히 소망해야 하며, 우리의 소망을 그 외에 다른 이에게 두어서는 안 된다. 그러므로 무엇이든 갈망하는 것을 얻으려면 우리의 소원이 그를 향하여야 하고, 우리가 받은 것이 무엇이든 그것의 열매는 그의 은총이라는 사실을 인식하고 그에게 감사하는 가운데 이를 고백해야 한다. 그리하여 그의 선하심과 자애의 더할 나위 없는 달콤함에 이끌리어 우리 마음을 다하여 그를 사랑하고 그에게 예배드려야 한다.[442]

---

[442] 여기서 칼빈은 하나님의 창조가 사람을 위한 것이며 사람이 피조물을 통하여 하나님을 알고 하나님의 사랑과 선하심을 누림으로써 구원에 유익함을 얻도록 함에 창조의 목적이 있음을 천명한다. 일반계시의 은총이 하나님의 자녀들에게만 온전히 역사한다는 것이다. 일반계시를 강조하되 그 한계를 뚜렷이 지적하는 칼빈의 일관적인 논조가 다시 한 번 드러나는 대목이다.

DE COGNITIONE DEI CREATORIS

제15장

사람은 어떻게 창조되었는가?
영혼의 기능들, 하나님의 형상,
자유의지, 본성의 첫 순전성과 더불어

Qualis homo sit creatus: ubi de animae facultatibus,
de imagine Dei, libero arbitrio,
et prima naturae integritate disseritur

1. 사람의 창조
2-5. 처음 인류의 순전함과 하나님의 형상의 주요한 좌소인 영혼
6-8. 영혼의 작용과 기능, 오성과 의지, 자유의지

1. 처음 죄과(罪科)를 하나님께 떠넘길 수 없음

이제 사람의 창조에 관해서 논의해야 한다. 왜냐하면 사람은 하나님의 모든 작품 가운데서 그의 의와 지혜와 선하심을 드러내는 최고로 고상하고 가장 화려한 표본일 뿐만 아니라 우리가 처음에 말했던 바와 같이,443) 우리가 하나님을 분명하고 완전하게 아는 것은 그것에 부응하는 우리 자신에 관한 지식이 함께 있을 때에만 가능하기 때문이다. 참으로 우리 자신에 관한 지식은 이중적이다. 즉 우리가 첫 태생에 있어서 어떻게 지음을 받았는지와 아담의 타락 이후 우리의 처지가 어떻게 되었는지를 아는 것이다.444) 만약 우리가 이렇듯 음울한 파멸을 맞은 우리 본성의 부패함과 흉측함이 어떠한지를 깨닫지 못한다면 우리의 창조에 관해 통찰한다고 한들 별 유익이 없을 것이다. 그럼에도 불구하고 지금 우리는 원래의 순전한 본성에 관해 기술하는 것으로 만족해야 할 것이다.

말할 나위도 없이 사람이 지금 **빠져** 있는 저 비참한 처지를 세부적으로 다루기 전에 먼저 그가 태초에 어떻게 조성되었는지를 통찰하는 것이 가치가 있다.

---

443) *Institutio*, 1.5.2-3.

444) 이는 원 하나님의 형상과 타락한 하나님의 형상으로서 이곳과 *Institutio*, 2.1-5에서 각각 다루어진다. Cf. Richard Prins, "The Image of God in Adam and the Restoration of Man in Jesus Christ: A Study in Calvin," *Scottish Journal of Theology* 25 (1972), 32-44.

우리는 덮어놓고 사람의 본성적인 악행들만을 제시함으로써 우리가 그것들을 그 본성의 창시자에게 돌리고 있듯이 보이지 않도록 주의해야 한다. 왜냐하면 이를 구실로 불경건은 사람이 지니고 있는 모든 사악함이 어떠한 방식으로든 하나님으로부터 나왔다고 주장될 수만 있다면 충분한 변명거리가 된다고 그때마다 생각하기 때문이다. 불경건은 비난을 받게 되면 지체하지 않고 하나님과 논쟁을 벌이고, 마땅히 피고의 자리에 서야 할 그 죄과(罪科)를 하나님께 떠넘긴다. 그리고 자기들이 신령(神靈)에 관해서 더욱 종교적으로 말하고 있다고 여겨지기를 원하는 사람들은 그러하면 할수록 자기들의 타락에 대한 변명거리를 본성에서 찾아내려고 마음을 쏟으며 애를 쓴다. 비록 암암리에 그런다고는 하지만 그들 역시 의식하지 못한 채 하나님의 존영을 훼손하고 있다. 왜냐하면 만약 어떤 사악함이 사람의 본성에 내재해 있다고 여겨지기라도 한다면, 이는 하나님에 대한 모욕으로 귀결될 것이기 때문이다.

따라서 우리는 육체가 어떤 것으로든 구실을 삼아 그것을 빌미로 여하한 악행에 대한 죄과도 자기가 아니라 다른 육체로부터 유래된다고 판단하려고 갈망하는 것을 볼 때, 우리는 이러한 악의에 굽힘 없이 맞서도록 해야 한다. 이러한 방식으로 인류의 파국이 다루어짐으로써 모든 속임수가 제하여지고, 모든 참소(讒訴)에 대하여 하나님의 의가 선고(宣告)되어야 한다. 나중에 적당한 자리에서 우리는 아담에게 부여되었던 그 순수함으로부터 사람들이 얼마나 멀리 떨어져 있는지를 보게 될 것이다.

우리가 먼저 견지해야 할 것은, 사람이 땅과 흙에서 취해졌을 때(창 2:7; 18:27), 그의 교만에는 차꼬가 채워졌다는 사실이다. 왜냐하면 "흙 집"(욥 4:19)에 거주할 뿐만 아니라 자기들의 일부가 흙과 재(灰)인 사람들이 자기들의 우월함을 자랑하는 것보다 더 어리석은 일은 없기 때문이다. 그러나 하나님은 질그릇에 생기를 불어넣어 주셨을 뿐만 아니라 그것이 불멸하는 영혼의 거처가 되기를 원하셨으므로(창 2:7), 아담은 마땅히 자기의 창조주의 그 큰 후하심을 자랑할 수 있었다. 445)

---

445) "Quod autem Deus vas testaceum non modo animare dignatus est, sed etiam domicilium esse vo-

2. 영혼과 몸으로 이루어진 인간

나아가 사람은 영혼과 육체로 구성된다는 사실에는 논쟁의 여지가 있을 수 없다.[446] '영혼'(anima)이라는 말은 불멸적이지만 창조된 본질로서 사람의 더욱 고상한 부분[447]을 뜻한다고 나는 이해한다. 때때로 그것은 '영'(spiritus)이라고 불리기도 한다. 왜냐하면 이 두 용어가 동시에 결합되어 있을 때에는 서로 다른 의미로 사용되지만, '영'이라는 말만 따로 주어져 있을 때에는 '영혼'과 똑같은 뜻으로 사용되기 때문이다. 이러한 취지에서 솔로몬은 죽음에 대해서 언급하면서 "영은 그것을 주신 하나님께로 돌아간다"(적용. 전 12:7)라고 전한다. 그리고 그리스도가 자기의 "영"을 아버지께 부탁하시고(적용. 눅 23:46) 스데반이 자기의 "영"을 그리스도께 부탁할 때(적용. 행 7:59), 그들은 다름 아니라 '영혼'이 육체의 감옥에서 풀려날 때 하나님이 그것의 영원한 수호자가 되신다는 사실을 알고 계셨던 것이다.

참으로 어떤 사람들은 '영혼'이 호흡이라거나 신적으로 육체에 주입된 힘이라는 이유에서 '영'이라고 불리고 있음에도 불구하고 그것은 본질이 결여되어 있다고 상상한다. 그러나 사실 그 자체와 모든 성경은 그들이 아주 어리석게도 분별력을 잃어버리고 있다는 것을 알려 준다. 말할 나위도 없이 사람들은 그들이 과도하게 땅에 매여 있는 동안에는 둔감해질 수밖에 없다. 왜냐하면 "빛들의 아버지"(약 1:17)로부터 멀리 떨어져 어둠에 눈이 멀어 있는 그들은 그 어떤 경우에도 자기들이 죽음에서 살아남을 것이라고 생각할 여지가 없기 때문이다. 그럼에도 불구하고 이런 가운데서도 어둠 속에 존재하는 빛은 그들이 자기들의 불멸성에 무감각해질 만큼 아주 소멸되지는 않는다. 의심할 바 없이 확실한 것은 선과 악을 분별하는 데 있어서 하나님의 심판에 부응하는 양심은 불멸

---

luit immortalis spiritus, iure in tanta factoris sui liberalitate gloriari potuit Adam."

446) 인간의 영혼과 육체의 구조와 그 관계에 대해서는 다음을 보라. Mary Potter Engel, *John Calvin's Perspectival Anthropology* (Atlanta: Scholars Press, 1988), 161–176; Margaret Miles, "Theology, Anthropology and the Human Body in Calvin's Institutes of the Christian Religion," *Harvard Theological Review* 74 (1981), 303–323.

447) "essentiam immortalem, creatam tamen······quae nobilior eius pars est."

하는 영의 표징이 된다는 사실이다. 어떻게 본질이 없는 움직임이 하나님의 심판좌에까지 관통하여 스스로 죄과에 대한 공포를 유발하겠는가? 진정 몸은 오직 영혼에게만 가해지는 영적인 형벌에 대한 두려움에 영향을 받지 않는다. 이로부터 영혼이 본질을 부여받았다는 사실이 귀결된다.

여기에서 하나님의 지식이 그 자체로 충분히 논증하는 바는 세상을 초월한 영혼들은 불멸하다는 사실이다. 왜냐하면 덧없이 사라지는 원기로는 생명의 원천에까지 관통할 수 없을 것이기 때문이다. 요컨대 인간의 마음에는 지극히 뛰어난 선물들이 작용하여 신적인 무엇이 그것에 새겨져 있다는 사실을 항변하는데, 그때마다 그것들은 불멸하는 본질에 대한 증언들이 된다.[448] 참으로 야수들에게 내재한 지각은 몸 너머로 나아갈 수 없을뿐더러 그것의 대상이 되는 사물들보다 더 멀리 확장되지도 않는다. 그러나 사람의 마음의 기민함은 하늘과 땅 그리고 자연의 은밀한 것들을 두루 살피고, 이해와 지성으로 모든 세대를 파악하는 가운데 각 사물들을 그 고유한 열(列)에 맞추어 배치하고 과거의 것들로부터 미래의 것들을 유추함으로써 사람 안에는 몸으로부터 분리된 무엇이 숨어 있다는 사실을 명확하게 논증한다.[449] 우리는 지성을 가지고 보이지 않는 하나님과 천사들 그리고 몸으로는 결코 포용할 수 없는 무엇에 대한 생각을 품는다. 우리는 육체적인 감각들에는 숨겨져 있는 올바른 것들, 의로운 것들, 정직한 것들을 포착한다. 그러므로 영이 이 지성의 좌소(座所)[450]가 됨이 마땅하다. 달리 생각해 보면 심지어 생명이 빠져나간 듯이 보이게끔 할 정도로 사람을 무감각하게 만드는 잠은 그 자체로 불멸에 대한 분명한 증인이 된다. 왜냐하면 잠은 결코 행해진 적이 없는 것들에 대한 생각들뿐만 아니라 다가올 미래로 나아가는 전조들을 미리 제시하기 때문이다. 나는 세속적인 작가들이 유창한 수식어를 곁들인 말들을 사용하여 웅장하게 찬미하고 있는 이런 사

---

448) "quum tot praeclarae dotes quibus humana mens pollet, divinum aliquid insculptum ei esse clamitent, totidem sunt immortalis essentiae testimonia."

449) Cf. Tertullian, *Against Marcion* II. ix (CSEL 47. 346; CCL Tertullianus I. 484f.; tr. ANF III. 304); Augustine, *Retractations* I. x. 3 (MPL 32. 600). Quot. Battles tr., n. 4.

450) "intelligentiae sedem."

실들에 대해 간략하게 다루었다.[451] 그러나 경건한 독자들 가운데는 이 단순한 권고로도 충분히 효과가 있을 것이다.

우리가 보듯이, 만약 영혼이 몸으로부터 분리되는 본질적인 그 무엇[452]이 아니라고 한다면, 성경은 우리가 "흙 집"(욥 4:19)에 거주하고 있으며 죽음에 의해서 육체의 장막으로부터 떠나 옮겨 가서 썩을 것을 벗어 버리고 결국 마지막 날에는 각자가 몸 가운데서 행한 바대로 상급을 받게 될 것이라고 가르치지 않았을 것이다. 참으로 이러한 말씀들과 여러 군데 흩어져 있는 유사한 말씀들은 몸으로부터 영혼을 뚜렷이 구별할 뿐만 아니라 '사람'이라는 명칭을 영혼에 돌림으로써 그것이 사람의 주요한 부분이라는 사실을 적시한다. 말하자면 바울이 성도들에게 "육과 영의 온갖 더러운 것에서 자신을 깨끗하게 하자"(고후 7:1)라고 권할 때, 그는 죄의 추한 찌끼가 자리 잡고 있는 두 부분을 확고하게 공표한 것이다. 또한 베드로가 그리스도를 "영혼의 목자와 감독"(벧전 2:25)이라고 부를 때, 만약 그리스도가 이 직분을 수행하신 대상이 되는 영혼이 없었다면 베드로가 말한 것은 거짓이었으리라. 만약 영혼이 고유한 본질을 가지고 있지 않다면 베드로가 "영혼의 구원"(벧전 1:9)에 관하여 말하는 것과 영혼을 정결하게 하며 영혼을 거스르는 사악한 정욕과 싸우라고 명령하는 것이(벧전 2:11) 모두 설 자리가 없게 될 것이며, 또한 히브리서 저자가 목자들이 우리의 "영혼을 위하여 경성하기를"(히 13:17)이라 말하는 것도 그러할 것이다. 같은 맥락에서 바울은 하나님을 자기의 영혼에 대한 증인으로 부르고 있는데(고후 1:23), 이는 영혼이 형벌을 받는 자리가 아니라면 그것이 하나님 앞에서 범죄자가 될 수 없기 때문이다. 그리스도의 말씀은 이러한 사실을 더욱 분명하게 설명해 준다. 그는 육체를 죽인 후에 영혼을 지옥의 불에 보낼 수 있는 이를 두려워하라고 명령하신다(마 10:28; 눅 12:5). 참으로 히브리서 저자는 "영의 아버지"(히 12:9)로서

---

451) Cf. Cicero, *Tusculan Disputations* I. xxvii (LCL ed., pp. 78f.); *Nature of the Gods* II. liv. 133–lxi. 153 (LCL ed., pp. 251–271); Aristotle, *De partibus animalium* 686. 25–35 (tr. *Aristotle, Selections*, ed. W. D. Ross, pp. 181ff.); Tertullian, *On the Soul* xlii–xlix (CCL Tertullianus II. 845–855; Tertullian, *De anima*, ed., with commentary by J. H. Waszink, pp. 58–67, 461; tr. ANF III. 221–227). Quot. Battles tr., n. 5.

452) "essentiale quiddam······a corpore separatum."

한 분이신 하나님으로부터 우리 육체의 아버지들을 구별하는 가운데 그 이상 더할 수 없을 만큼 명확하게 영혼의 본질을 주장하고 있다. 덧붙이자면 만약 육체의 감옥으로부터 해방된 영혼이 산 채로 남아 있지 않다면 나사로의 영혼은 아브라함의 품에서 즐겁게 향유하고 있는 반면 부자의 영혼은 가공할 고통에 이르는 심판을 받고 있다고 전하는 그리스도의 말씀이(눅 16:22-23) 불합리하게 될 것이다. 바울은 우리가 육체 가운데 거주하는 동안에는 하나님에게서 떠나 나그네의 삶을 살고 있으나 육체 밖에서는 그의 현존을 향유한다고 가르치면서(고후 5:6, 8) 이와 동일한 사실을 확언하고 있다. 조금도 어렵지 않은 이 점에 대해서 더 이상 부연할 필요가 없기 때문에 나는 누가가 전하는 말씀으로부터, 사두개인들의 오류들 가운데 그들이 영과 천사들을 믿지 않았다는 사실이 언급되고 있음을(행 23:8) 지적하는 것으로 그치고자 한다.

3. 하나님의 형상에 따라 창조된 사람

또한 이 사안에 대한 확고한 증거는 사람이 하나님의 형상으로 창조되었다고 일컬어지는 것으로부터 얻어진다(창 1:27).[453] 비록 하나님의 영광이 겉사람에서 빛나고 있다고 하더라도, 그 형상의 고유한 좌소(座所)[454]는 영혼에 있음은 의심할 여지가 없다. 참으로 나는 우리의 외양이 우리를 야수로부터 구별하고 분리하는 이상, 동시에 우리를 하나님께 더욱 가까이 결합시킨다는 사실을 부인하지 않는다. 만약 어떤 사람이, "모든 다른 동물은 몸을 굽혀 땅을 바라보고 있으나 사람에게는 고상한 얼굴이 주어진 가운데 하늘을 보고 별들을 향하여 일어나 고개를 들라는 명령이 떨어진다."라는 말이 하나님의 형상이라는 제하(題下)에 속한 것으로 여겨지기를 원한다고 해서, 이를 두고 나는 너무 격

---

[453] 다음은 하나님의 형상에 대한 제반 논의들을 담고 있다. T. F. Torrance, *Calvin's Doctrine of Man* (London: Lutterworth Press, 1952), 35-82; Engel, *John Calvin's Perspectival Anthropology*, 37-72; Schreiner, *The Theater of His Glory: Nature and the Natural Order in the Thought of John Calvin*, 55-72.

[454] "propriam tamen imaginis sedem."

하게 다투고자 하지는 않는다. 단지 이러한 외부적인 표지들로 보이거나 드러나는 하나님의 형상이 영적이라는 사실은 확고하게 견지되어야 한다.

오지안더는, 그의 작품들이 증명하듯이, 무익한 허구들을 내세워 자기의 영리함을 사악하게 드러내는데, 하나님의 형상을 영혼과 몸에 차별 없이 확산시킨다. 이는 하늘과 땅을 섞는 것이다. 그는 성부, 성자, 성령이 그들의 형상을 사람에게 두신 것은, 비록 아담이 순전했더라도, 그리스도가 사람이 되셨을 것이기 때문이라고 말한다. 이렇듯 그에 따르면, 그리스도께 정해졌던 몸은 창세 때 형성되었던 그 육체적 형상의 모범이자 전형이었다.[455] 그러나 오지안더는 그리스도가 성령의 형상이라고 하는데, 어디에서 이를 찾아낼 것인가? 나는 중보자의 인격에 전체 신성의 영광이 빛난다는 것을 분명히 인정한다. 그러나 순서상 앞서는 영원한 말씀이 어떻게 성령의 형상이라고 불릴 수 있는가? 만약 성자를 성령의 형상이라고 칭한다면 성자와 성령 사이의 구별은 끝내 사라지고 말 것이다. 더욱이 육신을 입고 그 가운데 계시는 그리스도가 어떻게 성령을 닮으시고 어떤 표지와 특징으로 성령의 모양을 드러내시는지, 나는 이에 대한 오지안더의 생각을 알고 싶다. "우리가 사람을 만들고"(창 1:26)라고 한 말씀은 성자의 위격에 공통적으로 해당하므로, 오지안더와 같이 본다면, 그리스도는 다름 아닌 자기의 형상이 된다는 결론에 이르게 된다. 이것은 어떤 논리에도 부합되지 않는다. 다시 말하자면, 오지안더의 허구를 받아들이게 되면, 사람은 사람이신 그리스도의 전형과 모범을 좇아 형성되었다는 사실에 이르게 될 뿐이다. 이에 따르면, 아담이 취함을 받게 된 원형은, 육신을 입

---

455) "corpus quod destinatum erat Christo, exemplar ac typus fuit corporeae illius figurae quae tunc formata fuit." 오지안더(Andreas Osiander, 1498-1552)는 구원을 그리스도의 의의 전가에 따른 대리적 속죄(代贖)로 여기지 않고 사람이면 누구에게나 부여되는 '본질적 의'(iustitia essentialis)를 그리스도를 모범으로 삼아 완성하는 데 있다고 여기고, 이러한 입장을 담은 칭의론에 대한 글과 함께(이에 대한 비판, *Institutio*, 3.11.5-6) *An filius dei fuerit incarnandus, si peccatum non introiuisset in mundum*(만약 죄가 세상에 들어오지 않았더라면 하나님의 아들이 성육신해야 했을까)라는 글을 1550년에 발표한다. 여기서 '하나님의 형상이 무엇인지'(de imagine Dei quod sit)에 대해서 논하면서 성육신이 타락과 무관하게 인간 창조의 완성을 위하여 필히 있어야 한다고 주장한다. Cf. J. Faber, "Imago Dei in Calvin: Calvin's Doctrine of Man as the Image of God by Virtue of Creation," in *Essays in Reformed Doctrine*, tr. J. D. Wielenga (Alberta, Canada: Inheritance Publications, 1990), 234-239; Peter Wyatt, *Jesus Christ and Creation in the Theology of John Calvin* (Allison Park, PA: Pickwick Publications, 1996), 39.

기로 되어 있는 한에 있어서 그리스도였다는 것이다.

그러나 성경은 이것과는 전혀 다른 의미에서 아담이 "하나님의 형상을 따라"(적용. 창 1:26) 창조되었다고 가르친다. 아담이 하나님의 형상으로 창조되었음은 하나님의 유일한 형상이신 그리스도에 꼴을 맞추었기 때문이라고 더욱 교묘한 논리로 각색하는 자들이 있는데,[456] 이 경우 역시 어떤 순수한 점도 없다.

심지어 '형상'과 '모양'에 관해서 주석자들 사이에 적잖은 논쟁이 있는데, 그들은 존재하지도 않는 이 두 말 사이의 차이를 찾고자 헛수고를 하고 있다. 왜냐하면 '모양'이 덧붙여진 것은 해설을 위한 것 외에는 이유가 없기 때문이다.

첫째, 우리는 히브리어에 있어서 한 가지를 두 번 설명하는 반복이 상용되고 있다는 것을 알고 있다.

둘째, 사람이 하나님의 모양을 하고 있으니 하나님의 형상이라고 칭해지는 것일 뿐, 이 문제는 그 자체로 어떤 모호함도 없다.

따라서 이 두 단어에 대해 그 이상의 미묘한 철학을 추구하는 사람들은 어리석다. 그들은 '첼렘'(צֶלֶם), 즉 '형상'을 영혼의 실체에,[457] '데무트'(דְּמוּת), 즉 '모양'을 영혼의 특성들에[458] 적용시키거나 다른 어떤 것을 추론한다.[459] 하나님은 인간을 자기 '형상을 따라' 창조하고자 작정하셨을 때, 그 말이 사뭇 모호했으므로, 부사로 설명하기 위해 '모양대로'라는 말로 반복하셨던 것이다. 이 말씀은 마치 하나님이 자기 '모양'의 표지들을 새겨 넣은 '형상을 따라' 자기를 표상하는 사람을 만들려고 하셨다는 것을 전하는 듯하다. 그러므로 모세는 조금 후에 동일한 것을 서술하면서 '모양'에 대한 언급 없이 "하나님의 형상"(창 1:27; 9:6)을 두 번

---

[456] Servetus, *Christianismi restitutio* (1553), dial. iii *On the Trinity*, p. 102. Quot. Battles tr., n. 10. 칼빈이 지적하듯이, 세르베투스는 신플라톤주의적인 입장에 서서 천사들과 택함 받은 자들 안에는 '실체적 신격'(deitas substantialis)이 존재하기 때문에 그들이 그리스도와 연합하여 하나가 된다고 주장한다. *Sententiae vel propositiones excerptae ex libris Michaelis Serveti, quas ministri ecclesiae Genevensis*……XXXIII, XXXIV (CO 8.506). 볼프(Ernst Wolf)는 이러한 입장을 "영-범신론적 말씀-성령 기독론"(spiritualistisch-pantheistische Verbum-Spiritus Christologie)이라고 부르며 비판한다. "Deus…… Omniformis: Bemerkungen zur Christologie des Michael Servet," in *Theologische Aufsätze: Karl Barth zum 50. Geburtstag* (München: Chr. Kaiser Verlag, 1936), 464.

[457] "in substantia animae."

[458] "in qualitatibus."

[459] Cf. Bernard, *Concerning Grace and Free Will* ix. 28 (MPL 182. 1016). Quot. Battles tr., n. 11.

반복하고 있다.[460]

이에 대한 오지안더의 반박은 하찮다. 그는 사람의 일부분이나 사람에게 부여된 은사들을 지닌 영혼이 아니라 흙에서 취해졌을 때부터 명명된 이름인 전(全) 아담이 하나님의 형상이라 불린다고 주장한다. 내가 하찮다고 말하는 것이 무엇을 의미하는지 건전한 모든 독자들은 판단할 수 있을 것이다. 왜냐하면 인간이 전체로 죽어 없어진다고 일컬어진다고 해서 영혼이 그로 인해 죽음에 종속되는 것이 아닐 뿐만 아니라 사람이 "이성적인 동물"[461]로 일컬어진다고 해서 이성과 지성이 그로 인해 몸의 관할에 속하는 것도 아니기 때문이다. 그러므로 비록 영혼이 사람 전부는 아니지만, 영혼과 관련해서 사람이 하나님의 형상이라고 불리는 것이 불합리하지는 않다. 그렇지만 나는 앞에서 말한 원칙, 즉 하나님의 형상이 모든 종류의 생물을 훨씬 능가하는, 인간 본성의 탁월함 전체에까지 미친다는 원칙을 고수한다.

이로 보건대 하나님의 형상이라는 말은 아담이 처음에 받았던 그 순전함[462]을 의미한다. 아담은 처음에는 올바른 지성을 충만하게 소유하였고 이성의 한계 내에 자기의 정서를 종속시켰으며 모든 감각을 적절한 질서에 따라 조절하였다. 그리고 자기의 뛰어남을 자기를 지으신 분에 의해 수여된 놀라운 은혜의 선물들로 여겼다. 하나님의 형상의 주요한 좌소가 가슴과 마음 혹은 영혼과 그 능력들에 있다 하더라도 인간의 어느 부분에도, 심지어는 육체 자체에도, 그 섬광의 얼마가 반짝이지 않는 곳은 없다.[463] 심지어 세상의 각 부분에도 하나님의 어떤 영광의 자취들이 빛나고 있음이 확실하다. 여기에서 우리가 미루어 생각할 수 있는 것은 하나님의 형상이 사람에게 주어질 때 사람을 모든 피조물

---

460) 칼빈과 달리 전적 타락을 주장하지 않는 자들은 '형상'과 '모양'을 구별한다. Cf. Luke Anderson, "The Imago Dei Theme in John Calvin and Bernard of Clairvaux," in *Calvinus Sacrae Scripturae Professor: Calvin as Confessor of Holy Scripture*, ed. Neuser, 178–198.

461) "animal rationale." Cf. Seneca, *Moral Epistles* lxi. 8 (LCL Seneca, *Moral Epistles* I. 276): "사람은 이성적인 동물이다"(Rationale enim animal est homo). 여기에 '이성적인'에 해당하는 헬라어는 'λογικός'이다. Quot. Battles tr., n. 12.

462) "integritas qua praeditus fuit Adam."

463) "Ac quamvis primaria sedes divinae imaginis fuerit in mente et corde, vel in anima eiusque potentiis, nulla tamen pars fuit etiam usque ad corpus, in qua non scintillae aliquae micarent."

보다 더 높이 세우는, 달리 말하면 그를 범상한 것과 분리시키는 무언의 대조가 근저에 놓여 있다는 사실이다. 진정 그리스도가 증인이 되시듯이, 우리에게 있어서 최상의 완전함이 천사들과 같이 되는데 있다고 할진대(마 22:30), 그들이 하나님의 모양으로 창조되었다는 사실이 부정되어서는 안 될 것이다. 그러나 모세가 특별히 사람을 오직 가시적인 피조물들과만 비교할 때, 이 독특한 영예로운 이름으로 우리를 향한 하나님의 은혜를 찬미하고자 한 것은 괜한 일이 아니다.

4. 그리스도 안에서 회복된 하나님의 형상

그럼에도 불구하고 사람을 다른 피조물들보다 뛰어나게 하며 하나님의 영광의 거울464)이라고 여겨질 수밖에 없도록 하는 기능들이 더욱 분명하게 드러나지 않는다면 결코 '형상'에 대한 완전한 정의가 주어졌다고 여겨지지 않을 것이다. 사람의 부패한 본성의 복원에 대해서 말하는 것보다 이를 더 잘 인식할 수 있는 길은 어디에도 없다.

의심할 바 없이 아담은 자기의 수준에서 떨어졌을 때 그 반역으로 말미암아 하나님으로부터 멀어지게 되었다. 그리하여 우리가 인정하듯이, 비록 하나님의 형상이 아담 안에서 전적으로 소멸되고 지워지지는 않았다 하더라도 그것은 너무나 오염되어서 남아 있는 것은 무엇이든 무서우리만큼 흉측한 것이 되었다. 따라서 우리의 구원을 도로 찾는 일의 시작은 우리가 그리스도를 통하여 비로소 얻게 되는 회복에 있다. 그는 우리를 참되고 견실한 순전함으로 되돌린다는 이유에서 둘째 아담이라고 불리신다.465) 바울은 신자들이 그리스도께 받는 "살려 주는 영"과 아담이 창조되었던 "생령"(고전 15:45)을 대조하면서 중생에 있어서 베풀어지는 더없이 부요한 은혜의 분량을 서술하고 있음에도 불구하

---

464) "speculum······gloriae Dei."
465) "per Christum, qui etiam hac de causa vocatur secundus Adam, quia nos in veram et solidam integritatem restituit."

고, 중생의 목적이 그리스도가 우리를 개혁하여 하나님의 형상을 되찾도록 하시는 데 있다는 또 다른 요점을 배제시키지는 않는다. 그리하여 한 곳에서 우리가 "자기를 창조하신 이의 형상을 따라" "새사람"(골 3:10)으로 갱신되었다고 가르친다. "하나님을 따라 지으심을 받은 새사람을 입으라"(적용, 엡 4:24)라는 말씀도 이에 부합된다.

이제 바울이 갱신[466]이라는 이름하에 뜻하고자 하는 바가 특히 무엇인지를 살펴보아야 한다. 그는 먼저는 지식을, 다음으로는 순직(純直)한 의와 거룩함을 든다. 이로부터 우리는 하나님의 형상이 처음부터 정신의 빛, 마음의 정직함, 모든 부분의 건전함으로 현저하게 나타났다는 것을 추론한다. 비록 이러한 언술 방식들이 제유법(提喩法)에 해당한다는 것을 나는 인정하지만, 그렇다고 해서 하나님의 형상을 갱신하는 데 있어서 으뜸가는 것은 창조 자체에 있어서도 최고의 수준을 지녔던 것이라는 원리의 근간이 흔들리는 것은 아니다. "우리가 수건을 벗은 얼굴로 그리스도의 영광을 보매 그와 같은 형상으로 변화하여"(적용, 고후 3:18)라는 말씀도 같은 원리에 속한다. 이제 우리는 그리스도가 가장 완전한 하나님의 형상[467]이시므로 우리가 그것에 따라 조성되고 회복되면 참 경건, 의, 순수함, 지성 가운데 하나님의 형상을 담게 된다는 사실을 알게 된다.[468]

이러한 지식이 공고해지면, 몸의 형상에 관한 오지안더의 상상은 그 자체로 쉽게 사라지고 만다. 바울이 남자만을 "하나님의 형상과 영광"(고전 11:7)이라고 부르고 여자를 이러한 수준의 영예에서 제한한 것은 본문의 문맥이 보여 주듯

---

[466] 여기에서 '갱신'(renovatio)이라는 말과 동일한 의미로 '복원'(reparatio)이라는 말과 '회복'(instauratio)이라는 말이 사용된다. 이는 타락 전 하나님의 형상의 순전함(integritas)으로 되돌아가는 것에 그치지 않고 그리스도의 의의 전가를 통하여서 하나님의 자녀로서 영생을 얻는 데 이르는 '중생'(regeneratio)을 함의한다. Cf. Brian G. Armstrong, "The Concept of Restoration/Restitution in Calvin," in *Calvinus Servus Christi*, ed. Wilhelm H. Neuser (Budapest: Presseabteilung des Ráday-Kollegiums, 1988), 143-150.

[467] "perfectissima……Dei imago."

[468] 여기에서 구원이 그리스도의 은혜로 하나님의 형상을 회복하는 데 있음이 천명된다. Cf. Hans Helmut Esser, "Zur Anthtopologie Calvins Menschenwürde—Imago dei Zwischen Humanistischem und Theologischem Ansatz," *Hervormde Theologiese Studies* 35/1-2 (1979), 33-34, 38-39; Faber, "Imago Dei in Calvin," 264-267; Randall C. Zachman, "Jesus Christ as the Image of God in Calvin's Theology," *Calvin Theological Journal* 15/1 (1990), 45-62.

이 정치적인 질서에 국한된다. 이제 나는 영적이고 영원한 삶에 관계되는 것은 무엇이든 우리가 언급해 온 '형상'이라는 단어 아래 포함된다는 사실이 충분히 증명되었다고 본다. 이와 동일한 점을 요한은 다른 말씀들로 확정하여, 태초부터 하나님의 영원한 말씀 안에 있었던 "생명"이 "사람들의 빛"(적용, 요 1:4)이었다고 주장한다. 요한의 의도는 사람이 다른 생물들보다 뛰어난 특별한 은혜를 받아 평범한 삶이 아니라 지성의 빛과 결합된 삶을 얻었다는 점에서 뭇 군상과는 구별된다는 사실을 찬송하고, 동시에 어떻게 사람이 하나님의 형상대로 지음을 받았는지를 보여 주려는 데 있다.

이렇듯 하나님의 형상은 인성의 순전한 탁월함으로서, 아담의 반역 전에는 그 안에서 빛났으나 점차적으로 너무나 사악해지고 거의 지워져서 그 폐허 뒤에는 혼란스러운 것, 불구가 된 것, 죄로 오염된 것만이 남게 되었다. 그리하여 비록 선택된 자들에게, 그들이 성령으로 거듭나는 한에서, 하나님의 형상의 어떤 부분이 분명히 보인다고 하지만 그 충만한 광채는 하늘에 가서야 비로소 취해질 것이다.[469]

하나님의 형상이 어떤 부분들로 구성되어 있는지를 알기 위해서 영혼의 기능들에 대해 논의하는 것은 우리에게 가치 있는 일이 된다. 영혼은 그 안에 오성, 의지, 그리고 기억이 머물고 있기 때문에 삼위일체의 반영이라 하는 아우구스티누스의 생각은 결코 견고하지 않다.[470] 하나님의 모양은 모든 것의 상속자며 소유자로서 세움을 받은 사람에게 양도된 통치권에 자리한다고 여기고 오직 그 표지만으로 사람이 하나님과 닮기라도 하듯이 주장하는 사람들의 의견에는 어떤 개연성도 없다.[471] 하나님의 형상은 사람 밖에서가 아니라 사람 안에서 찾아야 한다. 실로 그것은 영혼의 내적 선(善)이다.

---

469) "Ergo, quum Dei imago sit integra naturae humanae praestantia, quae refulsit in Adam ante defectionem, postea sic vitiata et prope deleta, ut nihil ex ruina nisi confusum, mutilum, labeque infectum supersit, nunc aliqua ex parte conspicitur in electis, quatenus spiritu regeniti sunt; plenum vero fulgorem obtinebit in coelo."

470) Augustine, *On the Trinity* X. xi, xii; XIV. iv, vi, viii; XV. xxi (MPL 42. 982-984, 1040-1042, 1044f., 1088f.; tr. NPNF III. 142f., 186ff., 194; LCC VIII. 88f., 103f., 168f.); *City of God* XI. xxvi, xxviii (MPL 41. 339, 342; tr. NPNF II. 220f). Quot. Battles tr., n. 14.

471) 이에 관한 상세한 설명이 본문에 대한 칼빈의 주석에 나온다. *Comm.*, Gen. 1:26 (CO 23.25-27).

5. 유출이 아니라 은혜와 능력으로써 영혼이 하나님의 형상을 담음

여기서 더 나아가기 전에 우리는 마니주의자들의 망상을 맞대응할 필요가 있다. 세르베투스는 이를 이 시대에 다시 한 번 더 끌어들이려고 시도해 왔다. 그들은 하나님이 생명의 호흡을 사람의 얼굴 위에 불어넣으셨기 때문에(창 2:7), 영혼은 하나님의 실체의 유출[472]이라고 생각했다. 마치 측량할 수 없는 신성의 어떤 부분이 사람에게 흘러들어 오기라도 했듯이 여겼던 것이다. 이 악마적인 오류가 얼마나 우둔하고 더러운 부조리들을 옆에 끌고 다니는지를 간단히 보여 주는 것은 쉽다. 왜냐하면 만약 사람의 영혼이 유출을 통해 하나님의 본질로부터 나온 것이라면,[473] 하나님의 본성이 변화와 고뇌에뿐만 아니라 무지, 사악한 욕망들, 연약함과 모든 종류의 악들에도 종속된다는 사실이 뒤따를 것이기 때문이다. 사람보다 더 변덕스러운 것은 어디에도 없다. 왜냐하면 사람의 영혼은 서로 상반되는 충동들로 인해 동요되고 여러 모양으로 불안에 빠지기 때문이다. 사람은 무지로 인해 반복해서 그릇된 길로 이끌린다. 그는 아주 사소한 유혹들에도 정복당해 그것들에 굴복한다. 우리는 영혼 자체가 모든 오물들의 은신처이며 저장소라는 것을 안다. 만약 우리가 영혼을 하나님의 본질로부터 나온 것이라거나 신성의 은밀한 유입이라고 받아들인다면 이 모든 것은 필히 하나님의 본성에 돌려져야 할 것이다. 누가 이러한 기담(奇談)에 두려움을 느끼지 않겠는가? 진정 실제로 바울은 아라토스의 말을 인용해 "우리가 그의 소생이라"(행 17:28)라고 전하는데,[474] 이는 우리의 실체가 아니라 자질과 관계되며, 신적인 은사들로 우리가 장식되는 한에서 그러함을 나타낸다. 이런 가운데 창조주의 본질을 갈가리 찢어 그 일부분을 각 사람이 소유하려고 드는 것

---

[472] "traducem……substantiae Dei."

[473] "si ex Dei essentia per traducem sit anima hominis." 칼빈은 영혼 유출설(traducianism)이 아니라 영혼 창조설(creationism)의 입장에 선다. 즉 생명이 잉태될 때마다 각 개인의 영혼이 창조된다고 본다. 여기의 인용은 다음 글이 그 출처이다. Augustine, *City of God* XI. xxii (MPL 41. 336; tr. NPNF II. 217). Quot. Battles tr., n. 15.

[474] Cf. *Institutio*, 1.5.3.

은 과도한 광기가 아니고 무엇인가? 그러므로 비록 영혼들에 하나님의 형상이 새겨져 있다 하더라도 그것들은 천사들과 다를 바 없이 창조되었다는 사실이 확실히 우리 안에 수립되어야 한다. 창조는 진정 주입이 아니라 무로부터의 본질의 시작이다.[475] 영이 하나님으로부터 주어진 것이며 육체로부터 벗어날 때 그에게로 돌아간다고 해서(전 12:7), 우리는 더 이상 그것이 하나님의 본질로부터 추출되었다고 말해서는 안 된다. 이 부분에 있어서 오지안더 역시 자기의 환상들에 심취되어 불경건한 오류에 말려들었다. 그는 사람 안에 있는 하나님의 형상에 대해 본질적 의를 제외하고는 인정하지 않는다.[476] 마치 그리스도가 본질적으로 자신을 우리 안에 부어 주지 않으시면 하나님이 자기의 영의 측량할 수 없는 능력으로도 우리를 자기에게 순응시키실 수 없기라도 하듯이!

그러나 이러한 눈속임들로 채색하여 진실을 숨기려 드는 어떤 사람들이 있을지라도 그들은 건전한 독자들의 눈을 가려 마니주의자들의 오류를 보지 못하게 할 수 없다. 바울이 하나님의 형상의 회복에 대해서 전하는 말씀을 통해 분명히 추론되는 바, 사람이 하나님께 순응하도록 만들어진 것은 실체의 유입이 아니라 성령의 은혜와 능력으로 말미암는다.[477] 왜냐하면 그는 "우리가……그리스도의 영광을 보매 저와 같은 형상으로 화하여……주의 영으로 말미암음이니라"(적용. 고후 3:18)라고 전하는데, 이는 주의 영이 우리 안에서 일하시되 우리가 하나님과 동일 본질이 되도록 하지는 않으시는 것이 확실하기 때문이다.

6. 영혼의 작용과 기능

철학자들로부터 영혼의 정의를 찾는 것은 어리석다. 그들 가운데 기껏 한 사람 플라톤을 제외하고는 영혼의 불멸하는 실체를[478] 견실하게 주장한 사람은

---

[475] "Creatio autem non transfusio est, sed essentiae ex nihilo exordium."
[476] "imaginem Dei in homine non agnoscens sine essentiali iustitia." Cf. *Institutio*, 1.15.3.
[477] "non substantiae influxu, sed spiritus gratia et virtute, hominem fuisse Deo conformem."
[478] "substantiam immortalem." 다음은 영혼의 불멸성에 대한 칼빈의 입장에 미친 플라톤주의의 영향을 다룬

아무도 없다. 소크라테스의 다른 제자들도 이를 거론하기는 하지만 자기 자신이 감화되지 않은 것에 대해서 뚜렷이 가르칠 수 있는 사람은 아무도 없다는 사실을 보여 줄 뿐이다. 그러나 플라톤의 견해는 보다 올바른데, 하나님의 형상이 영혼에 있다고 생각한 점에 있어서 그러하다.[479] 다른 사람들은 영혼의 권능들과 기능들을 현재의 삶에만 부착된 것으로 보아 그 어떤 것도 육체 너머에는 남겨 두지 않는다.[480]

우리는 영혼이 형체가 없는 실체[481]임을 성경을 통하여 이전에 가르쳤다.[482] 이제 다음 사실이 첨가되어야 한다. 비록 영혼은 고유한 특성에 있어서는 장소에 제한되지 않지만 몸에 들어가 마치 집에서 거주하듯이 머묾으로 몸의 모든 부분에 생기가 돌게 되고 몸의 기관들이 영혼의 여러 활동에 적절하고 유익하게 맞춰진다. 그뿐 아니라 영혼은 사람의 삶을 통치하는 수위권(首位權)을 지니게 되어 삶의 직분들을 수행하는 동시에 여호와를 예배하도록 경성(警醒)시킨다. 비록 사람의 오염으로 말미암아 이 마지막 부분은 뚜렷이 인식되지 않지만 그럼에도 불구하고 이에 대한 흔적들이 사람의 악행들 자체에 새겨져 남아 있다. 사람들이 명예에 대한 큰 관심을 갖는 것이 다름 아닌 수치심에서 오는 것이 아닌가? 수치심은 다름 아닌 영예로운 것에 대한 경의로부터 오는 것이 아닌가? 이러한 영혼의 작용에 있어서 그 시작과 원인은, 사람이 종교의 씨앗이

다. Engel, *John Calvin's Perspectival Anthropology*, 152–161; Roy W. Battenhouse, "The Doctrine of Man in Calvin and Renaissance Platonism," *Journal of the History of Ideas* 9 (1948), 447–471.

[479] Plato, *Phaedo* 105–107; *Phaedrus* 205–209; *Alcibiades* I. 133 (LCL Plato I. 364–373; I. 468–481; VIII. 210f.); Cicero, *Tusculan Disputations* I. xxvii. 66 (LCL ed., pp. 76f.). Quot. Battles tr., n. 17.

[480] Pietro Pomponazzi, *De immortalitate animae* (1516) iv (tr. W. H. Hay in E. Cassirer, P. O. Kristeller, and J. H. Randall, *The Renaissance Philosophy of Man*, pp. 286–297). Cf. *Institutio*, 1.5.4. Quot. Battles tr., n. 18.

[481] "substantiam incorpoream." 칼빈은 영혼이 '형체가 없는 실체'로서 '불멸의 본질'(essentia immortalis)을 지니므로 육체와 분리된 죽음의 상태에서도 단지 수면 가운데 있지 아니하고 인격적인 활동을 한다고 본다. 이러한 입장이 『영혼 수면설 반박』이라 칭하는 칼빈의 다음 책에 상세하게 개진되어 있다. *Vivere apud Christum non dormire animis sanctos qui in fide Christi decedunt (Psychopannychia)*, 1542, CO 5.177–232. Cf. George H. Tavard, *The Starting Point of Calvin's Theology* (Grand Rapids: Eerdmans, 2000). 40–65. 그러나 다음 책에서 저자는 칼빈이 영혼의 독자적 실체성에 대해서 회의적이었다고 본다. Torrance, *Calvin's Doctrine of Man*, 52–60.

[482] *Institutio*, 1.15.2.

내포된 의를 경작하기 위해 태어났다는 사실을 이해하는 데 있다. 그러나 논쟁의 여지없이 사람이 천상의 삶을 묵상하도록 지음을 받았듯이, 그 지식이 그의 영혼 안에 새겨져 있다는 사실 역시 확실하다. 사람의 복은 그 완성이 하나님과의 결합에 있는바, 만약 그것이 숨겨져 나타나지 않는다면 실로 지성의 주요한 효용성은 폐기되고 말 것이다. 이로 보건대 영혼의 주요한 작용은 이런 복을 갈망하는 것이다. 이렇듯 누구든지 하나님께 더 가까이 나아가려고 애를 쓸수록 그는 자기에게 이성이 부여되었음을 더욱 잘 증명하게 된다.

사람에게는 한 가지 이상의 영혼, 곧 감각적 영혼과 이성적 영혼이 있다고 주장하는 사람들이 있지만,483) 이런 하찮고 무익한 것들에 고통을 당하는 것을 좋아하지 않는다면, 우리가 그들을 거부함이 마땅하다. 왜냐하면 그들이 그럴듯한 어떤 것을 주장하는 것처럼 보이기도 하지만 그들에게는 확고한 근거가 하나도 없기 때문이다. 그들은 기관(器官)적인 운동들과 영혼의 이성적 역할 사이에는 상충(相沖)됨이 크다고 말한다. 이성은 있는 그대로 그 자체와 조화되고, 한 계획과 다른 계획이 전장의 군대들처럼 맞부딪히듯 하지 않고 서로 상반되지 않는다고 여기기 때문이다. 그러나 이러한 혼란은 본성의 타락으로 말미암은 것이기 때문에 이로부터 두 영혼이 있다고 결론을 내리는 것은 자의적이다. 왜냐하면 기능들은 서로 간에 어울려 하나가 되는 조화를 이루지 못하기 때문이다.

이러한 영혼의 기능들에 대한 다른 소소한 방식의 논의는 철학자들에게 맡겨 두고자 한다. 왜냐하면 경건의 덕을 세우기 위해서는484) 간단한 정의로도 충분할 것이기 때문이다. 과연 나는 그들이 가르치는 것들이 참되며, 앎이 즐거울 뿐만 아니라 유익하고, 그들에 의해 능숙하게 결론에 이르렀음을 인정한다. 그러므로 나는 배우고자 하는 열망이 있는 사람들이 그들 아래서 공부하는 것을 금하지 않는다.

먼저, 나는 다섯 가지 지각들이 있음을 받아들인다. 플라톤은 이를 기관들이

---

483) Cf. Plato, *Republic* IV. 439 CD (LCL Plato, *Republic* I. 396f.). Quot. Battles tr., n. 21.
484) "ad aedificandam pietatem."

라고 부르기를 더 좋아했는데, 이들에 의해 모든 대상들이 일종의 그릇과 같은 공통 지각에 함유된다고 보았다.485)

이어서, 심상(心象)이 따르는바, 이는 공통 지각에 의해서 이해된 것들을 구별한다.

다음으로, 이성이 따르는바, 그 손안에 보편적 판단이 들어 있다.

마지막으로, 마음이 따르는바, 이는 이성이 두서없이 골똘히 생각해 놓곤 한 것들을 흐트러짐이 없이 고요한 직관 가운데 관조한다.

여기에 나타나는 영혼의 세 가지 인식 기능인 마음, 이성, 심상은 또한 다음 세 가지 욕구와 상응한다.

의지는 마음과 이성이 제시하는 것들을 추구하는 역할을 한다.

분개하는 힘은 이성과 심상에 의해서 펼쳐진 것들을 낚아챈다.

정욕을 탐하는 힘은 심상과 지각에 의해서 대상들을 파악한다.486)

비록 이것들이 참되거나 적어도 그럴듯하다고 하더라도 우리에게 도움이 되기는커녕 우리를 그것들의 모호함에 끌어들일 우려가 있으므로 그냥 지나쳐야 한다고 나는 생각한다. 나는 영혼의 권능들을 어떤 다른 방식으로 분류하고자 원하는 사람이 있어, 비록 이성이 결여되어 있더라도 다른 기능의 지도로 이성에 복종하는 것을 '욕구적'이라고 부르고, 그 자체로 스스로 이성에 참여하는 것을 '오성적'이라고 부른다고 해도 이에 대해 강하게 항변하지 않으려 한다. 그리고 지각, 오성, 욕구를 세 가지 행함의 원리들487)로 삼는 사람이 있다고 해도 논박할 뜻이 없다.

그러나 우리는 모든 사람들이 그들의 능력 가운데서 받아들일 수 있는 구분을 하도록 하자. 이것은 철학자들에 의해서 추구될 수 없음이 분명하다. 왜냐하면 그들은 가능한 한 단순하게 말하기를 원하면서도 영혼을 욕구와 오성으

---

485) Plato, *Theaetetus* 184 D (LCL Plato II, 156f.). Quot. Battles tr., n. 22.

486) Themistius, *In libros Aristotelis de anima paraphrasis* II, VII (ed. R. Heinze, pp. 36, 120-122). Quot. Battles tr., n. 23. 이상을 정리하면 다음과 같다. 영혼의 '기능'(facultas)에는 '지각'(sensus), '심상' (phantasia), '이성'(ratio), '마음'(mens)이 있다. 여기에는 '욕구'(appetitiva)가 뒤따르는데, '의지'(voluntas), '분개하는 힘'(vis irascendi), '정욕을 탐하는 힘'(vis concupiscendi) 세 가지가 있다.

487) "tria esse agendi principia, sensum, intellectum, appetitum."

로 구분하고 이 둘 모두를 이중적으로 만들기 때문이다. 그들은 때로는 오성이 오직 지식만을 포함하고 어떤 행위의 충동도 지니고 있지 않기 때문에 '관조적'이라고 말하기도 하고(키케로는 이것이 천품이라는 용어로 지정된다고 생각한다),⁴⁸⁸⁾ 때로는 선과 악에 대한 이해 가운데 다양하게 의지를 충동하기 때문에 '실천적'이라고 말한다. 이러한 종류의 오성 아래에 착하고 의롭게 사는 지식이 포함되어 있다고 본다. 그들은 또한 욕구를 의지와 정욕의 두 부분으로 나누고, 욕구(βούλησις)가 이성에 순응할 때마다 의지(ὁρμή)라고 부르고, 욕구가 이성의 멍에를 벗어 내버리고 무절제로 돌진해 갈 때마다 정념(πάθος)이 된다고 한다.⁴⁸⁹⁾ 이와 같이 그들은, 사람은 자기 안에 있는 이성으로써 언제나 자기를 올바르게 다스릴 수 있다고 상상한다.⁴⁹⁰⁾

7. 오성과 의지

우리는 이러한 가르침의 방식을 얼마간 떠날 수밖에 없는데, 사람의 반역에 따른 형벌로부터 초래된 본성의 오염에 대해서 무지한 철학자들은 사람의 현저히 다른 이중적 상태를 자의적으로 혼동하고 있기 때문이다. 그러므로 우리는 현재의 취지에 진정 부합하게끔 인간의 영혼 아래에 오성과 의지 두 부분이 있다는 사실을 견지하도록 하자. 참으로 오성의 직분이 대상들을 서로 식별하여 무엇이 인정해야 할 것이며 무엇이 인정해서는 안 되는 것인지를 찾아내는 것이라면, 의지의 사역은 오성이 선이라고 지정하는 것은 택하고 따르는 반면 그것이 인정하지 않는 것은 거절하고 피하는 것이다.⁴⁹¹⁾

---

488) Aristotle, *Nicomachean Ethics* VI. 2 (LCL ed., pp. 328f.); Cicero, *De finibus* II. xi. 33f.; V. vi. 17; V. xiii. 36 (LCL ed., pp. 118ff., 408f., 432f.). Quot. Battles tr., n. 24.

489) Themistius, *In libros Aristotelis de anima paraphrasis* VII (ed. Heinze, pp. 113f.). Quot. Battles tr., n. 25.

490) 영혼의 능력에 관한 학자들의 견해는 다양하다. Cf. Dewey J. Hoitenga, Jr., *John Calvin and the Will: A Critique and Corrective* (Grand Rapids: Baker, 1997), 14–21.

491) "Sit autem officium intellectus, inter obiecta discernere, prout unumquodque probandum aut improbandum visum fuerit; voluntatis autem, eligere et sequi quod bonum intellectus dictaverit;

여기에서 우리는, 마음 그 자체에는 어떤 움직임도 없고 선택에 의해서 움직일 뿐이라고 주장하는 아리스토텔레스의 세세한 논의들 때문에 머뭇거리지 않도록 하자.[492] 그는 이 선택을 '욕구적 오성'이라고 명명한다. 우리 자신이 무익한 질문들에 빠지지 않기 위해서, 오성은 이른바 영혼의 지도자며 통치자라는 사실과, 의지는 항상 오성의 명령을 주목하고 그 자체의 갈망 가운데 오성의 판단을 기다린다는 사실로[493] 족하게 여기자. 이런 이유로 바로 아리스토텔레스 그 자신이 욕구에 있어서의 회피 혹은 추구는 마음에 있어서의 긍정 혹은 부정에 부합한다고 참되게 가르친다. 또한 우리는 다른 곳에서[494] 오성의 통치가 의지를 지도하기 위하여 있다는 것이 얼마나 확실한지 보게 될 것이다. 다만 여기서 우리가 말하고 싶은 것은 이 두 요소들 중 어느 하나와도 적합한 관계를 맺지 않은 권능은 영혼 안에 있을 수 없다는 사실이다. 이러한 방식으로 우리는 오성 아래 지각을 포함시킨다. 반면에 철학자들은 이를 구별하여, 지각은 쾌락을 지향하고 오성은 쾌락을 위하여 선을 따르는 가운데, 지각의 욕구는 정욕과 육욕이 되고 오성의 성향은 의지가 된다고 말한다. 다시 말하지만 나는 그들이 선호하는 '욕구'라는 말 대신에 이보다 더 상용되는 '의지'라는 말을 사용하고자 한다.

8. 자유의지

그러므로 하나님은 영혼에 마음을 자리하게 하셔서 선행(先行)하는 이성의 빛으로 선과 악, 정(正)과 사(邪), 그리고 따라야 할 것과 피해야 할 것을 볼 수 있게 하셨다. 이러한 이유로 철학자들은 이 지시하는 역할을 '지도력'(τὸ ἡγεμονικόν)이

---

aspernari ac fugere quod ille improbarit." Cf. Plato, *Phaedrus* 253 D (LCL plato I. 492f.). Quot. Battles tr., n. 26.

[492] Aristotle, *Nicomachean Ethics* VI. 2 (LCL ed., pp. 328f.). Quot. Battles tr., n. 27.

[493] "intellectum esse quasi animae ducem et gubernatorem; voluntatem in illius nutum semper respicere, et iudicium in suis desideriis exspectare."

[494] *Institutio*, 2,2,12-26.

라 불렸다.[495] 하나님은 이것에 의지를 결합시키셔서 그 안에 선택이 있게 하셨다. 사람의 처음 상태는 이러한 탁월한 은사들로 뛰어났다. 그의 이성, 지성, 슬기, 판단은 지상 생활을 통치하기에 충분할 뿐만 아니라 그것을 넘어서서 하나님과 영원한 복에까지 이르게끔 한다. 그리고 선택이 더해져, 욕구들을 지도하고, 모든 기관들의 충동들을 절제시키며, 그리하여 의지가 이성의 다스림에 전적으로 부합되도록 한다.

이 순전함 가운데 사람은 만약 그가 원하기만 하였더라면 자유의지로써 영생에 이를 수 있는 능력이 있었다.[496] 여기에서 우리가 관심을 갖는 주제는 무슨 일이 일어났느냐에 있지 않고 사람의 본성이 어떠했는가에 있기 때문에 하나님의 은밀한 예정에 대한 질문을 제기하는 것은 어울리지 않는다. 이런 측면에서 아담이 오직 자기 자신의 의지로 넘어졌다는 점을 고려할 때, 만약 그가 원했더라면 그는 서 있을 수 있었을 것이다. 그러나 사람이 그토록 쉽게 타락한 것은 그의 의지가 이 부분 저 부분으로 기울어졌으며 견인의 항구성이 부여되지 않았기 때문이었다. 그럼에도 불구하고 선과 악에 대한 그의 선택은 자유로웠고, 그뿐 아니라 그가 자기를 파멸시켜 자기에게 부여된 은총들이 오염되기 전까지 그의 마음과 의지에는 지고한 올바름이 있었으며, 모든 부분의 기관들이 순종에 이를 수 있도록 올바르게 구성되어 있었다.[497]

여기에서 철학자들에게 큰 어둠이 맞닥뜨려졌다. 그들은 폐허 속에서 건물을, 흩어진 것들 가운데서 잘 맞춰진 구성물을 찾고 있었기 때문이다. 그들은, 사람은 선과 악에 대한 자유 선택이 그 속에 없다면 이성적인 동물이 아니라

---

495) Cf. Plato, *Protagoras* 352 B (LCL Plato IV. 224); Plutarch, *De virtute morali* 441 C 3 (LCL Plutarch, *Moralia* VI. 22); Tertullian, *On the Soul* xiv (CCL Tertullianus II. 800; Tertullian, *De anima*, ed., with commentary by Waszink, pp. 17ff.; tr. ANF III. 193). Quot. Battles tr., n. 29.

496) 여기서 '사람의 처음 상태'(prima hominis conditio)를 논하는바, '탁월한 은사'(dos praeclara)로서 '이성'(ratio), '지성'(intelligentia), '슬기'(prudentia), '판단'(iudicium)과 함께 '자유의지'(liberum arbitrium)가 예시된다.

497) "Potuit igitur Adam stare si vellet, quando non nisi propria voluntate cecidit. Sed quia in utramque partem flexibilis erat eius voluntas, nec data erat ad perseverandum constantia, ideo tam facile prolapsus est. Libera tamen fuit electio boni et mali; neque id modo, sed in mente et voluntate summa rectitudo, et omnes organicae partes rite in obsequium compositae, donec se ipsum perdendo bona sua corrupit."

는 원리를 굳게 쥐고 있었다.498) 만약 사람이 자기 자신의 계획으로 삶을 규율하지 않는다면 덕성과 악성의 구별이 제거되었을 것이라는 원리 또한 그들의 마음속으로 들어왔다. 만약 사람 안에 어떤 변화도 없었다면 여태껏 모든 것이 온전했을 것이다. 그런데 사람에게는 이 사실이 감춰져 있으므로 그들이 하늘과 땅을 혼동하는 것도 결코 놀랄 일이 아니다. 그들은 자기들이 그리스도의 제자들이라고 공언하면서 철학자들의 학설들과 하늘의 교리를 적당히 배분해서 타락하고 영적인 파멸의 수렁에 빠진 사람에게서 자유의지를 여전히 찾고 있는데, 이는 분명 하늘과 땅 어디에도 속하지 않는 어리석음을 범하는 것이다. 이에 대해서는 적절한 곳에서 더 잘 다룰 것이다.499)

이제 우리는 첫 번째 창조 때의 사람은 그의 모든 후손들과 아주 동떨어져 있었다는 사실을 단지 마음에 새겨야 하는데, 그 후손들은 자기들의 기원을 오염된 상태에 있었던 그 사람에게 두므로, 나면서부터 그 사람으로부터 물려받은 흠을 짊어지게 되었다. 왜냐하면 영혼의 개별적 부분들은 형성될 때 올바름을 지녔으며, 마음의 건전함은 흔들림 없이 섰으며, 그의 의지는 선을 택함에 있어서 자유로웠기 때문이다.500) 만약 누군가 그의 의지는 그 연약한 재능으로 미루어 보건대 불안정한 상태에 놓여 있었을 것이라고 반박한다면, 나는 그 의지의 수준이 이런 변명을 제거하기에 충분할 만큼 강력하게 작용하고 있었다고 답할 것이다. 그뿐 아니라 죄를 지을 수도 없고, 지으려고 전혀 원하지도 않는 사람을 만드셨어야 했다는 조건으로 하나님을 제한시키려 드는 것은 도무지 이치에 맞지 않는다. 실로 그러한 본성을 지닌 사람이라면 한층 더 뛰어났을 것이다. 그렇다고 해서 마치 하나님이 사람에게 그러한 본성을 부여하셨어야 했던 것처럼, 막무가내로 몰아세우는 것은 더할 나위 없이 사악하다. 왜냐하면 하나님은 무엇이든지 자기가 원하셨던 것을 주셨으며, 자기 자신의 의지 가운데 그렇게 하셨기 때문이다. 그러나 하나님이 견인의 능력으로501) 사

---

498) Aristotle, *Nicomachean Ethics* VI. 2 (LCL ed., pp. 328f.). Quot. Battles tr., n. 30.
499) *Institutio*, 2.2.2-4.
500) Augustine, *On the Genesis, Against the Manichees* II. vii. 9 (MPL 30. 200f.). Quot. Battles tr., n. 32.
501) "perseverantiae virtute."

람을 지키지 아니하신 이유는 그의 계획 가운데 숨어 있다. 그러므로 우리는 지혜롭게 행하여 절제에 이르도록 해야 한다. 사람은 자기가 원하면 할 수 있는 능력을 받았다. 그러나 그는 할 수 있는 것을 행하고자 원하지 않았다. 그가 원했다면 견인이 뒤따랐을 것이나, 원하지 않았다. 그는 자발적으로 자기 자신의 멸망을 초래했을 정도로 많이 받았으니, 변명할 수 없다. 참으로 하나님은 사람의 타락으로부터 자기 자신에게 돌려질 영광거리를 이끌어내시려고 사람에게 우유부단할 뿐만 아니라 심지어 넘어지기 쉬운 의지를 주셔야만 했다는 그 어떤 필연성도 부과받지 않으셨다.[502]

---

[502] "Acceperat quidem posse, si vellet, sed non habuit velle quo posset; quia hoc velle sequuta esset perseverantia. Excusabilis tamen non est, qui tantum accepit, ut sibi sponte accerseret interitum; nulla vero imposita fuit Deo necessitas quin mediam illi voluntatem daret, atque etiam caducam, ut ex illius lapsu gloriae suae materiam eliceret." Cf. Augustine, *On Rebuke and Grace* xi. 32 (MPL 44. 936; tr. NPNF V. 484f.). Quot. Battles tr., n. 33.

DE COGNITIONE DEI CREATORIS

제16장

하나님은 자기에 의해
지음을 받은 세계를
자기의 능력으로
자라게 하시고 보호하시며
자기의 섭리로
그 각 부분을 다스리심

Deum sua virtute mundum a se conditum
fovere ac tueri,
et singulas eius partes
sua providentia regere

1-5. 피조물을 다스리고 돌보시는 하나님의 섭리
6-7. 사람을 다스리고 돌보시는 하나님의 섭리
8-9. 하나님의 섭리 외에 운명이나 우연은 없음

1. 하나님의 창조와 섭리의 연속성

우리가 보게 되듯이,[503] 하나님을 자기 사역을 단 한 번에 다 이루신 순간적인 창조주로 삼는 것은 차갑고 황량한 노릇이다. 우리는 하나님의 능력의 현존

---

[503] 칼빈은 1539년에 출판된 제2판 『기독교 강요』 이후로 섭리와 예정을 함께 다루나, 1559년 최종판에서는 이 둘을 나누어 섭리는 창조주 하나님을 아는 지식의 영역(1.16-18)에서, 예정은 구속주 하나님을 아는 지식의 영역에서(3.21-24) 별도로 논한다. 칼빈은 피기우스(Albertus Pighius, 1490-1542)가 1542년에 출판한 *De libero hominis arbitrio et divina gratia libri X*의 전반부 I-VI를 비판하는 *Defensio sanae et orthodoxae doctrinae de servitute et libertione arbitrii adversus calumnias Alerti Pighii Campensis* (CO 6.233-404)와 후반부 VII-X를 비판하는 *De aeterna Dei praedestinatione* (CO 8.257-366)를 각각 1543년과 1552년에 출판한다. 칼빈은 이 두 권의 책에서 자유의지와 예정을 다루면서 이 두 주제를 하나님의 섭리와 긴밀하게 연관시킨다. Cf. P. Jacobs, *Prädestination und Verantwortlichkeit bei Calvin* (Neukirchen, Kreis Moers: Buchhandlung des Erziehungsvereins, 1937), 64-66; Engel, *John Calvin's Perspectival Anthropology*, 123-149. 칼빈의 섭리론은 그가 자유주의자들을 비판하며 1545년에 출판한 *Contre la secte phantastique et furieuse des Libertins qui se nomment spirituelz* 제14장에 일목요연하게 개진되어 있고, 예정과 섭리에 대한 카스텔리오(Sebastian Castellio, 1515-1563)의 입장을 반박하며 1557년과 1558년에 출판한 *Brevis responsio Io. Calvini ad diluendas nebulonis cuiusdam calumnias quibus doctrinam de aeterna Dei praedestinatione foedare conatus est* (CO 9.257-266)와 *Calumniae nebulonis cuiusdam, quibus odio et invidia gravare conatus est doctrinam Ioh. Calvini de occulta Dei providentia. Ioannis Calvini ad easdem responsio* (CO 9.273-318)에도 자주 언급된다. 특히 후자에서는 섭리에 관한 주요한 논점들이 종류별과 단계별로 전반적으로 논의된다. 학자들은 칼빈의 예정론과 섭리론이 그의 사상의 근저가 되는 하나님의 주권을 가장 현저하게 드러낸다고 여겨 '칼빈의 칼빈주의'라고 부르기도 한다. John Calvin, *Calvin's Calvinism: A Treatise on the Eternal Predestination of God and The Secret Providence of God*, tr. Henry Cole (Grand Rapids: Eerdmans, 1950); Paul Helm, *John Calvin's Ideas* (Oxford: Oxford University Press, 2004), 93-128.

이 세계의 첫 번째 기원에 못지않게 그 영속적인 상태 가운데서도 빛나고 있음을 보고 있다. 이 점에서 우리는 이교에 속한 사람들과 달라야 한다. 불경건한 사람들이라고 할지라도 그들의 마음은 단지 하늘과 땅을 보는 것만으로도 창조주께 올라가게 된다. 그러나 믿음에는 창조의 공적을 전적으로 하나님께 돌리는 그 자체의 고유한 방식이 있다. "믿음으로 모든 세계가 하나님의 말씀으로 지어진 줄을 우리가 아나니"(히 11:3)라는 말씀이 이를 가르쳐 준다. 우리는 이 말씀을 전한 사도에 대해서 이미 앞에서 인용한 적이 있었다.[504] 우리는 하나님이 창조주시라는 사실에 대해서 아무리 마음으로 이해하고 입으로 고백한다고 한들, 그의 섭리에 이르도록 더 나아가지 않는 한 그 사실이 실제로 무엇을 의미하는지를 적절하게 파악할 수 없다.[505] 육체의 지각은 창조 자체가 드러내 보인 하나님의 능력을 한 차례 머릿속에 그리기는 하지만 그 자리에 고착되어 더 나아가지 못하고 기껏해야 그 큰 일을 일으키신 저자의 지혜와 권능과 선하심에 대해서 곰곰이 헤아리고 관찰하는 데 머물 뿐이다. 이러한 하나님의 속성들은 그것들 자체로 자명하며 심지어 원하지 않는 자들에게도 그대로 드러난다. 그러나 육체의 지각은 사물의 운동력이 보존하고 다스리는 어떤 일반적 활동으로부터 유래한다고[506] 생각한다. 요컨대 태초부터 하나님에 의해서 심겨져 만물을 지탱하기에 충분한 활력[507]이 있다고 생각한다.

그러나 믿음은 한층 더 깊이 들어가야 한다. 즉 믿음은 하나님이 만물의 창조주시라는 가르침을 받게 되면, 더 나아가 그가 어떤 우주적 운동으로 천체와 그 각 부분을 운행하신다는 점에서뿐만 아니라 심지어 지극히 작은 참새 한 마리에 이르기까지(마 10:29) 자기가 만드신 모든 것을 지키시고, 기르시고, 돌보신다는 점에서도 영원한 통치자시며 보존자시라는 결론에 이르게 된다. 이에

---

[504] *Institutio*, 1.5.14.
[505] 칼빈의 섭리론 전반에 대해서 다음을 보라. Bohatec, "Calvins Vorsehungslehre," 339-441; Richard Stauffer, *Dieu, la création et la Providence dans la prédication de Calvin* (Berne: Peter Lang, 1978); Wilhelm-Albert Hauck, *Vorsehung und Freiheit nach Calvin: Ein evangelisches Glaubenszeugnis* (Gütersloh: Bertelsmann, 1947); P. H. Reardon, "Calvin on Providence: The Development of An Insight," *Scottish Journal of Theology* 28 (1975), 517-533.
[506] "conservando et moderando generalem quandam actionem, unde vis motionis dependeat."
[507] "ad res omnes sustinendas sufficere······vigorem divinitus ab initio inditum."

대해 다윗은 모두(冒頭)에서 세계가 하나님에 의해 창조되었다고 간략하게 언급한 후, "여호와의 말씀으로 하늘이 지음이 되었으며 그 만상을 그의 입 기운으로 이루었도다"(시 33:6)라며, 계속되는 섭리의 진행으로 곧바로 내려간다. 그리고 곧 다음과 같이 말씀을 더한다. "여호와께서 하늘에서 굽어보사 모든 인생을 살피심이여"(시 33:13). 이어지는 구절들도 같은 맥락에 서 있다.

비록 모든 사람들이 이토록 현명하게 추론하지는 않는다 하더라도, 만약 하나님이 세계의 창시자가 아니시라고 한다면 인간사가 모두 하나님에 의해 돌보심을 받고 있다는 사실이 믿을 만한 것이 못 될 것이며, 만약 하나님이 자기의 작품들에 대한 돌보심을 베푸신다는 사실에 감화를 받지 않는다면 그 누구도 진지하게 세계가 하나님에 의해 만들어졌음을 믿지 않을 것이기 때문에, 다윗이 최상의 순서로 하나에서 다른 하나로 우리를 인도하는 것은 결코 헛되지 않다. 실로 세계의 모든 부분이 일반적으로 하나님의 은밀한 영감에 의해서 생기를 얻는다고[508] 철학자들은 가르치고 사람의 마음은 그렇게 지각한다. 그러나 그들은 다윗이 다음 말씀으로 자기와 함께 모든 경건한 사람들을 이끌어 올라간 그곳까지는 이르지 못한다. "이것들은 다 주께서 때를 따라 먹을 것을 주시기를 바라나이다 주께서 주신즉 그들이 받으며 주께서 손을 펴신즉 그들이 좋은 것으로 만족하다가 주께서 낯을 숨기신즉 그들이 떨고 주께서 그들의 호흡을 거두신즉 그들은 죽어 먼지로 돌아가나이다 주의 영을 보내어 그들을 창조하사 지면을 새롭게 하시나이다 여호와의 영광이 영원히 계속할지며 여호와는 자신께서 행하시는 일들로 말미암아 즐거워하시리로다"(시 104:27-31). 그들은 비록 "우리가 그를 힘입어 살며 기동하며 존재하느니라"(행 17:28)라는 바울의 말씀에 동의한다 하더라도 그가 서술하고 있는 은혜에 대한 진정한 지각과는 거리가 멀다. 왜냐하면 그들은 하나님이 자기의 부성적 호의를 알려 주시는 유일한 길인 그의 특별한 돌보심에 대한 맛을 조금도 보지 못하기 때문이다.[509]

---

508) "arcana Dei inspiratione vegetari omnes mundi partes." 칼빈은 모든 것에 미치는 하나님의 섭리가 성령의 역사로 말미암음을 강조한다. Cf. Pieter C. Potgieter, "Providence in Calvin: Calvin's View of God's Use of Means (media) in His Acts of Providence," in *Calvinus Evangelii Propugnator: Calvin, Champion of the Gospel*, ed. Wright, Lane, and Balserak, 175-190.

509) "quia specialem Dei curam, ex qua demum cognoscitur paternus eius favor, minime gustant."

2. 운명이나 우연이 아니라 섭리로 만물을 지으시고 다스리심

이 차이를 더욱 잘 드러내기 위하여 우리가 알 것은 성경에서 가르치고 있듯이 운명과 우연한 사건들은[510] 하나님의 섭리와 배치된다는 사실이다. 실상 모든 일이 우연에 맡겨져 있다는 것은 시대를 불문하고 일반적으로 받아들여져 왔으며 거의 모든 인생들이 오늘날도 이에 대해 같은 견해를 피력하고 있다. 이 사악한 견해로 말미암아 섭리에 관하여 견지되어야 했던 바가 흐릿하게 가려지고 심지어 매몰되어 사라지고 말았음이 분명하다. 만약 누군가 도둑들이나 야수들의 함정에 빠지거나, 만약 갑작스런 돌풍으로 인해 바다에서 난파당하거나, 만약 쓰러진 집이나 나무에 깔려 죽게 된다고 하자. 만약 다른 사람이 광야를 이리저리 헤매다가 배고픔을 이길 구호품을 발견하게 되고, 파도에 던져졌다가 항구에 이르게 되며, 오직 한 손가락 차이로 죽음에서 벗어나게 된다고 하자. 그러면 육체적 이성은 이 모든 것을 순경(順境)이든 역경(逆境)이든 운명에 돌릴 것이다. 그러나 "너희에게는 머리털까지 다 세신 바 되었나니"(마 10:30)라고 그리스도의 입으로 가르침을 받은 사람은 더 나아가 그 원인을 찾고자 할 것이며, 일어난 일이 무엇이든 그 모두가 하나님의 숨겨진 계획에 의해서 통치된다는[511] 교훈을 받게 될 것이다.

그리고 생명이 없는 것들에 대해서 우리가 권념하는 바는 비록 본성상 각각에게 고유한 특성이 부여되어 있다고 하더라도 그것이 하나님의 현존하는 손에 의해서 끝까지 지시를 받지 아니하면[512] 그 자체의 힘을 발휘할 수 없다는 사실이다. 따라서 그것들은 하나님이 자기가 원하시는 만큼의 효능을 부여하시는 도구들에 다름없다. 하나님은 자기의 뜻대로 그것들을 이 방향으로 이끌고 저 방향으로 돌리시면서 이런저런 작용이 일어나게 하신다.

태양보다 더 신기하고 광휘로운 힘이 있는 피조물은 어디에도 없다. 그것은

---

510) "fortunae et casibus fortuitis."
511) "occulto Dei consilio gubernari."
512) "nisi quatenus praesenti Dei manu diriguntur." '하나님의 손'(manus Dei)이 하나님의 섭리를 의미하는 은유로서 반복해서 사용된다. Cf. *Institutio*, 1.1.1.

지구 전체를 그 빛으로 비출 뿐만 아니라 그 열로 모든 생물들을 기르고 활기차게 하지 않는가? 그 광선으로 땅에 번식력을 불어넣고, 그 중심에 품은 씨앗들을 따뜻하게 한 후 푸른 싹이 솟아나게 하고, 그 수가 늘어나며 힘차게 될수록 새로운 양분을 더해서 마침내 줄기가 생겨날 정도로 자라게 하지 않는가? 꽃이 피고 그 꽃으로부터 열매를 맺기까지 계속해서 온기를 먹여 자라게 하지 않는가? 그리고 또한 그것을 잘 익혀서 무르익게 하지 않는가? 마찬가지로 태양에 의해 데워진 나무들과 포도나무가 먼저 싹들과 잎들을 내고, 꽃을 발하며, 그 꽃으로부터 열매를 보지 않는가? 진정 여호와는 이 모든 것으로 인한 전적인 찬송을 자기에게 돌리고자 태양을 창조하기 전에 빛이 있고 각종 풀과 열매로 땅이 충만하기를 원하셨다(창 1:3, 11, 14).

그러므로 경건한 사람은 태양을 그것이 창조되기 전에 존재했던 이 모든 것의 주요하고 필요 불가결한 원인으로 삼지 않고 하나님이 단지 그가 그렇게 원하시기 때문에 사용하시는 도구로 여긴다. 왜냐하면 하나님은 태양이 없어도 아무 어려움 없이 그 자신 스스로 행하실 수 있기 때문이다.513) 그리고 우리가 읽게 되는바, 여호수아의 기도로 태양이 이틀 동안 한 지점에 머물렀고(수 10:13), 그 그림자가 히스기야 왕을 위하여 십도 뒤로 물러갔다(왕하 20:11; 사 38:8). 이 몇몇 기적들을 통하여 하나님은 태양이 날마다 뜨고 지는 것은 자연의 맹목적인 본능이 아니라 그 길을 자기가 직접 다스리시기 때문이라는 사실을 적시하심으로써 우리로 하여금 우리를 향한 그의 부성적 호의에 대한 기억을 새롭게 되살리도록 하신다. 봄이 겨울을 따르고, 여름은 봄을, 그리고 가을은 여름을 차례로 따르는 것보다 더 자연스러운 것은 어디에도 없으나, 이 계절의 연속 가운데서 서로 동일하지 않은 다양성이 우리에게 보이게 됨으로써 매년, 매월, 매일이 새롭고 특별한 하나님의 섭리에 의해서 조정된다는 사실이 쉽게 드러난다.

---

513) "Non ergo solem faciet pius homo vel principalem vel necessariam eorum causam quae ante solis creationem exstiterunt, sed instrumentum duntaxat quo utitur Deus, quia ita vult; quum possit, eo praeterito, per se ipsum nihilo difficilius agere."

3. 모든 것이 하나님의 은밀한 계획에 따른 섭리로 말미암음

온당하게도 하나님은 자기의 전능하심을 주장하실 뿐만 아니라 우리에 의해 그것이 자기에게 돌려지기를 원하신다. 궤변가들은[514] 이를 헛되고, 한가하며, 거의 무의식적인 것으로 상상하지만, 그것은 끊임없이 움직이면서 작용하는 것으로서 언제나 깨어 있고, 효과적이며, 활동적이다. 실로 그것은 단지 강이 한번 정해진 수로로 흘러가도록 그가 명령하시는 것과 같은 복합적인 운동의 일반적 원리[515]에 그치는 것이 아니라 각각이 특수하고 개별적인 운동들[516]에 이르도록 방향을 지시하고 이끈다.

이러므로 그가 전능하시다고 여겨지는 것은 그가 실제로 활동을 하실 수 있으시나 때로는 이를 그만두고 한가히 쉬시거나 이전에 정해진 자연의 질서를 본능적으로 계속해서 유지시키시기 때문이 아니라 그가 하늘과 땅을 자기의 섭리로 다스리시면서 모든 것을 규율하여 그의 계획이 없이는 어떤 일도 일어나지 않도록 하시기 때문이다. 시편의 말씀이 우리에게 지시하듯이, 하나님은 자기의 확실하고 확정된 뜻에 따라 원하시는 모든 것을 행하신다(시 115:3).

그러므로 선지자가 전하는 말씀들을 철학적 방식으로 해석하여, 하나님이 첫 번째 동자(動者)[517]가 되시는 것은 그가 모든 운동의 시작이며 원인이시기 때문이라고 말하는 것은 무미건조하다. 왜냐하면 신자들은 여러 가지 일로 인해 역경에 처한 가운데서도 자기들이 하나님의 손 아래 있기 때문에 그의 정하심과 명령에 의하지 않고는 어떤 일도 일어나지 않을 것이라고 마음을 달래면서 한결 위로를 얻기 때문이다.

하나님의 통치가 이처럼 그의 모든 작품에 미침에도 불구하고 그것을 자연의 흐름에 가두는 것은 치기 어린 억지이다. 마치 하나님이 자연의 영속적인

---

514) "sophistae." 이는 스콜라 철학자들을 지칭한다. 다음은 칼빈의 섭리론이 결정론과는 다름을 지적한다. Karl Reuter, *Das Grundverständnis der Theologie Calvins* (Neukirchen: Verlag des Erziehungsvereins, 1963), 157ff.
515) "generale······principium confusi motus."
516) "singulos et particulares motus."
517) "primum agens." Cf. Aquinas, *Summa Theol*. I. xix. 6. Quot. Battles tr., n. 6.

법에 맡겨 모든 것이 자유로운 행로(行路)를 좇도록 허용하기라도 하신 듯이 그의 섭리를 그토록 좁은 한계에 가두는 자들은 그에게서 그의 영광을 사취(詐取)하는 것 못지않게 그들 자신으로부터 가장 유용한 교리[518]를 걷어 내고 있다. 왜냐하면 만약 사람이 하늘, 공기, 땅, 물의 어떤 운동에 임의로 맡겨진다면, 그보다 더 비참한 존재는 어디에도 없을 것이며, 또한 같은 방식으로, 각자를 향한 하나님의 특별한 선하심은 아주 약화되어 무가치하게 될 것이기 때문이다. 다윗은 아직 어머니의 젖에 매달려 있는 아이들까지도 하나님의 영광을 송축하리만큼 유창한 입을 가지고 있다고 외친다(시 8:2). 왜냐하면 확실히 그들은 어머니의 몸에서 나오자마자 천상적 돌보심으로 그들을 위하여 마련된 양식을 찾아내기 때문이다. 우리의 경험이 공공연히 입증하고 있는 것으로부터 우리의 눈과 지각들이 피해 갈 수 없을진대, 어떤 어머니들에게는 풍부하고 넘치는 젖이 있는 반면 다른 어머니들에게는 그것이 거의 말라 있는 것은 하나님이 한 아이에게는 더욱 후하게 먹이고 다른 아이에게는 더욱 인색하게 먹이고자 원하시기 때문이다.

하나님의 전능하심에 합당한 찬송을 올려 드리는 자들은 다음 사실로 이중적 열매를 누리게 된다.

첫째, 하나님의 소유는 하늘과 땅에 미치며 모든 피조물이 그의 지시에 주목하고 헌신하여 그에게 순종하기에 이르게 되는바, 이는 선을 행하기에 충분한 능력이 하나님 자신 안에 있기 때문이다.

둘째, 모든 피조물이 하나님의 보호 아래 안전하게 쉴 수 있게 되는바, 이는 우리가 두려워하는 해로운 것들이 어디에서 연원하든 모두 그의 뜻에 종속되고, 사탄이 자기의 모든 광포와 자기의 전체 장구를 갖추고 나타나나 그의 주권으로 제압당하고, 우리의 안전에 역행하는 것은 무엇이든 그의 지시에 따르기 때문이다. 그렇지 않다면 위험에 처할 때마다 반복해서 우리에게 엄습하는 과도하고 미신적인 공포들을 조절하거나 완화시킬 수 없을 것이다. 내가 말하려는 것은, 피조물들이 우리를 위협하거나 경악시키며 어떠한 공포로 내몰

---

518) "utilissima doctrina."

때, 그것들이 우리를 해칠 힘과 권능을 마치 그것들 자체로부터 스스로 지니기라도 하듯이, 혹은 그것들이 우리를 무모하게 우연히 해치기라도 하듯이, 혹은 그것들의 위해를 물리칠 도움이 하나님 안에 충분하지 않기라도 하듯이 우리가 두려워한다면, 우리가 미신적으로 겁을 먹고 있다는 것이다.

예를 든다면, 하나님의 자녀들은 불신자들과 달리 하늘의 별들과 징조들을 두려워하는 일을 금하여야 한다고 선지자는 경고한다(렘 10:2). 물론 그가 모든 종류의 두려움을 비난하는 것은 아니다. 그러나 불신자들이 세계의 통치를 하나님으로부터 별들로 이양할 때 그들은 자기들의 복이나 비참함이 하나님의 뜻이 아니라 별들의 작정들과 전조들에 달려 있다고 공상한다. 그리하여 그들의 두려움이 그들이 바라보아야 할 유일한 분이신 하나님으로부터 별들과 혜성들에게로 뽑혀 옮겨진다. 그러므로 이러한 불신앙을 경계하려는 자로 하여금, 모든 피조물은 그 무슨 권능이나 행위나 운동에 있어서도 제멋대로 된 것이 하나도 없으며 예외 없이 하나님의 은밀한 계획에 의해서 다스려지고 있으므로, 하나님의 지식과 뜻에 의한 작정에 의하지 않고는 아무것도 일어나지 않음을[519] 항상 기억하도록 하자.

4. 지식과 행위에 모두 미치는 하나님의 우주적 혹은 일반적 섭리와 특별한 섭리

그러므로 이로써 독자들이 무엇보다 먼저 견지해야 할 것은 섭리의 의미가 하나님이 땅에서 무엇이 일어나는지 한가하게 하늘로부터 지켜보시는 데 있지 않고 그가 열쇠의 보유자[520]로서 모든 사건을 다스리시는 데 있다는 사실

---

[519] "non erraticam vel potentiam, vel actionem, vel motionem esse in creaturis; sed arcano Dei consilio sic regi, ut nihil contingat nisi ab ipso sciente et volente decretum." 다음 글에서 칼빈은 점성술을 반대하고 모든 것이 하나님의 지혜와 정의와 선함에 달려 있다고 강조한다. *Advertissement contre l'astrologie qu'on appelle iudiciaire, et autres curiositéz qui regnent aujourd'huy au monde*, 1549 (CO 7.513–542).

[520] "clavum tenens."

이다. 그러므로 그것은 그의 두 눈에 못지않게 두 손에 속한다.521) 우리가 보듯이, 아브라함이 그의 아들에게 하나님이 준비하실 것이라고 말했을 때(창 22:8), 그는 미래의 사건에 대하여 하나님이 예지하고 계시다는 사실과 함께, 자기에게 알려지지 않은 일에 대한 돌보심이 어리둥절하고 혼란스러운 것들로부터 벗어나게 하는 출구를 마련해 주곤 하시는 하나님의 뜻에 맡겨져 있다는 사실을 주장하고자 하였다. 이로부터 섭리는 행위 안에 자리하고 있음이 귀결된다. 그러므로 많은 사람들이 단순한 예지에 대해서만522) 중얼거리는 것은 극한 무지의 소치이다.

통치를 하나님께 돌리기는 하되 혼란스럽고 뒤섞인 통치만 그렇게 하는 오류는, 내가 말했던 바와 같이, 하나님이 우주계를 그 각각의 부분들과 더불어 일반적인 운동으로 회전시키고 운행하기는 하지만 피조물 개개의 행위를 각각 고유한 방식으로 지도하지는 않으신다고 보는 오류인데, 이는 그리 우둔하지는 않아 보인다.

그럼에도 불구하고 이는 참을 수 없는 오류이다. 왜냐하면 우주적이라고 불리는 이 섭리523)에 대해 그들은 모든 피조물이 뜻하지 않게 곧 우유(偶有)적으로 움직이는 것이나 사람이 자기의 뜻에 따른 자유의지를 발휘하여 이곳저곳으로 향하는 것을 어떤 것도 방해하지 않는다고 가르치기 때문이다. 그리고 그들은 하나님과 사람 사이를 서로 절연(絕緣)시켜 놓고, 하나님은 자기의 능력으로 사람 속에 운동력을 불어넣으심으로써 그것에 의해서 사람이 자기 속에 심겨진 본성에 일치하는 행위를 할 수 있도록 하시지만, 사람은 자기의 의지적인 계획으로 자기의 행위들을 조정한다고 주장한다. 간략하게 말해서, 그들에 따르면, 세계, 사람들의 일들, 그리고 사람들 자신은 하나님의 권능으로는 통치를 받으나 하나님의 결정으로 그렇게 되지는 않다는 것이다.

나는 하나님이 한가하시고 무기력하시다는 몽상에 빠진, 언제나 세상에 넘

---

521) "Ita non minus ad manus quam ad oculos pertinet." 동일한 말이 다음에도 나온다. *De aeterna Dei praedestinatione*, CO 8.347.
522) "de nuda praescientia."
523) "providentia quam universalem appellant."

치는 전염병과 같은 에피쿠로스주의자들과[524] 하나님이 공중의 상층부는 통치를 받게 하셨으나 하층부는 운명에 남겨 두셨다고 허구를 일삼았던 옛날 사람들[525]에 대해 여기서는 아무 말도 하지 않겠다. 저 말 못하는 피조물들까지도 이토록 명백한 광기에 맞서서 충분히 외치고도 남을 것이기 때문이다.

이제 나는 거의 일반적으로 통용되고 있는 견해에 대해서 반박해 보고자 한다. 이 견해에 따르면, 내가 모르는 어떤 종류의 맹목적이고 모호한 운동을 하나님께 돌리는 것은 인정하나, 그가 불가해한 자기의 지혜로[526] 모든 것을 지도하시고 자기의 목적을 이루실 때까지 그것을 처리하신다는 주요한 부분은 정작 삭제해 버린다. 그리고 사실 자체가 아니라 오직 말로만 하나님을 세계의 주관자로 삼는바, 그로부터 그의 조정권을 박탈해 버린다. 내가 묻는다. 당신이 지휘하는 것들을 정해진 질서대로 당신이 다스리는 것이 아니라면 그러한 지휘가 과연 무엇을 조정할 수 있겠는가? 그러나 나는 하나님이 자기 자신에 의해서 수립된 자연의 질서를 보호하실 뿐만 아니라 자기의 작품들 각각에 맞게 고유한 돌보심을 베푸신다는 사실을 인정하는 한에 있어서 그들이 우주적 섭리에 관해[527] 말하는 것을 전적으로 비난하지는 않는다. 각각의 종류에 속한 사물들은 그것들이 마치 하나님의 영원한 계명에 순종하며, 하나님이 일단 제정하신 것은 자발적으로 흘러나오듯이, 자연의 은밀한 본능에 의해서 움직인다는 것은 실로 참되기 때문이다.

여기에서 우리는 그리스도가 자기와 아버지가 처음부터 지금까지 항상 일하신다고 하신 말씀(요 5:17), 바울이 "우리가 그를 힘입어 살며 기동하며 존재하느니라"(행 17:28)라고 한 말씀, 그리고 히브리서 기자가 그리스도의 신성을 증거하길 원하여 "그의 능력의 말씀으로 만물을 붙드시며"(히 1:3)라고 한 말씀들을 언급할 필요가 있다. 그러나 어떤 사람들은 이를 빌미로 특별한 섭리를 무

---

[524] Schreiner, *The Theater of His Glory: Nature and the Natural Order in the Thought of John Calvin*, 19-21.

[525] Cf. Pietro Pomponazzi, *De fato, de libero arbitrio, et de praedestinatione* (1520) II. i, iv, v. Quot. Battles tr., n. 10.

[526] "incomprehensibili sapientia."

[527] "de universali providentia."

모하게 가리고 모호하게 만든다. 하지만 이는 너무나 확실하고 분명한 성경의 증언들에 의해서 주장되므로 이에 대해 누군가 의심하는 것이 오히려 놀라울 따름이다. 그리고 확실히 내가 말한 바 있는, 휘장을 펼쳐 특별한 섭리를[528] 가리고 있는 그들도 많은 것들이 하나님의 고유한 돌보심 가운데 일어난다는 사실을 덧붙여서 인정하지 않을 수 없게 되므로 다시금 자기들의 입장을 수정하게 된다. 그러나 그들은 무모하게도 이를 특별한 행위들에 국한시키고 있다. 그러므로 하나님이 개개의 사건들을 다스리시기 위하여 주의를 다하신다는 사실과 그것들 모두가 그의 결정적인 계획에 의해서 발생하고 어떤 것도 우연히 일어나지는 않는다는 사실이 입증되어야 한다.[529]

5. 피조물 각각에게 미치는 고유한 섭리

운동의 시작이 하나님의 수중에 있기는 하나 모든 것이 본성의 의향에 따라 충동되는 대로 자발적으로나 우연히 운행된다고 가정해 보자. 그렇다면 낮과 밤, 겨울과 여름의 변화와 같이 하나님이 각각에게 역할을 지정하시고 그것들 속에 어떤 법을 새겨서 부착시키시는 한에 있어서만, 즉 밤에 낮이 따르고, 달이 달을 따르며, 해가 해를 따르는 일이 변함이 없듯이 아무 방해도 받지 않고 동일한 길을 계속해서 순탄하게 가는 한에 있어서만, 하나님의 일이 될 것이다. 그러나 때로는 세찬 열이 건조함과 동반되어, 있는 곡식이라고는 다 태워 버리고, 때로는 생각할 수 없는 비가 내려 낟알을 손상시키며, 때로는 우박과 폭풍이 갑작스럽게 몰아치는 것은 하나님의 일에 속하지 않게 될 것이다. 이렇게 본다면, 아마 흐림과 맑음, 추위와 열기는 그 기원이 별들의 접근과 다른 자연적 원인들로부터 도출될 것이다. 그러나 이 방식으로는 하나님의 부성적

---

[528] "specialem providentiam."
[529] 칼빈은 여기서 '우주적 섭리'와 '특별한 섭리'를 이분법적으로 보지 않고 이 둘이 함께 작용한다는 점을 강조한다. Cf. Partee, *Calvin and Classical Philosophy*, 126–145; Etienne de Peyer, "Calvin's Doctrine of Providence," *Evangelical Quarterly* 10 (1938), 30–44.

호의도, 그의 심판도 자리할 여지가 없게 된다. 만약 그들이, 하나님은 하늘과 땅에 일상적인 힘을 부으시고 이로써 양식이 공급되도록 하시기 때문에 인류에게 충분히 은혜로운 분이시라고 말한다면, 이는 너무나 밋밋하고 과히 속화된 허구일 뿐이다. 마치 한 해의 다산성(多産性)이 하나님의 특별한 복이 아니고, 가뭄과 기근이 그의 저주와 심판이 아닌 것처럼 꾸며대니 말이다.

이에 대한 모든 원인을 다 모으는 것은 지나치게 오래 걸릴 것이므로, 하나님 자신의 권위를 다루는 것에 만족하자. 율법서와 선지서들 가운데서 하나님은 자주 다음과 같이 선포하신다.

그는 이슬과 비로 땅을 적실 때마다(레 26:3-4; 신 11:13-14; 28:12) 자기의 은혜를 증언하신다. 그러나 그의 주권으로 하늘이 철과 같이 굳어지고(레 26:19), 곡식의 낟알이 충해와 다른 재앙들로 잠식되며(신 28:22), 전답에 우박과 폭풍이 내려칠 때마다(사 28:2; 학 2:17) 하나님은 자기의 확실하고 특별한 심판의 징조를 보여 주신다. 만약 우리가 이것들을 받아들인다면, 한 방울의 비도 하나님의 확실한 명령이 없이는 떨어지지 않는다는 것이 확실할 것이다.530)

참으로 다윗은 "우는 까마귀 새끼에게 먹을 것을 주시는"(시 147:9) 하나님의 일반적 섭리를531) 찬미한다. 그러나 하나님 자신이 동물들을 기근으로 위협하실 때, 이것은 그가 모든 생물을 때로는 인색한 분량으로 먹이시고, 때로는 한층 넘치는 분량으로 가장 좋게 먹이신다는 것을 충분히 선포하고 계신 것이 아닌가? 내가 이미 말했듯이, 이를 특별한 행위들에 국한시키는 것은 치기 어린 일이다. 왜냐하면 그리스도는 심지어 작고 볼품없는 참새 한 마리가 땅에 떨어지는 것도 예외 없이 아버지의 뜻이 아니면 안 된다고 하시기 때문이다(마 10:29). 분명 우리는 새들이 나는 것이 하나님의 확실한 계획에 의해서 다스려질진대, 선지자와 더불어 그는 "높은 곳에 앉으셨으나 스스로 낮추시사 천지에 일어나는 모든 일을 살피시고"(적용. 시 113:5-6)라고 고백해야 한다.

---

530) "certum est non cadere pluviae guttam nisi certo Dei mandato."
531) "generalem Dei providentiam."

6. 인류를 향한 하나님의 섭리

그러나 세계가 특별히 인류를 위해 지음받은 것을 우리가 알기 때문에[532] 우리는 또한 그의 통치에서 이 목적을 바라보아야 한다. 예레미야 선지자는 "여호와여 내가 알거니와 사람의 길이 자신에게 있지 아니하니 걸음을 지도함이 걷는 자에게 있지 아니하니이다"(렘 10:23)라고 부르짖는다. 같은 맥락에서 솔로몬은 "사람의 걸음은 여호와로 말미암나니 사람이 어찌 자기의 길을 알 수 있으랴"(잠 20:24)라고 말한다.

그럼에도 불구하고 불경건한 사람들이 여전히 그리하듯이, 사람은 자기 본성의 의향에 따라서 하나님에 의해 움직이지만 자기 자신의 소견대로 스스로 움직임의 방향을 바꿀 수 있다고 말할 수 있을 것인가? 그럴 수 없다. 왜냐하면 혹 이 말이 참되다면, 사람이 자기의 길을 선택하는 자유가 사람의 수중에 놓이게 될 것이기 때문이다. 아마 그들은 이렇게 말하는 것조차 탐탁지 않게 여길 것이다. 왜냐하면 혹 이 말이 참되다면, 하나님의 권능이 없이는 사람이 제대로 할 수 있는 일이 어디에도 없을 것이기 때문이다. 그러나 그들은 어떤 것도 해명하지 못한다. 위에서 인용된 본문에서 보듯이, 선지자와 솔로몬은 권능뿐만 아니라 선택과 목적도 하나님께 돌리고 있기 때문이다. 다른 곳에서 솔로몬은, 하나님을 돌아봄 없이 자기들만을 위한 목표를 설정하고 마치 자기들이 그의 손에 의해 이끌림을 받지 않고 살아가듯 하는 사람들의 이러한 무모함을 격조 높게 비판하고 있다. "마음의 경영은 사람에게 있어도 말의 응답은 여호와께로부터 나오느니라"(잠 16:1, 9). 하나님이 원하지 아니하시면 말도 할 수 없는 비참한 사람들이 하나님을 제외하고 무엇을 행하고자 결단한다는 것은 실로 기괴한 광기일 뿐이다.

참으로 성경은 세계의 그 무슨 일도 하나님의 결정이 없다면 수행될 수 없다는 것을[533] 보다 잘 표현하기 위하여, 보기에는 가장 우연한 것들도 그에게 종

---

[532] Cf. *Institutio*, 1.14.22.
[533] "nihil penitus in mundo geri nisi ex eius destinatione."

속되어 있음을 보여 준다. 나무에서 부러져 떨어지는 가지에 지나가던 나그네가 맞아서 뼈가 부러져 죽는 것보다 더한 우연이 어디 있겠는가? 그러나 여호와는 전혀 이렇게 여기지 않으시고 자기 자신이 사람을 살인자의 손에 넘기셨다고 인정하신다(출 21:13). 마찬가지로 누군가 제비를 뽑을 때 그 처분을 운명의 눈멂에 맡기지 않겠는가? 그러나 여호와는 이를 그냥 넘겨보지 않으시고 그것에 대한 판단이 자기에게 있음을 주장하시고, 그릇 안에서 조약돌이 던져지고 뽑히는 것도 제비를 뽑는 사람의 능력이 아니라고 가르치시며, 우연에 주어질 수 있는 듯한 그 어떤 한 가지조차도 모두 그 자신에 의해서 존재하는 것이라고 증언하신다(잠 16:33). 솔로몬의 다음 말씀은 같은 뜻을 지니고 있다. "가난한 자와 포학한 자가 섞여 살거니와 여호와께서는 그 모두의 눈에 빛을 주시느니라"(잠 29:13; 참조. 잠 22:2).

여기에서 강조되는바, 비록 부자들이 가난한 자들과 섞여 이 세상을 살아가지만, 하나님은 결코 눈이 멀지 않으시니, 그 모두에게는 그가 각각에게 부과하신 고유한 조건이 있다. 그리하여 가난한 자들에게는 인내가 권고된다. 왜냐하면 자기 자신의 제비에 만족하지 않는 사람들은 하나님이 지게 하신 짐을 벗어 버리고자 애쓰곤 하기 때문이다. 반면에 또 다른 선지자는, 어떤 사람들은 비천한 신분에 처하고 다른 사람들은 높아져 영예를 누리는 것을 사람들의 열심 아니면 운명에 돌리는 속화된 사람들을 꾸짖는다. "무릇 높이는 일이 동쪽에서나 서쪽에서 말미암지 아니하며 남쪽에서도 말미암지 아니하고 오직 재판장이신 하나님이 이를 낮추시고 저를 높이시느니라"(시 75:6-7). 여기에서 선지자는 하나님이 심판의 직분을 벗어 버릴 수 없으시므로, 어떤 사람들은 높이시고 어떤 사람들은 멸시받을 자들로 남게 하시는 것은 하나님의 비밀스런 계획에 의한 것이라고 추론한다.

7. 아버지의 손으로서 역사하는 일반적 섭리

또한 나는 개별적 사건들이 각각에 미치는 하나님의 고유한 섭리의 양식에 대한 증언들이 된다고 말하고자 한다. 하나님은 광야에서 남풍을 일으키셔서 백성들에게 풍부한 새들을 몰아오셨다(출 16:13; 민 11:31). 하나님은 요나를 바다 속으로 던지셨을 때 폭풍을 일으키심으로 바람을 보내셨다(욘 1:4). 하나님이 세계에 대한 지휘권을 보유하고 계신다고 생각하지 않는 사람들은 그것이 일반적인 경험에서 벗어난다고 말할 것이다. 그러나 여기에서 나는 어떤 바람도 하나님의 특별한 명령이 없으면[534] 일어나지도 않고 불지도 않는다고 결론짓는다. 그렇지 않고 그가 자기의 뜻이 없이 구름과 바람이 이리저리 몰리게 하시고 그것들 각각 가운데 자기 능력의 고유한 현존을 보여 주지 않으셨다면, "바람을 자기 사신으로 삼으시고 불꽃으로 자기 사역자를 삼으시며"(시 104:4) "구름으로 자기 수레를 삼으시고 바람 날개로 다니시며"(시 104:3)라는 말씀이 실로 참되지 않았을 것이다. 또한 우리는 다른 곳에서 바다가 휘몰아치는 바람으로 들끓을 때마다 그 거셈이 하나님의 고유한 현존을 증언한다고 배우게 된다. "여호와께서 명령하신즉 광풍이 일어나 바다 물결을 일으키는도다"(시 107:25). "광풍을 고요하게 하사 물결도 잔잔하게 하시는도다"(시 107:29). 그리고 또 다른 곳에서는 그가 뜨거운 바람으로 백성을 치셨다고 선포된다(암 4:9).

그뿐 아니라 사람들 안에는 자연적으로 생식력이 부여되어 있음에도 불구하고 하나님은 그것을 자기의 특별한 은혜로 받아들이기를 우리에게 원하신다. 그는 어떤 사람들은 가족이 없게 홀로 두시고 다른 사람들은 후손을 얻기에 합당하게 하시기 때문이다(참조. 시 113:9). "보라 자식들은 여호와의 기업이요 태의 열매는 그의 상급이로다"(시 127:3). 이런 뜻에서 야곱은 그의 아내에게 "당신에게 아이들을 갖게 하는 하나님을 내가 대신 하겠는가"(적용. 창 30:2)라고 하였다.

일단 논의를 마침에 있어서, 세상에서 우리가 떡으로 부양된다는 것보다 더 평범한 것은 없다는 사실을 상기하자. 그러나 성령은 땅의 소산이 하나님의 특별한 선물이지만, "사람이 떡으로만 사는 것이 아니요"(신 8:3; 마 4:4)라고 선포하신다. 왜냐하면 사람들을 기르는 것은 포만감 자체가 아니라 하나님의 은밀

---

534) "nisi speciali Dei iussu."

한 복535)이기 때문이다. 이는 마치 하나님이 이런 복을 누리지 못하는 사람에게 그가 의지하는 양식을 제해 버리시겠다고 위협하는 것과 다를 바 없다(사 3:1). 실로 이처럼 하나님이 부성적인 손으로536) 우리에게 양식을 마련해 주지 않으신다면 우리는 일용할 양식을 위한 진지한 기도를 마음속에 품을 수가 없을 것이다(마 6:11). 이러하므로 선지자는 하나님이 우리를 먹이심으로써 가족을 위한 최고의 아버지의 역할을 다 수행하신다는 사실로 신자들을 감화시키기 위하여, 그는 "모든 육체에게 먹을 것을 주신 이"(시 136:25)가 되심을 권고한다.

요컨대 우리가 한편으로는 "여호와의 눈은 의인을 향하시고 그의 귀는 그들의 부르짖음에 기울이시는도다"(시 34:15)라는 말씀을 듣고, 다른 한편으로는 "여호와의 얼굴은 악을 행하는 자를 향하사 그들의 자취를 땅에서 끊으려 하시는도다"(시 34:16)라는 말씀을 듣게 되는바, 위와 아래에 있는 모든 피조물이 각각 있는 자리에서 하나님께 순종하게 될 때, 원하시는 것은 무엇이든 소용에 닿게 맞추어 주시는 그의 은혜를 그것들이 누리게 됨을 깨닫도록 하자. 이로부터 우리는 하나님의 일반적 섭리가 피조물들 가운데 활력을 더해서 자연의 질서가 계속될 뿐만 아니라 그의 놀라운 계획에 따라 확실하고 고유한 목적에 부합되게 한다는537) 결론에 이르게 된다.

8. 운명은 없으며 섭리는 운명이 아니다

본 교리에 대하여 반감을 표하고자 하는 자들은 이를 스토아주의자들의 숙명에 관한 교설538)과 다를 바 없다고 무고(誣告)한다. 이러한 비난은 언젠가 아우구스티누스에게도 퍼부어졌다.539) 우리는 단어 하나하나를 따져가며 다툴

---

535) "arcana Dei benedictio."
536) "paterna manu."
537) "non tantum generalem eius providentiam vigere in creaturis, ut naturae ordinem continuet; sed in certum et proprium finem aptari, admirabili eius consilio."
538) "dogma……de fato."
539) Augustine, *Against two Letters of the Pelagians* II. v. 10-vi. 12 (MPL 44. 577ff.; tr. NPNF V. 395f.).

마음이 없으나 '숙명'이라는 말은 받아들일 수 없다.540) 왜냐하면 그것은 바울이 피하라고 가르친 "망령되고 헛된 말"(딤전 6:20) 중의 하나이기 때문일 뿐만 아니라 그것이 야기하는 혐오를 가지고 사람들이 하나님의 진리를 억압하려고 시도하기 때문이다.

그러나 이 교설로 말미암아 거짓되고 사악한 비난이 우리에게 돌려지고 있다. 우리가 스토아주의자들과 더불어 자연 속에 내포되어 있는 원인들의 항구적인 고리와 어떤 내밀한 순차로부터 필연이라는 개념을 고안해 내고 있다는 것은541) 거짓이다. 우리는 하나님을, 자기가 하고자 하신 일을 자신의 지혜에 따라 궁극적인 영원에서부터 작정하시고 이제 자기가 작정하신 것을 자기의 권능으로 수행하시는 모든 것의 감독자와 조정자542)로 확고히 삼는다. 이로부터 우리는 하늘과 땅과 생명 없는 피조물들뿐만 아니라 사람들의 계획들과 뜻들도 하나님의 섭리로 다스려져 그것에 의해 곧바로 지정된 목표를 향해 이끌리게 된다고 주장한다.

그러면 무엇인가? 당신은 물을 것이다. 어떤 것도 우연히, 우유적으로 일어나는 것은 없는가? 나는 이에 답한다. 대(大)바실리우스는 "운명"이나 "우연"은543) 이방인들의 말로서, 경건한 마음을 가진 사람들이 그 의미에 빠져들어서는 안 된다고 올바로 말했다.544) 왜냐하면 만약 성공이 하나님의 복이고 재난과 역경이 그가 주시는 저주라고 한다면 이제 사람의 일들 중에 어떤 것도 우연에 돌려질 여지가 없게 될 것이기 때문이다.545)

Quot. Battles tr., n. 15.
540) Cf. *Comm.*, Ex. 21:12 (CO 24.623).
541) "necessitatem comminiscimur ex perpetuo causarum nexu et implicita quadam serie, quae in natura contineatur."
542) "arbitrum ac moderatorem."
543) "fortunam et casum."
544) Basil, *Homilies on the Psalms*, Ps. 32:4 (MPG 29. 329f.). Quot. Battles tr., n. 16.
545) 여기에서 보듯이 칼빈은 스토아주의자들의 범신론과 운명론을 여지없이 배척한다. Cf. Bohatec, "Calvins Vorsehungslehre," 360ff.; Partee, *Calvin and Classical Philosophy*, 104-125; Alexandre Ganoczy and Stefan Scheld, *Herrschaft-Tugend-Vorsehung: hermeneutische Deutung und Veröffentlichung handschriftlicher Annotationen Calvins zu sieben Senecatragödien und der Pharsalia Lucans* (Wiesbaden: Franz Steiner Verlag, 1982), 46-53.

아우구스티누스의 다음 말은 우리에게 감동을 준다. "나는 '운명'이라는 말을 어떤 여신(女神)이 아니라 외부적인 선이나 악으로부터 생겨나는 우연한 사건들을 뜻하는 것으로 이해했다. 그럼에도 불구하고 유감스럽게도 나의 책 『아카데메이아학파 반박』(Contra Academicos)에서 그 말을 자주 사용하였다.546) 어떤 종교도 '운명'(fortuna)이란 말로부터 나온 '아마'(forte), '혹시'(forsan), '설혹'(fortisan), '어쩌면'(fortasse), '우연히'(fortuito)라는 말들을 사용하는 것을 금하지 않는다. 그러나 그것들이 전체적인 의미에 있어서 하나님의 섭리를 환기시키지 않는다면 금하지 않을 수 없다. 나는 이에 대해서 침묵한 채 지나치지 않았다. 왜냐하면 어쩌면 일반적으로 '운명'이라고 칭해지는 어떤 것 역시 은밀한 질서에 의해서547) 다스려지고, 우리가 어느 일을 '우연'이라고 부를 때 그 가운데 비밀스러운 논리와 원인548)이 있음을 적시할 뿐이라는 사실을 말하고자 했기 때문이다. 나는 진정 이를 말했다. 그러나 이렇듯 여기에서 '운명'이라고 명명했던 것을 후회한다. 왜냐하면 나는 사람들이 '하나님이 이를 원하셨다.'라고 말해야 할 터인데 '운명이 이것을 원했다.'라고 말하는 더없이 악한 습관을 지니고 있음을 알기 때문이다."

결론적으로 아우구스티누스는 만약 어떤 것이 운명에 내버려진다면 세계는 우연히 돌아갈 것이라고 여러 곳에서 가르치고 있다. 비록 그는 어느 곳에서 모든 것이 일부는 사람의 자유의지로 일부는 하나님의 섭리로 되어간다고 정의를 내리고 있지만, 곧 이어서 사람들은 하나님의 섭리 아래 존재하고 그것에 의해 다스림을 받는다고 충분히 논증하는 가운데, 하나님의 정하심 없이 무슨 일이 일어난다고 하면 우연히 발생하게 되는 것이므로 그 무엇도 이보다 더 불합리하지는 않을 것이라는 사실을 자기의 원리로 삼고 있다. 이러한 이유로 그는 또한 사람의 뜻에 의지하고 있는 우발성을549) 배제한 후, 곧 이어서 우리는

---

546) Augustine, *Retractations* I. i. 2 (MPL 32. 585); *Against the Academics* I. i; III. ii. 2-4 (MPL 32. 905, 935f.; tr. ACW XII. 35f., 98-101). Quot. Battles tr., n. 17.

547) "occulto……ordine."

548) "ratio et causa secreta."

549) "contingentiam."

하나님의 뜻의 원인을 찾으려고 해서는 안 된다고 하면서 이를 더욱 분명하게 천명한다. 그가 그렇게 자주 언급하고 있는 '허용'550)이라는 말이 어떻게 이해되어야 하는지는, "하나님의 뜻이 모든 것의 지고한 원인이며 제일 원인이므로 그의 명령이나 허용이 없으면 아무것도 일어나지 않는다."551)라는 한 문장에 가장 잘 나타난다. 확실히 그는 한가로운 망대에서 쉬면서 무엇을 허용하기를 원하시는 하나님을 공상하지 않는다. 아우구스티누스가 말하듯이, 하나님의 뜻은 언제나 이른바 실제적인 뜻으로 개입한다. 그렇지 않다면 그 뜻은 만물의 원인이라고 여겨질 수 없을 것이다.

9. 하나님의 섭리는 운명이나 우연도 아니며 필연도 아니다

그럼에도 불구하고 우리는 마음이 너무나 둔감하여 하나님의 섭리의 높이에 미치지 못하고 그 아래로 아주 멀리 떨어져 있으므로 그곳까지 높이 이르려면 그 간격을 줄여야 한다. 그러므로 나는 다음과 같이 말하고자 한다. 모든 것이 확실한 경륜에 따라 하나님의 계획에 의해 정해져 있지만, 우리에게는 우연하게 보인다.552) 이는 운명이 세계와 사람들을 지배하여 만물을 위로 아래로 굴러가게 한다고 우리가 생각해서가 아니다. 그리스도인이라면 이러한 우둔함을 마음에서 멀리해야 한다. 오히려 이는 사건들이 일어나는 질서, 논리, 목적, 필연성 그 대부분이 하나님의 계획에 감추어져 있고 사람의 억견(臆見)으로는 이해가 되지 않기 때문에, 하나님의 뜻의 산물임이 분명한 것들이 우리에게는 마치 우연한 것들처럼 여겨진다553)는 점에서 그러하다. 왜냐하면 그 사건들은

---

550) "permissionis."
551) "Dei voluntatem summam esse probat et primam omnium causam, quia nihil nisi ex iussu eius vel permissione accidit." Augustine, *De diversis quaestionibus*, qu. 24, 27, 28 (MPL 40. 17f.); *On the Trinity* III. iv. 9 (MPL 42. 873; tr. NPNF III. 58f.). Quot. Battles tr., n. 18.
552) "utcunque ordinentur omnia Dei consilio certa dispensatione, nobis tamen esse fortuita."
553) "sed quoniam eorum quae eveniunt, ordo, ratio, finis, necessitas, ut plurimum in Dei consilio latet, et humana opinione non apprehenditur, quasi fortuita sunt, quae certum est ex Dei voluntate provenire."

각각의 본성이 고려될 때든지 아니면 우리의 지식과 증거에 따라 헤아려질 때든지 그것들이 취하는 모습 자체에 있어서는 차이가 없기 때문이다.

예를 들어, 한 상인이 충실한 동료들과 무리를 지어 숲으로 들어갔다가 부주의해서 그들로부터 멀어진 후 길을 잃고 헤매다가 강도들의 소굴에 빠져 그들과 맞닥뜨려 목이 잘려 죽었다고 상상해 보자. 이 경우 하나님은 그 상인의 죽음을 친히 자기의 눈으로 선견(先見)하셨을 뿐만 아니라 작정을 세우셔서 그렇게 되게 하셨다. 이는 그가 각자의 삶이 얼마나 연장될 것인지를 단지 선견하셨음이 아니라 그 끝을 정하시고 변동 없이 하셔서 아무도 이를 넘어가지 못하게 하셨음을 의미한다(욥 14:5).

그럼에도 불구하고 우리의 마음으로 이해할 수 있는 능력에 관한 한, 그 안의 모든 것은 우연한 것들로 드러난다. 위의 사례를 통하여 그리스도인은 무엇을 지각하게 될 것인가? 과연 그는 이런 종류의 죽음에 이르는 과정에 있어서 일어났던 일이 무엇이든 그것은 그 자체의 본성상 우연한 일이라고 간주할 것이나, 그럼에도 불구하고 하나님의 섭리가 운명을 다스려 그 목적에 이르는 길을 지도했다554)는 사실을 의심하지 않을 것이다. 같은 논리가 미래에 일어날 우연한 일들에도 적용된다. 미래에 속한 것들이 모두 우리에게 불확실한 만큼 우리는 그것들을 마치 그냥 두면 이리저리 되는대로 쏠리기라도 하듯이 불안한 마음으로 부여잡고 있다. 그럼에도 불구하고 우리의 마음에는 여호와가 이미 선견하지 않으신 사건은 어디에도 없다555)는 사실이 확정되어 남아 있다.

이런 점에서 "운명"(당하는 일)556)이라는 말이 전도서에(전 2:14-15; 3:19; 9:2-3, 11) 자주 반복된다. 왜냐하면 사람들은 최초의 직관으로는 깊이 숨어 있는 제일 원인을 꿰뚫어 볼 수 없기 때문이다.557) 그럼에도 불구하고 성경에 제시된 하나님의 은밀한 섭리는 사람들의 마음에서 결코 소멸되지 않았으니, 어둠 가운

---

554) "providentiam……Dei praefuisse……ad fortunam in suum finem dirigendam."

555) "nihil eventurum quod non Dominus iam providerit."

556) "eventus."

557) "quia primo intuitu non penetrant homines ad primam causam, quae procul abscondita est."

데서 항시 반짝이는 어떤 섬광들이 사라지지 않음558)과 같았다. 예컨대 블레셋의 점쟁이들은 비록 믿지 못하고 흔들렸지만, "만일 궤가 그 길을 지나가면 우리를 치신 분이 하나님이시요 그렇지 아니하면 우연히 당한 것인 줄 알리라"(적용. 삼상 6:9)라고 말하면서 닥친 액운을 일부는 하나님께 일부는 운명에 돌렸다. 참으로 어리석게도, 그들은 복술에 속임을 당하여 운명으로 도피했다. 그럼에도 우리가 보듯이, 그들은 자제하여 자기들에게 일어난 흉사(凶事)가 감히 우연한 일이라고 생각하지는 않았다.

그렇다면 하나님은 어떻게 자기 섭리의 굴레로 자기의 원함에 따라 모든 운명이 방향을 바꾸도록 하시는가? 이에 대한 답은 다음 놀라운 예에서 분명히 주어질 것이다. 보라, 다윗이 마온 광야에서 포위되었던 시간, 바로 그 순간에 블레셋 사람들이 그 땅에 쳐들어옴으로 사울은 떠나지 않을 수 없었다(삼상 23:26-27). 하나님이 자기 종의 안전을 보살피기 위하여 이러한 방해물로 사울을 가로막으셨다고 할진대, 비록 블레셋 사람들이 갑자기 사람들의 의견을 배제한 채 무기를 잡았다고 할지라도 이것이 우연히 일어났다고 우리는 말하지 않을 것이다. 믿음은 우리에게 우발성559)으로 보이는 것에도 하나님의 은밀한 격동560)이 있었음을 인식하는 것이다.

실로 항상 똑같은 논리가 나타나는 것은 아니지만, 세계에서 인식되는 변화는 그것이 무엇이든 의심할 바 없이 하나님의 손의 비밀스러운 운행으로부터561) 생겨난다는 것을 우리는 견지해야 한다.

그러나 하나님이 제정하신 것은 반드시 일어나지만, 무조건적으로 그런 것도 아니고 자체의 본성에 따라 필연적으로 그런 것도 아니다.562) 익숙한 예로 그리스도의 뼈를 떠올릴 수 있다. 그는 우리와 같은 몸을 취하셨으며 그의 뼈는 부러질 수 있는 것이었다. 건전한 사람이라면 아무도 이를 부인하지 않을

---

558) "quin semper micarent in tenebris aliquae scintillae."
559) "contingentia."
560) "secretum Dei impulsum."
561) "ex secreta manus Dei agitatione."
562) "quod statuit Deus, sic necesse est evenire ut tamen neque praecise, neque suapte natura necessarium sit."

것이다. 그럼에도 불구하고 그것이 부러지는 것은 불가능하였다(요 19:33, 36). 하나님은 그의 아들의 뼈를 연약함에 종속시키셨으나 부러짐으로부터 면제하심으로써 자연적으로 당할 수 있었던 일을 자기의 필연성으로 제한하셨던바, 이로부터 우리는 상대적 필연과 절대적 필연의 구별과, 이와 다를 바 없는 결과물의 필연과 결과의 필연의 구별563)이 학파들 가운데 그저 무모하게 만들어지지 않았음을 알게 된다.564)

---

563) "distinctiones de necessitate secundum quid, et absoluta; item consequentis et consequentiae."
564) Cf. Aquinas, *Summa Theol.* I. xix. 3. Quot. Battles tr., n. 21.

DE COGNITIONE DEI CREATORIS

제17장

섭리 교리를
우리의 효용에
알맞게 적용하기 위하여
추구해야 할 지향점과 목표

Quorsum et in quem scopum referenda
sit haec doctrina,
ut nobis constet eius utilitas

1–2. 하나님의 은밀한 계획과 뜻이 유일하고 불변하는 최상의 법
3–5. 하나님의 섭리에 따른 사람의 행위라고 책임을 면하지 못함
6–11. 사람은 섭리의 도구로 사용되는 가운데 섭리의 위로를 받음
12–14. 하나님은 후회하심이 없이 불변하는 계획을 끝까지 이루심

1. 하나님의 뜻에 따른 섭리의 작용

한걸음 더 나아가, 사람들의 품성은 사소한 헛된 것들에 치우치는 경향이 있으므로 이 교리의 순수하고 올바른 용법을 견지하지 않는 한 그 누구라도 혼란스러운 난관들에 빠져 거의 헤어 나올 수 없게 된다. 그러므로 성경이 무슨 목적으로 모든 것이 하나님의 결정에 따른다고 가르치고 있는지 여기에서 간략하게 다루는 것이 유익하다.

우리는 하나님의 섭리에 관하여 세 가지를 주목해야 한다.

첫째, 그것은 지나간 시간과 다름없이 미래의 시간에도 미친다. 우리는 이를 깊이 고려해야 한다.

둘째, 그것은 모든 것의 지휘자로서 때때로 중간 매개들을 통하여, 때로는 매개들 없이, 때로는 매개들 모두에 역행하는 작용을 한다.[565]

마지막으로, 이와 더불어 섭리는 하나님의 돌보심이 인류 전체에 미친다는 사실과, 특히 그가 보다 가까이서 귀히 살피시는 교회를 다스리심에 있어서 파수꾼의 일을 감당하고 계신다는 사실을 보여 준다.

---

[565] "sic moderatricem esse rerum omnium, ut nunc mediis interpositis operetur, nunc sine mediis, nunc contra omnia media."

그리고 이제 다음이 추가되어야 한다. 비록 아버지의 부성적 호의와 자애나 심판의 엄정함이 섭리의 전체 역정(歷程) 가운데 자주 빛나고 있음에도 불구하고 그 과정에서 일어나는 사건들의 원인들은 때로는 감춰져 있다. 그리하여 인간사가 운명의 맹목적 충동에 의하여566) 굴러가기도 돌아가기도 한다는 사상이 우리 속에 숨어들어 오기도 하고, 육신이 우리를 자극하여 하나님을 거역하도록 해서 마치 그가 사람들을 가지고 공을 던지듯이 유희를 일삼으시는 것처럼 악담을 늘어놓기도 한다. 만약 우리가 고요하고 평온한 마음을 가지고 배울 준비가 되어 있다면, 하나님은 언제나 자신의 계획에 대한 최고의 이유를 가지고 계신다 567)는 마지막 결론에 이르게 될 것이다. 즉 하나님은 자기의 백성을 교육해서 인내에 이르게 하시거나, 그들의 사악한 정서를 고치시고 그들의 방종을 길들이시거나, 그들을 굴복시켜 자기 부인에 이르게 하시거나, 그들을 경성시켜 게으름을 버리게 하시거나, 또한 교만한 자들을 낮추시고, 불경건한 자들의 교활함을 깨뜨리시며, 그들의 책략들을 흩어 버리시는 것이다.

그럼에도 불구하고 우리는 사물의 원인들은 그 누구도 감지할 수도 없고 가닿을 수도 없다고 하더라도 하나님 안에 감추어져 있다는 사실을 확실히 견지해야 한다. 그래서 우리는 다윗과 함께 다음과 같이 부르짖어야 한다. "여호와 나의 하나님이여 주께서 행하신 기적이 많고 우리를 향하신 주의 생각도 많아 누구도 주와 견줄 수가 없나이다 내가 널리 알려 말하고자 하나 너무 많아 그 수를 셀 수도 없나이다"(시 40:5). 왜냐하면 비록 우리의 비참함이 항상 우리의 죄를 기억하지 않을 수 없게 하고 그 죄에 대한 벌 자체가 우리를 불안에 떨게 하여 회개에 이르도록 하지만, 그리스도가 단언하시듯이, 아버지의 은밀한 계획은 단순히 각자가 치러야 할 값을 치르는 징벌의 법 이상의 것이기 때문이다. 우리가 알듯이, 주님은 날 때부터 맹인 된 사람에게 "이 사람이나 그 부모의 죄로 인한 것이 아니라 그에게서 하나님이 하시는 일을 나타내고자 하심이라"(요 9:3)라고 말씀하신다. 이런 경우 우리의 지각이 부산스럽게 요동친다. 태

---

566) "caeco fortunae impetu."
567) "Deo constare optimam consilii sui rationem."

어나기도 전에 재앙이 임했으니 하나님이 이렇듯 적은 자비도 보이지 아니하시고 무고(無故)한 자를 고난에 빠뜨리신다고 소동이 일어난다. 그러나 주님은 이 놀라운 광경 가운데 자기 아버지의 영광이 빛나고 있음을 증언하신다. 우리의 눈이 순수하다면 이를 볼 것이다. 그러므로 우리는 절제를 유지하는 가운데 하나님으로 하여금 우리에게 변명하시게 하지 말고 오히려 그의 은밀한 심판에 경의를 표함으로써 우리에게 있어 그의 뜻이 모든 것의 가장 의로운 원인이 되도록568) 해야 한다. 짙은 구름이 하늘을 어둡게 하고 격렬한 폭풍이 휘몰아칠 때, 뿌연 안개가 우리의 눈을 덮고, 천둥이 우리의 귀를 치며, 우리의 모든 지각이 공포로 마비되어, 모든 것이 우리에게는 혼란스럽고 뒤섞인 듯이 보이나, 그 가운데서도 언제나 동일한 쉼과 평온이 하늘에 머문다. 그러므로 세상 속에서 소용돌이치며 일어나는 일들이 우리의 판단력을 앗아갈 때에도 하나님은 자기의 의와 지혜의 순수한 빛으로 이런 움직임들 자체를 가장 잘 구성된 질서 가운데 조절하고 지도하셔서 올바른 목적에 이르게 하신다는 사실이 확고하게 수립되어야 한다. 이런 점에서, 많은 사람들이 방자함이 더하여 감히 하나님의 작품들에 자기들의 판결의 돌을 던지고, 그의 은밀한 계획들을 조사하며, 심지어 죽을 사람들의 행위들에 대해 하듯이 알지 못하는 일들에 대해 졸속한 판결을 내리는 것은 무시무시한 광기임이 분명하다. 우리와 동등한 사람들에게는 이 절제를 사용하여 돌발적으로 무모한 소견을 밝히는 것보다 판단을 유예하는 것을 더 좋아하면서, 정작 정중하게 받아들여야 할 하나님의 은밀한 심판들에 대해서는 무례하게 반항한다면, 이보다 더 앞뒤가 뒤바뀐 경우가 어디에 있겠는가?

2. 하나님의 섭리는 유일하고 불변하는 최상의 법

그러므로 자기의 일이, 자기를 지으신 옹기장이요 세계의 조성자이신 하나님과 함께하는 데 있다는 사실을 깊이 생각하고 겸손하게 낮아져서 두려움과

---

568) "ita revereamur occulta eius iudicia, ut nobis eius voluntas iustissima sit rerum omnium causa."

경의 가운데 자기를 드리고자 힘쓰는 사람이 아니라면 아무도 하나님의 섭리를 올바르고 유익하게 측량할 수 없다.

오늘날 이 교리를 독이 든 이빨로 물어뜯거나 최소한 짖거나 하면서 공격하고 있는 아주 많은 개들이 있는데,569) 그들은 자신의 이성이 자기들에게 명령하는 것 이상을 하나님께 돌리는 것을 옳지 않게 여긴다. 또한 그들은 방자함을 할 수 있는 한 다 떨면서 우리를 격하게 비난하는데, 왜냐하면 우리가 하나님의 뜻으로 이루어진 율법의 규범들에 만족하지 않고 더 나아가 세계가 그의 은밀한 계획들에 의해서 다스려진다고 말하기 때문이다.570) 마치 우리가 가르치는 것은 우리 뇌에서 나온 허구이고, 모든 곳에서 성령에 의해 뚜렷이 선포되는 것은 아니며, 무수한 표현 양식으로 반복되지도 않은 것처럼 말이다. 그러나 일말의 어떤 수치가 그들을 붙들어 그들이 감히 하늘을 두고 이런 불경한 말들을 토해 내지 못하게 하므로, 그들은 더욱 자유분방하게 광란을 펼치려고 우리와 송사(訟事)라도 벌이고 있는 것처럼 가장한다.

진정 그들이 세계에서 일어나는 모든 일이 하나님의 불가해한 계획으로 통치된다는 것을571) 인정하지 않는다면, 성경이 무슨 목적으로 "주의 심판은 큰 바다와 같으니이다"(시 36:6)라고 전하고 있는지 대답하게 하자. 모세는 하나님의 뜻이 율법에 친밀하게 설명되어 있으므로 멀리 떨어진 구름이나 심연에서 찾아서는 안 된다고 선포한다(신 30:11-14). 이로부터 하나님은 깊은 심연에 비유되는 또 다른 숨겨진 뜻을 가지고 계시다는 사실이 뒤따른다. 이에 대해 바울도 다음과 같이 말한다. "깊도다 하나님의 지혜와 지식의 풍성함이여, 그의 판단은 헤아리지 못할 것이며 그의 길은 찾지 못할 것이로다 누가 주의 마음을 알았느냐 누가 그의 모사가 되었느냐"(롬 11:33-34; 참조. 사 40:13-14). 우리의 지각이 가 닿는 영역 너머 더 높은 곳에 솟아 있는 비밀들이 율법과 복음 가운데서 이해된다고 함은 실로 참되다. 그러나 하나님은 자기를 낮추셔서 말씀으로 현시하

---

569) 이는 카스텔리오와 그의 추종자들을 칭한다.

570) "quod non contenti legis praeceptis, quibus comprehensa est Dei voluntas, arcanis etiam eius consiliis mundum regi dicamus."

571) "incomprehensibili Dei consilio quidquid in mundo accidit gubernari."

신 이 비밀들을 자기에게 속한 자들이 받아들일 수 있도록 그들의 마음을 지성의 영으로 조명하시기 때문에(사 11:2; 욥 20:3), 이제 여기에는 어떤 심연도 없다. 오히려 우리가 안전하게 걸을 수 있는 길, 우리의 발을 인도하는 등(시 119:105), 생명의 빛(요 1:4; 참조. 요 8:12), 확실하고 분명한 진리의 학교가 있다. 그러나 세계를 다스리시는 경이로운 방식은 심연이라고 불림이 타당하다. 왜냐하면 그것이 우리에게는 숨겨져 있지만, 우리는 경외함으로 그것을 경배해야 하기 때문이다.[572]

모세는 이 두 가지를 단지 몇 단어로 아름답게 표현한다. "감추어진 일은 우리 하나님 여호와께 속하였거니와 나타난 일은 영원히 우리와 우리 자손에게 속하였나니"(신 29:29). 여기서 하나님은 우리가 열심을 다하여 율법을 묵상할 뿐만 아니라 자기의 은밀한 섭리를 정중하게 받아들일 것을 명령하고 계신다. 또 욥기에는 이 고상함에 대한 찬사가 주어져 우리의 마음을 겸손하게 한다. 우리가 보듯이, 여기에서 저자는 우주의 구조를 위와 아래로 두루 살피면서 하나님의 작품들에 대해 장엄하게 논한 후, 마지막으로 "보라 이런 것들은 그의 행사의 단편일 뿐이요 우리가 그에게서 들은 것도 속삭이는 소리일 뿐이니"(욥 26:14)라는 말씀을 더하고 있다.

이러한 취지로 다른 곳에서는 하나님 안에 내주하는 지혜와 그가 사람들에게 명령하신 지혜로워지는 방식이 서로[573] 구별된다. 같은 맥락에서 저자는 자연의 은밀한 것들에 대해 선포하면서 지혜는 "모든 생물의 눈에 숨겨졌고" 오직 하나님께만 알려져 있다고 전한다(욥 28:21). 그럼에도 조금 뒤에는 그것이 일반적으로 널리 알려져 탐구될 수 있다고 덧붙이면서, "또 사람에게 말씀하셨도다 보라 주를 경외함이 지혜요"(욥 28:28)라고 전한다. 아우구스티누스의 말도 이와 관련된다. "우리는 하나님이 우리와 관련해서 최고의 질서로 행하시는 모든 것을 다 알지 못하므로 오직 선한 뜻을 가지고 법에 따라 행할 뿐이다. 그러나 우리는 어떤 것들에 있어서는 법에 따라 행함을 받게 된다. 왜냐하면

---

572) "At mundi gubernandi admirabilis ratio merito abyssus vocatur; quia, dum nos latet, reverenter adoranda est."

573) "inter sapientiam quae penes Deum residet, et sapiendi modum quem hominibus praescripsit."

그의 섭리가 불변하는 법574)이기 때문이다."575)

그러므로 하나님이 세계를 다스리는 권리가 자기에게 있다고 주장하실 때, 비록 그것이 우리에게 알려져 있지 않지만, 그의 지고한 주권을 즐거워하는 것이 우리에게 절도와 절제의 법이 되게 하자. 그리하면 그의 뜻이 우리에게 의의 유일한 규범과 모든 것에 대한 더없이 의로운 원인576)이 될 것이다. 궤변론자들이 불경건하고 속된 구별을 통해서 하나님의 의를 그의 권능과 분리시켜 주절주절 내세우는 "절대적 의지"577)가 아니라,578) 이유들은 우리에게 숨겨져 있지만 오직 올바른 것만이 흘러나오는 모든 것의 지휘자(결정적 원리)인 섭리가 존재한다.579)

3. 하나님의 섭리를 빙자하여 사람의 책임을 간과하는 결정론의 오류

마음을 가라앉혀 이러한 절제에 이르는 사람은 아무도 지나간 시간의 역경들 때문에 하나님께 불평을 늘어놓지도 않을 것이며, 호메로스의 작품에 나오는 아가멤논(Agamemnon)이 "진정 원인은 내가 아니라 제우스와 운명이다!"(ἐγὼ δ' οὐχ αἴτιός εἰμι, ἀλλὰ Ζεὺς καὶ μοῖρα)라고 말하는 식으로,580) 자기들의 사악한 죄들에

---

574) "lex……incommutabilis."
575) Augustine, *On Diverse Questions*, qu. 27 (MPL 40. 18). Quot. Battles tr., n. 6.
576) "unica iustitiae regula, et iustissima causa rerum omnium."
577) "absoluta voluntas."
578) Cf. Ockham, *Super quatuor libros sententiarum subtilissimae quaestiones* I. xvii. 2; Cf. Gabriel Biel, *Epythoma et collectorium circa quatuor sententiarum libros* I. xvii. 2.
579) "illa moderatrix rerum omnium providentia, a qua nihil nisi rectum manat, quamvis nobis absconditae sint rationes." 하나님의 섭리에는 '드러난 의'(iustitia revelata)와 함께 '감추어진 의'(iustitia arcana)가 있다. Cf. Susan E. Schreiner, "Exegesis and Double Justice in Calvin's Sermons on Job," *Church History* 58/3 (1989), 322-338; *Where Shall Wisdom Be Found?: Calvin's Exegesis of Job from Medieval and Modern Perspectives* (Chicago: The University of Chicago Press, 1994), 105-120; Engel, *John Calvin's Perspectival Anthropology*, 73-122.
580) Homer, *Iliad* xix. 86f. (LCL Homer, Iliad II. 342f.). Quot. Battles tr., n. 8.

대한 책임을 하나님에게 떠넘기지도 않을 것이다. 그뿐 아니라 그들은 플라우투스(Plautus)의 작품에 나오는 젊은이처럼 운명에 사로잡혀 절망 가운데서 파멸에 이르지도 않을 것이다. 그 젊은이는 다음과 같이 말한다. "사물들의 제비는 변덕이 심하고, 운명은 욕심껏 사람들에게 행하니, 나는 나 자신을 되돌려 절벽으로 가서 내 소유와 젊음을 파괴하노라." 또 그들은 리코니데스(Lyconides)의 예를 좇아 자기들의 악행들을 '하나님'이라는 이름의 막(幕)으로 가리려고 하지도 않을 것이다. 리코니데스는 다른 희극에서 다음과 같이 말한다. "하나님은 교사자(敎唆者)였다. 나는 신들이 그것을 원했다고 믿는다. 왜냐하면 신들이 그것을 원하지 않았다면 그것이 일어나지 않았을 것임을 나는 알고 있기 때문이다."581)

그러나 경건한 사람들은 오히려 하나님을 기쁘시게 하는 것이 무엇인지를 성경으로부터 찾고 배워서 성령의 인도 아래 거기에 이르려고 애쓸 것이다. 그리하여 이와 함께 하나님이 부르시면 어디든지 따를 준비를 하고 있기 때문에, 이 교리에 대한 지식보다 더 유익한 것은 어디에도 없다는 진리를 있는 그대로 나타낼 것이다.

자기들의 몽매함에 빠져 괜한 소란을 피우고 있는 속된 사람들은,582) 이른바 하늘과 땅을 거의 혼동시키고 있는데, 그들은 만약 여호와가 우리 죽음의 시점을 확정해 놓으셨다면 우리가 그것을 달리 피할 도리가 없다고 말한다. 아무리 우리가 애써서 미리 주의를 기울인다고 해도 무익할 뿐이라는 것이다. 어떤 사람은 강도들에게 살해당하지 않으려고 위험한 길은 감히 나서지 않고, 어떤 사람은 삶을 연장하기 위하여 의사들을 부르고 몸이 소진될 정도로 약을 과하게 취하기도 하고, 어떤 사람은 자기의 허약한 몸을 해치지 않기 위하여 거친 음식들은 삼가고, 어떤 사람은 무너져 가는 가옥에서 사는 것을 끔찍이 두려워한다. 여하튼 이들 모두는 자기들이 탐하는 것들을 얻어 내고자 하는 큰 의도를 마음에 지니고 가능한 길들을 모색하고 만들어 내고자 한다. 그러나 하나님의

---

581) Plautus, *Aulularia* 737, 742 (LCL Plautus I, 310). Quot. Battles tr., n. 9.
582) 이는 자유주의자들(Libertines)을 칭한다. Cf. Allen Verhey and Robert G. Wilkie, "Calvin's Treatise 'Against the Libertines'," *Calvin Theological Journal* 15 (1980), 190–219.

뜻을 수정하려는 모든 처방은 헛되다. 그렇지 않다면, 삶과 죽음, 건강과 질병, 평화와 전쟁에 대해서, 나아가 사람들이 가능한 모든 열정을 다 쏟아 자기들이 갈망하는 것을 취하거나 미워하는 것을 피하거나 하는 데 대한 하나님의 확실한 작정이 존재할 여지가 없게 될 것이기 때문이다. 그들은 또한 이런 논법을 좇아 여호와 자신이 이미 영원부터 작정해 놓으신 것들을 신자들의 기도로 요청받는다는 것은 단지 헛됨을 넘어 비뚤어진 일에 속한다고 추론한다.

요컨대 그들은 미래에 속한 모든 계획을 하나님의 섭리에 배치(背馳)된다고 여겨 제거하면서, 하나님은 발생시키기 원하는 것을 저 고문관(顧問官)들 없이 작정하신다고 말한다. 그리고 그들은 이미 일어난 일은 무엇이든 하나님의 섭리에 돌리고, 그 일을 행했음이 분명한 사람에 대해서는 간과한다. 살인자가 선량한 시민을 살해했는가? 그들은 그가 하나님의 계획을 수행했다고 말한다. 어떤 사람이 훔치거나 간음했는가? 그들은 그는 여호와에 의하여 선견되고 결정된 것을 행했으므로, 하나님의 섭리의 일꾼이었다고 말한다. 한 아들이 처방을 무시하고 아무 시름없이 부모의 죽음만을 기다리고 있었는가? 그들은 그는 영원부터 미리 그렇게 정하신 하나님을 거역할 수 없었다고 말한다. 따라서 그들은 모든 악행이 하나님의 결정을 따른 것이므로 미덕들이라고 부른다.[583]

4. 하나님의 섭리의 경륜에 배치되는 운명에 대한 사람의 추론

그러나 미래에 일어날 일들과 관련하여 솔로몬은 인간의 사려(思慮)를 하나님의 섭리와 용이하게 조화시킨다.[584] 그는 마치 여호와의 손으로 다스림을 받지 않고 있는 양 여호와 없이 무슨 일을 내키는 대로 하려고 마음먹고 있는 사람들이 감히 무슨 일을 하려고 나서는 것을 비웃으면서, 그들의 미련함에 대

---

583) "Ita flagitia omnia, virtutes vocant quia Dei ordinationi obsequantur." 이러한 결정론은 칼빈의 섭리론과 조화되지 않는다. Cf. Charles Partee, "Calvin and Determinism," *Christian Scholar's Review* 5/2 (1975), 123-128; C. J. Kinlaw, "Determinism and the Hiddenness of God in Calvin's Theology," *Religious Studies* 24 (1988), 497-509.

584) "humanas deliberationes facile cum Dei providentia conciliat."

해 다른 곳에서 다음과 같이 말한다. "사람이 마음으로 자기의 길을 계획할지라도 그의 걸음을 인도하시는 이는 여호와시니라"(잠 16:9). 이는 우리가 스스로 앞일을 전망하며 모든 일을 처리해 감에 있어서 하나님의 영원한 작정들로 인하여 아무 거리끼는 일이 없다손 치더라도 우리는 그의 뜻 아래 있음을 의미한다. 여기에는 분명한 이유가 있다. 왜냐하면 우리의 삶을 자기가 세운 경계 내로 제한하신 하나님이 동시에 우리에게 우리의 삶을 돌보는 일을 맡기셨고, 그것을 보존할 방법들과 도움들을 준비하셨으며, 또한 우리에게 닥칠 위험들을 미리 알게 하시므로 우리가 부주의하여 그것들을 당하지 않도록 두루 예방하시고 여러 처방을 내리셨기 때문이다.

이제 우리의 직분이 무엇인지 분명하니, 즉 여호와가 우리에게 우리 삶을 보호하라고 맡기셨다면 우리는 그것을 보호하는 것이고, 그가 도움들을 베푸신다면 우리는 그것들을 누리는 것이고, 그가 위험들을 미리 경고하신다면 우리는 무모하게 그것들에 뛰어들지 않는 것이며, 그가 처방들을 내려 주신다면 우리는 그것들을 무시하지 않는 것이다. 그러나 저 속된 사람들은 어떤 위험도 그것이 운명적이지 않다면 우리를 해치지 않을 것이고, 운명적이라면 모든 처방이 불필요할 것[585]이라고 말한다. 그러나 어떤 위험이 운명적이지 않다는 것은 여호와의 처방이 내려져 당신이 그것을 물리치고 이겨 내게 되었다는 뜻이 아니고 무엇이겠는가? 과연 당신의 추론이 하나님의 경륜의 질서에 부합하는지 보라. 당신은 어떤 위험이 운명적이지 않다면 주의를 기울이지 않아도 피할 수 있으므로 그것을 삼가야 할 필요가 없다고 추론한다. 그러나 하나님이 그것을 삼가라고 명령하시는 것은 그것이 당신에게 운명처럼 되지 않도록 하기 위함이시다. 제정신이 아닌 이 사람들은 바로 눈 아래에 보이는 사실, 즉 여호와가 염려하고 삼가는 소질을 사람들에게 불어넣어 주셔서 그의 섭리를 좇아 각자의 고유한 삶을 보전하도록 하셨다는 사실도 제대로 판단하지 못한다. 더욱이 그들은 하나님이 그들 자신에게 책임을 지우시는 악한 것들을 부주의와 어리석음 가운데 자초한다. 신중한 사람은 자신을 돌보는 가운데 또한 임박

---

585) "Atqui periculum nullum oberit, nisi fatale: quod ineluctabile est remediis omnibus."

한 악들로부터 자신을 건져 내는 반면 어리석은 사람은 자신을 돌아보지 않는 무모함으로 멸망한다. 어리석음과 현명함이 하나님의 경륜의 도구들이 아니라면 어떻게 이 두 가지 일이 일어나겠는가?

이러하므로 하나님은 미래에 속한 모든 것을 우리에게 숨기고자 하셨는데, 이는 우리가 그 의심스러운 것들에 맞서고, 그것들을 극복하거나 그것들에 대한 모든 염려를 넘어설 때까지 준비된 처방에 따라 그것들에 대항하는 일을 그치지 않게 하시려는 뜻에서였다. 내가 이미 충고한 바와 같이, 하나님의 섭리는, 그가 여러 방편을 사용하셔서 그것에 일종의 옷을 입히시기 때문에, 항상 있는 그대로 드러나는 것은 아니다.

5. 하나님은 악을 사용하시되 악을 선하게 여기지 않으심

그 동일한 사람들은 무모하고 분별없이, 지나간 시간에 일어났던 일들을 드러난 그대로의 하나님의 섭리 탓으로[586] 돌린다. 일어나는 모든 일이 그 섭리에 의지하므로 하나님의 뜻이 개입하지 아니하면 절도도 간음도 살인도 생기지 않을 것이라는 이유에서이다. 그들은 다음과 같이 묻는다. 여호와가 빈곤으로 징계를 가하고자 원하신 어떤 사람의 재산을 도둑이 강탈했는데, 왜 그 도둑이 형벌을 받아야 하는가? 여호와가 삶을 끝내고자 하신 사람을 죽인 사람이 왜 살인자로 형벌을 받아야 하는가? 이와 같은 사람들이 모두 하나님의 뜻에 순종하고 있다면, 왜 그들은 형벌을 받아야 하는가? 그러나 나는 그들이 하나님의 뜻을 섬기고 있다는 것을 부인한다. 왜냐하면 악한 마음을 품고 단지 사악한 욕망을 좇고 있을 뿐인 사람은 하나님의 명령에 따라서 사역을 감당하고 있다고 말할 수 없기 때문이다. 분명한 것은 만약 그 사람이 자기를 부르시는 하나님의 뜻에 대해서 배웠다면 그 뜻에 따라 부여된 일을 끝까지 이루는 가운데 그를 섬기게 될 것이라는 사실이다.

---

586) "ad nudam Dei providentiam."

하나님의 뜻에 관해 가르침을 받은 사람은 그 뜻에 따라 부름을 받은 일을 이루고자 애쓰는 가운데 그에게 순종하게 될 것이다. 그의 말씀이 아니라면 무엇으로부터 우리가 가르침을 받게 되겠는가? 그러므로 우리는 하나님의 말씀에 의해 선포된 하나님의 뜻을 우리가 행하는 일들 가운데서 주시해야 한다. 하나님이 우리에게 요구하시는 것은 그가 명령하시는 것 바로 그것이다. 만약 우리가 그의 명령에 배치되는 것을 고안해 낸다면 그것은 순종이 아니라 오만이고 위반이다. 진정 그가 원하지 않으신 것을 우리가 하려고 해서는 안 된다. 나는 이를 인정한다. 그런데 우리가 그에게 충성을 다하기 위한 목적으로 악한 일들을 행하는 것은 어떠한가? 하나님은 결코 우리가 이렇게 행하도록 명령하지 않으신다. 그럼에도 우리는 그가 요구하시는 것이 무엇인지 생각하지 않고 제어되지 않는 육욕을 좇아 심중에 주도면밀한 계획을 세워 그를 거역하는 일을 이루기 위해 무모하게 달려든다. 우리는 이러한 방식으로 악한 일을 행함으로써 그의 의로운 결정을 섬긴다. 왜냐하면 그의 지혜의 광대함은 무한해서 그는 악한 도구들을 선하고 순수하게 사용하는 방법을 아시기 때문이다. 그들의 논거가 얼마나 멍청한 것인지 보라. 그들은 악행들을 저지른 자들을 벌하지 않은 채 그냥 두려고 하는데, 하나님의 경륜이 아니면 그런 일이 일어나지 않았을 것이라는 이유에서이다.

더 나아가 나는, 여호와가 자기의 결정대로 심판을 행하심에 있어 도둑들과 살인자들과 다른 악한(惡漢)들을 자기 섭리의 도구들로 사용하신다는 것을 인정한다. 그렇다고 해서 이것이 그들에게 변명거리가 될 수는 없다. 왜 그런가? 그들은 하나님을 자기들과 함께 동일한 불법에 연루시킬 것인가? 혹은 그들은 자기들의 사악함을 하나님의 의로써 가릴 것인가? 그들은 이 둘 모두를 할 수 없다. 그들에게는 각자에게 주어진 고유한 양심에 따라 자기들을 질책함으로써 스스로 깨끗하게 될 수 있는 능력이 없다. 그러므로 하나님이 모함을 당하시지 않도록 하자. 그들이 그들 자신 가운데서 모든 악한 것을 발견하게 하자. 하나님 자신의 수중에는 그들의 사악함에 대한 오직 합법적인 사용만이 있다.[587]

---

[587] "penes ipsum, non nisi legitimum malitiae suae usum."

진정 하나님은 다름 아닌 그들을 통하여 일하신다. 이러한 점에 비추어 이제 나는 묻는다. 태양의 열로 썩어 널브러져 있는 시체의 악취는 어디로부터 오는 것인가? 모든 사람은 그것이 태양 광선에 의해서 일어난다고 알고 있다. 그러나 그 이유에 대해 말할 때 그 광선으로부터 악취가 생긴다고 하는 사람은 아무도 없다.588) 이렇듯 악의 질료(質料)와 그에 따른 비난이 악한 사람에게 있을진대, 하나님이 자기의 뜻에 따라 그 사람의 사역을 사용하실지라도, 무슨 논거로 하나님이 오물과 계약을 맺고 계신다고 생각할 수 있는가? 그러므로 하나님의 의에 대해서 짖어 대기는 하나 그것을 만지지는 못하는 개와 같은 오만불손함에서 멀리 떠나도록 하자.

6. 모든 것을 하나님의 손 아래에 두심

그러나 이러한 모함들은 미친 사람들의 정신착란에 다를 바 없는데 섭리에 대한 경건하고 거룩한 묵상을 통하여589) 쉽게 몰아낼 수 있을 것이다. 이 묵상은 경건의 규범을 지시해 줌으로써 가장 선하고 가장 달콤한 열매가 우리에게 이르게 한다. 그러므로 그리스도인의 마음은 모든 것이 하나님의 경륜에 의하여 일어난다는 사실과 어떤 것도 계획 없이 우연히 일어나지 않는다는 사실에 더없이 확실한 감화를 받게 되므로, 하나님을 이른바 사물들의 주요 원인590)으로 여기는 가운데서도 그보다 못한 하부(下部) 원인들을591) 그것들 각각의 자리에서 숙고하게 될 것이다. 그러면 그 마음은 하나님의 고유한 섭리가592) 자기를 지켜 주고 선과 구원으로 향하게 하는 것 외에는 그 무엇도 일어나지 않게 한다는 사실을 의심하지 않게 될 것이다. 그러나 하나님의 관심은 먼저는 사람

---

588) Augustine, *Faith and the Creed* iv. 10 (MPL 40. 187; tr. LCC VI 359). Quot. Battles tr., n. 11.
589) "pia sanctaque providentiae meditatio."
590) "praecipuam rerum causam."
591) "causas……inferiores." Cf. Schreiner, *The Theater of His Glory: Nature and the Natural Order in the Thought of John Calvin*, 30-32.
592) "singularem Dei providentiam."

과 관계되고 다음에는 나머지 피조물들과 관계되기 때문에, 그리스도인의 마음은 두 종류의 하나님의 일들 전부가 하나님의 섭리에 의해 다스려진다는 약속을 받게 될 것이다. 사람들이 선하건 악하건 그들의 계획들, 뜻들, 노력들, 재능들이 하나님의 손 아래 있다는 사실과 그가 자기가 기뻐하시는 곳을 향해 그들을 나가게 하시고 자기가 기뻐하시는 때에는 언제든지 그들을 멈추게 하시는 것은 그의 뜻 안에, 그의 의지 안에 있다는 사실을 그리스도인의 마음은 알게 될 것이다.

하나님의 고유한 섭리가 신자들의 구원을 돌본다는 사실을 증언하는 더없이 분명한 수많은 약속들이 있다. "네 짐을 여호와께 맡기라 그가 너를 붙드시고 의인의 요동함을 영원히 허락하지 아니하시리로다"(시 55:22). "이는 그가 우리를 돌보심이라"(적용. 벧전 5:7). "지존자의 은밀한 곳에 거주하며 전능자의 그늘 아래에 사는 자여"(시 91:1). "너희를 범하는 자는 그의 눈동자를 범하는 것이라"(슥 2:8). "나는 네 방패요"(창 15:1) "놋성벽"(렘 1:18; 15:20). "내가 너를 대적하는 자를 대적하고 네 자녀를 내가 구원할 것임이라"(사 49:25). "여인이 그 젖 먹는 자식을 혹시 잊을지라도 나는 너를 잊지 아니할 것이라"(적용. 사 49:15). 성경 역사서들의 핵심 목표는 여호와가 성도들이 돌에 걸려 넘어지지 않도록 그 큰 열심으로 성도들의 길을 보호하신다는 것을 가르치는 데 있다(참조. 시 91:12).

그러므로 우리가 조금 위에서[593] 하나님의 우주적 섭리가 각각의 피조물에 대한 특별한 돌보심에는 미치지 않는다고 상상하는 사람들의 억견을 정당하게 잘 거절하였듯이, 우리를 향한 하나님의 특별한 돌보심을 인정하는 것이 무엇보다 가치가 있다. 참으로 그리스도는 심지어 작은 참새 한 마리도 아버지의 뜻이 아니면 땅에 떨어지지 않는다고 선포하신 후(마 10:29) 곧이어 이를 적용하여, 참새들보다 더 귀한 우리는 하나님이 더욱 가까이에서 베푸시는 돌봄과 보살핌을 받게 된다는 사실을 깨닫고(마 10:31), 더 나아가 그가 우리의 머리털조차 세신 바 되었음을 우리가 믿어야 한다고 말씀하신다(마 10:30). 하나님의 뜻이 아니라면 심지어 털 하나도 우리의 머리에서 떨어지지 않는다고 한다면 우

---

593) *Institutio*, 1.16.4.

리가 달리 바랄 게 어디에 있겠는가? 내가 지금 말하고 있는 것은 인류와, 하나님이 처소로 택하시고 다스리심에 있어서 자기의 부성적 사랑의 고유한 증거들을 의심할 바 없이 보여 주시는 교회에 모두 관계된다.[594]

7. 번창하는 모든 일을 자기의 섭리 가운데 이루심

하나님의 종은 이러한 약속들과 예들 모두를 통하여 확신에 이르게 되는바, 모든 사람은 그들의 마음이 그와 화목하게 되었건 혹은 그들의 사악함이 무언가를 해치지 않도록 억제되었건, 하나님의 권세 아래 있다는 증언들을 굳게 붙든다. 왜냐하면 우리의 형통함을 바라는 사람들의 눈으로뿐만 아니라 심지어 애굽 사람들의 눈으로 보기에도(출 3:21) 우리에게 은혜를 베푸시는 분은 여호와이시기 때문이다.

참으로 여호와는 우리 적들의 사악함을 쳐부수는 다양한 방식을 알고 계셨다. 때로 그는 그들의 정신이 빠져나가게 해서 무엇이 건전하고 정상적인 것인지 파악할 수 없게 하신다. 이는 그가 아합을 속이도록 하기 위하여 모든 선지자의 입을 거짓으로 채울 사탄을 보내시는 것과 같다(왕상 22:22). 그는 르호보암이 젊은 사람들의 계획에 제정신을 빼앗겨 어리석음에 빠지게 하시고 왕국에서 내쳐지게 하신다(왕상 12:10, 15). 그는 이들이 제정신을 갖도록 하실 때가 없지 않으나 그런 경우에도 그들이 황망하고 혼미해져서 마음에 품고 있는 것을 추구하고자 소원하거나 도모하지 못하도록 하신다. 또한 그들이 음욕과 광기에 휩싸여 무엇을 해내고자 하는 것을 허용하실 때가 없지 않으나 그런 경우에도 적절한 때에 그들의 충동을 깨뜨리심으로써 그들이 수립한 것을 끝까지 진행하도록 그냥 두지 않으신다. 우리가 보듯이, 다윗에게는 치명적이었을 아히도벨의 계획을 그것이 이루어질 때가 오기 전에 무산시키셨다(삼하 17:7, 14). 이

---

[594] 칼빈은 하나님의 섭리가 피조물을 향한 보존과 운행과 통치(우주적 차원), 사람들을 향한 일반은총과 특별은총(개인 구원적 차원), 교회를 향한 인도와 다스림(교회 구원적 차원)에 모두 미침을 반복해서 강조한다. Cf. Engel, *John Calvin's Perspectival Anthropology*, 126–140.

렇듯 하나님의 돌보심이 있기 때문에 모든 피조물은 각각의 고유한 선과 안전에 이르도록 다스림을 받게 될 뿐만 아니라, 우리가 보듯이, 그의 허용과 명령 없이는 595) 마귀도 감히 스스로 욥을 괴롭히려 들 수 없게 된다(욥 1:12).

이와 같은 지식에 필히 뒤따라오는 것은, 일들이 번창하는 성공에 대한 마음의 감사, 역경에 맞서는 인내, 미래에 미치는 믿기지 않는 평온이다. 596) 그러므로 하나님의 좋은 사람들의 사역을 통하여 하나님의 자애를 느꼈든 무생물들에 의한 도움을 받았든 간에 마음의 바람대로 번창하는 일이 일어날 때 그것이 무엇이든 전부 하나님께 받은 것으로 간주할 것이다. 왜냐하면 그는 심중에, "저들의 마음을 나에게 기울이게 하시고 저들을 나에게 굳게 묶어 두심으로써 저들이 나를 향한 자기의 선하심의 도구들이 되게 하신 분은 분명 여호와이시다."라고 깊이 헤아리게 될 것이기 때문이다. 또한 그는 열매의 풍성함이 있을 때, "여호와가 하늘에 응답하심으로 하늘이 땅에 응답하고 땅은 소산에 응답하리라"(적용. 호 2:21-22)라고 깨닫게 될 것이다. 다른 것들 가운데서도 그는 모든 것이 번창하게 되는 것은 하나님의 복으로 말미암는다는 것을 의심하지 않을 것이다. 이토록 많은 증거들을 통하여 권고를 받게 되므로, 그는 결코 배은망덕에 머물 수 없을 것이다.

8. 자기의 섭리 가운데 모든 역경을 허용하시고 이기게 하심

이와 다를 바 없이 만약 어려운 일이 발발한다고 하더라도 하나님의 종은 있는 곳에서 마음을 들어 올려 위에 계신 하나님을 앙망할 것이다. 왜냐하면 하나님의 손은 우리의 마음에 인내와 평온한 마음의 절제를 최대한 효과적으로 각인시켜 주기 때문이다. 597) 만약 요셉이 더 나아가지 못하고 그의 형제들의

---

595) "sine permissu eius ac mandato."
596) "Hanc notitiam necessario sequitur tum animi gratitudo in prospero rerum successu, tum in adversitate patientia, tum etiam in posterum incredibilis securitas."
597) "Si adversi quid contigerit, extemplo mentem hic quoque extollet in Deum, cuius manus ad patientiam placidamque animi moderationem nobis imprimendam valet plurimum."

배신에만 침잠했더라면 자기 마음속에 품고 있던 그들에 대한 형제애를 결코 표현할 수 없었을 것이다. 그러나 그는 마음을 돌려 여호와를 향하게 되자, 그들의 불의를 잊은 채, 온유와 관용으로 그들에게 다가가서 다음과 같이 위로하기에 이르렀다. "나를 애굽으로 판 이는 당신들이 아니요 하나님이시라 하나님이 생명을 구원하시려고 자기의 뜻 가운데 나를 당신들보다 먼저 보내셨나이다"(적용. 창 45:5, 7-8). "당신들은 나를 해하려 하였으나 하나님은 그것을 선으로 바꾸사"(창 50:20).

만약 욥이 자기를 괴롭힌 갈대아 사람들에게 마음을 쏟았다면 그들로 인해 괴로워하며 즉시 복수를 위해 불타올랐을 것이다. 그러나 그는 고난을 당하는 동시에 그것이 여호와의 일이라는 인식을 했기 때문에 다음과 같은 가장 아름다운 생각으로 위로를 삼는다. "주신 이도 여호와시요 거두신 이도 여호와시오니 여호와의 이름이 찬송을 받으실지니이다"(욥 1:21). 우리가 알고 있듯이, 만약 시므이의 저주와 돌팔매의 위협을 당한 다윗이 시선을 그 남자에게 고정했더라면 부하들에게 자기가 당한 해를 보복하라고 부추겼을 것이다. 그러나 그는 시므이가 여호와의 충동이 없이는 그렇게 행동하지 않을 것이라는 점을 인지하고 오히려 부하들을 달래고자, "여호와께서 그에게 명령하신 것이니 그가 저주하게 버려 두라"(삼하 16:11)라고 말한다. 그리고 다른 곳에서는 이와 동일한 굴레에 자기의 과도한 슬픔을 묶어 두고자, "내가 잠잠하고 입을 열지 아니함은 주께서 이를 행하신 까닭이니이다"(시 39:9)라고 말한다.

분노와 조급함에 대해 이보다 더 효과적인 처방이 없을진대, 그것들을 유발하는 영역에 대해서 하나님의 섭리를 묵상하는 것이 적잖은 열매를 맺을 것이며, 그것은 항상 다음과 같은 점을 마음에 상기시킬 것이다. "여호와가 그것을 원하셨다. 그러므로 그것을 참아야 한다. 그것에 대해서 다투지 못해서가 아니라 그가 원하시는 것은 의롭고 유익하지 않은 것이 없기 때문이다." 이를 요약하자면, "우리가 부당하게 사람들에게 상처를 입었을 때, 그들의 사악함을 간과하도록 하자. 그것에 대한 보복은 상처를 악화시키고 우리의 마음을 날카롭게 할 뿐이므로, 잊지 말고 하나님께로 올라가서, 우리에게 중한 죄를 범하는 적(敵)은 하나님의 의로운 경륜에 의해 허용되었으며 보내졌다는 사실을 확실히 믿는 것을 배우도록 하자.”

바울은 우리가 당한 침해들에 대해 대갚음하는 것을 자제시키기 위해 "우리의 씨름은 혈과 육을 상대하는 것이 아니요"(엡 6:12) 영적인 적, 곧 마귀를 상대하는 것이라는 사실을(엡 6:11) 현명하게 지적함으로써 우리가 전쟁을 준비할 수 있도록 한다. 이 점에 있어서, 분개에 이르게 하는 모든 자극을 진정시키기 위한 가장 유용한 충고는, 하나님은 싸움을 위해 마귀와 모든 사악한 자를 무장시키시고, 우리의 인내를 훈련시키기 위해 마치 경기장의 심판과 같이 앉아 계신다는 사실을 적시하는 데 있다.

그러나 우리를 억누르고 있는 재난과 비참함이 사람들의 활동 없이 일어날 때에는, 번창하는 것은 무엇이든 하나님의 복의 샘에서부터 흘러나오는 반면 모든 역경은 그의 저주 가운데 있다는 율법의 가르침을(신 28:2-6, 15-19) 상기하도록 하자. 또 "내게 대항할진대 나 곧 나도 너희에게 대항하여"(레 26:23-24)라는 무서운 경고에 두려움을 갖도록 하자. 이러한 말씀들은 우리의 게으름을 죄악시한다. 왜냐하면 우리는 육체의 상식을 빌미 삼아 선한 것이건 악한 것이건 무슨 방면으로 일이 일어나든지 간에 우발적으로 간주하고, 하나님의 은총에 의해 활력을 얻어 그를 예배하는 데도, 그의 채찍에 자극을 받아 회개하는 데도 이르지 못하기 때문이다.

이와 동일한 이유에서 예레미야와 아모스는 유대인들을 신랄하게 책망한다. 당시 유대인들이 선과 악이 하나님의 명령 없이 일어난다고 생각했기 때문이다(애 3:38; 암 3:6). 이사야서의 다음 선언도 동일한 맥락에서 주어진다. "나는 빛도 짓고 어둠도 창조하며 나는 평안도 짓고 환난도 창조하나니 나는 여호와라 이 모든 일들을 행하는 자니라"(사 45:7).

9. 하부 원인들을 통한 하나님의 섭리의 작용

한편 이러함에도 불구하고 경건한 사람은 하부 원인들을 무시하지 않는다. 실로 그는 자기가 은총을 받아 누리게 된 것이 하나님의 선하심을 위하여 사용되는 일꾼들로 말미암는다고 여기기 때문에 그들을 지나치지 아니하고 그들이 보여 준 인간애가 감사를 받기에 합당한 가치가 있음을 인정할 것이다. 그리하여 자기가 그들에게 빚지고 있음을 마음 깊이 의식하고, 그 빚을 기꺼이 고백하며, 능력이 닿고 기회가 주어지는 한 최선을 다해서 감사를 돌리고자 애쓸 것이다. 간단하게 말해서, 그는 자기가 받은 선한 것들로 인하여 여호와를 그 주요한 조성자로 경배하며 찬양할 것이며 사람들을 그의 일꾼들로 존경할 것이다. 그리고 하나님이 자기의 선하심을 드러내는 손으로 사용하고자 원하신 사람들을 통해 은혜를 베푸시는 것이 하나님의 뜻으로 말미암은 것이라는 사실 그 자체를 이해하게 될 것이다.[598]

만약 경건한 사람이 자기의 무관심이나 미련함으로 어떤 손실을 입게 되면 여호와의 뜻에 따라 그러한 일이 일어났다고 확고하게 여길 테지만, 그것을 자기의 탓으로 돌릴 것이다. 만약 그가 직분에 따른 치료의 의무가 있었음에도 불구하고 누군가의 질병을 부주의하게 다루어 심각한 결과가 초래되었다고 가정한다면, 설혹 그가 그 사람이 치료 전에 이미 넘어설 수 없는 위급한 지경에 이르렀음을 알고 있었다 하더라도, 그것이 그의 죄를 경감시키지는 않을 것이다. 오히려 그는 자기가 직무를 충실하게 이행하지 않았기 때문에, 그 태만의 죄로 그 사람이 죽게 되었다고 받아들이게 될 것이다.

만약 속이는 마음이나 사악한 마음을 가슴에 품고 고의로 살인이나 절도를 범하게 된다면, 그에게는 하나님의 섭리라는 구실로 그것에 대해 변명할 여지가 더욱 없게 될 것이다. 오히려 이와 동일한 범죄에 있어서 그는 하나님의 의와 인간의 불법이 각각 분명하게 보여 주는 바를 뚜렷이 묵상하게 될 것이다.

무엇보다 경건한 사람은 미래의 일들과 관련하여 이러한 종류의 하부 원인들이 작용하는 논리에 특별한 관심을 쏟을 것이다. 그는 자기의 안녕을 위해 유익한 사람들의 도움이 부족하지 않다면 그것 역시 하나님이 베푸시는 복 중의 하나라고 여길 것이다. 그러므로 그는 자기를 도울 방편을 지니고 있다고

---

[598] "Deum in acceptis bonis reverebitur et praedicabit, ut praecipuum autorem; sed homines ut eius ministros honorabit, atque, ut res est, intelliget se Dei voluntate iis esse devinctum per quorum manum beneficus esse voluerit."

여기는 사람들의 도움을 간구하고자 그들의 권고를 듣는 것을 마다하지 않을 뿐만 아니라 게을리 하지도 않을 것이다. 오히려 자기에게 무엇이든 유익을 끼치는 모든 피조물을 여호와가 자기의 손에 부여해 주신다고 여기고, 그것들을 신적 섭리를 이루는 합법적인 도구들로[599] 사용할 것이다. 그리고 여호와가 자기에게 선을 베푸시려고 모든 것을 돌보신다는 것은 알 수 있으나 자기가 수행하는 일이 어떤 결과를 맺게 될 것인지는 확신할 수 없기 때문에, 가능한 지성과 정신을 다 쏟아 자기에게 유익한 것을 얻고자 열심히 애쓸 것이다.

그럼에도 불구하고 권고를 듣게 되면 그는 자기의 지각에 편승하지 아니하고 자기를 하나님의 지혜에 맡기고 위탁해서 그것이 이끄는 대로 올바른 목표를 향하여 나아가게 될 것이다. 그러나 그의 확신은, 외부적인 도움들이 현존하면 그것들로 인하여 평안히 쉬게 되나 그것들이 부족하면 마치 버림을 받기라도 한 양 공포에 떨게 될 정도로 그것들에 의존하지는 않을 것이다. 왜냐하면 그는 언제나 오직 하나님의 섭리에만 자기의 마음을 고정시킬 것이고, 현재의 일들을 고려하느라 그것에 대한 확고한 직관을 흐리게 하지는 않을 것이기 때문이다.

이렇듯 요압은 전쟁의 결과가 하나님의 의지와 손에 있음을 알고 있었음에도 불구하고 무기력함에 빠지지 않고 부지런하게 자기의 소명을 완수하였으며, 나아가 여호와께 그 결과를 다스리시도록 맡기고 다음과 같이 말했다. "우리가 우리 백성과 우리 하나님의 성읍들을 위하여 담대히 하자 여호와께서 선히 여기시는 대로 행하시기를 원하노라"(삼하 10:12). 동일한 지식이 우리가 무모함과 그릇된 과신을 벗어 버리고 끊임없이 하나님께 기도하는 자리에 서도록 몰아갈 것이다. 그뿐 아니라 그것은 우리의 마음을 선한 소망으로 가득 채워서 우리가 평온하면서도 담대하게 우리를 둘러싼 위험들을 주저함 없이 대수롭지 않게 여길 수 있도록 할 것이다.

---

599) "legitima divinae providentiae instrumenta."

10. 운명에 돌릴 수 없는 연약하고 비참한 사람의 상태

　진정 이러한 측면에서 경건한 마음에 있는 헤아릴 수 없는 복이 모습을 드러낸다. 사람의 삶을 둘러싸고 있는 악들은 헤아릴 수 없으며 그 수만큼 그것을 위협하는 죽음들이 있다. 굳이 우리 자신 이외에는 헤아릴 필요가 없다. 우리 몸은 천 가지 질병들의 용기(容器)로서 실제로 몸 안에 질병들의 원인들을 내포하고 있을 뿐만 아니라 배양하고 있으므로, 사람은 수많은 양상의 파멸을 겪지 않고는 자기 자신의 삶을 영위할 수가 없다. 말하자면 죽음에 봉인된 삶을 끌고 가는 것이다. 추위에 얼어붙는 것도 더위에 땀을 흘리는 것도 사람에게는 위험한바, 당신은 달리 무슨 말을 할 것인가? 당신이 어디로 몸을 돌리든 당신 주변에 있는 모든 것은 신뢰하기에는 너무나 모호할 뿐만 아니라 거의 공공연하게 공포를 조장하고 마치 죽음이 눈앞에 현존해 있는 것처럼 위협한다. 배 위에 올라 보라. 당신은 죽음과 한 발 거리에 있다. 말을 타 보라. 만약 한 발이 미끄러지면, 당신의 생명은 위험에 처하게 된다. 도시의 도로들 속으로 가 보라. 지붕의 기왓장 수만큼이나 많은 위험에 옭히게 된다. 만약 당신의 손에나 친구의 손에 무기가 있다면, 당신은 위험에 노출될 것이다. 왜냐하면 당신이 보는 모든 야수는 당신의 파멸을 위하여 무장하고 있기 때문이다.

　그렇다고 해서 당신이 담에 둘러싸인 정원 안에 편안히 묻혀 있으려고 애쓴들 보기에만 쾌적함이 있을 뿐 그곳에는 때때로 뱀이 숨어 있다. 당신의 집은 언제나 화재의 위험에 놓여 있는바, 낮에는 그 집이 당신을 빈곤하게 만들지나 않을까, 또한 밤에는 그 집이 당신 위에 무너져 내리지나 않을까 두려움에 떨게 한다. 당신의 들판은 우박, 서리, 한발, 그리고 다른 재난들에 노출되어 있으므로 불모와 그에 따른 기근으로 당신을 겁박한다. 나는 독약들, 복병들, 강도들, 공공연한 폭력에 대해서는 넘어가고자 하는데, 이것들 중 일부는 우리를 집에서 꼼짝 못하게 하고, 일부는 집 밖 멀리까지 지긋지긋하게 따라다닌다. 이러한 곤경들 가운데 처하여 있는 사람은 절반은 목숨이 살아 있다고는 하나 마치 검투사의 칼이 언제나 자기의 목을 벼르고 그 바로 위에 달려 있기라도 한 것처럼 염려에 차고 가쁜 숨을 약하게 들이마실 뿐이니 어찌 가장 비

참하다고 아니할 수 있겠는가?⁶⁰⁰⁾

당신은 이러한 일들이 거의 일어나지 않거나, 적어도 항상 일어나지는 않으며, 모든 사람에게 다 일어나지 않거나, 한꺼번에 모두 일어나지는 않는다고 말할 것이다. 나도 인정한다. 그러나 우리는 다른 사람들의 예들을 통하여 우리에게도 이러한 일들이 일어날 수 있으며, 우리의 생명도 다른 사람들의 생명과 다를 바 없이 예외가 될 수 없다는 경고를 받기 때문에, 마치 그러한 일들이 우리에게 곧 닥치기라도 하듯이 두려워하고 경악하게 된다. 이러한 공포보다 더한 재앙들을 당신이 상상이라도 할 수 있겠는가?

그런데 만약 하나님이 모든 피조물 가운데 가장 고상한 사람을 이렇듯 맹목적이고도 무모한 모든 종류의 운명으로부터 일격을 당하도록 그냥 내버려 두셨다고 말한다면 그것은 하나님께 대한 모독이 아닐 수 없다. 그러나 여기에서 나는 사람이 운명의 주권 아래로 내몰리게 될 때 의식하게 될 비참함에 관해서만 말하기를 제안한다.

11. 자기 백성을 대적으로부터 보호하시는 하나님의 섭리

그렇지만 경건한 사람은 저 하나님의 섭리의 빛이 자기에게 비치자마자 이전에 자기를 극단적으로 누르고 있었던 불안과 공포로부터뿐만 아니라 모든 염려로부터 위로를 받고 해방된다. 왜냐하면 의당 그는 운명에 대해 공포를 느끼는 것만큼, 거리낌 없이 감히 자신을 하나님께 의탁하기 때문이다. 그에게 있어서 위로가 되는 것은 하늘의 아버지가 모든 것을 자기의 권세로 붙드시고, 자기의 주권과 지시로 다스리시며, 자기의 지혜로 조정하시므로, 하나님의 결정이 없이는 아무것도 일어날 수 없다는 사실이다.⁶⁰¹⁾ 나아가 자기가 받아들여져서 하나님의 보살핌을 받게 되었고, 천사들의 돌봄에 위탁되었으며, 물도

---

600) 여기에 타락한 인류의 '비참함'(misera)이 극적으로 묘사된다.
601) "Hoc, inquam, solatium est, ut intelligat patrem coelestem sic omnia sua potentia continere, sic imperio nutuque suo regere, sic sapientia moderari."

불도 쇠도 그것들의 통치자이신 하나님이 좋아하셔서 기회를 주지 아니하시면 자기를 해할 수 없다는 사실을 이해하는 것도 그에게 위로가 된다. 그리하여 시편은 이와 같이 노래한다. "이는 그가 너를 새 사냥꾼의 올무에서와 심한 전염병에서 건지실 것임이로다 그가 너를 그의 깃으로 덮으시리니 네가 그의 날개 아래에 피하리로다 그의 진실함은 방패와 손 방패가 되시나니 너는 밤에 찾아오는 공포와 낮에 날아드는 화살과 어두울 때 퍼지는 전염병과 밝을 때 닥쳐오는 재앙을 두려워하지 아니하리로다"(시 91:3-6).

이로부터 또한 성도들의 영광스러운 확신이 솟아 나온다. "여호와는 내 편이시라"(시 118:6). "내가 두려워하지 아니하리니 혈육을 가진 사람이 내게 어찌하리이까"(적용. 시 56:4). "여호와는 나의 구원이시니 내가 누구를 두려워하리요"(적용. 시 27:1). "군대가 나를 대적하여 진 칠지라도"(시 27:3), "내가 사망의 음침한 골짜기로 다닐지라도"(시 23:4), "나는 항상 소망을 품고 주를 더욱더욱 찬송하리이다"(시 71:14).

나는 묻고자 한다. 외견상 세계가 무모하게 돌아가는 것처럼 보여도 여호와가 모든 곳에서 일하고 계심을 아는 것과 그의 일이 사람들을 무사히 보존하는 것임을 신뢰하는 것이 아니라면 아무도 앗아갈 수 없는 평정을 그들이 어디로부터 얻게 되겠는가? 만약 사람들의 구원이 마귀나 사람들의 범죄들로 침해를 받게 될 때, 섭리에 대한 회상과 묵상으로 확고해지지 않는다면, 그들은 즉시 몰락하지 않을 수 없을 것이다.

이렇듯 마귀와 모든 영역의 사악한 무리들은 하나님의 손이라는 굴레에 제압되므로, 그가 허용하시지 않는 한, 실로 그가 명령하시지 않는 한, 그들은 우리에 대한 어떤 음모를 품을 수도 없고, 품었다고 하더라도 준비할 수도 없고, 충분히 계획을 세웠다고 하더라도 그것을 이루기 위해서 손가락조차 움직일 수 없다는 사실을 기억하자. 그리고 마귀와 사악한 무리들은 하나님의 족쇄에 묶여 붙잡혀 있을 뿐만 아니라 굴레에 씌어 맡겨진 일에 복종할 수밖에 없다는 사실을 그들이 다시금 기억하게 하자. 그리하여 이로부터 성도들이 많은 위로를 받게 하자. 왜냐하면 그들의 걱정을 유발시키고 자기가 좋아하시는 방향으로 옮기셔서 끝까지 이르게 하실 뿐만 아니라 그들이 자기 자신들의 육욕에 취해서 방자하게 날뛰지 않도록 그 정도와 한계를[602] 정하시는 분은 여호와이시기 때문이다.

바울은 이러한 감화에 힘입어 한 곳에서는 자기의 여행이 사탄에 의해 방해를 받았다고 말하고(살전 2:18), 다른 곳에서는 하나님의 허용으로 그렇게 하기로 마음을 먹었다고 말한다(고전 16:7). 만약 바울이 사탄에 의한 방해가 있었다고만 전한다면, 하나님의 계획들조차도 전복시킬 수 있는 아주 큰 권세가 사탄의 손안에 있었던 것처럼 여겨질 것이다. 그러나 바울은 모든 여행이 만물의 주관자이신 하나님의 허용에 달려 있다고 전하면서 동시에 사탄은 하나님의 지시 없이 꾸민 어떤 궤계도 수행할 수 없다는 것을 보여 준다. 같은 이유로, 다윗은 끊임없이 굴러가는, 마치 회오리치듯 하는, 사람들의 삶의 다양한 변화 때문에, "나의 앞날이 주의 손에 있사오니"(시 31:15)라는 말씀을 자기의 피난처로 받아들인다. 여기에서 그가 단수를 사용해서 '인생의 역정'(vitae cursum)이나 '때'(tempus)라고 기술할 수 있었음에도 불구하고 '앞날'(tempora)이라는 복수형으로 표현하기 원했던 것은 사람들의 조건이 아무리 불안정하고 어떤 변화가 때에 따라 일어나더라도 그것들은 하나님에 의해서 통치를 받는다는 것을 보여 주기 위함이었다. 이런 이유에서 르신과 이스라엘의 왕이 유다를 멸망시키려고 세력을 규합했을 때, 땅을 멸망시키고 삼키는, 불타는 나무와 같이 보였으나, 선지자는 그들을 겨우 그을음이 피어날 뿐인 "연기 나는 두 부지깽이"(사 7:4)라고 부른다. 마찬가지로 모든 사람이 바로를 그의 부와 힘과 군대의 규모 때문에 두려워했지만, 그 자신은 "큰 악어"로, 그의 군대는 "고기"(겔 29:3-4)로 비유되었다. 그러므로 하나님은 친히 자기의 갈고리로 장군과 그 무리를 자기가 원하시는 곳으로 끌고 가실 것이라고 선포하신다. 결국, 이 문제에 대해 더 이상 성가심을 당할 것 없이, 당신은 주의를 기울이기만 한다면, 섭리에 대한 무지가 모든 비참함의 극(極)이며 그것에 대한 지식이 최고의 복이 된다는 것을[603] 인식하게 될 것이다.

---

[602] "modum finemque."

[603] "extremum esse omnium miseriarum, providentiae ignorationem; summam beatitudinem in eiusdem cognitione esse sitam."

12. 하나님의 변개치 않으심에 배치되지 않는 후회하심

지금까지 우리는 신자들의 견실한 교양과 위로, 이 두 가지 모두에 유익한 하나님의 섭리에 대해서 충분히 다루어 왔다. 그러나 어떤 구절들을 장애물로 남겨둔 채 그렇게 하였다. 아래에서 우리는, 우리가 지금까지 해 온 설명과는 달리 하나님의 계획이 확고하고 안정적이지 않으며 하부적인 것들의 성향에 따라 가변적이라고 604) 말하는 듯한 본문들을 다루고자 한다. 헛된 사람들의 호기심을 충족시키기에 충분한 것은 어디에도 없으며, 그것을 만족시키려고 해서도 안 된다는 점을 되새기며 그것들을 살펴보도록 하자.

첫째, 하나님의 후회하심이 605) 몇 차례 언급된다. 하나님은 사람을 창조하신 것을 한탄하셨고(창 6:6), 사울을 나라 위에 세우신 것을 후회하셨으며(삼상 15:11), 자기 백성에게 어떤 돌이킴이라도 있음을 의식하시면 그 순간 그들에게 내리기로 작정하셨던 재앙을 돌이키시겠다고 하셨다(렘 18:8).

둘째, 하나님의 작정들 중 얼마가 폐지된 것도 언급되었다. 그는 요나를 통하여 니느웨 사람들에게 니느웨가 40일이 지나면 멸망한다는 사실을 알리셨으나 그들이 회개할 때 즉시 그들에 대한 선고를 관용으로 돌이키셨다(욘 3:4, 10). 그는 이사야의 입을 통하여 히스기야의 죽음을 선포하셨으나 그 왕의 눈물과 기도에 공감하셔서 그것을 연기하셨다(사 38:1, 5; 왕하 20:1, 5; 참조. 대하 32:24).

그리하여 많은 사람들은 하나님이 사람들의 일을 영원한 작정으로 확고하게 수립해 놓으신 것이 아니라 각자의 공로에 따라서나 공평하고 의롭다고 여겨지는 바에 따라서 해마다, 달마다, 시간마다 이것 혹은 저것을 작정하신다고 논변을 일삼는다. 606)

하나님의 후회하심에 대해, 우리는 무지, 오류, 무능을 하나님께 돌릴 수 없듯이 이 역시 비난할 수 없다는 점을 놓쳐서는 안 된다. 왜냐하면 그 누구도 알

---

604) "non firmum ac stabile constare Deo consilium, sed pro rerum inferiorum dispositione mutabile."
605) "Dei poenitentia."
606) Origen, *De principiis* III. i. 17 (GCS 22. 228; MPG 11. 283ff.; tr. ANF IV. 322; G. W. Butterworth, *Origen On First Principles*, pp. 193f.). Quot. Battles tr., n. 15.

면서 그리고 원해서 회개의 필연성에 스스로 얽매이지는 않음을 우리가 인정할진대, 만일 우리가 하나님께 후회하심을 돌리려고 한다면, 먼저 우리는 그가 일어날 일을 모르신다거나, 그것을 피할 수 없으시다거나, 곧 후회할 결정을 성급하고도 무모하게 내리신다고 말해야 할 것이다. 그러나 이는 성령의 지각과는 확연하게 다르다. 왜냐하면 성령이 하나님의 후회하심에 대해 언급하는 바로 그곳에서 하나님은 후회하심에 이끌리지 않으신다고 전하기 때문이다(삼상 15:29). 우리가 주목할 것은 이 두 가지가 너무 밀접하게 결합되어 동일한 장에 나타나므로 오히려 그것들의 상호 비교는 외견상의 불일치를 조화시켜 하나가 되게 만든다는 점이다. 하나님이 사울을 왕으로 삼으신 것을 후회하신다고 하실 때(삼상 15:11), 그 변화는 비유적으로 전해진다. 그리고 얼마 뒤에 다음이 첨가된다. "이스라엘의 지존자는 거짓이나 변개함이 없으시니 그는 사람이 아니시므로 결코 변개하지 않으심이니이다"(삼상 15:29). 이 말씀을 통해서 하나님의 불변성[607]이 공개적이고 아무 비유 없이 선포된다. 그러므로 하나님이 사람의 일들을 경영하시기 위하여 정하신 규정은 영원하며 모두 그의 후회하심을 넘어서 있음이 확실하다. 하나님의 일관성[608]에 대한 의심이 제해지도록, 그의 대적들도 이에 대해 증언하지 않을 수 없게끔 강요받았다. 발람은 압도되어서 다음과 같은 소리를 내뱉을 수밖에 없었다. "하나님은 사람이 아니시니 거짓말을 하지 않으시고 인생이 아니시니 후회가 없으시도다 어찌 그 말씀하신 바를 행하지 않으시며 하신 말씀을 실행하지 않으시랴"(민 23:19).

13. '후회하심'이라는 말을 통한 하나님의 맞추어 주심

이렇게 볼 때 '후회하심'이라는 말이 담고 있는 뜻은 무엇인가? 진정 그것은 하나님이 사람에 속한 것들을 사용하셔서 우리에게 자기를 표현하시는 여러

---

607) "immutabilitas."
608) "constantia."

언술(言述) 방식들과 동일한 의미를 지니고 있다. 우리의 연약함은 그의 높이에 가닿을 수 없으므로 그에 관한 기술(記述)을 우리가 이해하기 위해서는 그것이 우리가 담을 수 있는 수준에 맞게끔 낮추어져야 한다. 부연하자면 이러한 방식을 통하여 그는 자기 자신 그대로가 아니라 우리에게 지각되는 성상(性狀)으로 묘사된다.

이러한 측면에서, 그는 어떤 정서에 있어서도 동요가 없으심에도 불구하고 죄인들에게 화를 내시는 분으로 자기를 증거하신다. 그러므로 하나님이 진노하신다는 말씀을 우리가 들을 때, 우리는 그 자신 속에 어떤 동요가 있었다고 상상해서는 안 되며, 오히려 그러한 언술이 우리의 지각에 맞게끔 취해진 것이라는 점을 깊이 고려해야 한다. 이러한 이유에서, 하나님은 심판을 내리실 때마다 노기가 충천한 불타오르는 얼굴을 보여 주신다.

그러므로 우리는 '후회하심'이라는 용어 아래에 행위들의 변화 그 이상의 다른 무엇을 함의시켜서는 안 된다. 이는 사람들이 각자의 행위들을 변화시킴으로써 무슨 일에 대한 자기들의 반감을 증언하곤 하는 것과 다르지 않다. 사람들 가운데서 일어나는 변화[609]는 그것이 무엇이든 그들을 난감하게 하는 것에 대한 교정[610]이기 때문이다. 하나님께 있어서도, 이러한 교정이 그의 후회하심으로부터 나온다.

이러한 측면에서, 하나님이 후회한다고 말씀하시는 것은 그가 자기의 행위들에 있어서 변화하심을 의미한다. 그렇다고 해서 하나님의 계획이 변경되지 않으며 그의 뜻도 변경되지 않는다. 이뿐 아니라 그의 정서도 변화되지 않는다. 그가 영원에서부터 선견하셨고 인정하셨으며 작정하셨던 것이 비록 사람들의 눈에는 갑작스런 다양함으로 나타나는 듯 보여도, 그는 그것을 항속적인 일련의 과정을 통하여 수행하신다.[611]

---

609) "mutatio."

610) "correctio."

611) "ideo per poenitentiae nomen significatur quod Deus in suis operibus mutat; interim nec consilium illi, nec voluntas invertitur, nec affectus commutatur; sed quod ab aeterno providerat, probaverat, decreverat, perpetuo tenore prosequitur, utcunque appareat subita hominum oculis varietas."

14. 다양한 섭리를 통하여 한 가지 불변하는 계획을 이루심

성경의 거룩한 역사는 한때 니느웨 사람들에게 선포되었던 멸망이 철회되었다는 사실과(욘 3:10) 히스기야의 생명이 죽음의 위협이 있었음에도 불구하고 연장되었다는 사실을(사 38:5) 말하고 있지만, 그렇다고 해서 이 사건들에 대한 하나님의 작정들이 폐지되었다는 것을 보여 주지는 않는다.612) 그 작정들이 폐지되었다고 느끼는 사람들은 이 두 본문이 단순히 확정적으로 암시하는 바를 잘못 받아들여 현혹당하고 있다. 우리는 이 두 사건의 결말을 통하여 그 각각 자체에 포함되어 있는 말 없는 조건을 올바르게 이해해야 한다. 왜 하나님은 요나를 니느웨에 보내셔서 그 도시의 몰락을 선포하게 하셨는가? 왜 하나님은 이사야를 통하여 히스기야에게 죽음을 통고하셨는가? 하나님은 재난을 전령 없이도 니느웨 사람들과 히스기야를 모두 파멸에 이르게 할 수 있으셨다. 하나님이 여기에서 염두에 두신 것에는 그들이 각자의 죽음에 대해서 미리 경고를 받아, 먼 곳으로부터 다가와 점점 형체를 드러내고 있는 그 죽음을 식별하게 하려는 뜻 외에 다른 무엇이 있었다. 참으로 그는 그들이 파멸에 이르기를 원하지 않으셨다. 그가 원하신 것은 그들이 선하게 바뀌어 파멸되지 않는 것이었다. 사십 일 후에 니느웨가 멸망하리라는 요나의 예언이 주어진 것은 그 성이 몰락하지 않도록 하기 위함이었다. 히스기야에게 더 긴 생명에 대한 소망이 끊어지게 된 것은 그가 더 긴 생명을 얻도록 하기 위함이었다. 이제 이러한 위협들이 여호와가 두려움에 떨게 한 사람들을 일깨워 회개에 이르게 함으로써 그들이 그들의 죄에 마땅한 값을 치러야 하는 심판을 벗어나게 하기 위함이라는 것을 모를 사람이 누구이겠는가? 이것이 사실일진대, 이런 사안들의 본질은 단순한 통고 안에 있는 무언의 조건에 대해서 함축적으로 들을 수 있도록613) 우리를 이끈다.

이는 또한 유사한 예들을 통해서 확증된다. 여호와는 아비멜렉 왕이 아브라

---

612) Cf. *Serm.*, Is. 38:9-20 (CO 35.525-580); Erasmus, *De libero arbitrio*, ed. J. von Walter (*Quellenschriften zur Geschichte des Protestantismus* 8), pp. 38, 79. Quot. Battles tr., n. 16.

613) "in simplici denuntiatione conditionem tacitam subaudiamus."

함에게서 아내를 빼앗았다고 책망하시면서 다음 말씀을 하신다. "네가 데려간 이 여인으로 말미암아 네가 죽으리니 그는 남편이 있는 여자임이라"(창 20:3). 그러나 아비멜렉이 이에 대해서 변명한 후에는 다음과 같은 방식으로 말씀하신다. "이제 그 사람의 아내를 돌려보내라 그는 선지자라 그가 너를 위하여 기도하리니 네가 살려니와 네가 돌려보내지 아니하면 너와 네게 속한 자가 다 반드시 죽을 줄 알지니라"(창 20:7). 당신이 보듯이, 여호와는 첫 번째 포고에서는 아비멜렉의 마음을 보다 강하게 내려치심으로써 그 속에 배상을 하고자 하는 의향이 생기도록 하신 반면 또 다른 포고에서는 자기의 뜻을 분명히 설명하고자 하시지 않는가? 다른 본문들에서도 유사한 논법이 나오는바, 그렇다고 해서 그것들을 빌미로 여호와는 자기가 선포하신 것을 무효화시킴으로써 자기의 처음 계획을 폐지하신다고 추론해서는 안 된다. 왜냐하면 여호와는 형벌로 경고하심으로써 자기가 아끼는 자들이 회개에 이르도록 충고하실 때 어떤 경우에도 자기의 뜻이나 말씀을 변경시키려고 하시는 것이 아니라 자기의 영원한 규정이 수행되는 길을 닦으려고 하시기 때문이다.[614] 다만 그는 이렇게 쉽게 이해되는 것을 음절 하나하나로 표현하지 않으셨을 뿐이다. 우리는 다음에서 이사야가 전하는 바를 참 말씀으로 견지해야 한다. "만군의 여호와께서 경영하셨은즉 누가 능히 그것을 폐하며 그의 손을 펴셨은즉 누가 능히 그것을 돌이키랴"(사 14:27).[615]

---

[614] "Viam enim potius aeternae suae ordinationi sternit Dominus, quum poenam denuntiando, ad resipiscentiam monet eos quibus vult parcere, quam voluntate quidquam variet, ac ne sermone quidem; nisi quod syllabatim non exprimit quod intelligere tamen promptum est."

[615] 본 장의 논의는 하나님의 섭리를 부인하고 데모크리토스의 원자론에서 '쉬고 계신 하나님'(Deus otiosus)을 말하는 에피쿠로스주의자들과 결정론에 서서 '운명'(fortuna) 혹은 '행운'(fatum)을 말하는 스토아주의자들을 반박하는 맥락에서 전개된다. Cf. *Institutio*, 1.4.2.

DE COGNITIONE DEI CREATORIS

제18장

하나님은 불경건한 자들의 일들을
사용하시며 그들의 마음을 굴복시켜
자기의 심판들을 수행하시나
모든 더러운 것으로부터
자기를 순수하게 지키심

Deum ita impiorum opera uti,
et animos flectere ad exsequenda sua iudicia,
ut purus ipse ab omni labe maneat

1-2. 하나님은 단순히 허용하지 않으시고 자기의 뜻에 따라 허용하심
3. 하나님의 불변하는 한 가지 뜻
4. 하나님은 악인의 행위를 사용하시되 그것을 벌하심으로써 교훈하심

1. 하나님의 뜻을 넘어서거나 그것과 무관한 단순한 허용은 없다

여기에 또한, 하나님은 자기 의지에 따라 사탄 자신과 사악한 사람들을 굴복시키시거나 이끄시거나 하신다고 전하는 다른 본문들이 있다. 이로부터 더욱 어려운 질문들이 야기된다. 하나님이 그들을 통하여 일하심에도 불구하고 어떻게 자기에게는 그들의 악으로부터 아무런 더러움도 초래되지 않게 하시는지? 심지어 그들과 함께 일을 수행하심에도 불구하고 어떻게 정작 자기는 모든 비난으로부터 자유로울 수 있으신지? 더군다나 그가 어떻게 자기의 사역자들에게 의로운 정죄를 내릴 수 있으신지? 육체의 지각으로는 이를 거의 이해할 수 없다.

여기에서 행하는 것과 허용하는 것 사이의 차이가[616] 발견된다. 하나님은 자기의 손과 주권 아래 있는 사탄과 불경건한 자들 모두의 악의를 그것이 무엇이든 자기의 목적에 부합한 방향으로 지도하시고 그들의 범죄들을 이용하셔서 자기의 심판들을 수행하시는데, 많은 사람들은 이 어려운 문제를 풀 수 없는

---

[616] "distinctio inter agere et permittere." Lombard, *Sentences* I. xlv. 11 (MPL 192. 643). Cf. Augustine, *De ordine* I. i–iii (MPL 32. 977ff.; tr. R. P. Russell, *Divine Providence and the Problem of Evil*, pp. 6–11); *Enchiridion* xxiv. 95f. (MPL 40. 276; tr. LCC VII. 394f.). Quot. Battles tr., n. 2.

것처럼 여긴다. 그들이 거짓의 비호를 받는 가운데 전적으로 사악한 표지를 내세워 하나님의 의를 그릇되게 주장하려고 무모하게 덤비지만 않는다면, 부조리를 드러내는 외양에 놀란 자들의 절제는 아마 용서받을 수 있을 것이다. 그들은 하나님이 뜻하시고 명령하셔서 눈이 멀게 된 사람이 그 눈멂으로 인하여 곧바로 형벌을 받게 되는 것이 부조리하다고 여기고 이런 일이 하나님의 뜻에 의해서가 아니라 그의 허용에 의해서 일어난다고 핑계를 댐으로써 도피처를 찾는다.617)

그러나 하나님은 자기 자신이 행하신다고 공공연히 선언하심으로써 이러한 회피를 꾸짖으신다. 사람들은 하나님의 은밀한 지시가 없이는 아무 일도 효과적으로 수행할 수 없으며, 하나님이 그 자신 가운데서 작정하시고 그 자신의 은밀한 지휘 아래에서 결정하신 것이 아니면 어떤 것도 고의로 행할 수 없다. 이는 무수하고 명백한 증언들로써 입증된다.618) 우리가 이전에 시편으로부터 인용했던, "하나님은 원하시는 모든 것을 행하셨나이다"(시 115:3)라는 말씀은 분명 사람들의 모든 행위에도 해당한다. 여기에서 전하듯이, 만약 하나님이 전쟁들과 평화의 주관자이시라면, 어떤 예외도 없는 이 사실을 두고 사람들은 자기들의 맹목적 충동에 따라 하나님의 무지 혹은 침묵 가운데 무모하게 삶을 영위해 나간다고 누가 감히 말할 수 있을 것인가?

이와 함께 특별한 예들을 통하여 우리는 본 사안을 비추는 더 많은 빛을 찾을 수 있다. 욥기 1장을 통하여 우리가 알고 있듯이, 자원해서 순종하는 천사들과 다를 바 없이 사탄은 자기를 하나님 앞에 세워 그의 명령들을 받고자 한다(욥 1:6; 2:1). 사탄은 다른 방식으로, 다른 목적을 가지고 이렇게 하는 것이지만, 하나님이 그렇게 원하시지 아니하시면 그 무슨 일도 착수할 수 없다. 비록 거룩한 사람을 곤경에 처하게 하는 단순한 허용이619) 그때 더하여진 것 같아 보여도, 우리는 하나님이 사탄과 흉악한 강도들을 일꾼으로 삼으신, 그 연단

---

617) 이는 카스텔리오와 그의 추종자들을 칭한다. Cf. *Institutio*, 1.17.2.
618) "Quod autem nihil efficiant homines nisi arcano Dei nutu, nec quidquam deliberando agitent nisi quod ipse iam apud se decreverit, et arcana sua directione constituat, innumeris et claris testimoniis probatur."
619) "nuda permissio."

의 조성자시라는 사실을 추론하게 된다. 왜냐하면 "주신 이도 여호와시요 거두신 이도 여호와이시오니" "하나님께 즐거움이 되는 일이 그대로 이루어질지라"(적용. 욥 1:21)라는 말씀이 참되기 때문이다. 사탄은 사력을 다하여 거룩한 사람이 광란에 이르도록 몰고 간다. 스바 사람은 잔인하고 불경건하게 덤벼들어 다른 사람의 재산을 강탈한다. 욥은 자기가 모든 소유를 탈취당하여 거지가 된 것이 하나님의 뜻에 맞았다는 것을 깨달았다. 사람들과 사탄이 어떤 선동을 일삼는다 해도 그 열쇠를 쥐고 계신 분은 하나님이시니, 그는 자기의 심판들을 수행하시기 위하여 그들의 노력들을 자기가 원하시는 다른 방향으로 돌리신다. 하나님은 위선에 빠진 왕 아합이 속임 당하기를 원하신다. 이를 위하여 자기의 일을 마귀에게 부여하셔서, 확실한 명령을 안고 보냄을 받아 모든 선지자의 입 안에 머무는 거짓 영이 되도록 하신다(왕상 22:20, 22). 아합의 눈멂과 광기가 하나님의 심판일진대, 단순한 허용이라는 허구는 사라지고 말 것이다. 심판관이 자기가 이루어지기를 원하는 것을 단지 허용만 한 채, 그것을 작정도 하지 않고 자기의 일꾼들에 의한 수행을 명령하지도 않는다면, 이는 얼마나 어처구니가 없겠는가?

유대인들에게는 그리스도를 죽여 버리려는 의도가 있었으며, 빌라도와 그의 병사들에게는 그들 자신의 광적인 육욕에 사로잡힌 삶의 양식(樣式)이 있었다. 그럼에도 사도들은 엄숙한 기도 가운데 모든 불경건한 사람은 여호와의 손과 계획에 따라 작정된 것 외에는 아무것도 행하지 않았다고 고백한다(행 4:28). 같은 맥락에서 이미 베드로는 그리스도가 하나님의 분명한 계획과 미리 아신 대로 죽임을 당하도록 내준 바 되었다고 설교했다(행 2:23). 이는 태초부터 아무것도 숨김이 없으셨던 하나님이 마치 유대인들이 수행한 일을 아시면서 그리고 원하시면서 미리 정하셨다고 말하는 것과 다름이 없다. 베드로가 다른 곳에서 "하나님이 모든 선지자의 입을 통하여 자기의 그리스도께서 고난받으실 일을 미리 알게 하신 것을 이와 같이 이루셨느니라"(행 3:18)라고 반복하듯이 말이다.

압살롬은 자기 아버지의 침상을 근친상간으로 더럽히는 혐오스러운 범죄를 저질렀다(삼하 16:22). 그러나 하나님은 이 일이 자기 자신을 위하여 있게 되었다고 선포하신다. 다음 말씀이 그러하다. "너는 은밀히 행하였으나 나는 온 이스라엘 앞에서 백주에 이 일을 행하리라"(삼하 12:12).

예레미야는 갈대아 사람들이 유다에서 행한 온갖 만행에 나타나는 잔혹함이 하나님의 일이라고 선포한다(렘 1:15; 7:14; 50:25 등). 이런 이유로 느부갓네살은 하나님의 종이라고 불린다(렘 25:9; 참조. 렘 27:6). 여러 본문에서 하나님은 자기의 쉭쉭 하는 신호로써(사 7:18; 참조. 사 5:26), 자기의 나팔소리로써(호 8:1), 자기의 주권과 명령으로써 불경건한 자들을 일으켜 전쟁으로 내모신다(습 2:1). 그는 앗수르 사람들을 "진노의 막대기"(사 10:5)와 자기 손으로 휘두르는 "도끼"(참조. 마 3:10)라고 부르시며, 거룩한 성의 재앙과 성전의 패망이 "자기의 일"(사 28:21)이라고 부르신다. 하나님에 대해 불평하지 않고 그를 의로운 심판자로 알고 있었던 다윗은 다음과 같이 말함으로써 시므이의 저주가 그로부터 나온다고 고백한다. "여호와께서 그에게 명령하신 것이니 그가 저주하게 버려두라"(삼하 16:11). 우리는 매우 빈번히 거룩한 역사를 통해, 열 지파의 배반(왕상 11:31), 엘리의 아들들의 죽음(삼상 2:34), 그리고 이런 종류의 매우 많은 예들이 보여 주듯이, 일어나는 일은 무엇이든지 여호와로부터 나온다620)는 사실을 발견하게 된다.

성경에 정통하되 도를 지나치지 않는 사람들은 내가 여기에서 많은 증언들 중에 단지 몇몇만 제시하는 것이 간결함을 도모하기 위함이라는 것을 알 것이다. 그러나 이 몇 가지만으로도, 마치 하나님이 망대에서 우연한 사건들이 일어나기를 기대하고 계실 뿐이므로 그의 심판들이 사람의 의지에 달려 있기라도 하듯이, 하나님의 섭리를 단순한 허용으로 대체하려는 사람들이 얼마나 헛되고 성가신 말을 중얼거리고 어리석은 말을 즐겨하는지 충분히 증명되고도 남을 것이다.

2. 선택된 자들과 유기된 자들 모두에 대한 내적 충동

우리가 이제 논의하고자 하는 은밀한 충동과 관련해서 솔로몬은, 왕의 마음

---

620) "quidquid accidat, proficisci a Domino."

이 하나님의 시각을 좇아 이리저리로 향하게 된다고 전하는데(잠 21:1), 이는 널리 모든 인류에게 적용되는 주요한 사안임이 확실한바, 마치 하나님은 우리가 마음에 품고 있는 모든 것이 자기의 은밀한 영감에 의해 지도를 받아 자기의 목적을 위해 사용되게 하신다고 말하고 있는 듯하다. 분명 하나님이 사람의 마음 속에서 일하고 계시지 않는다면, 그가 진실한 사람들에게서 말을, 장로들에게서 슬기를 없앨 것이라는 말씀과(겔 7:26), 그가 이 땅의 왕들의 마음을 취하여 그들이 길 없는 거친 들에서 방황하게 하실 것이라는 말씀이(욥 12:24; 참조. 시 107:40) 그릇될 것이다. 우리가 자주 읽는바, 사람들은 하나님에 대한 공포가 그들의 마음을 앗아감에 따라 겁에 질리게 된다는 말씀도(레 26:36) 이에 속한다. 또 다윗이 사울의 진영으로부터 벗어날 때 그의 부하들이 알지 못한 것은 하나님의 잠이 그들 모두에게 덮쳤기 때문이라는 말씀도(삼상 26:12) 같은 맥락에 있다.

그러나 아무도 하나님이 그렇게 자주 선포하신 말씀들, 즉 그가 사람들의 마음을 눈멀게 하시고(사 29:14), 그들을 쳐서 어지럽게 하시고(참조. 신 28:28; 슥 12:4), "깊이 잠들게 하는 영"(사 29:10)으로 그들을 취하게 하시고, 그들을 쳐서 "상실한 마음"(롬 1:28)을 갖게 하시며, 그들의 마음을 완악하게 하신다는 말씀들(출 14:17)보다 더 명료한 무엇을 갈구할 수 없을 것이다.

그런데 많은 사람들은 이러한 예들을, 마치 하나님이 유기된 자들을 그냥 내버려 두신 채 사탄이 그들의 눈을 멀게 하도록 허락하는 데 그치신 것처럼, 하나님의 허용에 국한해서 다루려고 한다. 그러나 성령이 뚜렷하게 표현하고 계시듯이, 눈멂과 상실한 마음은 하나님의 의로운 심판으로 인해 당하게 되는 것들이므로(롬 1:20-24), 말씀된바, 하나님이 바로의 마음을 완악하게 하셨고(출 9:12), 또한 그가 그것을 완강하고 완고하게 하셨다(출 10:1, 20, 27; 11:10; 14:8). 어떤 사람들은 허무맹랑한 억지를 부리며 이러한 언술(言述) 양식들을 피해 가려고 한다. 바로 왕 자신이 자기의 마음을 완강하게 했다고 다른 곳에 말씀되어 있으므로(출 8:15, 32; 9:34), 하나님 자신의 뜻을 완악함의 원인이라고 볼 수 없다는 것이다. 마치 사람은 하나님에 의해서 다양한 방식으로 행하게 되지만 동시에 스스로 행한다는 두 사실이 서로 지고한 일치를 이룰 수 없기라도 하듯이! 여기에서 나는 다음과 같은 논법으로 이러한 그들의 반박을 그들 자신에게 되돌리고자 한다. 만약 그들의 억측대로 완악하게 하는 것이 바로 왕이 자기 자신에게 한 단순한 허용을 의미하고 그 원인이 바로 왕 자신에게 있다고 본다면, 그들의 주장과는 달리, 완고함의 충동을 바로 왕 자신에게서 찾아서는 안 되며 외부에서, 곧 하나님으로부터 찾아야 할 것이다. 이런 곤경에서 벗어나고자, 그들은 마치 바로가 완고하게 되는 고난을 겪기라도 했듯이 해석하는데, 실로 얼마나 빈약하고 싱거운 발상인가! 성경은 이런 어떤 여지도 남기지 않고 이러한 억지를 잘라 버린다. 하나님은 "내가 그의 마음을 완악하게 한즉"(출 4:21)이라고 말씀하신다. 같은 맥락에서 모세는 가나안 땅의 주민들이 전쟁에 싸우러 나간 것은 하나님이 그들의 마음을 완악하게 하셨기(수 11:20; 참조. 신 2:30) 때문이라고 전한다. 동일한 것이 다른 선지자에 의해서, "그 대적들의 마음이 변하게 하여 그의 백성을 미워하게 하시며"(시 105:25)라는 말씀으로 반복된다. 이와 유사하게, 선지자 이사야를 통하여 하나님은 자기가 앗수르 사람을 보내 거짓된 나라를 치고 그에게 명령하여 "쳐서 탈취하며 노략하게"(사 10:6) 하실 것이라고 선포하신다. 이는 불경건하고 고집 센 사람들이 자기의 가르침을 받아 자발적인 순종에 이르게 하고자 하심이 아니라, 마치 자기의 계명이 그들의 마음에 새겨져 작용하듯 하게 하셔서 그들을 굴복시켜 그 자신의 심판을 수행하시기 위함이다. 이로부터 그들이 하나님의 확실한 결정에 의해서 충동을 받았다는 사실이 드러난다.

하나님은 자주 사탄의 일을 개입시켜 유기된 자들 가운데서 행하신다. 그러나 사탄이 자기 일을 행하는 것은 하나님의 충동으로 말미암으며, 부여된 만큼만 그 일을 감당할 수 있다는 점을 나는 진정 인정한다.[621] 사울을 괴롭힌 것은 악령이었으나, 하나님에 의해 그것이 존재하게 되었다고 말씀된다(삼상 16:14). 이는 사울의 광기가 하나님의 의로운 보복으로부터 나왔다는 사실을 우리가 알도록 하기 위해서이다. 또한 동일한 사탄이 "믿지 아니하는 자들의 마음을 혼미하게 하여"(고후 4:4)라고 말씀된다. 그러나 설혹 "미혹의 역사"(살후 2:11)가

---

[621] "Fateor quidem interposita satanae opera saepe Deum agere in reprobis; sed ut eius impulsu satan ipse suas paries agat et proficiat quatenus datum est."

하나님 자신으로부터 흘러나온 것이 아니라고 하자. 그렇다면 진리에 순종하는 것을 좋아하지 않는 자들이 거짓말을 믿게 만드는 것은 도대체 무엇에 기인하는가? 전자의 이유로, "만일 선지자가 유혹을 받고 말을 하면 나 여호와가 그 선지자를 유혹을 받게 하였음이거니와"(겔 14:9)라고 말씀되고, 후자의 이유로, 하나님 자신이 "그들을 그 상실한 마음대로 내버려 두사"(롬 1:28), "그들을 마음의 정욕대로 더러움에 내버려 두사"(롬 1:24)라고 말씀된다. 왜냐하면 하나님은 자기 자신이 의로운 보복을 행하시는 주 저자(主著者)이시고 사탄은 단지 그 일꾼에 다름 아니기 때문이다.[622]

그러나 우리는 이 문제에 대해 본서 제2권에서 사람의 자유의지와 노예 의지와 관련하여 다시 다루어야 하므로, 지금은 내가 보기에 여기에서 요구되는 정도만 간략하게 말한다. 요컨대 하나님의 뜻은 모든 사물의 원인이라고 말해지므로, 하나님은 자기의 섭리를 사람의 모든 계획과 일 위에 통치자로 삼으신다. 이는 그가 성령에 의해 다스림을 받는 선택된 자들 가운데서 자기의 힘을 드러내실 뿐만 아니라 유기된 자들을 내몰아 복종하게 하시기 위해서이다.[623]

3. 오직 선한, 하나님의 한 뜻

지금까지 나는 성경에서 공공연하고 모호함 없이 가르쳐지고 있는 것들에 대해서만 말하였으므로, 하늘에서 선포되는 말씀들을 아무 거리낌 없이 사악한 불명예의 낙인들로 채색시키려고 하는 사람들에게 그들이 어떤 종류의 비난들을 사용하고 있는지 살펴보게 하자. 그런데 그들은 "그것이 내게는 달리 보인다."거나 "나는 이를 문제 삼는 것을 좋아하지 않는다."거나 하면서 하나님의 권위를 짧은 말 한마디로 배척하고 있으니, 그들이 무지를 가장(假裝)하여

---

622) "quia iustae suae vindictae praecipuus est autor, satan vero tantum minister."
623) "quum Dei voluntas dicitur rerum omnium esse causa, providentiam eius statui moderatricem in cunctis hominum consiliis et operibus, ut non tantum vim suam exserat in electis, qui spiritu sancto reguntur, sed etiam reprobos in obsequium cogat."

절제를 칭송받으려 한다면 이보다 더 교만한 것을 어디에서 상상이라도 할 수 있겠는가? 만약 그들이 공공연히 저주한다면, 하늘을 향하여 침을 내뱉음으로써 얻는 유익이 무엇이겠는가? 이런 무례함의 예는 결코 새로운 것이 아니다. 왜냐하면 모든 세대에 걸쳐 불경건하고 속된 사람들은 언제나 이 부분의 교리를 반박하는 데 광포함을 보이고 미친 듯이 으르렁거려 왔기 때문이다. 그러나 그들은 옛날에 성령이 다윗의 입을 통해 선포하신 "주께서 심판하실 때에 순전하시다 하리이다"(시 51:4)라는 말씀이 참되다는 것을 분명히 의식하게 될 것이다. 다윗은 이러한 굴레를 벗어던지고 방종에 빠져 허덕이는 사람들의 광기를 슬그머니 나무라면서, 그들이 자기들의 진창에서 나온 것들로 하나님께 대항하여 송사를 일삼을 뿐만 아니라 그를 저주할 권세가 자기들에게 있다며 교만을 부린다고 꾸짖는다. 그 가운데 그들이 하늘을 향하여 내뿜는 참람한 모독들은 하나님께 가닿지 못한다는 사실과 그가 그들의 무고(誣告)의 안개를 흩뜨리고 자기의 의를 비추신다는 사실을 들어 그들에게 경고한다. 또 우리의 믿음도 하나님의 거룩한 말씀에 기초하여 모든 세계 위에 존재하므로(참조. 요일 5:4) 그 고유한 높은 자리로부터 저 안개를 경멸한다.

그들의 첫 번째 반박은, 만약 하나님의 원하심이 없이는 어떤 일도 일어나지 않는다고 한다면, 그는 자기의 은밀한 계획으로 자기의 율법이 공공연히 금지하고 있는 것도 작정하시는 것이 되므로, 하나님 안에는 상반되는 두 가지 뜻이 있게 되는데, 이는 그가 자기의 은밀한 계획으로 자기의 율법이 공공연히 금지하고 있는 것도 작정하시기 때문이라는 것이다. 이것은 쉽게 해소된다. 그럼에도 불구하고 나는 이에 대답하기 전에 먼저 나의 독자들이 이 억지가 나를 향하여 던져지는 것이 아니라, 거룩한 사람 욥의 입에 "하나님을 기쁘시게 하는 바 그대로 되었노라"(참조. 욥 1:21)라는 고백을 확실하게 넣어 주신 성령을 향하여 던져지는 것이라는 사실로부터 다시금 충고를 받기 원한다. 욥은 강도들에 의해서 약탈을 당하였을 때, 그에게 저질러진 불의한 침해와 악행을 하나님의 의로운 채찍으로 받아들인다. 성경은 다른 곳에서 엘리의 아들들에 대해서, "그들이 자기 아버지의 말을 듣지 아니하였으니 이는 여호와께서 그들을 죽이기로 뜻하셨음이더라"(삼상 2:25)라고 전하지 않는가? 또한 다른 선지자는 "오직 우리 하나님은 하늘에 계셔서 원하시는 모든 것을 행하셨나이다"(시 115:3)라고 선포한다. 나는 하나님이 모든 것의 조성자이심을 이미 충분히 드러내 보여 주었다. 그런데 트집 잡기 좋아하는 이 검열관들은 모든 것이 오직 하나님의 한가한 허용에 의해 우연히 일어났을 것624)이라고 여긴다. 하나님은 "나는 빛도 짓고 어둠도 창조하며 나는 평안도 짓고 환난도 창조하나니"(사 45:7)라고 선포하신다. "여호와의 행하심이 없는데 어찌 재앙이 성읍에 임하겠느냐"(암 3:6). 그는 자기가 원하건 원하지 않건 자기의 심판들을 수행하지 아니하시는가? 원하건대 그들이 이에 답하게 하라. 모세가 가르치듯이, 우연히 자루에서 빠진 도끼에 맞아 죽은 사람도(신 19:5; 출 21:13) 하나님이 그 친 자의 손에 넘겨주신 것이었다. 이렇듯 누가가 전하듯이, 전체 교회는 헤롯과 빌라도가 하나님의 손과 계획이 작정한 것을 행하고자 공모하였다고 말한다(행 4:28). 진정 그리스도가 하나님의 뜻하심 없이 십자가에 달리셨다면 어디로부터 우리의 구원이 나올 수 있었겠는가?

이러하므로 어떠한 경우든지, 하나님의 뜻은 그 자체가 서로 다투지 않을 뿐만 아니라 변화되지도 않고, 그가 원하시는 것을 원하지 않는 듯이 가장하지도 않는다. 그러나 비록 그의 뜻은 그 자신 안에서 하나이며 단순할지라도 우리가 보기에는 다양하게 나타난다. 왜냐하면 우리는 우리 정신의 연약함 때문에 어떻게 다양한 방식으로, 동일한 것이 일어나기를 원하지 않기도 하고 원하기도 하는지에 대해 이해할 수 없기 때문이다.625) 바울은 이방인들을 부르심이 "감추어졌던 비밀"(엡 3:9)이었다고 말한 후 곧 이어서 그것 안에 "하나님의 각종 지혜(πολυποικίλον)"가 알려지게 되었다고 덧붙인다(엡 3:10). 하나님의 지혜가 다중적으로(multiplex), 혹은 옛날 해석자의 번역에 따르면, '다양한 양식으로'(multiformis) 나타난다고 해서, 마치 그가 자기의 계획을626) 변경하거나 자기 자신과 서로 일치하지 않거나 하시듯이, 우리 의식의 아둔함을 빌미로 삼아 하

---

624) "otioso tantum eius[Dei] permissu contingere."
625) "Neque tamen ideo vel secum pugnat, vel mutatur Dei voluntas, vel quod vult se nolle simulat; sed quum una et simplex in ipso sit, nobis multiplex apparet: quia pro mentis nostrae imbecillitate, quomodo idem diverso modo nolit fieri et velit, non capimus."
626) Cf. *Institutio*, 2.11.12.

나님 자신 안에 어떤 가변성이 있다고 꿈꾸어야 하겠는가? 오히려 하나님 자신이, 일어나는 것을 금하시는 것을 어떻게 일어나도록 하시는지에 대해 이해할 수 없을 때, 우리의 연약함을 다시 떠올리도록 하자. 동시에 하나님이 거하시는 빛이 어둠으로 꺼풀져 있으므로 "가까이 가지 못할 빛"(딤전 6:16)이라고 불리는 것이 무모하지 않음을 상기하도록 하자.

그러므로 경건하고 겸비한 모든 사람은 아우구스티누스의 다음 문장을 쉽게 받아들이게 될 것이다. "때로는 하나님이 원하시지 않는 어떤 것을 사람은 좋은 뜻으로 원한다. 예컨대 선한 아들은 그의 아버지가 살기를 원하지만 하나님은 죽기를 원하신다. 또한 하나님이 선한 뜻으로 원하시는 것을 동일한 사람이 악한 뜻으로 원하는 일로 일어날 수 있다. 예컨대 악한 아들은 그의 아버지가 죽기를 원한다. 하나님 또한 이를 원하신다. 즉 전자(선한 아들)는 하나님이 원하시지 않는 것을 원하는 반면 후자는 하나님도 원하시는 것을 원한다. 그러나 전자의 효(孝)는, 비록 그가 하나님이 원하시는 것과 다른 무엇을 원한다고 하더라도, 하나님이 행하시는 바로 그 동일한 것을 원하는 후자의 불효보다 하나님의 선한 뜻에 더욱 일치한다. 사람이 원하는 것, 하나님께 합당한 것, 하나님과 사람 각자의 뜻이 지향하는 목적, 이 셋 사이에는 큰 차이가 있는바, 그것이 시인되기도 하고 부인되기도 한다. 왜냐하면 하나님은 악한 사람들의 악한 뜻들을 통하여 그가 선히 원하시는 것을 이루시기 때문이다."

이보다 조금 앞에서 아우구스티누스는, 패역한 천사들과 모든 사악한 사람이 자기들이 보기에는 다름 아닌 자기들의 반역으로 하나님이 원하지 않으신 것을 행한 것 같았지만, 하나님의 전능하심에 비추어 볼 때 결코 그들은 그렇게 할 가능성조차 없었는데, 이는 그들이 하나님의 뜻에 거슬러 행하는 동안에도, 하나님의 뜻이 그들 위에 행해지고 있었기 때문이었다고 지적한다. 이러하므로 "여호와께서 행하시는 일들이 크시오니 이를 즐거워하는 자들이 다 기리는도다"(시 111:2)라고 아우구스티누스는 외친다. 그것은 놀랍고 형언할 수 없는 방법이라서, 하나님의 뜻이 없이는 어떤 일도, 심지어 그의 뜻에 어긋나는 일도 일어나지 않는다. 왜냐하면 만약 그가 허용하지 않으셨다면 그것이 일어나지 않았을 것이기 때문이다.

참으로 하나님은 원하시지 않는 가운데서 허용하지 않으실 것이며, 그러나 원하시는 것을 무슨 일이 있어도 거절하지 않으실 것이다. 이뿐 아니라 선하신 그는 또한 전능한 분으로서 악으로부터 선을 만드시지 않는 한, 악이 일어나게 하지 않으실 것이다.627)

4. 악한 사람을 도구로 삼아 자기의 선한 뜻을 이루심

이러한 방식으로 또한 두 번째 반박이 해소되며, 아예 자체적으로 사라진다. 그 논법은 이러하다. 만약 하나님이 불경건한 사람들의 일들을 사용하실 뿐만 아니라 그들의 계획들과 정서들을 다스리신다고 한다면, 그는 모든 불법의 조성자이시다. 그러므로 만약 그가 작정하신 것을 수행하는 사람들이 그의 뜻에 순종한다는 이유로 저주를 받는다면 이는 부당하다. 그러나 여기에는 하나님의 뜻이 그의 교훈과 무모하게 혼돈되어 있다.628) 이 둘이 얼마나 현격하게 다른지를 적절하게 보여 주는 수많은 예들이 있다.

예컨대 비록 하나님은 압살롬이 그의 아버지의 아내들과 음란한 죄를 범했을 때(삼하 16:22) 그 치욕을 통해 다윗의 간음에 대한 형벌을 내리고자 원하셨다고 하더라도, 이러한 이유로 그 패륜한 아들이 근친상간을 행하도록 명하지는 않으셨다. 그러나 다윗의 시각에서는, 그가 시므이의 저주를 두고 말한 바와 같이, 아마 그렇게 볼 수도 있을 것이다. 우리가 알듯이, 다윗은 자기를 향한 시므이의 저주가 하나님의 명령에 따른 것이라고 고백하기 때문이다(삼하 16:10-11). 그렇다고 해서 다윗은 그 무뢰한 개의 순종을, 마치 하나님의 주권에 복종이라도 한 것처럼, 결코 칭찬하지 않으며, 다만 그 노인의 혀가 하나님의 채찍이라는 사실을 깨닫고 그 시련을 참을성 있게 견뎌 낸다. 우리는 이 점을 확고하게

---

627) "ut miro et ineffabili modo non fiat praeter eius voluntatem quod etiam contra eius fit voluntatem: quia non fieret si non sineret; nec utique nolens sinit, sed volens, nec sineret bonus fieri male, nisi omnipotens etiam de malo facere posset bene." Augustine, *Enchiridion* xxvi. 100f. (MPL 40. 279; tr. LCC VII. 399f.); *Psalms*, Ps. 111. 2 (Latin, Ps. 110. 2) (MPL 37. 1464). Quot. Battles tr., n. 7.

628) "Perperam enim miscetur cum praecepto voluntas."

견지해야 한다. 곧 하나님이 자기의 은밀한 판단에 따라 작정하신 것을 사악한 자들을 통하여 이루실 때, 그들이 하나님의 명령에 순종한다고 해서 그들의 악행이 용서받을 수는 없다. 왜냐하면 그들은 자기들의 육욕을 채우고자 작심하여 그 명령을 위반하고 있기 때문이다.

또한 여로보암 왕이 선출된 것도(왕상 12:20), 사람들이 사악하게 행하는 것이 하나님에게서 비롯되고 또 그의 은밀한 섭리에 의해서 다스림을 받는다는 사실을 보여 주는 명료한 증례가 된다. 그 일이 있을 때, 백성의 무모함과 광기는 하나님이 제정하신 질서를 타락시켰으며, 신의를 저버리고 다윗의 집으로부터 떨어져 나갔다는 이유로 혹독한 저주를 받는다. 그러나 우리는 하나님이 그가 기름부음 받기를 원하셨음을 알고 있다. 이와 관련해서 호세아서에는 겉으로는 모순되게 보이는 말씀들이 나타난다. 하나님은 어느 곳에서는 그 왕국이 자기가 모르는 가운데 그리고 원하지 않는 가운데 세워졌다고 불평하시는 반면(호 8:4), 다른 곳에서는 자기의 분노 가운데 여로보암을 왕으로 주었노라고 선포하신다(호 13:11). 여로보암의 다스림은 하나님으로부터 말미암은 것이 아니었으나 동일하신 분에 의해서 그가 왕으로 등극되었다는 이 두 사실이 어떻게 조화를 이룰 수 있는가?

답은 분명하다. 그 백성은 하나님이 씌우신 멍에를 부수기 전에는 다윗의 가문에서 떨어져 나갈 수 없었고, 그뿐 아니라 하나님 자신은 솔로몬의 배은망덕을 이와 같이 벌하실 자유를 여하한 경우에도 박탈당하지 않으셨다. 이를 통하여 우리는 하나님은 신의를 저버리는 것을 원하지 않으시지만, 그럼에도 불구하고 또 다른 목적을 이루시기 위해서는 배신을 원하시는 것이 어떻게 정당한지 깨닫게 된다. 그리하여 하나님은 여로보암이 기대하지 않은 거룩한 기름부음을 받아 왕국을 이루도록 강권하셨다. 솔로몬의 아들에게서 그의 왕국의 일부를 벗겨내기 위하여 대적자가 하나님에 의해 세움을 받았다고 거룩한 역사가 전하는 것도(왕상 11:23) 이러한 이유에서이다.

나의 독자들은 세심한 주의를 다 기울여 이 두 가지를 엄중하게 받아들여야 한다. 자기의 백성이 한 왕의 손 아래에서 통치를 받는 것이 하나님을 기쁘시게 했던 것을 볼 때, 그 나라가 두 부분으로 쪼개어지는 것은 하나님의 뜻에 배치되었음이 분명하다. 그럼에도 불구하고 그 분열의 시작은 하나님의 뜻으로부터 비롯되었다. 말할 나위도 없이 선지자가 입에 담은 말과 기름부음이라는 표로써 여로보암을 격동시켰을 때, 이는 그렇게 되도록 명령하신 하나님이 아시지도 뜻하시지도 않은 가운데 일어난 일이 아니었다. 그럼에도 백성의 반역이 정당하게 저주를 받은 것은 그들이 하나님의 뜻과 배치되게 다윗의 후손들로부터 떨어져 나왔기 때문이다. 이런 맥락에서 르호보암이 교만하게 백성의 간청을 멸시해 버린 이후 "이 일은 여호와께로 말미암아 난 것이라 여호와께서 자기의 종 아히야의 손을 통하여 하신 말씀을 이루게 하심이더라"(적용, 왕상 12:15)라는 말씀이 더해진다. 보라, 어떻게 하나님이 원하시지 않는 가운데 거룩한 하나됨이 찢겼으며, 어떻게 그가 원하시는 가운데 열 지파가 솔로몬의 아들에게서 떨어지게 되었는지!

이에 더하여 다른 유사한 예가 있다. 아합 왕의 아들들이 목이 베이고 그의 모든 후손이 멸절된 것은 백성들이 동의했을 뿐만 아니라 나아가 자기들의 손을 제공해 주었기 때문이다(왕하 10:7). 예후가 이에 대해서, "여호와께서……하신 말씀은 하나도 땅에 떨어지지 아니하리라 여호와께서 그의 종 엘리야를 통하여 하신 말씀을 이제 이루셨도다"(왕하 10:10)라고 한 말은 정당하다. 그럼에도 그는 사마리아 거민들이 이 일에 편의를 제공한 것을 문제 삼아, "너희는 의롭도다 나는 내 주를 배반하여 죽였거니와 이 여러 사람을 죽인 자는 누구냐"(왕하 10:9)라고 책망했던 것은 괜한 일이 아니었다. 나는 어떻게 동일한 일 가운데 사람의 범죄가 드러나는 동시에 하나님의 의가 빛나는지 이미 분명히 설명하였다.

절제하는 천품을 가진 사람들에게는 아우구스티누스의 다음 대답으로 충분하다. "아버지는 아들을 내주셨고, 그리스도는 자기의 몸을 내주셨으며, 유다는 주님을 내주었다. 그런데 왜 이 내어줌에 있어서 하나님은 의로운 분으로서 그렇게 하시며 사람은 죄인으로서 그렇게 하는가? 이에 대한 답은, 그들에 의해서 행해진 것은 동일한 한 가지 일이었지만 그 행해진 이유는 하나가 아니라는 점에 있다."[629] 그러나 만약 어떤 사람들이 지금 내가 말하고 있는 것, 즉

---

629) Augustine, *Letters* xciii. 2 (MPL 33. 324; tr. FC 18. 63). Quot. Battles tr., n. 8.

사람은 하나님의 의로운 충동에 의해 자기가 해서는 안 될 일을 행한다는 측면에서 하나님과 사람 사이에는 어떤 일치점도 없다는 사실에 대해 괜한 거리낌을 더 한층 느낀다면, 아우구스티누스가 다른 곳에서 충고한 다음 말을 떠올리도록 하자. "하나님은 심지어 악한 사람들의 마음속에서도 그가 원하시는 것은 무엇이든 행하시고 그들의 공로에 따라 그들에게 갚아주시니, 누가 이러한 심판들에 떨지 않겠는가?"630) 유다의 배신에 있어서, 자기의 아들이 죽음에 넘겨지기를 원하셨으며 넘겨주신 분은 하나님 자신이셨다. 그렇다고 해서 구속의 찬양을 유다에게 돌릴 수도 없고, 범죄의 책임을 하나님께 돌릴 수도 없다. 만약 그렇게 한다면, 이보다 더 그릇된 일은 어디에도 없을 것이다. 그러므로 동일한 저술가는 다른 곳에서, 하나님이 이 심판에서 묻고자 하시는 것은 사람들이 무엇을 할 수 있었는지 혹은 무엇을 했는지가 아니라 그들이 무엇을 원했는지에 있다고 한다.631) 하나님은 그들의 계획과 뜻을 헤아려 보시고자 한 것이었다는 것이다.

이것이 조잡하다고 여겨지는 자들은, 성경의 명백한 증거들로써 입증된 사안일지라도 자기들의 이해력을 넘어선다는 핑계를 대며 받아들이지 않으려고 들 것이며, 사람들이 지식을 갖게 된다고 해서 아무 유익도 없는 것은 하나님이 선지자들과 사도들에게 가르치라고 명하지 않으셨을 것이라는 점을 공적으로 표명하는 데 대해서 비난을 가할 것이다. 그들이 자기들의 괴팍함이 과연 용인될 수준인지를 잠시라도 깊이 생각하는 시간을 갖게 하자. 왜냐하면 우리의 지혜는 가르침받을 만한 유순한 마음을 지니고 성경이 전하는 것은 무엇이든 예외 없이 포용하는 것 외에 다른 무엇이 될 수 없기 때문이다.632) 진정 심히 교만이 차올라 조롱을 일삼는 자들은 하나님께 맞서서 허튼소리를 하고 있는 것이 아주 분명하므로 더 이상 길게 논박할 가치가 없다.

---

630) Augustine, *On Grace and Free Will* xxi. 42 (MPL 44. 907; tr. NPNF V. 462). Quot. Battles tr., n. 9.
631) Augustine, *Psalms*, Ps. 61. 22 (MPL 36. 746; tr. LF [Ps. 62] *Psalms* III. 208); *John's Gospel* vii (on John 4:7) (MPL 35. 2033; tr. NPNF VII. 503f.). Quot. Battles tr., n. 10.
632) "Nam sapere nostrum nihil aliud esse debet quam mansueta docilitate amplecti, et quidem sine exceptione, quidquid in scripturis traditum est."

사명선언문

너희가 흠이 없고 순전하여……세상에서 그들 가운데 빛들로
나타내며 생명의 말씀을 밝혀 _ 빌 2:15-16

1. 생명을 담겠습니다
만드는 책에 주님 주신 생명을 담겠습니다.
그 책으로 복음을 선포하겠습니다.

2. 말씀을 밝히겠습니다
생명의 근본은 말씀입니다.
말씀을 밝혀 성도와 교회의 성장을 돕겠습니다.

3. 빛이 되겠습니다
시대와 영혼의 어두움을 밝혀 주님 앞으로 이끄는
빛이 되는 책을 만들겠습니다.

4. 순전히 행하겠습니다
책을 만들고 전하는 일과 경영하는 일에 부끄러움이 없는
정직함으로 행하겠습니다.

5. 끝까지 전파하겠습니다
모든 사람에게, 땅 끝까지, 주님 오시는 그날까지
복음을 전하는 사명을 다하겠습니다.

서점 안내

광화문점　서울시 종로구 새문안로 69 구세군회관 1층
　　　　　　02)737-2288 / 02)737-4623(F)

강남점　　서울시 서초구 신반포로 177 반포쇼핑타운 3동 2층
　　　　　　02)595-1211 / 02)595-3549(F)

구로점　　서울시 동작구 시흥대로 602, 3층 302호
　　　　　　02)858-8744 / 02)838-0653(F)

노원점　　서울시 노원구 동일로 1366 삼봉빌딩 지하 1층
　　　　　　02)938-7979 / 02)3391-6169(F)

일산점　　경기도 고양시 일산서구 중앙로 1391 레이크타운 지하 1층
　　　　　　031)916-8787 / 031)916-8788(F)

의정부점　경기도 의정부시 청사로47번길 12 성산타워 3층
　　　　　　031)845-0600 / 031)852-6930(F)

인터넷서점　www.lifebook.co.kr